逻辑、语言与智能——新清华逻辑文丛

逻辑与博弈

〔荷〕范丙申（Johan van Benthem）著

付小轩

崔建英 译

清华大学

出版社

北京

内 容 简 介

逻辑与博弈这两个看似独立却内在联系紧密的领域，在本书中得到了深刻的融合。欧洲科学院院士范丙申教授以他深邃的洞察力和严谨的学术态度，系统地阐述了逻辑与博弈的交汇点。从逻辑博弈的基本概念，到博弈逻辑的复杂结构，再到弈博论的提出，全书通过"博弈逻辑"和"逻辑博弈"两条主线上研究问题的交织，系统地介绍了博弈逻辑、逻辑动态、策略式博弈、逻辑博弈、博弈运算，以及逻辑博弈与博弈逻辑的融合等多个主题，逐步展开了一个多维度、跨学科的研究视野，引领我们穿梭于逻辑的严密与博弈的策略之间，探索理性主体在交互过程中的深层次逻辑。

北京市版权局著作权合同登记号　图字：01-2024-1475

Simplified Chinese Translation Copyright © 2025 by Tsinghua University Press

图书在版编目（CIP）数据

逻辑与博弈 ／（荷）范丙申著；付小轩，崔建英译. -- 北京 ：清华大学出版社，2025. 4. --（逻辑、语言与智能 ：新清华逻辑文丛）. -- ISBN 978-7-302-68984-3

Ⅰ. B81

中国国家版本馆 CIP 数据核字第 2025N9W820 号

责任编辑： 梁　斐
封面设计： 傅瑞学
责任校对： 欧　洋
责任印制： 杨　艳

出版发行： 清华大学出版社
　　　　　 网　　　址：https://www.tup.com.cn, https://www.wqxuetang.com
　　　　　 地　　　址：北京清华大学学研大厦 A 座　　　　邮　　编：100084
　　　　　 社 总 机：010-83470000　　　　　　　　　　邮　　购：010-62786544
　　　　　 投稿与读者服务：010-62776969, c-service@tup.tsinghua.edu.cn
　　　　　 质量反馈：010-62772015, zhiliang@tup.tsinghua.edu.cn
印 装 者： 三河市东方印刷有限公司
经　　销： 全国新华书店
开　　本： 165mm×235mm　　　印　张：35.25　　字　　数：608 千字
版　　次： 2025 年 5 月第 1 版　　　　　　　印　　次：2025 年 5 月第 1 次印刷
定　　价： 168.00 元

产品编号：105969-01

逻辑学是一门基础学科，以探求人类思维和推理的规律为目标，帮助我们正确思维和有效推理。章士钊先生说，"寻逻辑之名，起于欧洲，而逻辑之理，存乎天壤"。尽管中国哲学中有丰富的逻辑思想，但逻辑学作为一门学科是在西方传统中发展起来的。从亚里士多德的三段论推理，到莱布尼茨的普遍语言和逻辑演算的思想，到弗雷格、罗素的数理逻辑，再到丘奇、哥德尔和图灵关于"可计算"概念的精确表述，逻辑学的发展是一个动态的过程，同时也是一个学科交叉的过程。当下，逻辑学与人工智能的故事正在上演，要实现真正的智能，研究思维规律本身的逻辑学科以其深厚的理论底蕴正在提供多方位的助力。时至今日，如何在中国哲学与文化的背景下，基于中西思维之异同的比较研究，找到破解人类思维奥秘的钥匙，在逻辑学及其相关领域实现新的理论突破，是摆在中国和世界逻辑学者面前的一个新的课题和机遇。

整整一个世纪前，逻辑学作为"赛先生"的一部分被引入，开始为国人所熟识。严复先生翻译的《穆勒名学》《名学浅说》等著作的问世，开启了我们了解西方逻辑学的新篇章。梁启超先生在《墨子之论理学》中开始对中国、西方的逻辑学思想进行系统的比较研究。章士钊先生 1917 年的《逻辑指要》是中国第一部以"逻辑"命名的著作。1926 年，金岳霖先生在清华创建哲学系，开始系统讲授逻辑学。他的著作《逻辑》《论道》和《知识论》是中西哲学交汇的典范。他的学生中，沈有鼎不仅对数理逻辑系统造诣颇深，也在墨家逻辑的研究中作出了独创性贡献。王浩先是跟随金岳霖先生学习，后在哈佛大学奎因（Quine）教授指导下学习，在数理逻辑、机器证明等领域作出了卓越贡献，为世人瞩目。王宪钧、周礼全、胡世华等金岳霖的学生们在哲学、语言学、计算机领域都作出了重要贡献，培养了众多的逻辑学人才。今年在国际英文杂志 *History and Philosophy of Logic* 上发表的一

篇论文 "'Tsinghua School of Logic'：Mathematical Logic at Tsinghua University in Peking, 1926—1945"，是国外学者对"清华逻辑学派"进行的深入研究，当年清华逻辑的辉煌与国际地位可见一斑。

2000 年伊始，清华复建哲学系，逻辑学作为特色学科得以恢复，先后引进蔡曙山和王路，他们都是周礼全先生的高足。近年来，清华设立金岳霖讲席教授团组，聘请范丙申（Johan van Benthem）、谢立民（Jeremy Seligman）、司马亭（Martin Stokhof）和魏达格（Dag Westerståhl）四位国际知名的逻辑学家来清华工作。今年，冯琦教授又欣然加盟。这支颇有特色的队伍在学术科研、教书育人、国际交流等方面成绩显著。尽管人员规模与金岳霖先生时期根本无法相提并论，很多时候让我深感心有余而力不足，但让人欣慰的是，团队虽小，绝无庸才，每个人都是认真做学问的。我们有幸能够通过本丛书向读者呈现清华逻辑团队的研究成果，接受大家批评。取"逻辑、语言与智能"作为丛书的主题，体现逻辑学交叉学科之特点；取名"新清华逻辑文丛"，有继承金岳霖先生老一辈清华传统之意。对于未来，我希望这套丛书可以成为一个平台，吸引全世界高水平逻辑学专著出版，推动国内外学术的发展和繁荣。

刘奋荣

2021 年 12 月于双清苑

中
译
本
序
言

逻辑和博弈之间的交汇持续扩大。读者可以从 van Benthem et al. (2019a)、Turrini (2017) 和 Hodges et al. (2019) 的探讨中，迅速了解近几年的相关研究。特别地，这些百科全书式的文本延续了本书的几个主题，如权力联盟的逻辑、策略、动态系统的演化，以及博弈中逻辑和概率的交汇。

随着我的专著 *Logic in Games* 中译本的出版，也许应该强调一下自 2014 年最初出版以来，我自己所处的学科环境中的一些相关贡献，其中许多研究成果都有着中国学者的身影。例如，在本书中所提到的关于博弈的一个关键特征，它是理性主体用于博弈解决方案中的动态步骤。这种逻辑分析的风格在 Cui et al. (2013) 中得到了扩展，以涵盖不同于逆向归纳法的解决步骤，譬如迭代的遗憾最小化。实际博弈的另一个关键特征是真实主体的认知局限性。Liu et al. (2013a) 在博弈结构中基于认知局限的观点，对具有"短视"的主体进行了逻辑研究。而在博弈的另一个动态方面，Fu (2020) 将博弈中有关决策与选择的两类观点——定性和定量联系起来。无论认知是否受限，主体在参与伴随着许多选择的博弈时通常会遵循策略，这是贯穿本书的另一个主题。van Benthem et al. (2016) 这本文集囊括了不同作者从数学和计算机科学到哲学和社会科学的视角，展示了不同的策略是什么以及它们的作用。van Benthem et al. (2019b) 基于 van Benthem et al. (2017) 所提出的一种新的模态邻域逻辑，分析了博弈中玩家的策略效力这类更丰富的数学概念，该概念将玩家自身的决策与赋予他人的自由结合起来。Li et al. (2023) 是近期的一类逻辑研究，它用于分布式博弈这种计算背景下的策略推理。

在探究一种特定类型的社会交互模型时，所有一般性的主题都通过在图结构

（棋盘或竞技场）中所进行的博弈而得到具体呈现。van Benthem et al. (2020) 提出了一个研究图博弈的广泛方案，它以本书中的旅行博弈和"蓄意破坏博弈"为出发点，并提出了许多关于逻辑交汇研究的问题。该方案中最近的三项研究是：Li (2021) 在其毕业论文中探讨了图博弈逻辑及其应用（从干扰计算实践到学习场景）；Li et al. (2021) 中一个有着惊人复杂度的捉迷藏逻辑；以及 Li et al. (2024) 针对玩家观察力有限的图博弈所做的动态认知分析。沿着这些研究方向，van Benthem et al. (2024) 中收集了更广泛的相关研究（既有旧的也有新的研究成果）。所有这些研究中一个有趣的趋势是从分析转向了设计新博弈，这在图博弈和实际室内游戏之间的类比中也有所暗示。

走在具体化研究的相反道路上，最近也有一个明显的趋势，即超越于博弈的具体设定之上，来研究社会交互的抽象一般性特征。其中一个最新的例子是 Baltag et al. (2021) 中的模态依赖性逻辑，它涵盖了物理和信息依赖性，并提供了一个新的广泛平台来研究博弈中的策略行为，以此作为创造或放弃主体之间依赖性的动态过程。Chen et al. (2024) 是一项采用该框架的扩展式研究，该研究使用模态依赖性逻辑和本书的偏好逻辑的组合来分析策略式博弈，以此来统一竞争与合作博弈论，并与作为群体中稳定社会行为基础的那些哲学理论联系起来。

这些只是最近交汇研究的一些示例，并不是该领域现在的全部情况，而且，这里提到的很多都是正在进行的项目。即便如此，这个简短的亮点之旅可能已经说明了我们开篇所说的真相：逻辑和博弈的故事还在继续。

现在从研究转向实际工作，我想感谢本书的翻译团队：崔建英和付小轩，感谢她们在许多方面所付出的心力。这个中译本见证了我们多年来从广州到北京、从中国到荷兰的愉快合作。博弈和游戏是人类行为中的一个常态，它将不同文化的人联系在一起。这本书是关于抽象的理论和理解，但它的中译本也证明了无论经济或政治局势如何起伏，逻辑还是能将国家与大众紧密相连。

范丙申

荷兰，布卢门达尔

2023 年 3 月

序
言

  这本书是有关逻辑与博弈交汇内容的研究。在研读著名的《博弈与决策》（Luce et al., 1957）时，我已经开始对这种交汇研究产生兴趣。1975 年，我开设了第一门哲学逻辑课程，其中洛伦岑（Lorenzen）的对话博弈作为一个令人兴奋、又因错综复杂而让人生怕的关键主题，更加强化了我对这个领域的研究兴趣。后来，辛提卡（Hintikka）的赋值博弈如同天生伴侣一般进入了我的视野。即便如此，我第一次系统探索该领域还是在 1988 年，当时我在申请一个资助金额为 2000 德国马克的弗劳恩霍夫基金（the Fraunhofer Foundation）项目，为此需要完成一篇有关逻辑和博弈之间所有交汇研究的文献综述。即使该领域并无系统的研究工作，我从中也发现了许多有趣的研究线索。之后，在 20 世纪 90 年代，关于知识推理的 TARK 会议让我结识到许多博弈论学者，这些学者的工作正在改变认知逻辑领域。我的斯坦福大学同事约夫·肖汉姆（Yoav Shoham）让我相信这个领域中有太多逻辑学者可以学习研究的东西。因此，我的斯宾诺莎项目（Spinoza Project）"行动中的逻辑"（1996—2001）以博弈为主线，并且组织了多次会议，邀请博弈论学者与计算机科学家从事这种交汇的基础研究。这个主题在阿姆斯特丹的 ILLC 中心一直保持不变，其中备受瞩目的包括活跃的玛丽·居里（Marie Curie）研究中心"Gloriclass"（2006—2010），它在数学、计算机科学、语言学和社会科学领域，发表了大约 12 篇与博弈相关的论文。

  这本书源自 1999—2002 年，我在阿姆斯特丹、斯坦福和其他地方为哲学、数学、计算机科学和经济学的学生开设的"博弈中的逻辑"的课堂讲稿。这是我探索这一领域的方式，里面有一些既定的理论，也有许多建议和猜想，其中的许多内容也在后来被学生们用到学术论文和学位论文中。现在，10 年过去了，我对这个问题仍未形成一个稳定的看法：事情在不断变化。但我们已经有足够多的实质性内容可以供公众研究。

这本书有两条主线，它们被许多桥梁连接起来从而交织在一起。首先，它贴合我对于逻辑动态化的计划，可以将受信息驱动的主体置于逻辑研究的中心位置。因此，这自然地拓展了我的两部早期著作：《探索逻辑的动态化》(van Benthem, 1996) 和《信息与交互的逻辑动态化》(van Benthem, 2011a)。这类前期工作强调的是进程结构和社会的信息化事件，而这本书将增加多主体策略互动的主题。逻辑动态化的观点在本书的第一个主线中尤为清晰，即从逻辑和博弈的结合中产生"弈博论"的概念。它大约占据了本书一半的篇幅，并且在第一部分和第二部分中尤为突出，而第三部分（在某种程度上也包括第五部分）则从全局的博弈视角来自然地延伸该理论。

这本书还有一个虽无关于逻辑动态化但也须被我们重视的第二条主线。标题中"Logic in game"中的"in"在两个方向上是不清晰的。第一个是"logic of games"，它是使用逻辑来理解博弈，从而导致了许多通常被我们称为"博弈逻辑"系统的出现。但还有第二个"logic as games"的方向，即利用博弈来帮助我们理解逻辑的基本概念，如真值或证明概念。我将在第四部分关于"逻辑博弈"的篇章中对此做出解释。逻辑博弈的种类繁多，也是各种逻辑系统的博弈语义的精髓。我发现这两个方向同样重要，尽管我尚未捕捉到它们之间那种精确的二元性，但在本书的第六部分，我依然研究了许多它们相互作用的方式。我相信，"of"和"in"这两个词的相互作用并不是逻辑和博弈所特有的，而实际上是出现在任意一处逻辑理论所具备的一个主要特征。最终，正如我们在本书的结论中所看到的那样，这也可能为逻辑动态化的研究带来新的曙光。

像我的一些学生和许多同事一样，读者可能会对这些视角的变化感到困惑。因此，本书是以几个独立的路径来呈现书中内容的。博弈逻辑将按照第一部分、第二部分、第三部分和第五部分的顺序来进行介绍，当中会涉及一些基本的主题，例如不同层面的博弈等价或策略性推理，并以"弈博论"为主要亮点，将博弈逻辑与关注信息事件的动态认知逻辑相结合。第四部分是对逻辑博弈的独立介绍，第五部分可以被看作对一般博弈逻辑研究的自然拓展。第六部分则进一步拓展了关于这两个主要方向的交叉研究。

无论读者以何种方式阅读，本书都是为了打开一个领域，而非关闭它。书中不少研究资料揭示了许多开放性的研究问题，这些问题贯穿始终，扩展了我在论文《逻辑与博弈中的开放问题》(van Benthem, 2005a) 中的研究列表。

尽管这本书并不是关注技术性工作，而是主要侧重于探索想法，它也不是一本关于所有与博弈相关的逻辑的独立介绍。读者应当具备逻辑学的基本知识，包括模态逻辑及其相关计算性理论方面的知识。读者可以从许多教科书获取这些知识。例如，教材 van Benthem (2010a) 涵盖了本书接下来所需的大部分基础知识。此外，如果读者事先已通过许多优秀的研究接触过此类博弈论方面的工作，那么也将有助于研读本书。

余下的，我将愉快地列举出一些重要名字。同往常一样，我从指导从事该领域的博士生身上学到了很多东西，特别是布德韦因·德·布鲁因、塞德里克·代格雷蒙特、阿姆利·格勒布兰特、尼娜·吉拉斯辛楚克、莱娜·库尔岑、西韦特·范·奥特卢、马克·保利、梅丽金·塞文斯特和乔纳森·兹维斯珀。我还要感谢参与撰写本书的几篇论文的合著者：托马斯·阿戈特尼斯、塞德里克·代格雷蒙特、汉斯·范·狄马斯、阿姆利·盖尔布兰特、苏亚塔·戈什、刘奋荣、什特凡·米尼奇、西厄维特·范·奥特卢、埃里克·帕奎特、奥利维尔·罗伊和费尔南多·贝拉斯克斯·克萨达。当然，许多同事和学生在几个方面都很有启发性，其中我想提到克里斯托夫·阿普特、谢尔盖·阿尔捷莫夫、巴踏歌、迪特马尔·贝尔旺格、贾科莫·博纳诺、亚当·布兰登伯格、罗宾·克拉克、崔建英、保罗·德克尔、尼克·迪米特里、扬·范·艾克、彼得·范·埃姆德·博阿斯、高万霆、埃里希·格勒德尔、达维德·格罗西、保罗·哈伦斯坦、雅克·辛提卡、威尔弗里德·霍奇斯、维贝·范·德·胡克、姜桂飞、贝内迪克特·莱恩、罗希特·帕瑞克、拉玛斯瓦米·拉马努贾姆、罗伯特·范·鲁伊、阿里尔·鲁宾斯坦、托马兹·萨齐克、加布里埃尔·桑杜、谢立民、司麦慈、沃尔夫冈·托马斯、保罗·图里尼、伊德·维尼玛、里内克·维尔布鲁奇、迈克·伍尔德里奇和萨姆森·阿布拉姆斯基。当然，这只是一份简单的致谢表，而不是背书清单。我也感谢对本书予以细评的读者：麻省理工学院出版社的三位匿名评论者，以及贾科莫·博纳诺。此外，费尔南多·贝拉斯克斯·

克萨达为这本书的实际制作提供了不可或缺的帮助。最后,对于我上一本书《信息与交互的逻辑动态化》(van Benthem, 2011a) 中所提到的许多被致谢人,这里依然表示感谢,因为在我的研究中所有相关的部分都是相通的。感谢所有人。

范丙申

荷兰,布卢门达尔

2012 年 12 月

目　录

绪论：漫游在博弈中的逻辑　1

0.1　逻辑与博弈的邂逅　1

0.2　逻辑博弈　2

0.3　从逻辑博弈到一般的博弈结构　6

0.4　作为交互进程的博弈　9

0.5　逻辑邂逅博弈论　14

0.6　从逻辑和博弈论到弈博论　25

0.7　小结　27

0.8　本书的内容　28

第一部分　博弈逻辑和进程结构

第一部分的导言　34

第一章　作为进程的博弈：可定义性与不变性　37

1.1　模态逻辑中作为进程图的博弈　38

1.2　进程等价和博弈等价　46

1.3　博弈等价的其他概念　51

1.4　小结　54

1.5　文献　55

第二章 偏好、博弈解和最佳行动 56

2.1 基本的偏好逻辑 56

2.2 关于偏好的关系性策略和选择 60

2.3 在不动点逻辑中定义逆向归纳法 63

2.4 放眼最佳行动的模态逻辑 65

2.5 小结 66

2.6 文献 67

2.7 进一步研究方向 68

第三章 不完美信息博弈 70

3.1 博弈中知识的多样性 70

3.2 初见不完美信息博弈 71

3.3 模态-认知逻辑 72

3.4 逻辑公理的对应理论 77

3.5 多模态博弈逻辑的复杂度 80

3.6 揭开虚线的机制 82

3.7 小结 83

3.8 文献 84

3.9 进一步研究方向 84

第四章 策略显式化 88

4.1 作为一等公民的策略 88

4.2 在动态逻辑中定义策略 89

4.3 策略的一般演算 94

4.4 面对知识的策略 97

4.5 小结 101

4.6 文献 102

4.7 进一步研究方向 102

第五章 无穷博弈和时态演化 **107**

5.1 决定性的一般化 108

5.2 分支时间和时态逻辑的效力 110

5.3 策略化的时态逻辑 113

5.4 认知和信念时态逻辑 118

5.5 小结 123

5.6 文献 124

第六章 从博弈到博弈模型 **125**

6.1 一些简单的情景 125

6.2 不同的推理风格及模型的选择 127

6.3 复杂度跃升的触发器：博弈中知识的多样性 129

6.4 博弈树的模态逻辑 130

6.5 从节点到历史：动态和时态逻辑 131

6.6 程序性信息与认知森林 133

6.7 由观察引发的不确定性和不完美信息博弈 136

6.8 盘点：扩展式博弈的模型 137

6.9 添加信念和期望 141

6.10 从静态的博弈到动态的博弈 144

6.11 小结 145

6.12 文献 146

6.13 进一步研究方向 146

第一部分的结语 148

第二部分 逻辑动态和弈博论

第二部分的导言 152

第七章 概述逻辑的动态化 155

7.1 作为信息动态化的逻辑 155

7.2 从认知逻辑到公开宣告逻辑 157

7.3 从正确性到修正：信念改变和学习 163

7.4 由局部观察的一般事件所引发的更新 170

7.5 时态行为和进程性信息 173

7.6 推理和信息的多样性 178

7.7 问题与提问的方向 180

7.8 从正确到合理：与赋值相协调 182

7.9 小结 183

7.10 文献 184

7.11 发展近况 184

第八章 作为迭代更新的慎思 186

8.1 逆向归纳法和理性宣告 186

8.2 另一个场景：信念与可信度的迭代升级 190

8.3 影响与拓展 195

8.4 逻辑性的方面 198

8.5 小结 202

8.6 文献 202

第九章 弈博中的动态认知机制 **203**

9.1 从博弈记录中追溯弈博 204

9.2 认知-时态模型上的更新表示 205

9.3 追踪随时间变化的信念 209

9.4 作为见证的事件并且添加时态逻辑 211

9.5 援助将至：弈博中的硬信息 214

9.6 森林低语：弈博中的软信息 218

9.7 偏好的变化 219

9.8 弈博后的动态性 221

9.9 改变博弈本身 223

9.10 小结 225

9.11 文献 226

9.12 进一步研究的问题 226

第十章 面向"弈博论" **231**

10.1 博弈中的动态 231

10.2 契合问题：从慎思到实际行动 232

10.3 从观察中形成信念 235

10.4 逻辑方面：模型和更新行动 239

10.5 弈博论 245

10.6 寻找必要的多样性 246

10.7 一些反对意见 248

10.8 与多样性、语言线索和逻辑设定共存 249

10.9 联系和可能的影响 250

10.10 小结 251

10.11 文献 251

第二部分的结语 **252**

第三部分　玩家的效力和策略式博弈

第三部分的导言 **254**

第十一章　迫使效力 **255**

11.1　迫使效力和策略效力 **255**

11.2　形式化条件和博弈表示 **257**

11.3　模态迫使逻辑和邻域模型 **258**

11.4　互模拟、不变性以及可定义性 **260**

11.5　题外话：拓扑模型和相似性博弈 **262**

11.6　复合计算和博弈代数 **264**

11.7　中间阶段的迫使 **265**

11.8　迫使模态逻辑与行动模态逻辑的对接 **265**

11.9　不完美信息博弈中的效力 **267**

11.10　博弈转换和扩展逻辑 **270**

11.11　迫使语言、统一性策略和知识 **272**

11.12　小结 **273**

11.13　文献 **273**

第十二章　矩阵式博弈及其逻辑 **275**

12.1　从树和效力到策略矩阵形式 **275**

12.2　策略式博弈的模型 **276**

12.3　匹配的模态语言 **278**

12.4　策略式博弈的模态逻辑 **280**

12.5　一般博弈模型、依赖性和相关性 **282**

12.6　最佳反应的特殊逻辑 **283**

12.7　案例研究：弱理性和强理性的断言　286

12.8　STIT 逻辑和同步行动　290

12.9　小结　295

12.10　文献　295

12.11　进一步研究方向　296

第十三章　策略式博弈中理性动态　299

13.1　达成均衡作为一个认知过程　299

13.2　关于理性的迭代宣告和博弈求解　302

13.3　从认知上的动态到不动点逻辑　304

13.4　变形和扩充　308

13.5　关于博弈的迭代、极限和抽象不动点逻辑　308

13.6　文献　310

第三部分的结语　311

第四部分　逻 辑 博 弈

第四部分的导言　314

第十四章　公式赋值　315

14.1　谓词逻辑的赋值博弈　315

14.2　真与证实者的获胜策略　318

14.3　利用博弈视角来探索谓词逻辑　319

14.4　从博弈论层面分析谓词逻辑　322

14.5　博弈化：变形和扩充　324

14.6　小结　331

14.7　文献　331

第十五章　模型比较　333

15.1　同构和一阶等价　333

15.2　埃伦福赫特-弗赖斯博弈　335

15.3　充分性和策略　337

15.4　一个显式化的版本：策略的逻辑内容　339

15.5　实践中的博弈：不变量和特殊模型类　341

15.6　博弈论：决定性、有穷和无穷博弈　342

15.7　修改和扩充　343

15.8　逻辑博弈之间的联系　346

15.9　小结　347

15.10　文献　347

第十六章　模型构建　348

16.1　通过例子学习表列法　348

16.2　表列法：一些基本的特征　352

16.3　模型构建博弈　354

16.4　成功引理和一些博弈论　355

16.5　让批评者更有必要：片段和变形　357

16.6　小结　360

16.7　文献　360

第十七章　论辩和对话　361

17.1　对话博弈和实际辩论　361

17.2　在弈博中学习　363

17.3　构造主义逻辑与经典逻辑　365

17.4　博弈的逻辑　367

17.5　扩充和变形　370

17.6　小结　372

17.7　文献　372

17.8　附录：论辩　372

第十八章　逻辑博弈中的一般思路　378

18.1　什么是博弈化?　378

18.2　策略的演算　379

18.3　博弈等价　380

18.4　逻辑博弈之间的联系　382

18.5　逻辑博弈的运算　385

18.6　通用格式：图博弈　385

18.7　小结　387

18.8　文献　387

18.9　进一步研究方向　387

18.10　附录：计算逻辑中的博弈　389

第四部分的结语　395

第五部分　博弈中的运算

第五部分的导言　398

第十九章　序列博弈运算的动态逻辑　399

19.1　博弈的内部和外部视角　399

19.2　从逻辑博弈到博弈逻辑　400

19.3　迫使模型、博弈和博弈域　400

19.4　动态博弈逻辑　407

19.5　基本博弈代数　410

19.6　互模拟、不变性和安全性　412

19.7　小结　415

19.8　文献　416

19.9　进一步研究方向　416

第二十章　并行博弈运算的线性逻辑　422

20.1　再一次从逻辑博弈到博弈逻辑　422

20.2　并行运算　423

20.3　这类博弈的定义　425

20.4　博弈表达式的逻辑有效性　427

20.5　线性逻辑和资源　427

20.6　公理系统　429

20.7　可靠性与完全性　431

20.8　从证明论到程序语义　432

20.9　小结　433

20.10　文献　433

20.11　进一步研究方向　434

第五部分的结语　437

第六部分　比较与融合

第六部分的导言　440

第二十一章　不完美信息的逻辑博弈　441

21.1　IF 博弈和不完美信息　441

21.2　激发新的视角　443

21.3　IF 语言及其博弈　444

21.4　IF 博弈：进一步的示例　445

21.5　IF 博弈、代数以及不完美信息博弈的逻辑　448

21.6　潜在的动态认知　452

21.7　小结　452

21.8　文献　453

21.9　进一步研究方向　453

第二十二章　知识博弈　459

22.1　认知模型上的群体交流　459

22.2　认知模型上的博弈　461

22.3　宣告博弈　462

22.4　提问博弈　464

22.5　认知博弈、不完美信息和协议　465

22.6　进一步的逻辑线索　466

22.7　小结　467

22.8　文献　467

第二十三章　蓄意破坏博弈和计算　468

23.1　从算法到博弈：蓄意破坏博弈　468

23.2　逻辑和计算的特征　470

23.3　其他解释：学习　471

23.4　关于博弈化的计算和博弈论方面　471

23.5　蓄意破坏的逻辑方面　473

23.6　小结　476

23.7　文献　476

第二十四章　逻辑博弈可以表示博弈逻辑　477

24.1　迫使关系和博弈运算　477

24.2　迫使互模拟　478

24.3　基本博弈代数　479

24.4　一阶赋值博弈和一般博弈法则　479

24.5　主要结果　480

24.6　讨论　482

24.7　扩充和期望　483

24.8　文献　484

第二十五章　逻辑博弈与博弈逻辑的融合　485

25.1　带有博弈术语的逻辑系统　485

25.2　在不同的层面上追踪一个博弈　486

25.3　使博弈显式化　489

25.4　使策略显式化　490

25.5　逻辑博弈作为博弈逻辑的精细结构　493

25.6　逻辑博弈和博弈逻辑的缠绕　493

25.7　小结　494

第六部分的结语　496

第七部分　结　　语

结语　498

参考文献　501

术　语　531

译　名　538

译后记　540

绪论: 漫游在博弈中的逻辑

逻辑和博弈的交汇处有很多值得研究的问题。在这篇绪论中,我们会简要地阐释它们如何自然地交汇在一起,并引领读者以一种轻松的姿态漫步其中,从而领略到这种交汇所展现出的多重景致。伴随着这一游览过程,全书中的很多主题都会一一呈现,并将在之后的章节得到更为系统的介绍。若读者时间紧迫,可直接跳至第一章。

0.1 逻辑与博弈的邂逅

博弈的魅力 博弈作为长期存在且无处不在的实践,构成了人类文化中独特的部分 (Huizinga, 1938; Hesse, 1943)。此外,对研究人类交互行为的专家而言,博弈为生动直觉的认知过程提供了一个丰富的模型。从而令理论与实践这两个视角自然地融汇在一起:一系列历久弥新的博弈模型为它们的融合提供了一个自由的认知实验工具。继而,博弈无疑会出现在很多学科中:经济学、哲学、语言学、计算机科学、认知科学和社会科学。在本书中,我们将聚焦于博弈与逻辑领域的交汇之处。在此绪论部分,我们将通过一系列例子向读者展示两者如何自然地交汇在一起,而这里略微触及的众多主题将在本书更具技术性的章节中得以更加深入地探究。

博弈的逻辑和作为博弈的逻辑 接下来,我们将触及涵盖在书名《逻辑与博弈》(*Logic in Games*)中的两个方面。该题目中的连接词"in"被有意地模棱两可化。首先,它包含博弈的逻辑,亦即一般性博弈结构的研究,由此引导我们将逻辑与博弈论、计算机科学以及哲学联系起来。该研究采用了"博弈逻辑"这一领域的标准研究方法:追溯博弈,或者说博弈内部推理的本质特征。其次,它也包含作为博弈的逻辑,亦即借助于博弈研究逻辑,通过"逻辑博弈"捕捉到基本的逻辑推理活动并提出理解逻辑是什么的新方法。因此,我们有了以下的双向循环图:

此外,这种双向图是一种螺旋式旋转的循环图,我们也可以用旋转木马的概念来理解这两个领域之间的关系:通过相关联的逻辑博弈去认识博弈逻辑,或者通过相应的博弈逻辑去认识逻辑博弈。一些学生困惑于这种双向视角,从而偏向于其中一个方向而忽视了另外一个。不过在本书中,尽管我们尚未完全理解它们如何交织在一起,但这两个方向依然都会得到呈现。自始至终我们的侧重点会是博弈的逻辑,而作为博弈的逻辑将是不可或缺的补充。

这篇绪论是以一种非正式的方式遍览逻辑与博弈的交汇研究。首先,我们会介绍一些简单的逻辑博弈,说明它们如何自然而然地引发关于博弈的一般性问题。这将引领我们探讨这些博弈的一般性定义、它们与计算机科学中进程的类比,以及标准进程逻辑对于它们的分析。其次,我们会探讨有着自身研究动机和关注点的博弈论领域。我们会讨论它的一些基本主题,彰显出其中的逻辑意味,并描绘出逻辑与博弈论交汇研究的大致脉络。在这个交汇研究中,尤为典型的是一种由分析玩家引出的所谓"弈博论",它将涉及很多哲学逻辑的基本论题。最后,我们还会阐释本书所涉及的内容。

0.2　逻辑博弈

论辩博弈(argumentation game)　虽然逻辑在古代的起源不是很清楚,但是对法律、政治和哲学辩论的思考似乎成为逻辑出现在希腊、印度和中国传统文化中的一个关键因素。稍微比较下,我们就可以发现辩论与博弈其实十分类似。一个人秉持着一个反驳对手的观点,也许可以赢得一场争论,但是也有可能尝到失败的苦涩。在这个争论过程中,适时的回应至关重要。而这种对话性正好是逻辑历史进程中的一贯坚持,尽管逻辑的成型也依赖于描述性的方面。在逻辑的数学转向后,我们对于言语对话的研究有了精确的模型 (Lorenzen, 1955)。例如，考虑下面这个著名的推理：

$$从前提 \neg A,\ A \vee B\ 得到结论\ B$$

用描述性的逻辑观点来看，这个推演规则表明了我们如何基于自身所掌握的数据来理解世界的模样。然而，我们也可以用对话性的方式来看待它，把它视为论辩博弈中的一个基本子结构。譬如，P 是一个拥护结论 B 的**支持者**，O 是一个是反对结论但承认前提 $\neg A$ 和 $A \vee B$ 的**反对者**，他们在辩护过程中轮流发言。我们记录了如下一些可能的步骤：

1　O 首先开始挑战 P 对于主张 B 的辩护
2　因为 O 承认 $A \vee B$，P 现在要求 O 从 A 和 B 中做出选择
3　O 必须做出回应，没有其他选择

由此，我们分别列出 O 的两个可能的选择：

3′　O 承认 A
4′　P 现在指出 O 也承认 $\neg A$

此时 P 赢了，因为 O 自相矛盾。

3″　O 承认 B
4″　现在 P 使用 O 的这个承诺为 1 做出辩护

O 无话可说并且认输。

　　此处体现出一个关键的特征。玩家 P 有一个获胜策略：无论 O 选择什么，P 都可以赢得这场博弈。这也反映出了在辩论中逻辑有效性是成立的。如果在反对者承认了推理前提的条件下，结论的支持者有获胜策略，那么称这个推理是有效的。这种实用主义观点可以与称为保持真值的语义有效性或者称为可演绎的语法有效性相提并论。而论辩中的有效论证就是那些只要选好每一步就必然可以获胜的论证。

　　给博弈论读者的注释　上述场景可以简单地视为博弈论当中的一个扩展式博弈 (extensive game)。类似地，这里所采用的策略概念是一类标准的函数，它为每

个玩家在每一轮都指定了一个行动,并且各个玩家的行动都不会彼此互相牵制。扩展式博弈和策略会在本书中反复出现,并且逻辑与博弈论之间的很多具体联系都将会依据我们的既定脉络展开。

一致性博弈(consistency game) 论辩式对话是让逻辑与博弈产生联系的一种方式,而另一方面,这种对话具有逻辑一致性的要求。譬如,玩家 O 有一个正面的目标,需要宣称集合 $\{\neg A, A \vee B, \neg B\}$ 是一致的。事实上,保持一致性也是日常交流的重要特征。在中世纪的逻辑研究中,出现过一个名为"义务博弈"(obligation game)的逻辑试题,它要求学生在回应老师的挑战时保持一致性,以此来测试他们的辩论技巧:

> 在这个严格的测试中,一共有 n 轮选择。老师依次给出简要的断言 $P_1, P_2, \cdots, P_n$,在每个断言给出后,学生必须选择接受或反对它。如果接受,P_i 将添加到学生当前的断言集中;如果反对,则 $\neg P_i$ 将添加到学生当前的断言集中。学生只有自始至终都保持一致性才算通过测试。

该逻辑试题出自 Hamblin(1970)。关于该问题的更多历史细节和更为准确的描述,可参见 Dutilh-Novaes(2007)和 Uckelman(2009)。原则上,学生总是有一个获胜策略——通过选择某个可以完全解释老师断言的模型 M,然后根据断言在模型 M 中的真假来选择接受或反对断言。当然,现实中的博弈要比这个简单的过程复杂得多。

赋值博弈(evaluation game) 另一个著名的逻辑博弈产生于人们对于断言的理解。假设两个人正在讨论一个关于数字的量词陈述 $\forall x \exists y \varphi(x, y)$。一个玩家 A 选择一个数字 x,另一个玩家 E 必须给出一个数字 y 使得 $\varphi(x, y)$ 为真。直观地说,A 向这个最初的断言发起挑战,而 E 要为此断言做出辩护。更具体而言,假设一个简单模型里有两个对象 s 和 t,以及一个二元关系 $R = \{\langle s, t \rangle, \langle t, s \rangle\}$(被称为二元循环)。关于断言 $\forall x \exists y Rxy$ 的赋值博弈可以用如下树形图表示,其中的叶子节点表示相对应的获胜者:

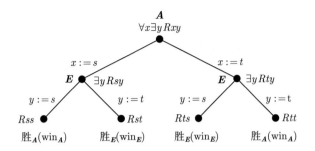

博弈论者会把它视为一个带有四段历史的扩展式博弈。

显然，公式 $\forall x\exists y Rxy$ 在二元循环模型中必为真，而这一明显事实再次反映出博弈论的特征。玩家 E 在这个赋值模型中有一个获胜策略，这个策略可以被表述为"选择那些不同于 A 所提到过的对象"。因此，和前面的例子一样，一个逻辑上的概念（真）与一个恰当的博弈中存在一个获胜策略相对应起来。通过给出一个关于赋值博弈 $\mathbf{game}(\varphi, M, s)$ 的一般化定义（φ 为任意的一阶公式，M 为任意的模型，s 为任意赋值变元），这一事实会更加清晰明确（参考第十四章）。此处，一个被称为证实者（verifier）的玩家 V 宣称公式是真的，而一个被称为证伪者（falsifier）的玩家 F 宣称它是假的。

事实　对于所有模型、赋值和公式而言，以下两个断言等价：(a) $M, s \models \varphi$，(b) V 在赋值博弈 $\mathbf{game}(\varphi, M, s)$ 中有一个获胜策略。

逻辑博弈（logic game）　迄今为止，逻辑博弈伴随着各式各样的研究而出现 (Hodges, 2001)。大量的现代逻辑可以被视作博弈的形式，并广泛应用于模型检测 (Hintikka, 1973)、论辩和对话 (Lorenzen, 1955)、模型的相似性比较 (Fraïssé, 1954; Ehrenfeucht, 1961)，或者为给定的公式建构模型 (Hodges, 2006; Hirsch et al., 2002)。我们将在本书的第四部分介绍其中一些主要的类型，并揭示出：一旦我们能够发现区分角色与目的的方法，那么任何有意义的逻辑任务都可以被"博弈化"（gamification）。尚且不论这种转化所带来的技术上的裨益，对于多主体的交互任务而言，它都迈出了有趣的一步：既重建了逻辑概念，也让逻辑研究者不再成为孤独的思考者和证明者。

0.3 从逻辑博弈到一般的博弈结构

现在我们进一步讨论本书的另一个方向。逻辑博弈作为博弈的一个子类，尽管涉及多种多样的博弈论问题，它也是一类非常专业的活动。前面的赋值博弈就很好地说明了这一点。我们现在先简要地浏览三个基本问题：决定性（determinacy）、博弈等价性和博弈运算。

决定性 上述赋值博弈中有一个简单却显著的特点：证实者或证伪者中总有一个人有获胜策略。这点源于逻辑排中律。在任何语义模型中，给定一个公式 φ，要么 φ 为真，要么它的否定为真。因此，证实者 V 要么在针对 φ 的博弈中有一个获胜策略，要么在针对 $\neg\varphi$ 的博弈中有一个获胜策略。针对后面的这种情况，我们可以利用一类运算将 V 的角色切换为证伪者 F，从而将其等价地表示为 F 在针对 φ 的博弈中有一个获胜策略。这类双人博弈中存在一人有获胜策略的情况被称为决定的。

上述关于博弈论方面的结论是 Zermelo (1913) 的研究结果，也出现在 Euwe (1929) 的研究结果中。值得一提的是，我们这里所讨论的都是那些只有玩家 A 和 E 所参与的双人博弈，他们最终只有获胜或失败两个结果，并且该博弈的回合数也是固定有穷的。

定理 所有具有固定有穷回合数的零和双人博弈(zero-sum two-player game)都是决定的。

证明 这里的证明具有求解博弈的风格，并且此风格也会在本书中反复出现。我们提供一种自下而上的算法，用以判定玩家在这类有穷的博弈树的任何给定节点（node）都具有获胜策略。首先，将最终节点上是 A 获胜的那些节点染成黑色，而把玩家 E 获胜的剩余最终节点染成白色。然后逐步按如下规则扩展染色。如果节点 n 的所有子节点都已经被染色，从下面两步中选择一步：

（a）如果轮到玩家 A 行动，并且至少有一个子节点是黑色，那么将 n 染为黑色；如果所有的子节点都是白色，则将 n 染为白色；

（b）如果轮到玩家 E 行动，并且至少有一个子节点是白色，那么将 n 染为白色；如果所有的子节点都是黑色，则将 n 染为黑色。

这个过程将所有对应玩家 A 具有获胜策略的节点染成了黑色，将所有对应玩家 E 具有获胜策略的节点染成了白色。通过归纳证明，可以说明这种染色充分性的关键所在：一个玩家在某一轮具有获胜策略当且仅当这个玩家在下一轮至少有一个子节点仍然具有获胜策略。

这个算法恰好处在博弈论和计算机科学的分水岭。它指向了我们将在本书中反复讨论的博弈算法——逆向归纳法（backward induction）。逆向归纳法是更为复杂精细的一种算法，它作为一种计算工具已经被用于求解像跳棋这样的实际博弈，以及人工智能中的核心任务 (Schaeffer et al., 2002)。策梅洛（Zermelo）和尤伟（Euwe）的研究聚焦在国际象棋问题上，这个问题也是早先计算机科学和认知科学的研究兴趣所在，并且它允许平局。该定理表明了存在一个玩家有一个不输的策略，不过由于博弈树太大，我们迄今为止也不知道哪一个玩家有这种策略。

备注 无穷博弈

无穷双人博弈的输赢并非决定的，它们具有独立的研究意义。我们将会在第五章和第二十章研究它们所引发的逻辑问题。

本书的主要兴趣点是探究如何将博弈论中的基本事实与标准的逻辑规则紧密联系起来。事实上，一种证明策梅洛定理的方法仅仅是通过排中律将下述有穷迭代量化的断言拆成两类情况："对于 A 的每一个行动，总是存在一个 E 的行动（并以此类推）使得 E 自己获胜"（参考第一章）。

博弈等价性（game equivalence） 决定性虽然重要，但它仅仅是一些简单博弈所具有的特殊属性。逻辑还会关注关于任意博弈的基本问题。

例 命题分配律（propositional distribution）

考虑下面合取对于析取的分配律法则：

$$p \wedge (q \vee r) \leftrightarrow (p \wedge q) \vee (p \wedge r)$$

下图中的两个有穷树对应于上面两个命题公式的赋值博弈，令 A 表示证伪者并且 E 表示证实者。

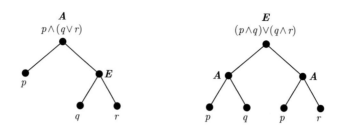

这幅图引起了一个直观问题："两个博弈何时是一样的?"尤为重要的是，分配律的逻辑有效性意味着图示的两个博弈自然在某些含义上是一样的吗?博弈等价性是一个基本问题，博弈论领域已经对它进行了许多研究(Thompson (1952) 是一个著名的早期来源)，我们也将在第一章中对这个问题进行更细致的探究。目前就直观而言，如果我们的注意力是在博弈的轮次和行动上，那么这两个博弈是不等价的:它们在礼节方面(谁先玩)和选择结构上就有所不同。

这种探讨博弈的视角是自然而然的，它包括了很多有趣的博弈细节。但是如果玩家的关注点仅仅是可实现的结果，那么以上结论就会发生变化。

在上图的两个博弈中，两个玩家在实现目标方面具有相同的效力: A 可以迫使结果落在集合 $\{p\}$ 和 $\{q,r\}$，E 可以迫使结果落入集合 $\{p,q\}$ 和 $\{p,r\}$。此处，玩家的"效力"是指不管其他玩家做了什么，该玩家都具有使得博弈的结果位于结果集 U 内的策略。在左图中，A 有左和右两个策略，它们分别生成了效力集 $\{p\}$ 和 $\{q,r\}$，而 E 拥有了生成效力集 $\{p,q\}$ 和 $\{p,r\}$ 的策略。在右图中，玩家 E 有左和右两个策略，它们使得 E 可以生成和左图一样的效力集。相比而言，玩家 A 现在有四个策略(其中，左、右分别表示了 E 的策略;而 L、R 表示了在 E 的策略确定后，A 选择向左 (L) 还是向右 (R)):

左: L, 右: L,　　左: L, 右: R,　　左: R, 右: L,　　左: R, 右: R

第一个和第四个策略使得 A 的效力集与左图中的一样，而第二个和第三个策略仅仅生成了一个被前者所包含的较弱效力。　　　　　　　　　　　■

稍后我们将看到博弈等价性服务于何种研究目的。目前，我们注意到分配律是一个具有吸引力的准则，它可以让我们安全地实现转换，并保障玩家的效力可以免受影响。因此，我们熟悉的那些逻辑法则再次阐释了博弈论里的重要内容。

博弈运算（game operation） 不仅逻辑法则具有博弈论内容，谓词逻辑中的逻辑常元同样也包含博弈论的内容。赋值博弈为基本的逻辑运算添加了新的博弈色彩：

（a）合取和析取运算是行动选择： $G \wedge H$，$G \vee H$

（b）否定是角色切换，也被称为对偶： $\neg G$，或 G^d

显然，选择和切换完全是从旧博弈中形成新博弈的通用运算。在赋值博弈中还有另外一种运算。考虑之前的存在量化公式 $\exists x \psi(x)$：

V 选择一个 M 中的对象 d，然后在 $\psi(d)$ 的基础上继续博弈。

然而存在量词 $\exists x$ 并不能作为一个博弈算子，或许这点非常令人惊讶，因为它显然指代了一类由证实者选择对象的原子博弈。上述命题所涉及的一般量化运算其实隐藏在了短语"继续"后面，它暗示了：

（c）博弈的序列式复合（sequential composition）： $G ; H$

然而，这些只是由旧博弈形成新博弈所涉及的部分运算。接下来我们再举一个例子。截至目前，我们有两种形式的博弈组合。布尔运算 $G \wedge H$ 迫使博弈一开始就要进行选择，没有被选择的博弈根本不会被执行。序列式复合 $G ; H$ 可以导致两个博弈都被执行，但是只有在第一个博弈已经完成之后才会执行第二个。现在来考虑两个基本的博弈："家庭"和"事业"。布尔式的选择运算和序列式复合运算看起来都不是合适的连接词，绝大多数人总是努力用以下运算在家庭和事业中进行着博弈：

（d）博弈的并行式复合（parallel composition）： $G \| H$

我们在一个博弈中进行一段时间，然后转换到另一个博弈中，以此类推。

在第五部分中，我们将会更系统地研究博弈运算，这其中包括几个逻辑系统的关联问题。

0.4 作为交互进程的博弈

面对真正的博弈 我们已经看到针对逻辑任务的博弈是如何拥有了一个使所有博弈都有意义的一般性结构。现在让我们进入关于实际博弈的研究当中，它们涉及经济、社会行为、体育或战争等领域。所有这些都涉及具备智能的玩家如何受规则支配，从而选择行动的问题。在此我们不妨换个角度，将逻辑看成分析这些博弈的一般性工具。在这个更广泛的领域里，逻辑不仅阐明了进程结构，而且随着博弈的进行，逻辑还将帮助我们阐释玩家的慎思和行动选择机制。首先，我们从计算机科学的角度来考察这个研究领域中的首要问题。

作为进程的扩展式博弈 博弈富有进程形式的结构，玩家可能在其中有着不同的目标。因此，博弈已经开始取代以往那些单一的工具，并且在如今作为一种现实模型来探讨分布式计算（distributed computation）、复杂计算机系统和网络等对象。一个扩展式博弈是一个树状结构，它由玩家交替在节点上进行移动所形成的可能历史所构成，而结果则通过为所有玩家标记数值效用值，或者根据所有玩家的定性偏好关系进行排序来表示。当去掉偏好关系后，我们就获得了一个扩展式博弈。第一章我们将给出这些概念更形式化的定义，并且在第一部分和第二部分的其余章节添加了更多重要内容，从而对其进行更加深入的探讨。

从逻辑学的角度来看，像这种带有可供选择的行动的树状结构是非常常见的。它们作为"加标转换系统"（labeled transition system）出现在计算机科学中，也是模态逻辑或时态逻辑（temporal logic）的标准模型，其一般形式为

$$M = (S, \{R_a\}_{a \in A}, V)$$

这里的 S 是一个由一些状态或一些世界构成的域，R_a 是 S 上的二元转换关系并且这个关系只对应于给定集合 A 中的那些可以改变状态的原子行动 a，而赋值 V 为每个原子性质 p 指派了一集使得它成立的状态。逻辑上，有许多对这些进程图的研究（参见 Blackburn et al. (2001) 第一章），这些研究将进程图视为抽象的机制，或者在它被拆成树状结构后，将它视为执行一个进程的所有可能空间。

具体到扩展式博弈而言，博弈状态是由一些行动阶段所构成的域，而这些阶段通过转换玩家们不同的可行行动所关联起来，并且可以用以下特殊的谓词来描述：

$$M = (\text{NODES}, \text{MOVES}, \textbf{turn}, \textbf{end}, \text{VAL})$$

非最终节点是关于玩家的轮次点，这些玩家可以外在地转换一些可行的行动。特殊的命题字母 $\textbf{turn}_i$ 表示了玩家 i 的轮次，而 $\textbf{end}$ 标记了最终的位置。赋值 VAL

解释了节点处其他谓词，例如玩家的效用值。在本书中，尽管我们所讨论的大部分结果可以应用到进程图，但我们主要使用扩展式博弈树。

进程等价（process equivalence）　前面所提到的结构等价现在再次出现。计算机科学领域中的一个基本关注点是有关模型进程结构的层次问题。

例　等价的层次

在计算机研究当中有一个著名的模型对比研究，它包含了以下两个机制（或看成单一玩家博弈）：

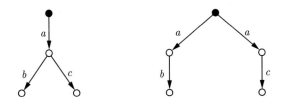

这两个简图表示的是相同的进程吗？虽然第一个机制的第一步是决定的，第二个机制的第一步带有一个内部选择，但是它们都产生了相同的可被观察到的有穷行动序列 $\{ab, ac\}$。就外在的输入-输出行为而言，两个机制是相同的，我们称它们为"有穷迹等价"（finite trace equivalence）。但是，如果我们对内部的控制尤其是那些可行的选择也感兴趣，那么一个更好的方法就是利用众所周知的"互模拟"（bisimulation）技术来进行对比，它是一种更为精细的并且能够追踪玩家选择的结构。事实上，上面的这两个机制之间并不存在互模拟，我们也将在第一章给出相关概念的详细定义。　■

在计算领域中，对于进程等价性的研究具有不同层次的区分，它存在着从较粗糙的有穷迹等价到像互模拟这样更精细的结构等价性之间的差异，但并没有最好一说——这取决于研究目的。这点也同样适用于博弈。扩展式博弈与互模拟可以很好地匹配起来，不过前面我们从玩家效力层面来看待博弈结构也是自然的，这是因为"输入-输出"观点与迹等价性更贴近。

博弈和进程逻辑（process logic）　关于互模拟这类的研究还涉及语法方面的对应。进程等价刻画越精细，与之相匹配的、用于定义进程性质的语言的表达能力越强。特别是互模拟与模态逻辑的使用相关，而模态逻辑将是本书中研究博弈的一个主要工具语言。

例 作为模态进程图的博弈

考虑发生在玩家 A 和 E 之间的一个简单的两步博弈，其终点用数字标识，同时有的终点带有一个命题字母 p：

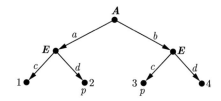

显然，E 有一个可以确保这个博弈最终到达 p 状态的策略。这个策略所产生的效力可以用以下在根处成立的典型模态公式表示：

$$[a]\langle d\rangle p \wedge [b]\langle c\rangle p$$

这个公式左边的合取支表示每次执行 a（用 $[\,]$ 表示全局性模态（universal modality））之后，存在一个行动 d（用 $\langle\rangle$ 表示存在性模态（existential modality））可到达一个满足 p 的状态。公式右边的合取支与左边类似。由于这里所有的行动都是独一无二的，每一个和有一个之间只有细微的差别，但是，对于博弈中的行动所包含的选择，这种差别将在 $[\,]\langle\rangle$-型断言中变得清晰。在我们对于玩家策略效力的逻辑分析中，以下这种回应模式将在许多地方反复出现：

$$[a\cup b]\langle c\cup d\rangle p$$

其中，$a\cup b$ 表示主体可自由执行 a 或 b 的选择程序，这是来自关于行动的模态逻辑中的一个概念（详情参见第一章）。 ∎

不过，这仅仅是个开始，正如我们在本书接下来的内容中将会看到的那样，我们还有许多其他的逻辑语言来刻画博弈的结构。

从算法到博弈 进程和博弈之间的联系不仅仅只是理论方面。计算任务很容易变成博弈。考虑以下关键问题，它是搜索图的可通达性："给定图中的两个节点 s 和 t，是否存在一系列连续的箭头从 s 导向 t？"如果存在这样的路径，那么可以通过快捷的、在多项式时间内完成的算法找到 (Papadimitriou, 1994)。不过，一旦搜索过程中出现了干扰，就像下面旅行这样的现实情形，我们又该如何计算？

例　蓄意破坏博弈 (sabotage game)

下面的网图连接了欧洲的两个逻辑与计算中心：

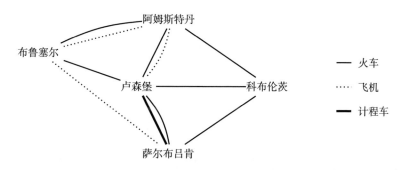

让我们关注图中的两个节点 s 和 t，即阿姆斯特丹和萨尔布吕肯。无论计划以哪种方式出游都很容易，但是，如果日常的交通体系突然崩溃，或者一个邪恶的恶魔开始删除节点之间的连接，我们可以到达网图中的哪个地方？让我们这么说吧，在我们旅行的每一个阶段，恶魔先消除一个连接。现在我们有一个真实版的双人博弈，问题是谁能获胜？

从萨尔布吕肯到阿姆斯特丹，一个德国玩家有一个获胜策略。恶魔第一个行动可能会阻止玩家去往布鲁塞尔或科布伦茨，但是玩家可以在第一轮到达卢森堡，然后在下一轮到达阿姆斯特丹。恶魔也有可能会切断阿姆斯特丹和中间三个城市之一的连接，然而玩家至少有两条到达的完整路线。不过，恶魔从荷兰出发的话就有获胜策略。他首先切断萨尔布吕肯和卢森堡的连接，如果玩家到达了图中间的任何城市，恶魔就有时间在下一轮切断剩余那条到达萨尔布吕肯的连接。 ■

对此问题的研究，我们可以将任何一个算法任务博弈化成一个带有破坏者玩家的"蓄意破坏博弈"。一般来说，求解方法的复杂度会变高（我们将在第二十三章看到）。目前，蓄意破坏博弈已经被应用到不同的研究任务中，例如计算机科学领域中的学习场景。

作为博弈的交互式计算　蓄意破坏博弈例证了我们之前对于博弈的逻辑与作为博弈的逻辑的二分法，而这是一种较普遍的现象。除了提供用以分析博弈的概念和工具，现代计算机科学也开始使用博弈自身作为研究交互计算的模型，毕竟在交互计算中，系统要对每个其他系统与环境做出回应。关于这方面的最新研究范例将会在第十八章和第二十章中讨论。

进程逻辑和博弈　很多进程演算同时存在于计算机科学中，包括模态逻辑、动态逻辑和时态逻辑。这些内容将会在本书的第一部分和第二部分描述一般性博弈的精细结构时再次出现。简略而言，我们在第三部分会研究关于策略效力的逻辑，接着在第五部分会给出相匹配的关于博弈全局的运算，并提出两个相关的演算系统——动态博弈逻辑和线性博弈逻辑。

此处有个值得注意的重点：精细或粗略的考究无关乎文化素养。这种研究角度的变化反映了逻辑在各个领域都有两种不同的适用方法，即对问题的研究提供不同程度的聚焦。有时候，逻辑被用于对一个主题进行近景式（zoom in）研究，从而挖掘出那些隐含在这个主题背后的推理和表述的细节。但是我们偶尔也会利用逻辑演算进行一个更高抽象层面的远景式（zoom out）研究，将给定的推理实践的细节缩小到一种一般性的可见模式。本书将通过一些例子，来反复呈现近景式和远景式这两种研究方法。

0.5　逻辑邂逅博弈论

那些真正的博弈不仅与行动和信息相关，关键是它们也包括了玩家对结果的赋值，这些赋值可以通过效用值或定性化偏好来表示。信息、行动和赋值之间的平衡推动了理性的行为。现在，我们将探讨这种机制如何影响先前的思维方式，即运用逻辑来分析玩家如何协调其信息与赋值的基本假设。

偏好、逆向归纳和理性　我们如何能在一个博弈中找到玩家最佳而非任意的行动？假设玩家是理性的，理论研究者如何预测玩家的行为？或如何对于已出现的玩家行为给出合理的解释？博弈论者关心均衡，这种均衡概念揭示了任何偏离均衡的行为都无法获益的一种稳定性，尽管偏离均衡的行为有时也是重要的（参见Schelling, 1978），不过，均衡概念揭示的是任何偏离均衡的行为都无法获益的一种稳定性。在有穷扩展式博弈中，逆向归纳法中的基本算法原理拓展了策梅洛式染色法（Zermelo coloring），从而帮助我们寻找到相应的均衡。

例 *在偏好存在的情况下预测行为*

考虑之前的一个博弈，玩家对结果的评估以有序对（ *A*-值, *E*-值）的形式被标明：

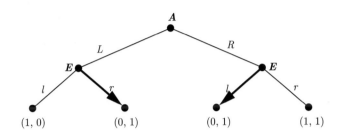

在先前的只有输和赢的博弈中，不管 *A* 做什么，*E* 都有一个获胜策略，该策略用黑箭头表示。这里，尽管标明 *A* 失败的两个最终节点上的值都是 $(0,1)$，但我们现在假设 *A* 在这两个终点之间有一个轻微的偏好。譬如说，左边的失败会导致 *A* 去到一个毫无吸引力的沙滩，而右边的失败会让 *A* 去到一个风景如画的山顶，同时游吟诗人还会为 *A* 最后的立场歌颂几个世纪。因此，结果的新效用值也许会如下面所示，带有微小正数 ε：

$$(1,0) \qquad (0,1) \qquad (\varepsilon,1) \qquad (1,0)$$

由于有了这些偏好，*A* 开始将选择右边，而 *E* 将选择左边。 ∎

计算玩家行动的这一进程算法，为每个玩家在博弈树中的每个节点找到相应的值，并指明了玩家通过最有可能的进一步行动，可以保证得到最佳结果值（只要结果是在该玩家的效力范围内）。

定义 *逆向归纳算法*

以下是一个更为准确的关于逆向归纳法计算的描述：

假设 *E* 要移动，并且所有子节点的值都是已知的。此时 *E*-值取所有子节点的 *E*-值中的最大值，而 *A*-值则取在所有 *E*-最佳子节点上的 *A*-值的最小值。轮到 *A* 行动时，也完全类似。

不同的假设会修改此算法。例如，与一个仁慈的对手博弈，如果此时对手的收益都是一样的，那么，玩家或许可以有理由期待能从对手的最佳行动中获得最大的收益。 ∎

纳什均衡（Nash equilibrium） 这是一个基础的博弈论概念。我们来看双人博弈的纳什均衡，不过它适用于任何数量玩家的博弈（参见 Osborne et al. 1994）。玩家**1** 和玩家**2**分别有任意一个策略 σ 和 τ，通过选择 σ 和 τ 来应对对方的策略，他们确定了唯一的一个博弈结果 $[\sigma,\tau]$。而这个结果可以被两个玩家赋值。现在我们说：

如果不存在 $\sigma' \neq \sigma$, $[\sigma',\tau] >_1 [\sigma,\tau]$ 的情形，并且玩家2 和其
策略 τ 也存在与之类似的要求，那么一对策略 σ, τ 是一个纳什
均衡。

也就是说，当一个玩家保持给定的策略不变时，另一个玩家无法通过改变自己的策略来达到改善自己的结果从而获益。利用逆向归纳法所计算而得的玩家策略，即是该博弈均衡中的策略，更准确地说是"子博弈完美均衡"（subgame perfect equilibrium）：当局限于通往底层子博弈的较低节点时，节点上的最佳策略依然保持最佳。

逆向归纳法是一种合乎情理并且颇具吸引力的分析方法。不过即使如此，仍然有例子可以对它造成困扰。

例 一个有争议的均衡

在下面的博弈中，算法告诉玩家 **E** 在出现岔路时选择左边，这也是玩家 **A** 所相信的，所以，基于这个关于其他玩家的信念，**A** 应该在一开始选择左边：

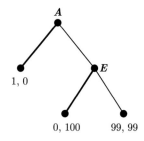

作为结果，两个玩家的收益都将比结果 $(99, 99)$ 更差。 ∎

这个令人惊讶的结果或许将引发一个问题：为什么玩家应该这样行动？一个更有合作性的行为是否可能成为稳定的结果？事实上，这个例子使人联想到博弈论中关于非自我实施均衡（non-self-enforcing equilibria）(Aumann, 1990)，或被称为保证博弈（assurance game）（参见 Skyrms, 2004）的讨论。不过，本书的目的并不是去批判或改进博弈论。这个示例旨在提醒我们，即使是最简单的社会情境也有着微妙之处，以及我们在理解这些情境时所面临的选择点。特别地，导致上述结果的推理包含有行动、偏好、信念和反事实等知识在内，这也是逻辑学家长期关注的综合性问题。我们将在本书第一部分的几个章节中继续探讨描述玩家理性的逻辑结构。在第二部分，我们将进一步把逆向归纳法作为一种动态的反复慎思进程，这种进程通过玩家连续的理性公告改变给定博弈，从而逐渐形成一种预期模式。下面是我们关于此研究的一个特例。

例 阶段性建立期望

不妨将期望视为借由相对可信度而对博弈历史作出的排序。这个排序在下图中用符号"＞"标记。当我们持续宣称玩家"在信念中是理性的——从不选择那些被占优行动，因为这些行动相比其他可行的行动会导致更糟糕的结果"时，以下排序就会出现：

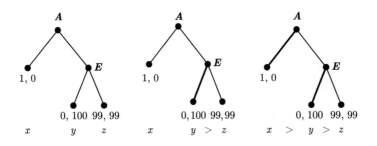

如果上述内容依然让人感到神秘，那么在第八章中，它们将会变得完全清晰起来。 ∎

不完美信息（imperfect information）　到目前为止，我们接触到的都是完全透明式的博弈。在这类博弈中，玩家只是对于未来不确定，然而在很多社会情境中，其实还存在其他各种各样的不确定性。

例 一个纸牌小游戏

简单的纸牌游戏是研究交流的绝佳平台。红 (r)、白 (w)、蓝 (b) 三种纸牌分别给三个玩家：1 得到红纸牌，2 得到白纸牌，3 得到蓝纸牌。所有的玩家都看到了他们自己的纸牌颜色，但是看不到其他玩家的纸牌。现在 2 问 1 "你有蓝纸牌吗"，而 1 诚实地回答"没有"。此时玩家们分别掌握了哪些信息？

如果玩家 2 是真诚地提出这个问题，那么玩家 1 在被问后将知道其他玩家的纸牌信息。玩家 1 回答后，玩家 2 也知道了所有玩家的纸牌信息，而玩家 3 仍然不知道。不过，这里也涉及关于其他玩家的知识。最后，所有三个玩家都知道 1 和 2 两个玩家知道了所有的纸牌信息，而玩家 3 并不知道其他人的纸牌信息。这个事实是他们三人之间的公共知识。 ∎

这种对于情境的理解方式，预设了问题都是诚实的并且对于玩家来说都是合理的。不过，当用类似的方式去分析那类可能不是诚实的问题的情形时，读者将会发现，此时问题会变得更有趣（本书后面的部分将涵盖这两个方法）。

关于他人信念的迭代知识，或是群体中的公共知识，它们对于博弈的分析都至关重要。这是因为它们有助于达成稳定的社会性行为。我们将在本书的第二部分基于认知逻辑来研究这些概念，并用这类逻辑中的更新机制来阐释发生在我们例子中的信息流变化。以下一列的图示作为预览（将其想象为一个视频可能会有所帮助），它们展示了如何通过连续的信息更新来缩小一个初始模型，其中，该初始模型包含了六种可能的发牌方式。玩家 2 所提出的这个问题排除了"2 有蓝牌"的两个世界，而玩家 1 的回答则排除了"1 有蓝牌"的两个世界：

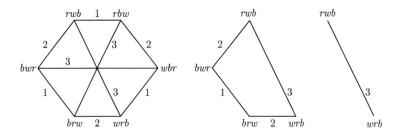

现在让我们更为抽象地将这类不完美信息的博弈作为一般性进程来考察。下面是另一个有着这种信息结构的例子。

例 不完美信息下的赋值公式

考虑之前赋值博弈中的公式 $\forall x \exists y Rxy$，但是现在假设证实者不知道证伪者开局时选择的对象。新的博弈树如下图所示，图中的虚线表示 E 对于 A 选择的不确定性：

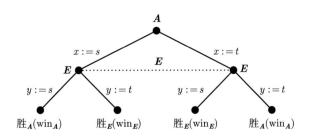

这个博弈和之前的博弈有很大的不同。尤其在这类博弈中，玩家只能执行那些无法消除不确定性的策略，但这看起来似乎是一个合理的要求：玩家 E 在原先的四个策略中现在只有两个可以选择——左和右。此时，我们很容易就看到决定性消失了：没有玩家有获胜策略！ ∎

不完美信息博弈的逻辑 这些博弈具有更为丰富的结构，由此需要我们用到带有认知模态词 K 的模态进程语言，其中，$K\varphi$ 的定义是：φ 在所有与当下状态不可区分的状态下为真。

此时，让我们来探讨一下，如何用这样的语言去形式化上述例子。以下逻辑公式描述了在上述博弈的中心节点上，玩家 E 所面临的困境：

（a） $K_E(\langle y := t \rangle \mathrm{win}_E \vee \langle y := s \rangle \mathrm{win}_E)$

此处，E 知道选择 s 或选择 t，总有一个行动将使 E 获胜。

（b） $\neg K_E \langle y := t \rangle \mathrm{win}_E \wedge \neg K_E \langle y := s \rangle \mathrm{win}_E$

此时，E 并不知道哪个行动让他获胜。

这就是哲学逻辑中著名的从物（"de re"）和从言（"de dicto"）的区分。一个人也许知道理想的伴侣就在那里（从物），但不曾发现谁是这个人（从言）。不完美信息博弈的认知逻辑还可用于描述玩家的其他有趣性质，例如具有完美回忆（perfect recall）的玩家和受限记忆力（bounded memory）的玩家。我们将在第三章探讨具有这些性质的玩家，而在本书第二部分研究玩家的类型以及决策风格时也会再次探讨这些问题。

现在我们已经至少看到两种知识融入博弈的方式：对于博弈未来进程的"前向式无知"（forward ignorance）和对于我们所处博弈位置的"侧向式无知"（sideways ignorance）。之后，尤其在第五章和第六章讨论博弈的各种模型时，我们将更细致地讨论这两种关于信息的不同形式。

备注 关于逻辑的逻辑

如果你还记得前面那个本身是逻辑博弈的例子，那么这里介绍的模态逻辑实际上就成为一个关于逻辑的逻辑。如果这些视角上突然的转向令你烦恼，那么请认识到这些令人眼花缭乱的、内省式的线路在逻辑中经常出现。如果这对你没有帮助，请在阅读前深吸一口气。

策略式博弈（strategic form game） 虽然扩展式博弈引人入胜，但是博弈论也有一种与之完全不同但被更广泛使用的博弈形式，它通常用我们熟悉的矩阵图来表示。一个策略式博弈的组成成分包括：（a）一个有穷的玩家集合 N；（b）对于每个玩家 $i \in N$ 来说的一个非空行动集合 A_i，它是玩家 i 可行的行动集合；（c）对于每个玩家 $i \in N$，一个在 $A = \Pi_{j \in N} A_j$ 上的偏好关系 $\geqslant_i$。

这种形式的博弈是将全局性的策略看作一类原子行动，而 A 中的元组则代表了可被玩家赋值的博弈总结果。这类层次上的结构有些类似于前面提到的玩家效力观点，尽管在具体到精细的类比时，它们之间存在微妙的差别（参考本书第十二章）。我们常用可以描述社会基本情境的矩阵来表示策略式博弈。

例 矩阵式博弈（matrix game）

一个矩阵博弈的简单例子是鹰鸽博弈（Hawk versus Dove）。在许多诸如此类的博弈中，主体可以选择两种行为：攻击或温顺。下面的例子中，玩家对于结果的偏好是以（**A**-值，**E**-值）的次序标注：

		E	
		鸽	鹰
A	鸽	3,3	1,4
	鹰	4,1	0,0

这里的理解不同于前面的扩展式博弈树，因为在鹰鸽博弈里，玩家是同时且

独立地选择他们的行动。此情形中的最佳行动组合是什么？就此博弈而言，纳什均衡是（鹰，鸽）和（鸽，鹰）。

这类博弈形式的另一个例子是著名的囚徒困境。考虑两个国家陷入以下情境：

$$E$$

		武装	撤防
A	武装	1,1	4,0
	撤防	0,4	3,3

这个博弈中唯一的纳什均衡是（武装，武装），而不是使两个玩家利益最大化的最佳选择所构成的组合。囚徒困境引发了有关社会合作的深层次问题（Axelrod, 1984），但是本书不会涉及这些。∎

并非所有的策略式博弈都存在像上述那样纯策略的纳什均衡。一个反例是常见的猜硬币博弈，它将会在第三章和第二十一章中讨论。不过，玩家可以通过添加"混合策略"（纯策略的概率组合）来增加玩家的行动选择空间。那么，追溯到博雷尔（Borel）、冯·诺伊曼（von Neumann）和纳什（Nash）的工作，策略式博弈随后发展出了自己的理论，由此扩展了传统的策梅洛定理（参见 Osborne et al. 1994）。

定理　所有有穷的策略式博弈都在混合策略中存在纳什均衡。

策略式博弈的逻辑　类似于扩展式博弈，策略式博弈也可以被视为关于行动、偏好和知识的逻辑语言模型（van Benthem et al., 2011a）。特别地，如何定义策略式博弈中的纳什均衡，早已成为用逻辑研究博弈论的基准问题（参见 van der Hoek et al. 2006）。在本书中，由于在扩展式博弈中可以更好、更细致地描述玩家的理性行动和推理，所以策略式博弈在多数情况下会是一个副主题。不过，我们在第十二章和第十三章将仔细地探讨矩阵式博弈的模态逻辑，同时在建模同步行动（simultaneous action）的研究中也会涉及一些著名概念。

通过逻辑宣告求解博弈　策略式博弈有它们自己的求解算法，不过，如果我们将矩阵本身看作关于知识和行动的逻辑语言模型，那么，我们的逻辑也可以与这些求解算法联系起来。一个经典的算法是重复剔除被严格占优策略（strict dominated strategy，SD^ω），对一个玩家 i 而言，如果一个策略的结果总是好于另一个策略的结果，那么称这个策略占优于另一个策略。下面的例子显示了如何实施这种算法。

例 通过剔除被严格占优策略来修剪博弈

考虑下面的矩阵，其中图例中的有序对表示（ *A*-值，*E*-值）：

		E		
		a	*b*	*c*
	d	2,3	2,2	1,1
A	*e*	0,2	4,0	1,0
	f	0,1	1,4	2,0

首先剔除被占优的右手边的一列：*E* 的行动 *c*。之后，最后一行 *A* 的行动 *f* 称为被严格占优策略，消除 *f* 之后，*E* 的行动 *b* 又称为被严格占优的，接下来就是 *A* 的行动 *e*。这样连续剔除到最后只剩下纳什均衡 (d,a)。 ∎

这里，推荐一个有关基于玩家的知识和认知逻辑来分析博弈求解方式的、综合性的认知博弈理论著作（参见 de Bruin, 2010），它通过公共知识或理性信念来定义最佳的策略组合。但是和之前一样，这里也有一个简单的动态方法，可以类似地用于著名的"泥孩谜题"(Fagin et al., 1995)。在这个谜题中，通过迭代宣告孩子们的无知，最终达到一种极限上的稳定解。上面的矩阵可以被视为一种认知模型，在该模型上玩家已经选择好他们自己的行动，但是还不知道其他玩家选择了什么行动。现在，这些模型也许会随着进一步涌入的信息而发生改变，比如就像我们的纸牌博弈一样，通过玩家的深思熟虑，模型会随之变得更加简化。对于 SD^∞ 而言，推动了这样一个匹配过程的理性陈述是这样的："没有人会执行一个他知道其结果比其他策略所带来的结果更差的策略。"

随着这一过程的重复，信息不断传递，博弈矩阵在连续的步骤中逐渐缩小，直至到达第一个不动点，这与我们早先在三张牌的例子中已经看到的信息流非常相似：

1	2	3
4	5	6
7	8	9

1	2
4	5
7	8

1	2
4	5

1
4

1

每个方框都充当了一个像上面描述的认知模型：例如，*E* 的无知范围是图中

的竖列。每一次连续的公告都增加了玩家的知识，直至到达第一个不动点，那时理性变成了玩家之间的公共知识。

因此，和逆向归纳法一样，这里自然存在一个研究求解策略式博弈的逻辑，我们将在第十三章探究它的细节。

概率和混合策略　在真正的博弈论中，一个关键方面是其对概率的运用。正如我们所述，所有有穷策略式博弈都在概率化的混合策略中存在均衡。在这更广泛的策略空间中，均衡的概念与之前相同，它也通过明显的方式，来计算策略组合的结果并以此作为期望值。以下示例来自报纸专栏 Savant (2002)，尽管也可能存在官方的博弈论版本。

例　*图书馆之谜*

"一个陌生人跟你进行一个博弈，你们两个都会猜硬币是正面还是反面。如果你们两个都猜中了正面，她会支付给你 1 美元；如果你们两个都猜中了反面，她会支付给你 3 美元；而如果你们两个猜的结果不一样，你需要支付给她 2 美元。这个期望值为 $1/4 \times (+1) + 1/4 \times (+3) + 1/2 \times (-2) = 0$ 的博弈是公平的吗？"沃斯·莎凡特（Vos Savant）在她的评论中说道，如果这个博弈重复进行，对你将是不公平的。这个陌生人可以在 2/3 的时间里选择正面，这样你的平均收益是 $2/3 \times (1/2 \times (+1) + 1/2 \times (-2)) + 1/3 \times (1/2 \times (+3) + 1/2 \times (-2)) = -1/6$。但是，如果你选择一个不一样的策略，即"始终选择正面"会怎样呢？此时你的期望值是 $2/3 \times (+1) + 1/3 \times (-2) = 0$。所以，这个博弈的公平值是什么？

显然，如果一个策略序对 (σ, τ) 处于均衡状态，那么每一个出现在混合策略 σ 中的纯策略也是玩家 **1** 对策略 τ 的最佳回应。现在我们可以对图书馆博弈进行如下分析。在均衡中，令陌生人选择正面的可能性为 p，选择反面的可能性为 $1-p$。你选择正面的可能性为 q，选择反面的可能性为 $1-q$。现在，无论你总是选择正面还是总是选择反面，你应对 p-策略的期望结果必须一样。即：$p \times 1 + (1-p) \times (-2) = p \times (-2) + (1-p) \times 3$，由此计算得出 $p = 5/8$。通过相似的计算，q 也等于 $5/8$。你的期望值是 $-1/8$。因此，尽管不完全是作者给出的这个原因，但这个图书馆博弈确实对你不利。　■

当然，诠释混合策略的方法有很多种 (Osborne et al., 1994)。例如，在前面的鹰鸽博弈中，除了纯策略均衡之外，这个博弈还有一个均衡，其中每一个玩家50%的时间选择鹰和鸽。这可以依照生物学上，稳定种群具有不同类型的混合体的观点加以解释。但是，我们也可以用演化博弈论中，玩家通过行为模式的学习所产生的不同信念度这样一类观点来进行解释（参见 Leyton-Brown et al., 2008; Hutegger et al., 2012）。

虽然我们所研究的很多逻辑系统都自然地具有概率一面，但是逻辑和概率并不是本书的主要主题。

无穷博弈和演化博弈论（evolutionary game theory） 这是我们探索博弈论相关主题当中的最后一个。虽然到目前为止所有的博弈都是有穷的，但无穷的博弈同样也会出现在本书中。无穷的计算过程和有穷的计算过程同样基础。虽然标准任务的程序旨在终止，但如同操作系统那样的程序也同样重要，它们旨在永远运行，以便运行有穷的任务。类似地，虽然特定的对话旨在终止，但是在原则上，话语的总体博弈是无限的。这些都是隐喻，但它们背后有实质性的内容（参见 Lewis, 1969 和 Benz et al., 2005 使用信号博弈来理解自然语言协议）。

基于对无穷重复囚徒困境博弈的研究，无穷博弈已被用作模型来说明合作的出现 (Axelrod, 1984)。在这类博弈中，尽管逆向归纳法是无效的，但是伴随着对于时态结构的探索，出现了新的策略概念。一个关键的例子是以牙还牙（Tit for Tat）策略："在下一次博弈中，复制你的对手的最后那次选择"，带来即刻的奖励和惩罚。以牙还牙策略可以构成一种自身的纳什均衡，它使得合作从长远来看是一个稳定的选择。在第四章和第二十章中，我们将讨论它的逻辑用途。

在无穷博弈背景中，会有很多新概念出现，例如针对突变入侵者的"演化稳定性"策略 (Maynard-Smith, 1982)。演化博弈论是动态系统理论的一个分支 (Hofbauer et al., 1998)，目前逻辑学家并没有对此进行很多研究（参见 Kooistra, 2012 定义演化稳定均衡），本书除了第五章和第十二章之外，几乎很少讨论到这个问题。如果是谈及无穷演化博弈领域，那么本书中已有的很多理论分析可能需要重新思考。

0.6 从逻辑和博弈论到弈博论

前面的讨论或许表明了关于博弈基础方面的理论没有出现问题时，逻辑与博弈可以较好地对应起来，而逻辑只是在这种对应中用来庆祝的工具。不过，一旦关于博弈的解释和博弈的逻辑结构方面存在严重的问题，那么这种对应就将变得复杂起来。

用什么证明逆向归纳法是合理的？ 一个好的切入点是逆向归纳法。然而正如以下例子所示，该算法所产生的博弈解由于在某些情形下不能提供一致连贯的解释而备受质疑。

例 *逆向归纳悖论*
考虑下面的博弈（更长的版本有时候被称为"蜈蚣博弈"）：

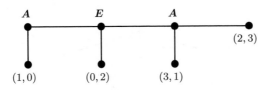

逆向归纳法计算出的均衡结果是左边初始点的值 $(1,0)$，即玩家 *A* 一开始就选择向下的行动。但这点很奇怪。因为两个玩家即使是竞争关系，从图中也可以看出如果一直向右走到尽头，*A* 的收益将大于 1，*E* 的收益也将大于 0，那么对于他们双方都更好。 ■

对此问题的研究，引出了基于认知逻辑的博弈论基础，其中包括了以下来自 Aumann (1995) 中的见解。

定理 *逆向归纳法的解决方案必须在扩展式博弈中获得，其中玩家在具有共同理性认知的情况下行动。*

即便如此，非均衡路径的直观解释仍然存在问题，而这对于在适当位置可以维持行为的反事实推理（counterfactual reasoning）至关重要。当一个人对此进行深思熟虑时，隐藏在逆向归纳法背后的标准直观解释还会一致吗？

假设 *A* 偏离逆向归纳法中的行动，选择向右移动，*E* 将坚持原来的推理吗？*E* 也许认为 *A* 现在被证明是一个不同类型的玩家——*A* 最后的行为也许和最初的期望不一样。

使玩家显式化 此时，一般性议题从先验的慎思转换到了对一个正在进行的博弈的分析，这就使得关于其他参与者的信息对于当下玩家的选择变得至关重要。由于逆向归纳是一种沿着博弈树自下而上的分析求解方法，因此，偏离均衡路径的行动对逆向归纳的分析不会产生影响：这些偏离行动可能会被看成是玩家无意的失误选择，不会影响到博弈的剩余回合所对应的结果。这种解释取自一种偏激的观点，也许适用于前期分析，但不适用于分析博弈进程中的实际行为。对于博弈进程中的玩家实际行为的分析，我们需要有其他推理的方案。而在这些方案中，玩家已做过的选择具有丰富的信息。鉴于玩家已经到达当前节点，对于他们未来行为的最合理期望是什么？在下面这个有趣的图示中，博弈树上的 s 点表明了博弈已经进行到的阶段，并且玩家关于知识或信念的可及性关系也取决于 s：

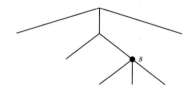

因此，玩家知道发生了什么，并让他们的行为取决于两件事：剩下的博弈是什么样的，以及在更大的博弈中到目前为止发生了什么。现在，推理空间变得更大，而在提出建议或预测时，我们需要更多地了解主体、他们进行信念修正的原则以及他们参与博弈的风格（参见 Stalnaker，1999）。这种分析方法是对逆向归纳法的补充，读者可以参考一些关于前向归纳法的博弈论文献，如 Perea (2012)。

我们将在本书第一部分和第二部分探索这个更广泛的议题，并将此表达为以下形式：

$$逻辑 + 博弈论 = 弈博论$$

弈博论（theory of play）涉及逻辑的多个领域。进程结构为博弈的研究提供了平台，正如我们所见，这里研究博弈的工具来自计算逻辑。不过弈博还涉及主体性，因此我们需要转向哲学逻辑和当前的多主体系统。社会情境的推理涉及像知识、信念、策略、偏好和主体的目标等哲学主题，而所有这些对于博弈都是至关重要的——博弈中玩家随着时间进行慎思、计划与互动。这些需要用到侧重于不同类型的进程逻辑：关于认知的、反事实的，以及基于偏好的。我们将在本书中多次看到这些逻辑的联合。这对一个逻辑学家而言是可喜的，因为它展示了博弈如何为一个新的快速发展的领域提供了一个统一研究的平台。

0.7 小 结

绪论中的例子给予了读者关于逻辑与博弈交汇的初步印象。乍看之下，它们引发了各种令人困惑的问题。我们在此再次强调，它们在此阶段的目的仅仅是为了证明存在这样一个交汇。我们希望证明逻辑的每个领域背后都有博弈，反之亦然，博弈的每个特征都有某种逻辑的衍生。本书后面的章节将会呈现这种交汇背后更为系统的理论。

二元性 这里给出的例子有两种形式：作为博弈的逻辑和博弈中的逻辑。读者将会注意到随着本书内容的展开，后者会占据主导。这本书确实主要是利用来自计算逻辑和哲学逻辑的概念与成果探究博弈中的逻辑问题。不过，正如我们一开始所说的，这部分不是我们唯一的关注点。我们也将在第四部分关注以博弈形式所呈现的、有关逻辑的核心任务。作为本书的结尾，博弈逻辑和逻辑博弈的交汇将作为第六部分的中心。这将凸显我们的主张：展示这种二元性对于逻辑的研究通常也至关重要。

学科的交汇 我们的例子表明很多学科都可以在博弈中找到迎合它们研究的兴趣，而逻辑往往在其中扮演着分析工具的角色。首先是博弈论本身，其主题涵盖了从抽象的数学分析到关于社会行为的经验分析。在这样的交汇中，我们还可遇到来自计算机科学方面的基本问题，其中混合有来自进程理论、自动机理论和对主体的研究方面的想法，而这些正在形成新的博弈理论。我们的绪论也触及博弈在数学、哲学和语言学中的应用。在本书中，我们将在自由使用所有这些领域的相关观点时，发展出一个关于博弈的整体逻辑观。这并不是说我们的做法包含或取代了这些其他的方法。它们有自己的成就和风格，因此我们不可能做到完全公正地对待它们。为了更好地了解我们所做的以及我们没有做的，读者可以查阅最近的一些研究目的和风格不尽相同的优秀文献，它们被列举在这篇绪论的最后。

博弈改变了我们所知道的逻辑吗？　现在回归到我们在本书中所会涉及的工作。本绪论的最后一点是关于这里提出的主题的历史推力。从逻辑与博弈的两个研究方向上——逻辑的博弈和博弈的逻辑，我们提出了探索逻辑研究经典方式的一个非常有意义的扩展，并在某些方面较大地背离了看待基本逻辑概念形成的方法。然而，任何一位阅读本书的读者都可以清晰地看出，本书中自始至终所采用的方法论——从形式建模到形式系统设计以及这些系统的元理论性质，都是标准的数学领域中的研究模式。就我们的逻辑观而言，数学是中立的。这从历史角度来看是有趣的。Toulmin (1958) 中有个知名的批评：在过去的几个世纪里，逻辑已经太着迷于形式内容，因而过多倾向于那些缺失了推理本质的抽象数学概念。相比之下，另外一个与之竞争的方案是"形式化"（formalities）——一个像法律论证或一般性论辩那样，形成的是一个有专项性、具体的技能核心的过程。本书所倡导的博弈观点表明这是一个完全错误的对立观点。形式化本身有其自身的形式。实际上存在着大量的关于行动、进程和智能主体交互中的逻辑结构，尤其自 19 世纪逻辑领域的数学转向后，这些结构被逻辑学家们当作熟知且喜爱的工具利用起来。

0.8　本书的内容

本书中，我们会综合利用已有研究工作和新的材料、新的技术探索逻辑与博弈交汇处的问题。我们每章的讨论都会有一个明确的目标，不过，它们的目标性质可能不尽相同。有的章节是关于已建立的研究路线，有的章节则是提出新观点和新问题，也有一些章节主要是为了在不同领域间建立联系。同时，书中相当多的章节包含了作者已有的原始研究成果，而有的章节内容则仅仅是作为一种已知技术的教学式演示。

在本书的第一部分，我们将把博弈看作丰富的交互过程，探寻博弈中的逻辑。第一章所展示的仅仅是相关于扩展式博弈的进程结构。我们将通过借助关于行动的模态逻辑对此进行分析，并将其系统地与探讨博弈等价问题的互模拟联系起来。在第二章中，我们将偏好结构考虑进来，并且揭示博弈中至关重要的理性概念，进而说明它是如何在逆向归纳法以及其他求解博弈的方法（这些方法通过带有行动和偏好的多模态逻辑来定义）中发挥作用，或者在更具表达力的不动点逻辑中，更具象化地关注这些计算博弈解的细节。我们在第三章中增加了对不完美信息博弈中信息流的思考，揭示出这些信息流如何实现对前述逻辑的认知扩展。联合行动和知识模态，我们可以用特定公理刻画包括具有完美回忆特质在内的玩家特性。玩家凭借策略实现了博弈的目标，但是对于策略的研究却常常被忽略。因此，在第四章中，我们将关注点转向策略这个主题，揭示如何利用命题动态逻辑和相关形式来定义与分析策略。对无穷博弈和时态逻辑的简要讨论被放在了第五章中，这些讨论拓展了前面对于有穷逻辑的模态分析。最后，第六章是对一系列相继出现的"博弈模型"的系统性分析。我们需要这些模型帮助去阐释更多关于玩家的信息。

对于出现在博弈中和博弈间的各种类型的行动，本书的第二部分将转向关于它们的逻辑动态研究。尽管我们假设了读者具备丰富的模态逻辑知识，不过，在第七章中，我们还是会对动态认知逻辑的相关想法和技术加以简要介绍。在第八章中，我们将探究博弈开始前，玩家慎思博弈进展的过程，这类研究将逆向归纳法与通过对理性命题的迭代更新（包括软更新和硬更新两种方式）而产生的动态过程联系了起来，并由此进入对信念修正和学习情境的研究。然后我们在第九章中考察对于多种实际博弈进程的动态逻辑研究，这包括：观察行动、接收到的其他相关类型的信息，甚至是有关玩家偏好改变的信息。本章还展示了这些相同的技术如何分析博弈的后期理性化，甚至在当前博弈产生实际变化时会发生什么。我们需要更一般的理论，而这个一般理论便是我们在第十章所提出的"弈博论"。因此，在第十章中，我们将主要围绕该理论的轮廓和前景展开讨论。

尽管本书的第三部分内容和研究问题的视角依旧与前两部分的内容相关，不过，我们将用一种更偏整体的观点来研究博弈。在第十一章中，我们将表明先前讨论的模态技术如何被推广到玩家对于博弈结果的效力分析。我们在第十二章中研究策略式博弈，表明模态逻辑在分析信息、玩家行动以及玩家对于行动的自由选择方面具有重要意义。然后在第十三章中，我们用动态认知逻辑分析了策略式博弈的求解算法，为博弈论提出一个动态认知基础。

接下来，从第四部分转向逻辑博弈的研究，我们将逐一介绍几类逻辑的博弈。第十四章所谈论的是关于赋值博弈的几种逻辑（一阶逻辑、模态逻辑与不动点逻辑）。第十五章则是对模型间比较博弈的研究，这可以为先前的结构等价概念提供更为精细的结构。第十六章介绍了用于研究玩家保持一致性的模型构建博弈，而另一方面，在第十七章中我们将介绍关于对话和证明的相关博弈。最后，在第十八章中，我们对一些贯穿并联接起不同逻辑博弈的主线进行梳理，同时揭示出在算法基础方面，相似的想法如何得以实现。

本书第五部分将博弈逻辑和逻辑博弈的研究思想混合在建构博弈运算的两个主要演算中。我们在第十九章中讨论了动态博弈逻辑，将关于程序的动态逻辑推广到用于研究玩家效力的邻域模型（neighborhood model）。在第二十章中，我们将介绍用于并行式博弈（parallel game）构造的线性逻辑，并将之与用作研究不同系统交互运算的模型——无穷博弈关联起来。

在本书的第六部分中，我们并非采用一种大而统一的形式将博弈中的逻辑与作为博弈的逻辑结合在一起，而是以两者间多个富有成效的交互和融合的形式去研究。第二十一章主要是关于不完美信息的逻辑赋值博弈，第二十二章则是讨论近年来知识博弈在认知模型中的应用，而在第二十三章中，我们将介绍作为具有博弈逻辑和逻辑博弈两者特征的广义计算模型——蓄意破坏博弈。最后的一些章节提出了更多理论上的问题。第二十四章将揭示逻辑博弈如何为某种特定类型的一般博弈代数提供完全表示，第二十五章则提出进一步、更具一般性的主题，包含一些具有混合性且融合了逻辑博弈和博弈逻辑特征的自然系统。

本书最后的结论是将主要内容汇集在一起，明确指出我们迄今为止的研究中所存在的一些主要问题，同时指出沿着这些问题研究的前景。值得一提的是，读者通过阅读本书中的内容，除了能具备一类宏观视角，也能学到很多大家普遍感兴趣的技术。这些包括博弈等价，对博弈结构的内部和外部进行分析的逻辑，关于博弈运算的代数和关于信息流的动态逻辑。此外，这些影响已超越单纯技术层面，激发出深层次的理论涟漪，从而涉及对博弈论与逻辑学认知方式的转变。

进一步的研究参考　本书仅仅是对这个领域的一次尝试，并没有声称达到完整性。正如我们前面所说的，博弈的主题可以从很多角度切入，继而在很多学科中展开。这里有一些其他方向的研究。Hodges（2001）和 van der Hoek & Pauly

（2006）是关于逻辑和博弈之间关系的研究概述；Osborne & Rubinstein （1994）、Binmore （2008）、Gintis （2000）、Perea （2012）和 Brandenburger et al. （2013）是对现代博弈论的生动研究；Leyton-Brown & Shoham （2008）和 Shoham & Leyton-Brown （2008）展示了博弈论和计算机科学中主体的很多联系；Grädel et al. （2001）提出了将强有力的博弈论作为反应系统的一个模型，并且这类模型与计算逻辑和自动机理论相联系。而 Apt & Grädel （2011）增添了与标准博弈论相关内容的研究；Abramsky （2008）给出了编程语言和交互式计算的博弈语义；Mann et al. （2011）提出了哲学和语言学中的博弈理论逻辑；Gintis （2008）将博弈论与社会认识论中的重大议题相结合；Pacuit & Roy （2013）提出了逻辑学家和哲学家兴趣所在的认知博弈论；de Bruin （2010）是对这个相同交汇处的批判性哲学思考；Clark （2011）给出了一个广泛适用于逻辑、语言学和经验认知科学的经典博弈和演化博弈的概图；Hodges （2006）和 Väänänen （2011）的研究是用优雅的数学成果展示博弈在数理逻辑中的应用；Kechris （1994）在数学集合论基础方面展示出精妙的博弈方法。

当今讨论逻辑与博弈论联系的两个主要会议是：TARK，http://www.tark.org/（关于理性和知识的推理研究方面）和 LOFT，http://www.econ.ucdavis.edu/faculty/bonanno/loft.html （关于博弈论和决策论的基础研究方面）。而以逻辑基础来讨论计算和主体性的计算机科学会议，它们也有许多与博弈相关的重要内容，其中一个相关研究工作出版和活动的网站是http://www.loriweb.org。

第一部分　博弈逻辑和进程结构

第一部分的导言

本书的开篇将关注博弈中玩家互动所涉及的推理，我们会利用有关计算和信息的标准逻辑来对它进行分析。为了便于理解我们接下来的研究，不妨考虑下图中的一个简单场景。其中，两个玩家的偏好用（A-值，E-值）这样的有序对来表示。根据扩展式博弈中逆向归纳法的标准解法，玩家 A 有理由相信——当轮到玩家 E 时，他将选择左边。因此，玩家 A 基于此信念，他会在一开始就选择左边。

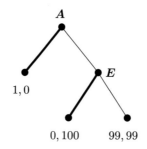

这种有关理性行为的推理或许会让人觉得惊讶，毕竟（99,99）这个结果对两个玩家来说似乎才是更好的选择。

那么，玩家为什么要这么做？注意，逻辑的研究旨在帮助我们理解隐含在逆向归纳法中的这种推理方式，而不是提出新的博弈解。不过有趣的是，对于这种推理的研究总是会涉及许多经常被分开研究的概念。这些概念包括行动、玩家关于博弈的知识、玩家的偏好，还有玩家对于即将发生事情的信念、计划以及对于根据既定的计划却不能获得某种预想结果的反事实推理。一个简单的社会场景总是以一种融贯的方式，囊括了哲学逻辑中几乎所有的分支。人类思维的机制交织着行动、信念和偏好，就像物体的机制交织着它们的质量、位置和力量一样。"玩家永远不会选择那些让他们相信结果比其他行动结果更糟糕的行动"——这一隐含在逆向归纳法推理进程背后的，将这些概念关联起来的桥式法则（bridge law）通常被认为是合理的。不过，这条法则俨然包含了许多假设。我们逻辑的目的正是在于澄清这些假设，而不是去认同任何博弈论上的具体建议。

在后面的章节中，我们将对以上所有的这些内容进行探讨，从基本的计算模型到最终的、更丰富的主体理论。我们将首先探讨行动的基本进程结构，然后在结构上添加偏好，再加入不完美信息。在这之后，我们将考察两个概念：在分支时态背景中的策略和无穷博弈。最后，我们会从方法论的角度，探讨本书中用于博弈的那些小模型。在结论部分，我们会对博弈逻辑作一个较为全面的整合分析，即便这种分析并非面面俱到的。而有关本部分研究的后续主题会随着我们研究的展开逐一得到呈现。

第一章 作为进程的博弈：可定义性与不变性

让我们以一种很简单的方式开始本章的研究。一个带有节点和行动的博弈树是一种伴随着状态和转换的进程模型。这种模型通常在逻辑学、计算机科学和哲学中作为研究对象，并被称作克里普克模型或者加标转换系统。而描述该模型的逻辑语言，既要以一种清晰明了的方式定义进程结构，也要描述出社会场景推理背后的直觉。逻辑在博弈研究中的更进一步应用，则是用于分析模型检测所需性质方面的计算复杂度，但这种计算方面的研究不是本书的重点。在本章中，我们将看到模态逻辑对于博弈研究的许多助益，这使得模态逻辑成为研究博弈的第一候选语言。不过，从一个更基本的逻辑角度看，这种选择是有意义的。对于语言的选择，它同时也是对不同语义结构之间在结构不变性层面上的选择。因此，我们第二个主要的议题就是博弈之间的结构不变性，以此从不同的层面对互动进行探索。简单地讲："两个博弈在什么时候是相同的？"尽管对这个重要的议题还没有达成共识，但我们会提出一些建议。在本章的最后，我们将给出一个简短的结论，提到本章所引用到的一些主要文献，并列出一些可以深化本章中所提出的那些议题的研究方向。

注意 本章和本书中大部分的博弈一般都是指有穷博弈。当无穷博弈变得重要时，我们会明确指出（参见第五章、第十四章、第二十章和其他地方）。本书中的很多概念和结果也适用于无穷博弈，但我们不会系统地对其进行推广。

提醒 我们重申前面作过的一个提醒。本章并不是模态逻辑的引论，也不是本书中其他逻辑的引论。教材类的书籍 van Benthem (2010a) 涵盖了下面将要用到的大部分基础知识。

1.1　模态逻辑中作为进程图的博弈

作为进程图的扩展式博弈　我们首先通过对 Osborne et al. (1994) 中的介绍稍作变化，以此来定义我们的基本模型。

定义 1.1　扩展式博弈

一个扩展式博弈 G 是一个五元组 $(I, A, H, t, \{\leqslant_i\})$，它包括 (a) 由玩家构成的集合 I；(b) 由玩家行动构成的集合 A；(c) 历史集合 H，它是由 A 中连续的行动所构成的有穷或无穷序列，并且对于历史的有穷前缀运算和无穷极限运算是封闭的；(d) 行动轮次函数 t，它把每一个在 H 中具有适当延续的非终点历史映射到当前轮次的唯一玩家；(e) 对于每一个玩家 i，都在一个含有终点的历史上有偏好关系 $h \leqslant_i h'$（相对于历史 h 来说，玩家 i 更倾向于历史 h'）。略去扩展式博弈中的偏好关系，我们会得到一个恰好是基于纯行动结构下的扩展式博弈。　∎

这里，如果我们允许那些对应于博弈结果无法比较的部分偏好序存在，允许同步行动，或者去掉极限闭包，那么，我们可以为一类更宽泛的时态进程来构造模型。不过，基本的形式结构应当被应用得最为广泛，理解这一点将有助于之后关于逻辑的一般化研究。

对于其他领域的读者来说，扩展式博弈形式呈现出我们所熟悉的一种结构：在逻辑与计算科学研究中，一种带有状态和转换关系的多主体"进程图"（process graph）。在本章中，我们从博弈形式层面开始，仅仅关注行动结构。而偏好将在第二章中再被提及。

定义 1.2　扩展式博弈模型

一个扩展式博弈模型是一个树结构 $M = (S, M, \boldsymbol{turn}, \boldsymbol{end}, V)$，$S$ 是节点的集合，M 是由可行行动的二元转换关系所构成的集族，这些二元关系是从父节点指向子节点。除了最后一个节点，其他的节点都有一元命题字母 $\boldsymbol{turn}_i$ 来表示轮到了哪个玩家，$\boldsymbol{end}$ 表示的是终点。此外，赋值 V 用于解释和节点相关的其他性质，如玩家的效用值，或者关于博弈状态的其他特别含义。　∎

扩展式博弈模型，也称为克里普克模型或加标转换系统，是一种逻辑语言的自然模型。尽管在第五章和第六章中我们也会把扩展式博弈看作时态逻辑的模型，不过，在本章中我们将集中讨论扩展式博弈中模态逻辑的运用。

基本模态逻辑 用标准的模态语言可以定义扩展式博弈树。

定义 1.3 模态博弈语言和语义

模态公式是通过以下布尔运算（Boolean operation）和模态算子的归纳法则进行定义的，其中 p 来自原子命题字母构成的集合 Prop，a 来自原子行动符号构成的集合 Act：

$$p \mid \neg\varphi \mid \varphi \vee \psi \mid \langle a \rangle \varphi$$

布尔合取 $\wedge$ 和蕴涵 $\rightarrow$，以及全局性模态词 $[a]$ 像通常一样加以定义即可。在前面的模型 M 中，节点 s 上模态公式被解释为博弈阶段的局部性质，其形式为：

$$M, s \models \varphi, \qquad \text{公式 } \varphi \text{ 在模型 } M \text{ 中的节点 } s \text{ 上为真}$$

这个真值定义的归纳条款对于布尔运算来说是常见的定义方式，而模态算子则存在如下关键的真值条件：

$$M, s \models \langle a \rangle \varphi, \quad \text{当且仅当 存在某个 } t: sR_a t \text{ 并且 } M, t \models \varphi$$

这表明在当前节点上，有一个具体的行动 a，在执行该行动后所抵达的那个节点上 φ 是成立的。全局模态公式 $[a]\varphi$ 则是 φ 在一个由 a-转换可到达的所有后续节点上为真。 ∎

现在联合了模态算子，我们可以刻画博弈中可能存在的互动。我们简要地重述一个在绪论部分花了较长篇幅来讨论的例子。

例 1.1 模态算子和策略效力

我们看下面这个介于玩家 A 和 E 之间的简单的两步博弈：

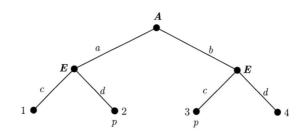

玩家 **E** 显然有一个策略，以确保能达到 p 状态，也就是说，玩家 **E** 有一个能回应对手的行动产生某些预期效果的能力。博弈的这一特点可以直接通过以下的模态公式来表达：

$$[a]\langle d\rangle p \wedge [b]\langle c\rangle p$$

其他的模态公式可以表达有关该博弈节点的其他有趣性质。更一般地，我们将会看到，模态形式的表达将贯穿于整本书。 ∎

正如在绪论中提到的，除非明确说明，否则，像策略和其他博弈方面的概念都和它们在博弈论中的定义相匹配。

动态化程序 我们也可以引入明晰的记法表达博弈中基本和复杂的动作。如，令符号 *move* 表示玩家所有可行行动的并。这样，在前面的博弈中，模态组合：

$$[\textit{move-}\ \textbf{A}]\langle \textit{move-}\ \textbf{E}\rangle\varphi$$

则表示了在当前的节点，玩家 **E** 有一个回应玩家 **A** 的初始行动的策略，这个策略保证在玩了两步之后能够产生 φ 定义的性质。并运算是被称为命题动态逻辑 PDL（propositional dynamic logic）（Harel et al., 2000）中的一个程序运算，该逻辑是对基础模态语言进行扩展后而得到的。

定义 1.4 PDL 程序

从前面提到的集合 Act 中的原子行动符号开始，PDL 程序是根据以下原子行动、并运算、复合运算、有穷迭代（infinite iteration）和测试来递归定义的：

$$a \mid \pi_1 \cup \pi_2 \mid \pi_1; \pi_2 \mid \pi^* \mid ?\varphi$$

在上述模型中，依据下面的归纳条款，程序 π 是节点之间的二元转换关系 R_π：

$$R_{\pi_1 \cup \pi_2} = R_{\pi_1} \cup R_{\pi_2} \qquad\qquad 选择作为一个转换关系的并$$

$$R_{\pi_1 ; \pi_2} = R_{\pi_1} \circ R_{\pi_2} \qquad\qquad 关系的序列复合$$
$$\text{（sequential composition）}$$

$$R_{\pi*} = (R_\pi)^* \qquad\qquad 关系的自反传递闭包$$
$$\text{（reflexive-transitive closure）}$$

$$R_{?\varphi} = \{(s,t) \mid s = t \ \& \ \boldsymbol{M}, s \models \varphi\} \qquad 成功测试一个性质 \qquad\blacksquare$$

所有这些程序运算在博弈的行动结构中都是有意义的，例如，在定义策略时，我们将在接下来的许多章节中遇到它们。

排中律（excluded middle）**和决定性**　使用长度为 k 的模态算子的交替 $\square\lozenge\square\lozenge\cdots$，我们可以把对扩展式博弈的考察推广到具有深度 k 的博弈，从而能够表达任意给定的有穷博弈中获胜策略的存在。这样，标准逻辑中的定律马上具有了博弈论的意义。特别是考虑下面这个有效的排中律：

$$\square\lozenge\square\lozenge\cdots\varphi \ \lor \ \neg\square\lozenge\square\lozenge\cdots\varphi$$

或者根据一些逻辑等价关系 $\neg\square = \lozenge\neg$、$\neg\lozenge = \square\neg$ 把否定内置于公式中：

$$\square\lozenge\square\lozenge\cdots\varphi \ \lor \ \lozenge\square\lozenge\square\cdots\neg\varphi$$

其中的省略符号用来表示博弈树的深度。

事实 1.1　模态排中律揭示出有穷博弈的决定性。

此处，决定性指两个玩家之一必有一个获胜策略，它是赢-输博弈的基本属性。由于获胜可以是用 φ 表达出的任何条件，那么，在上面的公式中，左边的析取支表示做出回应的玩家 $\boldsymbol{E}$ 有一个获胜策略，右边的析取支表示博弈开始玩家 $\boldsymbol{A}$ 有一个获胜策略（这种决定性在无穷博弈中可能并不会出现：玩家不能同时都有获胜策略，但是也许会出现谁都没有获胜策略的情景。描述集合论（descriptive set theory）对决定性无穷博弈做了拓展性的研究；参见 Moschovakis, 1980; Kechris, 1994）。

策梅洛定理　这个定理让我们看到一个比逆向归纳法更早出现的博弈论方面的结果。恩斯特·策梅洛（Ernst Zermelo）在 1913 年的零和博弈中证明了此定理，在这类博弈中，一个玩家所赢得的正是另一个玩家所输掉的（赢与输是经典的例子）。

定理 1.1   每一个有穷的双人零和博弈是决定性博弈。

证明   回忆一下绪论中提到过的一种算法,用于帮助我们决定在这种有穷的博弈树的任意给定节点上,具有获胜策略的玩家。这一算法是自下而上,在整个博弈树上进行的。首先,把玩家 **A** 获胜的终点染成黑色,把其他用来表示玩家 **E** 获胜的终点染成白色。然后,如果节点 s 的所有子节点已经被染了色,那么完成以下两个动作之一:

(a)   如果要做出行动的是玩家 **A**,且至少有一个子节点是黑色:把 s 染成黑色;如果所有的子节点是白色的,把 s 染成白色。

(b)   如果要做出行动的是玩家 **E**,且至少有一个子节点是白色:把 s 染成白色;如果所有的子节点是黑色的,把 s 染成黑色。

这个算法最终把 **A** 具有获胜策略的所有节点染成了黑色,而把 **E** 具有获胜策略的所有节点染成了白色。一旦根节点被染上了颜色,我们就能看见决定性结果,甚至知道谁具有获胜策略。

这个算法过程的正确性在于,将要"做出行动选择的玩家 i 有获胜策略"与"i 可以选择某一行动,使得其在该行动所抵达的、至少一个子节点上可以具有获胜策略"形成一种完全对应。 ∎

应用:教学博弈(the teaching game)   策梅洛定理具有广泛的应用性。在绪论中,我们所提到的那个蓄意破坏博弈的一种变形,则描述了另一种具有多行动选择的、主体互动风格的博弈。

例 1.2   *教学:严峻的现实*

下图中位于 S 的学生想要到达出口 E,而老师想要阻止学生到达那里。每一条线段都是可以行走的路径。在这个博弈的每一回合,老师首先会随意切断一条线,然后学生必须在当前位置选择一条仍然开放的路径前进:

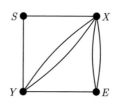

在这个特殊的博弈中老师有一个获胜策略，通过先切断 X 与 E 之间右侧的线段，然后等待学生做出选择，再适当地切断线段。像这个例子一样，一般的博弈都可以展示为任意一个具有一条或多条线路的图。Gierasimczuk et al. (2009) 将此与真实的教学场景联系了起来。 ∎

策梅洛定理解释了为什么学生或老师有获胜策略：切断线段的行动肯定会终止。这个结果可以应用到许多博弈中，如本书第四部分所提到的大多数逻辑博弈。而对于计算博弈方面的应用，参见 van den Herik et al. (2011)。

模态 μ-演算刻画均衡 一个很好的测试某类逻辑表达力的方法是验证该逻辑能否刻画其对应研究中的基础定理和概念。我们的基本模态语言还无法表达策梅洛定理的证明。我们可以用原子谓词 $\textbf{\textit{win}}_i$ 表示终点上获胜的玩家，通过如下的递归形式定义出新的谓词 WIN_i（即玩家 i 在当前的节点有获胜策略，其中 i 和 j 表示两个对立的玩家）：

$$WIN_i \leftrightarrow (\textbf{\textit{end}} \wedge \textbf{\textit{win}}_i) \vee (\textbf{\textit{turn}}_i \wedge \langle move\text{-}i \rangle\, WIN_i) \vee (\textbf{\textit{turn}}_j \wedge [move\text{-}j]\, WIN_i)$$

这里 $move\text{-}x$ 表示玩家 x 所有行动的并集。请注意在该定义的主体部分，表达式 WIN_i 是如何递归形成的。

尽管它的形式是模态的，但是我们无法用基本模态语言表示这个归纳定义。我们需要一种能够用于进行归纳定义和复杂递归运算的逻辑。模态 μ-演算用表示"最小不动点"的算子实现对于模态逻辑的扩展：

$$\mu p \bullet \varphi(p)$$

其中，公式 $\varphi(p)$ 需要满足语法形式上一个特殊的条件。命题变元 p 只可能在 $\varphi(p)$ 中有正出现（positive occurrence），即它的否定只能是偶数次。[①] 这使得下面近似函数（approximation function）可以作用在状态集上：

$$F_\varphi^M(X) = \{s \in M \mid M, [p := X], s \models \varphi\}$$

[①] 或者，$\varphi(p)$ 必须是由语言中不含任何自由变元 p 的公式所构成，并且其中 p 的出现仅仅使用了 $\vee$、$\wedge$、$\square$、$\diamond$ 和 μ-算子。

该函数对于集合的包含运算是单调的：

$$只要 \ X \subseteq Y，那么 \ F_\varphi^M(X) \subseteq F_\varphi^M(Y)$$

在完全格（complete lattice）（例如模型的幂集）上，塔斯基-克纳斯特定理（Tarski-Knaster Theorem）指出单调映射 F 总有一个"最小不动点"，即满足性质 $F(X) = X$ 的最小状态集 X。通过一个由序数编码的逼近序列，直至没有更多增量为止，从而得到最小不动点 F_*：

$$\varnothing, F(\varnothing), F^2(\varnothing), \cdots, F^\alpha(\varnothing), \cdots, F_*$$

在模型 M 中，公式 $\mu p \bullet \varphi(p)$ 仅仅在属于映射 $F_\varphi^M(X)$ 的最小不动点的状态上成立。对于单调映射，也完全对偶地存在"最大不动点"，它可以用公式表示为：

$$\nu p \bullet \varphi(p), \qquad\qquad p \ 在 \ \varphi(p) \ 中仅仅是正出现$$

最大不动点可以利用最小不动点进行定义（反之亦然），如下面这个有效式所展现的那样：$\nu p \bullet \varphi(p) \leftrightarrow \neg\mu p \bullet \neg\varphi(\neg p)$，其中 $\neg\varphi(\neg p)$ 仍然需要满足 p 的正出现。

上述这些只是这个模态 μ-演算系统中的一些基本属性，却体现了归纳和递归演算中关于可判定性的模态核心理论。关于 μ-演算方面，有着许多的研究工作（参见 Bradfield et al., 2006; Venema, 2007）。这个系统会在本书中多处重复出现，其中就包括了第十四章和第十八章。

事实 1.2 在模态 μ-演算中，策梅洛式解可以被定义为：

$$WIN_i = \mu p \bullet (\textbf{\textit{end}} \wedge \textbf{\textit{win}}_i) \vee (\textbf{\textit{turn}}_i \wedge \langle move\text{-}i\rangle p) \vee (\textbf{\textit{turn}}_j \wedge [move\text{-}j]p).$$

证明 关键是归纳对应条件的模态形式，连同在其所定义的谓词中原子 p 的正出现。

不动点适合用于刻画博弈论中的均衡概念。由于均衡概念中的逐次逼近总是具有迭代直观，因此，μ-演算在博弈中有很多用途，我们会在第七章和第十三章中对此作进一步的讨论，在那里我们将使用被扩展的不动点逻辑去分析其他的均衡概念。①

对结果的控制和迫使模态 获胜只是我们谈论博弈中有关控制问题的一个方面。博弈充满着有关玩家效力的问题——玩家通过他们的策略迫使某些结果的出现。这表明我们需要有更深层次、具有模态色彩的逻辑概念。

定义 1.5 迫使模态词 $\{i\}\varphi$

$M, s \models \{i\}\varphi$，当且仅当 玩家 i 有一个策略，使得无论另一个玩家采取什么行动，博弈可以抵达由节点 s 开始的子博弈中的、那些 φ 成立的终点。 ∎

事实 1.3 模态 μ-演算可以被用于定义博弈的迫使模态词。

证明 下面这个模态不动点公式：

$$\{i\}\varphi = \mu p \bullet (\boldsymbol{end} \wedge \varphi) \vee (\boldsymbol{turn}_i \wedge \langle \textit{move-i} \rangle p) \vee (\boldsymbol{turn}_j \wedge [\textit{move-j}]p)$$

定义了玩家 i 具有迫使博弈结果使得命题 φ 为真的策略的存在，即无论另一个玩家选择什么行动，该策略总使得命题 φ 在博弈的终点上成立。②

类似地，稍微改变模态词，公式：

$$COOP\varphi = \mu p \bullet (\boldsymbol{end} \wedge \varphi) \vee (\boldsymbol{turn}_i \wedge \langle \textit{move-i} \rangle p) \vee (\boldsymbol{turn}_j \wedge \langle \textit{move-j} \rangle p)$$

则定义了一个具有可合作性而产生的博弈结果 φ 的存在。不过，使用程序模态词，这个概念在 PDL 中也是可定义的：

$$\langle ((?\boldsymbol{turn}_i; \textit{move-i}) \cup (?\boldsymbol{turn}_j; \textit{move-j}))^* \rangle (\boldsymbol{end} \wedge \varphi)$$

该程序是一个显式化的策略，它使得关于迫使的陈述为真。我们会在第四章中探讨更多有关这种显式策略和迫使模态词的问题。

---

① 在无穷博弈中，使用最大不动点定义满足这种递归的最大谓词看起来更好。这并非是从下面递归地构建策略，而是把它们看作是可使用的规则，并且始终为我们所用。这是余代数（co-algebra）（Venema, 2006）中的余归纳（co-inductive）观点。第四章、第五章和第十八章中讨论了这些策略。

② 你可以对 $\{i\}\varphi$ 的定义进行简单修改，以期描述 φ 在所有的中间节点上为真，这是在第五章中会使用到的另一种形式。

1.2　进程等价和博弈等价

我们已经看到博弈形式的很多属性是如何用模态公式来定义的，表明模态逻辑可以用作研究基本交互推理的一个很好的工具。而除了这类用模态语言刻画博弈性质的研究之外，我们还可以从另一个方向用模态逻辑研究博弈。为了理解这一点，回想一下我们在绪论中所探讨的把博弈看成是进程的观点。

进程等价　进程图刻画了进程，那么很自然地就产生一个问题：两个图什么时候表示的是同一个进程。就像在数学研究中的那样，我们希望有一个颇具吸引力的不变性关系。两个进程在什么时候是相同的？

例 1.3　它们是同一个进程，还是不同的？

我们再以绪论中出现过的这两个进程图为例：

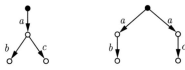

从这两个图中，我们可观察到行动 $\{ab, ac\}$，因此如果我们仅关注输入-输出行为，两种图背后的行动机制在"有穷迹等价"的意义下是一致的。不过，在这种一致观点下，我们需要看到第一种机制表明的是由决定性行动开始的选择，而另一个则是先进行内部的选择。为了探索一个进程的这种内部工作原理，我们必须有更精细的结构比较来区分这些模型。　■

互模拟　正如这个例子将要表明的那样，结构不变性可能会随着我们对于进程结构的不同层次上的研究有所差别，不存在具有唯一性的结构不变性概念。有穷迹等价是一个极端，另一个极端是标准概念——同构，这个可以被一阶或高阶语言所定义的概念，它保留了关于一个进程的大小及其关系结构的细节。然而，出于当下研究目的的需要，我们希望能找到介于这两个层次之间的一种概念。而与模态逻辑的表达力相应的结构不变性，是一个已经在很多研究领域中被独立提出的概念，这其中就包括了计算机科学和集合论。它适用于包含行动和状态的任何图模型，并为可观察到的行动和导致产生行动的内部选择的双方提供一种"模拟"（联系不同进程的关键概念）。

定义 1.6　*互模拟*

一个互模拟是两个图 M 和 N 中的状态之间的二元关系 E，它使得：如果 xEy，那么我们有 (1) 原子命题之间的一致，以及 (2) 表明前后之字条件的条款：

(1) x, y 上满足相同的命题字母。

(2a) 如果 xRz，那么在 N 中存在 u 满足：yRu 和 zEu；

(2b) 如果 yRu，那么在 M 中存在 z 满足：xRz 和 zEu。

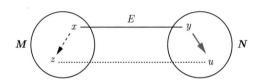

我们可以用互模拟谈论任一阶段进程中的局部性质，连同该进程中的那些行动选择。我们前面提到的那两个有穷迹等价图在它们的根节点上不是互模拟的。在继续探索互模拟性质之前，让我们先看有关它的一些主要用途。

例 1.4　*互模拟的用途*

互模拟可以把进程图简化成一个与之等价的简单图，如：

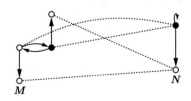

反向考虑互模拟，我们可以把任意的进程图 M,s 拆成一个有根的树。树上的状态对应的是模型 M 上，由 s 开始，并在每一步通过 R-后继点而形成的有穷路径。一条路径如果比另一条路径多一步，那么后者可达前者。对路径的赋值是从它们最后一个节点上的赋值复制过来的。

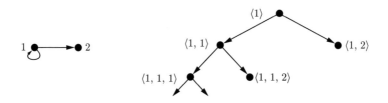

拆解 (unraveling) 类似于一棵博弈树，其中的分支表示了所有可能的行动序列。这种形式对于逻辑与计算中的理论研究而言是非常方便的。

模态公式的不变性　互模拟保持了模型之间模态和动态公式的真值，并且也存在反过来的情况。以下是这一领域的一些基本模型论事实。

定理 1.2　对于具有节点 s 的模型 M 和具有节点 t 的模型 N，条件 (a) 蕴涵 (b)：

(a) 在 M 和 N 中存在一个互模拟 E 使得 sEt。

(b) M,s 和 N,t 满足相同的 μ-演算公式。

这表明互模拟条件下，模态和动态公式具有不变性。以下的部分逆命题则表明了在有穷模型上，基本的模态语言与模拟关系之间的匹配关系。

定理 1.3　对于任意给定节点 s 和 t 的两个有穷模型 M 和 N，下面的陈述是等价的：

(a) M,s 和 N,t 满足相同的模态公式。

(b) M 和 N 之间存在一个互模拟 E 使得 sEt。

我们的第三个结果表明，在互模拟这一层次上，动态语言甚至为任意有穷图提供了完全的刻画。

定理 1.4　对于每一个有穷图 M 和节点 s，存在一个动态逻辑公式 $\delta(M,s)$ 使得以下条件对于所有图 N,t 而言都是等价的：

(a) $N,t \models \delta(M,s)$。

(b) N,t 与 M,s 之间互模拟。

我们可以在 van Benthem (2010a) 中找到所有关于这些定理的证明。如果我们基于互模拟的构造规则，通过用任意无穷合取和析取提高基本模态逻辑的表达力，那么最后两个事实甚至适用于任何图。[①]

语言层次与进程等价　对于自然进程等价的研究，我们可以区分成不同的层次，从诸如有穷迹等价这些相对粗糙的层次，到诸如互模拟这类比较精细的层次。在进程理论中，不存在有关相同性问题研究的最佳层次：它取决于我们研究的目的。这种灵活性也可以从对空间的研究中得知，从几何学中的细粒度到拓扑学中的粗粒度：一切都取决于你对"是"的定义。重要的是，这对于博弈来说也是如此。扩展式博弈与互模拟非常匹配。不过，我们前面提到的，迫使效力问题的研究则更接近于迹等价这样的输入-输出进程观。

语言层次　结构研究方面的模拟概念，与语言句法上有着的对应。进程等价越是精细，相关进程属性匹配语言的表达力就越强。在这种情况下，我们之前讨论的模态结果就能一般化。类似的不变性和可定义性结果对于很多种进程等价都是成立的 (van Benthem, 1996)。更进一步讲，我们认为这在博弈研究中也是如此。

博弈等价与不变性　前面有关不变性问题的思考分析也适用于判定两个博弈何时是相同的问题 (van Benthem, 2002a)。

例 1.5　局部博弈等价和全局博弈等价

回忆一下前面在绪论中的一个例子。我们看以下这两个博弈：

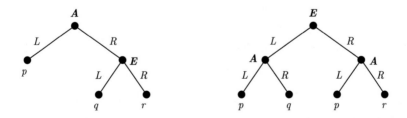

这两个博弈是相同的吗？答案取决于我们的兴趣点。从轮流次序和局部行动来看，这两个博弈是不等价的，而且某类互模拟看起来是能够识别出这种关于博弈结构上不变性的特征，其缺失也可以通过模态语言所表达的差异来进行匹配。例

---

① 互模拟也适用于带有无穷历史作为结果的无穷博弈。第五章、第六章和第九章的分支时态逻辑语言可用于此类问题的研究。

如，在它的根节点满足公式 $\langle L \rangle \langle R \rangle true$ 的是右边的博弈，而不是左边的博弈。 ∎

更一般地，根据我们对于进程图的可定义性结果，博弈形式可以通过结构等价来描述，或者用带有逻辑公式的博弈语言来描述 (Bonanno, 1993; van Benthem, 2001a)。

效力等价性与迫使模态词　我们现在来探索其中的奥妙。如果我们的注意力只是在这两个博弈可获得的结果上，那么前面的判断就会发生改变。

例 1.5 续　两位玩家在两个博弈中都有相同的效力来实现结果：

(a)　A 能够迫使这个结果属于集合 $\{p\}$、$\{q,r\}$。

(b)　E 能够迫使这个结果属于集合 $\{p,q\}$、$\{p,r\}$。

正如在绪论中提及的那样，玩家的效力是指对于结果集 U，玩家有一个策略，无论对手们怎么做，都能够保证博弈的结果出现在 U 中。在左边的这个博弈中，玩家 A 有向左和向右的策略，分别对应着效力 $\{p\}$ 和 $\{q,r\}$；玩家 E 有两个策略，分别对应着效力 $\{p,q\}$ 和 $\{p,r\}$。在右边的这个博弈中，玩家 E 有向左和向右的策略，这与左边的博弈具有相同的效力。但现在玩家 A 有四个策略：

$$\text{左}: L, \text{右}: L, \quad \text{左}: L, \text{右}: R, \quad \text{左}: R, \text{右}: L, \quad \text{左}: R, \text{右}: R$$

对于玩家 A 而言，第一个和第四个策略具有与左边那个博弈一样的效力，而第二个和第三个策略产生了被前者所包含的较弱效力。 ∎

我们将在本书的多个章节中反复涉及这些简单但重要的例子。值得强调的是，对于这一层面的描述，存在与效力互模拟相匹配的概念，以及一个适用于这一层描述的模态语言，其中包括了第二章 2.1 节中的策略迫使模态词 $\{i\}\varphi$。我们将在第十一章和第十九章更深入地探讨这种迫使。这也是我们将在第四部分研究的逻辑博弈背后的直观等价。

备注　博弈论中的层次和转换

在博弈论中对粒度问题的研究由来已久。尤其，扩展式博弈会涉及信息提取的概念，这一概念可以通过具有相同标准形式或简化形式的博弈之间的转换而获得（参见 Thompson, 1952; Kohlberg et al., 1986）。[①] 换个思路，Bonanno (1992a) 利用接近于迫使的集合论形式与提取的信息相匹配，并且给出了一个匹配的转换，用于交换相邻的同步行动。

1.3　博弈等价的其他概念

在介绍了逻辑语言中两个主要议题，即博弈的可定义性和结构模拟的匹配概念之后，我们现在来讨论一些其他方面的研究，这些研究更接近于博弈论领域中的工作。

交替互模拟（alternating bisimulation）　除了前面提及的两类等价概念之外，还有其他的博弈等价概念吗？有穷迹等价似乎太粗糙，而互模拟有时候又似乎太精细。下面的两个非互模拟的单人博弈似乎是等价的：

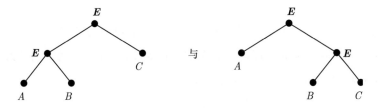

人们通常不会如此精细地区分玩家的内部行为，而这种转换实际上是 Thompson (1952) 的"汤普森转换"（Thompson transformations）之一。但是这种情况如果在不同玩家之间转换后，就不再会是等价的，因为博弈将会受到另一个玩家的控制。如果玩家轮换的模式非常不同，我们可能不会把它们对应的博弈图形称作等价的，就像对应于前面的这个博弈，现在需要关注的是公式 $(A \vee B) \wedge C$ 和 $A \vee (B \wedge C)$。因此，为形式化匹配概念，我们需要结合之前的想法。

定义 1.7　*交替互模拟*

交替互模拟只要求互模拟的之字条件是相对于"扩展行动"而言的，即这些扩展行动由一个玩家做出的有穷行动序列，以另一个玩家的行动或者一个终点的状

[①]　转换接近于几何和其他领域中所谈论的数学不变性问题。在我们的研究中，最接近的类比是互模拟，尽管它们并不是函数。一个在模型上的相关转换是早期的互模拟收缩。

态作为结束而构成。此外，这种互模拟并不考虑玩家行动的具体确切性质，只是把它们看成是一些转换。∎

例 1.6 紧致化博弈（compacting game）

交替互模拟能够区分下面的两个博弈树：

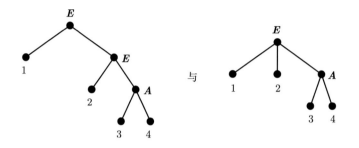

通过交替互模拟，我们可以规范化博弈树结构，使得每次行动选择都导致玩家轮次的变换。∎

对交替互模拟的研究也与其匹配的模态博弈语言问题紧密联系在一起，但目前好像尚无对此研究的完整理论。交替互模拟类似于第十一章的中间效力互模拟，它记录的是玩家到达一个博弈中任意位置的效力。①

模拟策略 另一种被许多人所认同的关于博弈等价的直觉是：

玩家在两个博弈中应该有相匹配的策略。

一般的互模拟概念就揭示了这一匹配属性。

事实 1.4 对于那些在其根节点之间具有互模拟关系的博弈而言，它们允许所有玩家复制用于迫使最终节点集的策略。

这是因为之字条件允许两个玩家去复制所有的动作。但是用互模拟刻画这种匹配关系似乎有些过强，实际上，更弱些的不变性条件就已经足够。到目前为止，似乎我们还不能给出能够从有效模拟层面，将博弈等价与玩家具有相同策略匹配起来的、最令人满意的形式化工作。

---

① 它也与计算机科学中的间歇型互模拟（stuttering bisimulation）有关 (Gheerbrant, 2010)。

题外话 也许我们在这里必须换一种方式来思考，使用两种模拟关系，一种用于玩家 E，一种用于玩家 A，在两个博弈的节点之间，比较他们各自的迫使效力。当玩家轮次相同时，对于可行的行动，应用通常的之字条件似乎就可以了。不过一旦这种轮次不同时，情况就变得更加困难：

在这种轮次不匹配的情况下，玩家 E 的单独行动必须与另一边玩家 A 所有行动的回应相对应。但是玩家 E 左边的迫使效力不需要与她右边每一个 A-后继点上的迫使效力相匹配：在我们命题分配博弈中可以很容易找到一个反例。我们可能需要通过"定向模拟"(directed simulation) 来概括对于玩家效力的刻画 (Kurtonina et al., 1997)。

与逻辑博弈的联系 博弈比较问题对于第四部分有关逻辑博弈这个特殊领域的研究也很有意义。不过，逻辑博弈也对当前的探讨进行了补充。在第十五章中，我们将会研究埃伦福赫特-弗赖斯（Ehrenfeucht-Fraïssé）博弈，这类博弈测试了两个给定模型在一定数量的回合内的相似性。它也为模拟这一概念增加了精细的结构，并通过具体的模态公式或一阶公式来检测模型间的差别。从这种更精细的角度看，互模拟就是在一个具有无穷回合数的博弈中建立相似性的全局获胜策略。因此，逻辑博弈为改进我们前面提到的结构等价问题提供了一种方法：

两个给定的博弈有多相似?

再提不同层次 我们不需要用不同的博弈等价问题来体现我们所选择模型的好坏；相反，它们可能只是反映了现实中经常出现的一种现象。因为人们可以更精细或更粗糙地刻画行动，所以我们可以从不同的层次去描述同一个博弈 G。极端情况下，我们甚至可以通过仅保留原有的节点，形成一种极端粗化的 $coarse(G)$，而对玩家只选取两个如下的关系：

R_E 是玩家 E 的所有行动的并, 而 R_A 的定义类似。

由于 $coarse(G)$ 比 G 本身含有更少的信息，所以它不适用于研究 G 性质的归约问题：事实恰好相反。为了看到这一点，取 $coarse(G)$ 的语言中的任意模态公式 φ，并将其翻译成一个公式 $fine(\varphi)$，将新的关系符号替换为它们的定义，从而产生以下等价关系：

$$coarse(G), s \models \varphi, \quad \text{当且仅当} \quad G, s \models fine(\varphi)$$

第十九章中的一个相关观点是去区分博弈本身和博弈发生的"博弈域"（game board）。一个层面是对于这个博弈中可观察到的效果的外部情形，另一个层面是一个更丰富的、带有内部谓词（如轮次、偏好、赢和输）的博弈结构。而在考察同一博弈中，将这两种不同视角之间联系起来的典型方法正是在绪论中所介绍的、用于赋值博弈的"充分性引理"（adequacy lemma），它表明以下两个句子是等价的：

（a）$M, s \models \varphi$；　（b）$\mathbf{game}(M, \varphi), \langle s, \varphi \rangle \models WIN_V$。

这将对于博弈中玩家效力的刻画与博弈域的属性联系在了一起。这种双层式观点通常是具有启发性的。尤其，上述联系可以用来分析博弈中策略的复杂度。在本书的第三部分和第五部分，我们将会进一步分析这种关于博弈的多层次观点。

1.4 小　　结

要点　我们已经找到了在逻辑和博弈之间的第一个重要关联。扩展式博弈是计算机科学中被研究者所熟知的一种进程，而且一开始，我们已经展示了模态语言对于定义博弈论概念和刻画基本博弈论推理这样的目的是多么合适。我们给出了一个系统的语言家族（模态逻辑、动态逻辑、μ-演算），它把博弈论和计算逻辑联系起来，从而实现思想之间的碰撞。尤其，模态语言与结构不变性的自然概念相一致，并反映在了有关进程等价问题研究的不同概念上。我们第二个要点是把相同的不变性思想移植到对于博弈分析的不同层面上——从更精细到更粗糙的层次，这是在定义一族结构时常见的数学观点。

优势　通过系统关注结构与语言之间的联系，逻辑揭示了定义和推理中的关键模式，比如在策略行为下的模态量词位置的交换。此外，人们可以用这种框架模式对给定博弈的特殊性质进行模型检测，证明关于交互推理演算的完全性，确定博弈论任务的计算复杂度，或者研究模型论方面的议题（如属性从一个博弈到另一个博弈的转换）。在本书中，我们不会在任何技术细节上追求这样的应用，但它们仍然是存在的，而我们将继续去探索许多在这些领域之间的更进一步交汇。

开问题 逻辑立场的优势之一就是产生新问题。让我们用本章的分析中所产生的一些开问题作为本章的总结。对于形式化研究博弈论证明和定义博弈中的主要结构而言，最好的逻辑语言是什么？我们已经建议或许带有不动点算子的模态语言是一个合适的工具，但这被更多的博弈论方面的实例证实了吗？博弈适用于关于交互基本推理的这一问题，接下来会在第一部分和第二部分的章节中讨论。与语言设计问题相关的是另一问题：博弈之间的结构等价的最自然的概念是什么？正如我们所见，这里有几个自然的层面，而我们提到的那些不变性似乎没有一个能够穷尽这一话题。

1.5 文　　献

本章内容是基于 van Benthem (2002a) 中有关博弈进程的观点展开论述。

在本章中，我们也引用了大量关于基础博弈结构逻辑方面的文献。在博弈的语言逻辑方面的开创性工作以及据此讨论的有关内容源于 Bonanno (1992a, 1993)，而对博弈逻辑的各种形式的高水平研究出自《模态逻辑手册》中 van der Hoek et al. (2006) 所写的章节，博弈结构等价性、不同层次观点以及转换等出现在 Thompson (1952) 和 Kohlberg et al. (1986) 的一些著名论文中。逻辑与博弈论之间更进一步的交汇将贯穿本书的第一部分和第二部分，同时也会出现在第十二章和第十三章有关策略博弈的逻辑中。

第二章 偏好、博弈解和最佳行动

当我们开始思考玩家是如何赋值可能的博弈结果时，真正的博弈才从无味的博弈形式中产生了意义。尽管可供玩家选择的行动给予了博弈持续进行的动力，不过，我们只有将这些行动与关于它们好坏的评价综合起来，才能够为那些被认为是合理的行动提供更有力的解释，其中效用值或偏好序常被我们用来描述玩家对于结果的评价。

逻辑被应用到偏好结构中由来已久。在本章中，我们首先从哲学和计算机科学角度评述一些简单的偏好逻辑，同时，也说明这些逻辑如何应用到博弈的研究中。接下来，我们将博弈论中经典的逆向归纳求解博弈过程作为实例，集中讨论以下两个问题：① 作为信息、行动和偏好之间的"桥梁"——理性所扮演的角色；② 在最佳结果中递归逼近的角色。对于这类概念的分析式评述，没有必要追求一种语法上的完美，这里，我们将考察两个层次上的"变焦"。首先，我们用一阶不动点逻辑中的行动和偏好来定义逆向归纳法的解，并把它们与计算逻辑中相关知识联系起来。接下来，我们略去递归机制，而使用模态逻辑研究逆向归纳进程中"最佳行动"所具有的一些基本性质。最后如同以往一般，本章将以进一步的研究方向、结论和开问题作为结束，同时也会列举出本章所涉及的一些精选文献。

2.1 基本的偏好逻辑

模型 为了给偏好构建模型，我们先从一个简单的设定开始，该设定背后涵盖了许多决策问题、博弈和其他场景（参见 Hanson, 2001; Liu, 2011）。

定义 2.1 *偏好模型*

偏好模型 $M = (W, \leqslant, V)$ 是一个标准的模态结构，其中，W 是一个世界集，这些世界代表了可以被赋值和比较的任意类型对象；$s \leqslant t$ 是一个用来表示两个世界间哪个更好（betterness）的二元关系（$s \leqslant t$ 意味着 t 至少和 s 一样好）；V 是一个用于命题字母的赋值，它编码了世界或其他相关对象的一元性质。 ■

尽管 $\leqslant$-比较关系往往因主体的不同而不同，但是考虑到易读性，在定义基本逻辑时，我们将省略符号"$\leqslant_i$"中表示主体的字母 i。我们用人工术语"更好"去强调这是一个抽象的比较关系，而暂时不涉及直观上所谓的"偏好"一词。请注意我们是对单个世界进行比较，而不是对这些世界的性质进行比较。不过，在实际用语中，偏好通常是在世界或事件的通用属性之间进行比较，就像偏好茶而不是咖啡一样。不过，我们很快会看到如何处理后一种观点。

与偏好模型非常相似的是带有可信度序列（plausibility ordering）的模型 (Girard, 2008; van Benthem, 2007a)，这类模型常被用于主体的信念。另外，还有条件句逻辑和非单调逻辑，它们之间也都存在一定的联系，而这些内容将出现在本书第二部分。

附在更好序上的限制　真正的更好关系应当具备哪些性质？在决策论和博弈论中，全序（total order）所满足的自反性 $\forall x : x \leqslant x$、传递性 $\forall xyz : ((x \leqslant y \wedge y \leqslant z) \rightarrow x \leqslant z)$ 和连通性（connectedness）$\forall xy : (x \leqslant y \vee y \leqslant x)$ 都是常见的，这是因为主体对于决策和博弈结果的效用都用数值表示。不过，在逻辑和哲学领域中对于偏好的讨论，则更倾向于使用满足自反和传递性的先序（pre-order）。关于世界之间的基本关系，以下四类在直觉上是不可归约（irreducible）的：

$w \leqslant v, \neg v \leqslant w$	$(w < v)$	w 严格先于 v
$v \leqslant w, \neg w \leqslant v$	$(v < w)$	v 严格先于 w
$w \leqslant v, v \leqslant w$	$(w \sim v)$	w, v 之间无先后关系
$\neg w \leqslant v, \neg v \leqslant w$	$(w \# v)$	w, v 不可比较

尽管后两个关系常引起混淆，但它们却是表达两个不同的情景。

我们也可以在更好关系模型中引入两类关系：一类是"弱序"（weak order）$w \leqslant v$，它表达了至少一样好；另一类是"严格序"（strict order）$w < v$，它表达

了"更好"，并且可以通过 $w \leqslant v$ 和 $\neg v \leqslant w$ 来定义。这种做法适用于信念修正 (Baltag et al., 2008) 和偏好融合 (Andréka et al., 2002) 方面的讨论。van Benthem et al. (2009a) 公理化了这种扩展语言的逻辑，同时，一些哲学文献也对这类语言 扩展后的逻辑系统进行了相关讨论。

模态逻辑　我们的基础模型解释了一个标准的模态语言。特别地，在某一个可 能世界 w 上，模态公式 $\langle\leqslant\rangle\varphi$ 表达出下面一种局部性的断言：

$$M, w \models \langle\leqslant\rangle\varphi, \quad \text{当且仅当 存在一个世界 } v \geqslant w \text{ 使得 } M, v \models \varphi$$

即，存在一个至少和 w 一样好的世界 v，并且在 v 上，性质 φ 成立。联合其他标 准模态算子，特别是全局模态词 $U\varphi$：φ 在所有世界上都为真，这类形式化语言可 以表达出一些更深一层的概念。

例 2.1　用偏好算子定义出条件算子

考虑双模态公式：

$$U\langle\leqslant\rangle[\leqslant]\varphi$$

它表示无论在哪里，总存在一些更好的世界，在那些世界上 φ 都是成立的。在有 穷先序集合中，它实际表达了排序中的所有极大元 (没有严格更好的世界) 都满足 公式 φ。另一方面，这贴近于与极大性相关的其他基本概念。在下面的复合公式 中，Boutilier (1994) 说明了一个偏好模态是如何定义 Lewis (1973) 模式下的条件 $\psi \Rightarrow \varphi$：

$$U(\psi \to \langle\leqslant\rangle(\psi \wedge [\leqslant](\psi \to \varphi)))$$

这仅仅是关于 $U\langle\leqslant\rangle[\leqslant]\varphi$ 的一个相对于 ψ 的标准形式，它表达了至少在有穷模型 中，在所有满足 ψ 的那些极大世界上 φ 都为真。　∎

后面我们将用这种模态语言定义扩展式博弈中的逆向归纳法。采用这种方式， 我们可以使用标准的模态推演机制分析条件式行为或博弈论中的策略。

带有偏好先序式的基本模态逻辑是 $S4$ 系统，而连通性则在系统 $S4.3$ 中是有 效的。一般地，按照标准的框架对应技术 (参见 Blackburn et al., 2001)，关于序 关系的假设会引出不同的模态公理。

命题偏好 这类模态语言描述的是不同世界在更好序上的局部性质。然而，一个更好关系仍不能够实现我们在更一般通俗意义上所意味的主体偏好要求。许多作者将偏好看成是一种介于命题间的关系，它要求在可能世界集之间进行比较。那么，对于给定一个介于世界之间的关系 $\leqslant$，我们可以采用"集合式提升"（set lifting）各个世界上给定的关系的方法。在这个提升过程中，一种常见的方法是使用 $\forall\exists$-规则：

$\forall\exists$-规则：　　如果 $\forall x \in X \exists y \in Y : x \leqslant y$，那么，$Y$ 优先于 X。

不过，我们还有另一种提升方法。van Benthem et al. (2009a) 解释了冯·赖特（von Wright）所提出的命题偏好如下：

$\forall\forall$-规则：　　如果 $\forall x \in X \forall y \in Y : x \leqslant y$，那么，$Y$ 优先于 X。

Liu (2011) 回顾了在不同领域中的集合提升关系，但得出的结论是当前学界似乎从未就一个规范的偏好概念达成共识。我们对于作为命题间比较关系的偏好解释依赖于不同的场景。例如，在一场博弈中，如果是在那些可达的结果集间进行比较，那么，玩家是有不同的选择。他们可能偏好的是结果集中最小的效用值大于另一个结果集中最大的效用值，这正如 $\forall\forall$ 所解读的含义，将造成不可比较关系的历史段出现。不过，如果我们将偏好解释为玩家所选择的结果集中最大效用值都大于另一结果集中最大效用值也是合理的，而这类选择方式所产生的连通性关系却可以通过 $\forall\exists$-规则予以表述。

例 2.2 　*集合式提升的选择*

考虑下面介于行动 L 和 R 之间的选择：

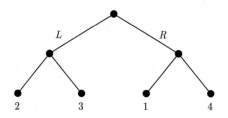

按照 $\forall\exists$-规则，我们应该选择 R 而不是 L，不过，$\forall\forall$-规则告诉我们，L 和 R 是无法比较的，而采用最大最小化算法则会导致玩家选择 L 而非 R。■

再谈模态逻辑 借助一些额外的模态算子，我们可以在基本模态逻辑中定义许多集合式提升规则。例如，使用全局性模态 $U\varphi$（表达在所有世界上 φ 都成立），以及用于表示可能世界集的公式，公式 $U(\varphi \to \langle \leqslant \rangle \psi)$ 表达了 $\forall\exists$ 型的偏好。不过，对于 $\forall\forall$ 型的偏好，表达式将变得更为复杂，有兴趣的读者可参见 van Benthem et al. (2009a) 中所提出的方法。[①]

2.2 关于偏好的关系性策略和选择

作为行动关系之子关系的策略 为了让我们的偏好模型适合于对博弈进行分析，我们需要在常见的结构中进行一些改变。通常，策略被看作博弈树中节点的函数，揭示出博弈将如何进行。但在许多情况下，将策略看成是全体行动关系集中非决定性的二元子关系也是合理的，这些关系只是通过标注出一个或更多行动是可行的，从而约束未来的行动。这是一类视策略为行动计划的观点，有助于我们在动态逻辑中定义策略概念（参见第四章）。逆向归纳法的数值型版本就具有这种关系的意味。其计算出来的 bi-关系，将节点与所有（对于当前行动玩家而言）具有最大值的子节点连接起来，而这些子节点可能不止一个。[②]

求解算法和偏好概念 这里，我们对于貌似清楚的算法规则做一点重要说明：这些规则隐含着我们对于玩家的一些假设。回想一下，我们的逆向归纳法中关于非行动玩家要取最小值的假设。这是一个最坏情况的假设，即行动的玩家完全不关心其他玩家的利益。不过，我们还可以假设当前玩家在选择最大效用值的同时，也兼顾选择使得其他玩家达到最大效用等这样一类极小合作情形的发生。因此，这些关于算法中的各种假设规则无疑凸显出一个重要特征：求解博弈的方法不是中立的，它们常常诠释了一场博弈的意义。而另外一种说法是：事情取决于我们对于

---

① Jiang (2012) 提出了通过另一类比较事例过程来定义集合偏好的方法，同时该文还提出了一种挑选对象的动态逻辑。

② 博弈论领域中讨论了将策略作为行动的计划、行动的建议或行动的预期等不同观点。这样，学者对于策略看法的不同，可能会支持关系型策略或函数型策略的不同观点（参见 Greenberg, 1990; Bonanno, 2001）。在本章中，我们主要会遵循建议的观点，尽管第八章还将策略视为关于未来行为的信念或期望。

理性的理解。

理性：避免愚蠢的行动　给定一个博弈的关系结构，节点处的行动玩家在选择前，会对一些行动进行比较，而这些行动都是可以通过进一步的 *bi*-算法而抵达多个叶子节点的。最弱意义上理性选择说的是：

> 如果我有另一个行动可以带给自己更喜欢的结果，那么，我就不会选择当前的这个行动。这似乎看起来很有道理。不过，这里的更喜欢意味着什么？考虑我们第一种逆向归纳算法，玩家 i 偏好集合 Y 而不是 X，那么是因为对于 i 而言，Y 中的 i 的最小效用值更大些。以下是先前关于偏好集的 $\forall\exists$ 式的表述：

$$\forall y \in Y \,\exists x \in X : x \leqslant_i y.$$

然而，理性概念可以有另外一种理解。偏好集合 Y 而不是 X 的一种普遍看法是我们在前面提及的 $\forall\forall$ 式：

$$\forall y \in Y \,\forall x \in X : x \leqslant_i y.$$

关系结构型的逆向归纳法　后者关于偏好的解释暗示出关于博弈解的最简单版本——玩家只需要不去选择被严格占优的行动，因为无论怎样，这类行动总是导致更坏的结果 (Osborne et al., 1994)。以下是一个实例。

例 2.3　*关系型逆向归纳法*

如果对于当前的玩家而言，一个 a 的同级行动所导致的所有博弈结果都要好于 a 所导致的那些结果，那么，称行动 a 是被占优的 (dominated)。

现在，我们首先把所有行动标注成正的。然后，在博弈不同阶段运用这种算法：在每个阶段，按照 $\forall\forall$ 意义上的偏好集将那些被占优的行动标成负的，保留其余行动的符号不改变。通过这种比较做法，一个由正行动抵达的叶子节点，就是所有那些通过在这个阶段也是正行动所可以抵达的叶子节点。 ∎

这种对于其他玩家行动选择做出比我们先前说法更弱一些假设的博弈解，是一种谨慎型的概念。[①]我们用 *bi* 表示最终所产生的全体行动关系中的子关系。

---

① 许多研究往往关注的是"可辨别博弈"（distinguished game），在这类博弈中，所有历史都可以被区分。

例 2.4 一些比较

考虑下面的两个博弈，其中数值表示了玩家 A 的效用值。简明起见，我们假定玩家 E 对于自己的选择无偏好：

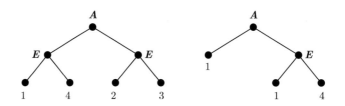

在图示左边的博弈中，按照我们最初的逆向归纳法，A 应该选择向右的行动，因为右边行动集合中的最小值 2 要大于左边集合中的最小值 1。不过，根据谨慎型 *bi*-算法，左右两边行动对于 A 来说都是可以的，因为不存在严格占优的行动。这或许可以理解为是对于风险规避型（risk-averse）玩家的偏好所进行的集合式提升。

有趣的是，这两种模式在右边博弈中的解却是左右行动对于 A 都是可以的。这看起来似乎有点奇怪，因为 A 可以在一开始就选择向右，这样没有让自己受损，且有可能增加自己的收益。但是，我们在此处的目标并不是去分析介于行动之间的多种偏好比较方式，而是继续讨论其他主题。 ∎

例 2.5 更多的比较

当我们用函数型策略观考虑纳什均衡时，会呈现不同的逆向归纳算法。让我们考虑下面的博弈：

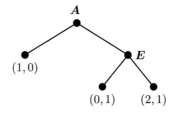

按照谨慎型 *bi*-算法，在这个博弈中所有行动都是合理的，因为没有被占优行动。然而，用函数型策略观来看，这里有两个纳什均衡 (L, L) 和 (R, R)，它们分别对应了在玩家 E 的轮次，玩家 A 对于 E 所做出的选择的悲观或乐观的想法。除关系型策略（relational strategy）外，我们也可利用第六章和第十二章的模型，以均

衡中策略组合的角度对逆向归纳法进行分析。不过，在这本书中，我们不再以此想法来研究这方面的逻辑问题。■

2.3　在不动点逻辑中定义逆向归纳法

博弈逻辑中一个里程碑是定义逆向归纳法。[①]下面我们通过引述 van Benthem et al. (2006a) 中的一个结论开始本节的讨论。

定理 2.1　在有穷扩展式博弈中，逆向归纳法策略是整个全体行动关系中的最大子关系 σ，这些行动关系在每个决策节点都至少有一个后继节点，并且对于任意玩家 i，满足以下性质：

> 理性 (RAT)：　对于当前玩家 i，并不存在任何替代行动使得在整个博弈树上通过执行 σ 所导致的结果，都严格优于从当前行动开始然后一直执行 σ 所导致的结果。

下面图示的例子更为具体地说明了这个性质：

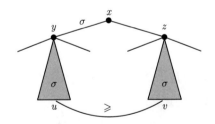

图中阴影部分是按照策略 σ 可以获得的部分。通过对有穷博弈树的深度进行归纳，我们可以证明理性 RAT 性质对于逆向归纳解既是充分的也是必要的。

从更偏向于语法的角度看，RAT 表达了一种关于行动和偏好二者的"汇合性"（confluence property），其中，不同子树中的行动选择都和偏好关联在一起：

[①]　博弈论研究领域中，学者着重研究逆向归纳法的路径一般为：实际博弈中产生的历史和逆向归纳策略引入的、可能会被质疑的那些偏离逆向归纳法路径的行动。Aumann (1995, 1999) 只是对于逆向归纳法路径进行的刻画，而我们的方法覆盖了整个策略。

$$CF \quad \forall x \forall y \Big(\big(Turn_i(x) \wedge x\sigma y \big) \to \forall z \big(x \, move \, z \to$$
$$\exists u \exists v (end(u) \wedge end(v) \wedge y\sigma^*v \wedge z\sigma^*u \wedge u \leqslant_i v) \big) \Big)$$

这是在计算逻辑中定义逆向归纳解的基础，它在计算逻辑中是一个众所周知的系统，即一阶不动点逻辑（first-order fixed point logic）LFP（FO）(Ebbinghaus et al., 1999)。LFP（FO）用最大和最小不动点算子扩展了一阶逻辑。而这两个算子可以通过归纳的方式产生出任意元的新谓词，使得这个系统的表达力远超出第一章中只能定义新一元谓词的 μ-演算。[①]

定理 2.2 *逆向归纳法关系在 LFP（FO）中是可定义的。*

证明 在上述 $\forall\forall\exists\exists$ 式的 CF（汇合性）后件中，符号 σ 从语法上讲都是正出现，而这种正语法使得我们可以在 LFP（FO）中用最大不动点算子将 bi 定义为如下关系 S：

$$\nu S, xy \bullet \forall x \forall y \Big(\big(Turn_i(x) \wedge Sxy \big) \to \forall z \big(x \, move \, z \to$$
$$\exists u \exists v (end(u) \wedge end(v) \wedge yS^*v \wedge zS^*u \wedge u \leqslant_i v) \big) \Big)$$

详细内容可参考 van Benthem et al. (2010a)，其中详细展示了从完整行动关系开始，向下逐步筛选，谨慎式逆向归纳法计算步骤是如何与计算由这个公式所表示的最大不动点近似过程对应起来的。

LFP（FO）在其领域内是一个基础性系统，因此我们的分析在博弈求解方法与计算逻辑之间建立了重要的连接。

其他变形 其他变形也可以被定义，例如一种 $\forall\forall\forall\exists$ 形式：$\forall x \forall y ((Turn_i(x) \wedge x\sigma y) \to \forall z (x \, move \, z \to \forall u ((end(u) \wedge y\sigma^*u) \to \exists v (end(v) \wedge z\sigma^*v \wedge v \leqslant_i u))))$。不过，在这个语法中，$\sigma$ 不再是正出现，并且存在性和唯一性的结果还对博弈树的良基性（well-foundedness）提出要求。同时，对于树模型，还需要用到其他特殊的逻辑。Gheerbrant (2010) 在这些方面进行了详细研究。

[①] 具有这样表达力的代价是 LFP（FO）系统的有效性不再是可公理化的，且具有很高的复杂度。不过，这样的系统仍旧在许多方面有用途，比如有穷模型论方面的研究 (Ebbinghaus et al., 1999; Libkin, 2004)。

2.4 放眼最佳行动的模态逻辑

我们可以用不动点逻辑的形式语言刻画博弈求解过程。不过，我们还可以从不同的角度对博弈中行动进行逻辑描述。或者拉近镜头，关注位于一种普通推理背后的形式细节，或者走到另一反方向，拉远镜头来去关注表面上的那些有意义的抽象概念。在后者层面上，我们经常想要略去计算上的细节，并且仅仅关注最佳行动概念本身的属性。一个没有受到外界相关信息干扰的主体，可能只是想要知道要做的是什么。

出于这样的目标，在本章中，我们抽象出一种形式简单的逻辑，撤去先前所谈论的那些机械式的大部分内容，按照这样的想法进行推理会是不错的选择。那么，在这样的层面上，凌驾于第一章中那些关于行动的标准逻辑之上，模态偏好逻辑又一次成为一种不错的工具。尤其，新模态词 $\langle best \rangle$ 现在可以用于描述主体可用的最佳行动，将其释义为推荐行动中的某类特殊式。其具体解释如下：

$\langle best \rangle \varphi$ 是指通过 bi 关系可以在当前节点以一步到达的某个后继节点，φ 在该节点上为真。

定理 2.3 逆向归纳法策略是唯一满足以下模态公理的关系 σ，它对于所有玩家 i 和作为节点集的命题 p 均成立：

$$(turn_i \land \langle best \rangle [best^*](\boldsymbol{end} \to p)) \ \to \ [move\text{-}i]\langle best^* \rangle (\boldsymbol{end} \land \langle pref_i \rangle p)$$

证明 此定理的证明是一类模态框架的对应，应用先前所讨论的汇合性 CF，通过标准的模态方法即可证之。[①]

使用这种语言，我们可以找到更进一步的有效规则，比如将最佳行动作为行动。在这种设定下，以下自然产生的问题可以追溯到 van Otterloo (2005)。

[①] 这里整体形式是吉奇式（Geach-style）的聚合公理（convergence axiom）（参见：van Benthem et al., 2012a 中关于框架理论中的模态不动点逻辑部分的最新研究结果）。

开问题 使用轮次谓词和玩家的偏好关系，连同用于计算逆向归纳法的这个新的最佳关系，如何公理化带有行动关系及其传递闭包的有穷博弈树是一个开问题。[①]

这只是从更具体化的博弈结构抽象出来的、用于实际推理的这类具有全局性逻辑的一种实例。本书 2.7 节中还会提及其他一些问题。

复杂度的误区 从意想不到的计算角度来看，关于最佳行动的全局逻辑也可能很有趣。不过，它不是你从表面上所认为的一类简单逻辑，这里存在着一个大麻烦。在关于博弈的树模型中，前面关于汇合性讨论中的理性概念同时涉及两个二元关系：一个用于行动，而另一个用于偏好。在博弈树中，这两种关系形成的网格式结构（grid structure）可以编码几何学中复杂的铺瓷砖问题（tiling problem），从而使得这种双模态逻辑不可判定和不可公理化（参见 Harel, 1985; van Benthem, 2010a）。在第三章中探讨具有完美回忆的信息进程化主体时（参见 Halpern et al., 1989），我们将会详述这个现象，并在第十二章讨论关于带有像网格式矩阵结构的策略式博弈的逻辑时，我们会再次涉及这个问题。在两种简单化的观点之间，这里有着一种有趣的张力，一方面，理性是一个吸引人的性质，可以确保博弈主体的统一可预测行为；而另一方面，理性可能在由其构建的主体逻辑复杂度方面导致很高的计算成本。[②]

2.5 小　结

主要观点 本章中，我们已经看到博弈如何与当前关于行动和偏好的逻辑形成一种自然的融合。研究表明，这种结合行动与偏好的博弈逻辑能够有效刻画真实博弈的偏好结构特征，甚至可准确定义逆向归纳法求解进程。我们可以从两种

---

① 这里，如前面讨论，我们至少得到了关于行动和偏好的基本模态逻辑，而上面的公理将介于它们之间的相关联系固定了下来。不过，在第九章中考虑到此演算的细节，我们还需要用相对化最佳谓词 $best^P$ 去指示在限制到满足性质 P 成立的那些世界所构成的子模型中，由逆向归纳法计算而得的最佳行动。

② 本章中涉及的关于博弈求解进程的计算复杂度问题，可参见 Szymanik (2013)。

远近不同的视角看待这些逻辑与博弈的融合。从基本、全局性的远景角度来看，我们找到了一种在实际推理中看起来具有普遍意义的关于最佳行动的模态逻辑。而从关注博弈求解进程细节的近景角度，我们证明了关于博弈的不动点逻辑语言可以定义出逆向归纳法的策略，特别是 LFP（FO）逻辑关于归纳法的定义。这些强化了我们在第一章提出的关于博弈论中均衡概念可以较好地与不动点逻辑相匹配的观点。通过这样的方式，我们的分析将博弈论、计算逻辑和哲学逻辑关联起来，并让这种关联一直出现在本书中。

开问题　本章主题中也提出了许多开问题，这包括最佳行动模态逻辑的公理化问题、关于带有行动和偏好这类模态逻辑的计算复杂度问题，特别是在行动和偏好这两者之间的那些不同桥式规则所带来的影响，而理性就是其中的一类规则。作为第一章一个主题的延续，寻找与带有偏好的博弈具有结构上的等价性无疑有着深远的意义。例如，当仅有博弈中的最佳行动可以被模拟时，我们是否就可以刻画出博弈进程？更深一步的议题包括明确定义出策略：第一章中，源自动态逻辑的程序可以应对这种要求，那么，我们又该如何扩展它们去处理带有偏好的博弈策略？最后需要应对的挑战是将逆向归纳法拓展至无穷博弈领域。在此类博弈中，逆向归纳法的适用性存在争议 (Löwe, 2003)。不动点逻辑适用于无穷模型，并且正如我们所提出的一类最大不动点一样，它可以将诸如永不停止策略等表示为余归纳的对象。然而，这些精确的匹配关系在我们当前的研究中还不清晰。

为避免失去连贯性，这里所提及的一些问题将会在我们最后关于进一步方向的一节中，即 2.7 节中再次得到讨论。而许多其他相关的一些内容稍后还会出现在本书关于策略的第四章和基于动态逻辑研究博弈解进程的第八章中。

2.6　文　　献

本章内容来自 van Benthem (2002a)、van Benthem et al. (2006a)，以及 van Benthem et al. (2010a)。

关于偏好、博弈和逻辑的更多见解和内容来自 Dégremont (2010)、Gheerbrant (2010)、Liu (2011) 和 Zvesper (2010)。

2.7　进一步研究方向

对于那些想要获取更多想法和建议的读者，我们在此处列举出一些更进一步的研究方向：

偏好和信念的融合　第一个主题是再次重申并强调我们在本章所做的事情。通过更进一步思考先前所提到这种汇合性，我们看到它是对当前可选行动进行比较，而这些行动是建立在某种后续玩法假设的基础之上，即那些随后按照逆向归纳法来执行的行动。因此，这揭示出博弈解的另一面：博弈解将偏好和信念关联了起来。逆向归纳法以及其他求解博弈的方法，实际上就是玩家构建预期来选择最佳行动的过程。

沿着这种想法，我们先前所提到的理性版本就可以被重新理解为是一种更为细致的概念——"信念中的理性"：玩家不会去选择他们相信会使他们获得更糟糕结果的行动。信念在后续章节中将占据首要位置，特别是在第二部分中，我们将博弈求解的动态过程看成是持续更新信念的过程。正如我们将在第八章所看到的，在一种明确的形式化意义上，策略与信念是非常相近的。

其他社会化的场景　逆向归纳法只是我们研究博弈中具有交互性的一个场景，还有许多其他类似的场景，可以依照上面的想法进行研究。

描述博弈的逻辑具有多样性　描述博弈的语言必须是一种基本的模态语言，这并非一种铁板钉钉的事情。更具表达力的形式化语言也在逐渐发展起来，例如在 van Benthem (2002a) 中，利用时态算子"Until"（直到……才……）定义了介于博弈树节点间的偏好。进一步对于纳什均衡定义的研究（参见第十二章）需要用到关系的交集，而这是 PDL 中无法定义的一种运算。另外，回想第一章提到的其他逻辑，可能还可以刻画诸如博弈进程等价性等新概念。

从更粗化层次上看：道义逻辑　在近年来对于复杂社会场景的顶层（top-level）逻辑研究中，诸如"或许"和"应该"这类普遍存在于日常对话中的常见概念，它们与我们关于最佳行动的这类远景式的研究思路相类似。Tamminga et al. (2008)、Roy (2011) 和 Roy et al. (2012) 这些文章中都有关于这方面更为宏观层面的研究，他们在文中将博弈与研究允许和义务推理的道义逻辑结合起来。

偏好优先模型 我们关于偏好的模型是那些带有初始更好关系的一种抽象性可能世界集。这类模型无法刻画出主体是基于什么样的思考会持有这样的更好关系。关于偏好的推理在 Liu (2011) 中的"优先序图"中有着明确的表示，这个序图列举出了可能世界间相关性质的相对重要性。由此，可能世界上的更好序就可以以字典序由优先序图导出。

由于我们往往是根据我们想去看到有序目标是否被满足，而不是按照一种单一的即时式偏好序关系来判断结果的好坏，因此，这类更丰富的分析模式是有道理的。参见第二十二章中基于认知模型对于知识博弈中玩家目标的作用的讨论，以及 Grossi et al. (2012) 和 Liu (2012) 关于优先序图在短期博弈中的应用。而 Osherson et al. (2012) 提出另外一种基于理由的偏好逻辑，其中各种模态连接词反映了希望某个句子为真的理由。

带有偏好的博弈等价性 正如第一章所讨论的，语言的丰富多样性也导致了关于博弈结构等价性这类概念的多样性。我们先前提到的博弈不变性的概念在有了偏好后变得更加微妙。

在以下这个简单的图例中，我们可以从直觉上把下面这个非互模拟的单人博弈看成是同一个博弈：

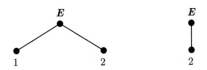

van Benthem (2002a) 研究了三类等价性：① 对于偏好关系的直接模拟；② 用于修剪博弈，找到每个玩家的最佳行动，然后使用第一章中的标准的行动不变性；③ 博弈的偏好等价性，从而支持相同的纳什均衡。

直觉上，一个让我们感到复杂的问题是：等价性是对于谁而言的？上面这两个博弈看起来只是对于理性玩家 *E* 而言是等价的，而不适用于古怪或愚蠢的玩家。那么，这里引发一个更一般的观点：博弈等价性这类问题是不是一种会因主体类型不同而成为一种相对化的概念？这种主体导向的观点与计算逻辑中的标准进程理论相比，将是一种重大的视角转变，这种转变将在本书的第二部分作进一步讨论。

第三章　不完美信息博弈

博弈不只是由行动和可以被赋值的结果组成，还有它们被玩家执行的过程，从而我们对于博弈的研究很自然地会涉及玩家的知识和信息。尤其在不完美信息博弈，如纸牌游戏或其他许多自然的社会交流情形，玩家并不能确切地知道他们处在博弈的哪个阶段。可能有多种原因导致这类情形的发生：观察方面的限制（如纸牌游戏中被隐藏的信息），进程方面的限制（如有限的记忆）或者其他因素。因此，除了对于行动和偏好的研究之外，我们也需要关注玩家的知识，乃至他们的信念，让我们再次从哲学逻辑中勾勒我们的研究思路。在本章中，我们将表明标准的认知逻辑适合于研究不完美信息博弈，并且在这样更丰富的背景下继续探讨我们在第一章和第二章中的一些议题。

在我们所有讨论中，一个明显的趋势是玩家和玩法本身是作为研究的对象而出现的。在第一章中，博弈形式只是所有可能行动所在的一个静止平台，而随着玩家选择他们的策略，这类形式会发生变化。在第二章中，我们加入了更多关于玩家如何按照他们的偏好来看待这个平台的信息。在本章中，我们将关注玩家的另一方面，即他们在博弈进行过程中的信息处理。而所有这些最终会把我们带到本书第二部分的动态认知逻辑所提供的"弈博论"。

3.1　博弈中知识的多样性

在本章中，我们主要使用认知逻辑的模型中所界定的"知识"（参见 Fagin et al., 1995; van Benthem, 2010b）。本质上，知识表述了一个主体所拥有的关于某事是这样或那样一种情形的信息，而这是一种语义信息方面的基本概念，意指当前实际情况的各种可能性。[①]尽管博弈论的基础也包含玩家的信念，一般的主体逻辑也更是如此，不过，在本章中，信念只是配角，而在本书的第二部分中，通过丰富化本章中的认知模型，信念将逐渐成为主角。

完美信息　博弈中知识是以不同的方式出现的。截至目前，本书所讨论的绝大多数场景都是具有完美信息的博弈，在这类博弈中，随着博弈的展开，玩家确切地知道他们在博弈树中的哪个节点。这对应了几种信息化的假设：玩家知道他们正在进行的博弈，而且他们的观察能力使他们能够确切地看到博弈的进展情况。但即使在这种情况下，在一个分支树中，玩家仍然对未来持有不确定性：玩家并不知道随着博弈进行，哪一个分支会成为实际所发生的情形。在此意义下，第一章中所讨论的分支行动的模态逻辑，已经是一种在当前阶段下关乎未来可能的延伸情况的认知逻辑，而我们可以将逆向归纳看作在这种不确定性情境下预测未来的一种方式。但现在，我们将讨论知识进入博弈的另一重要方式。

不完美信息　在不完美信息博弈中，不知情的情况会变得更糟，而且随着博弈进行，玩家不知道他们在博弈树中的确切位置。正如以前，我们可以从两个层面上进行分析：一是对于局部行动，一是对于结果的效力，两个层面都有各自关于结构不变性的概念。这里，我们将关注的是前者，而对于后一层面上的研究主要集中在第十一章。不完美信息支持一类带有行动的认知语言——一种联合式的模态认知逻辑。

博弈中知识的多样性　然而其他几类关于玩家的知识，与博弈结构联系不太紧密，如关于其他人策略的知识。本书中，我们将讨论的知识包括：关于博弈进程的知识，与玩家对于博弈观察能力相关的知识，以及第六章中会涉及的玩家关于其他玩家的知识，并且在第十章探讨我们的"弈博论"时会再一次被涉及。

3.2　初见不完美信息博弈

不完美信息博弈类似于第一章中的进程图，不过其中有一个新特点，就是在某些节点之间标明了不确定性。

---

① 其他以更贴近于命题语法方面的以精细化信息为基础的知识观点，还与我们对于博弈的理解相关，例如涉及意识在内的博弈研究（Halpern et al., 2006）。然而，除第七章中我们会简单提及之外，这类有关知识的观点在本书中始终保持次要地位。

例 3.1 带有不确定信息和没有不确定信息的博弈树

首先来看和前述相同的一个扩展式博弈的典型图示:

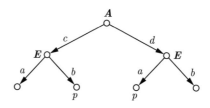

在此处的根节点上,模态公式 $[c \cup d]\langle a \cup b\rangle p$ 表达了玩家 E 有一个可以导致结果 p 的策略。为了表示出不完美信息,博弈论专家是在等价类形式的"信息集"间勾画出虚线。考虑上述博弈,其中有一个新特点,即玩家 E 不确定玩家 A 的初始行动。 A 可能将自己的初始选择放到一个信封中,又或者 E 没有注意到 A 的选择⋯⋯

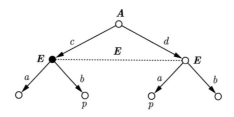

直觉上, E 的情况理所当然地发生了变化。尽管原来选择实现 p 的策略仍旧是存在的,并且 E 知道这些,不过,由于 E 并不知道自己准确的位置,对于选择向左还是向右是不清楚的。所以, E 对于结果的效力已经被减弱。∎

博弈论的教材中有许多更为复杂的不完美信息博弈的例子(参见 Osborne et al., 1994),并且我们会在本章中进一步列举实例,而本书中的其他地方也会不时地提到。

3.3 模态-认知逻辑

具有不确定性的进程图 带有不确定信息的不完美博弈,它的进程图模型和第一章中的进程图模型一样,但需要在状态间加入一种新的结构,如下面概念中所示。

定义 3.1　认知进程图

认知进程图的形式是 $M = (S, \{R_a \mid a \in A\}, \{\sim_i \mid i \in I\}, V)$，它由第一章中的博弈模型添加用于表示玩家 i 对于实际状态的不确定性的二元等价关系 $\sim_i$ 构成。有时候根据需要，我们会将 S 中的一个特殊状态 s 标注为实际状态。∎

这样，关系 $\sim_i$ 表明玩家 i 无法对其所抵达的节点做出区分。我们可以采用一种标准的模式将认知进程图推广到具有任意二元的认知可及关系的结构。不过，在本章中我们没有必要关注这种推广化的认知进程图。当然，由于玩家对认知可能状态可以有不同的偏好，所以，我们也可以添加第二章中的偏好关系到该模型图中（参见 Liu, 2011）。

原则上讲，任何一种不确定性都可能出现在认知进程图模型。在不同的博弈阶段，玩家不知道对手已经做出了怎样的决策，他们自己已经做出了什么选择，是否轮到他们进行选择，甚至不清楚博弈是否已经结束。这很快超出通常博弈论中只将不确定性同玩家轮次联系起来的做法（对于其他玩家后续行动选择的不确定性可参见 Battigalli et al., 1999a）。

例 3.2　更深一层的不完美信息博弈

对应到上面这些看似合理的场景中，都包括了哪些不确定性情况，我们将这些留给读者思考。

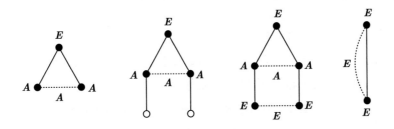

由于认知逻辑中的模型可以具有任意结构，因此，它非常适合用于研究不完美博弈中主体的认知信息（参见 Bonanno, 1992、Battigalli et al., 1999a 和 Battigalli et al., 1999b）。这里，我们将以更一般化的方式考察图示中的不完美信息博弈。∎

备注 *一般模型*

值得重视的一点是我们需要认识到认知进程图只是将认知模型与博弈相关联的一种方法。正如我们将在第五章、第六章以及第二部分中所看到的，将其他对象作为状态同样也是可以的，例如博弈的完整历史或更抽象的可能世界，以此来建模玩家在进行博弈时可能拥有的其他形式的信息。实际上，包括所有这些特殊情况在内，一般的认知逻辑模型 $M = (S, \{\sim_i | i \in I\}, V)$ 在选择状态集 S 时具有完全的自由度。本章后续的认知定义在这样一般化的背景下同样适用，即使其中有些只是针对认知进程图进行了说明。

模态–认知语言 认知进程图是一种联合式模态–认知语言的模型。第一章中所有模态公式在这个以行动构成的结构中依然是有意义的，只不过现在我们可以按照通常的方法，通过将虚线释义为认知算子所相应的标准可及关系，从而使得我们可以对博弈进程中玩家的行动做出更细致的断言。

定义 3.2 *知识的真值定义*

如果命题 φ 在模型的一个状态 s 所处的信息集都为真，即 φ 在那些所有通过认知不确定关系与 s 相关联的状态上都成立，则称玩家在 s 点上知道 φ：

$$M, s \models K_i \varphi, \qquad \text{当且仅当 } M, t \models \varphi \text{ 对于所有满足 } s \sim_i t \text{ 的 } t \text{ 都成立}$$

这表明公式 φ 在主体 i 当前的语义范围内始终为真。 ∎

这种认知逻辑观点立刻可以应用到不完美信息博弈的分析中。

例 3.3 *对于初始行动的无知*

在前述给出的那个不完美信息博弈中，玩家 A 在根节点处已经选择过行动 c，这在图上是用黑色圆点标出（实际上，介于这中间的两个点上都可以），E 知道行动 a 或 b 都可以导致 p，因为析取公式 $\langle a \rangle p \vee \langle b \rangle p$ 在这中间的两个点上都为真，可用认知公式表示：

$$K_E(\langle a \rangle p \vee \langle b \rangle p)$$

另一方面，E 不知道具体是哪个行动可以保证 p 结果必然出现，在这个黑色圆点上，下面这个公式为真：

$$\neg K_E \langle a \rangle p \wedge \neg K_E \langle b \rangle p$$

这在哲学逻辑中是著名的"从言"和"从物"的区分。 ∎

这样更细致的区分在既有行动又有知识元素的语言中非常典型。它们也出现在哲学、人工智能和计算机科学领域的研究中。我们将在第五章和第九章的认知时态逻辑中看到类似的模式。

迭代知识和群体知识 认知语言的一个重要典型的特征是认知算子的迭代性。玩家可以通过诸如 $K_E K_A \varphi$ 或 $K_E \neg K_A \varphi$ 等公式来了解彼此的知识和无知，这对于理解博弈可能是至关重要的。实际上，譬如提问和回答问题这样一类非常基本的信息交流事件，就涉及关于其他玩家的信息的知识和无知。

例 3.4 *一个关于提问/回答场景的模型*

一个提问/回答的场景可能会按如下方式开始。主体 E 不知道命题 p 的真假，但是 A 是完全知道 ($\sim_A$ 是一种恒等关系)。黑色圆点表示实际状态，情形如下图所示：

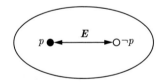

在左边的黑点上，下面的认知公式为真：

$$p, \quad K_A p, \quad \neg K_E p \wedge \neg K_E \neg p, \quad K_E (K_A p \vee K_A \neg p)$$
$$C_{\{E,A\}}(\neg K_E p \wedge \neg K_E \neg p), \quad C_{\{E,A\}}(K_E(K_A p \vee K_A \neg p))$$

现在，E 可以问 A 关于 p 是否成立的情况：E 知道 A 知道答案。 ∎

新符号 $C_{\{E,A\}}$ 在这里很重要。实际上，交流和开展博弈可以被视为共享主体性的一种形式，它们创建了具有自知之明的主体群体。一个常见的例子是以下概念。

定义 3.3 公共知识

在认知模型 M 的一个状态 s 上，群体 G 有关于命题 φ 的公共知识是指在从 s 出发，通过认知可及关系所贯穿模型内的那些状态上，φ 都为真。形式上，$M, s \models C_G \varphi$ 当且仅当在由 s 出发的，通过 $\sim_i$ 关系产生的有穷步数内所通达的那些状态上，φ 都为真。其中，连续的标号 i 可以是群体 G 中的任何一个主体。 ∎

在上述不完美信息博弈中，E 的困境是两个玩家之间的公共知识。这里有一个场景可能可以揭示公共知识是如何产生的。

例 3.4 续 认知动态

对于先前的提问场景，有一个可以分开建模的动态过程。直觉上，诚实地回答"是的"可以改变初始模型，这通过将原来模型变成下面只有一个点的模型得以实现，而在这个点上，信息达到最大化：

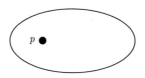

带有公共知识的公式 $C_{\{E,A\}}p$ 现在在黑点上为真。 ∎

我们在本章中不会过多地使用迭代，但它们将出现在本书的许多地方，因为它们对理解社会互动至关重要。后面的主题当然比我们刚刚展示的要广泛得多（参见 van Ditmarsch et al., 2007; van Benthem, 2011a 中公共交流行为的逻辑研究部分），同时，第七章我们也会采用更广泛的观点看待这个内容。

统一性策略（uniform strategy）**和非决定性**（nondeterminacy）　让我们回到行动这个话题上来。前述不完美博弈中一个显著的特征就是它的非决定性。不确定性之间的链接会影响可行的策略。在前面博弈中，让 E 总是选择和 A 相反的行动是保证结果 p 的一个策略，但是现在，因为 E 不知道 A 做出了什么选择，所以，尽管这个策略是存在的，却是不可行的。不过，我们可以通过使用一类特殊的策略来形式化这个概念。

定义 3.4 统一性策略

如果一个玩家在认知无法区分的轮次上都选择相同的行动，那么这类策略在不完美信息博弈中被称为是统一的。∎

这个限制具有一种认知意味，这是因为玩家必须知道策略让他们做什么。在例 3.1 中，如果把 p 解释为 E 赢了比赛，则两个玩家都没有统一性的必胜策略。玩家 A 一开始就没有这样的策略，而 E 也失去了曾经有效的策略。

我们将会在第四章中更为具体地讨论统一性策略的逻辑形式，包括玩家对其影响方面的认知问题。

推理的演算 除了定义一些基本概念外，在博弈逻辑的研究中，我们还应当可以提供一些技术方法，凭借这些技术方法，我们可以在上述任意模型中分析玩家的可行行动、知识和无知。

事实 3.1 在模态-认知逻辑中，有效性的完整公理集如下所示：

(a) 相应于每个行动算子 $[A]$ 的最小模态逻辑；

(b) 相应于每个知识算子 K_i 的认知系统 $S5$。

如果在语言中添加一个公共知识算子，我们就可以得到一个最小逻辑，它包括了来自命题动态逻辑的程序迭代原则（参见 Fagin et al., 1995）。[①] 在第五章中，我们将在探析统一性策略的程序行为时看到此系统。

3.4 逻辑公理的对应理论

我们最小的认知行动逻辑相对较弱。特别是它缺少将知识和行动联系起来的显著公理。不过，仍然有一些看起来有吸引力的交换法则，我们将在接下来看到。

例 3.5 交换知识和行动

---

① 我们可以从 Osborne et al. (1994) 这本书中抽取出一些更具有专属目标性的公理。将谁是行动者这样的事实作为玩家之间的公共知识：$turn_i \rightarrow C_{\{1,2\}} turn_i$。此外，同一信息集中的所有节点具有相同的可能行动：$\langle a \rangle \top \rightarrow C_{\{1,2\}} \langle a \rangle \top$ 作为公理。这两个性质将在后续章节中再次出现。

考虑这个模态-认知的交换法则:

$$K_i[a]\varphi \to [a]K_i\varphi$$

这个规则看起来对于许多场景都是有效的。一个人可以事先知道，碰翻了一满杯茶，茶就会洒在地上。而且，碰翻了这杯茶，这个人知道茶就会洒在地上。即便如此，这并没有包含在我们的最小逻辑中，因为它是可以被反驳的。一个人可能知道饮酒过多会让人感到恶心，但在饮酒过多后，这个人可能并没有意识到自己觉得恶心。上述事例其实告诉了我们一些有意义的事情：这个公理对于没有"认知副作用"的行动是有效的，但对于具有认知导向的行动则可能是不成立的。 ■

这不仅仅是一个有趣的例子。在博弈中，玩家通常在开始时就知道特定策略可以实现什么，当然，随着他们依次按照这些策略连续执行行动时，他们也希望在过程中随时可以利用这些知识。

对于这个公理的逆命题 $[a]K_i\varphi \to K_i[a]\varphi$ 也存在类似的情形。它对于例 3.1 中的不完美信息博弈是不成立的。在黑点处，E 向右的行动会表明在这之后 E 就会知道 p 将成立，即使 E 现在不知道向右的行动可以导致 p 成立。

不过，这个博弈是一个奇怪的情景，因为中间的不确定性在最后突然消失了。实际上，玩家只有在通过观察新事件而不是通过突然的奇迹来获得知识时，$[a]K_i\varphi \to K_i[a]\varphi$ 这个法则在博弈中才是有效的。因此，为消除上面场景中这样奇迹事件的影响，需要在可以观察到那些博弈阶段的最后状态引入一个可以明确地产生信息的行动，我们将在本章的最后回到这个主题中来。

特殊公理的对应理论分析　此处，借用模态框架对应理论，我们可以对问题进行更准确的分析。上面这个公理的有效性与那些特殊博弈之间的关系完全可以在模态对应理论中得到说明。通常来说，我们所发现的往往是关于博弈的一些特殊假设，这些假设包括了行动如何影响玩家的认知以及他们的能力。

接下来，如果一个公式在其命题字母的任意赋值下，它在一个图的所有点上都为真，那么我们说这个公式在该图上成立。

事实 3.2　$K_i[a]\varphi \to [a]K_i\varphi$ 在一个认知进程图 G 上成立，当且仅当 G 满足性质 $\forall xyz : ((xR_ay \land y \sim_i z) \to \exists u : (x \sim_i u \land uR_az))$。

证明　（a）若图 G 满足此性质，那么这个公理也在图 G 成立。对于 G 上的任意一个赋值 V，假定 $M = (G, V)$，$s \models K_i[a]\varphi$。若 t 是满足条件 sR_at 的任意一个状态，我们要证明 $M, t \models K_i\varphi$。因此，令 v 是任意一个与 t 认知相关的状态（即 $t \sim_i v$）。由给定的性质可知，存在一个状态 u 满足 $s \sim_i u \wedge uR_av$。从而根据关于 s 的假设可得 $M, u \models [a]\varphi$，因而有 $M, v \models \varphi$。（b）假设在图 G 中的一个状态 s 上这个交换公理成立。现在，我们选择一种特殊的赋值 V，使得 φ 只在所有满足条件 $\exists u : s \sim_i u \wedge uR_aw$ 的那些状态 w 上为真。显然，$M = (G, V)$，$s \models K_i[a]\varphi$。由此，根据我们关于公理的假设可得 $M, s \models [a]K_i\varphi$。这意味着对于任何一个满足条件 $sR_at \wedge t \sim_i v$ 的状态 t 和 v，都有 $M, v \models \varphi$。由赋值 V 的定义可知，$\exists u : s \sim_i u \wedge uR_av$，这证明图 G 具有此性质。

更具体而言，这种介于一个行动 a 和一个主体 i 信息之间的关系表达了两个二元关系间众所周知的"汇合性"：

这类汇合图表明主体 i 执行一个行动 a 的这类事件不会对 i 产生新的不确定性：行动 a 后所有那些虚线必定是从之前延续下来的。

这个性质对于博弈具有重要的意义。这表明玩家在以下强烈意义上具有完美的记忆：一个人记住了他之前所知道的。事实上，如果玩家不全面地观察到当前行动，而且也不清楚这个行动是 a 还是 b，那么，玩家会对这两个不同的 a 和 b 进行比较，而只有在此时，博弈中才出现新的不确定性。或许这种不确定性是因为行动的来源是另一个玩家，正如我们先前所提到的例子。又或者是源自交流中私密性这类更一般的原因。在本书第二部分中，我们将对后者场景进行更加细致的研究。[①]

备注　*仅通过观察的学习*

---

① 在博弈论研究中也有其他一些关于完美回忆的研究，如 Bonanno (2004a) 和 Bonanno (2004b) 中用认知时态逻辑对主体的完美回忆能力进行了描述。

按照上面的分析方式，研究这个公理的逆命题 $[a]K_i\varphi \rightarrow K_i[a]\varphi$，我们可以得到另一个相应的性质 $\forall xyz : ((x \sim_i y \wedge yR_az) \rightarrow \exists u : (xR_au \wedge u \sim_i z))$。匹配这个性质的交换图则表明旧的不确定性是基于对于行动 a 的公开观察延续而来。而这个性质的更一般形式有时会被称为"无奇迹性"（no miracle）（参见第九章）：只有当新事件体现出差异，主体 i 原有的不确定性才会消失。

一般逻辑的方法　上面证明中的简单模式可以被推广。根据标准的模态技术（参见 Blackburn et al., 2001），我们可以得出许多类似的等价性结果。实际上，找出模态-认知公理与不完美信息博弈限制条件之间的框架对应理论并不需要特别的技术。因为与博弈相关的许多自然公理都具有所谓的"萨奎斯特模式"（Sahlqvist form），所以我们可以利用一些有效的算法将它们计算出来。

尾声：玩家的多样性　正如本章所做，凸显玩家作为信息拥有者的角色，为玩家本身的多样性提供了一种自然的维度。我们强调了具有完美回忆的主体，但还有许多其他类型的玩家也可能存在，如有限记忆的自动机：这是目前我们在生活中进行互动的主要伙伴。本章中的逻辑并非只偏向于刻画拥有完美无瑕记忆的主体。实际上，我们也可以轻易地刻画出一类只能记住他们所观察到的上一步行动的、无记忆力的（memory-free）主体。

事实 3.3　无记忆玩家满足：$K\varphi \leftrightarrow \bigvee_e (\langle e^{\cup}\rangle\top \wedge U(\langle e^{\cup}\rangle\top \rightarrow \varphi))$。

借助全局性模态词 U，以及一个关于过去的行动或事件的所谓逆向查看的逆向模态词 $\langle e^{\cup}\rangle$，上述公式则表明了：如果 φ 在由前面相同行动所导出的模型上处处为真，那么主体也就知道了 φ 是真实情况。[①]

3.5　多模态博弈逻辑的复杂度

博弈的逻辑系统看起来简单，但实际上它们结合了许多不同的概念，如行动、偏好和知识。有趣的是，当这些逻辑涉及模态的组合时，它们在有效原则集方面的

---

① Liu (2008) 从主体的记忆力、观察以及推理能力几个方面对主体的多样性进行了研究，这种视角对于第十章"弈博论"的探讨是重要的。

复杂度可能会令人惊讶。在 2.4 节中我们首次提到了这个问题，而这里我们将详述该问题（也可参见第十二章）。决定这种行为的关键因素是模态的组合方式。[①]特别地，这类看似自然的交换性质事实上却极大增加了系统的复杂度，有时还会把这些逻辑从可判定的推动为不可判定的。

定理 3.1　　包含两个模态算子 $[1]$、$[2]$，并且这些算子满足公理 $[1][2]\varphi \rightarrow [2][1]\varphi$，同时附加有一个全局性模态词 U 的这类最小逻辑系统是不可判定的。

换句话，简单可判定的逻辑可能会在组合后成为一个不可判定系统，甚至有时无法公理化，而这都取决于组合方式。例如，前面的双模态逻辑是 Π_1^1-完全的（即有效式判定与算术的完全二阶理论具有相同的复杂度）。

这种爆炸性增长的技术原因在于，在那样的逻辑系统中可满足性问题可能会在结构 $N \times N$ 上编码为几何学中复杂的铺瓷砖问题（参见 Harel（1985）、Marx（2006）和 van Benthem（2010a）中关于这方面的更多数学细节）。如果逻辑的模型具有足够类似 $N \times N$ 的网格单元结构，那么这种编码就会生效。而先前被附加有完美回忆要求的交换图恰恰具有这样的结构，从而，我们易证：关于博弈树的认知行动逻辑，如果该逻辑语言带有全局性模态算子，或公共知识加上一个未来式的模态算子，那么这种逻辑可能会是不可公理化的。在 van Benthem et al. (2006b) 中对于该问题进行了更为具体的研究，并提供了例子来作进一步说明。

这种复杂度问题有时可以用一个简单的图示来具体化。它对于树状结构的模态逻辑是无害的，但对于网格结构的模态逻辑却是危险的：

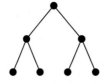

松散的树状结构会使逻辑变得简单，而紧密的网格结构则会让逻辑变得复杂。因此，尽管扩展式博弈是树状结构，不过，当被加入认知关系后则可能出现网格结构，同样情形对于引入偏好序也是一样，这正如我们在第二章理性复杂度部分中所

[①]　Halpern et al. (1989) 在研究具有完美回忆的主体的认知-时态逻辑时首次提出这种高度复杂度问题。针对各种各样的逻辑语言，文章还对其他相关认知属性的复杂度结果进行了分类。

看到的。所以，尽管博弈逻辑是一个自然的研究领域，但实际上它可能导致复杂的系统。

讨论　这类高复杂度结果意味着什么尚无定论。乐观地看，这是一个好消息，一方面因为它们显示了博弈逻辑具有浓郁的数学味道。而另一方面，复杂度并不总是不利的：它可能在某些重要领域方面具有特殊意义，比如有穷博弈。同时，已有研究表明：被用在铺瓷砖归约（tiling reduction）方面的一类表述不可能出现在与交互行为有关的自然推理中，因此，关于逻辑实用部分的研究可能不会遭遇到这类复杂度。

逻辑复杂度对任务复杂度　不过，让我们继续这个话题。直觉上，关于具有完美回忆这样主体的逻辑，它会存在有高复杂度一类结果的可能，尽管完美回忆性质让主体变得简单并且易于定义。同样地，具有瓷砖式的交互图也使得推理变得顺畅。然而，这之间并没有矛盾（关于正则型对象的理论可能会比关于其他任意对象的内容会更丰富些），不过，仍然存在一个问题：逻辑系统的复杂度是否真正揭示了我们想了解的、该系统中所描述的主体所面临的重要任务的复杂度？[①]

3.6　揭开虚线的机制

最后，我们提出一个期望，这个期望只有在本书的后面部分才会被充分讨论。我们对于不完美博弈的讨论已经将关于博弈的逻辑同认知逻辑联系了起来，并且也明确地将玩家加入进来。不过，尽管如此，我们还未达到完全满意。不完美信息博弈在某一进程方面提供给我们些许线索，这些线索将博弈树上玩家的不确定性以虚线的形式表现出来。然而，通过虚线，我们还会猜测这个过程是怎么形成的，因此，我们简要讨论了添加信息观察事件以消除"奇迹"的可能性。不过，有时构想出可以有那样具有给定线索的、令人信服的信息场景是非常困难的。而将玩家类型和可以导致不完美信息博弈出现的那类行动直接看作博弈自身的一个过程的研究则更具吸引力。我们期望在这里会有很多不同的情况，因为正如我们在本章

[①]　在认知逻辑领域中，Gierasimczuk et al. (2011) 对于内部任务复杂度相对外部逻辑系统的复杂度问题进行了探讨。

开头所指出的那样，博弈中的信息可以有很多不同的来源。

逻辑的动态性　对此问题的研究，需要我们将注意力转移到可以明确地表达具有信息性的行动和相关事件这类问题的动态逻辑方面 (van Benthem, 1996)。博弈涉及了玩家的各种行为：开始前的慎思阶段、实际执行的行动、观察其他玩家的行动，或者可能还有忘记或记住的行为，甚至是后期博弈分析的行为等。除了这些之外，相关动态化意义可能还包括信念修正、偏好改变，甚至是改变当前博弈的行为。在本书的第二部分中，我们将使用来自动态认知逻辑的技术 (van Benthem, 2011a)，来明确地研究关于这些事件的逻辑。

这里有一个与本章直接相关的事例。通过分析具体类型玩家在博弈中的信息流动态，我们可以清楚地看到在自然场景中会出现什么样的完美信息博弈。第九章中的表示定理则为博弈中那些具有完美回忆，并且附有观察力和某些信念修正原则的玩家所进行慎思推理的进程提供了具体的解释。

3.7　小　　结

要点　不完美信息博弈是玩家并不完全知道自己所处博弈树的位置。我们已经指出由此产生的结构，就是那些对博弈的最小行动逻辑进行标准认知扩张后所对应的模型。玩家如何琢磨这样的不完美博弈，取决于他们记忆力或观察能力所附的假设，而且我们也揭示出玩家的完美回忆和其他重要属性（包括有限记忆力）是如何借助于模态框架对应理论，被准确地用普通的模态认知公理来表示的。同时，我们也指明在这类系统有效性方面所隐藏的计算复杂度问题是依赖于我们所组合逻辑的不同方式。

开问题　我们的研究中还有许多开问题。我们已经注意到需要揭示在我们的博弈树中产生出那些不确定性虚线的潜在进程机制。我们还看到了需要更深入分析博弈中所出现的不同类型知识：或者无关过去情形而只关注未来的前向式知识，或者是与过去发生情形有关的侧向或逆向式知识。接下来，将不完美信息与玩家偏好融合起来就是一个明显的挑战，而这种融合可以揭示出不完美信息博弈中所蕴含的真实动态性。最后，本章中我们简短讨论了不完美信息博弈中的统一性策略，突出强调了"知其然"（knowing that）和"知其如何"（knowing how）之间重要的区别：这是知识逻辑研究中相对被忽视的主题。不过，本书在第一部分的后半段内容和第二部分中还会谈到许多这方面的问题。

3.8 文　　献

本章内容主要基于 van Benthem (2001a) 和 van Benthem et al. (1994a)。

当前有大量文献讨论博弈和相关社会情景中的不完美信息，如关于主体性和规划的问题研究，其中就包括了 Moore (1985)、Fagin et al. (1995)、Battigalli et al.(1999a)、van der Hoek et al. (2003) 和 Bolander et al. (2011) 等研究工作。

3.9 进一步研究方向

像往常一样，本章中我们将指出许多未来研究方向，列举部分如下：

互模拟和刻画公式　模态-认知逻辑是一种联合有行动和知识、可以让我们谈论博弈内部结构的语言。正如第一章指出，我们可以勾勒出两条线来讨论该逻辑语言的表达力：① 两个博弈的根节点满足相同的模态-认知公式；② 两个博弈间存一个互模拟，将这两个博弈的根节点联结起来。这推广了我们先前的理论。原因在于互模拟需要满足前后之字条件，而对于不完美信息博弈而言，一个用于行动，一个用于不确定性链接。此外，我们可以进一步考虑用动态认知逻辑的公式刻画有穷博弈互模拟的等价性。

统一性策略　我们已经看到在不完美信息博弈中，玩家要在其认知不可分辨的状态点上选择相同行动时，策略概念是如何发生变化的。第一章中，我们用命题动态逻辑将策略定义为程序。这个方法是可以推广的，但现在我们需要 Fagin et al. (1995) 中的"知识程序"（knowledge program），这类程序中关于行动的唯一测试条件是知识陈述。知道某人的策略，这与"知其然"和"知其如何"之间的区别有关。一个策略表达了知道如何完成确定性目标的含义——这一概念将在第四章得到研究。

效力和博弈等价性　如先前几章所述，不完美信息博弈可以在不同层次上去研究。本章中，我们是从精细化行动和局部知识的角度进行探讨。一个人也可以从影响博弈结果的玩家效力方面进行研究。为了进一步理解这一概念，请考虑以下博弈： **E** 的两个统一性策略会产生让结果为 {1,3} 和 {2,4} 的效力，而 **A** 的两个统一性策略 *LL* 和 *RR* 则导致了结果为 {1,2} 和 {3,4} 的效力：

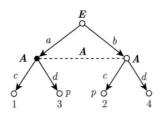

从统一性策略中的纯粹效力角度来看，这个博弈是与交换了两个玩家角色和某些结果的博弈是等价的。这可参考第二十一章中关于这种对于不完美信息博弈的逻辑研究，更多的内容参见 Thompson (1952)、Kohlberg et al. (1986) 和 Bonanno (1992b)。在我们逻辑体系内，我们将在第十一章中对博弈策略进行更为全局性的探讨。

关于博弈解的不动点逻辑　在第二章中，我们用不动点逻辑清晰地表达出博弈解的结构。而本章中我们并没有给出类似的系统，但实际上，关于不完美信息博弈的不动点理论似乎看起来是不存在的。其中一个原因是在这个领域中均衡概念的不断涌现，使得利用该理论很难再像之前研究逆向归纳法那样可以紧紧抓住这些均衡概念的逻辑本质。

添加偏好　本章中我们没有考虑玩家的偏好这个重要元素。尽管将联合有行动和知识的逻辑与第二章中提到的偏好逻辑整合起来并不困难，但要去探讨具体博弈事例中的实际推理情形时存在许多微妙之处。为说明不完美信息与偏好之间的交互，让我们回到本章开始部分所提到的差异性问题。在不完美信息博弈中，我们既有与观察力相关的知识，也有关于博弈将会如何进行这类不确定性的知识。我们没有将这两种观点融合在一起，但在具体情境中，两者都会出现。

以下是两种场景，按照我们通常的结果顺序排列（ **A**-值， **E**-值）：①

---

① 右边的树来自罗伯特·斯特内科（Robert Stalnaker）在 2010 年 1 月阿姆斯特丹 ILLC 的荣休告别活动中所做的邀请报告。

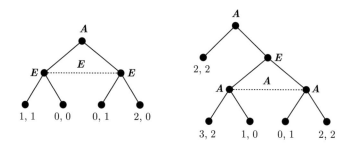

我们可以推广逆向归纳法，将其使用在左边的博弈上，但在右边的博弈中，A 的向右行动所带给 E 的知识信息却会引发一些棘手问题。在这两个博弈中应该会发生什么情况，这个问题留给读者思考。Dégremont (2010) 和 Zvesper (2010) 对于什么样的逻辑可以回答这类问题进行了更深入的探讨。

博弈中知识类型的转换　本章开头提及博弈中各类不同知识的问题尚未解决。有许多关于用一种知识类型来换取另一种类型的想法正在传播：例如，我们可以通过在不同历史之间立即引入不完美信息型的不确定性来替代关于未来的不确定性。[①]尽管最终我们可能会不得已接受博弈中知识种类的多样性，不过，在第六章我们还会重新谈起关于整合和转换这些不同类知识的问题。同时，我们也需要一种超出纯语义层面的其他形式上的知识，比如基于语法意识的观点 (Fagin et al., 1995; van Benthem et al., 2008a)。

添加信念　正如我们多次指出的，驱动博弈进程的展开不仅仅是玩家知识，还有他们的信念。对于这种更丰富的情境，一种常见的表示方法是使用认知模型，在认知可能世界上引入一类可比较的可信度关系（参见第七章）。玩家的信念在他们最相信的那些世界上为真。这无疑是引入了更精细的结构来继续先前讨论的话题。不过，我们将把这部分内容放到本书的第二部分。

添加概率　当添加概率函数到模型中时，我们可以用更具表达力的量化逻辑去描述那些关于进程行为的数值型信念或频率信息。在主体研究领域中，逻辑与概率可以较好地整合在一起，这可参见 Halpern (2003a) 和 van Benthem et al. (2009b) 中提出的系统。不过，在本书中，我们不会考虑概率视角，而只是将它看作对于逻辑的补充。

---

① 将此与博弈论中的海萨尼学说（Harsanyi Doctrine）进行比较 (Osborne et al., 1994)。

其他领域中的博弈逻辑 尽管本书研究的逻辑是为博弈量身定做的，不过它们还可以有更宽泛的应用。前面提到的许多内容可以应用到更多社会场景分析中。尤其是，如果主体是在不确定性信息下行动，那么我们的模态-认知逻辑也可以被用在计划（planning）方面的问题研究 (Moore, 1985)。类似于我们本书中的工作，目前也有用于多主体计划方面的动态-认知逻辑研究（参见 Bolander et al., 2011; Andersen et al., 2012）。

第四章　策略显式化

4.1　作为一等公民的策略

正如我们在绪论中看到的，多数博弈论研究都是关于策略均衡存在性的论述。出于同样的研究兴趣，许多博弈逻辑中都有存在量词，用以说明玩家存在一个实现某个目的的策略（参见 Parikh, 1985、Alur et al., 2002，以及第十九章），这非常类似于前面几章讨论到的迫使模态词。不过，由于策略本身并不是形式语言的部分，从而让我们讲述博弈交互情景故事时缺失了主角。随着时间的推移，策略通过玩家连续的交互行动而被展开，它是理性主体的驱动力。在逻辑学领域，这种忽视存在量词背后信息的普遍倾向在 van Benthem (1999) 的文章里被称为 ∃-缺陷（∃-sickness）。[①] 为克服这个缺陷，在我们的逻辑中明确地引入策略，就像人们对自己已有计划的处理那样，使得我们对其中所含有的行动进行推理的做法有了意义。为此，我们可以通过几条路径来实现。一条路径是运用程序的逻辑来处理策略，我们将展示如何用命题动态逻辑刻画策略；另一条路径是通过审视在基础博弈论中基本的、策略推理原理，设计出一个可以自然地代表这些策略的抽象演算。揭开存在量词掩藏信息的研究对于本书第四部分关于逻辑博弈讨论具有特殊意义，在那里存在性效力量词一般对策略避而不谈（参见第二十五章）。

策略逻辑是一个新晋的研究领域，这里我们不会提供任何确定的策略逻辑系统，不过在第五章和第十八章以及第四部分我们会重回这个主题。

[①]　∃-缺陷的例子包括可证性的逻辑而不是证明的逻辑，或者可知性的逻辑而不是知道的逻辑。通常，像"-ility"这样表示"可……性"的后缀应当特别留意！

4.2 在动态逻辑中定义策略

我们对策略研究的最初处理方式是将其视为一个知名逻辑中的程序。

程序动态逻辑 让我们回顾一下第一章中被介绍过的命题动态逻辑 PDL 的基础知识。PDL 最初是为了研究命令式计算机程序或者复杂动作而设计的，它们用到了序列复合 (;)、安保性选择（guarded choice）（IF...THEN... ELSE...）和安保性迭代（guarded iteration）（WHILE...DO...）这些标准的运算。

定义 4.1 命题动态逻辑 PDL 的语言是以一种交互递归的方式对公式和程序进行定义，其中公式表示状态集（即它们是进程状态上的局部条件），而程序表示状态之间的二元转换关系，是由一组标识被成功执行的有序对（输入状态，输出状态）构成。程序是由原子动作（行动）$a, b, \cdots$ 和对所有公式 φ 进行测试的行动 $?\varphi$ 构成，同时包含了三个"常规运算"，即";"（序列复合）、"∪"（非确定的选择）和"∗"（非确定的有穷迭代）。公式是由基本模态语言中的原子式和布尔公式组成。现在，动态模态词 $[\pi]\varphi$ 在第一章进程模型 M 中的解释如下：

$$M, s \models [\pi]\varphi, \quad \text{当且仅当从 } s \text{ 开始每一次成功执行 } \pi \text{ 后，} \varphi \text{ 为真}$$

这是描述程序或行动效果的标准方式。∎

这个系统直接被用于博弈论分析。在第一章例子中，全体行动关系是原子关系的一个并集，并且获胜策略存在的模态模式是 $[a \cup b]\langle c \cup d\rangle p$。PDL 侧重于一类有穷终止程序，但这是一类通常会受到他人质疑的限制（参见第五章无穷博弈中的策略）。不过，PDL 对于有穷博弈的研究，或者是对于具有无穷多个策略但其局部是有穷终止程序的无穷博弈的研究都具有很大意义。不过，保险起见，除非另有明确说明，我们在本章所讨论的都是有穷博弈。

至于复杂行动的推理演算，PDL 的有效规则是可判定的，并且它有一个完全公理集。我们可以通过简单明了的方法分析常规程序的建构 (Harel et al., 2000; van Benthem, 2010a)。

由程序定义的策略 博弈论中的策略是玩家轮次的偏序函数，由形如"如果我的对手这么玩，则我将那么玩"的指令给出。但是正如我们在第一章和第二章中看到的，更一般的策略是具有多个最佳行动间的转换关系。它们就像通过限制行动而起作用的计划，而不是固定唯一的行动方案。因此，除了博弈中固有的行动关系之外，我们又有了对应于玩家策略的新的关系定义，而且这些关系通常可以用 PDL 语言得以清晰地定义。[①]

作为一个例子，前面提到的"迫使模态词"可以被明确阐释如下。

事实 4.1　对任意程序表达式 σ，PDL 可以定义一个显式化的迫使模态词 $\{\sigma, i\}\varphi$，相对于其他人的选择，σ 是玩家 i 可以迫使博弈仅通过那些使得 φ 为真的状态的策略。

证明　公式 $[((?\boldsymbol{turn_E}\,;\sigma)\cup(?\boldsymbol{turn_A}\,;\boldsymbol{move\text{-}A}))^*]\varphi$ 定义了这个迫使模态词。这就是说，按照下面的方式进行选择：轮到 $\boldsymbol{E}$ 选择时，$\boldsymbol{E}$ 按照程序 σ 中的指令行动，而轮到 $\boldsymbol{A}$ 选择时，$\boldsymbol{A}$ 随意进行选择，这样总会导致 φ-状态的出现。

相关研究结果表明：给定玩家 $\boldsymbol{A}$ 和 $\boldsymbol{E}$ 的可定义性的关系策略，我们能够得到一个关于该博弈的结果，这个结果同样可以被定义。

事实 4.2　执行联合策略 σ、τ 的结果可以在 PDL 中得到描述。

证明　这个证明可通过公式 $[((?\boldsymbol{turn_E}\,;\sigma)\cup(?\boldsymbol{turn_A}\,;\tau))^*](\boldsymbol{end}\to\varphi)$ 得以实现。

降格的策略程序（flat strategy program）　我们的程序式表达有些矫枉过正。一个策略描述的是某一时刻的一个行动，这属于局部性条件描述。这样，局部迭代 * 显得意义不大，我们只使用原子行动、测试、；和 ∪ 这些 PDL 算子即可实现迭代运算。这可以很容易通过一个由"安保性行动"的并集所构成的形式来实现：

$$?\varphi_1\,;a_1\,;\cdots\,;?\varphi_n\,;a_n\,;?\psi$$

这使得策略成为一集条件规则，它们仅在特定的局部条件下适用，并具有指定的后置条件。[②]

---

① 似乎有理由要求策略的关系在相关玩家的回合中必须是非空的。我们所说的一切都与此兼容。

② 这种信念修正和模型变化的策略格式是在 van Benthem et al. (2007a) 中提出的，更一般的版本出现在其他地方 (van Eijck, 2008; Girard et al., 2012; Ramanujam et al., 2008)。

即使这样，这种程序式表达仍旧太严格，因为只有当玩家有几个连续不断的选择机会时，这种行动序列的刻画 $a_1 ; \cdots ; a_n$ 才有意义，而大多数博弈是交替进行的。通常我们只用形如 $?\varphi ; a ; ?\psi$ 一类安保性行动的并集这样的"降格的程序"就足以表达策略。

表达的完全性 在逐个模型（model-by-model）的基础上，PDL 具有较高的表达力 (Rodenhäuser, 2001)。考虑任意玩家 i 有策略 σ 的有穷博弈 $\boldsymbol{M}$。作为一种关系，σ 是有序对 (s, t) 的有穷集。如果我们有一个"表达模型" $\boldsymbol{M}$，其状态 s 在我们的模态语言中可以通过公式 def_s 定义，[①] 那么，我们可以通过公式 $def_s ; a ; def_t$ 定义有序对 (s, t)，其中 a 是相关的行动，然后取相关行动的并集（注意，实际上这是先前语法意义上的一个降格的程序）。

事实 4.3 对于刻画有穷的扩展式博弈，所有策略都是 PDL-可定义的。

PDL 和策略组合 根据关系的运算，我们还可以用 PDL 描述策略组合 (van Benthem, 2002a)。基本的 PDL 运算是并集，这使得我们可以考虑涉及这两种策略的所有可能行动。并集融合了两个玩家的行动计划，该运算将玩家的行动限制到一种普遍的弱化意义上。PDL 的法则描述了该运算如何在单独的一个步骤实现：

$$\langle \sigma \cup \tau, i \rangle \varphi \leftrightarrow \langle \sigma, i \rangle \varphi \vee \langle \tau, i \rangle \varphi$$

我们可能更感兴趣的是，通过重复的步骤来研究与前面一样定义的策略模态 $\{\sigma, \boldsymbol{E}\}\varphi$。在那个例子中，很容易发现，分配律是不起作用的（更多相关信息，请参见第十一章和第十九章）。我们有明显的反例：

$$\{\sigma \cup \tau, i\}\varphi \leftrightarrow \{\sigma, i\}\varphi \vee \{\tau, i\}\varphi$$

而且我们只有如下的单调性法则：

$$\{\sigma, i\}\varphi \rightarrow \{\sigma \cup \tau, i\}\varphi$$

或许一个更重要的关系策略运算是一个 $\sigma \cap \tau$ 的交集，它由两个单独的行动策略组合而成。在有些场合，这种策略的交集可能导致不会留下任何可行的行动。

---

① 要实现这一点，可通过引入表示过去时态的模态词来描述到达状态 s 前的历史轨迹。

但是一般来讲，交集模仿的是一种我们直觉上的策略组合。试想不同玩家的策略：当一位玩家的策略允许另一位玩家采取任意行动，而另一位玩家的策略同样允许这位玩家自由选择。此时，策略交集将生成双方遵循各自策略时的联合博弈路径。但我们也可以将交集视为对同一玩家的分阶段策略组合。假设策略 σ 影响博弈树到某个层级之后，不再会对博弈树施加限制，而策略 τ 起初不施加任何限制，但是在 σ 的域结束后开始生效直到结束：

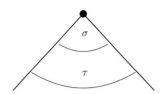

在这种情形中，交集在直觉上就有组合 $\sigma;\tau$ 这样的效果。

由于交运算不是一个正则的程序运算，因此，PDL 中并没有 $\sigma \cap \tau$ 的归约公理，也没有单一步骤的公理。但是我们确实保留了相应该运算的一些策略演算的一般法则，如有效式：

$$(\{\sigma, i\}\varphi \land \{\tau, i\}\psi) \rightarrow \{\sigma \cap \tau, i\}(\varphi \land \psi)$$

如何完全公理化带有策略并交运算的迫使模态系统，这似乎是一个开问题，但考虑到先前的 PDL 所定义的迫使，隐含的演算已经嵌入了带有交集的 PDL 中（参见 Harel et al., 2000）。关于策略组合主题最新的、更深层次的研究可参见 van Eijck (2012)。

远景：效力和显式化策略 到目前为止, 本章所使用的显式化迫使模态 $\{\sigma, i\}\varphi$ 都明确地谈到策略。它们可以被视为第一章中更为隐式的迫使模态 $\{i\}\varphi$ 的一种补充。$\{i\}\varphi$ 是对于玩家 i 的策略进行存在量化，只聚焦玩家具有效力的一面，而不关心产生这样效力的来源。正如我们之前提到的，不同的级别聚焦或许都有它们自己的用途，尤其是这两种聚焦方式都很有意义。

对于关心玩家纯粹效力的模态词，它有一个重要的用途，那就是不包含在我们这种显式化的方法当中。如果我们想表达一个玩家缺乏实现某个目标的策略，那么下面的公式就会起作用：

$$\neg\{i\}\varphi$$

显式化版本并不能够表达相同的意思，因为一般来说，我们不能列出所有可能的策略 σ，从而否认迫使 φ 成立的效力存在。因此，研究将隐式化和显式化效力的表达组合起来的逻辑是有意义的。

当我们定义让效力显式化的策略时，用程序算子加上存在性的效力模态，或许我们可以实现另一个令人惊讶的用途。给定任一玩家 i 和公式 φ，定义 PDL 程序：

$$\sigma_{\varphi,i} = ?\boldsymbol{turn}_i \,;\, move \,;\, ?\{i\}\varphi$$

例如，在第一章的策梅洛染色算法中，一种定义成功策略的方式是："确保你不断前进到获胜的位置。"现在我们可以表明，从早先定义中我们可以较容易地推出一个简单等值式。

事实 4.4 $\{i\}\varphi \leftrightarrow \{\sigma_{\varphi,i}, i\}\varphi$ 是有效的。

证明 从右到左，如果我们有具体的策略（能确保 φ），那么，必然满足存在性迫使模态。从左到右，我们需验证当前满足迫使模态的条件能沿给定策略持续成立。这遵循了第一章中的递归。（a）如果轮到 i，那么至少存在一个后继使得 $\{i\}\varphi$ 为真；（b）如果轮到 j，那么所有后继都有这种性质；（c）如果我们已到达终点，那么 φ 成立，命题得证。在有穷博弈中，这意味着我们可通过策略选择迫使生成满足 φ 的完整博弈路径。[①] ∎

在无穷博弈中，根据对迫使模态的如下释义，前面的等值式依然成立："玩家可以迫使生成一集完整的历史路径，在其中的每一阶段上 φ 都为真。"在第五章中，我们将再讨论这种关于时态迫使模态的逻辑中的一些微妙问题。

可定义性的细节 上述的"成功"规则与具有真正内容的策略之间的分界线是什么？一个关键的因素是在适当限制的形式体系中——策略的可定义性。例如，虽然上述成功的迫使模态所考察的是博弈的整个未来，但在实际应用中，人们的策略经常缺乏这样的前瞻性测试。相反，实际博弈中的策略或者是检查博弈树过去发生的事情，或者测试的只是当前节点处的既不需要未来也不需要历史的局部断言。在本书中，我们可以看到以这种限制方式定义的策略例子，包括一些无记忆策略，它们可能出奇的强大（参见第十八章和第二十章）。尽管如此，情况却是多样

[①] 通过构建 φ，此处可以产生各种变型的条件。例如，利用适合的动态模态词，人们可以表达 φ 在迫使分支上的任何地方都为真。

的。一些普通的策略似乎本质上是前瞻性的，例如第二章的逆向归纳法策略。尽管我们将在下一章讨论的时态语言，可以被用于定义那些表明与玩家过去和未来行动相关的策略的更一般格式，不过，动态逻辑中的程序也可以定义和标准化一些这种类型的策略。

总之，我们可以用动态逻辑很好地定义简单的扩展式博弈的策略。尽管我们也看到需要更丰富的计算逻辑来实现类似的目的，[①]但我们已经确定了存在有用的策略逻辑的观点。除了分析策略推理，这种形式体系（从较简单的到较复杂的行为规则）也可适用于不同可定义性层次中的策略。

4.3　策略的一般演算

虽然 PDL 程序能够在特定的博弈中定义策略，但这是在逐个博弈（game-by-game）的基础上完成的。同时，当我们将策略视为一个通用的证明演算时，我们提出 PDL 系统的主要原因在于它可以记录博弈的进程，而不是帮助我们分析具体策略推理的结果。换句话说，我们是从手边已有的系统开始工作，而不是从最初的推理实践出发。

设计策略逻辑的另一种方法是检查标准的博弈论论证。尽管最终我们不会提出一个新演算系统，但是我们将给出两个例子来说明这种分析策略推理的方法。在本书第五章和第五部分中，读者还会找到同样采用这种"准经验"方法的其他示例，而这部分内容是关于复杂博弈中策略效力的逻辑。

让我们继续，考虑在第十一章提出的玩家效力逻辑。

例 4.1　策略化动态效力逻辑

考虑一个布尔式选择博弈 $G \cup H$，其中玩家 E 通过选择参与博弈 G 或博弈 H 开始。根据第一章迫使模态的记号，现在通过明确标记这些博弈，以下规则明显是有效的：

---

① 一个更简单看待策略的观点是将它们看作自动机基本动作的有穷序列（参见 Ramanujam et al., 2008）。这类策略观的研究工作在博弈的时态逻辑中可以找到（参见 Broersen, 2009; Herzig et al., 2010）。

$$\{G \cup H, \boldsymbol{E}\}\varphi \leftrightarrow \{G, \boldsymbol{E}\}\varphi \vee \{H, \boldsymbol{E}\}\varphi$$

直观的推理如下。从左到右，如果 $\boldsymbol{E}$ 有一个策略，可以迫使满足 φ 的结果出现在 $G \cup H$，那么该策略的第一步描述了 $\boldsymbol{E}$ 的选择：向左或向右，并且剩余的策略在选定的博弈中给出满足 φ 的结果。而且反之亦然，即如果 $\boldsymbol{E}$ 具有在博弈 G 中迫使 φ 成立的策略，那么给该策略前加上一个向左移动的行动时，就给出了 $\boldsymbol{E}$ 在 $G \cup H$ 中迫使 φ 成立的策略。∎

这个例子恰恰隐含着关于任意策略 σ 的一个演算。我们的第一个论证引入两个运算：$head(\sigma)$ 取策略的第一步，而 $tail(\sigma)$ 给出余下的步骤。显然，存在支配这些运算的自然法则，特别是：

$$\sigma = \big(head(\sigma), tail(\sigma)\big)$$

接下来，反方向的论证涉及在策略 σ 前加上一个行动 a，从而得到一个连锁的策略 $a\,;\sigma$，它同样满足以下自然法则：

$$head(a\,;\sigma) = a \qquad\qquad tail(a\,;\sigma) = \sigma$$

这表明关于博弈普通推理背后存在一个基本的策略演算。[①]下面的例子展示了对此演算更进一步的研究。

例 4.2 探索基本的策略演算

考虑以下用于命题有效性的简单序列推导：

$$A \Rightarrow A \qquad\qquad B \Rightarrow B$$
$$A, B \Rightarrow A \qquad\quad A, B \Rightarrow B \qquad\qquad\qquad C \Rightarrow C$$
$$A, B \Rightarrow A \wedge B \qquad\qquad\qquad A, C \Rightarrow C$$
$$A, B \Rightarrow (A \wedge B) \vee C \qquad\quad A, C \Rightarrow (A \wedge B) \vee C$$
$$A, B \vee C \Rightarrow (A \wedge B) \vee C$$
$$A \wedge (B \vee C) \Rightarrow (A \wedge B) \vee C$$

---

① 有趣的是，头（$head$）运算和尾（$tail$）运算提出的是一种余归纳的思想（参见 Venema, 2006），这篇文章不是去关注 PDL 程序的归纳式构建，而是先研究策略，进而转回到服务模式。第五章和第十八章对此有更多讨论。

以下是对应于策略的更为丰富的表达形式：

$$x : A \Rightarrow x : A \qquad\qquad y : B \Rightarrow y : B$$

$$x : A, y : B \Rightarrow x : A \qquad x : A, y : B \Rightarrow y : B \qquad\qquad z : C \Rightarrow z : C$$

$$x : A, y : B \Rightarrow (x, y) : A \wedge B \qquad\qquad x : A, z : C \Rightarrow z : C$$

$$x : A, y : B \Rightarrow \langle l, (x, y) \rangle : (A \wedge B) \vee C \qquad x : A, z : C \Rightarrow \langle r, z \rangle : (A \wedge B) \vee C$$

$$x : A, u : (B \vee C) \Rightarrow \text{IF } head(u) = l \text{ THEN } \langle x, tail(u) \rangle \text{ ELSE } tail(u) : (A \wedge B) \vee C$$

$$v : A \wedge (B \vee C) \Rightarrow \text{IF } head((v)_2) = l \text{ THEN } \langle (v)_1, tail((v)_2) \rangle \text{ ELSE } tail((v)_2) : (A \wedge B) \vee C$$

后者形式可以看作是证明构造，但是我们也可以将所产生的这些看作是一种策略构造。[①] 其主要运算有：

为无需行动的玩家存储策略：　$\langle , \rangle$

使用列表中的一个策略：　　　$( )_i$

执行一个策略的第一个行动：　$head( )$

执行策略的剩余行动；　　　　$tail( )$

依照信息做出选择：　　　　　IF THEN ELSE

显然，这个指令表不同于 PDL，而且它也可能有一个完全不同的逻辑原理，一个更像在类型论（type theory）中所出现的演算。[②] 相应于一般策略演算，我们可以巧妙地给出以下形式的陈述："σ 是玩家 i 的一个可以迫使满足 φ 的结果出现在博弈 G 中的策略。" ∎

从第五章的无穷博弈开始，我们在本书许多地方都会提及有关策略推理具体例子所涉及的逻辑结构。

[①] 例如，除了关于证明之外，借鉴本书第十四章的内容，给定的证明也是将证实者的一个赋值博弈 $A \wedge (B \vee C)$ 中的任一获胜策略转变为博弈 $(A \wedge B) \vee C$ 中的一个获胜策略。

[②] 类似地，类型论陈述 $t : P$ 表示 t 是命题 P 的一个证明，或者是具有属性 P 的一个对象。类型论具有解释复杂类型的构造规则 (Barendregt, 2001)。关于博弈和策略的系统联系见 Abramsky et al. (1994)。

4.4 面对知识的策略

策略在更为复杂的情境中同样有效，例如第三章中的不完美信息博弈。在这种情境下会出现一些有趣的新问题。首先，在这种情况下，策略的重要特征要具有统一性，即在玩家无法区分的位置上指定相同的行动，或者等效地，使所选行动仅依赖于玩家所知道的信息。就像在 4.2 节中，我们可以在这种情形中加入 PDL-风格的程序。不过，这会有一点变化。

知识程序 现在，我们可以施加一种限制到 Fagin et al. (1995) 中的"知识程序"，并且这种做法是有意义的。在这个系统中，对于行动的唯一测试条件是形如 $K\varphi$ 的知识公式。更确切地说，在我们的设定中，我们想要知识程序可以被用作主体 i 的可执行计划，而该计划的测试条件 φ 必须具有" i 总是知道 φ 是否为真"的性质。不失一般性地，由于下面的等值式是有效的，这意味着我们可以对形如 $K_i\varphi$ 的测试条件进行限制：

$$U(K_i\varphi \vee K_i\neg\varphi) \rightarrow U(\varphi \leftrightarrow K_i\varphi)$$

作为特例，现在借助前面定义过的、降格 PDL 形式和仅具有一步式的行动，我们来考虑降格的知识程序（flat knowledge program）。这类知识程序看起来似乎比较接近统一性策略，不过到底有多接近？首先，我们需要对它们进行概括。尽管在第四章中定义的统一性策略是函数型的，但我们的 PDL 程序却是关系型的。比如，"玩家 i 的关系策略 σ 是统一的"意味着：如果在任何时候 $\textbf{\textit{turn}}_i x$、$\textbf{\textit{turn}}_i y$，并且 $x \sim_i y$，那么 σ 允许玩家 i 在 x 和 y 上采取相同的行动。

这与文献（参见 Osborne et al., 1994）对于博弈模型的一般认知要求有关，即玩家应当知道他们所有可行的行动。[①]在模态术语中，这施加了以下条件：

$$(\textbf{\textit{turn}}_i \wedge \langle a\rangle\top) \rightarrow K_i\langle a\rangle\top \text{，或者甚至是 } (\textbf{\textit{turn}}_i \wedge \langle a\rangle\top) \rightarrow C_{\{i,j\}}\langle a\rangle\top$$

有了这样的假设，那么下面结果将会成立。

---

① 换句话说，玩家并不能从检查可行的行动中得到新知识。

事实 4.5　降格的知识程序定义了统一性策略。

证明　对于一个玩家而言,带有知道算子的公式在认知上不可区分的节点处有相同的真值,并且由此假设,可行的行动也是相同的。因此,程序定义的转换也是相同的。

给定用于定义节点处的效力模型上的一些条件,如 4.2 节中的那些条件,下面的结果表明了与上述事实的一个相反条件 (van Benthem, 2001a)。[①]

事实 4.6　在可表达的不完美信息有穷博弈中,统一性策略借助于认知 PDL 中的知识程序是可定义的。

证明　就像我们在非认知情景下对 PDL 程序所做的那样,我们可以枚举给定的统一性策略行动。我们只需要说明在相关玩家的每个认知等价类上策略所允许的行动是什么。这可以使用等价类的模态定义来实现,同时注意到这些定义是已知的,使得它们适合作为知识程序的测试条件。

知识和行动更进一步的交汇　认知逻辑和策略逻辑之间的合并是在两个层次上进行的(要了解更多的后续内容,请参见 van Benthem, 2012a)。一个层次是命题方面的:行动的先决条件和后置条件现在可以是认知的。我们在知识程序中看到认知的先决条件,并且在第二十二章《知识博弈》中将给出认知后置条件的例子,例如作为第一个知道某个秘密的人。第二层次是动态的,因为行动现在可以通过多种方式“认知化”。知识程序展示测试条件如何能成为认知。此外,行动本身可以是认知的,例如进行观察或提出问题。这种特殊的认知行动将是第七章和其后各章的主要关注点。

这两个命题和动态的层次,彼此之间相互作用。例如,一个常见的问题是,主体在何种程度上知道其行动的影响。例如,是否应该对知识程序的认知本质进行内省?假设玩家 i 的知识程序 π 在模型中保证 φ 效果,即迫使命题 $\{\pi, i\}\varphi$ 在任何地方都成立,玩家知道这个吗?实际上,我们很容易看到,这可能无法被确保。

[①]　这里我们假设可以刻画行动和认知不确定的模型是互模拟收缩的。通过第一章结论,这保证了每一个认知等价类在我们的语言中都将有唯一的模态定义。

例 4.3　　*不知道你在做什么*

令单个玩家有两个不可区分的世界 s 和 t，并且每个世界只有一个行动 a，使得在世界 u 和世界 v 中，u 有性质 p 而 v 没有。

在这个模型中，内省失败：$?\top ; a$ 是一个知识程序，其中 $[?\top ; a]p$ 在 s 处为真，但是 t 处不为真，由此 $K[?\top ; a]p$ 在 s 不成立。　　　　　　　　　　　　■

然而，还有另一个相关问题。假定我们确实知道我们基本行动的影响，那么对于由知识程序定义的复杂行动又会怎样？这里，PDL 公理会产生一些有趣的问题。例如，假定我们知道某个程序 π_1 的所有结果。由于这些结果可能包括其他程序 π_2 的 $[\pi_2]\varphi$，由此我们知道 $[\pi_1][\pi_2]\varphi$，并且因此也就知道更长的程序 $\pi_1 ; \pi_2$ 的所有结果。

最后一个相关问题是与我们第三章中的完美回忆概念有关。它也许被称为"认知上把控"（epistemic grip）：即使玩家真的知道一个程序的结果，那么他们在执行一个策略的中间阶段又知道些什么？考虑在沼泽中让向导引路的问题，但是忘记了为什么我们一开始就相信向导。在不完美信息博弈中，如果玩家一开始就知道 $\{\pi, i\}\varphi$ 的情况，由此推出，在后面的每一个阶段，玩家都会知道执行策略中的后续行动所产生的结果就会满足 φ 吗？这里回忆一下有完美回忆的玩家的知识和行动的转换：

$$K_i[a]\varphi \rightarrow [a]K_i\varphi$$

事实 4.7　　若玩家对原子行动有完美回忆，则他们对所有复杂的知识程序有完美回忆。

证明　　要理解这一点，观察以下几组蕴涵式就够了，相关的归纳假设在不同的步骤上都做了预设：

（a）$K[\pi_1 ; \pi_2]\varphi \rightarrow K[\pi_1][\pi_2]\varphi \rightarrow [\pi_1]K[\pi_2]\varphi \rightarrow [\pi_1][\pi_2]K\varphi \rightarrow [\pi_1 ; \pi_2]K\varphi$

（b）$K[\pi_1 \cup \pi_2]\varphi \rightarrow K([\pi_1]\varphi \wedge [\pi_2]\varphi) \rightarrow (K[\pi_1]\varphi \wedge K[\pi_2]\varphi) \rightarrow ([\pi_1]K\varphi \wedge$

$[\pi_2]K\varphi) \to [\pi_1 \cup \pi_2]K\varphi$

这些展示了中间的知识是如何进行的。现在的关键步骤是测试。对于任意测试，$K[?\alpha]\varphi$ 蕴涵 $K(\alpha \to \varphi)$，但是并没有保证蕴涵 $\alpha \to K\varphi$。然而，这对于知识测试是不同的：

$$K[?K\alpha]\varphi \to K(K\alpha \to \varphi) \to (K\alpha \to K\varphi)$$ 在认知系统 $S4$ 中有效。

这些只是关系到博弈中知识和行动的一些问题。[①]

知其如何和理解策略　程序自身作为认知对象也是有趣的，因为它们代表的是"知其如何"的直观概念，而不仅仅是"知其然"。关于什么是"知其如何"有大量的文献，但是在博弈背景下会使得这个问题变得相当具体。

此外，这两个概念交织在一起时就变得特别有趣。除了"知其如何"包括了"知其然"，也涉及一个基本的概念——"知道一个计划"，而这似乎对理性主体的研究至关重要。不过，目前关于此概念并没有一个被普遍接受的解释。如我们在上文中所做的，一条研究进路聚焦于对计划将达成的效果进行命题性知识的刻画。[②]然而，直观上，知道一个计划涉及更多含义。考虑我们通过真正的学习（genuine learning）想要实现的：不仅是正确的命题知识，而且也包括基于计划参与实践的能力。在教育方面，我们教授的"知其如何"至少与"知其然"同样多，但是"知其如何"究竟是什么？

当我们去理解一个策略或一项计划时，这种对比可能会被凸显出来。除了有关一个计划或其部分结果的命题知识之外，我们还需要考虑诸如"鲁棒性"（robustness）等其他重要特征：能反事实地知道一个计划在情形发生变化下的结果，或者具有根据需要修改计划的能力。并且，我们还需要考虑其他方面，例如对不同聚焦的能力要求：能够描述不同层次方面的计划，根据需要在粗细水平层面上的上下

---

① 对不完美信息博弈中具有完美回忆的玩家来说，所有统一性策略都会导致玩家从认知上对于结果的把控 (van Benthem, 2001a)。但反过来，玩家这种认知上把控是否都是由统一性策略所产生这一问题似乎是开放的。

② 这个问题在认知计划领域也起到了重要作用 (Bolander et al., 2011; Andersen et al., 2012)，其中不同种类的知识或者信念是重要的：不仅关于我们在哪里进行某个当下的计划，而且也关于我们怎样期待其随时间的进展。

变动。①

4.5 小 结

要点 策略对于博弈和一般的社会主体如此重要，以至于它们值得作为研究对象而被明确关注。我们通过将策略添加到现有的博弈逻辑中，清晰地展示了如何做到将策略作为我们研究的一等公民。首先，我们指出命题动态逻辑的程序如何可以用于定义策略以及关于策略的推理。其次，通过改变研究进路，我们展示了如何将策略推理的更一般的核心演算从基本的博弈论论证中提取出来。最后，我们展示了如何将策略逻辑与认知结构很好地结合一起，证明了许多关于不完美信息博弈的结果，并且提出了一些便于我们更容易理解不仅"知其然"还要"知其如何"的问题。

开问题 同博弈逻辑相比，目前尚无建构好的策略逻辑。因此，寻找一般性核心语言来定义策略和匹配策略推理的演算，似乎是一个自然的目标。正如我们所建议的，这可能需要我们在探寻分界领域时进行具体实例分析。就像我们将在第五章和第二十五章中看到的各种例子，这本书为此至少提供了两个来源。一个来源是第四部分的逻辑博弈，提供了许多基本的策略推理的实例。另一个来源是博弈论中的重要策略，包括在绪论中所讨论的简单普遍原则，如以牙还牙。我们在第五章中将继续进行这方面的探索。

如上文所讨论的，理解策略与知识和信息变化的相互作用，包括更好地理解"知其如何"，会产生其他的开问题。除此之外，我们需要理解对于行动至关重要的其他认知态度（如信念以及信念修正行为）是如何交织在一起的。

从本书研究的问题出发，下一个明显的需求是将我们无论是局部还是通用的分析，扩展到具有偏好结构的博弈中。用基本的策略逻辑中定义第二章的逆向归纳法策略将会是这方面研究的基准出发点。最后，令策略（复杂的行动）成为一等公民，并与本书第二章的逻辑动态程序相吻合，但目前尚无关于它们最佳整合的

---

① 当我们分析一个人理解一个形式证明的含义时，就会产生类似的问题，而且这可能需要从数学实践找寻有用的直觉。

研究。

4.6　文　　献

本章基于 van Benthem, (2012b)。一些部分也取自 van Benthem, (2012a) 和 van Benthem, (2013)。这个使策略成为焦点的计划最初是在 2007 年荷兰高等研究所（NIAS）的一个半年项目中提出的。

Bicchieri et al. (1999) 是一本关于 20 世纪 90 年代策略逻辑研究的实用文集。同时也出现了许多相关的出版物，包括了由印度金奈研究小组所出版的自动机理论方面的著作（参见 Ramanujam et al., 2009; Ghosh et al., 2011），以及由荷兰 CWI 小组出版的关于 PDL 中策略和相关形式主义的著作（参见 Dechesne et al., 2009; Wang, 2010）。STRATMAS 项目（`http://www.ai.rug.nl/~sujata/documents.html`）为研究策略推理提供了许多不同的方法，并与本书第二部分的动态认知逻辑相关联（参见 Pacuit et al., 2011）。

4.7　进一步研究方向

在本章正文中我们已经提到了许多开问题。现在我们将提供进一步的细节。

系统性思考与准经验方法　正如我们多处所提到的那样，设计策略逻辑至少有两种方法。一种开始于一般的系统考虑，并对一些概念（如程序和自动机）进行类比分析，这是本书的主要考察方法。但是人们也可以独立编制一套基本策略的指令系统（如我们已经为算法所做的工作），并加上建立其属性的基本推理。此处，引人注目的是那些简单的、颇具识别性的策略所具有的普遍性及其效力，如博弈论中的以牙还牙策略，或者计算中的盲目模仿者（copy-cat），或者逻辑本身的变元识别。特别地，虽然我们不知晓应该在什么样的粒度层次上对它们进行分析，但这暗示出我们可以用简单逻辑语言考察策略的可定义性。与此同时，还需要对文献中关于策略的关键结果的证明进行逻辑分析，这种工作方式将在本书的多个地方再次出现。

扩展动态逻辑的方法　我们仅仅是在具有序列回合的博弈中，展示了 PDL 如何用于策略。但并行行动也是博弈的一个常见特征。这需要用更多的结构来诠释原子行动，并将它们提供给每个玩家，在其中也许还包括了环境因素在内，而这就像 Fagin et al. (1995) 中的方法一样。通过在玩家具备控制力的基本事件中增加更精细的结构，第十二章和第二十章的逻辑提供了如何完成这个过程的示例。另一种扩展是关注策略的效果。到目前为止，我们关注的或者是博弈树上的终点，或者是未来的所有阶段。但还有其他直观的成功概念，这就涉及了中间效果。例如，令 $\{\sigma\}^*\varphi$ 表示策略 σ 保证博弈到达 φ-状态的一个"卡口"（barrier）（与每个最大链相交的一个集合）。这可能是研究策略组合的最佳设置。当我们添加卡口模态词（barrier modality）时，博弈逻辑会出现什么样的变化？

模态不动点逻辑　比 PDL 更丰富的形式系统对策略也是有意义的。在第一章中，我们看到了从 PDL 到模态 μ-演算的转变，该演算定义了一组更丰富的递归概念，其中包括了对于无穷计算的讨论。但是有一个问题：μ-演算没有显式化的程序。尽管如此，许多公式都暗示了一种匹配。例如，"保持执行行动 a"（非终止性程序 WHILE ⊤ DO a）是最大的不动点公式 $\nu p \bullet \langle a \rangle p$ 的一个见证，它声明了无穷 a-分支的存在。μ-演算的显式化程序版本或许是一个有用的策略演算。到目前为止的努力仅仅关注终止性程序 (Hollenberg, 1998)，并且也许更好的范式是 Bradfield et al. (2006) 的 μ-自动机。在第十八章，我们将回到这个主题，包括图博弈（graph game）中的策略推理（参见 Venema, 2006）。在第二章，我们采用了类似的观点，甚至使用了表达力更强的不动点逻辑 LFP（FO）。即使如此，因为不动点算子本身指的是一种计算上的逼近过程，与策略的建构相近，所以人们或许会说不动点逻辑确实为显式化策略研究提供了明确的动态信息。

策略和不变量（invariant）　我们关于 PDL 的策略讨论也提出了另一个视角，尤其是关于"一顺百顺，一通百通"这种不足道的效力策略讨论。许多好的策略在于能够在整个博弈过程中保持着一种适度的不变性。对于诸如拿子游戏（Nim）这样的室内游戏（parlor game）的确如此，[1]但是对于许多将在本书第四部分中讨论

---

① 译者注：室内游戏是指在室内进行的集体游戏（这些集体游戏多数涉及逻辑或文字游戏）。在美国和英国的维多利亚时代，这些游戏在中上阶层中非常流行：19 世纪，中上阶层的闲暇时间比前几代人多，这导致各种各样的室内游戏被创造出来，让这些先生和女士们在小聚会上自娱自乐。

的逻辑博弈也是如此。事实上，我们关于未来成功的模态迫使命题本身可以被看成是抽象的不变量，而且对于博弈语言中的许多逻辑公式来讲也是如此。但是不变量也可以是其他结构：在某种意义上，在稍后几章中讨论的认知信念模型就被用作不变量，用以记录过去行为的某些（但不是全部）记忆。这本书没有提供系统的不变量理论，但是有些话题都与此有关，例如我们在第十八章和第二十五章中关于同时在不同层次上观察博弈的讨论。

时态逻辑　我们也可通过时态逻辑研究策略演算。最近的一些工作包括"策略化"交替时态逻辑（alternating temporal logic）ATL(Alur et al.,, 2002; Ågotnes et al., 2007) 或具有认知算子的 ATEL(van der Hoek et al., 2003; van Otterloo, 2005)，以及解释系统中的博弈分析 (Halpern, 2003b) 或情景演算（situation calculus）(Reiter, 2001)。对于无穷博弈策略的研究，利用时态逻辑也许能做到比我们本章所提出的系统更好的聚焦，我们将在第五章给出一些解释。

从具体到通用策略（generic strategy）　本章系统研究的策略是在特定的博弈中所定义的具体对象。但是也有另一个层次上的通用策略，它在满足某种适当类型的所有博弈中，都可以实现其效果。简单但有力的复制型策略就是很好的例子，如以牙还牙或盲目模仿者，它们在各种博弈中都起作用。基于动态逻辑和线性逻辑，第五章（构建博弈运算的逻辑）隐含了对于通用策略的分析，并且我们还会在第十九章、第二十章和第二十一章中讨论它们。

其他方法　其他方法也可以使策略显式化，例如自动机理论 (Ramanujam, 2008) 或者类型论 (Jacobs, 1999)。我们仍然要考虑这些方法是否适合本章的逻辑，即便第十八章的附录给出了一些相关的讨论。我们对于策略的研究也可以从其他领域的具体例子受益，比如第三章所提到的计划领域（参见 Moore, 1985; Bolander et al., 2011)。另一个与逻辑任务相关并用于具体策略的数学范式是形式学习理论 (Kelly, 1996)。

添加知识和信念　相较于目前为止我们所展示的逻辑系统，我们也可以增加更多的信息态度到 PDL。首先，我们可以进行更彻底的认识过程，不仅仅是关于命题的认识，还包括关于程序的认识，使得转换本身成为可以具有认知结构的对象，这与动态认知逻辑中的事件模型类似（参见第七章）。①我们可以通过其他方

---

① van Benthem (2011b) 中的 "箭头逻辑"（arrow logic）是用于此目的的另一类认知逻辑。

式来更进一步研究这些问题。我们把策略理解为在改变的情景下知道其结果，这与哲学中的反事实观点相一致，即对于 φ 的知识是一种真实的信念，它在以下意义上追溯真相：如果世界略有不同，我们仍然可以正确地相信或不相信 φ(Nozick,1981)。这表明我们可以将信念添加到策略结构中，而且实际上，在第八章中，我们将把策略视为信念的诠释。因为信念与信念修正——一种描述在当与事实发生矛盾时修正自己原有信念的概念——是一同出现的，因此，这种变化蕴含着一个激进的观点。我们将在后面的一个观点中讨论策略修正问题（也可参见第九章）。

添加偏好 策略行为的直观感觉是基于动机和目标。实际上，行动和偏好与我们第二章逆向归纳法的逻辑紧密相连。在这个更丰富的领域中，显式化策略将会是怎样的情形？我们需要扩展我们先前的模态偏好逻辑，在被扩展的逻辑中，我们能够定义类似逆向归纳法这样典型的博弈策略，而这或许可以借鉴 van der Meyden (1996) 的动态道义逻辑的风格。

不断变化情景下的策略 到目前为止，我们是在固定场景中研究了策略，这带来的是局部性的解决方案。但当策略在已知有效的情况下改变博弈会发生什么？我们将在第九章中详细讨论在变化博弈中的策略，但目前需要简要探讨一些问题。回想我们先前关于策略的理解。当情景发生变化时，一个好的计划仍然会起作用；至少在微小的变化下它是稳健的。但是多数策略在变化之下会分崩离析。例如，逆向归纳策略可能会随着玩家行动的增加或删除而发生重大转变。[1]这里会出现两个选项，"重新计算"和"修复"。我们应该在变化的博弈中计算新计划还是修复旧计划？通常，我们会从修复开始，只有在被逼无奈时才重新计算。是否有关于计划修订的严密理论，使得我们能更精确地说出变化发生到什么程度是充分的，而什么时候是不充分的？[2]这里出现的策略结构、可定义性和保持性（preservation）等问题尚未得到系统的解决。即使对于 PDL，当涉及横跨不同模型而将程序行为关联起来时，我们也没有在模型论层面上的保持性定理。

---

① 我们可以说，我们寻求的灵活性已经在标准的博弈概念中得到了体现，其中策略必须适用于任何情况。我们可以将所有相关的博弈情形收集到一个"超级博弈"中，要求在那里有一个实际起效的策略。但是这样的预编码好像与我们通常理解的计划相去甚远。在第六章和第二部分中，我们将使用小模型来处理这个问题。

② 关于修复程序的一个很好的例子，参见 Huth et al. (2004)。

概念上的澄清 最后的困难是该领域中越来越多的未定义术语，例如计划、策略、主体类型，或协议。所有这些概念所指都比较类似，使得讨论变得混乱。澄清这些术语是有益的（参见 van Benthem et al., 2013）。协议或许可以看作一个进程中的一般限制；策略可能是在这些限制中玩家运用自由选择的方式；而主体类型是可以保留给主体并可重复使用的行动模式。

第五章　无穷博弈和时态演化

截至目前，我们所关注的都是有穷博弈。不过，正如我们在绪论中所看到，对于无穷博弈的研究也同样重要。从运算系统到社会规范（social norm），无穷进程模型都有着广泛的应用。实际上，无穷博弈是演化博弈论和很多计算机科学分支领域中的范式（paradigm）。本书的各个地方都涉及到了无穷转换，从绪论中的无穷进程博弈开始，到第二部分迭代宣告的极限情形，再到第十四章中关于不动点逻辑的无穷赋值博弈，以及反复出现的分支时态逻辑。由于第一章和第四章中的模态 μ-演算可以用来描述无穷历史，所以我们可以用已介绍的工具来研究无穷博弈。然而，在这个无穷领域中，包含第八章中描述行动和知识随时间变化而演变的时态逻辑才是主角（也可参见第二十五章）。然而，尽管本书重点是强调模态和动态逻辑，但这也并不是固定死板的选择。本章中，我们将提供一些关于时态逻辑研究博弈的基本情况介绍，同时说明这些逻辑如何应用于博弈中的基本问题，比如信息流和策略推理等问题。

备注　*玩家的名字*

像本书中大部分内容，本章考虑的是双人博弈，并且我们欣赏符号表示方式的多样性。在即将讨论的博弈中，两位玩家或角色将分别由 *E* 和 *A*，或者 *i* 和 *j* 来表示，这在很大程度上取决于文献中的传统用法。

5.1 决定性的一般化

我们从第一章中初始谈及博弈逻辑所涉及的问题开始。在第一章中，关于有穷博弈的一个引人注目的结果是策梅洛定理。而对于无穷博弈来说，存在着更强大的结果，在这些被标记了输赢的博弈中，玩家产生了无穷的行动序列。在无穷博弈中，关于博弈历史的获胜条件具有多样性。

盖尔-斯特瓦尔特定理（Gale-Stewart Theorem） 当对于某个玩家而言，赢得一轮博弈仅仅取决于博弈开始时某个有穷阶段中发生的事件时，这就是一个重要的特殊情况。

定义 5.1 *行动序列的开集*（open sets of runs）

如果每一个属于行动序列集合 O 的无穷序列都有一个有穷的初始片段 X，使得共享 X 的那些所有行动序列也在 O 中，那么称行动序列集合 O 是开集。而如果其中一个玩家拥有一个开的获胜条件，则称它是无穷开博弈。 ∎

接下来，我们将考察这个对策梅洛定理做出推广的盖尔-斯特瓦尔特定理。

定理 5.1 *所有无穷开博弈都是决定性的。*

证明 首先，我们陈述以下完全通用的辅助事实。这被称为**弱决定性**（weak determinacy），其名称来源可以从以下表述中明白。

事实 5.1 *如果在无穷博弈的某个阶段 s 上，玩家 E 没有获胜策略，那么玩家 A 总会有一个策略：在 s 以后的所有阶段中迫使出一集行动序列，使得玩家 E 在余下的博弈中没有获胜策略。*

弱决定性证明如下。类似于策梅洛定理中的推导，可以得出 A 的策略。如果轮到 E 行动，由于 E 现在没有获胜策略，那么不存在可以使得 E 获胜的后继节点，从而，A 只需要等待就好。如果轮到 A 行动，那么 A 至少会有一个可能行动让博弈进入使得 E 没有获胜策略的那样一个状态，否则，E 马上就会有一个获胜策略。按照这样的方式来选择行动，A 必定可以产生如事实中所描述的那样行动序列。

现在，不失一般性地假设 E 有获胜的行动序列开集。那么，A 像前面所述的这个策略就是一个获胜策略。考虑任意生成的一个行动序列 r。由开集的定义，如果 E 在行动序列 r 中获胜，那么某个有穷初始片段 $r(n)$ 将使其在所有后续片段都获胜。但那样的话，E 在 $r(n)$ 阶段就应该有了一个获胜的策略：无论采取什么行动，E 都会获胜。但这与已知条件矛盾。　　　　　　　　　　　　■

例如，借助于第十五章和第十六章中的逻辑博弈的比较与构建，我们可以得到开的获胜条件。盖尔-斯特瓦尔特定理本身是马丁定理（Martin's Theorem）的一个特例，而马丁定理表明了博雷尔式博弈（Borel game）都是决定的。该定理说明获胜条件位于序列集的博雷尔分层（Borel Hierarchy）（参见 Moschovakis, 1980; Vervoort, 2000）。那些非开的博雷尔条件包括了操作系统的公平性（所有请求最终都会得到答复），以及第十四章中不动点博弈的奇偶性获胜条件。

非决定性　使用非-博雷尔获胜规则，无穷博弈可以是非决定的。这里，为理解下面的一个例子，我们需要集合论中的一个基本概念。

定义 5.2　超滤（ultrafiler）

在自然数 $\mathbb{N}$ 上的一个超滤（这里我们只需要这个情况）是满足下面三个性质的非空的自然数集族 U：

(a) U 对于超集（superset）运算是封闭的；

(b) U 对于交集运算是封闭的；

(c) 对于所有 $X \subseteq \mathbb{N}$，$X \in U$ 当且仅当 $\mathbb{N} - X \notin U$。

而自由超滤（free ultrafilter）是这样一类不包含有穷集的集族 U。　　　■

由选择公理（axiom of choice）可知，自由超滤总是存在的。设 U^* 是一个自由超滤，让我们来看下面的博弈。

例 5.1　一个非决定性的博弈

两个玩家 A 和 E 依次选择相邻的自然数封闭初始段，这个区间段可以是任意有穷长度，由此我们得到如下的一个连续序列：

$A : [0, n_1]$，其中 $n_1 > 0$； $E : [n_1 + 1, n_2]$，其中 $n_2 > n_1 + 1$；   以此类推。

我们规定，如果由 E 选出的所有区间的并集都属于 U^*，那么玩家 E 获胜；否则玩家 A 获胜。在这个博弈中，因为 U^* 中的集合不能通过有穷的初始段来决定，所以无论哪位玩家的获胜集合，它对于另一位玩家来说都不是开集。   ■

事实 5.2   区间选择博弈不是决定性的。

证明   这个证明采用一种"策略窃取"（strategy stealing）式的论证。玩家 A 没有获胜策略。因为如果 A 有，那么 E 可以使用该策略，但在每一步上延迟一步来复制 A 的应对方式并伪装成 E 的行动。这样双方生成的区间集合（除了某个有穷的初始片段外都是不相交的）所形成的并集属于 U^*。然而，这是不可能的，因为 U^* 是自由超滤。出于同样的原因，E 也没有获胜的策略。

通过复制的方式，除去初始片段外，在这个博弈中玩家们的效力是相同的。在第十一章和第二十章中，当我们研究可能具有非决定性的无穷博弈中的玩家效力时，将再次看到这种对称性情景。在 5.2 节和 5.3 节中我们将对前面的论证做更深入的分析。

依赖于选择公理这点非常重要。集合论专家们已经基于另一种形式的决定性公理研究了数学宇宙，该公理表明所有无穷博弈都是决定的。[1]

5.2   分支时间和时态逻辑的效力

既然我们要去探索无穷博弈，那么就从一个简单的系统开始，将视线转移到时态逻辑上。无穷博弈让我们注意到这类博弈中可能历史所涉及的、更深广的时态背景。此处，什么样的逻辑是合适的？一个简单的切入口是盖尔-斯特瓦尔特定理的证明。正如我们在第四章中多次指出的，对于逻辑系统而言，一个好的设计方案

---

[1]   在集合论中有大量关于决定性问题的研究 (Moschovakis, 1980; Kechris, 1994; Vervoort, 2000)，不过，这偏离了我们对于博弈的研究。

是去寻找到可以形式化博弈论论证所需要的最小表达力。盖尔-斯特瓦尔特定理的证明是围绕着弱决定性展开的。那么，建立这个规则的关键性论证建立了什么逻辑结构？

　　直接的形式化是在所有博弈都存在的世界中进行，即那些带有分叉历史的分支时间世界，就如下图所示：

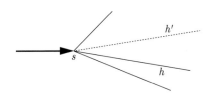

从左边进入的粗体黑线代表实际历史，而且只知道截至目前处在了 s 阶段。在这样的模型中，点可以编码局部的性质，而整个分支可以具有独立于阶段之外的相关全局性，比如无穷博弈中分支上的获胜条件（参见第十四章和第十五章），或者演化博弈 (Osborne et al., 1994) 中的贴现收益（discounted payoff）。此外，在这些模型中可以区分出外部属性和博弈的内部属性，比如将节点标记为一个或另一个玩家的轮次。

　　这类结构是一种典型的分支时态逻辑模型，它在有序对 (h, t) 处为公式赋值，其中 h 是当前分支并且 t 是当前节点。在此形式化意义下，我们有一个简单明了的公式表达了弱决定性。令 i 和 j 是两个不同的玩家。

事实 5.3　　弱决定性就是有效式 $\{i\}\varphi \vee \{j\}A\neg\{i\}\varphi$。

此处，$\{i\}\varphi$ 是第一章和第四章中的迫使模态词的一种时态扩展，表明了玩家 i 有一个策略，可以确保只有满足时态逻辑公式 φ 的结果才会出现，而这些结果将当前历史 h 直到节点 t 这个阶段作为初始片段。时态逻辑公式 $A\psi$ 表示 ψ 在当前分支上始终为真。

备注　另一种记法

　　我们也可以让时态算子去表达一种纯粹的迫使效力，这或许让我们能够更清晰地揭示我们主要的观点。截至目前，这两种相关的表达规则如下：

$$\text{强决定性：}\quad \{i\}\varphi \vee \{j\}\neg\varphi \qquad \text{SD}$$

$$\text{弱决定性：}\quad \{i\}\varphi \vee \{j\}\neg\{i\}\varphi \qquad \text{WD}$$

强决定性在博弈推理中并不总是成立，而弱决定性则一定是成立的。SD 成立依赖于进一步的假设，这种假设能够实现来自 WD 的转换，并且经常会有一个简单的、逻辑上的形式结构（包括相关的迫使概念，更具体的内容参见第 5.3 节）。

我们已经将一个博弈论的引理转变为具有博弈模态的时态逻辑规则，并将这些在分支模型上的有效规则集合称为时态迫使逻辑（temporal forcing logic）。这种逻辑是将无穷博弈中关于行动的时态基本理论看作对早期模态逻辑的补充。[①] 它的复杂度可以通过以下方式进行分析。

事实 5.4　时态迫使逻辑是可判定的。

证明　前面所有的模态词（包括关于迫使效力的模态词），都可以在知名的一元二阶逻辑系统 MSOL（monadic second-order logic）中得到定义，该逻辑系统通过对子集进行量化来拓展了一阶逻辑。尤其，在带有后继关系的树模型中，MSOL 可以对博弈历史进行量化，这是因为它们是最大的线性有序子集。而由于关于行动的二元子关系也可以独特地编码为子集，因此更为关键的是，MSOL 也可以定义策略，正如第八章中我们关于逆向归纳法的分析那样。由拉宾定理（Rabin Theorem）(Rabin, 1968; Walukiewicz, 2002) 可知，MSOL 在我们的树模型上是可判定的，因而时态迫使逻辑也是可判定的。[②]

前面研究并不能解决下面关于系统完全性的问题。

开问题　为时态迫使逻辑提供一个完全的公理化系统。

在下面一节中，我们将更为具体地来看前面一章所分析的问题，同时，基于前面的结果，通过分析策略推理的细节，我们将给出更细致的结构。

[①]　树模型中时态和模态逻辑的自然融合可参见 Stirling (1995)。

[②]　实际上，在本书的树模型中，许多 MSOL 中可定义的、与策略相关的模态公式也具有互模拟不变性。因而，根据贾宁-瓦卢基耶维茨定理（Janin-Walukiewicz Theorem）(Janin et al., 1996)，这些公式也可以在模态 μ-演算中定义。相关内容可参见第一章和第八章。

5.3　策略化的时态逻辑

为了让读者了解到更多应用时态逻辑研究博弈的工作，我们来考虑作为第四章的主题内容——策略的表示。逻辑的传统模式是去分析一个给定的推理事例。我们现在就从这个模式出发来看一些策略推理的问题（参见 van Benthem，2013 中关于此内容研究的具体内容和动机）。为了方便，像通常一样，我们将注意力限制到只有两个玩家 i 和 j 的博弈。

关于效力的时态逻辑　我们由 5.2 节中的时态设定开始。当聚焦到这些分支树的节点上，同时假定时间是离散的，我们就可以解释出现在许多文献中并且具备各种形式的分支时态语言，其格式如下：

$$M, h, s \models \varphi, \qquad \text{公式 } \varphi \text{ 在历史 } h \text{ 的一个阶段 } s \text{ 上为真}$$

这里的公式 φ 是通过命题字母、布尔联结词、对应当前分支上的时态算子 F（表示未来的某个时间）、G（表示未来的所有时间）、H（表示过去的所有时间）、P（表示过去的某个时间）和 O（表示下一个时刻）所构造起来的，并且也包括了当前阶段中的所有分支情形的模态词 $\square$ 和 $\diamond$。一些典型的释义如下：

$M, h, s \models F\varphi$，当且仅当　对于某个 $t \geqslant s, M, h, t \models \varphi$

$M, h, s \models O\varphi$，当且仅当　在历史 h 上，对于 s 的直接后继 $s+1, M, h, s+1 \models \varphi$

$M, h, s \models \diamond\varphi$，当且仅当　对于直到 s 阶段都等同于 h 的某段历史 $h', M, h', s \models \varphi$

我们将在 5.4 节详细介绍这类逻辑，但就我们的主题而言，我们添加一个新策略模态词 $\{i\}\varphi$，它用来描述玩家 i 在博弈当前阶段所具有的效力，这也是第一章中的迫使模态的一个时态版本：

$$M, h, s \models \{i\}\varphi, \qquad \text{当且仅当 玩家 } i \text{ 从 } s \text{ 开始有一个策略，它}$$
确保了只有满足如下条件的 h' 才会产生：对于每个阶段 $t \geqslant s$
都有 $M, h', t \models \varphi$

这对于阶段 s 看起来是局部的，不过，φ 也可以是历史 h' 中独立于阶段外的一种全局性质。这种情况通常称之为 φ 的获胜条件。有时，这些条件是历史的外部特征，比如在第十五章的模型比较博弈中建立了局部同构（partial isomorphism），但有时它们本质上是指博弈的内部特征，比如在特定玩家的回合中发生了什么。

尽管我们的迫使模态 $\{i\}\varphi$ 很强大，但它并不表示 φ 一定在当前的分支上为真。我们可以用一种方法来补救，不过，这却会把我们领向一种绝境。[①]

有效规则　关于这种语言的推理规则，它结合了本书中多次出现的那些规则的组成部分。

定理 5.2　下面的规则在时态迫使逻辑中是有效的：

（a）分支时态逻辑中的标准规则；

（b）一个对于 $\{i\}\varphi$ 的单调邻域模态词而言的标准最小逻辑，以及一个陈述其模态特征的公理：$\{i\}\varphi \to \Box\{i\}\varphi$；

（c）源自第一章和第四章中的三个基于博弈的规则：

(i)　$\{i\}\varphi \leftrightarrow ((\boldsymbol{end} \wedge \varphi) \vee (\boldsymbol{turn}_i \wedge \Diamond O\{i\}\varphi) \vee (\boldsymbol{turn}_j \wedge \Box O\{i\}\varphi))$

(ii)　$(\alpha \wedge \Box G((\boldsymbol{turn}_i \wedge \alpha) \to \Diamond O\alpha) \wedge ((\boldsymbol{turn}_j \wedge \alpha) \to \Box O\alpha)) \to \{i\}\alpha$

(iii)　$(\{i\}\varphi \wedge \{j\}\psi) \to \Diamond(\varphi \wedge \psi)$

证明　关于（a）的证明可以参考 5.4 节。关于（b）的证明，参见第十一章中介绍的迫使模态逻辑。至于（c）的证明，第一个规则（i）是我们在第一章中已经研究过的不动点表示定理，而（ii）则是一个更强版本的引入规则，它让人联想到刻画 PDL 中全局性迭代模态的那个公理，只不过前提变得更强。[②] 这里，第三个规则明显地区别于前两个，它是对两个玩家策略选择独立性的一种简单表达。这种独立性更像是迫使模态的逻辑，或者是第十二章中描述玩家能力的 STIT 型逻辑。

我们可以比较容易地从这些规则中推演出更进一步的有效规则。

[①] 我们的策略算子是一种表示所有可能分支情况的模态。而另外一种自然地表达出局部性的模态 $\{i\}^+\varphi$，只要求当前的历史 h 按照策略来进行。不过，我们暂不需要这类算子。

[②] 这些规则在被应用到相关于博弈历史局部性质时，就有了最实质的意义：当第（ii）个规则中的谓词 α 代表的是无穷分支中全局性的获胜含义时，读者会发现第二条规则所表达的内容非常有限。这涉及到以下二者间的差异：有穷阶段性质，以及与盖尔-斯特瓦尔特定理相关的那些潜在的更为复杂的获胜条件。

事实 5.5　　$\{i\}\alpha \to \{i\}\{i\}\alpha$ 这类的 $S4$ 法则在时态迫使逻辑中依然有效。

这个法则告诉了我们一个有趣的策略效力问题。如果我们执行一个策略，从原则上讲，我们就有了一个保证，使得我们永远不会离开这个策略可以涉及的那些安全区域。在认知逻辑中，这个公式刻画的是一种自省原则。然而，它在这里所表达的是一种策略的安全性。

除了这些有效规则外，一些无效的规则也是有意义的。我们借助对于迫使模态词的解释来看一个让人惊讶的例子：$\{i\}\alpha \to \alpha$ 并不有效。仅仅在具有无穷历史的博弈中，才会出现更引人注目的无效式。

例 5.2　　具备信息性的无效式

规则 $G\{i\}\alpha \to (\alpha \vee F\alpha)$ 在有穷博弈中是有效的，因为在当前历史的末尾处，总是可以迫使 α 出现。不过，考虑下面这个视作单人博弈的无穷模型（在许多研究领域中都是常见的）：

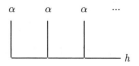

在唯一的无穷历史 h 的每一个节点上，玩家都有一个可以将博弈结束于终点的策略。不过，如果永远停留在无穷分支上，那么将会产生一个无法满足有穷性条件的历史。　■

很显然，我们的逻辑包含了许多其他有效和无效的规则，它们展示了有穷和无穷博弈中获胜条件之间相互作用。然而，我们在这里将以之前章节的一个小例子来结束这部分讨论。

弱决定性的证明　　弱决定性在我们系统中表示如下：

$$\{i\}\varphi \vee \{j\}\neg\{i\}\varphi$$

现在通过使用定理 5.2 中（c）的两个规则，从形式上推导这个公式，以此来说明我们的逻辑。

由规则（i）可得：　　$(turn_i \wedge \neg\{i\}\varphi) \rightarrow \Box O\neg\{i\}\varphi$；

由规则（i）可得：　　$(turn_j \wedge \neg\{i\}\varphi) \rightarrow \Diamond O\neg\{i\}\varphi$；

由规则（ii）可得：　$\neg\{i\}\varphi \rightarrow \{j\}\neg\{i\}\varphi$。

现在，我们也可以推导盖尔-斯特瓦尔特定理。令 φ 是一个开条件：

$$\varphi \rightarrow F\Box G\varphi$$

由此公式，从形式上易证 $\{j\}\neg\{i\}\varphi \rightarrow \{j\}\neg\varphi$，并且利用弱决定性，可以得到这类博弈具有决定性：

$$\{i\}\varphi \vee \{j\}\neg\varphi$$

最后，策梅洛定理只是一个简单的推论，这是因为具有一个终点这样的事实正是分支的开性质，它可以表示为：

$$Fend \rightarrow F\Box GFend$$

就无效规则而言，由于弱决定性并不能蕴涵强决定性，因此分析前面提到的反例也就有了意义。

关于策略窃取的逻辑　在前面研究的策略逻辑中，一些有趣的性质会出现在一些特殊的模型上。为看到这点，我们先撇开盖尔-斯特瓦尔特定理，考虑例 5.1 中的非决定性区间博弈。通过更细致地分析策略窃取论证，我们将揭示一个有趣的逻辑结构。

假设 E 先开始，而由 A 开始的情形类似。策略 σ 首先进行第一步行动 $\sigma(-)$。现在让 A 进行任意一个行动 e。E 随之回应的行动是 $\sigma(\sigma(-), e)$，之后轮到 A 再次行动。关键的是，这一系列事件也可以以不同的方式来看，即在 E 进行到行动 $\sigma(-)$ 后，A 随之进行的行动是 $e : \sigma(\sigma(-), e)$，之后又轮到 E 行动。这种视角的转变是早前证明中产生矛盾的原因。

这个论证预先假设了博弈具有以下这个特殊的性质：[①]

复合闭包（composition closure）：　　任何一个玩家都可以任意选择一连串可行的连续行动。

---

① 在一个适当扩展的模态-时态语言中，我们可以定义这个性质。

在区间博弈的树模型上有一个独立的有趣特点。就可行的行动而言，这里描述的两个阶段是相同的子博弈，但不同之处在于所有的轮次标记已经互换。因此，从广义博弈逻辑（general game logic）中的一个概念来看（参见第十九章和第二十章），如果两个子博弈只是在所有节点处博弈双方的角色互换，那么，称其中的一个子博弈是另一个子博弈的对偶。现在 A 窃取另一个博弈中 E 的策略作为自己的策略，因此，除了轮次标记不同以外，这在两个子博弈中产生了两个等同的行动序列。不过，获胜条件却是相矛盾的：E 选择的并集应该在超滤中，但是 A 在相同历史上选择的并集也应该在那个超滤中。

比这个简单情形更为重要的是下面这个关于博弈逻辑基本面的、具有积极意义的规则，我们可以称之为"模仿法则"。

事实 5.6　在满足复合闭包的博弈中，下列规则是成立的：

$$\{i\}\varphi \to \Diamond OO\{j\}\varphi^d$$

其中，φ^d 是将 φ 中出现的 $turn_i$ 和 $turn_j$ 相互替换后的公式。

基本上，在这里描述的博弈中，玩家仅仅拥有与先前定义相兼容的对偶效力。[①]

备注　模仿、借用与知识

尽管第二十章中的盲目模仿者策略涉及的是完全的对偶，但我们还是可以将这里的策略窃取论证和盲目模仿者策略进行比较，从而看到它们之间的一个引人注目的差异：A 需要知道 E 的整个策略才能进行模拟，而使用盲目模仿者策略，只需要逐步观察每一步。这反映出实际上的并行选择和 Venema (2006) 意义上的"影子比赛"（shadow match）之间的区别。此外，在我们的论证和其形式化之间还存在一个差异。直觉上，无论是窃取或是借用一个策略都涉及知识，然而在本章

---

① 此处还有更多可以探讨的地方。由于对于两个不同玩家，我们需要转换他们之间的获胜条件集合，因此就其他章节而言，这两个子博弈并非完全的对偶。不过，如果我们这样做了，也不会存在前面所提到的矛盾。事实上，关于对偶性，博弈涉及两个方面：轮次和获胜条件。两者是相互独立的。有时，我们只想关注获胜条件的对偶，正如 Venema (2007) 中对于博弈中的最小和最大不动点问题研究。在逻辑中做类比的话，可以考虑否定一个公式：将所有联结词全部对偶化，然后对原子命题进行否定，或者只执行其中一个操作。或许理解这两种形式上对偶化的博弈代数是值得研究的。

中，我们的形式化研究并未明确表示这一特征。不过，我们将在第十八章中再次探讨这个问题。

时态逻辑能够帮助我们去分析策略中的推理结构，同时，它也可以帮助我们推导出之前没有遇到过的一些一般准则。[①]

5.4 认知和信念时态逻辑

我们已经对具体行动和策略进行了研究，现在转到一个更宽阔的天地。无穷领域也是时态逻辑的主要研究阵地，它涉及基于信息的主体，现在我们将单独讨论这些内容。我们将提出一些添加了知识和信念（同时也有偏好）的系统，这些系统是前面几章中关于博弈进程的逻辑研究的一个自然延续。

分支时态的宏大舞台　本章中我们一直在探讨分支结构，从逻辑、数学和计算机科学，到哲学和博弈论，这个吸引人的结构在许多领域中都有着广泛的应用。关于分支时态的树模型是由合法的历史 h 构成，这里，历史即是一个博弈的可能发展进程。在每一阶段，玩家处于某段实际历史的节点 s 上，他们对自己的过去有完全或部分了解，但未来仍然不确定。这是一种关于主体性的宏观视图，它将历史视为在某种信息驱动下的一个完整运行过程，而这在解释系统 (Fagin et al., 1995)、认知时态逻辑 (Parikh et al., 2003)、STIT(Belnap et al., 2001) 和博弈语义 (Abramsky, 2008a) 等文献中广泛出现。在这些文献所研究的结构中，它们在语言中引入了时态算子和其他相关于主体的重要概念（如知识）。这些语言不仅可以描述博弈结构，而且还可以描述关于计算系统的特性，如作为本书第四部分无穷博弈逻辑基石的安全性（safety）和活性（liveness）。同时这也为本书第二部分中局部信息化步骤研究提供了广阔平台，而在第八章我们还将研究它们之间的关联性。

分支时态逻辑　一旦考虑到主体问题，就让人联想起一类带有知识、信念并且添加了时态算子的行动语言。而它们的模型趋向于两大类（参见 Hodkinson et al., 2006; van Benthem et al., 2006b），这两类模型将在本书中使用。

---

① 目前越来越多的学者开始关注主体时态逻辑的研究，其中包括我们提及的 Ågotnes et al. (2007) 和 Pacuit et al. (2011a)。

第一类模型是在由完整的历史和阶段所构成的有序对上进行赋值，这在前面我们关于策略效力的研究中已经出现过。例如，在完美信息博弈中，我们在历史的节点上对公式进行赋值。为了易于表述前面被扩展化的研究，我们用下面的记法：sa 表示是在事件 a 发生之后紧随节点 s 的唯一节点（我们假定事件是唯一的），同时用 $s < t$ 表示 t 在 s 之后出现。

定义 5.3　　基本的时态算子

最重要的时态算子如下所示，包括 5.3 节和先前几章中使用过的一些相应模态词：

$M, h, s \models F_a\varphi,$ 　　当且仅当　sa 在历史 h 上且 $M, h, sa \models \varphi$ 　　　　（a 后的下一事件）

$M, h, s \models O\varphi,$ 　　当且仅当　t 直接跟在 s 后且 $M, h, t \models \varphi$ 　　（在紧邻的阶段）

$M, h, s \models F\varphi,$ 　　当且仅当　对于某节点 $t > s$，$M, h, t \models \varphi$ 　　（未来时间内）

$M, h, s \models P_a\varphi,$ 　　当且仅当　对于某节点 s'：$s = s'a$ 且 $M, h, s' \models \varphi$ （先前的阶段）

$M, h, s \models P\varphi,$ 　　当且仅当　对于某节点 $t < s$，$M, h, t \models \varphi$ 　　（过去时间内）

这些都是仅仅涉及相同历史的纯粹时态算子。下面这个是模态算子，它关注从当前阶段延伸出的所有可及历史：

$$M, h, s \models \Diamond_i\varphi, \qquad \text{当且仅当　对于 } i \text{ 而言，在某个截至阶段 } s \text{ 为止都等同于}$$
$$h \text{ 的 } h' \text{ 上，有 } M, h', s \models \varphi [2]$$

这个模态算子涵盖了那些可能在未来被实现的历史。　　　　　　　　　　■

将这些算子组合起来会进一步生成模态词，比如 $\Diamond F\varphi$：φ 或许在稍后的某个可能历史上为真，但不一定是在实际的历史上为真。

我们将在第六章讨论关于博弈的多种表达问题时，回到这种可以对历史进行双向性寻溯的研究中。不过，我们也可以用另一种风格的时态逻辑。现在，我们

---

[2]　全局性的模态算子 $\Box$ 可像通常那样定义为对偶算子：$\neg\Diamond\neg$。模态算子 $\Diamond$ 也可以视为主体的知识，它所考虑的是进程可能如何展开。一般而言，$\Diamond$ 也可以加上表示主体的符号作为脚标，这是因为并非所有主体都需要找出具有相同未来的那些可能历史。像这样构造模型的方式，我们将在第六章中讨论。

从文献中采用另一种被广泛使用的不同路线，该路线只在历史的有穷阶段上解释公式。

关于认知森式模型（epistemic forest model）**的时态逻辑** 第二类广泛使用的视角聚焦于时态阶段中的全局性模态。在此方法中，我们仅仅使用有穷历史来作为用于赋值的点，并且这些历史可以通过模态化的方式在未来被找到（此处的未来指的是扩展当前历史的可能历史）。令 $\mathbb{A}$ 是主体集，$\mathbb{E}$ 是事件集。一段历史就是一个有穷事件序列，$\mathbb{E}^*$ 表示所有像这样的历史的集合。我们将未来看成是由事件发生所扩展出来的，并用 he 表示在历史 h 中事件 e 发生后的唯一历史。此外，如果 h 是 h' 的前缀，我们用 $h \leqslant h'$ 来表示，而如果 $h' = he$，则用 $h \leqslant_e h'$ 来表示。从协议的基本概念开始，模型如下所示：

定义 5.4 **认知森式模型**

一个协议是前缀下封闭的历史集 $\mathbb{H} \subseteq \mathbb{E}^*$。一个 ETL 框架是附有协议 $\mathbb{H}$ 和可及关系 $\sim_i$ 的三元组 $(\mathbb{E}, \mathbb{H}, \{\sim_i\}_{i \in \mathbb{A}})$。认知森式模型（也称 ETL 模型）是一个 ETL 框架，再加上指派命题字母到 $\mathbb{H}$ 中历史集的赋值 V。   ■

接下来，我们常用 h、he 等来表示出现在相关协议中的历史。

这些模型描述了在信息过程中知识如何随时间演变。由于主体有限的观察力或记忆力，认知关系 $\sim_i$ 表示了主体对于当前历史是如何进展而来的不确定性。因此，$h \sim_i h'$ 意味着在 i 看来，历史 h' 与 h 是相同的。重要的是，并非所有这些模型都是树状结构。根据讨论的情形，也可能会存在多个初始节点，因而我们偶尔会用"认知森林"这个更富有诗意的术语来称呼这些模型。

森式模型的认知时态语言 L_{ETL} 是用事件模态词扩展了第三章中的基本认知逻辑语言而得到的。它是通过以下语法从原子命题 At 生成的：

$$p \mid \neg\varphi \mid \varphi \wedge \psi \mid [i]\varphi \mid \langle e \rangle\varphi$$

其中 $i \in \mathbb{A}$，$e \in \mathbb{E}$，并且 $p \in At$。这里的模态公式 $[i]\varphi$ 代表了认知公式 $K_i\varphi$。布尔和对偶模态算子 $\langle i \rangle$、$[e]$ 的定义和往常一样。

定义 5.5　　L_{ETL} 公式的真值

令 $M = (\mathbb{E}, \mathbb{H}, \{\sim_i\}_{i \in \mathbb{A}}, V)$ 是一个认知森式模型。公式 φ 在一段历史 $h \in \mathbb{H}$ 上为真 $(M, h \models \varphi)$，它由如下关键条件所定义：

$$M, h \models [i]\varphi, \quad \text{当且仅当} \quad \text{对于任意一个 } h' \in \mathbb{H}, \text{ 若 } h \sim_i h', \text{ 则 } M, h' \models \varphi$$

$$M, h \models \langle e \rangle \varphi, \quad \text{当且仅当} \quad \text{存在 } h' = he \in \mathbb{H} \text{ 使得 } M, h' \models \varphi$$

进一步的认知和时态算子可以以相同的方式轻松定义。　　　　　　　　　　■

我们现在来回顾一下认知-时态系统的一些特点，这些特点在第三章探讨模态-认知方面时已经讨论过。

主体的类型　　对模型的进一步限制反映了主体或当前信息进程的具体特性。这些相互交织的认知和行动可及性，也如同第三章中的公理风格，有了与之相匹配的认知-时态公理。以下的对应结果显示出了这种类比。

事实 5.7　　公理 $K[e]\varphi \rightarrow [e]K\varphi$ 对应了 ETL-模式中的完美回忆：

如果 $he \sim k$，那么存在一段历史 h' 使得：$k = h'e$ 并且 $h \sim h'$。

这表明主体当前的不确定性只是来自先前的不确定性。[①] 公理预先假定了主体对于当前事件 e 具有完美的观察力。但在第二部分处理不完美信息博弈的动态认知逻辑中，这一点将会改变，从而允许玩家对于当前事件存在不确定性。[②]

与第三章类似，认知-时态语言也可以用来描述其他类型的主体。考虑一个"无记忆"的自动机，它只记住最后观察到的事件，使得任何两个以相同事件结束的历史 he 和 ke 在认知上是可及的。那么，对于有穷多个事件，自动机的知识可以在语言的时态部分中被定义。使用上面提到的逆向模态 P_e 以及适用于所有历史的全局性模态 U，我们可以得到下面这个有效的等值式：

---

① 通过从根节点出发的归纳，可以推导出"同步性"：不确定性 $h \sim k$ 只会出现在处于相同树级别的 h 和 k 之间。在博弈中，较弱形式的完美回忆也允许不同级别之间的不确定性联系 (Bonanno, 2004b; Dégremont et al., 2011)。

② 对偶公理 $[e]K\varphi \rightarrow K[e]\varphi$ 对应于"无奇迹原则"：对于所有使得 $h \sim k$ 的 ke，我们有 $he \sim ke$。因此，只能通过观察不同的信号来进行学习。

$$K\varphi \leftrightarrow \bigvee_e \left(\langle e^\cup \rangle \top \wedge U(\langle e^\cup \rangle \top \to \varphi) \right)^{①}$$

表达力和复杂度　这些语言在时态部分的表达力可以有所变化（常见的补充是时态表达式如 Since 和 Until），而且也可以在认知部分，通过添加公共知识或分布式知识来改变语言的表达力（参见第三章和第七章）。不过，我们要考虑到第二章和第三章讨论过的平衡问题。表达力的增加可能导致包含有知识和时态算子这类复合逻辑的计算复杂度直线上升。对此现象的首次研究是 Halpern et al. (1989)。下表中收集了来自该文章的一些结论，显示了复杂度的临界点，揭示了有效性的复杂度的危险阈值所在：

	K, P, F	K, C_G, F_e	K, C_G, F_e, P_e	K, C_G, F
所有的 ETL 模型	可判定	可判定	可判定	RE
完美回忆	RE	RE	RE	Π^1_1-完全
无奇迹	RE	RE	RE	Π^1_1-完全

在这个列表中，复杂度从可判定经过可公理化（RE）到 Π^1_1-完全（Π^1_1-complete），这是算术中通用的二阶陈述的真值的复杂度分析。[②]在 van Benthem et al. (2006b) 关于认知-时态逻辑的表达力和复杂度的综述中，也有讨论树型逻辑和模态乘积逻辑的相关研究。与第三章一样，由定义网格和解释铺瓷砖问题引发的复杂度问题取决于语言设计中的微妙平衡。

关于时间的信念　认知时态模型可推广到我们对于其他理性主体性的研究，尤其是关于信念的问题。对此问题研究，同样也可以从两个方面考虑，或者是采用先前的 (h, s) 模式，或者是在历史的有穷片段 h 中实现。按照后一种做法，认知-信念-时态模型同以前一样，是一类分支事件的森式结构，在这类结构中认知等价类的节点现在也按主体的可信度关系进行排序。森式模型将模态公式 $B\varphi$ 解释为 φ 在最可信的可达历史上为真。尽管可信度序列携带了更多信息，然而，正如我们稍后可以看到的，它还可以用一种自然方式解释条件信念。关于如何对信念进行建模

---

① 类似的思想通常也适用于有限记忆 (Halpern et al., 1989; Liu, 2008)。

② 在 RE 和 Π^1_1-完全之间存在一个差距：很少有认知-时态逻辑位于这些类别之间。这也出现在一阶逻辑的扩展中，其中能否定义出自然数集 N 是一个分水岭。如果不能，那就像一阶逻辑的情况一样，复杂度保持较低；如果能，那就像一阶不动点逻辑或二阶逻辑的情况一样，复杂度会飙升。

的方式将在第六章和第七章中讨论。关于应用时态可信度模型到博弈论中，可参见 Bonanno (2001, 2007)。关于博弈的时态模型的进一步讨论将会出现在第六章。另外，时态框架会在第二部分讨论博弈中的行为动态时发挥作用。

内在机制的表示　所有在此处被讨论过的时态模型都包括了预设的认知可及关系或者信念上的可信度序列。不过，正如第三章一样，我们可以问一个问题，即什么样的内在机制或过程会产生这种无知或偏好的模式。这个问题可以从第八章中的那些表示定理找到答案。这些定理恰恰显示了主体在更新他们知识时所留下来的线索，而这些线索是主体通过使用通用的动态-认知乘积更新 (Baltag et al., 1998) 规则和用于修正主体信念的"优先更新"（priority updating）的主要规则 (Baltag et al., 2008) 而得到的。

5.5　小　　结

要点　在逻辑和计算方面，从有穷转向到无穷结构是自然的，并且这对于博弈的研究并没有形成障碍。我们利用发人深省的方式，论述了如何以两种不同的时态逻辑风格（即基于历史或仅基于阶段）来分析无穷博弈的基本策略方面的特性。这些逻辑都是前面几章中关于有穷博弈的那些模态逻辑的一种自然扩充，只不过其主题以这种新的方式回归。此外，我们也证明了认知和信念时态逻辑如何被用于研究博弈中的主体问题。

开问题　当研究从有穷空间转向到无穷空间时，我们会遇到一些重要的开问题，不过，这些问题将不会在本书中得到探讨。其中一个问题是博弈逻辑研究焦点从经典博弈论到演化博弈论 (Hofbauer et al., 1998) 的转向，这使得逻辑系统将需要迎合动态化系统的理论。在此方向上，一个有趣的研究是 Kremer et al. (2007) 提出的动态拓扑逻辑（dynamic topological logic）。在更小规模上，还有另一个相关的研究方向，即第十二章中关于博弈矩阵的逻辑，博弈矩阵可被用于定义如"演化稳定性"一类的概念。

从有穷到无穷的转向也影响到我们对于策略的理解。在前面大部分的讨论中，策略是带有归纳特征的有穷规则，就如同逆向归纳法的自下而上过程一样。然而，正如之前提到的一点，策略也可以从"余归纳"的角度来看，它是一个永不结束的资源，而我们可以根据需要进行调用。我们总是通过咨询医生、完成诊治并且期待医生可以一如既往地用值得我们信赖的方式来让自己保持健康。μ-演算或 LFP（FO）中的最大不动点而非最小不动点更适合来描述这类直觉，而对于更深层次的讨论，余代数的非良基性 (Venema, 2006) 的结构是合适的。正如第十八章提及的、关于计算逻辑的博弈那样，将本书的理论转化到余代数背景中进行探讨将是一项有趣的挑战。

5.6　文　　献

本章中效力和策略的讨论来自 van Benthem, (2013)，而对于认知时态框架的一般性介绍则来自 van Benthem et al. (2006b)。

当前许多研究工作阐释了描述集合论，如 Moschovakis (1980) 和 Kechris (1994)。Escardo et al. (2010) 则探讨了无穷博弈的求解与数学基础的关键方法（可实现性、对于归纳的限制规定）之间有趣的联系。而认知时态逻辑有很多不同的形式系统，Fagin et al. (1995) 和 Parikh et al. (2003) 是其中的两大主流。计算方面的重要来源是 Abramsky (2008a) 中的博弈语义，哲学方面则是 Belnap et al. (2001) 的 STIT 框架。Bonanno (2001, 2007) 将包含关于信念修正在内的时态逻辑应用到博弈求解领域中。而其他和本章相关的问题也是本书第四部分——逻辑博弈中所要讨论的，同时还是我们在第五部分，特别是第二十章中关于无穷博弈的线性逻辑中的许多议题。

第六章　从博弈到博弈模型

　　我们总是在与他人的互动中理解他人的所为，因此，有关博弈的推理反映的是我们都熟悉的社会场景。而一旦进一步考察，我们就会发现博弈与社会场景间的联系是很微妙的。我们是否真的坚持给定的博弈树，还是应该考虑其他方面，比如我们对所涉及的其他玩家的看法？我们将从一些简单的推理开始，这些推理是关于社交场景的逻辑应该能够处理的。它们将作为我们讨论的线索，以此来考察为博弈构建模型的一些自然层次，并让我们识别出哪些新结构可以作为博弈的模型。我们更倾向于保持模型简化或轻量化，同时将某些额外的成分加入这种动态式研究场景中，而这个主题将在本书的第二部分继续讨论。这种自下而上的逻辑建模方法可与博弈论中有时使用的庞大"类型空间"（type space）形成对比，[①]在类型空间理论中，每一个与玩家相关的考虑都会被纳入到初始模型中。

　　本章中，我们将重提之前章节中的许多观点，为令人眼花缭乱的各种博弈逻辑模型提供一条共同的主线。同时，我们着重强调对于研究博弈中更精细的动态化信息的需求，而且基于这条脉络的逻辑将是第二部分"弈博论"的主要议题。

6.1　一些简单的情景

例 6.1　解释一个选择

　　令主体 E 有向左和向右的行动，而向右的第二阶段是一个不由 E 控制的岔路口。博弈树叶子节点上的数字表示了效用值：

---

① 更多关于类型空间的信息，参见 Osborne et al. (1994)、Brandenburger et al. (2006)、Perea (2012)、Brandenburger et al. (2014) 和 Pacuit et al. (2013)。

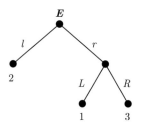

假设 E 不知道当他选择 r 时会发生什么，只是从简单层面考虑，E 可能期望博弈能够继续进行下去，这样 r 被认为是最合理的选择。这里，我们仍然可以为 E 的其他不同的行动选择做出解释。如果 E 实际上选择了行动 l 而得到效用值为 2 的结果，我们会认为 E 觉得在第二阶段 R 被选择到的可信度较小，这样的话，结果 2 比结果 1 更好一些。但是如果被选择的是 r，我们很有可能会认为 E 考虑 R 而不是 L 更可信，并且他的行动是为了得到效用值为 3 的结果。

但我们也可以使情况更加复杂。假设事实上在第二阶段，E 认为 R 不太可信，而 L 更可信。在这种情况下，选择 r 是否仍然有意义：例如，尝试利用其他一些对结果产生影响的玩家，他们现在可能就像我们一样会被误导，而以为 E 认为 R 是更可信的结果？① ∎

通过考察一个更具体的博弈求解过程，我们可以看到类似的情况。

例 6.2 *违反逆向归纳的偏离路径步骤*

令两个玩家 A 和 E 进行下面这个简单的扩展式博弈，在终点上以有序对的形式（A-值，E-值）标记他们各自获得的效用结果：

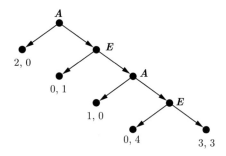

---

① 这些只有在我们认为右侧的选择点指向一个选择时才有意义，即在较长的场景中，关于 E 的信息可能对 A 很重要。

就像在第二章中一样，逆向归纳法会建议在这个博弈的每一个阶段都选择向左移动。这样，玩家 A 显然应该在博弈最开始的时候就已经选择向左行动。但是如果玩家 A 并没有这么做而是向右走，那么接下来博弈形势又会怎么样呢？根据逆向归纳法，玩家们将不得不把它看成是一个错误的选择。不过，还存在另一个说得过去的推理思路。如果玩家 A 向右走，那么玩家 E 以为玩家 A 是想要得到结果 $(3,3)$，他就能够理解这一奇怪的举动。这一新的信念会改变玩家 E 的行为，使 E 在他的第一个回合中也选择向右走。如果玩家 A 实际上确实想要得到结果 $(3,3)$，那么 A 还会再次选择向右。 ■

当然，这个博弈最终的结局如何不得而知。如果这是一个竞争性博弈的话，你可能会认为玩家 E 会无情地忽视玩家 A，而在最后选择向左。但是纯竞争性或纯合作性情形等标签在社会场景中并不是非常有用的，很多实际情形是兼顾两者（如学术生活的场景）。然而，问题在于当玩家无法确切知道到底是会发生哪个情景时，他该如何在博弈中作出反应。也许玩家 A 发出了能够深深地影响玩家 E 的行为的信号。不过，我们想要的是一种不带任何成见、无先入为主情况下可以分析这类场景的博弈逻辑。

6.2　不同的推理风格及模型的选择

从慎思到实时博弈动态　逆向归纳法是一种强有力却也非常特殊的研究社会交互场景的工具，不过，我们在使用这种工具时，只考虑博弈树中当前节点之后的未来；而不考虑该节点之前的历史。[①] 我们在第一章和第二章中围绕博弈树本身所进行的逻辑分析正是以此方式进行的。这种简单处理方式有其局限性，并且可能需要描述更多的博弈结构。在实际进行博弈中，我们可能会琢磨那些对我们来说很重要的行动，并且期望着它们可能发生的一些变化。在此类更丰富的场景中，逆向归纳法正如我们刚才所见到的一样受到挑战。意外行动的发生可能会告诉我们所面临的是哪种类型的对手。因此，Stalnaker (1999) 表明我们分析博弈需要考虑

---

① 从技术角度讲，逆向归纳法策略是"对生成子模型来说是不变的"。另一个特别的特征是对于两个玩家来说，其相应历史上统一且与节点无关的可信度排序都是相同的。

其他额外的因素：需要说明玩家用于信念修正的准则。这看起来确实没错，而且我们对其他玩家的了解和信念的确是至关重要的信息。我们将在本书的第二部分详细地对玩家的动态化信念特征进行研究，但在这里，我们只是提出一些与设计模型相关的主题。

原则上，丰富我们所提的博弈场景是存在风险的：新的结构可能会导致一种庞大而非结构上的规则多样性的出现。不过，这其中仍然会有一些普遍共性的程序存在，那么，现在我们将从信念形成和模型选择的角度来考虑这些程序所涉及的内容。

理性化与信念形成 如果过去的情况能够提供信息，那么我们应该将其考虑在内，就像在前面的例子中，我们根据玩家可能早些时候的选择来解释观察到的举动，尽管实际上并没有这样做。一种与我们先前分析相接近的方法是将观察到的行为"理性化"，即根据将玩家的信念归为使玩家表现得理性的信念。在博弈论中，这被称为"前向归纳法"（forward Induction）（参见 Battigalli et al., 1999c 和本书第九章、第十章）。

理解博弈中的不同假设 理性化并非唯一之举。在其他的自然场景中，有关玩家的假设空间可能会非常不同。比如，我们或许知道与我们博弈的是一台有穷自动机，或者是一位劳累过度的同事，同时，为了优化我们的策略，我们需要看到我们的对手记忆能力如何。为了避免在一般主体中可选择的项过于繁多复杂，我们将在第十章讨论有关玩家假设的分类。

小模型与大模型 这一切对于我们迄今为止所研究的简单博弈模型到底有什么意义？这里有一个逻辑建模中的基本选择点。博弈论的分析已经把较为复杂的推理方式（如前向归纳法）与策略式博弈的求解算法（如迭代剔除弱被占优策略）联系在一起 (Brandenburger, 2007; Perea, 2012)。这些过程的通用语义解释涉及了类型空间，它们通常会在范畴论的框架下对玩家策略的大量可能假设进行编码（Osborne et al., 1994）。① 不过，对于纯理论的研究者，这或许可以行得通，但是使用大型的或密集型的模型却很难和主体理论研究中的实际运作相关联。逻辑分析中的一个典型趋势是利用"小即美"这样的对立观点，即使用小的或疏散型的模

---

① 在简单的求解算法和较复杂的语义模型之间应该有一种权衡用来展现正确性。如果能够达到这种平衡，那么我们较为简单的语义模型可能以算法为代价。

型，这种模型贴近于主体所可能想象出的场景。如果需要，就可以把其他的相关方面关联到这些小模型上的动态化行动中。在下文中，我们采取这一立场，将小结构拟合到所关注的推理场景。我们也将讨论逻辑与复杂度跨度之间的匹配。

6.3　复杂度跃升的触发器：博弈中知识的多样性

直观上讲，有关博弈的推理包含了复杂度的阈值，这可能迫使我们在博弈模型应该表示的内容上进行扩展。迄今为止，我们已经看到一个导致这种压力的来源：当玩家面对意外事件时，他们修正关于策略的信息。另一个让我们选择模型更丰富些的博弈进程的原因在于，我们想要寻获在博弈进程中所出现的、某些相悖于我们自然直觉的"异物"，而这些"异物"与本书许多章节中的那些核心知识的概念紧密相关。

正如我们在第三章和第五章中指出的那样，玩家的知识和信念至少有三种直观上不同的类型 (van Benthem, 1999)。在完美信息扩展式博弈的任意一节点，若玩家知道后续博弈所有可能发生的情况即意味着他们知道了未来，那么，同样地，他们也知道该博弈的过去。这一未来的知识是基于把博弈理解成一个进程。然而，在不完美信息博弈中，如在第三章中那样，玩家对他们在博弈树中的精确位置存在有另一种知识（和无知）。这一次，信息的来源不同，它会依赖于玩家观察和记忆的能力。甚至在前面的章节中我们也看到了第三种直观类型的信息。玩家也可能有关于其他玩家的相关知识，如关于其他玩家类型的知识，或者关于其他玩家当前策略的知识。这类第三种知识可能是基于先前的经验，或者是从博弈之外的官方定义中获得的信息。我们在设计逻辑模型时的目标是使这些区别清晰可见，而不是将它们掩盖在某种统一的强大知识模型中。

基于这些动机，在下面几节中，我们将以前面几章中使用过的模型为起点，并且不时地重复提及这些内容，沿着不同层次逐步去为博弈构造模型。我们的讨论会把这些模型放在一个框架里，直到最后，转向到本书第二部分所讨论的从逻辑动态化方面建构和修改博弈模型。

6.4　博弈树的模态逻辑

我们先从第一章中的简单层次开始。博弈树是可行行动的模型，同时它们也为未来的知识提供了模型。正如我们所见，用一种简单或复杂程序的命题动态逻辑语言可以将相关结构呈现出来。这种语言能够表达行动、策略、反事实，再加上一点小的补充，还可以表达玩家对于未来的期望。

作为局部模型的带点博弈树　考虑下面这个在节点上具有原子谓词的博弈树，它带有一个可辨别的点 s，用以表示博弈已发展进行到的位置：

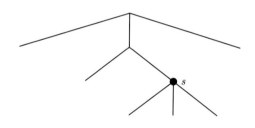

在实际阶段，玩家知道已经发生了什么，他们接下来的行动选择依赖于两个因素：① 剩余部分的博弈是什么样的；② 到目前为止在这个更大的博弈中都发生了什么。

关于行动和未来知识的模态语言　带点的博弈树可以用多种形式语言刻画，这取决于我们想表达的推理内容。一个好的形式理论是第一章中的模态行动逻辑，或者其扩展为具有命题和程序的命题动态逻辑 PDL。这里有一些表达行动的模态词：

$\langle a \rangle \varphi$：　在执行了行动 a 之后，φ 成立

$\langle a^* \rangle \varphi$：　在执行了行动 a 的有穷序列之后，φ 成立

这种语言能够定义博弈中玩家的效力，也能够定义策略本身（参见第四章）。但这种语言除了可以刻画行动外，也可以被用以解释玩家对于当前博弈后续情形的知识。在这个语言中，添加一个一般术语，即 *move*。这样，对于所有的、具体的行动的并集来说，$\langle move^* \rangle \varphi$ 可以表达关于博弈后续进展的知识，描述了一种在那些

所有能够通过未来进一步行动选择可以到达的状态。与博弈论中的大多数认知逻辑不同，这是 $S4$ 系统中具有自反性和传递性的可及关系的知识，适合于描述关于未来信息的时态特征。[①]

往回看 尽管模态逻辑 PDL 在时态上是向前看，但也存在一种往回看的情况。考虑我们在第二章中讨论的逆向归纳法策略，这个策略是通过命题 RAT 进行分析的，其中 RAT 表明逆向归纳所产生的均衡路径上的节点不会是由被占优行动所产生的。这是看向过去的陈述，从而我们要加入一个逆向式的程序模态词：

$\langle a^{\cup} \rangle \varphi$：存在一个 φ 在其上为真的节点，这个节点是通过一个 a-行动抵达到当前节点。

如果树的结构是既定的，那么加上表示最后一步行动的命题常项（如果我们不是在根节点处），我们也能给"昨天"定义一个算子 Y。因为带有逆序模态词的 PDL 能够探讨当我们在过去选择了不同的行动时的情况，所以我们可以刻画出另一个重要的、可定义的概念——反事实。[②]

由此，我们可以得出结论：一个精心挑选出来并被用于描述扩展式博弈的命题动态逻辑在定义行动结构、策略，甚至是玩家的未来知识的形式化等方面所做的工作是值得信赖的。

6.5 从节点到历史：动态和时态逻辑

现在我们继续。模态语言表达博弈树中节点的局部特性。但是长期社交行为的推理涉及随时间展开的全局历史（参见第五章）。现在借助 PDL，我们仍能完成该工作的部分内容。模态词 $\langle move^* \rangle \varphi$ 已经充当了一个时态断言，即在某段历史的某个阶段，φ 是成立的。但是我们也想要表达一些诸如 $\exists G \varphi$ 的句子："至少在一段

---

① 一个类似的程序性的时态内容在直觉主义逻辑中出现。有关动态认知逻辑和直觉逻辑之间的类比研究，参见 van Benthem (2009)。

② 为了充分定义这个关于理性的命题 RAT，人们可通过模态语言的"混合扩展"(Areces et al., 2006)，来描述因玩家某些特定选择而可以抵达的节点。然而，从我们的"聚焦"视角来看，没有义务将一切都形式化到最基本的层次。

未来的历史上，φ 总是成立的。"这个模态公式在有穷博弈树的 PDL 中是可定义的，因为 PDL 程序语言可以表达这一断言，即直到某个终点，φ 总是成立的。在无穷博弈中，这一时态化的模态词变得更强，我们需要对 PDL 进行扩充使之能够表达无穷支，例如第一章中的 μ-演算。但还有其他吸引人的替代方案。

正如我们在第五章中所见，用一类分支时态逻辑可以描述博弈树上玩家的知识。在博弈的每一阶段，玩家都处于某个实际历史的节点 s 上，玩家全部或部分地知道这段历史的过去，但是它的未来还没有被完全揭示出来。我们用带有时态和模态算子的语言来描述这类结构，这些算子作用于分支上，其直观意义如下：

$M, h, s \models F_a\varphi$，当且仅当 $\quad$ sa 位于 h 上，且 $M, h, sa \models \varphi$

$M, h, s \models P_a\varphi$，当且仅当 $\quad$ 对于某个使得 $s = s'a$ 的 s'，有 $M, h, s' \models \varphi$

$M, h, s \models \Diamond_i\varphi$，当且仅当 $\quad$ 对于玩家 i 来说，某段历史 h' 直到 s 阶段都与 h 相同，有 $M, h', s \models \varphi$

此处赋值的指标是有关历史-点的有序对 (h, s)，而不是树上的局部阶段；不过，我们只在本章的余下部分将目光转移到关于有穷历史的局部模态化的研究中。

现在，我们用时态逻辑可以编码有关博弈进程场景的一些基本事实。例如，由于玩家行动是公开进行的，所以玩家关于此事实的知识可以按如下刻画。

事实 6.1 $\quad$ $F_a\Diamond\varphi \leftrightarrow (F_a\top \wedge \Diamond F_a\varphi)$ 是个有效规则。

证明 $\quad$ 这个规则在第九章中会根据更新行动的动态分析进行说明。但是描绘出它所说的内容是非常有用的。从左到右，如果我们能在当前历史 h 上执行行动 a，从而获得一个满足 φ 的可能分支 h'，那么我们就能够在 h 上执行行动 a，并且，此时也存在一个行动 a 能够把我们带到满足 φ 的那个分支历史（即 h'）。从右向左，如果 a 是历史 h 上当前节点处的下一个行动，且某个（另外的）分支 h'，它开始于 a 并在之后可以抵达一个满足 φ 的阶段，那么由于树中事件的唯一性，h 与 h' 会在行动 a 之后重合，从而 h 本身满足公式 $F_a\Diamond\varphi$。

因此，博弈树也是一个天然的社会行为模型，其中模态和时态观点结合得很好 (Stirling, 1995; van Benthem et al., 2006b)。

6.6 程序性信息与认知森林

既然知道了博弈树能够为我们做什么，我们就可以步入下一个阶段。根据我们所关注的场景，我们或许需要更复杂的模型。

上升到森式模型 假设我们不知道其他人所采取的策略，但我们有一些先验的想法。树状模型可能不足以胜任 (van Benthem, 2011b)。

例 6.3 *策略的不确定性*

在下面这个博弈中，假设玩家 A 知道玩家 E 将在整个博弈中采取相同的行动：

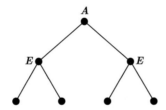

那么，所有这四种历史仍然存在。不过，玩家 A 只需考虑两种未来的树：

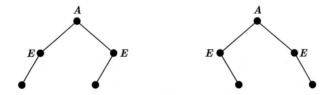

在更长的博弈中，这种模型上的差异可能是非常重要的。只观察玩家 E 的一个行动，就足以让 A 完全了解 E 在整个博弈中的策略。① ■

我们还可以找到许多表明单一树模型结构无法充分满足我们研究需要的原因。

---

① 这个例子比较巧妙。通过只允许 E 在整个博弈中始终执行相同的行动（左或右），我们可以模糊这两种策略之间的区别。由此，对于 E 的一个行动的观察，就告诉了玩家 A 从此以后 E 将要做什么。我们的森式模型对于建模有关 A 的反事实断言是不可或缺的，如 "E 现在选择向左，如果我在根节点选择了与之不同的行动，那么 E 仍然还会选择向左"。

这里，我们只谈其中一个：对于其他玩家的行为或信念的不确定性。另一个原因或许是即便仅对一个玩家来说，树模型缺少了关于正在进行的是哪个博弈的信息。我们会在 6.8 节讨论更多的原因。为了模拟场景中的这种变化，我们需要有包含不同树在内的语义结构，这种结构通过不同博弈观点所产生的认知不确定性联结在一起。具有这类语义结构的模型就是我们在第五章中所看到的认知森式模型。为了方便，我们重述一下它们的定义。

定义 6.1 认知森式模型

一个认知森式模型 M 是由来自给定事件集 E 中的元素所构成的一族有穷序列 h，该模型不仅与因进一步事件（可能的行动）出现所导致的博弈后续发展情形相关，也涉及主体 i 的认知可及关系 $\sim_i$。此外，还有一个赋值映射 V，它将命题字母映射到它们成立的那些有穷序列 h 上。∎

模型中的有穷历史是一个从可行序列到更长序列进程的可能阶段。这不一定是一棵单一的树，因为对于这个进程的发生，可能会有不同的观点。认知的不确定性关系使得主体对于他们所处的位置以及究竟自己是处在哪个博弈分支进程中是不确定的，而这可能是由许多原因导致的。

一种特殊情况 尽管可能不知道正在进行哪一个博弈或者博弈究竟如何进行，但如果我们想要让自己还是处在讨论完美信息博弈的阶段，那么我们需要在森式模型上添加如下的一个特殊条件。

事实 6.2 完美信息博弈的认知森式模型满足以下条件：如果 $h \sim h'$（对于任意的玩家 i）并且 $h(move \cup move^{\cup})^* h'$，那么 $h = h'$。

证明 这恰好说明玩家只能在不同的实际博弈之间具有不确定性，而不是在同一个博弈中不同位置之间具有不确定性。[①]

行动逻辑和一种新知识 我们可以用模态语言描述认知森式模型，比如带有认知算子的 PDL。为了方便，我们去掉表示主体的标识，并加入第三章中的认知

---

① 在与行动和不确定性相匹配的模态逻辑中，使用混合逻辑中的"专名"（nominal）表示唯一的有穷历史 h，事实 6.2 的条件可以从语法上加以定义。

模态词 $K\varphi$：

$$M, h \models K\varphi, \quad \text{当且仅当 对于所有满足 } h \sim h' \text{ 的 } h': M, h' \models \varphi$$

这表达了博弈中的两种知识：通过早先的 $\langle move^* \rangle$ 所表达的关于未来的知识，以及从其他来源获得的标准 K-类型知识。逻辑将展示这些知识如何在认知森式模型中相互作用，我们将在下面看到一个例子。顺便提一下，就像在第五章一样，我们将在基于时态 (h, s) 的逻辑与纯粹基于模态 h 的逻辑之间自由切换。尽管目前两者可能不存在任何明确的相互归约，但它们看起来非常相近。

题外话：认知线性时间　人们可能想知道认知森林的分支认知结构是否真的是必需的。我们在阐释玩家在博弈中进行前向式推理所产生的不确定性，是否可以像在 Fagin et al. (1995) 的解释系统中那样，用线性历史之间的横向认知不确定性进行解释？这似乎是博弈论中海萨尼学说的意味（参见 Osborne et al., 1994）。此处我们不探讨这个问题，而是用一个非常简单的例子进行简要的说明。

例 6.4　一种权衡

直观上讲，下面的两个模型看起来的确接近：

| 树 | 森林 |

用认知森式的语言可以对这两种模型做出区别，这两种模型中的任意一个可以被翻译到另一个（参见 van Benthem, 2009）。　∎

　　对于把一种结构转换到另一种结构，还有一些颇具吸引力的非正式看法。[①]

---

① 一种把关于未来全局不确定性转换成关于当前局部不确定性的想法如下：给定任意的一个博弈树 G，为每一个节点 s 指派一个认知模型 M_s，G 的定义域是直到节点 s 处那些具有相同过去的历史集，从而使得主体无法区分它们。这些模型上的可能世界可以看作是一个有序对 (h, s)，其中 h 是任意穿过节点 s 的历史。这种方法恰当地减少了当前历史。第五章中的认识-时态语言与这种构造相匹配。

Pacuit (2007) 研究了认知森林和 Fagin et al. (1995) 解释系统之间的关联性问题。然而,就像我们稍后要在 6.8 节中讨论的,这两种思考方式在直观上存在着差别。

我们已经展示了认知森式模型如何能够表达出对于博弈内部或有关博弈的全局形势持有各种不确定性的、多样化知识信息。正如我们所见,这些知识还可以在不同类型的逻辑框架得以刻画,其中就包括了第五章中的认知-时态逻辑。这种不同就其提供的建模特点来讲,似乎是一种优点而不是缺陷。要了解对于这些逻辑框架更广泛的应用,可参见 van Benthem et al. (2013) 。

6.7 由观察引发的不确定性和不完美信息博弈

我们已经讨论了完美信息博弈,以及对于未来行动的不确定性。下一步讨论的是不完美信息博弈,在这类博弈中,玩家可能会由于观察和记忆有限而不知道他们在博弈树中的确切位置。我们曾经在第三章中使用一种复合式的模态-认知语言探索过这一领域,我们还发现了特殊模态-认知公理与有关玩家属性(如完美回忆)之间的对应关系。更一般地,我们语言中的公理反映了玩家执行行动的风格和玩家的类型。

不完美信息博弈非常适合用认知森式模型来刻画。玩家观察能力有限是另外一种可以产生不确定性链接的方式。此处需要再次强调,它们是一个特殊情况,但是与事实 6.2 的情况相对立。不确定性只能出现在某个能实际进行的博弈的不同节点位置之间。

事实 6.3 不完美信息博弈的认知森式模型满足以下条件:如果 $h \sim h'$ (对任意的玩家 i),那么 $h(move \cup move^{\cup})^* h'$。

证明 这恰好表明在森式模型中的唯一不确定性是在博弈树的内部产生的,这是不完美信息博弈的标志。[①]

认知森式模型展示出了博弈中无知或已知知识的主要来源,它们一般包括:分

---

① 模态认知公理再次刻画了森式逻辑中的这个特殊分支。

支未来、进程性信息、观察力和记忆力。不过，我们也可以用那些描述社会行为复杂场景的模态认知时态语言来刻画它们。现在，让我们回顾一下截至目前所使用过的模型。

6.8 盘点：扩展式博弈的模型

模态进程模型 总结一下本书中已经被我们用于逻辑分析社会场景的各类模型，可能非常有助于读者了解我们已有的研究。我们由扩展式博弈树开始，把它看作模态语言的模型，其中树上的节点作为可能世界，而可及关系则被用于刻画玩家的行动、偏好以及随后谈到的不确定性关系。

扩展式博弈树出现在从第一章到第四章的分析研究中，它很好地帮助我们分析了逆向归纳法、策略和不完美信息的逻辑基础。即便如此，在这些章节中使用的模型也并不总是纯粹的博弈树，因为我们在它们上面装饰了一些用于表达玩家信息或玩家意图的新关系。例如，不完美信息是行动树上的一种认知性注释，而作为另一种注释形式，逆向归纳进程则为节点之间创造了一种可信度序列。

时态树和森林 尽管模态方法众所周知且有吸引力，但它也有其表达上的局限。这就是为什么我们在第五章增加了时态结构和分支树上可能的无穷历史。这接近扩展式博弈的定义 (Osborne et al., 1994)，同时，在可计算性和哲学文献中，树往往被作为一种有关行动和主体理论研究的模型（参见 Stirling, 1995; Belnap et al., 2001）。正如我们所见，在大多数时候，社会互动中的所有重要因素通常可以陈述为历史或其局部阶段的性质。[①]

但是我们也发现，一旦在博弈中将信息和知识考虑进来，纯粹的树结构就不够了，我们需要前面章节中所使用的那类认知森式模型，它将玩家对于实际博弈进程所持有的不同看法利用不确定性链接起来。认知森式模型具有非常丰富的结构，完美信息博弈和不完美信息博弈都是其特殊情况，而且该结构可能比我们所看到

---

① 在有穷博弈中，森式模型与模态模型之间的差异很小，这是因为此处历史与终点匹配。然而，就像我们所看到的那样，无论是在有关策略的过程信息建模，还是在探讨玩家之间关于他人信念所产生的差异时，森林都不同于一棵树。

的具有更多的用途。我们现在考虑几个更深层次的场景和解释。

例 6.5 认知森式模型的不同用法

（a）认知模型上的信息动态。考虑任意一种纸牌博弈，比如绪论中所提到的三张纸牌的例子。有几种可能的发牌情况，组成不同的可能世界，玩家在最开始并非都能分辨出来这些可能世界。接下来，发生的事件可能会使玩家排除某些可能，找出更多的线索信息。这样产生的结构是一个认知森式模型，其中博弈树的根节点上会有许多不同的初始事件，它们对应着不同的发牌方式，然而在后续事件的历史上，其中一些行动可能会区分不同的世界（比如公开弃牌），而其他行动可能会留下不确定性（比如其他玩家从牌堆中抽一张牌）。类似的森式模型已经被用于学习理论的逻辑研究中（参见 Gierasimczuk, 2010），读者在第七章和第九章中关于不完美信息博弈的信息动态的讨论部分将会见到更复杂的版本。

（b）关于选项或者选择的不确定性。作为说明森式模型所能表达的另一个例子，让我们回想一下在 6.6 节中提到的那个权衡的例子：

直观上这两个图模拟了什么？左图的情况是一个标准的博弈树，通常被解释为两个行动都是可以被选择的，因此对于当前活动的玩家意味着需要进行一个选择。右图的情况可以同样被解释为玩家对于将要做什么的不确定性，不过，由于虚线没有告诉我们这两个选项是否来自一次选择，所以把它看成是主体对于实际进程和可行行动之间的不确定性会更合理。当我们在此把模态逻辑与其他关于行动的逻辑（例如 STIT）进行比较时，这种选择的观点会承受某种压力，并且在第十二章我们会进行更细的比较。顺便值得一提的是，这种不确定性应当令我们对于前面曾简单提到过的、那种树模式下极为简单的"线性归约"保持谨慎。

（c）对其他人想法的不确定性。下面这个模型中，在左边的根节点，主体 **A** 知道自己更期待 h 而不是 h' 出现，但他不知道主体 **E** 是否也有这样的想法：

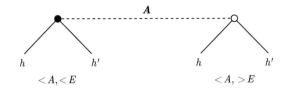

请注意，我们只是将链接关系放置于认知森式模型的顶层。然而，就像我们在早些时候对于主体条件中所描述的那样，前面的解释也与我们如何放置下面的匹配链接关系有关。∎

例 6.6 *继承性链接和主体属性*

假设在前述示例的情况 (c) 中发生了事件 L，并且我们在其中不考虑信念。直观上讲，我们得到下面这个模型（更多的细节请参见第九章）：

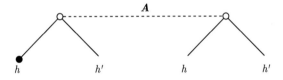

这里，不可思议的情况出现了：在这个模型的结构上，A 现在知道他的位置，即使事件 L 也可能发生在另一个子树上。∎

从此类分析中，我们看到认知森式模型在没有信息流的情况下，可以用于模拟由于新知识的加入所导致奇异现象发生的情形，或者从另一个方向上讲，它模拟了在没有任何行动引发的情况下，出现不确定性链接的遗忘情况。但是，正如我们在第三章和第五章中看到的，事情会随主体类型的不同而发生改变，这些主体在森式模型中的认知痕迹可能会受到高度限制。因此，对于可以被公开观察到的事件 e，具有完美回忆的主体要求遵循以下条件：

$$h \sim h' \quad \text{当且仅当} \quad he \sim h'e$$

而这个条件在前面的模型中是不成立的。我们将在第九章介绍认知森式模型的信息动态时再次讨论到这种限制。

博弈的策略模型 现在我们更进一步。这时候，我们研究可能世界是包含有抽象信息的模态模型（世界不再是扩展式博弈树上的节点），这些有抽象意味的世界可以是由玩家的整个策略组合组成，并且可以承载其他结构。在森式模型中，策略组合可以被看成对所进行博弈的不同看法的森式子模型（见 6.6 节），或者像在第二章中那样，将策略组合看成是附加在树上的可信度关系。尽管这样做足以满足许多需求，但有时候我们想要的是下面这种一般性的结构。

定义 6.2 *扩展式博弈的策略式模型*

博弈 G 的策略式模型是一个五元组 $M = (W, \{\sim_i\}_{i \in I}, \{\leqslant_i\}_{i \in I}, \{\propto_i\}_{i \in I}, V)$，其中，可能世界承载着博弈 G 所有节点的局部信息，以及策略组合：总体上指定了每个玩家在整个博弈中的行为规范。而玩家关于博弈结构和进程的信息是通过不同世界之间的不确定关系 $\sim_i$ 来阐释。同时，还有在可能世界上的偏好序 $\leqslant_i$，以及用于描述玩家对于哪些世界是比其他世界更为可信的这类信念的可信度序列 $\propto_i$。∎

我们在研究博弈中会很自然地想到以此方式构建博弈的策略模型，并且这类模型是认知博弈论中的标准模型（参见 Geanakoplos, 1992; Battigalli et al., 1999c; Stalnaker, 1999; Halpern, 2003b）。同时，它们也很讨模态逻辑学家们的喜欢（参见 van der Hoek et al., 2006; Fitting, 2011）。我们将在第十二章和第十三章中用这些结构去分析策略式博弈的求解进程。

我们是否可以找到一个简单却强有力的例子，从而表明我们需要将研究视角转换到策略式模型？策略式模型其中的一个优点在于其可能世界让我们可以在一个更高的层面上来定义先前的那些概念。例如，偏好可能不再在博弈的具体结果之间存在，而是在整个策略之间存在，就像一个人可能更喜欢通过示范来治理而不是用权杖来统治。然而，我们更经常地将这些模型应用到涉及反事实推理的那些复杂情形。认知森式模型（或者 6.9 节中的认知-信念森式模型）能够处理一些偏离路径（off-path）行为的反事实推理，正如在我们讨论策略信息时看到的那样。但是，当我们想更全局性地思考玩家所可能选择的其他类型的策略，或者他们所可能应该具有的主体类型时，我们还需要更广泛的一般性模型。博弈的策略式模型让我们这些想法得以实现。[1]

---

[1] Stalnaker (1999) 讨论了在思考策略时如何自然而然地出现了反事实条件。Bonanno (2012) 是对博弈论中的反事实推理的最新讨论，其中包括了对博弈中的试探性推理（exploratory reasoning）和实时性推理（on-line reasoning），以及反事实信念和反事实中的信念的详细区分（参见 Leitgeb, 2007 有关这一区分的讨论）。另一方面，Bonanno (2013) 揭示了逆向归纳法实际上可能根本不需要反事实推理。

总之，在本书中，我们更喜欢使用尽可能精简的模型，将尽可能多的额外结构放入第二部分的动态模型中，这部分提供了一种简单可定义的方式来改变模型。

6.9 添加信念和期望

我们为知识建模的方式也适用于信念，信念是更为常见的促使博弈和社会行为发生的动力。到目前为止，读者已看到几种将信念引入我们模型中的方式，每一种方式都有其自身有趣的特点。即便如此，由于信念逻辑是我们在第二部分中更为重点关注的内容，所以接下来我们只对信息-驱使主体发生信念变化这一方面稍加讨论。

行动间的信念 在第二章，逆向归纳进程建构了一类可信度关系，这类关系通常是信念-时态模型中的基本元素。它们与被看作行动关系内部最佳行动的那些子关系策略相匹配。借助这样一种对可信度的局部编码，我们能够在关于博弈树的那些模态逻辑中，通过添加一个模态词 ⟨best⟩ 来谈论信念。不过，尽管这看上去很吸引人，但一个让人头疼的副作用是由逆向归纳法所引发的非统一性可信度序列的问题。

例 6.7 期望和三元可信度的交叉

回想一下我们第一个例子的图形（如下所示），不过此时结果上的数字表示的是可信度而非效用值：

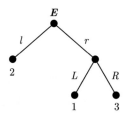

这个图示违背了我们用可信度关系描述逆向归纳法时"与节点相容"的排序规则——一个局部阶段中的行动要比另一个局部阶段中的行动更可信，同时这些行动导致的所有结果也都要遵循这种可信度。但是我们很容易可以将这里所描述的

可信度序列去建模一个自然博弈的场景，这使得带有三元节点-依赖性的可信度关系 $x \leqslant_s y$ 模型看起来是更适合对此研究的扩展模型。我们对于逆向归纳算法中统一可信度关系的分析需要引入一个特殊的子类，其定义我们在此不再阐述。　■

我们在第十章中会更深入地讨论这种三元式的方法。尤其是例 6.7 提出的有关如何处理博弈中偏离某预期历史路径引发的反事实推理问题：是玩家错误导致，还是玩家故意的偏差。

从树到认知-信念森林　与讨论知识一样，我们将从扩展式博弈树转换到认知-信念森式模型。博弈主体具有的可能是关于博弈结构的信念而不是知识，他们的信念也可能是关于其他主体的不同信念或知识。而且最后，由于主体把注意力扩展到了对不完美信息博弈知识的关注，他们可能限制了那种产生对于他们所处博弈位置具有精细化信念的观察力。Dégremont (2010) 考察了由此产生的更为丰富的有关知识和信念的森式模型以及它们的时态逻辑。

森式模型中的信念　让我们更精确地了解森式模型中玩家信念的语义。如前所述，在一个时态背景下有两大类思考方式：一个是基于历史的，对于公式的赋值是在有序对 (h, s) 上进行，其中 h 是一段历史，s 是 h 上的到目前为止的一个阶段；另一个是基于阶段的，只考虑有穷的初始历史 h。这一次，由基于历史并标注 (h, s) 的模型开始会使我们的研究更易开展，而不是第五章中被我们使用在历史 h 上的模态化语言 ETL。其原因在于：玩家对于博弈未来的期望似乎主要是关于未来历史的，而不是关于单个节点。

可信度与历史　现在，可以通过在历史之间添加相对可信度的二元关系 $\leqslant_i$ 来为信念建模，并以此来解释信念的模态词。

定义 6.3　**基于历史的模型中的信念**

此处我们关注如何扩展并诠释第五章中的模型语言。考虑在 (h, s) 处由所有可能历史形成的、类似于一个锥面体区域中那些最可信的区域：

> $\boldsymbol{M}, h, s \models \langle B, i \rangle \varphi$，当且仅当 对于某个截至 s 阶段都与 h 相同的历史 h' 有 $\boldsymbol{M}, h', s \models \varphi$，并且根据给定的关系 $\leqslant_i$，h' 对玩家 i 来说是最可信的。

沿着一段历史看，这种可信度关系阐释了玩家的信念变化，譬如我们在第二章递向归纳法中看到的变化。如果有人想以这种方式模拟玩家关于其他玩家的信念这类重要的信念，那么单个的树模型就过于简单，我们需要推广到森式模型。

我们还可以将这种更丰富的结构用在带有一个条件信念算子的逻辑中：

> $M, h, s \models \langle B, i \rangle^{\psi}\varphi$，当且仅当　对于某个截至 s 阶段都与 h 相
> 同的历史 h' 有 $M, h', s \models \varphi$，并且对于所有满足 ψ 的后续博弈
> 历史上，玩家 i 都认为是可信的。

从上述解释中，我们可以获得那些更常见的关于信念的一般变型。　　　　■

为了表明这种信念的时态逻辑是如何工作的，我们来看下面的这个命题。它使用一个模态-时态算子 F_a，表示当前的分支是从一个行动 a 开始的。

事实 6.4　以下规则对于信念变化的时态逻辑是有效的：

$$F_a\langle B, i\rangle\varphi \leftrightarrow (F_a\top \wedge \langle B, i\rangle^{F_a\top}F_a\varphi).$$

证明　从左到右，假设在历史 h 的阶段 s 上执行行动 a 后，我们有 $M, h, sa \models \langle B, i\rangle\varphi$。这意味着 $F_a\top$ 在 (h, s) 处是成立的。并且，存在一个对于玩家 i 来说最可信的历史 h'，它经过了 s 且 $M, h', sa \models \varphi$。这个 h' 在节点 s 处对于玩家 i 来说也是最可信的，但是这之后，它只属于由行动 a 开始并对 s 进行扩展所形成的那些历史集中。如果在这个历史集中，有一个更可信的历史，那么 h' 就不会是 sa 扩展集中的最可信的历史。因此在 (h, s) 上，$\langle B, i\rangle^{F_a\top}F_a\varphi$ 成立。[①] 相反地，令 $F_a\top \wedge \langle B, i\rangle^{F_a\top}F_a\varphi$ 在 (h, s) 上成立。通过一个类似的推理，利用从 s 的扩展到 sa（由 $F_a\top$ 为真而确保的节点）的扩展所延续下来的可信度序列，我们就会得到 $F_a\langle B, i\rangle\varphi$ 成立。

利用类似的法则，我们可以判定带有未来型条件信念公式的真值。我们可以将这些法则与第七章动态逻辑中的信念变化，或者与 Bonanno (2007) 文献中 AGM 式的信念修正理论中陈述的原则相比较。

---

① 这个方向的证明假设了可信度排序不依赖于节点：在节点 sa 的排序是从前面节点 s 的排序继承过来的。如果我们如前面所讨论的一样采用三元可信度排序，我们的公理应当可以被推广。

节点间的信念 我们还可以只用有穷历史段之间的可信度序列来分析信念，把第五章中的 ETL 模型扩展到信念的 DETL 模型。这种观点在第九章中将用于处理广义的不完美信息博弈，这种博弈对于玩家来说具有丰富的信息集，这些玩家会形成有关他们在博弈中身处何处的信念。如前所述，基于历史和基于阶段的这两种路径在技术上是相近的。以下陈述说明了这一点。

事实 6.5 对于在可观察的事件发生后所产生的新信念而言，前面的等值式 $F_a\langle B,i\rangle\varphi \leftrightarrow (F_a\top \land \langle B,i\rangle^{F_a\top}F_a\varphi)$ 在 DETL 模型中仍然成立。

证明 这可以从第九章的分析中得出结论，或者从第七章 7.3 节中关于"硬信息"后的新信念法则的类比中得出。

信念与期望 我们的讨论不是对前面主题做出的常规扩展。让我们用一个巧妙的议题加以总结。我们对信念的处理实际上模拟了两种不同的概念。第一种概念，在博弈树内部，可以被称作期望（关于博弈的未来状态）；另一种概念，在不同博弈树之间，是真正的信念（关于进程或其他玩家）。尽管这两个概念很接近，它们的语义涉及可信度比较，但这种区别似乎是自然而具有启发性的。单一归类式理解信念可能不足以让我们做到首尾一贯的分析。

6.10 从静态的博弈到动态的博弈

在考察了几种不同的博弈模型之后，现在让我们回到前面几章中曾多次出现的那个主题。

当加入玩家的行动痕迹（如他们的知识或信念）时，博弈树、森式模型或者博弈模型记录的是可能发生的事情。但是这些痕迹的产生是有理由的：玩家公开地观察到行动，或者接收到关于博弈的其他类型的信息，因此这些痕迹是在实际博弈中产生的。

同样地，我们刚看到如何让基于阶段式描述玩家信念的模型与不完美信息博弈对应起来，而其中玩家是在博弈的行动过程中形成信念。①

我们如何能够在不仅仅表示静态情形的推理，还表示事件和信息流影响的逻辑中显式化这种动态过程？这种显式化的动态过程研究将是本书第二部分的主题，尤其在第九章我们将会思考本章所定义的时态森式模型中的更新机制，并考察博弈变化的进程。

这些更新行为在社会场景中可能相当复杂。例如，就像我们在前面对反事实的讨论中所看到的，观察博弈中行动的恰当方式通常不是看表象，而是要探究玩家更深的意图。因此，我们对于玩家的研究将包括各种不同的行动：事件 e 的公开观察事件 $!e$，以及"领会式行动"，例如：

（a）"基于信念上的理性，有意地选择了行动 e"；

（b）或者"偏离了逆向归纳法，错误地选择了行动 e"，等等。

这些行动都曾出现在本章的一些初始场景中，同时也会发生在其他更多场景中。② 而所有这些行动都可以使用第二部分的动态逻辑进行研究。

6.11 小　　结

我们已经研究分析了一些模型，这些模型是当前被用于分析博弈的那些逻辑模型中的一部分，也着重强调了与这些模型相关的主题。③ 我们的主要观点是，模型之间的这种多样性是一种财富。就像在夏天穿冬天的衣服，与其拥有巨大的、最糟糕的模型，还不如让相关的场景直接说出人们想获得的东西。我们已经展示了在博弈模型化进程中，对应不同的自然阶段这是如何被实现的。完成这一工作之后，

---

① 关于博弈过程中更多附加事件的例子，都会在第九章和第十章中加以讨论，这其中就包括承诺 (van Benthem, 2007b)、玩家计划的宣告 (van Otterloo et al., 2004) 和交流意图 (van Otterloo et al., 2004) 等事件。

② 给定某些额外的属性可能只是玩家的假设，我们在此处可能不会想要公开宣告 "!" 的硬信息，而想考察第七章中所定义的升级 "⇑" 的软信息。第九章中我们将对软事件进行研究，并且也会考虑博弈中的其他事件，如玩家偏好的改变 (Liu, 2011)。

③ 我们的研究不可能完全充分，特别是我们忽略了第七章所讨论的更为精细的语法信息模型。而这些结构可以被用以建模诸如玩家对于他们所处博弈情势的意识，或玩家做出的推理所产生的具体影响等额外现象。

我们的下一个愿望将清晰可见：更好地了解这些不同的模型在实际进行的博弈动态中是如何发挥作用的，这是我们在第二部分要谈论的主题。

6.12　文　　献

本章基于 van Benthem (2011b, 2012c)，这些成果中包含更多的内容，以及他的纲领性报告"保持简单"(van Benthem, 2011c)。

此外，还有一些在博弈模型方面的优秀文献，不过很多都已在正文中提及。我们推荐 Stalnaker (1999)、Bonanno (2007)、Fitting (2011) 以及 Brandenburger et al. (2014)。如果读者想要了解关于逻辑联系的更系统的讨论，推荐参阅教材 Pacuit et al. (2013)。

6.13　进一步研究方向

拥有一个研究目标的清单对于有条不紊、步骤化研究分析我们所提出的博弈模型化将不无裨益。同时，这将有助于我们把有时相互冲突的有关逻辑框架的观点汇集在一起，使我们可以随时发现新问题。

简单模型上的动态与预先解释　将博弈的动态过程显式化似乎是寻找小模型的一种自然补充（参见 Baltag et al., 2009a）。这个过程将有关博弈的部分信息重新定位到更新过程中。这一过程可以走多远？是否可以反过来思考，将认知-时态的大场景模型视为简化更新过程，以便在更大的静态结构上观察行动？从这个角度来看，认知-时态的大场景模型作为两种观点之间的一种平衡，它是否合理？

转换知识模型　人们一直有一种坚定的直觉，即通过某种表示方法，可以将我们所区分的不同类型的知识相互转化。例如，为什么不把前面来自博弈树分支上对于未来进程的无知转换成认知逻辑中的历史之间的不确定性？我们曾简要讨论过这方面的一些非正式的研究成果（参见 van Benthem, 2009），虽然这些成果可以翻译成逻辑语言，但是我们还没有一类系统化的研究，可以阐明这些观点的转变到底可以进行到怎样程度。事实上，依照对未来行动的不确定性和对即将发生情形的不确定性，我们的讨论已经在这些区分上提出了一些疑问。[①]

历史与阶段　前面的问题与我们通篇看到的基于历史和基于阶段的模型之间的区别有关。两者都有意义，并且我们看到了它们在博弈中是如何支持不同的直觉概念的：从对于哪段历史将会被展开的期望，到有关于我们在一个信念-认知森式模型中所处位置的信念。不过，即便如此，局部阶段所蕴含的丰富内容足以编码整段历史，因此，在一种抽象层面上，这两种视角看起来十分接近。

信念与期望的再比较　我们提出了在信念-认知森式模型中对信念的两种界定：一种是基于对未来历史的可信度排序，另一种是基于模型不同组成部分的阶段之间的可信度排序。因为可能存在与这两种排序相关的某种自然一致性约束，所以这还需要进一步深刻的理解。例如，假设从当前点来看，一个人认为事件 a 比事件 b 更有可能发生。这似乎排除了将更大的可能性链接到森林中唯一行动是 b 的其他子树，而尽管这个子树也允许只有事件 a 的情况。我们对这种情景还没有予以任何明确的分析。

其他的约束可能会涉及选择点和在主体期望之间的纠葛。当考虑对手的轮次时，如果我们知道对手期望做什么，那么最好采纳相同的期望。在一个回合中，需要进行选择的主体期望此时应该占据主导地位，但是如何做到这一点呢？逆向归纳法就是一个非常明显的例子，它创造了对所有玩家来说都是统一的可信度排序。但这往往又太强。例如，在另一个极端，一个玩家可能认为，尽管另一个人期望做正确的事情，但它实际发生的概率却微乎其微。

长期行为　时态场景为博弈中的现象提供了一个平台，它超出了我们在本章中所强调的主体在局部知道或相信的范围。许多对博弈论求解程序的动态分析涉及时态上的无穷极限行为，且最终抵达有趣的稳定模型（参见 Dégremont et al., 2009; Gierasimczuk, 2010; Pacuit et al., 2011b），而这种行为超越了单一的更新步骤。我们将在第七章、第八章和第十三章中再次讨论长期行为这一主题。

---

① 此处，还有可能相关的是 van Benthem et al.（2006b）中关于主体的"丘奇论题"（Church Thesis）的想法：如果不具有相同的内涵精神，那么所有严格的信息化时态逻辑系统都具有相同的原始建模能力。

第一部分的结语

在本书的第一部分，我们考察了一系列关于博弈的基本逻辑。我们的考察以多种途径展开，虽然我们对于某些话题 (如表达信念) 可能关注得太少，但它们在本书的第二部分还会被再次讨论。尽管我们提出的问题比我们解决的问题多，但是通过考察博弈的不同层次，我们前面六章还是把一些主要的逻辑主题与博弈联系在了一起。

① 博弈的结构等价性以及在相匹配的模态语言中的可定义性；

② 行为与偏好相结合的逻辑，与不动点逻辑之间的系统联系，各类不同层次的聚焦视角，以及逻辑组合的复杂度；

③ 博弈中的知识，以及针对特定主体的对应分析；

④ 显式化策略逻辑，局部和通用策略演算，以及在给定逻辑下制定策略的艺术；

⑤ 针对全局性的博弈场所与策略，上升到无穷博弈、时态逻辑；

⑥ 针对博弈的阶段构造模型：树、森林，以及博弈模型。

至于更广泛的益处，通过这些相互关联的主题，我们已经看到哲学逻辑中那些传统多样的分支是如何通过关注博弈而变得融贯起来。此外，我们展示了哲学逻辑与计算逻辑如何在我们的设定中和谐共存。然而，数理逻辑的技巧仍然至关重要；它们总与那些我们一路提出的开问题密切相关。这些问题涉及以下主题：结构博弈等价、不动点逻辑中可定义的片段、博弈逻辑的计算复杂度，或者博弈模型变化中的公式保真问题。

这里提供的分析并不能涵盖博弈的每一个方面。一个明显的缺失就是对玩家群体、集体性行为和群体信息的研究。

在本书的第三部分，我们将以其他的形式来研究博弈，以此来考察玩家的效力和策略形式。

　　但在此之前，这些章节中最紧迫的问题是动态与静态的对立。目前的模型只是一系列时间点的快照，它只是对已经发生的事情的静态记录。本书第二部分的下一个主要话题是如何构建博弈中实际事件动态性的模型，这些模型在这里已被视为是理所当然的。

第二部分　逻辑动态和弈博论

第二部分的导言

在第一部分中，我们介绍了一系列可以将扩展式博弈与哲学和计算逻辑中的诸多议题联系在一起的逻辑系统。尽管这一观点很吸引人，但它仍然有所不足。博弈是主体通过行动、信息和意愿来进行交织的过程记录，这些主体可能正在进行博弈，或者已经完成了博弈。那么，关于这个过程本身及其随时间展开的情况又该如何呢？在本书的第二部分，我们从逻辑的静态视角切换到逻辑的动态视角，探究那些随着博弈中玩家行动的展开，而让信息（或者其他要素）发生流动变化起来的行动和事件。这一动态过程可以分为几个阶段：博弈前的慎思、博弈进行中信息动态化的产生，以及博弈结束后的分析或验证活动。事实上，这种动态化甚至可能包括博弈模型本身变化在内的、更为强烈的变化。

为了研究这些现象，我们需要逻辑本身的相应转变。我们期望一种能够刻画行动和事件的动态逻辑，基于这种逻辑，我们可以研究博弈进程中的信息流动，或者更加广泛地说，可以去研究玩家信念的变化，或者对博弈结果赋值的变化。我们的工具将是能够处理一类可更新行为的动态认知逻辑。它被视为刻画模型转换事件系统中的一等公民。动态认知逻辑是由一般性的原因而发展起来的，它不只是与博弈相关。第七章可以被看成是一个微型教程，在本章中，我们对涉及知识更新、信念修正、偏好改变和其他一些相关现象在内的认知模型、行动和后置条件、递归规则以及程序指令等核心方法和问题做出解释。本章除了为读者提供研究工具之外，还将使读者对所谓的动态立场产生敏感性。然后，在第八章，我们将这一立场带入到博弈慎思阶段的分析中，将逆向归纳法看成是一种连续信念修正的过程，从而可将其看作为博弈创造了一种稳定的期望模式。这样，同第二章的不动点逻辑联系起来，我们将提出一个更广泛的、涵盖现有硬信息或软信息的迭代事件的情景理论。而在接下来的第九章，我们将去讨论实际博弈执行进程中的动态，试着发现在这样的情景中，哪些行动是相关的，并指出控制这些行动的动态逻辑的规则。正如我们即将看到的，本部分中的动态认知技术也可以被用于博弈结束后的场景分析，甚至能被用于处理博弈本身的变化。最后，在第十章中，我们评估了这对于一个新兴的"弈博论"意味着什么，这个理论可以被认为是逻辑和博弈论的共同产物。

第七章　概述逻辑的动态化

　　本书从第一部分到第二部分的转变，受到这样一种观点的启发：博弈由许多信息事件组成，包括慎思、实际的行动以及随后的理性化，这些都需要在"弈博论"中凸显出来。为研究这样的动态性，我们不需要离开逻辑的领域。借助于动态认知逻辑，我们可以实现从这一视角考察博弈。在过去十多年中，学界已建构出一系列相关的动态认知逻辑系统。这些系统并不专门用于博弈的讨论。它们产生于一般的"动态转向"，将观察、推理和交流的信息行为置于逻辑理论的中心。本章将简要介绍这一领域的主要动机、问题和系统，这些内容将与本书的其余部分相关。尽管这种介绍比较简洁，但可以指导性地帮助读者一目了然地了解到这类动态性研究的概貌，对读者后面章节的阅读具有参考意义。本章将重点关注普遍的行为，同时由于在更宽泛的逻辑动态背景下，博弈是我们进行探索的一个自然研究平台，因而对于我们的研究具有重大意义。[①]

7.1　作为信息动态化的逻辑

　　逻辑通常是被用于研究有效后承的问题，不过更多时候，哪怕是一个最为简单的信息性场景也会涉及许多问题。考虑一个我们周围经常可以观察到的常见情景。

例 7.1　餐馆

　　在一家餐馆，父亲点了鱼，母亲是素食主义者，而你点了肉。一位服务员带着

---

① 关于动态认知逻辑的专门性论著参见 van Ditmarsch et al. (2007) 和 van Benthem (2011a)。在本章末尾也可找到更进一步的参考文献。

这三份食物走过来。那么，接下来会产生怎样的情景?

你将看到一系列信息性行为。首先，这位服务员问，素食是谁点的，并将这份食物放下。随后，他又问鱼是谁点的，并把鱼也放下。而在最后的行为中，这位服务员推断出这份肉是你点的，于是没有询问就把它放在你面前。这是行为中的逻辑，因为我们每天都会看到它发生在我们周围。但是请读者注意，它联合了不同信息性事件: 提问、解答和求解问题的推理。而将其分为非逻辑的部分 (提问和回答) 和逻辑的部分 (推理) 似乎是一种人为的方式。事实上，所有的信息性事件都是重要的，并且彼此相互关联。■

这是一个非常简单的场景，但接下来的主要思想有很多来源。我们想要探究由动态化行动和事件引发的、主体内部逻辑所发生变化的一系列议题，而这一系列基本议题至少包括推理、观察和交流三种行为。这一观念的看法由来已久。古代中国的墨家逻辑就已经断言知识有三个来源: 交流、论证和知觉经验 (Zhang et al., 2007)。①

多数社会性信息流的一个基本面是信息，这不仅是指关于基本事实的信息，也包括关于他人的信息。这是一个从单一思想到多元思想问题的转变，就像物理学通过在多个物体间研究单个物体与其他物体的相互作用，从而实现我们对于单个物体的研究的真正理解。简单的卡片游戏是研究行动中信息流的一个实用场景。下面的场景在某种程度上类似于餐馆场景，但是涉及更高层次的高阶知识。

例 7.2 卡片游戏

红、白、蓝三张卡片分发给 1、2、3 三个玩家，每人一张。每个玩家能看他自己的卡片，而不能看别人的。对于玩家 1、2、3，实际的发牌顺序是红、白、蓝。现在有以下对话。玩家 2 问玩家 1: "你拿的是蓝色卡片吗?"玩家 1 诚实地回答道: "不是。"假定这个问题是真诚的，那么谁知道实际发牌顺序是什么呢?

如果这个问题是真诚的，玩家 2 表明她不知道答案，所以他手里的卡片不是

---

① 对于古语中知、闻、说、亲这样的分类，我们可以进行宽泛的解读: 例如，闻代表从交流中学习，而经验包括知觉和观察。墨家的例子是在一个黑暗的屋子里你看到有一个物体在里面，但是你看不到它的颜色。在外边你看到一个白色的物体 (观察)，并且有人告诉你屋子里的物体和它的颜色相同 (交流)。现在你就能推断出屋里的物体是白色的。

蓝色的。这立刻就会让玩家 *1* 知道发牌的顺序。但是玩家 *3* 并不知道，因为蓝卡在他手里，他已经知道了玩家 *2* 手里的卡片不是蓝色的。当玩家 *1* 说他没有蓝色卡片时，这就告诉了玩家 *2* 发牌的顺序。玩家 *3* 仍然不知道发牌的顺序；但是既然他能进行刚才给出的推理，他就知道其他的人都知道了发牌的顺序。因此，我们看到该事例中社会性信息流相当微妙。接下来的系统将详细分析这个信息流。　■

我们将在 7.5 节中介绍包含更长对话交流的著名难题——泥孩谜题。

这里强调的各种信息源不仅仅涵盖社会场景。在科学中，演绎推理和经验观察也是不分轩轾的，而且正是它们的相互作用推动了科学的发展。甚至交流对于理解科学也是至关重要的，毕竟，它是人们获取可靠信息流、人类最古老的组织形式之一。为了处理这些现象，我们需要关于推理、观察和交流的动态逻辑，这些将在下文中进行回顾。

除了纯粹的技术细节，本章的主题就是前面所谈到的动态立场。它包括培养我们对隐含在逻辑和许多其他行为理论中的行动与事件的敏感性。传统上，逻辑学家集中于研究这些行动的"产物"，比如证明和命题。但是自然语言为逻辑的研究提出了一个更为宽泛的视角。像"跳舞"一词，具体是指实际活动还是其结果或形式，这是具有歧义性的。①博弈中的"证明"或"博弈求解"也是如此。后者既是一种能够参与的活动，也是这种活动的最终结果（参见第八章）。本章中我们更为广泛的目标在于公平地对待活动和结果。

7.2　从认知逻辑到公开宣告逻辑

缩小信息域　当我们用逻辑研究动态化场景时，需要考虑信息状态以及这些状态如何变化。考虑例 7.1 中餐馆情景的连续更新。最初，将 3 盘菜分配给三个人，存在着 3! = 6 种不同的可能结果。随后第一个问题将这种不确定性减少到两个，而第二个问题将结果减少到一个。这里的一般观点是将语义信息看作关于现实世界可能性的一系列选项，这个范围会随着新信息的获取而更新。

---

① Baltag et al. (2014) 把跳舞作为知识论的逻辑本质的一个隐喻。

例 7.3 卡片游戏的更新

卡片游戏的情景涉及玩家之间的知识差异。在以下图形中，直线代表主体的不确定性。然后信息事件逐步缩小了这一范围，从六个到四个再到两个，就像下面的"更新视图"（其中 r 表示红卡，w 表示白卡，b 表示蓝卡）：

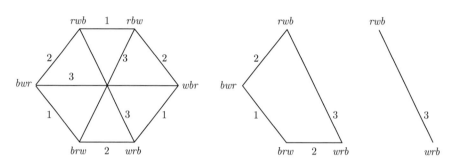

第一个更新步骤与这个问题的预设相匹配，而第二个更新步骤和答案相匹配。注意在右边的最终模型中，玩家 1 和 2 都知道了发牌顺序（他们没有不确定的线留下），但是 3 却不知道，尽管 3 能够知道（和作为理论家的我们一样）发牌顺序在剩余的两个可能性中，而 1 和 2 都没有不确定性留下。 ∎

图表的几何形状既编码了关于事实的知识，又编码了关于其他人的知识。例如玩家 3 知道其他玩家知道所有卡片的情况。后者这类秉持有关于其他玩家信息的行为对于研究社会情景是非常重要的。事实上，在这一情景的最后，上面描述的每一种场景信息都已经变成了群体 $\{1,2,3\}$ 的公共知识。[1]

为了将任意的动态性活动引入逻辑研究中，我们首先挑选一个合适的静态基本逻辑，通常它是一个现有的系统，然后通过添加相关事件的明确描述来"动态化"（dynamify）它。

基础认知逻辑 这种方法的最简单示例可能涉及一个众所周知的基本系统。上述更新进程的每一个静态快照都是认知逻辑的标准模型，这是一个我们在第三章研究不完美信息博弈时已经使用过的系统。[2]其语言具有以下语法规则：

---

[1] 参见 Lewis (1969)、Aumann (1976) 和 Fagin et al. (1995) 在哲学、博弈论和计算机科学中对这一概念的开创性运用。

[2] 本章中我们不再解释认知逻辑和其他标准逻辑的基本轮廓。读者可参见 van Benthem (2010a) 中关于这些知识的系统的阐释。

$$p \mid \neg\varphi \mid \varphi \wedge \psi \mid K_i\varphi$$

而相应的认知模型是三元组：

$$\boldsymbol{M} = (W, \{\sim_i \mid i \in G\}, V)$$

其中包含一个相关的可能世界集 W，可及关系 $\sim_i$ 以及用于原子事实的命题赋值 V。通常我们将 $\sim_i$ 视为等价关系，尽管这并不是必然的。然后，知识被定义为具有语义信息：

$$\boldsymbol{M}, s \models K_i\varphi, \quad \text{当且仅当 对于所有的可能世界 } t \sim_i s : \boldsymbol{M}, t \models \varphi$$

公共知识 $\boldsymbol{M}, s \models C_G\varphi$ 被定义为："通过 $\sim_i$ 的有穷序列步骤从 s 可通达到的所有 t 上，φ 都成立。"如果有必要，我们可以在模型中区分出一个真实的可能世界，并通常在图中用粗体表示出这个真实世界。

备注　第三人称视角与第一人称视角

一个带有真实世界 s 的点式认知模型 $(\boldsymbol{M}, s)$ 展示的是作为一个外部观测者的、第三人称视角。当然，我们也能够用认知逻辑从主体的第一人称内部视角研究问题，但在这里，我们放弃基于这一视角的探讨。

这些认知模型诠释的是"语义信息"，这是学界的一个普遍看法，尽管也存在其他逻辑方面的看法 (van Benthem et al., 2008a)。

作为改变模型的更新　现在的关键想法是让信息性行为引起模型的变化。考虑最简单的一种行为——公开宣告 $!\varphi$，它传达的是硬信息。借助对于 φ 在哪些状态上成立与否的判断性学习，在当前的模型中消除模型中所有使得 φ 在其上为假的可能世界：

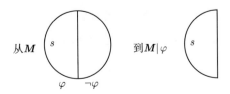

通过缩小当前语义域的选择范围来获取更多信息是一种常见的做法，而且这种做法对于通过观察获得的信息流也一样起效。我们将其称为硬信息，这是因为此类信息是不可撤销的：反例会从模型中被排除。

或许可以认为由行为 $!\varphi$ 而导出知识 $K\varphi$ 是一种简单的做法，而实际情形却更为微妙。动态化通常涉及复杂公式的真值变化。虽然一个原子 p 在更新后仍然是真的（物理事实不会改变），但复杂的认知断言可能会改变它们的真值：在更新 $!p$ 之前，可能我不知道 p 是真实的，但之后我知道了。这导致了更新的顺序依赖性。

例 7.4　*顺序的依赖性*

序列 $!\neg Kp\,;!p$ 是有意义的，而调换顺序后的序列 $!p\,;!\neg Kp$ 却是矛盾的。　■

相比之下，所谓的事实命题陈述不包含认知算子，它们的真值在公开宣告下保持不变，而实际上，它们在我们本章所考虑的所有更新行动中都是不变的。

公开宣告逻辑　我们需要一个逻辑系统，帮助我们弄清楚这一重要的现象。公开宣告逻辑系统 PAL 是通过用一个关于公开宣告的动态模态词对语言进行扩充而得到，该模态词的解释如下：

$$M,s \models [!\varphi]\psi, \quad \text{当且仅当} \quad \text{如果 } M,s \models \varphi, \text{ 那么 } M|\varphi, s \models \psi$$

此时，前件"如果 $M,s \models \varphi$"反映了这一宣告为真的断言。由于具有动态模态词的公式也能被宣告，所以这种语言的语法允许复杂的递归。该系统具有一个完全的逻辑，它记录了一些微妙的现象。

事实 7.1　$[!p]Kp$ 是有效式，但 $[!\varphi]K\varphi$ 通常不是有效式。

证明　一个常见的反例是自相矛盾的"摩尔语句" $p \wedge \neg Kp$（可以解释为"p，但是你不知道它"）。这也同时表明了 PAL 的有效式对于代入并不封闭。

公开宣告逻辑 PAL 系统将静态认知基础的标准逻辑与更新后的知识的"递归法则"相结合，这是此处所定义的动态系统的基本递归方程。此外，还有一些递归法则适用于宣告模态词之后可能出现的其他语法陈述形式。

定理 7.1 认知逻辑规则加上以下递归公理可以将 PAL 完全公理化:

$$[!\varphi]q \quad\leftrightarrow\quad \varphi \to q$$
$$[!\varphi]\neg\psi \quad\leftrightarrow\quad \varphi \to \neg[!\varphi]\psi$$
$$[!\varphi](\psi \wedge \chi) \leftrightarrow [!\varphi]\psi \wedge [!\varphi]\chi$$
$$[!\varphi]K_i\psi \quad\leftrightarrow\quad \varphi \to K_i(\varphi \to [!\varphi]\psi)$$

我们不会精确陈述所需的形式推导规则,但其中包括标准模态规则的"必要性规则"和"可证等价替代规则"。

证明 通过直接检验,我们可以证明可靠性。例如,关于知识的核心递归规则能够以如下方式理解。在 M, s 中,公式 $[!\varphi]K_i\psi$ 表明 $K_i\psi$ 在模型 $M|\varphi, s$ 中为真。但该模型中的世界是 M 中的 φ-世界。因此,我们几乎得到了一个等值式 $[!\varphi]K_i\psi \leftrightarrow (\varphi \to K_i(\varphi \to \psi))$。其中,前缀 $\varphi \to$ 只是标明 φ 需要为真,以便使得真实的公告成为可能。然而,因为复杂的认知公式 φ 在从模型 M 转变到 $M|\varphi$ 时有可能改变它们的真值,所以,这还不够准确。而正确的表述是,在模型 $M|\varphi$ 中满足 ψ 的那些可能世界,在模型 M 中满足 $[!\varphi]\psi$。这样,我们恰好得到了所陈述的等值式。

反过来,PAL 的完全性能够通过以下方式来证明,即将最内部的宣告模态词减少到基本情形的组合 $[!\varphi]q$,而 $[!\varphi]q$ 随后能够被蕴涵式 $\varphi \to q$ 所替换。我们可以完全以这种方式从内向外工作,并使用适当的匹配推导规则,使得 PAL 语言中的每一个命题的可证性等价于一个纯粹的认知公式的可证性,然后应用基本的静态逻辑的完全性定理即可。 ∎

尤其是,尽管下面的规则事实上是成立的,但这对于叠加动态模态词的递归公理并非是必需的。[①]

事实 7.2 $[!\varphi][!\psi]\chi \leftrightarrow [!(\varphi \wedge [!\varphi]\psi)]\chi$ 是有效式。

动态方法论 这个具体示例背后有一个通用的方法论。在可能的情况下,人们动态化一个现有的静态逻辑,使其潜在的行为显式化,并将这些行为定义为合适的模型转换。动态逻辑的核心部分包括通过递归公理对关键行为的后置条件进行

[①] 在最近一般化的更新模型的 PAL 研究工作中的确需要这样的公理,因为在这些 PAL 版本中删去了关于原子命题的归约公理(参见 Holliday et al., 2012a; van Benthem, 2014)。

组合分析。为了让这一方法起作用，人们需要在静态逻辑中具有充足的"预编码"(pre-encoding) 的表达力。这对基础语言的表达力提出了要求，有时我们被迫需要重新设计它。

例 7.5　公共知识的静态化重设

按照实际情况来说，我们无法利用认知逻辑本身来刻画公共知识的递归规则，需要引入一个条件式公共知识这样的新概念来获得如下规则。这里，条件式公共知识只在某些可定义的子模型内查看（要了解它的精确定义和逻辑，参见 van Benthem et al., 2006c）：

$$[!\varphi]C_G^\psi\chi \leftrightarrow (\varphi \to C_G^{\varphi \wedge [!\varphi]\psi}[!\varphi]\chi)$$

除了这个法则，在 PAL 中对公共知识进行公理化讨论还需要将基本的静态认知逻辑扩展到模态系统 $S5$，并且加上关于条件式公共知识的自然不动点公理（参见 Fagin et al., 1995）。　■

一般理论　分析硬信息更新的动态认知逻辑在让我们对认识论、语言哲学和科学哲学一些问题研究产生新思路的同时，也引发了一些我们在此不能解决的技术性问题（参见 van Benthem, 2011b）。谈到最近的一些例子，斯坦福逻辑动态实验室的网站中提出了包含下面两个重要议题的新结果：

（a）哪一类命题 φ 的语法形式在"学习问题"上总是可以保证公式 $[!\varphi]K\varphi$ 的有效性？（所有不包含动态和认知算子的具有事实性公式都有这一性质，但是其他的公式呢？）

（b）对于 PAL 的"模式化的有效式"（schematic validities），无论我们用什么公式替换其中的命题字母，这些公式都是有效的。这个涉及 PAL 的可判定性和公理化问题。（首先，尽管 PAL 公理对于原子公式 p 而言并不是有效的模式，但所有其他提及的递归公理都是有效的模式。）

我们将在第八章、第九章和第十三章再次讨论这两个问题。我们可以用相同的方式处理信息更新的许多其他形式，包括与主体相关的其他事件（如偏好的改变）也是如此。接下来，我们将考察一些在我们的博弈研究中需要的事例，其中最重要的是有关信念的部分。

7.3　从正确性到修正：信念改变和学习

除了知识之外，信念对于由信息驱动的主体也至关重要，使得那些超出我们所知范围的推理产生；不过，信念也可能是错误的，当在新信息下揭示出错误时，另一个重要的理性技能就会发挥作用：因信念而改变行动。因此，理性主体并不是那些总是能够做出正确选择的人，而是那些具有随时"修正其行为"能力的人。

信念和条件信念　通过相对可信度 $\leqslant_i xy$ 在可能世界 x, y 之间的比较顺序，我们即将使用的信念模型对认知范围内的可能世界进行了排序，进而扩展了先前的认知逻辑模型。

备注　*简化的模型*

下面的例子是非常简单的线性可信度序列。现实的模型可能会更加复杂，不过，基于这样一种简单形式模型，我们已经可以清楚表述我们将要谈论的要点。

例 7.6　*一个可信度模型*

在以下包含三个世界的模型中，左边黑色的点 s 是现实世界。直观上讲，就像在第六章 6.9 节中解释的那样，信念不是在主体所有认知可及世界中都能够成立，而仅仅在其中那些最可信的可能世界上成立。当我们只考虑一个主体时，我们省略 $\leqslant_i$ 的下标 i：

$$\boxed{\quad s, p, q \qquad \leqslant \qquad t, \neg p, q \qquad \leqslant \qquad u, p, \neg q \quad}$$

在这一模型中，p 在现实世界 s 上是真的，并且主体相信这一点，同时 q 在 s 上也为真，但是主体错误地相信 $\neg q$。■

原则上，可信度序列可以是三元的，它取决于当前世界所处的视角。在本章中，我们将只使用二元关系，并在认知范围内保持一致，这反映了主体对于他们所知信念的一种假设。

定义 7.1 认知信念模型和真值定义

认知信念模型是四元组 $M = (W, \{\sim_i |\ i \in G\}, \{\leqslant_i |\ i \in G\}, V)$，它具有如刚刚所描述的关系。为了简单起见，我们常忽略认知结构。

关于信念的真值定义如下，在这里我们直接添加一个条件信念，它对于预编码的信念变化至关重要：[①]

$M, s \models B_i \varphi$，当且仅当 在集合 $\{u\ |\ u \sim_i s\}$ 中，依照可信度序关系 $\leqslant_i$，

所有使得 $t \sim_i s$ 的可能世界中的最可信世界 t，

满足 $M, t \models \varphi$

$M, s \models B_i^{\psi} \varphi$，当且仅当 在集合 $\{u\ |\ s \sim_i u\ \text{且}\ M, u \models \psi\}$ 中，依照可信度序关系 $\leqslant_i$ 所得出的最可信世界 t，满足 $M, t \models \varphi$

很明显，绝对信念 $B_i \varphi$ 是一个特例，它等值于 $B_i^{\top} \varphi$。 ∎

条件信念的静态逻辑基础恰是标准的关于先序的、最小条件句逻辑 (Burgess, 1981; Board, 1998)。不过，由 "安全信念" 我们将会看到一个更简单的基础系统。

信念改变和模型转换 现在我们转向信息事件下信念的动态变化。最简单的、引起信念变化产生的触发器是前边的公开宣告行动，它将当前的模型缩小为可定义的子模型。但是，我们很快会发现其他相关行动事件，对应于更 "软" 的信息流，它们只会影响到可信度序列的排序，而不是改变可能世界的论域。这些对于博弈分析也是重要的，因而我们将阐释这一完整的方法。

硬信息下的信念改变 显然，信念在硬信息的公开宣告下可能发生变化。刻画这种变化的重要公理如下：

$$[!\varphi]B_i\psi \ \leftrightarrow \ \varphi \to B_i^{\varphi}[!\varphi]\psi$$

本质上，该公理表明了：一个关于信念的陈述 $B_i\psi$ 在一个由 φ 成立的那些可能世界所组成的更新子模型上成立，当且仅当初始模型在以 φ 为条件的基础上证实了关于 $[!\varphi]\psi$ 的信念。这里的前缀 $[!\varphi]$ 如前所述，允许在更新 $!\varphi$ 后公式 ψ 的真

---

① 我们选择了最大性来定义 "好的" 位置，尽管其他作者可能更喜欢最小性。当然，只要术语被一致使用，这种差异是无关紧要的。

值发生变化。为了保持一致，我们给出一个关于条件信念的递归公理，且通过同样的方式我们可以判定该公理的有效性。①

定理 7.2 描述公开宣告下信念变化的完全逻辑可按如下方式公理化：

（a）关于 $B_i^\psi \varphi$ 的静态逻辑；

（b）PAL；

（c）$[!\varphi]B_i^\psi \chi \leftrightarrow (\varphi \to B_i^{\varphi \wedge [!\varphi]\psi}[!\varphi]\chi)$。

定理 7.2 只是我们动态化研究信念变化的开始。

进一步的概念：安全信念 就像我们现在将要看到的，即使前面简单的形式也有例外。

例 7.7 由真实信息误导的错误信念

在如下的认知信念模型中：

s, p, q $\leqslant$	$t, \neg p, q$ $\leqslant$	$u, p, \neg q$

提供了关于 q 为真的信息，从而更新到一个新的模型：

s, p, q $\leqslant$	$t, \neg p, q$

在这个新模型中，主体错误地相信 $\neg p$。事实上，一个人能够被真实的信息所误导。 ∎

Shoham e al. (2008) 在研究博弈论和主体逻辑的这类信息场景时引入了一个新概念，即安全信念（或稳定信念），这种信念在接收到新信息的情况下也不会发生改变 (Stalnaker, 1999; Baltag et al., 2008)。

定义 7.2 安全信念

安全信念可以用可信度序列所对应的普通模态词解释：

$$M, s \models [\leqslant_i]\varphi, \quad \text{当且仅当 对于所有使得 } s \leqslant_i t \text{ 的可能世界 } t \text{ 上，有 } M, t \models \varphi$$

---

① 因此，信念修正理论实际上应该是一个修正条件信念的理论。

这种信念的强度介于上面所定义的知识和信念之间。　　　　　　　　■

显然，用一个在现实世界 s 处成立的真命题进行任意更新后，安全信念（至少是关于事实的命题 φ）仍然为真。利用安全信念，我们可以定义绝对信念 $B_i\varphi$ 以及条件信念 $B_i^\psi\varphi$ (Boutilier, 1994)。

事实 7.3　通过下面的公式，我们可以用安全信念定义条件信念：

$$K\big(\psi \to \langle\leqslant_i\rangle(\psi \wedge [\leqslant_i](\psi \to \varphi)))\big)$$

因此，对于安全信念动态性的分析变得更简单且不失普遍性。关于可信度先序的静态逻辑就是标准的模态逻辑 $S4$。最重要的是，下面的递归法则刻画出这种信念变化的动态性。

事实 7.4　递归法则 $[!\varphi][\leqslant_i]\psi \leftrightarrow (\varphi \to [\leqslant_i][!\varphi]\psi)$ 是有效的。

软信息下的信念改变　除了硬信息之外，还有软信息。当我们慎重考虑一条新信息，而不是把它作为不可置疑的真理时，软信息可以派上用场。这种以较弱形式出现的信息有很多来源，例如在缺省推理（default reasoning）(Veltman, 1996)、学习理论 (Baltag et al., 2011)，或者仅仅在听别人讲他们的假期故事时，我们都会遇到软信息。第八章中，我们还将在研究博弈慎思阶段看到这类信息的应用。

通过改变当前模型中的可信度序列，而不是更改其可能世界的论域，我们可以做到在不排除所有反例的情况下，相应的更新只是使一个命题更可信。一种普遍存在的软更新形式如下。

定义 7.3　激进式升级（radical upgrade）

一个激进式升级 $\Uparrow\varphi$ 将当前的信念模型 M 改变为 $M\Uparrow\varphi$，其中所有的 φ-世界比所有的 $\neg\varphi$-世界变得更为可信；在这些域内，原有的可信度序列仍然保持：

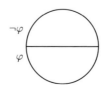

存在一个相应的模态词使得：

$$M, s \models [\Uparrow \varphi] \psi, \qquad \text{当且仅当} \quad M \Uparrow \varphi, s \models \psi$$

在 PAL 的动态逻辑形式中我们可以对这个概念进行分析研究。 ∎

例 7.8 某些非常简单的更新

考虑下面这个描述主体不确定 p 真值情形的两个世界的模型：

$$s, p \;\text{——————}\; t, \neg p$$

事件 $!p$ 将这一模型转换成一个单点式可能世界的模型：

$$s, p$$

通过对比，激进式升级 $\Uparrow p$ 将初始模型转换为：

$$s, p \qquad \geqslant_i \qquad t, \neg p$$

这两类更新（硬更新和软更新）的差别向我们揭示出进一步发生的事件何时撤消先前的信息。一个 $!p \,;\, !\neg p$ 更新序列是无意义的。而在剔除步骤之后，将不会有可以被更新的 $\neg p$-可能世界，由此序列 $!p \,;\, \Uparrow \neg p$ 与 $!p$ 会产生相同的更新效果。不过，序列 $\Uparrow p \,;\, \Uparrow \neg p$ 的更新却完全没有问题，它将上述的最后一个模型转换为：

$$s, p \qquad \leqslant_i \qquad t, \neg p$$

顺便说一句，后一种情况显示了激进式升级所产生的压倒一切性的后果：最后一步的更新起关键作用。这使得我们目前意义上的升级所产生的可能世界的序列更新不同于累积证据式的渐进性学习规则。 ∎

当然也可以进行进一步的更新，请参见 Gärdenfors et al. (1994) 中的信念修正理论。想要系统化了解不同更新的特性，可参见 van Benthem (2011d) 中关于将更新规则作为社会选择准则的研究。像以前一样，我们可以用推理的逻辑演算系统定义这些更新概念。尤其是我们可以用含有条件信念的公式给出一个完全性的结论。

定理 7.3　借由认知可信度模型的静态基础逻辑，再加上包含以下重要规则的递归公理集，激进式升级的动态逻辑可被公理化（其中 E 是存在性认知模态词）：

$$[\Uparrow\varphi]B^{\psi}\chi \leftrightarrow \big(E(\varphi \wedge [\Uparrow\varphi]\psi) \wedge B^{\varphi \wedge [\Uparrow\varphi]\psi}[\Uparrow\varphi]\chi\big) \vee (\neg E(\varphi \wedge [\Uparrow\varphi]\psi) \wedge B^{[\Uparrow\varphi]\psi}[\Uparrow\varphi]\chi)$$

读者可以在 van Benthem (2007a) 的文章中找到证明。然而，更简单的是在激进升级下使用安全信念的递归规则获得另一个公理化体系。后者采用了 van Benthem et al. (2007a) 中的技术。

事实 7.5　以下等值式在认知信念模型上有效：

$$[\Uparrow\varphi][\leqslant_i]\psi \leftrightarrow \big((\varphi \wedge [\leqslant_i](\varphi \to [\Uparrow\varphi]\psi)) \vee (\neg\varphi \wedge [\leqslant_i](\neg\varphi \to [\Uparrow\varphi]\psi) \wedge K(\varphi \to [\Uparrow\varphi]\psi))\big)$$

证明　这是关于更新后的可信度序列的一个简单验证，对当前可信度序列 $\leqslant$ 上进行激进升级 $\Uparrow\varphi$ 即可证明。

其他的更新策略　还有许多其他的修正策略，例如一个更"软"的保守式升级（conservative upgrade）$\uparrow\varphi$，它仅仅使得最好的 φ-可能世界作为序中的最大元。换句话说，$\uparrow\varphi$ 是对那些最具可信度的 φ-可能世界进行激进升级。

例 7.9　保守升级与激进升级

下面的例子表明了这两种升级之间的区别。考虑三个按递增的可信度排序的世界，如下所示：

s, p	$\leqslant$	t, p	$\leqslant$	$u, \neg p$

激进升级 $\Uparrow p$ 将这一模型转换为以下模型：

$u, \neg p$	$\leqslant$	s, p	$\leqslant$	t, p

无论之前曾用过什么样的努力来提高 $\neg p$ 的可信性，p 从始至终都是获胜者。与之相比，保守升级 $\uparrow p$ 会产生不同的模型：

$$s, p \qquad \leqslant \qquad u, \neg p \qquad \leqslant \qquad t, p$$

此时主体相信了 p，但这种信念并不是根深蒂固的，这是因为排除第二个可能世界 (t, p) 会使主体重新相信 $\neg p$。∎

软更新策略的比较研究可能会很复杂。虽然保守式升级可能看起来更安全，但学习理论中的结果 (Gierasimczuk, 2010) 表明从长远来看，更冒险的激进式升级有时可能会是更好的策略，因为它可能会使主体摆脱信念中处于次优位置的局部均衡。

实现一般化 还有许多改变可信度序列的方法 [有兴趣的读者可参见 Rott (2006) 中的大量资料]。为了实现一般化，有几个关于可信度升级（作为支持递归公理的模型转换）的一般形式的方案。一个来自 van Benthem et al. (2007a)，其中升级之后所得的新可信度关系 $\leqslant_{new}$ 是由 PDL 程序 $\pi(\leqslant_{old})$ 所定义。例如，激进升级 $\Uparrow\varphi$ 可被定义成如下的 PDL 程序：

$$(?\varphi \,;\, \leqslant \,;\, ?\varphi) \cup (?\neg\varphi \,;\, \leqslant \,;\, ?\neg\varphi) \cup (?\neg\varphi \,;\, U \,;\, ?\varphi)$$

其中，U 是全局关系。以这种格式定义的所有更新，都可以导出自动衍生出来的递归公理的完全集。在 7.4 节中，读者将可以看到另一种被称为优先序升级（priority upgrade）的可信度变化的一般性研究。Girard et al. (2012) 最近提出了一种通用的基于 PDL 的格式（参见第一章）。

概率 信念修正通常是使用贝叶斯法或其他方法进行定量研究（参见 Gärdenfors et al., 1994）。这与我们在绪论中提到的博弈论中概率概念的标准用法很吻合。van Benthem et al. (2009b) 研究了定量化概率更新的完全动态认知逻辑，该工作结合我们前面所谈论的、定性化知识的方法，揭示出本章所讨论到的理念是如何与概率想法较好地契合起来。[①]

结论 我们已经展示了如何将动态化的研究视角从对于能够具有保真的信息性事件扩展到主体从错误中学习而引发的修正行动上。更哲学地讲，逻辑既可以被用于建立推理的坚实基础，也可以在修正理论领域发挥作用。从技术上讲，这已超出 PAL 的那种简单消除世界的模型改变，而转向到一个更广泛讨论模型改变的、关于信息更新的视角。这为逻辑理论的研究提出了新的议题，不过，我们在此不做深入讨论。[②]

7.4 由局部观察的一般事件所引发的更新

现在我们将视角从描述单主体的知识和信念变化的逻辑转向到真正的多主体环境。大多数社会场景对每个主体来讲都不会具有相同的信息。室内游戏中参与人可以通过掌控信息而获取利益，而战争博弈更是如此。在安全协议研究领域，带有 cc（抄送）的电子邮件是公开发布的，但是如果使用 bcc（密送），情况就会变得微妙起来。这里将要讨论的更新机制适用于所有这些情景，而且对于我们来说更重要的是，应用更新机制来分析第三章和第六章中的不完美信息博弈。这些博弈通常涉及对诸如纸牌一例中玩家的局部观察，使得不同玩家之间存在不同的信息流。

事件模型 我们可以用下面的结构来描述许多社交场景，这些结构促成了具有广泛适用性的一般更新机制的形成 (Baltag et al., 1998)。

定义 7.4 事件模型和乘积更新

事件模型 $\mathcal{E} = (E, \{\sim_i | i \in G\}, \{\mathrm{PRE}_e | e \in E\})$ 由表示相关事件的抽象点组成，其中不可区分关系 $\sim_i$ 编码了主体关于哪个事件正在发生的知识。其中关键的

---

① 该逻辑有一个更新机制，它合并了来自三个来源的信息：（a）可能世界间的先验概率；（b）关于触发这一更新的当前事件的观察概率；以及关键的是（c）在给定的先决条件下，给定事件发生的概率。发生概率在本书的可信度模型中没有直接的对应物，尽管它们很自然地出现在对于主体类型的信息研究中。van Benthem (2012d) 提出了与发生概率相匹配的定性可信度模型，以及与数值概率更新规则相匹配的排序合并规则。

② 一个简单的开问题是在激进式升级的基础上找到良性的递归法则，这个任务似乎需要我们对静态系统的语言进行相当大的扩展。一个更深层次的问题是找到模型上更新运算的典型技术特征，以某种规则式的方式来界定动态化研究的领域。

是，事件 e 具有其被执行的先决条件 PRE_e，这使得对这些条件的观察具有了信息性。

按照前述定义的任意认知模型 (M, s) 和任意事件模型 $(\mathcal{E}, e)$ 所产生的乘积模型 $(M \times \mathcal{E}, (s, e))$ 定义如下：

定义域：$\{(s, e) \mid s$ 是 M 中的可能世界，e 是 $\mathcal{E}$ 中的事件，且 $(M, s) \models \mathrm{PRE}_e\}$；

可及关系：$(s, e) \sim_i (t, f)$，当且仅当 $s \sim_i t$ 且 $e \sim_i f$；

在 (s, e) 上对于原子公式 p 的赋值正是 M 中 s 上 p 的赋值。

如果我们允许事件 e 的后置条件 POST_e 的真值变化，那么，后一个条件可以被推广到包含事实的变化中 (van Benthem et al., 2006c)。　■

乘积更新涵盖了广泛的信息场景。这些场景涉及了误导性行动和实际行动，以及场景中参与人的信念和知识。一个值得注意的特性是认知模型现在可以随着更新的进行而变大，反映了将不同主体以不同方式处理可能会成为复杂度的来源。同以前一样，我们也有一个处理这些复杂度问题的逻辑演算系统。

动态认知逻辑　动态认知逻辑具有如下的语法和语义，其中 $(\mathcal{E}, e)$ 代表具有真实事件 e 的任一事件模型：

$$p \mid \neg \varphi \mid \varphi \wedge \psi \mid K_i \varphi \mid C_G \varphi \mid [\mathcal{E}, e] \varphi$$

$$M, s \models [\mathcal{E}, e] \varphi, \quad \text{当且仅当} \quad \text{如果 } M, s \models \mathrm{PRE}_e, \text{那么 } M \times \mathcal{E}, (s, e) \models \varphi$$

定理 7.4　动态认知逻辑是可有效公理化且可判定的。

该定理的证明类似于 PAL 中的证明，并且下面这个重要的递归公理拓展了前面关于公开宣告 $!\varphi$ 的定理（现在是带先决条件 φ 的单世界模型）：

$$[\mathcal{E}, e] K_i \varphi \ \leftrightarrow \ \left(\mathrm{PRE}_e \rightarrow \bigwedge \{ K_i [\mathcal{E}, f] \varphi \mid f \sim_i e \text{ in } \mathcal{E} \} \right)$$

这个法则在有穷事件模型中是有效的，而且如果我们允许合取是无穷支合取，那么它在无穷事件模型中也是有效的。

例 7.10   关于公共知识挑战的再研究

在具有秘密交流的子群中，公共知识或公共信念可能会很微妙。以下事件模型具有一个指向特定事件的箭头，这个模型表明当事件 e 发生时，主体 2 错误地认为正在发生事件 f：

为了对这种情况进行递归分析，我们必须将语言扩展到一个更为丰富的认知 PDL 系统 (E-PDL)，在该系统中，基于基本关系 $\sim_i$ 所定义的任意程序代表被视为认知过程的主体。∎

定理 7.5   递归公理中带有公式 $[\mathcal{E},e]C_G\varphi$ 的 DEL 可在 E-PDL 中公理化。

在 van Benthem et al. (2006c) 一文中通过利用有穷自动机证明了这一结果，而另一种证明方法则是通过利用模态 μ-演算技术来完成。

这表明存在许多满足动态认知更新的不同形式。借助于定理 7.5，我们可以将 E-PDL 转换到命题动态逻辑中研究（参见第一章和第四章）。

信念修正和优先序   同样的机制可以处理多主体信念修正。现在事件模型由具有信念可信度关系的符号所组成。例如，之前提到的升级 $\Uparrow\varphi$ 的事件模型将有两个事件 $!\varphi$ 和 $!\neg\varphi$，其中 $!\varphi$ 比 $!\neg\varphi$ 更具可信度。

定义 7.5   优先序更新

在认知信念乘积模型 $M \times \mathcal{E}$ 中，如果旧世界和新事件达成一致，或者新事件覆盖先前的序，那么优先可信度序列成立：

$(s,e) \leqslant (t,f)$，   当且仅当   在 M 中 $s \leqslant t$ 且在 $\mathcal{E}$ 中 $e \leqslant f$；或者在 $\mathcal{E}$ 中 $e < f$

其中，$x < y$ 表示的是严格的比较序，即 $x \leqslant y \wedge \neg y \leqslant x$。通过在事件模型中恰当地选择事件和可信度顺序，我们可以利用这个更新规则仿效出许多其他规则。∎

(Baltag et al., 2008) 提供了一个包含有刻画这一更新机制的模态算子的完全动态逻辑，在该逻辑中包含以下用于描述安全信念的递归法则：

$$[\mathcal{E},e][\leqslant_i]\varphi \;\leftrightarrow\; (\mathrm{PRE}_e \to (\bigwedge\{[\leqslant_i][\mathcal{E},f]\varphi \parallel e \leqslant_i f \text{ in } \mathcal{E}\} \wedge \bigwedge\{K_i[\mathcal{E},f]\varphi \mid e <_i f \text{ in } \mathcal{E}\}))$$

7.5 时态行为和进程性信息

接下来我们将从另一个维度研究信息事件。到目前为止，所有的动态逻辑都是对信息更新和信息态度变化进行一步式的（single steps）描述。不过，这些局部性行为需要被放在随时间而展开的全局式场景中研究才有意义。第一类全局性来讨论这些行为的是我们在第一章和第四章中所提到的结构化程序。

程序演算 行为和交流包含着复杂的程序，这些程序由序列复合演算";"、安保性选择"IF···THEN ··· ELSE···"，以及迭代"WHILE···DO···"所构成。当人们同时行动或说话时，甚至会出现并行复合运算"||"。

许多研究者从下面这个著名的例子中获得了灵感。

例 7.11 *泥孩谜题*

在外边玩耍之后，三个孩子中有两个的额头上沾了泥巴。他们只能看到其他人，而不知道自己的状况。现在，他们的父亲说："你们当中至少有一个人的额头有泥巴。"然后他问："有人知道他的额头是有泥巴的吗？"这些孩子总是如实回答问题。那么，随着问题和答案的重复，接下来的情况会是怎样的呢？

在第一轮中，没有人知道自己的情况。但在下一轮，每个泥孩子都能进行这样的推理："如果我是干净的，那么我看到的那个脏孩子就只能看到干净的孩子，而且这样的话，那个泥孩子会马上知道她额头上有泥巴。但事实是她并不知道，所以，我的额头上一定也有泥巴。" ∎

这个谜题的初始认知模型中有八个可能世界，这些可能世界为每一个孩子指派 D（脏）或 C（干净）。孩子们所知道的由下面的可及关系来表示。

现在按照 PAL 风格，父亲和孩子们的断言更新了这一信息。[①] 父亲说的话去掉了 CCC，破除了这一图形的对称性。

$$
\begin{array}{c}
\quad\quad\quad\ D\,D\,D \xrightarrow{\ 3\ } D\,D\,C* \\
\end{array}
$$

（图：节点 DDD、$DDC*$、CDD、CDC、DCD、DCC、CCD 之间以标号 1、2、3 的边相连的图形）

接下来，孩子们的第一个无知式的宣告将这一模型更新为：

（图：$DDD \xrightarrow{3} DDC*$，CDD 以标号 1 与 DDD 相连，DCD 以标号 2 与 DDD 相连的图形）

最终通过无知式断言进行的更新在极限情形中达成公共知识：

$$D\,D\,C*$$

因此，超出单一步骤式的分析之外，信息流的时态化分析中会存在一个丰富的结构，这不是单个步骤所能刻画出来的。这个结构包含由单个更新步骤所构成的复杂行为。例如，这个谜题中涉及了一个包含序列、安保性选择和迭代的程序：

> !"你们中至少有一个人的额头上有泥巴的"；WHILE 不知道你状态
>
> DO（IF 不知道 THEN "说不知道" ELSE "说知道"）

人们甚至可以添加用于描述同时发言的并行程序结构。虽然泥孩谜题在这里使用的是公开宣告，但我们同样可以用一种"软式"的升级，或者硬信息和软信息的混合刻画这类问题场景。

---

① Gierasimczuk et al. (2011) 对泥孩自己如何能看到他们所处情形的这样一种主体-内部性的现象进行了研究。

极限行为　让我们感兴趣的另一个时态特征是这一谜题中的极限行为，它导致了一个稳定的终点，在这里更新不能再进一步影响到主体的知识，从而使得主体的知识达到某种平衡。这一时态特征将在第二部分的后续章节中被证明与博弈高度相关。尤其，孩子们在极限模型 $\#(M, \varphi)$ 中具有了关于他们状态的公共知识，而此公共知识能够被他们无知断言的迭代更新 $!\varphi$ 所获得。这里有一个一般性的现象，它与公开宣告如何缩小模型有关。

定义 7.6　极限宣告

从初始模型 M 开始，公式 φ 的迭代公开宣告将总是抵达第一个子模型，在该子模型中迭代公开宣告不再产生进一步的影响，这就是宣告极限 $\#(M, \varphi)$。在无穷模型中，迭代会在极限序数处取所有先前阶段的交集。这样得到的极限模型可以分为两类。如果 $\#(M, \varphi)$ 非空，那么 φ 变为公共知识，这是"自我实现性"（self-fulfilling）的场景。但是，如果 $\#(M, \varphi)$ 为空，那么否定式 $\neg\varphi$ 变为真的，而这是"自我驳斥性"（self-refuting）的场景。　■

在父亲的初始断言之后，泥孩的无知情景在模型中是"自我驳斥"的。因此，我们看到"自我驳斥性"可以产生肯定的知识。但如果没有父亲的宣告，那么这个场景就是"自我实现"的：初始模型本身就是极限，而无知就像它一开始那样是公共知识。在第八章和第九章，我们将通过迭代宣告"主体是理性的"这一断言来考察博弈中更为简单的自我实现场景。

模态逻辑　命题动态逻辑 PDL 和 μ-演算可以用于描述认知与信念事件的程序结构。首先考虑添加程序结构到 PAL 或其他动态认知逻辑。虽然这看起来自然，但在这种情况下复杂度可能会出现极度递增，远远超过我们在第二章和第三章中也曾遇到过的关于推理的非公理化情形。

定理 7.6　具有更新迭代的 PAL 是 Π_1^1-完全的。

证明　利用认知模型体系上的语言，可以对几何上铺瓷砖问题所呈现的高复杂度做出解释（参见 Miller et al., 2005）。　■

让我们看看如何在更一般的模型中缓解这种情况。

接下来,我们转向一个仍然和早前的逻辑相联系的问题——更新的极限。特定的正存在性(positive-existential)公式 φ 的极限模型可以在第一章的模态 μ-演算中定义(参见 van Benthem, 2007c,或第十三章),这就使得它们的理论具有可判定性。泥孩谜题的无知陈述和第八章中用于博弈中玩家的理性断言都具有这种特殊的语法形式,而且我们在后面会再次讨论其中的一些问题。不过,关于认知极限的模型理论仍有许多需要理解的地方。

协议和被扩展的动态逻辑　近来关于动态认知逻辑的研究领域中,出现了向广义时态研究的重要转变(van Benthem et al., 2009c;相关研究方法参见 van Benthem, 2014)。到目前为止,我们的分析是在完整的认知模型或认知信念模型系统上进行的。基于这类系统,我们可证实 PAL 公理和后续系统的公理。但是在真实的信息场景中,可能存在一些在所有这些模型中都无法被证实的命题。通常在通信或询问过程中存在一个"协议",用以决定在哪个阶段可以采取哪些行动 (Fagin et al., 1995)。[①]当模型化这类程序性信息时,我们不能再假设所有真实事实的公开宣告在任何阶段都可能发生(仅仅因为说真话有时是不礼貌的)。协议模型是从某个初始模型开始,由通过连续更新那些被允许的行动而形成的历史所构成。

协议视角的转变推广了我们前面的动态逻辑。对于 PAL 而言,基础公理改变了,并且用于刻画主体知识的关键递归法则也会发生改变。

事实 7.6　以下规则在协议模型上是有效的:

$$[!\varphi]q \ \leftrightarrow \ (\langle!\varphi\rangle\top \to q)$$
$$[!\varphi]K_i\psi \ \leftrightarrow \ (\langle!\varphi\rangle\top \to K_i(\langle!\varphi\rangle\top \to [!\varphi]\psi))$$

请注意它们与以前规则的不同。例如,关于原子命题的规则:$[!\varphi]q \ \leftrightarrow \ (\varphi \to q)$。这些新公理关键在于包含了以公式 $\langle!\varphi\rangle\top$ 形式编码的程序性信息,其中 $\langle!\varphi\rangle\top$ 告诉我们 φ 是否能够在当前的进程中被宣告(或被观察、或学习)。但是在 $\langle!\varphi\rangle\top$ 和 φ 之间没有等价关系,只有一个从左到右的蕴涵关系。因此,在证明完全性时,先前将完的动态语言归约到认知基础语言的做法就消失了。

---

① 正如我们在第五章和第六章已经看到的,即使在标准的逻辑系统中,这种程序性视角也会出现;具体例子可以参见关于直觉主义逻辑的贝特或克里普克模型。

定理 7.7　PAL 在协议模型上是可公理化的和可判定的。

证明　这可以根据一个标准的模态完全性论证进行证明（参见 Hoshi, 2009）。∎

在这个更大的模型类中，标准体系上的高复杂度结果不会自动转移。特别值得一提的是，尽管对此精确的结果我们并不太知道，不过那些早先关于迭代断言的 PAL 结果又再一次成为开问题。

认知森林：从动态逻辑到时态逻辑　这里所描述的协议模型是第六章中的森式模型或分支树模型的特殊情形，这些森式模型或分支树在节点之间具有认知转换关系。特别是，我们可以用时态模型中可用的历史对上述的协议做出解释。这样，正如像第五章中所做的那样，我们也可以引入认知时态逻辑来进行研究。

这就提出了一个如何把动态认知逻辑和时态逻辑联系起来的问题。这个问题在 van Benthem et al. (2009c) 那里得到了澄清，而 Dégremont et al. (2011) 进行了一项重要的改进。这里我们只是给出了结论。

上述 PAL 及其多主体扩展的 DEL 语言可用于描述单步骤行动下主体知识变化的片段，我们在第五章认知时态逻辑中已经对此进行了讨论。例如，动态模态词 $\langle !\varphi \rangle$ 可以与形如 F_e 的算子相匹配，这类算子通常是一种相关于某个合适的事件 e 的一步式未来算子。然而，对于表示无限未来或过去发生的事件算子，却不存在对应的动态模态词；这更像是之前讨论过的迭代程序模态词 $[(!\varphi)^*]$。

那么如何将这两种类型的模型联合起来？一种做法是让前面所提到的 DEL 乘积更新通过迭代的方式，在连续的阶段形成认知森式模型：

$$M, M \times \mathcal{E}_1, (M \times \mathcal{E}_1) \times \mathcal{E}_2, \cdots$$

由此，认知时态模型就可以被完全刻画出来。

定理 7.8　不考虑同构的情况下，一个认知森式模型能够通过迭代 DEL 的乘积更新来构建，当且仅当主体具有完美回忆与无奇迹性，并且所有事件的论域在认知互模拟下封闭。

我们在此不再进一步解释这些特性，读者可参考第九章关于这个结果的技术证明。不过，读者仍旧能够察觉到该定理的证明会和第一章中的互模拟概念相关，同时也和第三章中讨论过的、作为具有完美回忆特性的玩家所可能具有的属性——"完美回忆力"和关于仅从观察中进行学习的"无奇迹"这些概念相关联。

在这种背景下，前面关于一步式特性的讨论解释了为什么动态认知逻辑往往比更丰富的认知时态逻辑简单。正如第五章所述，在后一种情况下，"完美回忆力"和"无奇迹"需要我们付出昂贵的代价，因为能够满足这两个性质的模型的认知时态逻辑可能是非常复杂的。现在，就像我们刚刚看到的，这些性质中那些典型算子的交换内嵌到 PAL 和 DEL 关于知识的递归法则中。而在它们的一步式版本中，由于不会涉及无限未来情形，所以不会存在这样的问题。

关于时间上的信念变化　此处所讨论的、随着时间的推移变化的知识都可以扩展到对于主体的信念研究。这使得我们可以去发现信念更新、认知协议模型、信念时态逻辑和学习理论的概念之间的有趣联系 (Kelly, 1996; Dégremont, 2010; Gierasimczuk, 2010)。正如我们即将看到的那样，迭代信念更新也适用于博弈论，例如在第八章中我们对逆向归纳法的论述。逻辑基础在这一领域变得更加复杂。例如，迭代可能会导致可信度变化中的循环（参见 Baltag et al., 2011，如果读者想更多理解关于社会交流情形中这种相当现实现象的更多细节，可参见本书第八章），因此需要更丰富的不动点逻辑来分析由此产生的模型。

相比我们这里已经讨论的工作，当前有更多关于时态研究的探讨。例如，我们的模型还隐含着可以将动态认知逻辑的关键思想从经典博弈论的有穷场景引入演化博弈理论中的无穷场景的想法。关于这一主题的逻辑，我们将在第十二章中再次讨论。

7.6　推理和信息的多样性

我们对于最普通常见信息事件的语义研究处理到此可以告一段落。但是，即使在我们最初餐馆一例中也包括有更深一层的行为，即提问和推理。尽管这些行为对信息流至关重要，并且在博弈中也具有重要意义，但它们不是本书的重要主题，所以我们对此只作简短的讨论，仅对两者涉及动态认知方面的问题进行概括分析。

首先从最后的行为开始，我们来看推理对服务员给予什么帮助？此时，语义上的选项已经减少到只有一个，不会再发生变化。为了合理化推理行为可以改变状态这样的想法，人们需要更精细化的信息概念。实际上，许多学者赞同逻辑研究需要关注不同种类信息的观点，这一观点在 van Benthem et al. (2008a) 中称为"相关性"（correlation）、"范围"（range）和"代码"（code）。语法上的分析是研究推理动态性的一种基本方法，我们现在概述如何应用这种研究方法处理问题。①

关于意识的动态逻辑 基于 Fagin et al. (1988) 和 van Benthem et al. (2010b) 的想法，我们给每一个可能世界指派主体所可以意识到一个语法公式集，并用一个相应的模态词 $A\varphi$ 来表示 φ 在当前的意识集中。

例如，这一做法能够处理我们通常对知识分配公理 $K(\varphi \rightarrow \psi) \rightarrow (K\varphi \rightarrow K\psi)$ 的批评，而这个被视作"显式知识"闭包规则的公理，并不是我们自始至终所强调的语义信息的概念。当我们思考显式知识 $Ex\varphi$ 时，分配公理实际上包含了一个"要去完成的工作"的隐性缺口——如果我们假定闭包，那么人们为了获得"免费礼物"应该要执行一个行动：

$$Ex(\varphi \rightarrow \psi) \rightarrow (Ex\varphi \rightarrow [\cdots]Ex\psi)$$

这里，一个合适的典型术语是"意识到 ψ 就是这样的情形"的行动 $\#\psi$，它表明通过将结论 ψ 添加到与当前可能世界相联系的那些公式中，动态化地产生对于 ψ 的意识。服务员意识到最后的盘子是剩下的这个人的，并且能够根据这一知识采取行动。② 其他关于精细粒度的语法信息的更新来自主体的内省和显式化观察等行为。

我们可以利用之前使用过的相同方法对这些事件予以描述。

定理 7.9 关于提升知觉意识的动态逻辑可完全公理化。

证明 关于这类系统的证明可参见 Velázquez-Quesada (2011) 和 van Ben-

---

① 人们可能认为像 PAL 这样的逻辑已经能够处理推理的动态性，因为在这些逻辑中我们可以对证明演算中的更新进行推理，但这是对推理的元层次上的分析，而不是对参与推理主体进行对象层次上的分析。

② 关于将行动与无意识推理相联系的相反观点，参见 Icard (2013)。

them (2011a)。下面两个公式诠释了意识如何改变基本递归法则：

$$[!\varphi]A\psi \leftrightarrow (\varphi \to A\psi) \qquad [\#\varphi]A\psi \leftrightarrow (A\psi \vee \psi = \varphi)$$ ∎

我们的立场　不同的逻辑信息概念涉及不同的动态行为，这些动态行为都有着它们自己的逻辑系统。我们已经为推理和相关行为找到了一些初步的动态认知逻辑，但这些只是作为概念实证（proof-of-concept）而被提及。当我们想要更缜密地分析证据变化 (van Benthem et al., 2011b) 或多主体论辩 (Grossi, 2012) 时，我们显然需要更丰富的系统。从技术上讲，这可能会涉及需要寻找动态逻辑和证明论中关于更多组合式特性之间的联系。

7.7　问题与提问的方向

不过，这里还有一个更重要的信息性行为却在动态认知逻辑中受到较少的关注，尽管它曾被专门探讨过，并有着一段知名的历史（参见 *Synthese* 专刊中的多个分支，Hamami et al., 2013）。通过很自然的推理，那个服务员也提出了问题。那么，刻画这些问题的动态信息化函数是什么？通过预设当前关心的议题，问题导向着提问的方向。

这一次，我们甚至找不到标准的静态逻辑来对此情形进行建模，从而必须重新设计出一个系统。大致上来说，一个问题可以被视作划分当前认知域的一个等价关系 ≈，提问的目的在于找出我们处于哪个划分中。

例 7.12　*一个认知问题模型*

在以下的认知模型中，加入额外的问题关系，黑色虚线表示认知关系，而矩形框是这问题关系的划分。

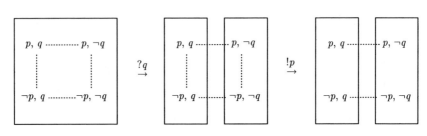

行为 $?q$ 将初始问题关系归结为"q-世界"和"$\neg q$-世界"两个区域，而主体的认知关系保持不变。在此之后，一个公开宣告 $!p$，使用一种弱的"切断联系"的方式，而不会从模型中剔除任何世界（有时这也被称作命题 p 的测试），该宣告只是细化了主体原有的认知关系，而关于问题的关系保持不变。　　　　　　　　　　■

这些模型的静态基础语言包含关于知识的普通模态词 $K\varphi$，以及两个新的模态词：一个是关于问题关系的有点儿技术性的全局性模态词 $Q\varphi$；另一个是如下"解决模态词"（resolution modality）：

$R\varphi$，表达的是 φ 在通过 $\sim$ 和 $\approx$ 可及的所有世界中都是真的。

也就是说，根据我们当前的知识，如果问题得到解决将会发生什么。

除了这种关于静态的知识和问题的基本结构之外，动态方法将再次发挥关键作用，并以识别相关行动作为开始。尽管询问问题是一种社会性的交流行为，并且有更好的逻辑系统可以揭示出这一基本特性（参见 Minică, 2011），不过我们在这里将仅仅研究单主体模型。

关于问题的行为处理　令 $M = (W, \sim, \approx, V)$ 是一个认知问题模型。模型 M 上的提问行为 $?\varphi$ 产生的问题更新模型是一个四元组 $M^{?\varphi} = (W, \sim, \approx^{?\varphi}, V)$，其中 $s \approx^{?\varphi} t$，当且仅当 $s \approx t$ 且 $s =_\varphi t$。这里，$s =_\varphi t$ 表示可能世界 s 和 t 在公式 φ 的真值上保持一致。通过这种细化，提问更新当前问题模型。关于问题的行为的其他自然形式有：用宣告！行动"解决"，在关系 $\sim \cap \approx$ 中重置主体的认知关系，并且用提问行动 $?$ "细化"将该问题的关系重置到 $\sim \cap \approx$。

完全动态逻辑　（van Benthem et al., 2012b）对关于问题的行为进行了公理化研究。其中，一些关于提问和解决的关键递归法则如下：

$$[?\varphi]K\psi \leftrightarrow K[?\varphi]\psi \qquad\qquad [!]K\psi \leftrightarrow R[!]\psi$$

$$[!\varphi]K\psi \leftrightarrow (\varphi \wedge K(\varphi \to [!\varphi]\psi)) \vee (\neg\varphi \wedge K(\neg\varphi \to [!\varphi]\psi))$$

通常来说，提出问题似乎和给出答案一样重要，我们将也在第二十二章的博弈论中再一次讨论这个问题。

现在我们已经对于最初餐馆例子中服务员的所有行为进行了探讨，但是由此产生的主体理论的研究结果或许尚未触及问题的自然边界。

7.8 从正确到合理：与赋值相协调

理性主体性的研究不仅仅涉及正确性，还包括信息和赋值间的一种平衡。信息流让我们看到其具有动态性的一面，但是更具解释性的主体动态行为理论也需要与影响主体关于结果偏好的潜在力量达成平衡。正如我们在第二章已经看到的，我们可以在模态逻辑中为主体的偏好建模。同样的动态认知技术也可以处理偏好变化，就像在 van Benthem et al. (2007a) 中所展示的那样，这种技术通过改变可信度顺序来揭示主体的信念变化。

例如，当前偏好关系的激进升级 ⇑φ 也模拟了"接受一个 φ 变成现实"的规范性命令。但是由于存在语气上轻缓或强烈的社会暗示，所以会产生出许多其他改变偏好的诱因。下述定义展示了一个到目前还没讨论过的、典型的弱偏好关系转换。

定义 7.7　作为偏好变化的触发器——建议

一个赞成 φ 的建议 #φ，它将一个当前偏好关系 ≤ 改变为：

$$(?\varphi \,;\, \leqslant \,;\, ?\varphi) \cup (?\neg\varphi \,;\, \leqslant \,;\, ?\neg\varphi) \cup (?\neg\varphi \,;\, \leqslant \,;\, ?\varphi)$$

上述行为仅仅去除了先前那些从一个 φ-世界到一个 ¬φ-世界的偏好关系。注意，我们这里使用的是 PDL 程序格式：如前所述，它保证存在匹配的递归法则。　■

这些系统的动态逻辑与之前的技术相同，都是将更新后的偏好与主体之前的偏好联系起来。Liu (2011) 对偏好变化进行了系统化研究，将偏好变化和道义逻辑、自然语言中的祈使句以及博弈中理性化行为的方式联系在了一起（另请参见 Girard, 2008）。

这并不是我们早先概念的标准一般化方法。Liu (2011) 中对基于理由的偏好的处理也包括了优先谓词图，这些优先谓词导出了第二章中仍被视为初始的、那些可能世界间的偏好关系。Andréka et al. (2002) 中最先提出"优先序图"（priority graph）这一强有力的想法，该想法对于博弈的研究也是有意义的，由此，博弈中最终节点的首选顺序现在可以进一步分析为来自玩家的优先级目标。①

自然地，我们会将主体偏好动态延伸到博弈中考虑（参见第九章），并且将其延伸到诸如社会选择理论等领域中，其中动态逻辑通过形成新的个体和群体偏好为慎思与决策的研究引入了更精细的结构。

7.9 小 结

逻辑 动态认知逻辑讨论了受信息驱动的主体行为，它联合了哲学和计算方面的议题，扩展了传统逻辑研究的范围。这种动态化研究的立场也对逻辑与认识论和科学哲学的交汇研究产生了影响。但与此同时，这里定义的系统在满足技术标准的同时，也提出了与数理逻辑保持一致的新技术问题。因此，它们符合逻辑的两个长期特征：扩大研究领域、探索技术体系基础。

这里有一点需要澄清，它可以通过两个介词来表达。我们探讨的概念是与信息动态相关的推理（reasoning with information dynamics）：它涉及从事逻辑任务的主体。从这一视角来看，正如我们所见，诸如证明和推理这样的数学活动仅仅是所有相关行为理论中的一个小的子集。但是这些行为可以在形式化的动态逻辑中得到刻画。这种动态逻辑包含递归法则，而且可以让我们对一般系统的属性进行系统研究。后者是关于信息动态化的推理（reasoning about information dynamics）。对于这种元理论的研究，标准数理逻辑依然一如既往的重要，它甚至可能赋予证明特殊的地位。

博弈 逻辑动态化研究与博弈以两种方式产生交汇。在某种意义上，我们已经看到博弈如何成为一个汇聚上述逻辑化研究想法的自然综合载体，这将智能主体信息上、偏好上和长期策略上的方方面面结合起来。但在相反的方向，我们的动态逻辑技术也可以阐明博弈中发生的事情，引出了我们将在第二部分进一步讨论的主题——"弈博论"。在接下来的三章中，我们将找到许多例子。

不过，本书甚至是在一种更激进意义上将博弈、逻辑和动态联系在一起。第四

---

① 这一思想在 Grossi et al. (2012) 中得到进一步阐述，他们尝试用这种图的语法来模拟玩家在真实复杂博弈中有限的认知能力。

部分的逻辑博弈将逻辑本身看成是一种博弈的形式。对于这一概念的影响，我们将参考本书之后的部分。

7.10 文 献

关于逻辑动态的完整发展研究需要一本专门讨论这个议题的书，更多的扩展性文献请读者参考 van Benthem (1996) 和 van Benthem (2011a)。对于动态认知逻辑的教科书，读者可以参考 van Ditmarsch et al. (2007)。我们已经在各章节中将更多的专题性研究的具体文献提供给读者，其他更多有关于博弈研究的文献将在后面几章中出现。

7.11 发 展 近 况

作为本章的总结，我们将列出近期一些关于逻辑动态研究的方向，它们可能最终与博弈研究具有某种相关性。

证据动态性 利用关系模型描述主体的知识和信念比较粗糙，限制了我们对于主体获得这些信息的证据研究。不过，在 van Benthem et al. (2011b) 中，通过邻域模型（参见第十一章）对证据理论做了系统的分析，其中，证据可以被放在极大一致集中，但当集合不相交时，也可能包含冲突。他们利用微妙的底层知识语言和新的条件信念种类，展示了证据模型如何通过支持添加和删除证据片段，来显示其丰富的动态性。而这种动态性对于本章中讨论的许多主题来说，无疑是一个更加丰富的设定。

假设性方法和构造性方法 一些更新和修正理论中并没有提出明确的更新行为，而是强加了一些无论选择何种机制都必须满足的假设（参见 Gärdenfors, 1988; Segerberg, 1995; Rott, 2001）。van Benthem (2014) 通过模态框架对应理论将这两个观点联系在一起，而针对更新假设的模态框架对应是在模型域中相关模型的一种抽象转换。特别地，标准递归公理事实上确定了我们给出的具体更新规则。作为这个抽象观点的一个附属品，我们可以给出 PAL 和 DEL 的广义语义，其中命题表示：

在某个更大的时态协议模型中，那些形成可能世界的认知点模型集合。这使得有效式满足代入封闭（substitution-closed），而原来的 PAL 则成为一种特例，其中的原子命题只依赖于点模型中的局部状态，而与语境独立（context-independent）。这秉持了我们早期的协议模型的理念，并适宜用来分析博弈（参见 Dégremont, 2010）。

广义的更新机制　乘积更新、PDL 程序格式以及优先更新可能依旧不能够完全为复杂的社会场景建模。逻辑动态最佳技术性实现的讨论必将继续下去。Girard et al. (2012) 提出了一个包含了所有这三个方面在内的新系统。

概率版本　概率在博弈和其他社交场景中具有重要意义，其原因有几个。它以信念程度的方式提供了对主体的精细描述，并通过混合策略扩展了可能行为的范围（见本书绪论），而概率值也可以被解释为对有关情境的某个进程或类型的过去经验的一种简要性概述。因此，我们的系统需要与概率论进行更系统的整合，而且 Halpern (2003a) 和 van Benthem et al. (2009b) 文章的结论表明它们可以实现这一目标。

数学基础　Sadrzadeh et al. (2011) 和 Kurz et al. (2012) 对（较弱逻辑基础上）带有模型变化算子的动态逻辑代数方面进行了研究（也可以参阅 Holliday et al., 2011 关于代入封闭核心规则的论文）。而在 Wang (2011) 中，我们能够看到一个关于它们的推理规则和证明论基础的研究。这样的研究之所以能够为博弈论分析产生作用，在于它们为基础博弈论方面的论证和结构上的证明内容提供一个更简洁的视图。Zvesper (2010) 文章中对于奥曼定理（Aumann's Theorem）的分析是关于这类简洁方法的一个很好示例，我们将在第十三章中予以说明。这类简洁技术与我们在第一部分中所提倡的观点，即对于常见的博弈论证明采用准经验的、精简的逻辑结构的观点相契合。

第八章 作为迭代更新的慎思

第二章中，我们将逆向归纳法作为一个研究实例，并用带有行动和偏好的不动点逻辑来刻画这种算法。同时，基于带有最佳行动模态算子的逻辑，我们在一种远景化至较为粗化的水平上对其进行了分析和讨论。不过，我们也可以基于其他逻辑系统对该算法进行探讨。逆向归纳法是一种创建期望"博弈将如何进行"的过程，这种期望式过程本身非常值得我们关注。在本部分关于逻辑动态内容中，我们将把该算法看作一类主体进行慎思动态推理过程的一个典型事例，并将博弈解看成是理性主体进行决策推理过程化的结果，从而更加一般化博弈逻辑的研究视野，使得我们可以不失偏颇地对于隐含在基本理性概念背后的直觉予以评价：理性不是一种优雅的静止状态，而是一种行事的风格。依照此观点，我们对于博弈论认知基础的理论研究将会出现动态转向。

8.1　逆向归纳法和理性宣告

让我们将注意力从第一部分静态式理性转移到当玩家慎思博弈时他们会如何选择的问题中。我们将看到与慎思相关的进程如何抵达一种稳定的极限模型，在这个模型上，理性将成为玩家之间的公共知识。我们以逆向归纳法的方式展示这一点，以此作为我们分析风格的先导。此处，我们所关注的这个算法采用的是第二章中的关系型策略。[①]

我们对逆向归纳法的动态化分析是将其视为玩家对于博弈的一种慎思推理过

---

① 确实，"解"这个词在理解为一种过程（"这个问题的解不简单"）和被看作一个过程的静态结果（"向我展示你的解"）之间是有歧义的。

程，而玩家们的思想是协调一致的。在我们第一个场景中，驱使玩家之间信息发生流动的是关于 φ 的宣告 $!\varphi$，也就正如在第七章中所释义的那样，宣告命题 φ 为真。这类宣告将一个认知模型 M 转换为它的一个子模型 $M|\varphi$，在这个子模型中只有在 M 中使得 φ 成立的那些世界。

驱动者：理性　现在我们来解释这个驱使模型发生变化的断言。这个断言尽管和第二章中所提到的 RAT 原则有略微的不同，不过，它却与第二章中的最佳行动有着密切的联系。

定义 8.1　节点处的理性

在一个扩展式博弈中，轮到玩家 i 进行选择时，根据玩家 i 的偏好，如果由行动 a 开始的每段历史所抵达的结果都劣于通过同级行动（在相同节点可选择的行动）b 所开始的每段历史相对应的结果，则称 a 被 b 占优。那么，理性（简记为 **rat**）是指"在当前的博弈节点处，没有玩家会选择一个被严格占优的行动来到达此处"。■

这就对博弈树中的节点做了一个断言，即它们不是通过进行一个被占优的行动所产生的。这通常被称为进行"最佳回应"。有些节点将满足这一条件，而其他节点可能不满足：我们只需要理性（**rat**）是一种在节点上合理的局部性质即可。这样，宣告"理性"这个公式作为有关玩家行为的一个真实事实，这种宣告行为就具有了信息性，并且它一般会让当前模型变得更小。

由此，我们得到了一个与第七章中那个泥孩子场景类似的动态过程，那里通过迭代宣告无知这个真实的命题，最终产生足够多的信息解开了泥孩谜题。而在我们现在这样的情景中，在变小的博弈树上，一些新的节点可能成为被占优，因而我们有理由可以再次宣告 **rat**（也就是说在这一轮慎思之后它仍然成立），并以此类推。而这样的迭代宣告总是可以抵达一个极限，即不再有节点被占优的最小子博弈。

例 8.1　通过迭代宣告理性求解博弈

考虑下面这个带有三个轮次选择且具有四个分支的扩展式博弈，玩家 A 和 E 的效用值是按照 A 前 E 后的顺序显示的：

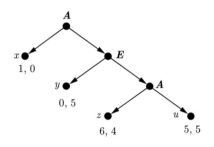

在整个过程中，第零阶段会把点 u 剔除（u 是唯一使得 **rat** 不成立的点），第一阶段会把点 z 和其上方的节点剔除（**rat** 在这个新节点上不成立），而第二阶段会把点 y 和其上方的节点剔除。由此，在剩余的博弈中，**rat** 始终为真：

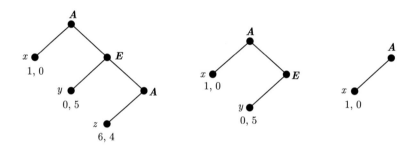

这样，我们一步一步地获得了逆向归纳法的解。 ∎

van Benthem (2007c) 证明了对于扩展式博弈而言，实际的逆向归纳法路径是通过迭代宣告断言 **rat** 直至极限而获得的。现在，让我们更为具体地阐明它。

逻辑的背景　我们先回顾第七章中的一些相关概念。

定义 8.2　宣告极限

对于每一个认知模型 M 和每个在 M 中可以被判定真假的命题 φ，宣告极限 $\#(M, \varphi)$ 是指持续反复宣告 $!\varphi$ 后达到的第一个模型，该模型在最后一次宣告后不再改变。由于连续子模型的序列不是递增的，所以对于有穷模型而言，宣告极限模型总是存在的。而对于无穷模型来说，当我们规定在极限序数处取所有先前阶段的交集时，那么宣告极限也是存在的。 ∎

极限模型有两种情况。要么它是非空的，并且 **rat** 在所有节点中成立，这意味着理性已经成为主体间的公共知识（这是"自我实现"的情形）；要么它是空集，这意味着否定式 ¬**rat** 为假（这是"自我驳斥"的情形）。在具体的例子中，这两种情况都有可能出现。一般而言，类似 **rat** 的理性断言往往是"自我实现"的，而引发泥孩子进行思考的无知宣告它在极限模型中无处为真，因此这类宣告是"自我驳斥"的。

用迭代宣告刻画逆向归纳法　通过广义的关系性策略，我们可以在迭代宣告场景刻画第二章中关系性版本的逆向归纳法。

定理 8.1　在任何一个博弈树模型 M 中，$\#(M,\varphi)$ 是由逆向归纳法计算而得的实际子树。

证明　该定理可以直接证明，不过我们也可以从简单的思考得出。首先，我们可以较为容易地更改驱动断言 **rat** 的定义。我们仅要求当前节点不能由某个玩家的被占优行动所抵达。这意味着不能再进一步向下剔除节点，并且实际上，迭代宣告会使得博弈树分解为一片由不相交子树所构成的森林，正如我们在前面例子中所见到的那样，那些博弈森式模型隐含着更多的信息。

现在，我们给出一些简单却有助于证明的知识。

将节点集作为关系　下面是关于博弈树的两个简单事实。

事实 8.1　全体行动关系 $move$ 的每个子关系 R 都有唯一与之匹配的节点集 $reach(R)$，该集合中的元素来自 R 的值域以及树的根节点。[①]

事实 8.2　反之，每个节点集 X 都有唯一相对应的行动关系的子关系 $rel(X)$，该子关系是由博弈树上所有以 X 结束的那些行动构成。

这两个事实把利用逆向归纳法计算过程中的近似阶段 BI^k（即第三章中依照我们进程计算而得的连续关系）和宣告过程的阶段联系了起来。相对应的各个阶段自始至终保持一致。

事实 8.3　给定任意一个 k，在每个博弈模型 M 中，$M, BI^k = rel((!\mathbf{rat})^k, M)$。
证明　施归纳于 k。初始情况显而易见：M 还是整个博弈树，而关系 BI^0 则

---

① 根节点添加进来只是出于技术上的方便。

是行动 *move*。接下来，考虑归纳步骤。如果我们再一次宣告 **rat**，那么我们将剔除至少对一个玩家而言是由被占优行动而到达的所有那些节点。显然，这些被剔除点所对应的行动恰是用逆向归纳法所删去的行动。

我们还可以得到，对于任意阶段 k，

$$reach(BI^k) = ((!\textbf{rat})^k, \textbf{M})。$$

无论是从上述两个公式中的任何一个，我们都可以推导出：关于逆向归纳法过程的不动点定义等同于我们迭代宣告的过程。

有人可能会认为，我们这个慎思场景只是用另一种数学意味的措辞来表述第二章中关于不动点的计算。然而，如果我们将博弈树看成是将节点作为可能世界的一个认知模型，那么我们将看到迭代宣告理性行为最终导致了理性这个性质在余下的这个模型上处处为真：宣告理性已经使得理性本身成为公共知识。而这正是我们将逆向归纳算法过程看作慎思推理过程的意义所在。

8.2　另一个场景：信念与可信度的迭代升级

接下来，除了考虑知识以外，我们再来看一个同样基础的概念——信念。在博弈论的许多基础研究中，"理性"被视为玩家的一类最佳行动，他会根据自己对于其他玩家当前和未来行为的信念来做出最佳的选择。而这或许也是被当今学界最广泛接纳的理性定义。我们先来回顾一下第二章中关于逆向归纳法的逻辑分析，然后将它和信念关联起来。

定理 8.2　在一个有穷扩展式博弈中，BI 策略是全体行动关系的最大子关系 σ，它在每个节点都至少有一个后继，并满足以下对于所有玩家 i 都成立的属性：

RAT　对于当前玩家 i 而言，并不存在其他可行的行动，使得：在后续的博弈中（按照 σ 去选择行动）所导致的结果会全部严格好于从当前行动开始（并沿着博弈树自始至终地执行 σ）所导致的所有结果。

这个理性假设涉及了一种行动和偏好的汇合性质：

$$CF \quad \forall x \forall y \Big(\big(\boldsymbol{Turn}_i(x) \wedge x\sigma y\big) \to \forall z \big(x\, move\, z \to$$
$$\exists u \exists v \big(\boldsymbol{end}(u) \wedge \boldsymbol{end}(v) \wedge y\sigma^* u \wedge z\sigma^* v \wedge v \leqslant_i u\big)\big)\Big)$$

下面带有额外结构的博弈树说明了这个性质：

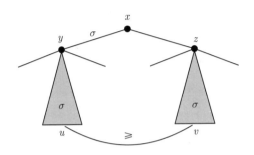

阴影部分是使用我们策略中的进一步行动可以抵达的部分。在 CF 形如 $\forall\forall\exists\exists$ 的语法形式中，σ 的所有出现都是正出现，而这是它在标准一阶不动点逻辑 LFP（FO）可定义的基本要求。

定理 8.3 BI 关系在 LFP（FO）中可定义。

这个定理将博弈解的概念与计算理论中的不动点逻辑联系了起来。

这里的重要概念点是我们不必认为阴影部分来自正在考虑的策略的进一步博弈。我们也可以把它们看成是玩家认为最可信的那些更进一步的历史，表明了他们关于未来的期望，于此我们可以将其和第七章中关于动态信念的逻辑相联系。

从柔和的观点审视逆向归纳法 依照信念，用"软"更新的方式，即通过将可能世界按照可信度进行重新排序的更新模型方式，而不是通过像宣告 $!\varphi$ 那样，通过剔除世界这样"硬"更新模型的方式，为我们研究逆向归纳法策略打开了另一扇吸引人的天窗。不过，通过把所有满足 φ 成立的世界放在最上层，而把 $\neg\varphi$ 的世界放在底层，同时保持两个区域中其他世界的地位不变，是第七章中一种典型的软更新方式，也是一种激进式升级 $\Uparrow\varphi$。在前面，我们的研究是将逆向归纳法看成是博弈玩家产生期望的过程。这个算法所产生的信息体现在二元可信度关系中，这些关系是算法为玩家在博弈的最终节点之间归纳创建的，并且代表了完整的历史。

例 8.2 硬更新版本下一个有争议的结果

把第一部分出现的那个博弈作为我们概念方面的"开胃小菜"。按照硬更新方式，宣告 !rat 将从博弈树中移去那些所有被其同级节点严格占优的节点，直到不能再这样做为止，结果如下图所示：

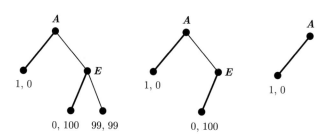

这个场景向我们展示了玩家的绝对信念，而不是玩家关于已经出现偏离 *BI* 路径的行动时所拥有的条件信念。∎

通过对比，我们看到软更新不删去任何一个节点，只是重新修正可信度关系。开始时，我们让博弈树中叶子节点的相对可信度是不可比较的，①然后在每个阶段，我们通过一个与信念中的理性相关的适当概念，对同级节点进行比较。

定义 8.3 信念中的理性

对于玩家 i 而言，如果在整个博弈树内，对于当前的决策者来说，沿行动 x 后的任何路径可到达的那些最可信的最终节点都好于沿同级行动 y 后可到达的那些最可信的最终节点，那么行动 x 就在信念上占优于 y。理性 Rationality* （简记为 rat*）是关于没有玩家会去选择一个信念中被占优行动的断言。∎

现在，我们来研究一种类似于迭代激进式升级 $(\Uparrow\varphi)^*$ 的关系变化情形：

> 如果 x 在信念中占优于 y，那么我们让所有通过 x 可达的那些最终节点要比通过 y 可达的最终节点更可信，而保持其他可信关系不变。

这改变了模型中原有的可信度顺序，进而改变模型中原有的占优模式，从而使得迭

---

① 其他版本的分析是建立在所有叶子节点最初都是具有相同可信度的基础上。

代可以开始。①

例 8.3　软更新版本下一个有争议的结果

对于前面例子的软式版本分析如下，这里字母 x、y 和 z 分别代表了博弈的最终节点或博弈的历史：

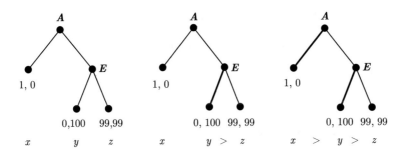

在第一棵树上，对于玩家 A 而言，向右行动还未被向左行动占优。断言 **rat*** 只是在 E 进行选择时产生效力，并且使得结果 $(0, 100)$ 要比 $(99, 99)$ 更为可信。不过，在这轮改变后，向右的行动就成为信念上被占优的行动，进而一个新的更新产生，使得玩家 A 的向左行动成为最可信的。　　■

定理 8.4　在有穷博弈树中，通过对信念理性进行迭代激进式升级，逆向归纳法策略被编码为在极限中所创建的最终节点的可信度序列。

这个更新过程的最后，理性成为玩家的公共信念。现在，让我们利用 Baltag et al. (2009a) 的想法证实这个结果。

作为可信度关系的策略　我们先来研究博弈中全体行动关系的每个子关系 R，通过这类子关系在叶子点 x 和 y 之间引入一个完全可信度序列 $\mathrm{ord}(R)$。

定义 8.4　源自子行动关系的叶子序

我们定义 $x\,\mathrm{ord}(R)\,y$ 当且仅当：向上追溯至第一个分叉点 z（即叶子点 x 和 y 的历史路径在此分叉），如果 x 是通过从 z 出发的 R-关系所抵达的，则 y 也必须如是。　　■

---

① 这里我们省略了一些细节；一般而言，可信度升级只发生在子树上。

通过观察博弈树，我们不难发现这种顺序的下述特性。

事实 8.4 关系 $ord(R)$ 是叶子上的一个完全先序 (total pre-order)。

同时，这个作用在叶子上的完全先序 $\leqslant$ 是树-相容性的（tree-compatible），这意味着对于任意两个叶子节点 x 和 y，如前所述，如果 z 是第一个将它们分开的节点，那么在 z 处通向 x 所移动到的所有叶子节点 x' 都要 "$\leqslant$" 那些通向 y 所移动到的所有叶子节点 y'。这意味着不会出现下图中的可信度关系交叉的情形：

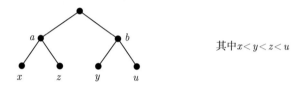

其中 $x < y < z < u$

定义 8.5 由叶子上的序所定义的关系型策略

反过来，作用在叶子上的任何一个树-相容性的完全序关系也都引入了一个行动关系中的子关系 $rel(\leqslant)$，其定义是仅选择那些在节点 z 处可行的行动，这些行动满足以下性质：它们只会导致所抵达的那些最终节点是满足关系 "$\leqslant$ - 极大" 的叶子节点。∎

综上所述，利用映射 ord 和 rel，我们可以对 Baltag et al. (2009a) 所提出的 "策略与可信度序列相同" 予以精确解释。[①]

现在，我们可以将信念和可信度序列的升级场景与前面关于逆向归纳法的关系算法关联起来。而它们之间的这种关联性在每一阶段都保持一致。

事实 8.5 对于任意一个博弈树 M 和任意 k，$rel((\Uparrow \mathbf{rat}^*)^k, M) = BI^k$。

证明 我们在逐步解决的例子中已经证明了这一点。当我们按照 CF 去计算关于逆向归纳法关系的下一个近似值时，我们会删去信念中被其他可选择行动占优的那些行动。这等同于让那些从被占优行动中可以到达的叶子节点的可信度，

---

① Zvesper (2010) 将我们的动态分析和 Baltag et al. (2009a) 所提出的、获取逆向归纳法结果的充分条件关联了起来。

低于那些从非被占优行动中可以到达的叶子节点的可信度。而这正是先前的升级步骤。 ■

因此，逆向归纳法的算法分析和按照玩家信念所进行的过程式分析实际上是一回事。不过，与前面提到的迭代宣告更新相比，重复升级场景式分析有它自身有趣的特征。其中一个特征在于，对于逻辑研究者而言，它说明通常在信念逻辑中可信度序列被作为基元的成因。因此，博弈为信念的可能世界语义提供了一个独立且有趣的基础。[①]

8.3　影响与拓展

外延式的等价，内涵式的差异　综合第二章的结果与本章中的工作，三种不同分析逆向归纳法的方法指向的是相同的事情。在我们看来，这意味着逆向归纳法是一种稳定的概念，特别是它的不动点定义可以作为一种标准形式。然而根据它们各自的释义，外延等价的定义可能存在有趣的内涵差异。例如，前面关于策略和可信度序列的变化说明了一个普遍的概念问题：决策论和博弈论基础中都深深地涉及主体信念和行动的问题。

动态取代静态基础　正如我们之前所说，动态宣告和升级场景的一个关键特征是它们是"自我实现"的：在最终所得到的那个非空最大子模型上，理性成为玩家之间的公共知识或公共信念。因此，这种动态式的分析是将关于博弈论认知基础的静态分析转向到动态分析。公共知识或信念不是假设给定的，而是由逻辑产生的。

无论硬式还是软式宣告理性，都只是有单一的趣味。慎思还可以由其他的断言驱动，而这并不是唯一属于这种思维方式的活动。

其他博弈论解释　在第二章中，我们已经看到在节点上带有唯一结果的函数型策略之间，逆向归纳法是如何产生各种纳什均衡的。这些更敏锐的行为预测与对玩家的假设相对应：比如说，一旦玩家自身的利益得到满足，或多或少，他将不

[①]　我们已经从语义上对 *ord* 和 *rel* 运算进行了解释。不过，我们还可以从语法上对它们进行研究，而关于逆向归纳法的各种逻辑定义可以直接相互转换（具体内容请参见 Gheerbrant, 2010）。

再关心对手的利益。一个明显的问题是如何将我们当前这种分析模式拓展到这类场景中。一种方式是对于玩家做出显性的这类假设，正如我们将在第九章和第十章所做的那样。

迭代硬式宣告 我们想要研究的场景要比来自具体实例中的范围更为广阔。通过迭代的硬式公开宣告主体信念中的冲突，Dégremont et al. (2009) 提供了一种极限模型来分析主体交流中的不一致问题（参见 Aumann, 1976）。他们找到了一些有趣的新场景，其中包括以下情况。

例 8.4 信念上的不一致陈述可以改变真值

给定带有真实世界 s 的两个模型 M 和 N，认知可及关系如图所示。例如，在 M 中，对于主体2而言，$\{s,t,u\}$ 和 $\{v\}$ 是按可信度排序的认知等价类。而对于主体*1*来说，他的认知等价类是 $\{s,v\}$、$\{t\}$ 和 $\{u\}$。现在，在 M 中，命题 $B_1 \neg p \wedge B_2 p$ 只在状态 s 和 t 为真。宣告这个命题将模型 M 更新为 N，在 N 中实际状态 s 上 $B_1 p \wedge B_2 \neg p$ 为真：

$v, \neg p$	$\leqslant_1$	s, p	$\leqslant_2$	$t, \neg p$	$\leqslant_2$	u, p

$$M$$

s, p	$\leqslant_2$	$t, \neg p$

$$N$$

这里，按照前面信念条件，我们可以计算出命题真值。∎

这是 Geanakoplos et al. (1982) 中所提出结果的动态认知版本。在对话中，主体不断陈述他们是否相信当前阶段的公式 φ 会导致在极限中达成一致。如果主体一开始分享了良基型的可信度序列（他们的"硬式"信息可能不同），在第一个不动点上，他们都会相信或都不相信"φ 是真的"。Dégremont (2010) 用认知不动点逻辑把这些结果与相关断言的语法可定义性联系起来。

迭代的软式更新 Baltag et al. (2009b) 研究了软式宣告的极限行为，其中包括了第七章中的激进型 $\Uparrow \varphi$ 和保守型 $\uparrow \varphi$ 升级。通过这些研究，我们得到了一些让人吃惊的结果，并在下面的例子中加以说明。

例 8.5　循环的激进式升级

考虑一个带有如下命题字母的单一主体可信度模型：

$$s,p \quad \leqslant \quad t,q \quad \leqslant \quad u,r$$

这里，u 是现实世界。现在进行以下软式宣告：

$$\Uparrow \left(r \vee (B^{\neg r}q \wedge p) \vee (B^{\neg r}p \wedge q) \right)$$

这个公式只在 s 和 u 为真，因此，宣告后模型变为下面的新模型：

$$t,q \quad \leqslant \quad s,p \quad \leqslant \quad u,r$$

在这个新模型中，公式 $r \vee (B^{\neg r}q \wedge p) \vee (B^{\neg r}p \wedge q)$ 仅仅在 t 和 u 为真，所以，激进式升级将使得模型重新回到最初的模型状态，从而形成一个循环：

$$s,p \quad \leqslant \quad t,q \quad \leqslant \quad u,r$$

需要注意的是，u 在这个场景一直保持不变。　　　　　　　　　　■

这个例子为两类重要现象提供了一个形式化模型。公共舆论的波动是社会性信息流动中的一个事实，这无疑需要进一步的逻辑分析和研究。不过，最终状态所体现出的稳定性也具有重要的研究意义。Baltag et al. (2009b) 证明了，尽管存在条件信念的循环，每一次真实的迭代式激进升级序列都会使所有绝对真实的信念稳定下来。这种稳定性的结果与上述想法在接下来的应用相关。

从信念修正到学习理论　迭代可信度序列的升级也可应用到形式学习理论 (Kelly, 1996) 所研究的"极限学习"中，而这在 Baltag et al. (2011) 的研究中得到了有趣的结果，由此更加明确了先前的机制。学习问题中的一系列假设创建了一个初始认知模型，在该模型上，所有可能的有穷或无穷信号的历史都被视作询问过程的过程性信息提供给学习者。学习的目的是找出实际历史在某个给定划分中的位置，这对应了第七章中 7.7 节所谈及的一个问题。通过观察连续的信号，可以获得有关实际历史的硬信息或软信息。

学习理论研究的关键在于我们可以将学习方式解释为是建立在这个初始模型中的可信度序列,该序列决定了主体应对新信息问题的信念。由此,无论是迭代宣告还是迭代激进式升级都是通用的学习方法,尽管只有激进式升级在所输入的信息中存在(有穷多个)错误时仍然具有这个特征。[①]

8.4 逻辑性的方面

前述主题产生了一系列一般性逻辑问题。尽管这些问题可能与具体的博弈无关,但它们为我们在本章提出的分析提供了更广泛的研究背景。

不动点逻辑 尽管关系型逆向归纳法在一阶不动点逻辑 LFP(FO)中是可定义的,不过正如前面所指出的,这依赖于断言 CF 中 σ 在语法上的正出现。为了测试我们方法的适用范围,请考虑逆向归纳法的一个自然变型——最大最小化的 $BI^\#$ 算法。在这种算法中,行动选择是依据最小值中的最大值规则进行的。我们将下面的规则是如何背离谨慎型的关系式逆向归纳算法的问题留给读者自己分析。这一次,$CF^\#$ 语法上的汇合特征如下:

$$\bigwedge_i \big(\textbf{\textit{Turn}}_i(x) \to$$
$$\forall y(x\sigma y \to (x\,move\,y \land \forall u((\textbf{\textit{end}}(u) \land y\sigma^*u) \to$$
$$\forall z(x\,move\,z \to \exists z(\textbf{\textit{end}}(v) \land zS\sigma^*v \land v \leqslant_i u))))))$$

其中,并非所有的关系符号 S 的出现都是正出现。因而,在 LFP(FO)中 $CF^\#$ 不能被直接用于不动点定义。不过,我们的确可以在一个略微扩展的逻辑系统对此进行刻画。

定理8.5 关系式 $BI^\#$ 策略可以在使用同步不动点(simultaneous fixed point)的"一阶膨胀不动点逻辑"(first-order inflationary fixed point logic)中定义。

证明 在 van Benthem et al. (2010a) 可查阅到该定理的证明。 ∎

[①] Gierasimczuk (2010) 详细阐述了关于有限可识别性和极限可识别性在第五章的认知时态语言中的可定义结果。一个仍然未解决的自然问题是,在接收信号的过程中,信念的形成在多大程度上可以模拟初始可信度序列。

不同于第一章和第二章中所讨论的系统，膨胀不动点逻辑没有对不动点算子中的公式 $\varphi(P)$ 添加任何限制，但它通过始终将新集合与当前逼近相交来从上方强制收敛。这个系统在理解计算方面非常重要，读者可以参看 Ebbinghaus et al. (1999) 和 Dawar et al. (2004) 来获取更多细节。①而在第十三章中分析到策略式博弈解的进程时，我们将对此系统做进一步的讨论。

利用树的良基性　诸如 LFP（FO）或 IFP（FO）这样的不动点逻辑可以应用到任何一类模型中。在研究关于某类博弈的抽象求解进程时，这种一般性非常有吸引力。然而，还有另一种方法。逆向归纳法的各种变型实际上展示了有穷扩展式博弈的一个特殊性质，即具有良基性树型结构中的占优序关系。②这些序关系允许递归定义，只要所定义的谓词的所有出现在沿着排序向下查看的量词下。③这样，我们可以得到更多关于博弈树的递归定义（有关树的匹配逻辑，请参见 Gheerbrant, 2010）。

最后，从概念上讲，透过本书第一部分到第二部分的转向所引发的这种由静态到动态变换角度来看，上面的不动点逻辑也是耐人寻味的。因为它们的不动点算子具有进程性的特点，因此这些不动点逻辑兼具有些静态和动态性特征。

在动态认知逻辑中的极限问题　我们已经看到对于博弈解和其他相关问题，如对话或者学习这些具有逻辑性的趣味问题，是如何达到极限场景的。在第七章以及本章中我们再一次看到迭代宣告最终结束在一个极限模型 $\#(M, \varphi)$ 中，在这个模型中新的宣告 $!\varphi$ 第一次不再引发模型变化。这些模型形成两类，一类是非空模型 $\#(M, \varphi)$，在该模型中 φ 成为公共知识，而另一类模型中，φ 在真实世界上为假。理性断言 **rat** 是前一种"自我实现"的类型，而前面泥孩谜题中关于无知的宣告则属于后者，它是"自我驳斥"型的断言。同样，在 Dégremont et al. (2009) 中，不一致的宣告也是"自我驳斥"型的。我们还可以看到其他更多的结果吗？撇开这些在博弈或其他地方已知的几个例子之外，我们能否系统地论述从断言的语法形式和初始模型的结构中获得的结果？

---

① 根据 Gurevich et al. (1986) 和 Kreutzer (2004) 的研究结果，通过使用额外的谓词，仍然可以在 LFP(FO) 中定义 $BI^{\#}$。然而，它们的计算运行不再匹配我们当前算法。

② 在这些树中，我们可以沿着它们的前身向着树根进行递归式推理。

③ 更确切地说，通过复合同级关系和占优序关系所产生的良基性树上的递归，$CF^{\#}$ 定义了这个行动关系中唯一的子关系。

一个较为简单的相关问题是关于宣告的学习问题 (van Benthem, 2011b)。采用第七章中的概念，很容易证明事实公式在公告后变为已知。但是认知公式不一定会以这种方式行事。当真实宣告摩尔句 $p \wedge \neg Kp$ 后，它就变成假的。因此，问题出现了，即动态认知公式 φ 的哪类语法结构可以保证被宣告后成为公共知识，这也就是说，$[!\varphi]K\varphi$ 是有效的。Holliday et al. (2010) 解决了这类问题。

从语法结构上来刻画"自我实现"和"自我驳斥"的动态认知公式 φ 是一个开放性的问题。事实上，这类刻画依赖于初始模型，统一的刻画几乎没有。不过，van Benthem (2007c) 显示了在模态 μ-演算的、膨胀不动点的扩展系统中，基于认知模型的迭代宣告极限是如何被定义的。此外，使用下面语法所建构出的"正存在公式"会让情况变得更好些：

$$\text{字母} (\neg)p \mid \wedge \mid \vee \mid \text{存在型模态词} \diamond$$

事实 8.6   *正存在模态公式 φ 的极限模型的辖域可以由模态 μ-演算中的一个公式来定义。*

证明   不动点可定义性的原因在于：在正存在公式的宣告序列内，它们的逼近映射是单调的。更多细节可参看第十三章。

逆向归纳法中的理性和泥孩谜题中的无知都是正存在型公式。那么，事实 8.6 说明了它们的逻辑系统是简单且可判定的。然而，Dégremont et al. (2009) 中不一致的命题却不是正存在型的，但其极限逻辑似乎很简单。我们仍旧不太理解在前面的模型中，为什么理性是"自我实现"的，而关于不一致的命题却是"自我驳斥"的。

从语法角度上，所有这些关于可定义性的限制和预测行为的问题反过来会引出可信度序列的迭代升级问题。在动态逻辑和动态系统的交汇点上，似乎没有已知的一般性结果。

片段和复杂度   从可定义性转向到证明，哪类逻辑适用于处理我们的动态场景？一个相关的系统是带有具有克莱尼（Kleene）迭代的公开宣告逻辑（PAL*），不过这个系统具有高度的复杂度。正如第七章中所指明的，Miller et al. (2005) 证明了在该 PAL* 系统中的有效性问题是 Π_1^1-完全的。

除了这个高度复杂度的来源之外，在第二章中，我们看到由于行动和偏好的结合而形成满足类似网格结构的汇合性也同样会引发高复杂度的问题。这里的一种解决方法是博弈解进程不必使用递归程序的全部逻辑语言功能。不过，哪些片段是需要的呢？而且，PAL* 目标可能有些太大了，毕竟我们可能只是关心对于模型极限的推理，而并非所有的中间阶段。第二种解决方法是在第七章中提及到的，将动态认知逻辑转向更为一般的时态协议模型中，其中的复杂度可能会降低。

目前，我们还不能确定对于研究博弈解的最适合的动态逻辑是什么？或者更一般地，关于时态领域中信息性事件的最好协议理论是什么？Fagin et al. (1995)、van Benthem et al. (2009c) 和 Wang (2010) 中的认知-时态逻辑和动态逻辑看起来是相关的，并且这些研究为探索一系列问题提供了具有较低复杂度的逻辑工具。[①]

无穷模型 我们对于慎思场景问题的研究是否可以拓展到无穷博弈的场景中？无穷序列很容易引入迭代，并且在无穷模型中给出不动点定义也是有意义的。正如我们在第五章中看到的，由于在无穷型博弈树中，直觉推理会从逆向式改变为前向式，因此，在这种广泛意义下总是有可能存在一些其他相关的博弈问题。我们弱决定性的递归式分析就是一个鲜明的实例。不过，这类情形背后的数学思想会从归纳法改变为余归纳法 (Venema, 2006)，而第四章中关于策略问题的研究也证实了某些问题研究的意义。

不完美信息博弈中的动态性 许多博弈带有不完美信息，不能确定玩家当前所处在博弈树中的位置。我们的动态分析能否扩展到这个逆向归纳法不再起效的领域内？重复一个第三章中读者可能想要尝试的例子。在下面的博弈中，结果效用值是按（ *A*-值， *E*-值）的顺序给出的：

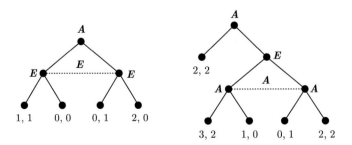

---

① 顺便提一下，虽然我们在这里专注于模态形式，但本章提出的所有问题对其他逻辑语言也是有意义的。

分析左图的博弈，我们会使用到删除被占优行动的技术来选择行动，而对于右图的博弈，会出现诸如"玩家 A 通过选择向右的行动来告诉 E"等一些微妙的问题。我们将在第九章重新讨论有关博弈模型动态性中的一些问题。

8.5　小　结

我们揭示了对于博弈的慎思阶段场景的研究可以从知识更新和信念修正的动态-认知迭代的角度进行分析与探讨。这种分析模式更可以被拓展到对于认知谜题、对话情景以及学习方式的问题研究中。暂且不提概念方面的贡献，我们的研究提出了新的技术问题。我们通过一个极限模型的概念，拓展了标准的认知逻辑和信念逻辑，这是一个几乎没有被深入探讨的有趣主题。同时，我们的研究在博弈论和不动点逻辑之间架起了桥梁，一个纯数学的递归概念非常适合用均衡概念的分析。①

8.6　文　献

本章内容来自 van Benthem (2007c) 和 van Benthem et al. (2010a)。

更深层次的相关研究，请参见 Baltag et al. (2009a)、Dégremont et al. (2009)、de Bruin (2010)、Gheerbrant (2010)、Baltag et al. (2011)，以及 Pacuit et al. (2011b)。

---

① 我们研究的场景也将为发展博弈论中对传统观点的替代方案提供一个良好的模式，诚然，尽管这里我们还没有那样做。在第十三章中，我们将给出更多的一些例子，不过即使那样，我们也并没有偏离我们研究问题的主旨。

第九章　弈博中的动态认知机制

　　一场博弈可以囊括不同类型的动态事件。在第八章中，我们借助第七章中的更新机制研究了先前的慎思阶段，这些机制改变了信念并产生了期望。在本章中，我们将注意力转向实际博弈过程中发生的事情。我们将再次使用第七章中的动态技术，不过这一次是为了观察博弈进行过程中的各种事件和信息流。为此，我们首先通过理解博弈的特定记录来做到这一点，特别是在不完美信息中如何理解信息的不确定性。由于一场博弈中事件和信息的变化可以在动态-认知场景得到分析，因此，我们将首先依据知识，再到信念这样的顺序，明确这些变化所产生的根源。接下来，由于博弈当前阶段是向前发展的，我们将探索在博弈进行过程中的更新。这里，我们的技术工具会是第六章中用以研究玩家的知识和信念的认知-时态森式模型。之前我们把这些模型看成是关于玩家博弈过程的完整记录，而在这里，它们将作为被进一步发生的事件所修改的信息状态。考虑到玩家会对已经发生过的博弈进行反思，也或许是玩家想合理化他们已经做出的选择，因而在接下来，我们还会揭示出如何使用这些技术分析博弈结束后的活动。同时，运用相同的技术，我们还会对于譬如博弈变化这类更为重大的事件进行一些反思分析。尽管在这一分析过程中，我们现在还不能提供一个统一的理论，但所谈论到的几个议题将会逐渐揭示出所有的这些活动和事件是如何被和谐地融贯在一起。而对于整个问题的更深层次的思考将会出现在第二部分的第十章中。

9.1 从博弈记录中追溯弈博

我们首先要解决的问题是明确表达出一个给定博弈背后的动态过程。正如我们在第一部分所见,具有不完美信息链接的博弈是一种记录,它记录了实际弈博中的一些痕迹。然而,究竟什么样的事件可以产生这种记录,我们却没有明确的答案。那么,我们该如何梳理这些已经发生的事实?

为了做到这一点,我们使用动态认知技术,特别是第七章中的"乘积更新"概念。对于博弈中所发生的事件,不同玩家所获得的信息可能是局部性的,而且他们观测的通道也会有所不同,从而产生了任意一个有穷扩展式博弈。这类信息通道可以用相对于博弈中行动选择的"事件模型",也或许是一系列的事件模型来描述,而这类事件具有明确的触发它们发生的先决条件。通过模型中的认知可及关系,根据玩家所可以看到的这些事件,基于这类事件模型,我们可以对玩家的观察性能力做出解释。而一旦有了这类事件模型,我们就可以通过重复乘积更新技术,用认知关系来"装饰"我们的博弈树,就像在动态认知更新演变中发生的那样(van Benthem, 2001a; Sadzik, 2006)。[①]

例 9.1　用更新"装饰"博弈树

观察下面这个只显示玩家行动的博弈树,玩家可以分清他们自己的行动,但不能完全区分出对手的行动。右边的事件模型描述了他们对于行动的观察力:

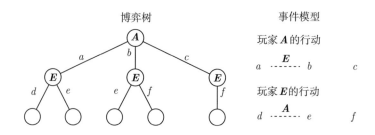

---

① 我们在本节和下一节中的研究在很大程度上依赖于 van Benthem (2011a) 的第十一章,该章详细阐述了更新演化中许多可能发生的有趣技术现象。

通过连续的动态-认知更新，创建了树中的不确定性链接，具体如下所示：

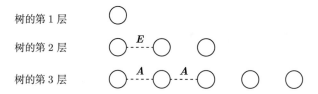

而最终所形成的博弈树是一个具有不完美信息的博弈树结构：

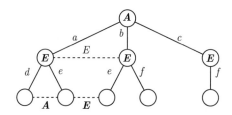

这是一个"更新演化"的具体实例，通过某个事件模型，或者一系列事件模型，利用迭代更新技术，让一个初始的博弈模型转变成一个认知模型的进程。我们马上会在后面更具体地看到这个过程是如何进行的。 ∎

以这种方式装饰了不确定性链接的博弈树并非任意的。如果该过程以这种系统的方式工作，那么就会产生特殊的模式。我们现在将分析这些模式。为了实现更高的一般性，我们将视角从博弈模型转移到第五章中那些更一般化的认知-时态模型中。这些认知-时态模型记录着主体关于当前协议的信息。

9.2 认知-时态模型上的更新表示

在更新演化中，首先给出一个初始的认知模型 M，然后通过逐步使用事件模型 $\mathcal{E}_1, \mathcal{E}_2, \cdots$ 来形成一个对应于认知森式模型的、不断增长的阶段性序列：

$$M_0 = M, \ M_1 = M_0 \times \mathcal{E}_1, \ M_2 = M_1 \times \mathcal{E}_2, \cdots$$

将其可视化为树状结构，或者更确切地说是如下所示的森式模型将有助于理解：

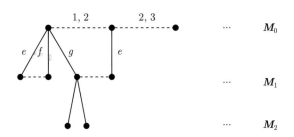

每一阶段是呈水平方向看齐。通过 0 或者更多后继者，世界可以向下延伸。通过乘积更新，在连续模型中的世界是通过形成有序对而产生的，其结果是以初始模型 M 中的一个世界开始，并紧随其后跟着一系列有穷的、在轮到它们时可被执行的事件。因此，这些世界本质上就是第五章中认知森式模型意义下的历史。

定义 9.1 诱发性的认知森式模型（induced epistemic forest）

给定一个模型 M 和有穷或可数的事件模型序列 $\mathbb{E}$，诱发性的认知森式模型 $\text{Forest}(M, \mathbb{E})$ 是以 $(w, e_1, \cdots, e_k)$ 作为其历史的模型，其中 $(w, e_1, \cdots, e_k)$ 是由序列 $\mathbb{E}$ 中连续的成员通过乘积更新而得到的。同时，模型中的可及关系和赋值都如第七章中的定义所述。　■

注释 简洁起见，我们从现在开始将用 ETL 来表示认知森式模型。当需要考虑到不同主体的局部观察力时，我们会用 DEL 的缩写形式来提醒读者进行动态认知更新。

诱发性的认知森式模型 ETL 有一个关于可行性历史的简单协议 $\mathbb{H}$（第五章意义上），这些历史决定了整个信息进程是如何演化而来的，即只考虑那些通过 DEL 更新规则的有穷序列。下面三个显著性质使得我们的这些模型更加清晰。

事实 9.1 形如森式 $\text{Forest}(M, \mathbb{E})$ 的 ETL 模型 H 满足下面三个规则，其中量化的变元 $h, h', k, \cdots$ 取自初始模型 M 中：

完美回忆性： 若 $he \sim k$, 则存在某个 f 满足 $k = h'f$ 且 $h \sim h'$；

统一的无奇迹性（uniform no miracle）： 若 $h \sim k$ 且 $h'e \sim k'f$, 则 $he \sim kf$；

可定义性的实现 (definable execution)： 任意事件 e 的定义域都可以被视作森式模型 H 中的节点集，它可以用基本认知语言定义。

这里，由这三个性质引入的认知-时态森式模型中动态-认知更新演化的表示定理是我们关注的重点。[①]

定理 9.1 对于 ETL 模型 H，下述两个条件等价：

（a）H 与某个诱发性的认知森式模型 Forest$(M, \mathbb{E})$ 同构；

（b）H 满足完美回忆性、统一的无奇迹性以及可定义性的实现。

证明 由事实 9.1 可直接证明从（a）到（b）的方向。反过来，考虑任何满足这三个条件的 ETL 模型 H。我们定义如下的一个更新序列：

（a）初始模型 M 是由 H 中长度为 1 的历史构成，并保持原有认知关系和赋值不变；

（b）$\mathcal{E}_k$ 是 H 中第 $k+1$ 层级上的事件集合，如果存在长度为 k 的历史 s 和 t，使得在 H 中 $se \sim tf$，那么令 $e \sim f$。关于事件的先决条件的可定义性要求，来自可定义性的实现。

通过归纳法，我们将证明 ETL 模型 H 在长度为 k 的树层级 H_k 上，与连续的认知模型 $M_k = M \times \mathcal{E}_1 \times \cdots \times \mathcal{E}_{k-1}$ 同构。

证明的关键问题在于由我们的定义和前两个性质（历史 se 表示为 (s,e)）是否能够得到：

$$(s,e) \sim_{H_k} (t,f) \quad \text{当且仅当} \quad (s,e) \sim_{M_k} (t,f)$$

首先从左到右：根据完美回忆性，在 H_{k-1} 中 $s \sim t$，因此根据归纳假设，在 M_{k-1} 中 $s \sim t$。接下来，根据定义中的可及关系，在 $\mathcal{E}_k$ 中 $e \sim f$。那么，由乘积更新规则中的前半部分可以推导出 $(s,e) \sim_{M_k} (t,f)$。

接下来证明从右到左：根据乘积更新规则中的另一半部分，在 M_{k-1} 中 $s \sim t$，从而根据归纳假设，在 H_{k-1} 中 $s \sim t$。根据我们的定义，因为 $e \sim f$，所以在 H_k

---

① 这个结果的连续性版本参见 van Benthem (2001a)、van Benthem et al. (1994a) 以及 van Benthem et al. (2009c)。

中，存在满足 $ie \sim jf$ 的历史 i 和 j。最后根据统一的无奇迹性，我们有：在 $\boldsymbol{H}$ 中 $se \sim tf$。

这个结论假定了事件 e 的先决条件在语言上是可定义的，即树模型 $\boldsymbol{H}$ 中的那个匹配局部函数的论域。

依据第一章中的概念，对于这个理论，我们还有一个纯结构性的版本。

定理 9.2　当我们用互模拟不变性取代可定义性的实现性质，亦即，用 ETL 模型 $\boldsymbol{H}$ 中所有纯认知互模拟下事件域的闭包取代它时，定理 9.1 仍旧成立。

证明　利用第一章中的两个事实就足够了：（a）在认知互模拟下，用认知语言可定义的世界集是保持不变的；（b）在认知语言的无穷版本中，每一个互模拟不变集合都有一个明确的定义。[1]

我们的结论表明 DEL 更新的本质是构建认知-时态模型的一种机制。它是关于那些仅由观察驱动的并且具有完美回忆的主体，其信息协议仅涉及行为或事件可执行性的局部认知条件。

警示　我们这样的处理会导致一种"同步性"：不确定性仅发生在同一树层级的世界之间。Dégremont et al.(2011) 对此问题进行了重要补充，证明了对于上述表示定理，这种同步性是如何作为一个在保持其他规则不变的情况下可以被规避掉的伪像，从而表明由 DEL 引入的认知森式模型允许非同步性的出现。

被拓展的先决条件　对于前面的可定义性或者不变性要求的一个适度弱化版本，它允许在认知层面上的先决条件能够不受局部状态上的真值限制。例如，对于一个禁止重复论断的对话：这个规定要求主体记住自己所说过的话，而这不需要在一个局部的状态上予以编码。

主体的多样性　在第三章中，我们看到了不同类型的主体，从具有完美回忆的到无记忆力的主体。那么，我们可以通过修改这个表示定理来刻画其他更新规则（例如，记忆受限的主体）中的结果。

---

[1]　这只是保证了在特殊模型中关于先决条件在有穷认知语言上的可定义性。不过，更进一步的限制条件并不能有助于我们理解这层本质。

例 9.2 无记忆力的主体的更新

对于完全无记忆力的主体，修改后的乘积更新规则如下所示：

$$(s,e) \sim (t,f) \quad \text{当且仅当} \quad e \sim f$$

请注意，先前的那些世界在更新中完全不起作用，它们仅在最后的事件上起作用。 ∎

或者，我们可以不去关心这类具有记忆障碍的主体，而将他们看成采用一个不使用记忆策略进行行动的主体。不考虑主体自身属性特征，而只是从主体的行为模式上进行研究，这是对我们结论的一种更宽泛的解释。

9.3 追踪随时间变化的信念

前面的认知-时态分析可以推广到理性主体性中的其他基本信息态度，特别是关于玩家基于其观察所拥有的信念。相关的结构是认知-信念-时态模型（DETL模型），即是一类与之前相同的分支森式结构，不过，同一认知等价类中的世界，现在会根据主体的不同而被安排了不同的可信度序列。这些被扩展了的模型依照第七章的模式对于信念模态做出了解释。但是正如先前一样，它们的信念关系可以非常一般化，就像知识一样，我们可以探寻它们中的哪些是某种系统性更新的痕迹。

备注 信念与期望

这里需要澄清一个问题。正如我们在第六章中看到的那样，直观地说，博弈中的信念分为两类：关于博弈及其玩家的进程性信念，以及关于未来的期望。本节中，我们主要关注的是第一种类型，即玩家处于博弈哪个阶段的信念。稍后，我们将讨论这类信念与由逆向归纳法或其他慎思方法所产生的期望的关联。

按照 van Benthem et al. (2008b) 中的做法，我们将认知-信念模型 M 和可信度事件模型 $\mathcal{E}$ 联合起来构建一个乘积模型 $M \times \mathcal{E}$，在这个乘积模型中，可信度序列遵从第七章中所介绍的源自 Baltag et al. (2008) 中的一条规则：

优先序规则： $(s,e) \leqslant (t,f)$ 当且仅当 $(s \leqslant t \wedge e \leqslant f) \vee e < f$

依据某种统一的协议，让更新演变由一个初始模型沿着一系列的可信度事件模型 $\mathcal{E}_1, \mathcal{E}_2, \cdots$ 进行。[①] 对于由这一系列更新所形成的森式模型，其中出现的关键模式可以作如下描述。

事实 9.2　对于任意两个事件 e 和 f，由迭代优先序更新所产生的历史 h, h' 和 j, j'，满足下面两个规则：

可信度揭示（plausibility revelation）：　　如果 $je \leqslant j'f$，那么 $he \geqslant h'f$ 蕴涵了 $h \geqslant h'$；

可信度传播（plausibility propagation）：　　如果 $je \leqslant j'f$，那么 $h \leqslant h'$ 蕴涵了 $he \leqslant h'f$。

这些性质合在一起表明了优先序规则中的修正原则：它不仅倾向于上一次所观察到的事件，而且只要给定了先前的优先序，那么它也在可能的情况下相对于先前的世界具有保守性。

定理 9.3　在持续认知-可信度更新下，一个 DETL 模型与一个认知-信念模型是同构的，当且仅当，DETL 模型满足 9.2 节中的结构条件，和关于认知-信念的互模拟不变性质，以及可信度序列揭示和传播的两个规则。

证明　这个证明的思路同以前一样。给定一个 DETL 的森式模型 H，在认知可信度模型 $\mathcal{E}_k$ 中，如果事件 e 和 f 出现在相同的树层级 k 处，并且存在历史 h 和 h' 使得 $he \leqslant_H h'f$，那么 $e \leqslant f$。

利用优先序更新，以及森式模型 H 中的可信度揭示和可信度传播两个规则，我们可归纳地证明出：在开始于树末端的认知可信度模型 M_H 的如下更新演变阶段

$$M_H \times \mathcal{E}_1 \times \cdots \times \mathcal{E}_k$$

H 中所给出的可信度序列与由事件序列所产生的可信度序列相匹配。　　■

我们可以把这个结构看作广义的不完美信息博弈，并且其中的信息集也包含了可信度排序。

---

① Dégremont (2010) 对先序和"状态-依赖"（state-dependent）协议也作了研究，事件模型序列会随着初始模型中的世界不同而有所变化。

逻辑语言 对于这些模型，我们可以引入形式化语言，将动态信念逻辑扩展到第六章中时态背景的情形中。特别地，van Benthem et al. (2008b) 使用第七章中的安全信念模态算子，论述了可信度序列的揭示和传播规则与具有特殊属性主体间的一些对应关系。Dégremont (2010) 证明了这类逻辑的完全性，并将它们和 Bonanno (2007) 中所用到的逻辑关联了起来，同时，也将信念协议和形式学习理论联系了起来。在下节中，我们将从不同的视角考察这些逻辑。

9.4 作为见证的事件并且添加时态逻辑

我们已经揭示了博弈中行动的动态化是如何从它们的轨迹中被读取出来，现在让我们直接聚焦到博弈中那些可能发生的真实事件上。

这类事件的最简单例子就是只选择一个行动，并简要观察它。在第十章中，我们将会考虑比第六章末尾讨论过的更为复杂的事件，并将行动解释为有意的、偶然的或其他类型的事件。在这一点上，我们探寻如何用我们的动态逻辑研究这类公开观察到的行动，从而期望找到一种贴近于第五章对于时态模型那样的分析，并且可以予以证明。

从技术上讲，要谈及的这个话题要比前几节中涉及的场景简单。其原因在于，我们关注的是主体选择可被公开观察到的完美信息博弈。一旦这点被理解，那么，当研究范围扩展到不完美信息博弈情形的相关问题时，我们也可以轻松地应对。我们的背景是分支时态模型或者认知森式模型，不过，具体到许多问题上，模型的选择就不太重要了。同时，我们会将 9.2 节和 9.3 节中缺失的内容——逻辑语言的可公理化问题加入进来。

在博弈中选择一个行动会涉及变化，这是因为在森式模型中当前的状态会发生改变，它可以按如下方式定义。

定义 9.2 *行动的更新*
事件 e 的出现 $!e$ 将当前的点模型 (M, s) 变为点模型 (M, se)，其中，可被分

辨的历史由 s 变为 se。[①]　　　　　　　　　　　　　　　　■

通过该定义，我们随即可以得到一个具有标准模态的等价性。

事实 9.3　动态模态词 $\langle !e \rangle \varphi$ 与 $\langle e \rangle \varphi$ 等价。

备注　*存在性模态词*

通常，存在性模态词更容易表达逻辑规则。出于这个原因，我们将在本节和本章后面使用它们。当然，在只有唯一性事件的情形中，存在性模态和全局性模态之间的差别很小。为了方便，我们也会省略表明主体的下标，而用 $\Diamond$ 表示存在性的知识模态。在第五章关于森式模型的时态语言中，先前的事件模态是 $F_e\varphi$，我们在本节中也将一直采用这个记法。

在公开观察下的行动是一种特殊的实例，它出现在由先前章节所提到的、可能更为复杂的 DEL 更新场景中。即便如此，将这样的简单事件与本书先前的主题联系起来也具有启发性。首先，我们会看到时态逻辑的规则是如何将博弈的语义性质对应到前面的动态认知逻辑的规则。

事实 9.4　在附有公开观察事件的森式模型中，下面关于知识和行动的规则是有效的：

$$F_e\Diamond\varphi \leftrightarrow (F_e\top \wedge \Diamond F_e\varphi)$$

在第六章的 6.5 节中，我们已经证明了这个等值式的有效性。通过把 $!e$ 视为 e 已发生的公开宣告，我们可以把这个规则看成是 PAL 中关于知识的递归公理的时态等值式。这个事件的先决条件是 $F_e\top$，这与第七章中 PAL 的协议版本相吻合。

再一次表示　上述规则并不是在所有的认知森式模型上都普遍有效。依照 9.2 节中的想法，它对应了先前两个性质的合取：

完美回忆性：　　$\forall xyz : ((xR_ey \wedge y \sim_i z) \rightarrow \exists u(x \sim_i u \wedge uR_ez))$

（一个行动 e 后的不确定性只能来自先前的不确定性。）

[①]　如通常那样，这里我们假设行动得到足够精细化的描述，从而都具有唯一性。关于这个事实变化的另一种观点是当前历史 h 被扩展到 he。

无奇迹性：　　　　　$\forall xyuz : ((x \sim_i y \wedge xR_ez \wedge yR_eu) \to z \sim_i u)$

（一个行动 e 前的不确定性必须在同一行动之后被保留下来，也

就是说，只有不同的观察才能打破认知上的不确定性。）

稍微从形式上对这些性质加以修改，那么它们在第三章和第五章也会有着醒目的
位置。例如，具有完美回忆的主体总是知道他们过去的历史。按照当前这种形式，
它们是先前森式模型中表示定理的特殊实例，其中事件模型是由孤立的点构成。对
于这类特例的简单细节，我们把它们留给读者思考。

其他逻辑法则　有趣的是，对于一般性的模态推理，当事件如同这种情况一样
是独一无二的时候，那么，在事件发生后，一些规则将使得后置条件不成立：

$$F_e(\varphi \wedge \psi) \leftrightarrow (F_e\varphi \wedge F_e\psi) \qquad\qquad F_e\neg\varphi \leftrightarrow (F_e\top \wedge \neg F_e\varphi)$$

一般的乘积更新　如果博弈中的事件是以 9.2 节中更一般的事件模型出现，那
情况又会怎样？在那样的情况下，上面的这个逻辑公理应变为下面的形式。而方便
起见，我们假设只有一个事件模型 $\mathcal{E}$ 被重复应用，就像 9.1 节讨论不完美信息博弈
时所做的那样。本质上，我们会得到来自第七章中刻画 DEL 的递归公理。

事实 9.5　在由乘积更新产生的森式模型上，下列公式是有效的：

$$F_e\Diamond\varphi \leftrightarrow \left(F_e\top \wedge \bigvee\{\Diamond F_f\varphi \mid 在\mathcal{E} \text{ 中 } e \sim f\}\right)$$

信念　在 DETL 森式模型中，我们可以用同样的分析方式来研究由可信度关
系所建模的信念。由此，我们获得了与动态可信度序列改变规则相对应的时态部
分。首先，我们表明和宣告事件 $!e$ 相关的一些法则。这包括了绝对信念 $\langle B\rangle\varphi$ 和条
件信念 $\langle B\rangle^\psi\varphi$，以及一个关于安全信念的 $\langle\leqslant\rangle\varphi$，而它可以用来定义其他两个（参
见第七章）。

事实 9.6　在信念森式模型中，以下规则是有效的：

（a）$F_e\langle B\rangle^\psi\varphi \leftrightarrow (F_e\top \wedge \langle B\rangle^{F_e\psi}F_e\varphi)$

（b）$F_e\langle\leqslant\rangle\varphi \leftrightarrow (F_e\top \wedge \langle\leqslant\rangle F_e\varphi)$

证明　在第六章的 6.9 节中，我们在一类其可信度变化是介于历史之间的模
型中，证明了（a）是成立的，并且在这样的情形下，对（b）的证明甚至更简单。而

对于可信度关系介于节点间的森式模型中，即使在事件模型中只有孤立的点时，利用优先序更新的定义，也可以得出类似的证明。

这个结果再次揭示了先前的一种现象：基于历史和基于阶段的模型之间的技术相似性。在以下版本中，这种使用一般事件模型 $\mathcal{E}$ 进行优先级更新而创建的信念森式模型得以体现（公式中的存在模态词 ◇，它是关于所有 ∼-可及世界上的认知算子）。

事实 9.7 在通过优先序更新所形成的森式模型中，以下公式是有效的：

$$F_e\langle\leqslant\rangle\varphi \leftrightarrow \Big(F_e\top \wedge \bigvee(\{\langle\leqslant\rangle F_f\varphi \mid e \leqslant f \text{ in } \mathcal{E}\} \vee \{\Diamond F_f\varphi \mid e < f \text{ in } \mathcal{E}\})\Big)$$

请注意将此公式与第七章中关于信念修正的那个重要递归公理进行类比。

这个公理刻画出这类森式模型的偏好传播（preference propagation）和偏好揭示（preference revelation）的规则。例如，传播性是说，如果 $je \leqslant j'f$，那么 $h \leqslant h'$ 蕴涵 $he \leqslant h'f$。这可以用下面的时态公式来表达，该公式中包含着对整段历史进行检索的存在型模态算子 E 和关于过去的时态模态词：

$$EF_e\langle\leqslant\rangle P_f^{\cup}\top \rightarrow (\langle\leqslant\rangle F_f\varphi \rightarrow [e]\langle\leqslant\rangle\varphi)$$

作为该系统的一个法则，它可以从前面的递归规则中推导出来。

9.5 援助将至：弈博中的硬信息

在回顾了一些与博弈论领域中那些"官方的"行动相对应的简单事件后，现在让我们考虑一个更具挑战性的情景。公开的行动并不是博弈进程中唯一出现过的事件。我们还可以研究那些其信息是相关博弈结构的一类事件，或者是相关其他玩家行为的事件。这一类的情景有许多，稍后我们将讨论其中一部分。而这意味着我们将撇开博弈中那些"官方的"概念，并且随着研究的展开，我们将对此做出反思。

最简单的新事件是宣告那些与弈博信息相关的事件 !φ。这里，使用通常剔除世界的做法，将模型 (M, s) 变化到模型 $(M|\varphi, s)$，再到点式的森式模型 M（在 M 中将有穷历史作为可能世界）。采用第七章中的方法，我们可以对先前的行动、

知识和信念这些概念进行更广泛的研究。由于在动态化过程中，森式模型可以随阶段进展而被修改，而并非一个容纳所有可能发生事件的普遍容器，所以，我们要注意到这种研究所引起的一些微妙的解释问题。

森式模型中关于宣告的递归公理　基本信息行动的效果可以在我们的静态博弈语言之上明确描述。

定理 9.4　森式模型中的宣告逻辑是可公理化的。

证明　正如第七章所做的那样，证明的核心是去找到宣告模态 $\langle!\varphi\rangle\psi$ 的合适递归法则。我们来考虑后置条件 ψ 的各种可能情况。而对于原子和布尔算子的递归公理如同往常一样。

行动　给定一个森式模型的纯事件结构（参见第一章）。下面是一个关于原子模态的法则，方便起见，我们使用存在模态：

$$\langle!\varphi\rangle\langle a\rangle\psi \leftrightarrow (\varphi \wedge \langle a\rangle\langle!\varphi\rangle\psi)$$

有趣的是，由于我们需要确保只关注 φ-点，所以对于有迭代情形（因此是未来知识）的公式 $\langle!\varphi\rangle\langle a^*\rangle\psi$，其意义就显得不是那么明晰。

对于递归法则，我们需要来自第一章的一个系统，即带有测试行动的 PDL：[1]

$$\langle!\varphi\rangle\langle a^*\rangle\psi \leftrightarrow (\varphi \wedge \langle(?\varphi\,;\,a)^*\rangle\langle!\varphi\rangle\psi)$$

不过，我们真正需要证明的是作为一个整体的 PDL 中存在一个关于宣告的递归法则。而至关重要的是，下面这个有关技术上的特性要被包括进去。

事实 9.8　带有测试行动的 PDL 在相对化下是封闭的。

对此事实的简单归纳证明出现在许多文献中（参见 Harel et al., 2000）。特别地，我们现在来说明下面这个明确的递归法则：

事实 9.9　$\langle!\varphi\rangle\langle\pi\rangle\psi \leftrightarrow (\varphi \wedge \langle\pi|\varphi\rangle\langle!\varphi\rangle\psi)$ 在进程图中是有效的。

---

[1]　这与 van Benthem et al. (2006c) 中的 E-PDL 系统的行动相似。

这里 $|\varphi$ 是 PDL 程序 π 的一类递归算子，它是在原子行动 a 的每次出现时，都用测试行动将其围起来，从而得到程序 $?\varphi\,;a\,;?\varphi$。这个转换的结果可以被描述如下：

事实 9.10　对于任意 PDL 程序 π 和公式 φ，以及在 $M|\varphi$ 中的任意两个状态 s 和 t，我们有：在 $M|\varphi$ 中 $sR_\pi t$ 当且仅当在 M 中 $sR_{\pi|\varphi}t$。

用类似于关于公式的那种标准的相对化引理的证明方法，我们通过直接归纳于 PDL 程序即可证明。

知识　接下来我们考虑森式模型的认知结构。这里，只有递归法则中的认知模态是唯一出现的新成分。而这恰好对应了 PAL 中标准的等价关系，其中我们用 $\langle K\rangle$ 表示 K 的存在型对偶模态：

$$\langle!\varphi\rangle\langle K\rangle\psi\leftrightarrow(\varphi\wedge\langle K\rangle\langle!\varphi\rangle\psi)$$

信念　最后我们考虑带有可信度关系的森式模型是信念结构时的情形。此时，相关的法则来自第七章中关于在硬信息下信念变化的法则，这里表示为安全信念的模态公式：

$$\langle!\varphi\rangle\langle\leqslant\rangle\psi\leftrightarrow(\varphi\wedge\langle\leqslant\rangle\langle!\varphi\rangle\psi)$$

综上所述，对于一个博弈当中的事实而言，我们已经得到了所有关于公开宣告的相关递归法则。我们可以通过第七章中所描述的模式给出定理 9.4 的完全性证明。∎

因此，更新森式模型是标准技术的一种应用。①

策略　正如我们在第四章中所提到的，PDL 具有更深一层的优势，这种优势可以将玩家的策略明确地定义成程序。因此，对于第一章、第四章和第十一章中所出现的模态词 $\{\sigma\}\psi$，即执行策略 σ 可以迫使博弈出现满足公式 ψ 的结果，我们可以参照前面对于 PDL 程序的研究，以此得到关于这个模态词的递归法则。②那么，一个关于扩展逻辑 PDL+PAL 的递归法则如下，此处的 PDL+PAL 是通过将公开宣告加入 PDL 而得到的。

---

① 类似的研究可以应用到其他时态语言中。前面第六章中的分支模态 $\exists G$ 的递归法则是：$\langle!\varphi\rangle\exists G\psi\leftrightarrow(\varphi\wedge\exists G\langle!\varphi\rangle\psi)$。

② 和第八章中的逆向归纳法一样，我们需要关于逆向行动的模态去定义理性，不过我们的研究可以很容易扩展到带有逆向算子的 PDL 中。

定理 9.5 通过结合两个系统中各自独立的法则，同时加上递归法则：

$[!\varphi]\{\sigma\}\psi \leftrightarrow (\varphi \rightarrow \{\sigma|\varphi\}[!\varphi]\psi)$，系统 PDL+PAL 是可公理化的。

证明 通过利用事实 9.10 对 PDL 公式和程序进行相对化，可以证明此定理。[1]

含有知识的策略 在当前以信息为导向的研究背景中，一类有趣的策略是第三章中的知识程序，其中测试条件的真假性是被主体所获知的。在不完美信息博弈中，这些程序定义了统一性策略。那么，这类程序是如何被逐渐增多的信息所干扰？前面的 PDL+PAL 逻辑将会给出我们答案，不过其结果并不总是像我们所期待的那样。

例 9.3 基于知识的策略陷阱

人们可能会认为通过可靠的公开宣告所获取的更多信息，应当不会影响到一个知识程序所产生的结果。但这并不正确。在一个你并不知道 p 是否成立的模型中，考虑知识程序 IF Kp THEN a ELSE b，它会告诉你去执行 b。现在假设通过宣告 $!p$，你了解到 p 的情况，那么，这个知识程序就转向推荐行动 a，而这实际上可能比执行 b 更糟糕。 ∎

当我们思考策略像思考逆向归纳法那样，将偏好也考虑进去时，就会产生其他有意义的问题。在 9.9 节我们将回到这个特殊的议题中。

结论 我们已经说明了森式模型是如何支持第七章中动态化的信息，从不确定信息下的行动选择，直至获取一些超出观察到的行动之外的额外信息，这让我们能够更为丰富地描述博弈过程中可能发生的事件。然而，后者的动态涉及一个根本性的步骤。我们不再将森式模型仅仅视为关于已发生事件的完整记录，而是将它们当作是局部性的状况，当事件发生时，它们是可以被修改的，这种局部性状况的释义已经超出了博弈论领域中"官方性"的定义。我们在本章末尾回到此类类比问题的讨论中。

---

① 看到前述结果的实际效果可能会有点令人失望。这个递归法则推导出了我们在初始博弈模型 G 上所应当有的旧计划，这个旧计划被用在新模型 $G|\varphi$ 中去实施一个给定的计划 σ。不过，更有意义的问题恰好倒过来。令玩家有一个计划 σ，这个计划保证了一些想要的结果 φ。现在 G 变成新的 G'。那么，为得到相关的结果 φ'，在 G' 中如何进行修改？正如我们在第四章对于策略的理解中所提到的，这看起来似乎难多了。我们将在后面关于博弈变换的讨论中遇到类似的问题。

9.6 森林低语：弈博中的软信息

由于博弈进程中所获得的远不止硬信息，因此，上一节中的森式动态化可以被轻易地扩展到其他类型的事件中。

我们可以继续采用第七章中的技术将软信息和可信度变化加入更新中。正如我们在第八章中研究逆向归纳法时已经看到的，激进式升级 $\Uparrow\varphi$ 可以起到重要作用，而产生这类升级的原因有很多。

软信息的触发器 事实上，除非对信息来源绝对信任，否则，我们通常会把获得的信息看成是软式的。这对于不完美信息博弈也是一样的。在不完美信息博弈中，我们会对已经被执行过的行动拥有自己的信念，而驱使这些行动被执行的信息只是建议性而非确定性的，例如，看到一个玩家面露微笑地从一堆扑克中抽出一张牌。但即便在公共场合，比如普通的对话中，我们也必须仔细注意言辞；然而，毫不留情地摧毁所有通往不同真相的桥梁是不明智的。

完全逻辑 因为激进式升级的逻辑相对森式模型而言，所有相应的概念、语言等都有适当的释义和说明，所以我们不再对此展开讨论。只要有类似前面的那类包含有单纯行动、知识和信念成分的递归法则，就已经足够。由于可信度的改变并不能剔除世界，也不会影响可采取的行动或认知上的链接，因此，关于单纯行动的研究，简单交流的场景就足够了。接下来的一些公理将揭示出单纯行动是如何影响到信念，而因为第七章中的模型具有完全的普适性，所以这些公理的内容恰与第七章中相同。

前向归纳法 余下的问题仍然是在博弈中哪种软式更新更有意义？此方面的一个实例就是前向归纳法——一种思考博弈进程的方法。我们在第六章中曾提起过此算法，同时，我们还会在第十章中对其进行彻底的考察。不同于逆向归纳法，前向归纳是将两类信息结合起来：① 观察博弈中所已经发生的信息；② 分析该博弈后续发展中的信息。注意，观察过去的方式不像 9.4 节中的 $!e$ 那样，是一种不带任何色彩、中性式的事实记录，这种对过去情况的反思可能会将更为复杂，意向性的成分被加载到事件上，比如：

① 基于信念上的理性，有意地选择了行动 e；

② 偏离了逆向归纳法，错误地选择了行动 e。

当我们观察到一个行动 e 的发生，那么，把 e 看成是一种理性行为会对当前玩家 i 的信念产生这样的信息：他们认为行动 e 是理性的，从而选择了该行动。现在，我们仍旧可以把这个信息看成是一个宣告事实，它就有了更信息化的表述：

　　!"对于 i 而言，行动 e 是信念上理性的行动。"

不过，由于观察的性质（例如理性）可能只是我们的一种假设，所以我们可能不想用硬宣告，而希望用那种激进式更新 ⇑ 这样的信息处理方式。在第十章中，我们会重新讨论这个问题。①

9.7　偏好的变化

在博弈中，许多更深层次的动态化事件都是有意义的。正如我们在第七章中提到过的，理性主体性并不仅仅需要处理信息、修正知识和信念。它还涉及维持介于信息状况和主体的偏好、目标以及意图之间的某种和谐。因此，研究偏好的变化也是有意义的。引发偏好变化的原因具有多样性，我们也许遵守某个命令或者是采纳来自一个权威主体的意见，从而产生了偏好，而这之前我们对此是无偏好的；我们有可能经历的是一种不由自主、自发的偏好变化，如相爱或失恋；或者我们是事后调整了我们的偏好，就像拉封丹寓言（La Fontaine）中那个著名的狐狸和葡萄的故事一样。我们已经研究过如何构建一个带有递归公理的动态逻辑，其中，递归公理是关于变更介于世界之间那类更好关系序的偏好事件，这与先前模型中关于信念的可信度序列变化有很大的相似性。像这样的逻辑在 Girard (2008) 中，尤其是在 Liu (2011) 中，都已经得到研究，读者可参考它们来获取更多细节上的讨论。

---

① 使用激进式更新 ⇑ 有一个额外的优势在于我们现在可以让任何行动都有意义，即使是那些不能理性化的行动。信念中关于理性的激进式更新会把理性性质成立的那些世界置于顶层，不过，如果不存在这样的世界，那么模型中可信度序列保持不变。在这种情况下，所发生的只是对那个行动的一种观察。当然，这个最小化的过程并不能揭示出如何解决出现在我们行为解释中的矛盾和冲突问题，这可能涉及改变偏好方面的进一步更新（见下文）。

博弈是平衡于信息和偏好之间的一种典型实例。因此,博弈信息内容的动态化与博弈偏好结构的动态化有着天然的对应关系。对于博弈或关于博弈的模型而言,有两种偏好变化是有意义的。一种是现实意义上的目标变化。直觉上,我们参与博弈往往不是为了任何数值上的报酬,而是努力去实现某个定性化目标,如获胜或者更多被精细化的目的。[1]随着博弈的进行,可能会发生改变玩家目标的事件,并且当这种结构发生变化时,玩家对于结果的偏好也必须随之改变。[2]

道义上的观点　与这类场景相关的是介于博弈中的偏好与像义务、允许等道义概念之间的一种自然的联系。偏好可能产生于某种道德权威,阐释一个人在当前情势下所应当做的。规范性的约束一般随着道德上的权威机构所发出的新命令,或随着一项新法律的通过而变化,并且这类道义上偏好的变化也是与博弈相关的。正如在第二章当我们讨论最佳行动时所提醒注意的,在 Tamminga et al. (2008) 以及 Roy (2011) 等其他许多文章中,道义逻辑已经被应用到关于博弈的研究中。

尾声:是偏好变化还是信息变化?　信息和赋值并不是密不可分的。有时,我们很难将偏好变化从信息变化中区别开来。下面是一个改编自 Liu (2011) 中的例子,探索了偏好与信息态度(如信念)之间的纠缠。关于这种纠缠和可能的权衡,另见 van Benthem (2011a) 和 Lang et al. (2008)。

例 9.4　买房子

一个潜在的买家同等地喜欢两处房子,一处是位于阿姆斯特丹区域的 De Jordaan,另一处是在 De Pijp。现在有消息说地铁将建在 De Pijp 处,而地铁会损坏到这处房子的地基,从而买家会倾向选择 De Jordaan 处的房子。下面是初始的模型:

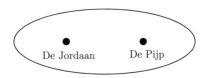

---

[1]　第二十二章中的知识博弈涉及到了目标结构,其中提出了一些将目标语法与博弈的求解行为联系起来的有趣结果。

[2]　目标结构使人想起 Andréka et al. (2002) 中关于优先序的图,该图被用在 Girard (2008) 和 Liu (2011) 中,以建模偏好的原因或标准(参见第七章)。

模型中买家对于两个世界的偏好关系是无差异性的。修建地铁的信息触发了偏好的改变，虽然保留了两个世界，但删除了一个 $\leqslant$-关系，留下了一个严格意义上更好的 De Jordaan 处的房子。

不过，我们也可以纯粹从信息的角度来描述这个场景，即一个具有扩展选项的三个世界模型：

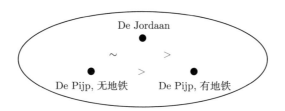

以及它们之间明显的优劣关系。如果宣告"地铁"，就会把世界移到左边，从而产生我们之前通过升级得到的模型。 ∎

这个例子产生了诸如在模型中选取世界，选择适当的语言以及扩展模型到怎样的一个程度，可以使一个人能够预先解释未来发生的事件等问题。目前，还没有关于这两类动态性的系统比较研究，不过，或许我们可以把这些发生在模型中的转换，看成只是一种让人愉快的便利工具。

9.8　弈博后的动态性

当我们把关注点从进行一场博弈转移到博弈之后所发生的场景中，偏好变化的研究也还是有意义的。我们的动态逻辑可以应用到任何一种行为活动中，无论是关于博弈的事前商讨还是在出现问题时进行事后分析。

事后的理性化　也许人类最有效的才能不是在活动中保持理性，而是在事后合理化他们所做的一切。这样，一个人甚至可以把看似非理性的行为合理化。如果我们只是观察一个或多个玩家的行为，临时构建偏好，那么几乎任何行为都可以合理化。目前有众多精确化这种想法的"民间研究"，我们接下来的讨论就是其中的一个。

定理 9.6　比对另一个玩家的策略，当该玩家的偏好是已知的，那么，当前玩家的任何一个策略都可以通过对结果指派合适的偏好而被合理化。

证明　采用自下而上的算法可以证明。令 E 是那个行动要被合理化解释的玩家。采用归纳法，假定当前所有的子博弈上那些可行的行动都已经被合理化。现在考虑一个事实上的 E 的行动 a 和由此而产生的子博弈 G_a。与子博弈 G_b 的结果相比，G_b 是由另一个行动 b 所产生的，我们可以使 E 更偏好于 G_a 所对应的结果。为此，我们添加一个数值 N 到所有已经被指派了效用数值的 G_a 结果中。用一个足够大的数值 N，我们可以让 G_a 中任何一个结果优于子博弈 G_b 中的所有结果。

这里的关键在于，对 G_a 中所有结果数值添加同一个数值并不需要改变这个子博弈中的任何一个相关的偏好关系。而沿着博弈再向上看，对接下来玩家 A 的回合来说，也不需要调整 E 的任何内容。　■

如果我们再假定，给定了偏好的玩家 A，永远不会选择一个被严格占优的策略，我们甚至可以指派偏好给 A，使其可以按照逆向归纳法进行选择。

例 9.5　通过规定偏好，可合理化解释一个博弈树

考虑下面这个序列，其中粗线箭头是你的给定行动，而虚线箭头是我的行动。叶子节点上的数值表示了假定你所获得的效用值：

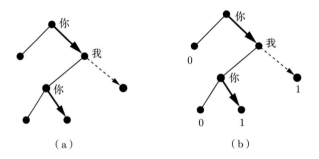

（a）　　　　　　　　　（b）

通过调整偏好或信念，采用自下而上或自上而下的方式，van Benthem (2007b) 研究了其他可被合理化解释的算法。

根据对于一个博弈中那些行动的观察，Liu (2011) 研究了连续偏好变化中的合理化情景。[①]

当然，在博弈的后期阶段，许多其他类型的行动也是有意义的，这其中就包括了当新信息改变了玩家对所发生事件的看法时进行的更新。

9.9 改变博弈本身

在研究关于现实版博弈的进程中，甚至会有更极端的场景。玩家可能并不知道他们处在一场博弈中：在日常生活中，这是一个非常普通的场景。如果他们确实知道这场博弈，他们或许想要改变它。这种场景的发生存在几个原因。

做出承诺 通过做出承诺来改变博弈，一个人可以打破一些无法让人信服的逆向归纳法的解决方案所引发的僵局。

例 9.6 *承诺和博弈变化*

下面这个博弈来自第八章，当 **E** 承诺不去选择向左的行动，纳什均衡结果 $(1,0)$ 可以被避免。这一宣告消除了历史（通过对失信进行惩罚，我们可以让这个承诺起效），于是 $(99,99)$ 就成为新的均衡：

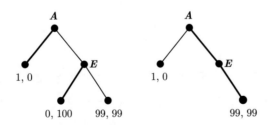

有趣的是，限制其中一个玩家的自由可以让双方的获益都好起来。∎

对于这样的场景，在博弈论中有着复杂的分析和讨论，包括所谓的廉价磋商（cheap talk）(Osborne et al., 1994)。原则上，我们可以用信息型动态逻辑研究这

---

① 升级实际比上述过程更为复杂：详情参见 Liu (2011)。如果玩家的信念是事先给定的，那么，正如在第八章中，由于关系型策略或者信念实际上是一回事，因此，调整偏好也是有用的。

些现象，这类工作已出现在 van Rooij (2004) 和 van Emde Boas (2011) 中。但截至目前，这方面的研究依旧很少。在第七章讨论安全信念时，我们的确看到过一个关于误导预先信息的事例——一个来自信号博弈（signaling game）的知名现象。沿着另一个不同研究方向，Goranko et al. (2012) 在逻辑框架内讨论了事先磋商问题。

意图和其他场景　承诺只是更一般化事件类型的一个实例。在 van Otterloo (2005) 中所讨论的策略效力的动态逻辑中，通过宣告玩家意图或玩家偏好的信息，博弈得到改变。这可以在第三部分中迫使语言的层面上做到。不过我们也可以用前面的技术来建构关于博弈变化的逻辑。Roy (2008) 利用宣告意图，获得了一个求解策略式博弈的简化过程。更特别地，Parikh et al. (2011) 具体地研究了当外在信息流卷入博弈场景中，主体操纵他人知识的问题。

其他类型的博弈变化　关于博弈变化或获取更多博弈信息之间的界限是微妙的，原则上，上述森式模型的动态逻辑可以用于这两方面的研究。不过，尽管如此，本书之后的章节提出了许多未被深入研究的其他变化类型，可能会面临棘手的证明问题。例如，第二十三章的蓄意破坏博弈是关于从给定的博弈中删除行动。但是正如我们看到的，相应的动态逻辑变得不可判定，并且在其他方面也更加复杂。在博弈中增加行动，增加或移除玩家，或者改变个人力量和可用的联盟时，情况可能也是如此。在策略改变中，可允许的行动顺序也会发生变化，Wang (2010) 使用 PDL 技术研究了这一主题。与博弈相关的模型转换的一般逻辑研究仍处于起步阶段（参见 van Benthem, 2011a）。

博弈变化的重要性　博弈变化可能会是一个比较极端的场景。不过，正如我们在第四章中已经看到的，有多种值得我们认真探究这类情况的原因。我们经常想要的是那些稳健型的策略——当前博弈中经历过小的变化后依然能够被保留下来的策略。如果计划不能适应环境的变化，那么它们看起来好像并没有多大用途。就像如果一个学生不会用一种方法应对新的环境，那么，这个方法实际上并没有得到真正理解。

在变化中保持稳健的另一个原因是本书中非常突出的"理性"概念。我们已经提到过，将理性比作力学中的理论结构，视其为各种可观察概念之间的解释性桥梁，就像牛顿定律假设了"力将现实世界上可观测到的事物联系在一起"。该定律在物理学上被赋予如此重要地位的主要原因在于它的运作模式，并不是一个针对个案的专属定律，而是作为一种假设物理力量的通用方式，使其在不同的机械情形中都是有意义的。对比之下，许多博弈的解决方案是脆弱的，一旦博弈发生变化，这些解决方案就会分崩离析。[①]

9.10　小　　结

第八章揭示了博弈开始前，如何利用第七章中的动态认知逻辑对玩家预先慎思所引发的动态化反省进行分析。接下来，我们把信息事件的动态逻辑和偏好变化带到了一个围绕博弈内外的、广泛多样化的中期过程的讨论中。这包括从简单的博弈树模型到认知-信念森式模型，对玩家关于博弈和其他玩家的那些进程性信息进行解释。我们研究的场景是分阶段进行的。首先，我们看到了如何重建森式模型玩家的认知和信念的发展过程，确定满足相关理论融贯性的合适条件，通过几个表示定理揭示出这些研究结果。然后，我们转向到基于森式模型对于实际博弈的动态分析，提供了许多完全性定理。这或许可以被看作博弈之上的一种博弈，而且它揭示出一个空间场景，在这类场景中，玩家收到额外的信息，无论是硬信息还是软信息，甚至包括将偏好变化用于解释博弈中可以发生合理事件的信息。而这些场景最终发展成了后期赋值，甚至超越了改变博弈本身。总体来说，我们已经展示了如何在我们的动态逻辑中研究博弈内外各种各样的活动。

这一图景也引发了自身的一些新问题。这里研究的各种动态如何协调？例如，第八章的慎思事件并没有推进博弈，而本章中的事件却推动了博弈进展。这更像研究理性主体性中所出现的现实情形。让世界持续变化的新信息和新事件发生需要占用外部时间，而我们在每一时刻中对自己所处情形进行反思时又需要占用内部时间。我们试图让这两种过程都可以实现，却不想陷入到无穷的反思中，或者不愿意随着变化而随波逐流。但是，我们该如何去做？尽管我们不能承诺给出一个可以最终解决的方案，但我们还会在第十章讨论这个问题。本章还引发出其他一些

---

① 有人可能会反对说博弈的改变是多余的，因为我们可以事先将所有相关的博弈变化都放在一个宏大的"超级博弈"中，但正如第六章中早先提到的，这种策略似乎完全没有启发性。

一般性的问题，我们将在最后一节中列举出其中的一部分问题。

撇开这些开问题，在本章中，我们揭示出了一个实际性问题，即动态逻辑有助于将博弈中的弈博问题转换成逻辑学研究中一个丰富议题，而不光是本书第一部分中关于静态博弈结构的单纯描述。在第十章，我们将描绘出"弈博论"的大致轮廓。

9.11 文　　献

本章基于 van Benthem et al. (2009c)、van Benthem et al. (2008b)、van Benthem (2007b)、van Benthem (2011b) 和 van Benthem (2012c)。

此外，我们还提到了许多其他作者撰写的与博弈相关的逻辑学论文，这些论文可以在本书中找到。

9.12　进一步研究的问题

这些问题像通常我们所列举出来那样，在本章中还未被得到应有的重视。

协议　本章和前一章关注了局部事件及其先决条件，而忽略了由通用认知-信念森式模型提供的更一般的协议结构（其中可允许无穷历史集）（参见 Fagin et al., 1995）。我们可以利用这个结构来对局部行动如何串联成更长场景施加全局约束。例如，第八章中的逆向归纳法使用了一个严格的协议，在该协议中规定了在博弈的任何阶段，只能做出相同的断言。其他协议可能限制的是硬性或软性的信息等。尽管这类协议有时可以被一个类似于局部性的"计量器"来检测，而其他协议的检测则可能需要具有完整时间的工具。我们对此所知甚少，在 van Benthem et al. (2009c) 中提及通用协议理论的问题。对此研究的可能框架理论包括了动态逻辑 PDL（参见 Wang, 2010 中第四章关于策略变化的相关议题部分）。此外，在计算逻辑中发展起来的博弈中，基于自动机的策略理论似乎更有助于对这些问题的理解（Apt et al., 2011; Grädel et al., 2002 和 Ramanujam et al., 2008）。

历史与阶段 我们的动态逻辑主要是从时态结构的局部性视角中分析问题,将世界视为有穷的历史,即某个展开历史的阶段 s,而该历史本身可能是无穷的。不过,我们在第五章和第六章的时态逻辑中也看到过,将历史 h 本身看成是语义对象的一种用法,并且在有序对 (h, s) 上对公式进行赋值。我们对于博弈概念的解释往往是相对于博弈中完整的历史而言,这一点在本书中的很多章节中都是明确的。在第六章中,我们还看到这两种观点可能对诸如信念等重要概念有各自的解释。[①] 尽管我们已经提出在合适的模型转换下,这两种观点正在逐步靠近,不过它们之间的这种联系仍有待进一步的研究和理解。

内化外部事件,复杂模型与简单模型 在本章大部分的动态分析中,认知森式模型是由外部事件产生变化。特别地,宣告这类外部事件简化了给定的模型,或许可以将森式形状缩减为只剩一棵树。另外一种方法是内化这些外部事件,让它们可以发生在一个被重新设计好的"超级博弈"内部,这个"超级博弈"是一个被扩展的森式模型。例如,将宣告内化为发生在森式模型内部的行动,而这种做法有许多益处,其中包括可以得到 PAL 和 DEL 的新协议(参见第七章)。不过,另一方面,内化外部事件使得模型大小呈爆炸性增长,违背了第六章中所拥护的小模型精神,并且也违背了我们关于复杂度的观点,评估复杂度最好是在动态化的背景中进行,而不是放置到一个巨大静态模型中去研究。

显然,应该存在从一种博弈模型转换到另一种模型的通用转换方法。只有在这些方法得以确立的情况下,我们才能更好地理解其中的普遍权衡。[②]

重现信念和期望 当我们尝试真正地理解信念和期望时,本章中我们对于信念模式化的更新研究仍显得过于贫乏。不过,尝试与关于概率更新的 DEL 系统 (van Benthem et al., 2009b) 进行类比分析可能会有所帮助。第七章中提到的更新规则证实我们需要三种概率。介于世界之间的先验概率,表示了在当前情形下,我

---

① 逆向归纳法在这里是一种中间情境。即使我们只关注它在终点处的最终顺序,但该算法还在各个阶段之间,即在作为父节点的后继的同级节点之间创建了可信度序列。

② 一个相关的议题是同逆向归纳法一样,哪一类关于森式模型的更新方式可以只对含有可信度序列的博弈树适用。例如,前向归纳法(第十章)的一些粗略版本可以在树模型中直接产生可信度序列。从一个博弈树的同一层级开始,之后考虑博弈中那些连续的节点,这些节点对应的行动对可达的结果进行了划分。那么,因为对于当前玩家,至少一个结果对应了一个可选择的行动,所以我们可以对划分的区域通过激进式的更新进行升级(参见 van Benthem, 2012c)。

们关于它们相对权重所做出的判定；观测性概率则代表了主体认为哪类事件会实际发生的不确定性；而除了这两类概率之外，还要有一类表示了主体对于某一事件发生的概率所知道的知识，即关于进程方面的知识，这被解释在先决条件的概率值中。附在有序对 (s, e) 上新的概率值将衡量所有的三个要素，其中 s 是原来的世界，e 是事件。同时这一点非常重要。由于我们需要考虑一个事件在特定世界中发生的概率，以便得到像在三门问题（Monty Hall problem，亦称为蒙提霍尔问题）事例中那样适当的概率信息流。依此想法，我们需要一个更新逻辑的定性版本，该版本需要权衡当前世界的可信度（如在信念模型中一样）、观察的可信度（如在讨论优先更新的那些事件模型中那样），以及反映程序信息的总体可信度（编码在森式模型中）。不过，目前还没有这样的更新系统。①

将不同的动态性联系起来 前几章中所讨论过的更新方法有时可以看成对于事件的不同看法。那么，它们是如何相互联系起来的？作为一个具体的事例，我们来看逆向归纳法，它在第八章中被看作是在博弈历史中创造可信度的慎思模式。不过，在本章中，我们用了其他的信念更新机制。那么，逆向归纳法是否也可以通过可信度模型中的优先升级方式而获得呢？答案是否定的。那样所创建的期望模式并不满足刻画偏好传播和偏好揭示原则中的优先升级条件。②

不过，即便如此，逆向归纳法和我们关于森式模型的更新机制也是可以和谐共存的。我们可以认为逆向归纳法展示的是玩家关于博弈情势的初始期望，现在，我们将这些期望放进如下的一种实时更新过程中。首先构建一个初始模型，在这个模型中世界是博弈中的历史，并且已经按照先前引入进来的可信度序列被排好了顺序。③那么，这是一个真实博弈的开始。在完美信息博弈中，正如前面所讨论的那样，这

---

① 在非常简单的概率场景中，找到基于可信度的程序信息更新规则的挑战在 van Benthem (2012d) 中进行了讨论。这个困难在于找到概率中两个不同角色的数值的定性类比：这些元素既要能够刻画信念或证据的强度，而在更新中又可以被衡量且可以混合使用。

② 在包含有逆向归纳法-模式那样可信度序列的一个博弈树模型中，可能存在带有两个行动 e 和 f 的一个节点 x，其中经行动 e 所导致的结果比 f 的更可信，然而，在与 x 同级的另一个节点 y 上，也同样有行动 e 和 f，不过，所导致结果的可信度却与前面完全相反。例如，可以指派两种不同的效用值给 e 和 f 所对应的结果上。逆向归纳法是对未来的预测，而优先序的升级则关注的是过去和当前的观察。

③ 这种转换的充分性是第六章中提出的重构模型中的一个议题。因此，我们并不断言这类初始模型是用于释义逆向归纳法那类博弈的最佳模型。

是由那些可以被公开观察到的行动 !e 所构成。不过，当有不完美观察事件出现时，会有进一步的信息出现，或者是硬性的或者是软性的，而这些新出现的信息可以推翻初始模型中的可信度关系。例如，如果我们看到一个行动的发生，这个行动可能是逆向归纳法路径上的行动 a，又或者是偏离归纳路径上的行动 b，而且 b 附有最高可信度，那么，此时我们将不知道自己现在所处的位置，但更高的可信度将倾向于认为我们在偏离的路径上。在第十章中，我们将重新回到这些相互作用的问题中来。[①]

模型变化技术方面的问题 我们的分析也会引发更数学化的问题，这会让我们想起第四章中关于策略的讨论。动态-认知逻辑绝不是研究模型变化的最后一个工具。模型论中的标准也适合先前我们对于博弈中不变性问题的研究。当从一类模型转换到另一类模型时，在新模型中对象或事实已经发生了变化，一个基础问题是哪一类命题的真值可以在这种变换下得到保留。一个典型的事例是沃什-塔斯基保持定理：公式的真值在模型扩张下保持不变的那些一阶公式，恰是用纯粹存在型的语法量化形式可定义的公式。另一个事例是，在第一章中，那些在互模拟变换下保持不变的那些一阶公式恰可以用模态公式进行定义。类似的问题对于研究关于博弈的模型和语言都是有意义的。我们语言中哪一类关于博弈的命题可以在本章所讨论的这类博弈变化中具有保真性呢？例如，正如在第四章所提及的那样，尽管使用自动机技术，我们已经发现模态 μ-演算的相应定理 (D'Agostino et al., 2000)，但关于 PDL 的沃什-塔斯基保持定理会是怎样的情形，这却是未知的。超越字面上的保持，对于断言的转换也是有意义的。这可以推导出经过某种简单且可定义的变化后，玩家如何进一步修正策略，或者重新描述他们效力的变化。不过目前似乎没有一种通用化的理论可以被轻易地用在博弈分析中。

---

① 当我们放大逆向归纳法到最佳行动时，就会出现类似的问题（参见第二章和第八章）。在博弈进行过程中与动态交互时，需要使用第七章中用于公共知识和条件信念的相对化和递归法则（$\langle !\varphi\rangle\langle best\rangle^\alpha\psi \leftrightarrow (\varphi \wedge \langle best\rangle^{\varphi\wedge\langle !\varphi\rangle\alpha}\langle !\varphi\rangle\psi)$）。例如，在我们的做出承诺的例子中，令 p 代表除去带有 $(0,100)$ 这个效用值以外的所有节点，而 q 仅表示带有 $(99,99)$ 效用的节点。在这个较小的博弈中，重新计算逆向归纳法，我们看到 q 是最后的结果。依照给定的这个原则，分析对应的断言 $\langle !p\rangle\langle best\rangle\langle best\rangle q$，我们发现它可以归约到 $p \wedge \langle best\rangle^p(p \wedge \langle best\rangle^p q)$。为了证明后者，原来的递归法则不再适用，我们必须理解相对化的最佳行动这个模态。而这将证明转移到了对于条件 $\langle !\varphi\rangle\langle best\rangle^\alpha\psi$ 及其静态预编码的理解。这进一步细化了我们在第二章中关于公理化最佳行动的猜想。

动态逻辑和信号博弈　本章提出了一种比通常静态分析更丰富的博弈逻辑分析风格。然而，这只是一种设想，仍需在博弈论中更系统地应用。一个显而易见的应用动态技术的领域是信号博弈理论 (Lewis, 1969; Cho et al., 1987; Osborne et al., 1994; Skyrms, 1996; van Rooij, 2004)，其中，主体发送关于有关博弈发生的那个世界状态的信号。

第十章 面向"弈博论"

现在让我们梳理整合前面几章的一些思路。第七章揭示了如何基于逻辑系统建模那些使信息流动的行动和事件,并在相应的赋值体系对主体偏好的变化进行了研究。在第八章和第九章中,我们探讨了这些丰富的逻辑工具如何被应用于发生在博弈内部或随博弈发生的各种动态事件中。然而,所有这一切的导向是什么?在第二部分最后这一章中,我们旨在通过这类思考,将出现在逻辑和博弈交汇处上的这些线索整合起来,提出一种一般化的理论——"弈博论"。这里,我们提供的不是一种既定的理论,而是一种方案。基于前面章节中的主题,我们将讨论其设计中的主要问题和关键点,其中也包括批判性的观点,以及我们对于利用逻辑来研究社会活动(无论是否与博弈相似)的进一步反思。

10.1 博弈中的动态

当人们在进行博弈时,会有许多活动发生,我们可将这些活动分为前期、中期和后期阶段。第八章是关于博弈前的慎思,重点关注的是那些创造预期选择的进程性程序。以逆向归纳法为例,我们知道如何将慎思理解为信念迭代修正的一个动态过程,并在被扩展了的、具有可信度关系的博弈树上进行我们的探索。但这只是一个案例研究。这个初始阶段包含许多自然的思考和规划活动。其次,在实际博弈期间,可能会发生更多的事情。在第九章中,我们了解到各类事件,如行动的选择、对行动的公开或私下观察,以及接收关于博弈和玩家的更多信息、改变信念或偏好的事件。我们依然不可能完全地列举出这些事件,而这一切取决于我们研究问题的粒度——无论是较为粗糙的还是较为精细的。例如,许多研究者会假设玩家知道自己的策略，但这相当于假设已经做出了决策。然而，从更精细的层面上说，决策行为本身可能就是研究对象。

我们已经展示了在动态逻辑中如何处理所有的这些事件，既包括硬式信息也包括软式信息所引发的变化，而其中承载变化的结构就是常见的认知信念森式模型，利用该模型，我们可以诠释玩家关于博弈和对手的过程性和与社会性信息。最后，转向博弈后期的反思阶段，这些逻辑同样可以处理合理化或其他随之而来的活动。事实上，我们甚至还用这些逻辑探析了像改变博弈本身这样更具变化性的事件。

这些探索为我们创造了巨大的可能研究空间。接下来，我们尝试通过一个案例研究，了解人们通常是如何进行博弈，同时确定许多对逻辑研究更具普遍意义的议题。我们的案例是一种和逆向归纳法相对的、发生在实际博弈中的另一慎思推理模式——前向归纳法。这将涉及信念修正、处理关于其他主体的假设、模型更新过程中的各类选项、简单线索在探讨常规社会行动方式中所起到的作用，以及由此产生的对逻辑系统设计的需要。在此之后，我们将讨论博弈论中的一般问题，包括主体多样性的作用，精细描述和模型复杂度之间的张力，以及超出博弈之外、其他领域内对于社会性行为更宽泛的有趣研究所带来的可能影响。

10.2 契合问题：从慎思到实际行动

我们在第八章中的广泛讨论可能暗示了逆向归纳法是在逻辑上被"官方"认可的博弈观，但事实上并非如此。尽管对于该算法背后理性规则的探索，它产生了一种桥梁式的作用，这一点确实很具吸引力，从而不该被轻易放弃，不过，同时寻找另一种替代方案也是有意义的。在极限情境下的迭代硬宣告 $(!\varphi)^\#$ 和软宣告 $(\Uparrow\varphi)^\#$，它们将适用于我们语言中的任意一个公式 φ，无论它是否会成为由逆向归纳法而得的博弈解，而像"迭代担忧"（iterating worry）的这类泥孩式的替代方案很可能是另一种选择。在第九章中，我们的动态逻辑支持多种类型的事件，这些事件可以推翻由求解算法创建的初始期望，例如以软更新的形式改变可信度排序。现在我们来看看可能是最为严峻的挑战。

从慎思到实际行动 从慎思到实际行动的进程中，会出现一些众所周知的问题。让我们把逆向归纳法看作是一个预先的慎思过程。那么，当这些预期与实际观察到的情况相冲突时，实际博弈所产生的动态性又会是怎样？人们可能会认为这是一个简单的问题，玩家只需遵循他们在慎思阶段所推断出的那些虚拟行动即可。但如果反其道而行之，往往就没有什么意义了。我们希望玩家选择的是由逆向归纳法推断出来的路径。所以，如果实际博弈中，玩家没有这么行动，我们也许必须修改我们的信念，修改信念的一种方法就是对玩家的审慎推理风格进行准确的再思考。

这个问题在所谓的逆向归纳法悖论中得到了戏剧化的表现。为什么一个偏离了推断路径的玩家会在后续的过程中重新回到逆向归纳法呢 (Bicchieri, 1988)？

例 10.1 *预期与事实相符*

在以下博弈中，假设 A 和 E 的赋值结果如图所示：

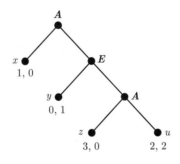

逆向归纳法告诉我们，A 一开始会向左走。所以，如果 A 向右走，那么 E 会从这个出人意料的观察中得出怎样的结论呢？E 可能仍然认为 A 随后还是会进行逆向归纳法，认为他只是走错了。但这并不总是一个貌似有理的答案。在许多社交场景中，玩家 E 更可能认为所出现的偏差意味着其最初关于对手 A 的慎思推理是错误的，A 现在可能有别的想法，也许是希望达到结果 $(2,2)$。 ■

换句话说，虽然我们很容易计算出逆向归纳策略 bi，但是，当人们试图解释博弈的非均衡路径时，策略 bi 是否还有意义呢？不管我们是如何频繁地观察到偏离，逆向归纳法最后还是占据主导地位，这是 Aumann (1995) 中的核心技术，也是 Baltag et al. (2009a) 基于动态认知逻辑来刻画 bi 的核心结果。[①]

从该博弈到玩家策略　但显然，这并不是修正信念的唯一方法。玩家 E 可以有其他合理的回应，例如：

> A 表示他希望我向右走，如果我合作，那么我会得到奖励；
>
> A 是一个有向右倾向的自动机，他无法以其他方式行动；
>
> A 相信 E 也会一直向右走。

除非我们至少还知道玩家的信念修正规则，否则我们不知道 E 会采取哪种反应 (Stalnaker, 1999; Halpern, 2001)。这似乎没错，但如何加入这个规则用以问题解析是博弈基础理论中的一个重要议题。Halpern (2001) 就斯塔内克（Stalnaker）提出的如何弱化诸如奥曼定理这样著名的研究结果进行了精湛的逻辑分析。这里，奥曼定理是指：关于理性的公共知识意味着会走向逆向归纳法的路径 (Aumann, 1995)。按照理性的标准概念来讲，这是正确的，但是，按照斯塔内克的广义理性的观点来说，却是错误的。在斯塔内克的广义观点中，理性是指玩家对于当前策略组合的信念，而当有意外行为发生时，这种信念可以被改变。

这一切对我们意味着什么呢？我们的动态逻辑非常适合分析信念变化，因此在技术上，适应玩家的修正策略并不构成问题。同时，我们的逻辑也非常具有包容性：它们不会增加任何特定的规则。第七章中的系统支持多种更新的方法，而逆向归纳法仅仅是其中之一。接下来我们在第八章中的分析似乎也支持这种情况，但这是为了我们研究问题的具体性，同时这也是一种技术上的概念证明，而且我们是按照这种算法所对应的路径确认选择节点的，例如，关于隐含 bi-策略中的统一性假设。

社会行动中的更广泛问题　这些问题不仅仅是技术方面的，它们折射出的是对于研究社会性行为逻辑的真实挑战。我们对于博弈进展的期望可能基于博弈前的慎思，包括我们认为不会发生的场景。但如果意外发生了会怎么样呢？这种假设的行动一旦发生，可能会对我们产生完全不同的影响：在社会生活中，冷静思考无处不在。我们如何将慎思的先期推理模式与随着被观察到的事件不断发生变化的实际博弈保持一致？在实践中，这种和谐常常被打破，但这无疑是一个有趣的研究

---

① Baltag et al. (2009a) 将这种态度称为无法治愈的理性信念。

想法。

玩家类型 信念修正策略不一定是我们研究这些现象的唯一重点。社会性行为涉及关于其他主体的许多假设。例如，一个主体可能基于对其他主体的记忆能力或学习行为的假设而执行某个行动。这一点在博弈论中是公认的。正如我们在第六章中所见，"类型空间"旨在编码玩家可能对其他人持有的所有假设。但我们的问题是与现实的距离，这使得我们对所处的现实社会情景的看法通常比较简单。因此，我们使用更简单的博弈模型，描述相关事件的动态，而不是预先包装好这些东西。

为了使这些新视角更加具体，我们现在来讨论一个社会推理的案例研究，旨在用动态逻辑对其进行分析。我们的处理不会太复杂，而且我们不提供最终提案。在研究案例之后，我们会对"弈博论"在逻辑方面的一般特性加以总结。

10.3　从观察中形成信念

让我们更详细地讨论一下前面的例子，并且重点关注其更新方面。在第八章自下而上的逆向归纳法计算中，我们忽略了博弈的历史：对于我们的期望来说，我们是如何到达当前节点的并不重要。但是想想你自己在社交情景中的做法：过去通常是涵盖很多信息的，我们确实需要将其纳入考虑。

例 10.2　**解释一个博弈**

以下是一个简单的例子，并且不同于前面的博弈：

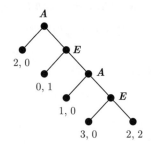

假定 A 在开始时选择向右。假设 A 的信念是合理的，这就告诉了 E 关于 A

的信念或意图。显然，A 不认为 E 会在其第一回合选择向左的行动，因为那样的话，A 自己就会在一开始选择向左从而令自身获益更多。出于同样的原因，A 不打算在之后的第二回合向左走。我们还可以进一步假设，A 相信 E 在最后决策时也会选择向右的行动，因为只有这样才能为 A 第一步的走法提供合理解释。所有这一切都会促使 E 在第一回合向右走，尽管我们仍然难以预测他最终会选择什么。■

不过，这里的关键在于我们并不想用一个简单的规则代替逆向归纳法。相反，过去所发生的一切涵盖了很多信息，它告诉了我们玩家在到达当前节点时做出了哪些选择或回避了哪些选择。我们没有一种唯一的方法来处理这种情况，但显然有一些直观的情景反映了我们的实际做法。

伴有历史的博弈　在下图中，所需的改变很容易被描绘出来。我们现在来看一个具有特定点 s 的博弈 M，这个点表明了实际的博弈进行到了哪个阶段：

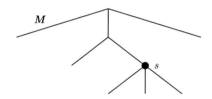

因此，至少在完美信息博弈中，我们知道在实际阶段发生了什么，玩家可以综合两件事从而做出选择：

① 迄今为止，玩家在整个较大的博弈背景下做了什么；

② 博弈剩余部分的结构是怎样的。

稍后我们会看到更复杂的模型，但现在，我们将讨论简单的场景。

观察到的行为所采取的方式　随着黑点在博弈移动时，玩家将如何改变他们的预期？读者可以在简单的决策案例中磨炼他们的直觉。

例 10.3　让决策合理起来

我们设想两个简单的场景：

左图展示了一个基本的理性决策的结果。右图则展示了一个"愚蠢的举动"，*E* 可能会对这个决定感到后悔。① 下面是一些更复杂的情况：

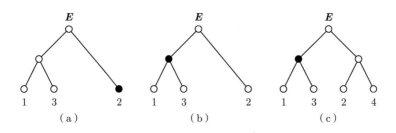

E 如果相信选择左边会导致其得到结果为 1 的效用值，则博弈（a）中 *E* 的行动可以被认为是理性的。如果 *E* 相信现在博弈让他可以得到结果为 3 的效用值，则博弈（b）中 *E* 向左的选择也是理性的。最后，*E* 如果认为博弈最终可以让他收获结果为 3 的效用值，同时相信如果他第一步是向右的话，他只能获得结果为 2 的效用值，则博弈（c）中 *E* 向左的行动也是理性的。 ■

理性化　在前面的例子中，我们看到，让观察到的行为可以被合理化起来的解释有很多。实际行动可能被认为是失误，甚至是愚蠢的标志。它们也可能被认为是聪明的，但聪明程度取决于假设。让我们讨论一种在理解他人行为时的自然倾向：我们保持接近理性，只有在被迫时才放弃对他人的理性假设。

> **理性化**　通过执行一个可被观察到的公开行动，玩家传递了关
> 于其信念的信息。这些信念使得该玩家的实际行动选择不会是
> 其信念中被严格占优的行动。

这只有在玩家是最低限度理性（minimal rationality）的情况下才会有效，即不去选择在任何情况下都是被严格占优的行动。② 只有当理性化不起作用时，我们才会考虑愚蠢或可能有其他问题的行动。这说明，对于假设的诠释就像一个梯子，我们只有在被迫的情况下才会迈向下一步。不过现在，我们还是继续讨论理性化。

---

① 后悔似乎是社会生活的核心，尽管它可能更适合于重复博弈的研究。

② 这种"弱理性"（weak rationality）是指玩家不会选择愚蠢的行动。人们也可以做出更强一些的"强理性"（strong rationality）假设，它是指玩家认为他所选择的行动是最好的。第十二章在针对策略式博弈的研究中探讨了这两种概念间的对应关系。

主体选择某个理性化行动仍然取决于该主体在其信念结构中所附加的假设。在最低限度的理性且无法比较信念好坏的情况下，一种理性化方式是简单假定该主体认为接下来所有出现的行动都具有同样的可信度。这样，观察到的行动就没有一个是在信念中被严格占优的。不过假设主体心中可能知道一个独特的、最可信的历史，则通过观察我们可能获得更多的信息。事实上，独特的信念加上强理性就解释了为什么上述博弈（c）中主体 *E* 相信会到达 3，而向右走后会达到 2。通过固定这些假设，我们就得到了各种各样的算法，它们在原则上都表明了，玩家的行动可以揭示他对后续博弈的信念。[①]

前向归纳法　上述情形的分析方式被称为前向归纳法（参见 Brandenburger, 2007），是对逆向归纳法，或者是对策略式博弈中的像重复剔除弱被占优策略这类算法，在算法上进行一种简单的改变，这将弥补此前指出的不足之处。无论这种补救方法是否可行，我们现在先探讨一个有关在两种算法间切换的相关问题。

放弃逆向归纳法是最好的选择吗？　对理性玩家来说，有时放弃逆向归纳法也许是可取的。

例 10.4　*前向归纳法的场景*

以下博弈改编自 Perea（2011）：

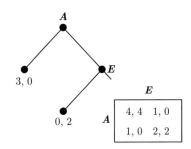

在矩阵博弈中，没有一个行动能够支配其他行动。因此，依照逆向归纳法，*E* 会考虑矩阵中所有可能的结果。这使得对 *A* 而言，选择向左的行动比向右的行动可以更好地保障自己的收益，从而更安全，因此 *A* 一开始应该向左走。但是如果 *E* 采用理性化方式来推理，看到 *A* 选择向右，那么下一个节点处就有额外的信息：

[①]　顺便说一句，玩家 *E* 的信念在此情形中具有双重含义。在轮到另一个玩家 *A* 时，它们是关于 *A* 将要做什么的真实信念。但是轮到 *E* 去选择时，则这些信念更像是意图。

A 希望获取比 3 更高的效用值，这只能通过在矩阵博弈中向上移动来实现。这就暗示了 *E* 也要去到那里，然后选择向左，这比只让 *E* 按照逆向归纳法选择而得到结果为 2 的效用值要好。　　　　　　　　　　　　　　　　　　　　　　　■

顶层视图和模糊结局？　　虽然这种情况很有意思，不过，这需要我们对最终矩阵博弈提供令人信服的解释。通常我们不知道完整的博弈，或者我们没有能力描述它。我们只知道一些顶层结构。那么这个带有不完美信息的矩阵博弈所描述的就只是博弈后续发展的一个大致情形。而这违背了我们在第二章和第八章中那种追根究底式分析博弈的精神。然而，就像人工智能中的求解算法一样，它结合了一些对于顶层博弈结构的分析，以及未被分析到的博弈后续部分的、具有启发性的一般数值（参见 Schaeffer et al., 2002）。这也更接近我们在现实生活中的推理方式。[①]

尾声：扩展理性　　我们的讨论并不是暗示前向归纳法意义上的理性化是唯一可以替代逆向归纳法的选择。Halpern et al. (2012) 提出，最小化玩家后悔度也是一个有趣的选择，而且 Cui (2012) 使用动态认知逻辑对其进行了研究。不过 van Benthem (2007c) 提出了另一种观点，根据人情需要偿还这种社会现象，对玩家为改善我们两者的收益而经受的风险给予补偿。这也许是我们在本节讨论的最普遍的观点，即权衡未来和过去的观点。玩家采取"负责任的理性"方式做出行动，既顾及自己的未来利益，同时也适当地对对手所做过的有利于双方效用收益的行动给予一定的照顾。合作值得考虑，缺乏合作则可以忽视。这就是我们大多数人的生活方式，而且这在很多博弈中都是有道理的。

10.4　逻辑方面：模型和更新行动

最初逆向归纳法被看作玩家博弈前关于博弈玩法的慎思过程。同时，随着博弈的展开，我们就如何使用历史信息对其进行分析的问题，给出了另一种替代方案。现在，结合前面几章的内容，我们将探讨在这种情景下相关逻辑方面更深层次的一些议题。

[①]　Perea (2011) 中的一般算法还引发了更多逻辑议题，我们在此不再赘述。

选择模型　10.3 节中的模型是一类点式树模型，它标示了当前博弈所处的位置。在第五章、第六章和第九章中的点式森式模型也与之类似，尽管它们更为一般，因为它们允许玩家的知识或信念发生变化，而这些变化被编码为节点之间的认知或可信度关系。这就是我们所需要的一般性。例如，为了描述先前的理性化过程，我们需要具备一般性的森式模型，这是因为信念不一定具有像最佳行动那样简单的 *bi-*风格式编码。对玩家而言，有太多不同的信念可以用来理性化一个被观察到的行动，而且这些信念不需要是最弱意义上的那种理性。

例 10.5　*关于信念的不相容假设*

考虑如下博弈树。我们可以用两种不相容的理性化方法来解释玩家 *E* 向左走到图中黑点处的行动：

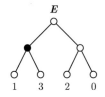

一种是假设认为 *E* 想得到左边为 3 的结果，对右边的任何结果都无所谓。另一种是认为 *E* 期望得到左边任何一种结果，而对右边的预期是将获得 0 的结果。　■

简单模型抑或是复杂模型的更新？　对前面的博弈我们也有不同的更新场景，这取决于我们选择的是结构较为简单的模型（thinner model）还是较为复杂的模型（thicker model）。

例 10.6　*例子重温：预想与事实相符*

我们来看 10.2 节中例 10.1 中的博弈：

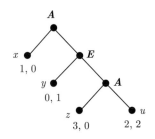

一种解释博弈中向右移动的方式如下。我们首先假设所有玩家的所有分支具有相同的可信度。A 的第一次向右移动触发了升级，使得在 $\leqslant_A$ 的序关系中，历史 RRR、RRL 要比 RL 更可信。接下来，E 向右移动使得在 $\leqslant_E$ 的序关系中，RRR 比 RRL 和 RL 都更可信。 ■

然而，有时一个简单可信度序列变化并不能起作用，我们不得不考虑更新更为复杂的模型。如下面例子所示，它是本书中一个反复出现的例子的变形。

例 10.7 更新更为复杂的模型

考虑下面这个博弈：

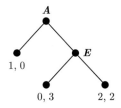

这四种可能的策略组合预先编码了所有可能的博弈情形。它们形成了一个具有如图所示的含有认知链的森式模型，模型中标识的是玩家决策的时刻：玩家已经决定了自己的策略，但还不知道对方会做出怎样的选择。我们只标示了顶层的链接，而较低层的链接将匹配相应的较低节点，这反映了我们关于完美回忆和公开观察的假设：①

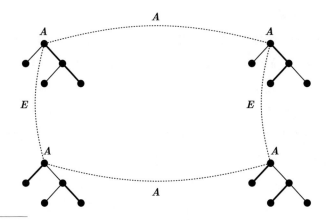

---

① 认知森式模型也可以做出更细的区分，例如假设在决策之后，玩家知道他们的下一步行动，但还不知道他们的整个策略。

假设左上角的树是实际的树，这就意味着 **A** 会向右移动。即便如此，我们仍然可以选择如何更新模型。一种观点是，行动是由玩家的意图来决定的。也就是说，事件 *e* 发生时的先决条件是"*e* 是当前玩家根据其策略所做出的行动"，这种更新方式将只保留最上面的两个模型，使得 **E** 而不是 **A** 知道如何结束博弈。但是我们也可以假设玩家会犯错，从而使用一个更弱的先决条件"*e* 是当前玩家可采用的一个行动"。这样，*e* 可能是因为失误所造成的，由此所有四个子树依然保留，只有模型的当前阶段发生了变化，但其他什么都没有改变。　　■

这个模型可以变得更加复杂，譬如在其中考虑玩家的预期，以及他们在公共信息下的信念变化。

选择众多　　这里我们面对的是一种权衡，是在树上对可信度序列进行升级，还是在博弈模型中对玩家行为的全局性信息进行预编码，并随后使用像公开宣告这类方式，在模型之间进行较为简单的更新。[①]除了这类模型的选择之外，还要对各种用于解释事件的更新进行选择。例如，我们是依据表面的效用值还是遵从更强大的意图来采取行动，同时，我们是选择明确地为决策过程来建立模型，还是将这个过程隐去。此外，力度也可以有所不同，因为理性化过程不一定是公开宣告，它也可以是具有理性的软式升级，就像第八章中对于逆向归纳法研究的第二种情形一样。同样，就涉及的模型而言，我们可以类似博弈树那样进行更新，也可以在更丰富的模型中简化更新，并在其中预先编码关于主体行为的全局性信息。这种多样性似乎与人类理解行为的多种选择相吻合。

现在我们转向一个技术问题，它略微超出了我们之前的逻辑分析。

三元可信度　　我们可以对在第七章、第八章和第九章中的模型进行一种推广。逆向归纳法在历史 x 和 y 之间建立了一个统一的二元可信度关系 $x \leqslant y$，而我们讨论的前向归纳法提出的是一种三元可信度关系 $\leqslant_s xy$（参见 van Benthem, 2004a），其中的排序取决于当前的位置 s。这种三元排序可以区分以下两种情况：① 当玩家执行了不同于实际的另一种行动时（"那将是一个愚蠢的行动"），他的预期假设是什么；② 玩家实际执行了另一种行动时的感受是什么。

逆向归纳法在其可信度排序上没有基于当前观点的区分，但更一般的理性化

进程不一定会产生与博弈中的预期相一致的结果。我们的理性化进程将利用博弈中偏离路径的期望作为对比,以此来让我们获得更多的信息,从而得到与当前路径的未来相关的信念。[1] 现在我们对例子 6.7 进行更全面的探索。

例 10.8 例子重温: 交叉式的期望

这一次,我们不把数字解读为效用值,而是将其解读为可信的程度:

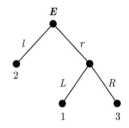

但这违背了逆向归纳法的要求,即与节点相容的可信度排序应当具有统一性(参见第八章),该排序使得某一个行动(行动 l 和 r 中的一个)比其他行动更可信,而它们所有的结果都遵循这个顺序。然而,很容易找到一些场景,使得图示的顺序更为自然,在这种情况下,使用更一般的模型似乎更为恰当。[2]   ■

题外话 针对这一举措有一类常见的反对意见: 这种三元排序是否一致? 诚然,由反事实推理,当前的可信度序列已经确立了在其他节点处什么是更可信的行动,但事实果真如此吗? 一个玩家选择行动 a,并说道:"如果我选择了行动 b,那么就会发生下面的情形。"此处为什么需要让后续的推理取决于实际上借助行动 b 才能到达的节点呢? 这种反对似乎有点令人困惑。如果玩家实际上选择了行动 a,那么该玩家就会认为选择 b 是错误的,这种反事实隐藏了一个假设,即选择 b 会让自己处于不利位置。但是,如果玩家实际上已经选择了 b,他会继续认为自己是故意选择这个行动的。因此,我们不能只看反事实的表面。只有在明确假设某个行动是如何被执行的情况下才能进行赋值: 是有意为之,还是意外所致,等等。这些

---

[1] 甚至没有必要沿着一条路径走下去: 当玩家做出非理性化的行为时,预期可能会翻转。从技术上讲,逆向归纳法也许是唯一能够创造预期的、统一的一致性算法。

[2] 对于由逆向归纳算法所产生的这种统一性可信度关系,我们可以用信念时态语言将其定义为一个特定公理的子类,其细节我们就不在此展开讨论。

假设会产生不同的可信度序列，所以，我们需要借助第三个参数描述这些假设。而我们关于逆向归纳法的固有假设是，所有偏离路径的行动都是因失误产生。

动态逻辑在三元模型中的应用　三元排序关系是条件句逻辑中的标准工具 (Lewis, 1973)，而我们在第七章中所讨论的动态逻辑的三元版本已被 Holliday (2012b) 应用于通过反事实信念来解释知识的认识论观点。这类逻辑需要针对我们之前讨论的主题进行调整，例如，将第七章和第八章中的极限情形与标准的不动点逻辑联系起来，譬如像 LFP（FO）或 IFP（FO）这类可以较易容纳三元谓词的不动点逻辑。①

主体类型的更新　对于先前的场景，我们主要使用的是局部更新，当玩家观察到某些事件的发生并给出特定解释时，博弈的视图也随之发生着变化。但正如我们所建议的，我们可以采用全局性观点，对主体类型进行分析。逆向归纳法预设了一种受未来驱使的特定理性主体，而理性化概念修正了这一假设，它允许玩家们通过其行动来揭示他们的其他信念。当这种理性化不能为玩家的行动做出解释时，我们可以有更多的主体类型去阐释玩家的行为，尽管这些主体类型可能会伴有理性受损的假设。②这似乎导致我们的研究走向末路，让主体类型一步步走向无稽之谈。不过，乐观地看，我们只是在一开始假设玩家是一个简单的机器，之后依情势，我们需要将玩家所考虑的变得复杂起来。这种阶段性的建模是与我们早期的模型相匹配，不过，它需要一个比我们所考察过的模型更为复杂的更新行动结构。

例 10.9　*不同主体类型的博弈*

假设玩家不知道他们身处的博弈是合作还是竞争的，这是日常生活中的典型情况。但他们知道有两种类型的参与者：竞争型（运用逆向归纳法的策略）和合作型（争取最佳合作结果）。当然，后者的含义还有待于更详细地定义，但即便如此，我们也可以看到这会如何大大地改变先前的更新情况。如果我们只有这两种类型，

---

① 相较于本书中所使用过的逻辑，我们的讨论还提出了一些更为激进的挑战。例如，前向归纳法的一个案例考察的是扩展型博弈，而该博弈结束于策略式矩阵博弈中，或者更简单地说，结束于一个结果是开放型的博弈中，而对此类博弈我们并没有可用的结构。当我们允许这种混合模型时，我们应该给出怎样的逻辑分析？

② 类似的层级在社会生活中也存在，我们一开始假设人们是友好和理智的，然而只有在新事实面前才被迫放弃这些幻想。

那么一个观察就可能告诉我们对手的类型及其未来的所有行动，并且在经过一些行动后，博弈可能会达到一个稳定的局面。∎

虽然这个情景看起来很有吸引力，并且使用一小组可能的类型似乎很实用，但它几乎也有一种静态的味道，这是因为固定类型的对手就犹如可预测的自动机一样。然而，在很多社会推理中存在着一个有趣的不对称现象。通常，玩家可能认为自己是独特且无限灵活的，而对手则是之前遇到的某种行为类型的一般代表，正如奥斯卡·王尔德（Oscar Wilde）的那句名言："我不认识你，但我知道你是哪种类型的人。"同样的不对称性也出现在许多逻辑难题中（参见 Liu et al., 2013b）：斯穆利安岛上的居民要么是说谎者要么是说真话的人，但游客是一个可以灵活改变的人，他试图设计一些问题，从而检测出居民的类型，然后从中获益。[①] 最有趣的类型似乎是那些行为可以自由变化的人。

我不会构建任何可以谈论这些情况的逻辑，但读者可以查阅 Wang (2010) 和 Ramanujam (2011) 中对于主体类型所做的一些逻辑分析，他们的分析主要是受到计算逻辑方面的启发。另一个有趣的拓展可能是：在博弈论的基础研究中扩展标准的刻画性结果。奥曼定理指出，如果"所有主体都是某一特定类型（即具备标准的理性）"是公共知识，那么主体就会遵循逆向归纳法的路径。如果我们放宽这个假设，假定作为公共知识，每个主体要么是竞争型的，要么是合作型的，情况又会如何呢？是否会有一种扩展的逻辑博弈论，它能基于一族自然的主体类型而产生？

10.5 弈 博 论

基于前面的内容，我们现在得出：在博弈中定义最佳行动并没有唯一的方法。我们缺少与研究密切相关的主体类型信息。博弈结构本身并不提供这些信息，除非我们作出严格统一的假设。因此，我们需要考虑更多内容。

van Benthem et al. (2011a) 提出了"弈博论"（theory of play）这个术语。要想了解博弈中发生的事情，我们必须把博弈的结构信息与博弈的主体结合在一起。

---

① 如果所有玩家都有灵活的类型，那么逻辑谜题会变得更难。

尽管在博弈论中，每个玩家都可以有自己的偏好，但除此之外，许多求解过程都假定了诸如"玩家的思维和行动方式是一致的"这类要求。然而，我们需要更丰富的多样性：在认知或计算方面的局限性、关于信念修正的规则，以及其他的相关特征。此外，博弈和一般社会场景一样，玩家在其中都很重要。实际上，这种扩展有两个方面：我们需要了解实际的博弈过程，也需要了解参与的玩家。这两者交织在一起，但代表了不同的维度。逻辑可以为我们提供各种各样的场景以及与此相关的推理模式。

当然，这种想法在文献中并不是全新的。博弈论当中的许多进一步研究都趋向于这个方向，同时博弈逻辑的许多工作也是如此。尽管如此，目前的表达方式似乎有助于突出所涉及的内容。此处，我们重申绪论中的一个观点，而这可能也很重要。"弈博论"并不是去消解博弈论或逻辑研究中出现的问题。相反，它是这两个领域（和其他领域，如计算机科学）思想的共同产物。正如相较于个人的转变，孩子通常是一种在关系中更为强大的纽带。

目前，还没有一个成熟的"弈博论"，只有一些有趣的、可能促使其成为一个理论的零星碎片，其中就包括了本书第二部分提到的那些丰富的逻辑系统。本章最后将讨论这一理论所面临的一些主要挑战及其潜在优势。

10.6 寻找必要的多样性

一个重要的问题是，"弈博论"中所需的这种多样性该如何定位？这种可能性有很多：玩家的多主体系统，或者只是玩家的策略，或许是他们解释他人行为的方式，又或者至少是关于这些行为的推理。这么多样的可能性应该进入我们的视角当中。

个别事件与普遍类型　人们甚至可以问我们是否需要主体，因为主体可以是一个时间实体，他们的行为随着时间不断变化，远远超出了迄今为止所观察到的几个事件。为什么不坚持我们观察到的，并在此基础上进行更新呢？个别事件与超越这些事件的普遍类型之间的张力似乎是人类语言和推理的典型特征。我们倾向于以一般术语看待彼此，通常使用"友好的"或"敌对的"等形容词来概括一段时间内的行为风格。从认知角度来看,真正孤立的"一夜情"大约就像免费午餐一样罕见。这种瞬间一般化的倾向可能具有认知价值,这是因为仅仅坚持事实会使我们变成盲目的信号记录机器。[1]因此我们需要转向主体。

玩家的分类 对于玩家们而言,其实存在非常大的空间来对他们做假设,但若是要真正地理解他们,就需要寻找一组更小的且可控的相关选项来说明。例如,Liu (2009) 从动态认知逻辑的角度出发,提出了一个用于描述主体多样性的精美模式。其中的一个维度是主体的过程性特征:他们的记忆力、观察力甚至推理能力如何?[2] 另一个维度是主体的更新策略:他们如何修正自己的信念,或者更笼统地说,他们遵循什么样的学习方法?第三个维度可以称为是信息和赋值之间的"平衡类型":主体在追求自己的目标时可能更乐观或更悲观等。最后,还有一些相关的社会类型,比如玩家更具竞争性还是更具合作性(如前所述)。

复杂策略与简单策略 考虑主体的类型可以作为一种分类方式,我们也可以只考虑策略在交互中的作用,从而用策略分类代替主体分类。这里提出了对本书逻辑方法的一种挑战,即本书强调越来越复杂的认知推理。许多社会行为研究表明,简单的规则往往最有效(参见 Axelrod, 1984; Gigerenzer et al., 1999)。玩家可能是一个通晓心理理论的见多识广的智者,但可能现在唯一重要的一点是:玩家是否会遵循一个简单的"以牙还牙"策略。我们还不是很清楚什么时候使用简单的策略,什么时候需要对他人进行复杂的推理。

逻辑多样性 我们的逻辑中也存在多样性。第七章中的逻辑动态强调了由各种更新机制所带来的观察通路或者可信度变化的多样性,这极大地拓展了我们用于研究主体的标准化逻辑视野;甚至,我们的逻辑预设也可以是多样的。第九章中所探讨的例子就涉及带有动态认知更新的博弈。而与主体多样性一致的是,记忆受限(memory-bounded)的主体也有更新规则,其认知时态森式模式可以是决定的。

换句话说,我们的方法是可以容纳多样性的(diversity-tolerant)。但这是不是有点过头呢?

---

[1] 这种对个别事件的忽视可能过于草率。实际上,我们可以选择一种中间选项。Ramanujam (2011) 就对主体类型所构成的空间进行了一项有趣的探索,这些主体类型会在社交过程中随着时间的推移而成长起来。

[2] 沿着这条思路,那些偏离了逆向归纳法的反常行为可能意味着相关玩家存在另一种推理风格。

10.7 一些反对意见

当然，对我们提出的理论也有一些反对之声。我们可以直接给予回答。

混乱 "弈博论"基于对主体巨大的假设空间，使得模型相当复杂。如何控制这种爆炸式增长呢？

这个反对意见很不错，它可以提醒我们要保持一种简单有益的力量。例如，我们对理性化的研究使用了第九章中复杂模型的复杂更新，也许我们应该寻找其他更简单的方法。尤其，当我们解释社会情景中的行动时，可能只涉及了少数几种常见的方式。除了公开观察到的事件 $!e$，这些方式还可能包括之前考虑的"领会式行为"，例如：

> 基于信念上的理性，有意地选择了行动 e；
> 偏离了逆向归纳法，错误地选择了行动 e。①

失去统一性的吸引力 统一性假设（如逆向归纳法中的统一性假设）不仅仅是一种会被复杂多样性所取代的简单化建模观点，它们也揭示出一种平等待人的诱人直觉，同时反映出能够设身处地为他人着想的重要能力（参见 van Benthem, 2011b）。此外，许多认知行为是通过相似思想之间的共鸣来维持的，因此我们不应轻易放弃统一性。

当然，这个反对意见确实有一定道理，但也许共鸣是在较高的一般层面上发生的（例如，至少同意玩一个博弈），而多样性则在更具体的层面上占主导地位。

需要理解的太多 本书创建的机制几乎可以为任何行为建模。那么，作为对批评行为至关重要的规范力量在哪里呢？批评是另一种认真待人的处事方式，而非让人自暴自弃。

对于这个合理的反对意见，我们还没有明确回应。社会生活是一种微妙的平衡，也许它的逻辑也是如此。

---

① 此外，鉴于这些附加特征可能是我们的假设，我们可能想把这些用作硬信息或软信息。

10.8　与多样性、语言线索和逻辑设定共存

最后，我们就迄今为止所提出的问题提供了一些更具建设性的想法，以期获得一个更为可行的"弈博论"。

使用我们已有的信息　之前的反对意见可能使事情看起来比实际情况更复杂。实际上，也有一些因素促进了简化。通常，我们不需要凭空产生假设。我们对人们的期望是基于先前的经验，因此在进入社会情景时，并不是一张白纸。即使文献中的谜题似乎脱离了上下文，但通常来说，具体情景的描述可以提供关于主体类型的信息。①

社会生活和语言　在社会生活中，若是能够应对多样性，这就意味着它是一类成功的事实，它将几种紧张关系的来源一网打尽，比如早先关于从类型的角度思考问题还是仅仅对个别事件做出反应的区分。虽然这可能并不完全令人信服（社会生活真的如此成功吗？），并且诉诸事实往往是绝望理论家的最后手段，但在这一理论阶段，研究经验证据可能是很重要的。例如，我们的自然语言就是一种未被充分利用的资源。我们有丰富的语言资源来谈论个体行为和社会互动，而逻辑学家只研究了其中的一小部分。试想一下，诸如遗憾、怀疑、希望、奖励、复仇等等，这些词汇构成了我们的生活，同时又与信息、赋值和行动的平衡有着明确的联系，而这对于博弈至关重要。这种呼应似乎对我们的研究很有帮助，所以它可以为研究社会互动的逻辑提供一种锚定。②

在所有合适的地方找到统一　转向更技术化的视角，我们也可以思考需要多少方法的统一性，以及这种统一性存在于何处。例如，允许主体多样性的动态逻辑可能很复杂，但是我们可以"重新设计"。将观察的能力考虑在内，我们可以为各种不同观察能力的主体编写不同的逻辑。但动态认知逻辑可以将这一切变化包含

---

① 例如，如果我们知道主持人所遵循的协议，那么像三门问题这样著名的概率谜题就可以解决（Halpern, 2003a; van Benthem et al., 2009b）。我们通常可以在关于这类场景的断言中发现这类信息。

② 我们将本书的逻辑建立在了平实的信念和偏好上，但是如果我们将它们建立在能够昭示出我们真实决策的希望和恐惧上，情况会是怎样呢？

至一个相关的事件模型中，然后利用一个"母体"逻辑来描述如何使用这些更新。[1] 信念修正也是如此。表面上，它分解成许多更新原则，从而产生了丛林一般的逻辑系统（参见 van Benthem, 2007a 中关于许多规则的完全动态逻辑）。但 Baltag et al. (2008) 让事件模型再次对多样性进行编码，只留下一条优先级更新规则，该规则遵从我们在第七章和第九章中所看到的简单公理完备集，但其直观代价是要有更多抽象的信号事件。同时，我们仍在继续讨论描述社会情景的最佳逻辑形式（参见 Girard et al., 2012）。

因此，"弈博论"应该在包含多样性的同时，还充分利用所有可用的线索，让逻辑完成它通常的抽象化和理念化的工作。

10.9   联系和可能的影响

主体多样性与"弈博论"的意义超出了博弈自身。例如，计算机科学的大量研究是关于通过不同的策略类型能够获得怎样的结果（第十八章概述了一些结果，并对第四部分中逻辑博弈的工作进行了概括）。同样，认知实验中的行为也说明了之前提到的理性慎思与实际博弈之间的不匹配，这是因为处在白热化阶段的主体偏好可能会发生变化。[2] 我们的理论应当从这些研究中汲取养分。

"弈博论"也可能影响诸如哲学等领域，这些领域充满了统一性假设，这些假设往往基于作为统一标准的哲学直觉。当我们质疑这些假设时，会发生什么？鉴于不可否认的行为主体的多样性，伦理学中的公平竞争是什么？通常的康德式观念，即我们所有人都以相同的方式进行推理，是最大的正义，还是最大的不正义？再来考虑认识论：什么是理性？是按照自己的意愿尽力而为，不管多么微弱吗？类似的观点也适用于语言哲学，其中通常的意义模型涉及统一的语言使用者，而实际交流的多样性却被忽视了。统一性假设不可偏倚，而人性具有多样性，它们之间存在着一种矛盾，但无论如何，我们的逻辑需要兼顾这两者。

"弈博论"甚至直达逻辑本身。一种推理理论如何描述从事推理和其他活动的

---

[1] 不可否认，找寻"母体"逻辑是相当重要的，参见第七章关于带有公共知识的 DEL 递归法则的讨论。

[2] 可将这与 McClure (2011) 关于偏离博弈理论中拍卖行为的研究观点进行比较。

人或计算主体,以及他们不同的行为方式呢?比方说,不同类型的自动机是在从事证明搜索,还是在逻辑博弈中竞争?如果我们放宽隐含于主体当中的标准统一性假设,那么逻辑是否可以更接近实际的推理?在我们的实际研究中,这是否会导致我们对现有的逻辑系统产生新的理解?

10.10 小 结

本章汇集了第七章、第八章和第九章的内容,将博弈逻辑的概念从单纯分析博弈拓展到分析"弈博论"。我们展示了如何利用动态信息逻辑和偏好逻辑中的工具,来为这种研究提供支持,从而描绘出更为丰富的社会交互推理图景。然而,我们也考虑了由此产生的多样性所带来的反对意见,以及划定自然边界的问题。这项研究不仅需要哲学反思,也需要技术发展,但我们希望已经充分展示出了这二者的意味。

10.11 文 献

本章基于以下研究工作:van Benthem (2011e)、van Benthem (2011b)、van Benthem (2011c) 以及 van Benthem et al. (2011a)。

对上述观点影响深远的论文包括了 Bicchieri (1988)、Stalnaker (1999)、Halpern (2001) 以及 Halpern (2003b)。此外,还有在本书中多次提到的博弈论文献:最近的相关工作参见 Perea (2012) 和 Brandenburger et al. (2014)。

第二部分的结语

在这一部分，我们提出了将逻辑动态化作为（受信息驱动的主体性研究中）显式化行为理论的总体方案，并向读者介绍了这一观点所伴随的基本系统和方法。博弈是智能交互主体性研究领域的主要范例，因此自然成为逻辑动态化研究的一部分。我们用这种思维方式实现的是一种动态的视角，从而将博弈视为一种活动，其中就包括了最初的慎思、实际的博弈和后续反思阶段。

在第七章中，我们以广义的方式呈现了动态认知逻辑的缩影。在第八章中，我们将博弈求解（以逆向归纳法为例）视为一个过程而非最终成品，并将求解算法描绘为一种趋近于迭代理性硬宣告和软宣告极限的慎思过程。由此产生的总体框架提出了过程化研究的基本观点，它既适用于博弈也适用于社会活动，还与计算的不动点逻辑联系起来，并且这一联系有着其独立的研究意义。最后，在这一理论框架下，我们对于一些来自哲学逻辑中的初始概念诸如可信度等给出了新的见解。第九章研究了在实际博弈中的各种信息化过程，而其定义主要是在不同博弈的森式模型上进行。其中的具体研究包括描述玩家行动的完全动态逻辑，描述玩家接收到硬或软信息后，其认知的可及关系或可信度关系的变化，以及采用相同的方法讨论玩家偏好变化，甚至是玩家策略和博弈本身的变化。在森式模型的研究中，表示定理向我们揭示出满足动态认知-信念逻辑更新规则和其他规则时主体会做出什么行为。最后在第十章中，我们将前面研究的这些现象看作逻辑和博弈理论之间的一种交叉融合的趋势——或可称之为"弈博论"。我们还讨论了一些具有挑战性的议题，如前向归纳法中的一些基本问题，并且探讨了所涉及问题的大致研究轮廓：如何保持适度大小的博弈模型、主体的类型，以及对博弈论以外领域的影响，这就包括了哲学，甚至逻辑本身。

在第一部分和第二部分中，我们展示了博弈逻辑的研究现状。为了检验这一计划的可行性，第三部分将展示这种分析方式如何适用于表示博弈的其他层面，亦即，玩家效力和策略矩阵式博弈的层面。

第三部分　玩家的效力和策略式博弈

第三部分的导言

在本书的第一部分和第二部分，我们主要研究了在个体行动层面上的扩展式博弈。不过在这一过程中，自始至终有一个贯穿全局的观点：玩家通过策略影响最终结果的效力，使得博弈仅产生满足某些特定性质的状态或历史。这种全局性观点与逻辑十分吻合，在第十一章中，我们将从这种效力视角来检验之前探讨过的技术，揭示出第一部分中的模态语言、互模拟和其他的一些概念如何推广到这样的场景。为此，我们使用的工具是所谓的邻域模型，这些模型已被用于信息、并发、拓扑学、余代数和博弈的研究当中。而上述所有这些都是通向第十二章的铺垫，在第十二章中，我们将用更接近于标准的博弈理论，来研究策略式的博弈。我们会展示这些适合于用逻辑分析的方式与之前所提供的风格相同，不过也有一些新的变化，包括诸如知识、均衡、理性和时态演化的话题，同时也加入对于诸如同步行动等议题的讨论。最后，在第十三章中，我们将揭示出第二部分的逻辑动态化研究是如何适用于策略式博弈的探索。

本书的这一部分有两个面向。首先，它是对第一部分和第二部分的自然总结，展示了之前发展出的逻辑静态和动态如何应用于博弈的其他视角，使得本书的第一个主题至此告一段落。而与此同时，第三部分展望了我们的另一个主题——逻辑博弈。正如我们在第四部分将要看到的，与逻辑博弈相关的自然细粒度层面通常是效力互模拟，这也是我们在绪论中曾经提到过的。而一旦我们理解了这一点，那么，第五部分的一些基于效力博弈分析的逻辑系统，既可归属于逻辑博弈分支，也属于博弈逻辑分支中的研究。因此，虽然这一部分可以跳过而不失本书内容的连贯性，但实际上它是我们研究这两个主线之间的一个非常好的过渡。

第十一章　迫使效力

在本章中，我们将透过玩家的策略效力视角，提供一种简单的视图来理解博弈全局的输入-输出行为。这些都可以通过之前的模态技术来进行研究，从而与第一部分和第二部分中的行动逻辑建立系统性的联系。

11.1　迫使效力和策略效力

主体的社会效力本身就是一个重要话题。在本章中，我们将忽略玩家行动的细节，而专注于他们在博弈中达成结果的效力。在绪论和第一章讨论关于博弈研究的不同观点时，我们就已经提到过计算这类效力的问题。

定义 11.1　　**迫使关系**

在博弈树中，如果玩家 i 有一个从状态 s 开始进行博弈 G 的策略，并使得其最终状态总落在集合 X 中，则称迫使关系 $\rho_G^i s, X$ 成立。当 s 在上下文中是已知的（通常它是博弈树的根)，则称这些集合 X 为玩家 i 的效力。　■

在任意有穷的博弈树中，我们能通过枚举策略，以及将策略应用于对手所有行动可以到达的最终状态集，找到迫使关系。[①] 归纳地应用博弈代数可以确定效力，但是我们把这一内容推迟到第十九章。现在，我们先简单地来看效力的计算。

---

① 效力的概念也适用于无穷博弈，在这种情况下，结果可以与完整的历史相对应。我们将要讨论的许多内容都可以扩展到这种情境中。

例 11.1 计算迫使关系

以下博弈展示了策略的基本要素和结果集：

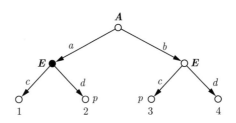

此处，玩家 **A** 有两个策略，能够迫使结果落在集合 $\{1,2\}$ 和 $\{3,4\}$，而玩家 **E** 有四个策略，能够迫使结果落在集合 $\{1,3\}$、$\{1,4\}$、$\{2,3\}$ 以及 $\{2,4\}$。这些集合诠释了玩家对于特定结果的控制效力：一个较大的集合表明了玩家的控制力不够强，从而无法产生唯一的结果，只能将结果保持在某个上限范围内。　　■

为了探究一个更深层次的问题，让我们回顾一下早前对博弈等价的探讨。

例 11.2 重温命题分配律

考虑以下博弈，它们已经在绪论和第一章中被讨论过：

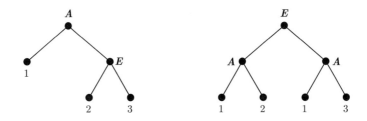

正如第一章所表明的那样，就这两个博弈的局部行动结构来说，它们是不一样的，但是从它们的全局效力性而言，却是相同的。在左边的博弈中，玩家 **A** 有两个策略：向左和向右，它们保证了结果落在集合 $\{1\}$ 和 $\{2,3\}$ 中。而这些就是玩家 **A** 的效力。玩家 **E** 也有两个策略，保证了结果落在 $\{1,2\}$ 和 $\{1,3\}$ 中，而这两个集合就是 **E** 的效力。在右边的博弈中，我们得到了相同的结果。首先，玩家 **E** 有两个策略，分别迫使结果落在集合 $\{1,2\}$ 和 $\{1,3\}$ 中。接下来，**A** 有四种策略 LL、LR、RL、RR，它们分别导致了结果集 $\{1\}$、$\{1,3\}$、$\{2,1\}$、$\{2,3\}$。然而，在这四个集合中，$\{1,3\}$ 和 $\{2,1\}$ 可以去掉。这是因为基于对上述效力的理解，它们表

达了比 {1} 更弱的效力，因而是多余的。因此，玩家 A 的效力还是与左边的博弈一样，使得结果落在集合 {1} 和 {2,3} 中。 ∎

上述分析预设了玩家效力具有某些形式上的属性，例如它在超集下是封闭的。现在，我们将按照与本书其他主题相联系的逻辑思路，对这些限制条件进行更一般化的研究。[①]

11.2 形式化条件和博弈表示

如上所述的迫使关系显然在超集下是封闭的：

$C1$ 　　如果 $\rho_G^i s, Y$ 并且 $Y \subseteq Z$，那么 $\rho_G^i s, Z$。

这种属性有时被称作单调性。在这些关系上的另一个明显限制是一致性：因为针对这些效力的策略总是只产生一个结果，所以玩家不能迫使博弈的结果落在不相交的集合中：[②]

$C2$ 　　如果 $\rho_G^i s, Y$ 并且 $\rho_G^j s, Z$，那么 Y 和 Z 有重叠。

回顾我们在第一章中所说，任意的有穷双人零和博弈都是决定的：对于任何获胜规则来说，两位玩家中的其中之一总会有获胜策略。在当前的抽象术语中，这就意味着以下内容。令 S 为包含了所有结果状态的总集合：

$C3$ 　　如果并非 $\rho_G^i s, Y$，那么 $\rho_G^j s, S - Y$。

这种决定性也可以被视作一种完全性。

使用这些条件，我们可以很容易验证本章前面的那些例子。事实上，在我们当前的设定下，这些条件对于玩家的通用效力都成立。[③]

---

① 从博弈论的角度出发，Bonanno (1992b) 较早期就对效力进行了形式化的分析。

② 在此及其之后的讨论中，我们都会使用 i 和 j 作为两个玩家的通用名称。

③ 有趣的是，这里所陈述的关于效力的条件可以看成是一个双人版的、关于超滤的标准逻辑概念。这种把标准概念拆分到多主体概念中的做法，对于第四部分将要研究的逻辑博弈来说是非常典型的。

事实 11.1 在任意一个有穷的完美信息博弈 G 中，玩家 i 和 j 在根节点 s 处所具备的效力都满足条件 $C1$、$C2$ 和 $C3$。

反之，根据下面的表述，这些条件都是成立的。

事实 11.2 集合 S 的任意两个满足条件 $C1$、$C2$ 和 $C3$ 的子集族 F_1 与 F_2，它们都是在一个两步就能完成的博弈中处于根节点处的效力。

证明 首先，玩家 i 在后继节点之间进行选择，这些节点对应于 F_i 中所有包含极小元的集合。在这些节点上，玩家 j 开始行动，并且可以选择给定集合中的任意一个元素。很显然，玩家 i 具有在 F_i 中指定的效力。现在考虑玩家 j 的效力。在刚刚定义的博弈中，玩家 j 能够迫使任何一集结果都与 F_i 中的每一个集合相重叠。但是根据给定的限制条件，它们正是在初始族 F_j 中的集合。例如，如果某个结果集 A 与 F_i 中的所有集合相互重叠，那么它的补集 $S - A$ 就不能出现在后面这个族中，因此根据完全性可得，A 自身一定在 F_j 中。

上述的论证揭示出比所述更多的内容，这也就是说，博弈的规范形式与第十二章将要研究的（在博弈论中通用的）策略式博弈息息相关。该博弈只有两步行动，并且哪个玩家先开始并不会影响其构造。这有点像命题逻辑中的析取范式和合取范式。实际上，产生这些范式的布尔运算是有关博弈等价的、更一般的逻辑演算方面的问题，这将会在本书的第五部分和第六部分中研究。

探索社会化场景 我们也可以从不同的角度来理解效力表示定理。一系列的效力就如同一类规范，它揭示了我们希望赋予给定群体中的不同主体多大程度的控制力，而一个博弈则是设计一个简单的社会场景来实现这些效力。对于更为复杂的效力结构的逻辑分析，参见 Pauly (2001) 和 Goranko et al. (2013)。Papadimitriou (1996) 则讨论了在社会情景设计中给主体提供不同信息的方式。

11.3 模态迫使逻辑和邻域模型

迫使模态词 在这个新的层面上，我们可以为博弈引入一种匹配的模态语言，其中就包括命题字母、布尔算子和以下新的模态算子：

$$\boldsymbol{M},s\models\{G,i\}\varphi,\quad\text{当且仅当}\quad\text{对于玩家 }i\text{ 而言，在 }G\text{ 中存在一个效力集 }X\text{ 使得}$$
$$\text{对于所有的 }t\in X\text{ 都有 }\boldsymbol{M},t\models\varphi$$

或者用更贴近于模态语义的格式：

$$\boldsymbol{M},s\models\{G,i\}\varphi,\quad\text{当且仅当}\quad\text{存在一个集合 }X\text{ 使得：}\rho_G^i s,X$$
$$\text{并且 }\forall t\in X\colon\boldsymbol{M},t\models\varphi$$

本质上，这就是我们在第一章和第三章中所定义的迫使模态词 $\{i\}\varphi$，它是某个给定扩展式博弈 G 上的一种全局性视角。在接下来的讨论中，为了方便，当玩家 i 在上下文中是明确的时候，我们通常把这个模态词写作 $\{G\}\varphi$。

这种语义涉及对第一章中的模态模型的推广，前面的可及关系是由世界到世界的，而现在我们使用从世界到集合的关系。这种变化在有效性层面上的主要影响类似于第五章中关于时态迫使的基本逻辑。

事实 11.3　带有迫使算子的模态逻辑满足了 ◇-最小模态逻辑中的所有规则，除了 {} 对于析取的分配。

这就是说，$\{G\}\varphi$ 是向上单调的：

$$\text{如果}\models\varphi\to\psi,\text{那么}\models\{G\}\varphi\to\{G\}\psi\text{。}$$

但是以下公式并不有效：

$$\{G\}(\varphi\vee\psi)\to\{G\}\varphi\vee\{G\}\psi$$

后者的无效恰是出在迫使效力这一点上。其他玩家可能有效力，来阻止我准确地确定结果。我可能有获胜策略，但具体在哪儿获胜可能仍由你决定。例如，在本章的第一个博弈中，玩家 $\boldsymbol{A}$ 能够迫使结果为 $\{1,2\}$，但不会是 $\{1\}$，也不会是 $\{2\}$。我们也可以很容易验证模态词 {} 在合取上不满足分配规则。

基本的邻域模态逻辑是可判定的，它比标准关系模型上的最小模态逻辑 K 具有更低的计算复杂度。

邻域模态逻辑　这类从世界到集合具有可及关系的模态逻辑模型，被称为邻域模型 (Chellas, 1980; van Benthem, 2010a)。这个术语反映了与拓扑学的联系：参见下面的 11.5 节。这些结构有着许多的应用 (Hansen et al., 2009)，包括第七章中的信息动态的精细化证据模型 (van Benthem et al., 2011b)。

11.4 互模拟、不变性以及可定义性

谈到邻域模型在模型论方面的关键特征，可以追溯到绪论以及本书在稍后部分所要讨论的博弈等价性问题。我们可以轻松地将第一章中的互模拟不变性概念扩展应用到本章内容中。考虑任意的博弈模型 M 加上如上定义的迫使关系。

定义 11.2 *效力互模拟*

介于两个博弈模型 G、G' 之间的效力互模拟是 G 和 G' 状态间的一个二元关系 E，它满足以下两个条件：

（a）如果 xEy，那么 x 和 y 满足相同的命题字母；

（b）如果 xEy 且 $\rho_G^i x, U$，那么存在一个集合 V 使得 $\rho_G^i y, V$ 并且 $\forall v \in V \exists u \in U : uEv$；反之亦然。 ∎

效力互模拟是一个比较自然的概念，它是在并发动态逻辑（concurrent dynamic logic）（van Benthem et al., 1994b）、拓扑模态逻辑（topological modal logic）（Aiello et al., 2002) 和余代数 (Baltag, 2002) 中被独立提出的。该概念也有一个一般化的模型论，它是对第一章中普通互模拟关系的自然扩充。此处，我们不去考察它具体的细节，只给出两个例子。

事实 11.4 *模态迫使语言在效力互模拟下保持不变。*

证明　考虑两个模型 M 和 N。其中 $M, s \models \{\}\varphi$ 且 sEt。根据真值定义，存在一个集合 U 满足 $\rho_M^i s, U$，并且对于所有的 $u \in U: M, u \models \varphi$。现在，根据前后之字条件中的条款（b），在 N 中存在一个集合 V 使得 $\rho_N^i t, V$ 并且 $\forall v \in V \exists u \in U : uEv$。因此，每一个 $v \in V$ 都与某个 $u \in U$ 具有 E-关系，从而根据归纳假设，我们有 $N, v \models \varphi$。而又根据真值定义，我们有 $N, t \models \{\}\varphi$。

事实 11.5 *如果有穷模型 M, x 和 N, y 满足相同的迫使公式，那么在它们*

之间存在一个效力互模拟 E 满足 xEy。

证明　在这两个模型的状态之间定义一个如下关系 E：

$$uEv, \quad 当且仅当 M, u 和 N, v 满足相同的模态迫使公式。$$

断言　E 是一个效力互模拟。

根据定义，这里的原子条款十分清楚。现在，假设 sRt，与此同时，对于 M 的某个子集 U 有 $\rho^i_M s, U$。由此，我们需要找到一个集合 V 使得：

$$\rho^i_N t, V \text{ 并且 } \forall v \in V \exists u \in U : uEv$$

假设不存在这样的集合，即对于 N 中的每一个满足 $\rho^i_N t, V$ 的集合 V，都存在一个状态 $v^V \in V$ 使得它和任意的 $u \in U$ 都不具有关系 E。让我们进一步分析这个说法。根据关系 E 的定义，这意味着对于每一个 $u \in U$，v^V 不能与 u 同时满足某个迫使公式 ψ^u：比如它在 u 上为真，而在 v^V 上为假。但是由此一来，所有这些公式的析取式 Ψ^V 在 U 中的每一个元素上都为真，而在 v^V 上依然为假。现在令 Ψ 为所有后面这类公式的合取，其中 V 取遍了所有满足 $\rho^i_N t, V$ 的集合。显然，我们有

$$对于每一个 u \in U, \ M, u \models \Psi$$

进而，也有

$$M, s \models \{\}\Psi$$

但是，根据上述 E 的定义，也有 $N, t \models \{\}\Psi$。这表明存在一个集合 V 使得 $\rho^i_N t, V$，其中的每一个元素都满足公式 Ψ。而这与 Ψ 的构造相矛盾，这是因为 v^V 当然不满足其合取支 Ψ^V。

这些结果不仅仅是在博弈树上成立，而且在更一般的进程模型上也成立。[①]

[①] 在这条研究进路上，我们还有更多的结果，它们推广了第一章中针对标准模态逻辑所述的结果。例如，对于任意的一个博弈 G 来说，我们可以通过无穷模态迫使公式来定义所有与 G 效力互模拟的模型类，从而为它找到效力不变量。

11.5　题外话：拓扑模型和相似性博弈

现在让我们在更多的维度上解析前面提到过的这些概念，在广义模态逻辑中注入一些新鲜观点，否则我们可能将只是一种重复无聊的练习。

拓扑语义　邻域模型的一个特例是拓扑模型 $M = (O, V)$，它由一个拓扑空间 O 和对于命题字母的赋值 V 构成。迫使关系 $\rho\, x, U$ 的解释如下：x 属于开集 U。这些拓扑结构上的模态语言语义可以追溯到 20 世纪 30 年代。

定义 11.3　*模态逻辑的拓扑解释*

在一个拓扑模型 M 中，如果点 s 有一个开邻域 U，并且 U 中的所有点都满足 φ，那么我们说 $\square\varphi$ 在该点 s 上为真。　　　　■

关于模态词的拓扑学解读的细节，建议读者参阅文献 van Benthem et al. (2007b) 或者教材 van Benthem (2010a)。例如，基本逻辑是 S4 系统，而且还有很多深层的技术结果，它们更进一步地把模态逻辑关联到意义深刻的数学结构上。

然而在这里，我们的兴趣在于结构不变性的相关概念，它将邻域互模拟与本书第四部分的逻辑博弈联系起来。正如我们将在第十五章看到的，每一种互模拟概念为模型比较引入了一个对应的逻辑博弈，其中两个玩家在规定的回合内，探查模型间的差异性和相似性。这产生了一个用互模拟检验相似度的精细结构化版本。与其在邻域模型的抽象版本中进行效力互模拟，不如在一个更具体的拓扑环境中展示这个想法，具体内容参见 Aiello et al. (2002)。

比较博弈　我们可以用两个称为破坏者（spoiler，寻找差异性的玩家）和复制者（duplicator，寻找相似性的玩家）的博弈去分析我们模态语言的表达力，以此在两个给定的拓扑模型的点上进行比较。

定义 11.4　*拓扑博弈*

拓扑博弈中的轮次按如下进行，它从某个当前的匹配 $s - t$ 开始。破坏者选择其中一个点，并且在它的模型中选择一个开邻域 U。复制者则用另一个当前点的开邻域 V 来回应。在同一轮中，破坏者选择一个点 $v\,(v \in V)$，而随后复制者选

择一个点 u ($u \in U$)，使得 $u - v$ 成为新的匹配。如果这两个点在原子性质上不同，则复制者会输。∎

这看起来很抽象，但我们可以非常具体地来看它。

例 11.3 **比较勺子图形上的点**

在下面展示的勺子图形中，我们可以从直观上比较它们的不同之处：

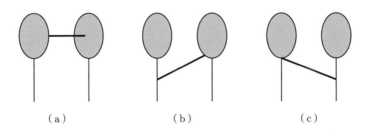

（a） （b） （c）

在这些博弈中，无论玩家选择的是小的还是大的开邻域，这一点都无关紧要。①

情况 (a)：如果破坏者选择左边的一个邻域，那么复制者可以在右边选择一个小的内部圆盘，并且无论破坏者选择什么，复制者都能够在左边的开集中找到一个内部的点来进行匹配。因此，这是一个糟糕的选择。然而，如果破坏者从右边的一个小圆盘开始，那么复制者必须在左边的边缘处选择一个圆盘来回应，这样破坏者就可以在勺子图形外部选择对象，而复制者的每一个回应都必定在勺子内部，从而会输掉博弈。因此，破坏者在一个回合中有一个获胜策略。这可以反映在一个简单的观察分析中，即存在一个模态深度为 1 的区分公式 (difference formula)，它能辨别出这两个位置。举一个具体的例子：$\Box p$ 在右边为真，但是在左边则不为真。

情况 (b)：破坏者的获胜策略是从左边手柄上的一个开集开始，然后复制者必须在椭圆边缘选择一个开集。现在破坏者在勺子图形的内部选择一个对象，而复制者只能通过选择勺子外部（立即失败）或手柄上的一个点来回应。但是后者把这个博弈归约到情况 (a)，在那种情形中，破坏者已经可以在一个回合中获胜。此时，合

---

① 要了解这一点，我们回想一下标准的研究方法。即，在关系模型上，对当前点 s 上的模态公式进行赋值，只需要考察围绕 s 上对于 R-关系封闭的那些生成子模型。同样地，对于任意的点式拓扑模型 M, s 和模态公式 φ，以及点 s 的任意的开邻域 U，以下两个断言是等价的：（a）$M, s \models \varphi$，以及（b）$M|U, s \models \varphi$，其中 $M|U$ 是把模型 M 限制到子集 U 上的模型。

适的区分公式的模态深度为 2，例如，$\diamond\square p$。

情况 (c)：这是最复杂的，因为连接边缘和手柄的点很像一个普通的边缘点。破坏者在三个回合中有一个获胜策略，它与一个具有模态深度为 3 的模态区分公式相匹配，例如，$\diamond(p \wedge \neg\diamond\square p) \wedge \diamond\square p$。 ∎

此类博弈的主要结果类似于第十五章中模型比较博弈的"成功引理"（success lemma）。

事实 11.6　在开始于两个模型 M, s 和 N, t 的比较博弈中，复制者在 k 个回合内有一个获胜策略，当且仅当这两个点模型都满足相同的、模态算子深度至多为 k 的模态迫使公式。

拓扑空间的全局匹配关系加上命题赋值就是拓扑互模拟，即限制到拓扑模型上的效力互模拟。[①] 反过来，拓扑博弈也很容易地适用于通用效力互模拟。

11.6　复合计算和博弈代数

正如读者在浏览前面的例子时可能已经看到过的，博弈中的效力通常能够通过复合来计算。例如，当一个博弈经由玩家 E 的行动而开始时，E 的效力就是那些（可供选择的）独立子博弈中的效力并。更抽象地说，$G \cup H$ 表示在博弈 G 和 H 当中进行选择的运算，从而我们就有如下的有效等价：

$$\rho_{G \cup H}^{E} s, Y \quad \text{当且仅当} \quad \rho_{G}^{E} s, Y \text{ 或者 } \rho_{H}^{E} s, Y$$

我们在这里所看见的是博弈-构成（game-forming）运算的一个初始代数。那些形成新博弈的运算自然有：选择、角色切换、序列式和并行式复合，它们各自支持自身的同一性。[②]这类代数将在本书的第四部分出现，并将在第十九章中作进一

---

① 前后之字条件类似于一个连续开函数的拓扑学定义，对于它来说，开集的像和逆像都是开的。

② 一个有效同一性的简单例子是角色切换：$\rho_{G^d}^{E} s, Y \leftrightarrow \rho_{G}^{A} s, Y$。

步探讨，我们将使用带有迫使模态词 $\{G, i\}\varphi$ 的逻辑来讨论其 G 参数中的复合博弈结构。

11.7 中间阶段的迫使

效力告诉我们玩家最终能实现什么。然而，有时我们也想描述博弈的中间阶段，使得我们的研究更贴近于早前所讨论过的行动层面的议题。

例 11.4 *中间的迫使*

在例 11.2 中，两个分配博弈中的局部动态是不同的。在左边的根节点处，玩家 A 能够让 E 在实现 q 和实现 r 之间做出选择，而在右边的根节点处则不行。这可以用一个简单的记法来表示：

$$\{A\}^+(\{E\}^+q \wedge \{E\}^+r)$$

它在左边的根节点处为真，但在右边的根节点处为假。在这个公式中，修改过的迫使模态词 $\{E\}^+\varphi$ 是说：无论是最终阶段还是中间阶段，玩家 E 都有效力可以把该博弈带入某个使得 φ 成立的状态。■

对于博弈中间阶段而言，这是一种全新的、自然的描述：不同于互模拟，中间迫使并不追踪具体的行动，但是它确实关心玩家在行动上的选择。我们很容易找出一个与之匹配的互模拟概念，因此，我们对于第一章中博弈等价问题的研究又上了一个新台阶。

11.8 迫使模态逻辑与行动模态逻辑的对接

用行动定义效力 第一章中的模态行动语言至少具有和当前的迫使语言一样的表达力。

事实 11.7 在任意的有穷博弈模型中，$\{E\}\varphi$ 可以被递归地定义为一个最大不动点：

$$\{E\}\varphi \leftrightarrow \left((end \wedge \varphi) \vee \left(turn_E \wedge \bigvee_a \langle a \rangle \{E\}\varphi \right) \vee \left(turn_A \wedge \bigwedge_a [a]\{E\}\varphi \right) \right)$$

在特定的有穷模型中，我们甚至可以将 $\{E\}\varphi$ 拆成一个模态行动公式，其深度取决于模型的大小。这与下面所观察到的一般性事实有关。

事实 11.8　如果在两个模型之间存在一个行动互模拟连接点 s 和 t，那么也存在一个效力互模拟将 s 和 t 链接起来。

博弈和博弈域　当我们把博弈 G 本身及其被称作"博弈域"的相关结构 $M(G)$ 自然区分开来时（其中 $M(G)$ 仅标记与博弈状态相关的外部方面），以行动和效力来描述博弈的这两个层面就共存了。博弈域包括了诸如象棋这类物理意义上的棋盘，但也包括了一些抽象意义上的结构，比如第十四章中进行逻辑赋值博弈的模型。博弈域将会在第十八章、第十九章和第二十四章中得到更深入的研究，现在我们只需提出一些简单的看法就足够了。

令 G 是在一个博弈域 $M(G)$ 上的有穷深度博弈，使用域中当前可行的行动，给玩家指派轮次，并且约定一个获胜规则。显然，这样我们就有了一个从博弈内部状态到博弈域外部状态的投影映射 F。此外，假设获胜规则仅使用博弈域上的外部事实，这可由公式 α 来定义：

$$win_E(s), \qquad \text{当且仅当 } M, F(s) \models \alpha_E$$

这种外部的获胜规则适用于许多博弈。在这些预设之下，我们对于行动和效力这两种层面上的研究是一致的。

事实 11.9　在博弈 G 中，关于博弈结果的迫使断言与相关博弈域 $M(G)$ 的模态属性之间存在着一个有效等价。

证明　如果在原子博弈之上的结构是由选择、切换和复合所给出的，那么，我们把在节点处的迫使命题诠释为匹配的析取、否定和代入，从而使得在原子博弈上，我们可以插入给定的定义。　■

我们将在第十四章、第十九章和第二十五章中看到这类和谐的事例。①

11.9 不完美信息博弈中的效力

在考察过完美信息博弈之后，现在我们来看不完美信息博弈。在第三章中，我们使用一种模态-认知语言，在行动层面研究了这类博弈。现在让我们以全局的视角来考察效力议题。我们的分析方式将比前面这几节更粗略，只展示如何运用迫使观点来进行分析。

效力 首先，我们采取以下的方式定义玩家的效力。回想一下统一性策略的基本概念，它在玩家无法区分的博弈树节点上为相关玩家分配相同的行动。

定义 11.5 不完美信息博弈中的效力

在不完美信息博弈的每个节点上，玩家可以通过遵循其某个统一性策略来迫使实现那些结果集。∎

例 11.5 削弱不完美信息博弈中的效力

考虑在 11.1 节中所描绘的两个博弈。在完美信息博弈中，玩家 A 有两个策略，并且玩家 E 有四个策略，从而产生了如下的效力集：

$$A \quad \{1,2\},\{3,4\} \qquad E \quad \{1,3\},\{1,4\},\{2,3\},\{2,4\}$$

在第二个博弈中，我们为 E 所添加的不完美信息，并不会影响到 A 的效力，但 E 的效力会受到影响。E 的两个统一性策略只产生两个效力集：

$$A \quad \{1,2\},\{3,4\} \qquad E \quad \{1,3\},\{2,4\}$$

这种对于结果控制力的丧失被视为一种缺陷，但它实际上揭示了另一点：在不完美信息的情况下，代表各种社会影响的效力要大得多。∎

---

① 一个有用的例子是计算逻辑中的图博弈 (Libkin, 2004)，其中，玩家在一个博弈域上依照他们给定的行动关系交替行进。第一个卡住的玩家将输掉博弈。此处有两个等价的断言：（a）玩家 E 在这个博弈的 (G,s) 处有一个获胜策略；（b）$G,s \models (\langle R \rangle [S])^n \top$，其中 n 表示博弈 G 的大小。

我们可以通过对 11.2 节中的刻画进行拓展，从而来度量这种效力。

表示定理　在不完美信息博弈中，之前的单调性条件 $C1$ 和一致性条件 $C2$ 仍然成立。然而，完全性条件 $C3$ 不再成立。正如我们所见：玩家 A 没有效力使得结果集成为 $\{1,4\}$，而玩家 E 无法使得结果成为它的补集 $\{2,3\}$。

定理 11.1　满足条件 $C1$ 和 $C2$ 的任意两个有穷集合族，它们都可以被诠释为一个只有两步的不完美信息博弈中的效力。

证明　此处，我们将通过一个示例来展示所有必要的技巧，从而取代完整细致的证明。我们给定两列效力：

玩家 A 的极小效力：　$\{1,2,3\}, \{3,4\}$

玩家 E 的极小效力：　$\{2,3\}, \{1,4\}$

首先，由玩家 A 开始，为 A 的所有效力集设置后续节点，并且这些集合可能会重复（如下所述），而玩家 E 可以在这些后续节点上行动。此处，E 的统一性策略要求在每个节点必须选取相同的行动，如下图所示，这些行动用相同的斜线表示。E 的行动也可能涉及重复。首先，为玩家 E 的每一个集合选择行动类型，确保所有这些行动都能通过统一性策略得到体现。E 的效力集中可能还有多余的结果，然后通过复制和排列来同化掉这些结果，使得它们最终落在 $\{2,3\}$ 与 $\{1,4\}$ 的超集中。下图比文字更能传达这一想法：

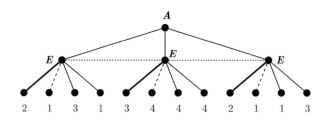

读者可能想要从 A 的两个最左边的选择和 E 的三个行动来开始构造这种表示，然后再看看为什么要有额外的行动。第三种和第四种统一性策略的集合都是 $\{2,3\}$ 与 $\{1,4\}$ 的超集。

当 A 的集合涉及 E 的列表中没有的结果时，问题就会变得复杂起来。为了具体说明这一点，考虑以下情况：

玩家 **A** 的极小效力： $\{1,2,3\}, \{3,4\}$

玩家 **E** 的极小效力： $\{2,3\}, \{1,4,5\}$

我们必须同化掉更多的结果，当 **E** 能够在 1、4 和 5 之间进行选择时，在其中加入 **A** 的行动，以便 **E** 的最终效力集就是 $\{1,2,3\}$ 与 $\{3,4\}$ 的所有扩充。

秘诀 我们可以更清晰地表述上述方法。首先，如果有必要的话，通过加入多余的超集，确保玩家集合中的所有原子结果都有机会被选到。然后为 **A** 创建一个初始分支，确保所有 **A** 的集合都可以被表示。现在通过一个统一的策略来表示 **E** 的每个结果集，方法是从左边开始，并在中间层选择足够多的分支。这一步可能会涉及对节点的复制，正如初始列 **A** $\{1,2\}$ 与 **E** $\{1,2\}$ 的情形所示。接下来，如果还有多余结果，请重复下面的过程。

假设中间层节点 x 上的结果 i 在第三步中还未被使用。固定任意一个由某个统一性策略 σ 所产生的 **E** 的结果集。假设 σ 在 x 处选择了结果 j。复制这个节点 x，并在整个节点（迄今为止考虑过的所有中间层节点）上添加两个新的分支，从而得到另外两个统一性策略：一个是在 x 处选择结果 j，并在其复制的节点上选择 i；另一个则相反，并在所有其他节点上都遵循策略 σ。这种添加使得结果 j 如预期般出现在玩家 **A** 的选择中，并且只产生了一个对玩家 **E** 的结果无害的超集。[①]

一类变型 上述构造中的复杂度源于这样一个事实：两个玩家效力的交集并不一定产生具有唯一结果的单元集。如果我们加入了后面这个条件，那么我们得到的就是第十二章中的矩阵博弈，其中迫使效力产生于同步行动，玩家知道他们自己的选择，但只能在事后观察到其他玩家的选择。我们将结合关于主体的 STIT 逻辑来讨论后一种情况。

博弈代数 正如完美信息博弈中的效力一样，当前背景下的探讨提出了一种博弈运算的代数，它遵从效力等价。然而，对于不完美信息博弈，与子博弈相关的组合性就没那么明显，因此我们把这个话题推迟到第二十章、第二十一章和第二十四章中讨论。

---

① 这种方法非常混乱，若能有一种统一的构建方法会更好，比如说，为玩家提供成对的行动和这些行动的适当等价关系。

11.10 博弈转换和扩展逻辑

我们的分析与博弈论中的一个经典主题也有着直接联系。让我们先回顾第一章开始的一个线索。

博弈转换和效力不变性 博弈论中的四种"汤普森转换"(Thompson, 1952; Osborne et al., 1994) 将正则型博弈与不完美信息扩展式博弈彼此转换。此处，我们将展示出它们如何与我们的效力分析关联起来，并在第二十一章中讨论其更深层次的逻辑背景。

例 11.6 添加多余的行动

第一个转换被称为添加多余的行动，它告诉我们如何通过复制一个行动来产生新的不确定性，其博弈树间的转换如下图所示：

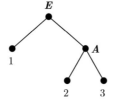 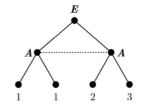

在计算效力时，根节点从左到右没有任何变化。在右边的博弈中，复制并没有为玩家 E 增添新的结果，而玩家 A 在右边的两个统一性策略获得了结果集 $\{1,2\}$、$\{1,3\}$，这就与左边一样。 ■

例 11.7 互换行动

我们在绪论和其他章节中都曾提及互换玩家行动的关键转换。我们在此略作改动，增加了一些不完美信息。在下面的两个博弈中，玩家的效力集是相同的：

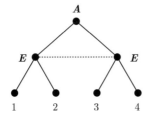 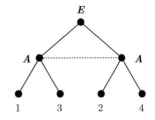

玩家 A 有效力 $\{1,2\}$、$\{3,4\}$，而玩家 E 有效力 $\{1,3\}$、$\{2,4\}$。 ■

第二种汤普森转换使得在不完美信息下的序列博弈与并行博弈很相似，第十二章中我们将重拾这个议题。

还有两个汤普森转换是：

（a）膨胀紧缩（inflation deflation）：添加一个在博弈中实际不会出现的行动；

（b）合并行动（coalescing moves）：将玩家连续行动的区域重新编码为仅一个选择集。

这些转换反映了将"效力"作为识别不同博弈的标准，而并非以不完美信息本身为标准。

截至目前所观察到的，都可以总结在下面的结论中。

定理 11.2 在不完美信息博弈中，玩家的效力集在汤普森转换下保持不变。

这一分析表明了这些汤普森结果的相似之处，即它们恰好是那些使博弈在归约形式下保持不变的转换。更多的讨论以及与第二十一章独立友好逻辑的联系，读者可以参见 Dechesne（2005）。

作为广义逻辑的博弈转换 我们还可以找到一种有趣的解释。汤普森转换引入了一种广义命题逻辑的演算。回顾我们前面在绪论中所看到的带有博弈和命题分配律的讨论，上述等价博弈的图示与逻辑法则相关联。

事实 11.10 添加多余的行动等同于命题幂等律：

$$A \wedge (B \vee C) \leftrightarrow (A \bigvee A) \wedge (B \bigvee C)$$

其中较大的析取符号表示了一个不确定性的链接。

这是对命题逻辑的一种非标准使用，其中"重复"是重要的，并且算子可以被连接起来。在这个领域中，另一个有效规则可能会更让我们吃惊。

事实 11.11 互换行动等同于命题分配律：

$$(A \bigvee B) \wedge (C \bigvee D) \leftrightarrow (A \bigwedge C) \vee (B \bigwedge D)$$

其中，大的算子表示了虚线处的链接，这也是一个非标准特征。[1]

由此，具有不完美信息的有穷博弈树是对命题公式的一个自然扩充，它用扩充的符号产生了一个奇妙的等价演算。[2]这个主题将在本书的第四部分和第五部分再次出现，展示逻辑公式本身如何充当博弈形式。不过，即使没有这个更一般的背景，要找到一个将有穷不完美信息博弈视为扩展逻辑形式的完整命题逻辑，似乎也是一个有趣的开问题。

11.11　迫使语言、统一性策略和知识

同样，对于效力等价和结果的研究，需要我们思考相应的逻辑语言。我们需要一个包括知识算子在内的、前面迫使语言的认知版本（参见第三章和第四章），不过我们现在还需要对模态词进行一定的修改：

$\{G, i\}\varphi$：　玩家 i 有一个统一性策略，迫使博弈结果满足公式 φ

这看起来简单，但是认知算子的介入使得我们对于效力结果的研究隐含了一个微妙的问题。实际上，模态词的意义在不完美信息博弈中并不是很清楚。

例 11.8　*解释的细微差别*

假设一个玩家处在满足 p 的终节点 x 上，但无法将其与另一个满足 $\neg p$ 的终节点 y 区分开来。我们是否可以像以前所假设的那样认为，执行"什么也不做"的统一性策略会在终节点 x 上迫使 p 成立？如果我们只关注那些实际产生的结果（即仅仅是 x），那么答案是肯定的。但是如果我们认为在认知上关于玩家慎思的结果是 x 和 y，那么答案就是否定的。　∎

因此，在探究这种扩展逻辑之前，我们或许应该担心一下它的预期解释。在这里我们不会提出一个认知模态迫使逻辑，而只是指出这样的逻辑会与第三章中关

---

[1]　在第二十一章的独立友好 IF 博弈中，这种等价用公式 $\forall x \exists y / x\, Rxy \leftrightarrow \exists y \forall x / y\, Rxy$ 来表达，其中斜线表示信息性独立。

[2]　同样引人注目的是上述规则的"出现"特征。当处理统一性策略时，A 的单次出现可能不会与多次出现产生相同的效果。这让人想起线性逻辑，其博弈内容将在第二十章中探讨。

于行动和知识的逻辑有关系。如果断言 $\{G,i\}\varphi$ 在博弈状态 s 上为真蕴涵着玩家 i 知道迫使命题 φ 在 s 上将为真，我们就需要一个相关的更广泛概念。这一点也正如我们在第四章中所讨论的，知道一个人的策略以及“知其如何”和“知其然”之间的相互作用。

11.12 小 结

关于博弈中玩家的效力问题已经在本书中多处出现，并且它也将继续在后文中出现。我们已经精确地分析了这一层次，并展示了如何通过邻域模型上的广义模态逻辑进行研究，从而将之前的概念（如互模拟）提升到博弈效力等价，同时通过拓扑博弈将其融入具体的可视化空间进行研究。当然，如何将第一部分中重要的博弈结构元素（如知识和不完美信息）进一步融入我们的研究中，这依然是一个需要解决的问题。尽管在建构一个认知逻辑时我们会遭遇到一些非平凡的解释问题，但这个问题是可以被解决的，并且我们在这个层面上的效力不变性与博弈论的经典汤普森转换之间有着强有力的联系。剩下的另一个任务是加入第二章中的偏好逻辑，并研究所谓的玩家最佳效力的迫使语言。最后，除了第一部分之外，第二部分的逻辑动态化观点也适用于博弈效力观，但为了证明这一点，推荐读者参考一些最近对由行动引发邻域模型变化的动态逻辑方面的文献。①

即便如此，本章的分析风格和结果还是让我们有充分理由断定：我们在本书第一部分和第二部分的逻辑研究可以自然地推广到聚焦于玩家策略效力的全局性视角。

11.13 文 献

本章内容基于 van Benthem (2001a) 和 van Benthem (2002a)，同时也参考了 Aiello et al. (2002) 中的工作。

---

① 特别地，我们在第十章中指出，邻域模型可以将动态认知逻辑推广到处理更细粒度的证据概念 (van Benthem et al., 2011b)。另一个关于邻域模型的动态研究见 Zvesper (2010)，其目的是分析认知博弈理论。

　　我们已经指出 Bonanno (1992b) 是关于扩展式博弈的集合论形式的早期工作。同时，我们也列举出一些有关邻域语义的优良文献。最后，Pauly (2001) 中有关动态博弈逻辑和联盟逻辑的结果也高度相关，而 Goranko et al. (2013) 对此研究进行了修正和拓展。

第十二章　矩阵式博弈及其逻辑

在博弈论中最著名的博弈形式，既不同于我们迄今为止在本书中研究过的扩展式博弈树，也不同于与之相关的效力结构。这种所谓的策略式博弈是将玩家的完整策略视为单一行动，假设玩家同时选择这些策略，从而形成一个可以立即赋值的策略组合。这种形式在标准博弈如"鹰鸽博弈"和"囚徒困境"中用矩阵来表示，这些博弈在绪论中我们已简要讨论过。尽管策略式博弈不是本书的一个主要关注点，不过，我们将在本章和下一章揭示如何用已有的逻辑技术来研究它们。我们的主要关注点是通过这种方式对社会行动提出更多看法。

12.1　从树和效力到策略矩阵形式

在第一章中，我们以扩展式博弈为研究对象，并且在第六章中又对这类博弈模型进行了更深一步的讨论，范围从博弈树本身到认知森式模型，再到更抽象的博弈模态模型。以下标准概念足以满足我们接下来的目的。

定义 12.1　*策略式博弈*

对于玩家集 N 来说，策略式博弈 G 是一个三元组 $(N, \{A_i\}, \{\leqslant_i\})$，其中对于每一个 $i \in N$ 都有一个非空的行动集 A_i，以及每个玩家对策略组合集的一个偏好序 $\leqslant_i$，其中，策略组合集就是每个玩家的行动序组。通常而言，给定一个策略组合 $\sigma = (a_1, a_2, \cdots, a_n)$，$\sigma_i$ 表示第 i 个人在此组合中的对应行动，σ_{-i} 表示去除玩家 i 的行动 σ_i 之后所剩余的策略组合。　　　　　■

在博弈论中，策略式博弈是以被大家所熟悉的矩阵图的形式所给出的。尽管扩展式博弈类似于计算逻辑或哲学逻辑中现有的模型，但这些矩阵结构也与带有行动、偏好、知识和自由选择的逻辑结构有着密切的联系。我们将揭示出如何利用第一部分和第二部分的逻辑概念和技术做到这一点，并进一步发展出与独立和相关行动、最佳反应、均衡以及各种自然出现的理性断言相关联的逻辑内容。我们将主要讨论有穷双人博弈，但是大多数结果可以被推广至更多玩家。

策略式博弈有着一个它们自身的扩展理论 (Osborne et al., 1994; Gintis, 2000; Perea, 2011; Brandenburger et al., 2014)，而在本章结尾，我们还会简要讨论一些进一步可能与逻辑研究产生交汇的领域，例如演化博弈和概率理论。我们将展示本章中提及的这些逻辑是如何与哲学逻辑中的现有话题相契合的，例如对慎思行为的 STIT 分析（其中，STIT 代表"务必做到"（seeing to it that））。

12.2　策略式博弈的模型

对于逻辑学家而言，博弈矩阵是一种语义模型，它引入模态语言，将策略组合视为可能世界。与第六章相似，我们也可以使用更抽象的世界，这些世界承载策略组合，但不与它们完全相同。这在认知博弈理论中是常见的，不过在下文中，策略组合与可能世界一一对应。在策略组合上，玩家通过偏好、认知视角和行动的自由（action freedom）三种自然结构进行交互。

偏好　在策略式博弈的定义中包含了偏好关系：

偏好：　$\sigma \leqslant_i \sigma'$，　当且仅当　玩家 i 偏好策略组合 σ' 至少同偏好 σ 是一样的

这是我们从第二章开始使用逻辑研究的标准偏好概念。它通常使用在博弈的结果之间，我们在本章中也是采用如此定义。不过，我们的策略模型也可以用于诠释另一种更具一般性的偏好概念，即玩家偏好使用一种策略而非另一种策略。

认知视角　在矩阵模型中，我们也可表达另一种自然关系。以下是另一个从逻辑视角来看的基本关系：

认知观点：　$\sigma \sim_i \sigma'$　当且仅当　$\sigma_i = \sigma'_i$

上述认知关系表示在中间阶段，当玩家 i 的选择已确定，但其他玩家的选择未知时，玩家 i 对于博弈的看法。[①]

行动的自由　在博弈模型中，玩家 i 还有第三种自然关系：

$$行动的自由：\quad \sigma \approx_i \sigma' \quad 当且仅当 \quad \sigma_{-i} = \sigma'_{-i}$$

当其他玩家的选择是固定的时，这种自由关系为玩家 i 提供行动来供其选择。[②] 这三种关系会以多种方式交织在一起，后文中，我们将重新回到该议题。含有这三种关系的结构能够被完全包括在以下概念中。

定义 12.2　**博弈模型**

博弈模型 $M = (S, N, \{\leqslant_i\}_{i \in N}, \{\sim i\}_{i \in N}, \{\approx_i\}_{i \in N}, V)$ 是如上所述的关系结构，其中 V 在策略组合上为命题 p 赋值，并将其视为这些命题的特殊性质 $V(p)$。策略式博弈 G 的完整模型（full model）是其可能世界是所有的策略组合的博弈模型 $M(G)$，且模型中具有上面定义的三种关系。最后，广义博弈模型（general game model）是一个完整博弈模型的子模型。■

我们将在下面的广义博弈模型中展示逻辑联合博弈理论知识的运用。

这些模型意味着什么　在这种极简的视角下，矩阵博弈模拟了这样一个时刻：当所有相关的可用证据都被考虑到，在确定进行决策的这一时刻，玩家知道他们自己的行动，但不知道其他玩家的行动。在第六章中，我们还考虑了一类更为丰富的博弈模型，它允许玩家知道或忽视其他特征，并且也对"玩家相信未来将要发生什么"这样更为细粒化的信念进行了分析。尽管它们在直觉上很重要，但在这里我们将忽略这些额外的特征，以及与策略的概率组合有关的任何问题。

本章中，我们研究的模型恰是标准的博弈矩阵模型。

[①]　这只是呈现矩阵博弈的一种方法，尽管这是种很常见的方法。Bonanno (2012) 依据玩家的慎思与实际选择的角度对博弈进行了富有启发性的讨论。同样，Hu et al. (2012) 也从预测与决策的角度对矩阵博弈的各种观点进行了细致的拆分。

[②]　"自由"这一术语，取自 Seligman (2010)，他指出这三种关系结构的意义远超出博弈的范围。要了解进一步的发展，参见 Guo et al. (2012)。

例 12.1　来自博弈矩阵的模型

考虑如下矩阵，以（A-值，E-值）的顺序表示结果中玩家的效用值。在下一节中，将对此进行更详细的讨论。

		a	E b	c
	d	2, 3	2, 2	1, 1
A	e	0, 2	4, 0	1, 0
	f	0, 1	1, 4	2, 0

关于认知视角和自由的相关模型如下：

$$
\begin{array}{ccccc}
(d,a) & \!\!\!\cdots\!\!\overset{A}{\cdots} & (d,b) & \!\!\!\cdots\!\!\overset{A}{\cdots} & (d,c) \\
E \vdots & & E \vdots & & E \vdots \\
(e,a) & \!\!\!\overset{A}{} & (e,b) & \!\!\!\overset{A}{} & (e,c) \\
E \vdots & & E \vdots & & E \vdots \\
(f,a) & \!\!\!\cdots\!\!\underset{A}{\cdots} & (f,b) & \!\!\!\cdots\!\!\underset{A}{\cdots} & (f,c)
\end{array}
$$

这里，不确定关系 $\sim_E$ 在列之间起作用，因为 E 知道自己将要采取的行动，但是不知道 A 的行动。A 的不确定关系是对称的，它在行间运行。　■

这些具体示例图有助于读者理解我们后面的讨论。在某种意义上，从矩阵博弈到逻辑模型的形式转换是本章的主要内容。

另一视角　上述图例也可以用其他方法进行诠释。我们已经提到了博弈论文献中解释的多样性。不过，一个人的自由也可能是另一个人的无知。在 van Benthem (2007c) 中，"自由"被解读为 Fagin et al. (1995) 意义下的玩家 i 的"分布式知识"，表达所有其他的玩家（即群体 $N - \{i\}$）对于博弈的隐含认知。

12.3　匹配的模态语言

语法　对于上述三种结构，我们都需要找到其匹配的模态词。博弈模型显然支持第二章中带有模态词 $\langle pref_i \rangle$ 或 $\langle \leqslant_i \rangle$ 的偏好语言，这是因为后者可以在任何由带有更好序的可能世界所构成的模型上进行解释。对于矩阵博弈，正如 van Benthem et al. (2009a) 所做的那样，添加严格偏好序的模态词 $\langle <_i \rangle$ 不无裨益。同样，博弈模型使用知识算子 K_i（或者它们的变体形式 $\langle know_i \rangle$）来解释第三章的认知语言，其中一些特殊用途的命题字母可能包含关于在给定世界中哪个玩家采取什么行动的信息，或者策略组合的其他相关属性。最后，自由也可以通过模态算子 $\langle free_i \rangle$ 以同样的方式描述。

定义 12.3　矩阵博弈的逻辑语言

矩阵博弈的这种组合逻辑的语法如下：

$$p \mid \neg \varphi \mid (\varphi \vee \psi) \mid \langle pref_i \rangle \varphi \mid \langle <_i \rangle \varphi \mid \langle know_i \rangle \varphi \mid \langle free_i \rangle \varphi$$

我们经常将 $\langle pref_i \rangle \varphi$ 记为 $\langle \leqslant_i \rangle \varphi$，将 $\langle know_i \rangle \varphi$ 记作 $\langle \sim_i \rangle \varphi$，将 $\langle free_i \rangle \varphi$ 表述为 $\langle \approx_i \rangle \varphi$，以强调这些模态词的基本可及关系。　∎

表达力　由于这些模态词的引入，语言表达力得到些许的提升，利用这些语言，我们就可以定义社会场景的基本特征，尤其是具有博弈的基本特征。其中一个标杆就是已被众多逻辑学家深入研究过的纳什均衡（参见 van der Hoek et al., 2006）。实际上，我们的基础模态逻辑中没有公式可以定义这一概念，原因是它在互模拟下并非保持不变的（参见第一章和 van Benthem, 2010a）。但是我们能够帮助自己获得一个更具技术性的根据，即用于刻画关系交集的模态词（要了解它在分析扩展式博弈中的应用，参见 Dégremont, 2010 和 Zvesper, 2010）。回顾绪论中的观点，如果玩家 i 没有候选行动使其可以获得更偏好的结果，那么行动 σ_i 对于玩家 i 来讲，就是针对给定的其他玩家的行动 σ_{-i} 的最佳反应。这样，我们有充足表达力的语言来定义这样的最佳反应概念。

事实 12.1　(a) 最佳反应的模态 BR_i 定义是 $\neg \langle <_i \cap \approx_i \rangle \top$；(b) 纳什均衡是满足公式 $\bigwedge_{i \in N} BR_i$ 的那些策略组合。

至此，我们看到为建构所需博弈模型而对模态逻辑进行些许拓展的一些技术，而且在混合逻辑的研究领域，我们常常会见到这些拓展 (Areces et al., 2006)。[①]

12.4 策略式博弈的模态逻辑

基本的模态逻辑 接下来，我们探索策略式博弈的推理演算。为了方便，我们将注意力限制在双人博弈上。首先，考虑到我们前述三个关系的性质，它们各自对应的逻辑都是标准系统：关于偏好的模态 $S4$ 系统，关于认知和行动自由方面的模态 $S5$ 系统。而更令人感兴趣的是这三种模态的相互作用。一般来说，知识和行动的逻辑不需要满足强桥式规则，就像我们在第三章中所看到的那样；或者，至少这样的桥式规则表达了我们对于主体的一些非平凡假定。但是我们的策略式博弈模型充满了相互关联性，因此我们期望可以获得更多有效式。

一种强有力的联系包括以下几种模态词的自然组合。

事实 12.2 $[\sim_i][\approx_i]\varphi$ 使得命题 φ 在博弈模型的每一个可能世界都为真。

证明 在矩阵博弈模型上，前述关于认知视角和自由的关系的序列复合正好对应了这种全局关系。∎

这样，基础语言中就有了一个全局性模态词 $U\varphi$（其对偶的存在性模态词 $E\varphi$ 是一个在第一部分被我们广泛使用的模态词）。这一模态词甚至能用两种方式定义。

事实 12.3 等值式 $[\sim_i][\approx_i]\varphi \leftrightarrow [\approx_i][\sim_i]\varphi$ 在矩阵博弈模型中是有效的。

证明 该有效式依赖矩阵的几何汇合性质，如果一个人能够到达 $x \sim_i y \approx_i z$，那么，存在一个点 u 使得 $x \approx_i u \sim_i z$。为了直观地说明这一点，请比较第三章中完美回忆的汇合性。∎

在这样的系统中，我们能够证明一些有趣的规则，包括后面用作 STIT 逻辑中

① van Benthem（2004b）主张有一种混合逻辑，它包括偏好模态词、特定世界的专名、全局性模态词和分布式群体知识（distributed group knowledge），并且基于该逻辑，我们可以形式刻画 12.7 节中的理性规则。van Benthem et al. (2006a) 研究了混合偏好逻辑，而在 Guo et al. (2012) 中，我们可以找到更进一步的博弈例子。

同时行动的独立性规则。

事实 12.4 公式 $((\langle\approx_i\rangle[\sim_i]\varphi \wedge \langle\approx_j\rangle[\sim_j]\psi) \to E(\varphi \wedge \psi))$ 是可证的。

证明 首先，在我们的逻辑中，可以证明一个辅助的公式：

$$\langle\approx_i\rangle[\sim_i]\varphi \to [\sim_i]\langle\approx_i\rangle\varphi$$

其步骤如下：

(a) $\varphi \to [\approx_i]\langle\approx_i\rangle\varphi$ （在模态系统 $S5$ 中已知）

(b) $[\sim_i]\varphi \to [\sim_i][\approx_i]\langle\approx_i\rangle\varphi$ （在基本的模态逻辑中，从（a）可得）

(c) $[\sim_i]\varphi \to [\approx_i][\sim_i]\langle\approx_i\rangle\varphi$ （依据交换公理，从（c）可得）

(d) $\langle\approx_i\rangle[\sim_i]\varphi \to \langle\approx_i\rangle[\approx_i][\sim_i]\langle\approx_i\rangle\varphi$ （在基本模态逻辑中，从（c）可得）

(e) $\langle\approx_i\rangle[\sim_i]\varphi \to [\sim_i]\langle\approx_i\rangle\varphi$ （在模态系统 $S5$ 中，从（d）可得）

现在考虑公式 $\langle\approx_i\rangle[\sim_i]\varphi \wedge \langle\approx_j\rangle[\sim_j]\psi$。左边的公式蕴涵 $[\sim_i]\langle\approx_i\rangle\varphi$。同时，考虑到 $\approx_j$ 等同于对手的 $\sim_i$，从而右边的公式 $\langle\approx_j\rangle[\sim_j]\psi$ 等值于 $\langle\sim_i\rangle[\approx_i]\psi$。但是，根据基本模态逻辑的标准形式证明，可以得出 $\langle\sim_i\rangle(\langle\approx_i\rangle\varphi \wedge [\approx_i]\psi)$，而这又蕴涵了 $\langle\sim_i\rangle\langle\approx_i\rangle(\varphi \wedge \psi)$，即 $E(\varphi \wedge \psi)$。∎

网格结构的复杂度 上面的这种汇合性似乎看起来是矩阵构造中令人愉快的一个特性，但它对于我们建构逻辑系统却可能是危险的。就像我们在第二章和第三章中看到的，网格模型上的双模态逻辑一旦存在一个全局模态词，那么这些逻辑系统常常不可判定，甚至不可公理化。原因在于这样的逻辑可以被解释为高复杂度的铺瓷砖问题，因而这种看似简单的策略矩阵博弈会有一个能够解释大量几何问题的 Π_1^1-完全的逻辑理论。

有穷博弈 如果我们的研究对象是有穷博弈，那么，我们将不会遇到这些高复杂度的问题，因为那些在广义博弈模型上不成立的特殊规则却在有穷博弈中是有效的。例如，有穷性意味着两步关系 $\sim_A; \sim_E$ 向上的良基性，即它只存在有穷长度的上升序列。良基性确保了带有认知模态词的格热戈尔奇克公理（Grzegorczyk axiom）（参见 Blackburn et al., 2001）。因为无穷的铺瓷砖问题不能编码，所以，对于所有博弈而言，有穷矩阵博弈的逻辑的复杂度可能并不高。

12.5　一般博弈模型、依赖性和相关性

我们还有一个更有帮助的途径来化解复杂度。众所周知，当我们思考更多的模型时，双模态逻辑的复杂度就可能急剧下降。尤其是，之前的广义博弈模型省略了一些策略组合，从而形成了较少网格化的模型，随之相应的逻辑就变得简单多了。

定理 12.1　广义博弈模型的完全认知逻辑是多主体-$S5$ 系统。

证明　这一结果来自 van Benthem (1996)，它证明了一个关键的事实，即每一个多主体 $S5$ 模型与广义博弈模型存在一个互模拟。[①]

尽管这看起来有些随意，但广义博弈模型有着它们自己的用途。例如，在第十三章中，我们将看到当外部信息以第七章中的方式被加入进来，使得某些策略组合被排除时，这些广义博弈模型会被用于求解博弈的问题研究中。

不过对于广义博弈模型的变化，我们也有一个更深刻的解释，这种解释与行动的依赖性和独立性有关。从完整矩阵模型中删除策略组合会在行动之间创建出直观的依赖关系。如果我们改变一个玩家的选择，那么，为了使可用的策略组合保持在给定域中，我们也许必须改变另一玩家的选择。

这些具有差异的模型已经被逻辑学家们研究过，比如（van Benthem, 1997），而采用一个不同但更系统方式的研究参见（Väänänen, 2007）。他们的研究动机在于：依赖性在研究推理的许多领域中都是一个重要的概念（见第二十一章的独立友好逻辑），同时，在以信息作为不同博弈场景间的联系纽带的研究中也是一个重要的概念 (van Benthem et al., 2008a)。

博弈论专家也通过借助"相关行为"（correlated behavior）对广义博弈模型进行了研究 (Aumann, 1987; Brandenburger et al., 2008)。一旦我们不考虑策略组合，而是关注一个玩家行动对另一个玩家所可能产生的影响时，就需要对博弈论中

[①]　当拓展到对于带有三个基本关系的博弈模型时，它将是一个开问题。

相关概念展开新的探索。[①]因此，博弈逻辑的复杂度是与我们如何看待玩家的有趣决策相匹配的：是将他们看作是独立行动者，还是将他们看成是彼此相关的。

12.6 最佳反应的特殊逻辑

现在，让我们更具体地探讨包括完整和广义两类版本在内的矩阵博弈模型的逻辑。下文中，为了简化问题，我们不会使用早前提到的那三种关系所具有的完全一般性，而是选择一种不同的路径。我们将一些涉及偏好和行动的基本博弈论性质视为原子命题，以保持逻辑的简单性。虽然这种方法有些不标准，但也是一种可以接受的做法。从我们逻辑聚焦缩放的观点来看，这并没有什么道德义务需要我们形式化一切非清晰、非合宜的事物。

绝对最佳（absolute best） 首先，请注意前面定义的最佳反应是一个绝对属性：对备选方案的联结遍及原始策略博弈 G 中的所有可行行动，无论这些行动是否出现在广义博弈模型 $M(G)$ 中。正是因为这种绝对性，B_j 可以被看作是一个原子命题，因为当模型从较大组合域变化到较小组合域时，它的真值保持不变，反之亦然。这种不受模型变化影响的独立性很大程度上简化了我们的记法。

例 12.2 *被拓展的博弈模型*

我们总是乐于建模知名的博弈。考虑博弈中著名的性别之战（Battle of the Sexes）及其两个纳什均衡（Osborne et al., 1994）。在右边的简化图中，最佳反应的原子命题位于它们为真的世界中：

---

① Sadzik (2009) 通过分布式知识和互模拟的概念分析了具有相关均衡的博弈。Isaac et al. (2011) 利用博弈进行中的相关性讨论了博弈等价。

备注 混合均衡

该博弈中也有一个混合策略均衡，我们在这里不会讨论。虽然我们认为这应该是一个简单的推广，但这需要对本章中的逻辑进行概率扩展，而我们并没有提供这一点。

同样地，例 12.1 产生了一个包含九个世界的完整的认知博弈模型：

	a	b	c
d	B_A, B_E	—	—
e	B_E	B_A	—
f	—	B_E	B_A

$$\vdots\qquad\qquad A$$
$$E$$

至于 B_j 原子的分布，根据上述定义，在完整的博弈模型中，B_A 在每一列中必须至少出现一次，B_E 在每一行中至少出现一次。∎

例 12.3 认知命题的赋值

(a) 用我们模态语言可以表达：所有玩家都认为他们当前的行动可能对他们最有利：

$$\langle E \rangle B_E \wedge \langle A \rangle B_A$$

正如我们将在 12.7 节中看到的，这表达了一种形式的理性，类似于我们在第三章、第七章和第八章中讨论的内容。在前面的模型中，这一命题在 a 列和 b 列中出现的六个可能世界上都是真的。

(b) 同一个模型也强调一个重要的认知区分。B_j 断言了 j 的当前行动实际上是在 w 上的一个最佳反应。但是 j 不一定知道这一点，因为 j 不一定知道其他玩家在做什么。事实上，公式 $K_E B_E$ 在上述模型中始终为假，即使 B_E 在三个可能世界上都是真的。更何况，尽管在具有唯一纳什均衡的完整模型中，关于理性的公共知识在其最明显的意义上通常也是假的。∎

有了这种丰富的语言，博弈模型的逻辑就变得更加有趣。一个例子是关于最佳反应的有效法则，例如下面的规则，其语法与上面讨论的略有不同。

事实 12.5 在所有完整的博弈模型中，$\langle E \rangle B_A \wedge \langle A \rangle B_E$ 都是有效式。

证明 利用"所有的行和列都存在最大值"这一事实即可证明。∎

相对最佳（relative best）　关于博弈模型，还有其他一些观点。尤其是最佳反应中的"最佳"一词是依赖于上下文的。在一个广义博弈模型 M 中，我们还可以寻求一种较为自然的、相对版的最佳反应——仅去寻找 M 内部可用的策略组合。在模型内部，玩家知道只有这些策略组合中相应的行动才是将要可能发生的行动。

定义 12.4　相对最佳反应

广义博弈模型 M 中的相对最佳反应命题 B_j^*，它只在满足下面条件的策略组合所对应的可能世界上为真：当比较的集合是 M 内部的所有候选策略组合时，j 的行动是相对于对手选择的最佳反应。■

对于相对 B_j^*，j 的最佳反应可能随模型的改变而改变。例如，在用于博弈的单点世界模型中，单个组合对于所有玩家都是相对最佳的，尽管它可能对于所有玩家都不是绝对最佳的。[①]

备注　其他人知道什么

相对最佳反应有其独立的意义。在两个玩家的情况下，它表示另一个玩家知道 j 的当下行动对于 j 来说至多与 j 在 w 上的行动一样好。更一般来说，延续先前的研究可以观察到，B_j^* 表示"j 的当下行动对于 j 来说至多与 j 在 w 上的行动一样好"这个命题是其他玩家 $G - \{j\}$ 在 w 上的分布式知识。[②]

绝对最佳明显蕴涵相对最佳，但是逆命题不成立。

例 12.4　所有模型都有相对最佳位置

为了看到这两种概念之间的区别，可以比较以下两个模型：

$1,1(B_A)$	$0,2(B_E)$
$0,2(B_E)$	$1,1(B_A)$

$1,1(B_A, B_E^*)$	
$0,2(B_E)$	$1,1(B_A)$

[①] 在关于博弈解决方案的抽象计算视角中，也有类似的观点，细节请参见 Apt (2007)。

[②] 用本书第二部分的动态术语来说，其他玩家可以通过"汇集"他们的信息来了解关于 j 的这一事实。van Benthem et al. (2006a) 在扩展的认识偏好逻辑中使用了这一观点来定义纳什均衡。

删除左图中一项使得第一行中最佳反应 B_E 不再成立，但 B_E^* 却反而为真。 ∎

将刻画最佳反应的模态逻辑完全公理化会是一个有趣的课题。在本章中，我们将只讨论一类特殊推理形式，它会涉及两种理性的基本概念。

12.7 案例研究：弱理性和强理性的断言

本书第一部分和第二部分对理性的概念进行了广泛的研究。在策略式博弈中，理性意味着玩家基于其知识和信念所做出的最佳反应。但这不全面。我们的博弈模型能够让我们对最佳反应做出进一步的区分，例如绝对最佳反应和相对最佳反应。此外，即使玩家实际上采取了最佳行动，他们也不一定知道自己是在这样做。因此，如果理性像通常假设的那样具有一种自反性，那么玩家又能知道什么呢？这个问题将在第十三章中我们研究求解博弈的对话场景中出现，在那里玩家只能交流那些他们认为为真的东西。

弱理性 玩家可能不知道他们的行动是最佳的，但是他们能够知道不存在他们认为是更好的候选行动。他们不是傻子。

定义 12.5 弱理性

在模型 M 中，玩家 j 在可能世界 ω 上的弱理性是一个断言，即对于每个可供选择的行动，j 认为当下的行动可能至少同样好：

$$WR_j: \qquad \bigwedge_{a\neq\omega(j)} \langle j\rangle \text{ "对于 } j \text{ 来说，} j \text{ 的当下行动至少和 } a \text{ 一样好"}$$

如同相对最佳回应 B_j^* 的情况一样，我们只需要令索引集遍历当前模型中的所有可能世界即可。①

在双人博弈的广义模型中，j 的弱理性 WR_j 只在那些对于 j 而言被严格占优的行动所对应的行或列上不成立。将量词拆开后，WR_E 表示：针对矩阵中的 x 列来说，对于其他每一列 y，至少有一行使得 x 上的 E-值至少和在 y 上的一样好。

---

① 另一个版本是让索引集遍历整个初始博弈中的所有策略组合，就像绝对最佳断言 B_j 一样。这种情况可以用类似的方法处理。

通过一个简单的组合式证明，像这样的列总是存在的。

事实 12.6　每个有穷的广义博弈模型中总有一个使得 $\bigwedge_j WR_j$ 为真的世界。

证明　为了方便，我们仅讨论有两个玩家的博弈。我们将证明一个更强的事实，即模型有如下形式的"WR 循环"：

$$s_1 \sim_A s_2 \sim_E \cdots \sim_A s_n \sim_E s_1, \quad \text{其中 } s_1 \models B_E^*, \ s_2 \models B_A^*, \ s_3 \models B_E^*, \ \cdots$$

举例来说，一个纳什均衡其自身就是一个单世界上的 WR 循环。

首先，在整个博弈矩阵的可用位置（列，行）上取最大值，我们看到以下两个陈述在所有地方都必须成立：

$$\langle E \rangle B_A^* \qquad \langle A \rangle B_E^*$$

例如，第一个陈述表示，给定一个世界中 E 的某个行动，在模型中必须有一个具有相同行动的 E 的世界，在这个世界中，A 的效用值最高（这一点在上述绝对 B_A 中可能不成立，因为其见证世界可能被省略）。重复这一过程，会得到一个永无止境的世界序列：

$$B_E^* \sim_E B_A^* \sim_A B_E^* \sim_E B_A^* \cdots$$

由于这一模型是有穷的，该序列必定会形成一个循环。进而，在序列中某个世界，例如满足 B_A^* 的某一可能世界，它将通过 $\sim_A$ 关联到某一个早前的可能世界 w。现在，要么 w 满足 B_E^*，要么 w 通过 $\sim_A$ 在序列中有一个满足 B_E^* 的后继。根据 $\sim_A$ 的传递性，前一种情况可以归约到后者。但是随后，沿着这样的循环向后看，利用关系的对称性，我们有一个如上定义的 WR 循环。显然，这些世界验证了两个玩家的弱理性：$\langle E \rangle B_E^* \wedge \langle A \rangle B_A^*$。

事实 12.7　弱理性在认知上是内省的。

证明　根据认知博弈模型中的可及性，如果 WR_j 在模型中的某一世界 ω 上成立，它也在 j 不能将其与 ω 区分开来的所有可能世界上成立。因此，认知规则 $WR_j \to K_j WR_j$ 在广义博弈模型上是有效的。　■

因此，$WR_j \to K_j WR_j$ 是具有最佳反应和理性的博弈模型上的一个逻辑法则。这使得弱理性适合于公开宣告，每宣告一次都会剔除被严格占优行动所对应的行或列。

强理性　弱理性是认知可能性算子的逻辑合取：$\bigwedge \langle j \rangle$。一个更强的理性断言是反转了合取和认知模态运算的次序，表示玩家认为他们的实际行动可能是最佳的。他们不仅不是傻瓜，而且现在他们有理由希望他们是聪明的人。

定义 12.6　*强理性*

在模型 M 中，玩家 j 在可能世界 ω 上的强理性是一个断言，即 j 认为当下的行动可能至少和其他所有行动一样好：

$$SR_j: \qquad \langle j \rangle \bigwedge_{a \neq \omega(j)} \text{"对于 } j \text{ 来说，} j \text{ 的当下行动至少和 } a \text{ 一样好"}$$

这一次我们需要绝对索引集来遍历博弈中的所有行动组合。因此，这一断言可以被等价地视为模态公式 $\langle j \rangle B_j$。我们用合取式 $\bigwedge_j SR_j$ 表示"整群玩家都是强理性"。　∎

根据 S5-法则的公式 $\langle j \rangle \varphi \to K_j \langle j \rangle \varphi$ 可得：如果 SR_j 是真的，那么玩家 j 就会知道它。因此，这和 WR_j 类似。强理性和弱理性以如下方式联系在一起。

事实 12.8　SR_j 蕴涵 WR_j，但是反之不成立。

证明　考虑以下博弈模型，其中原子符号 B 表示最佳行动：

		a	b	c
A	d	1,2	1,0	1,1
	e	0,0	0,2	2,1

（上表顶部标注 E）

B_A, B_E	B_A	$-$
$-$	B_E	B_A

没有一列或一行占优任意其他的列或行，并且 WR 在两个玩家之间始终成立。但是，SR_E 仅仅在最左边的两列中成立。这是因为它拒绝那些从来不是最佳的行动，即使从总体上讲这个模型不需要有一个更好的候选行动。

与 WR_j 相比，SR_j 的一个优势在于其命题字母 B_j 的绝对性。在第十三章的动态中，这一特征成为通过宣告 SR 所定义的转换集的单调性的基础。此外，强理性有一个直接的博弈论意义，它说明玩家的当前行动是针对对手的至少一个可能行动的最佳反应。这是由伯恩海姆（Bernheim）和皮尔斯（Pearce）提出的所谓"理性化"的博弈求解方案中的关键断言，即在任何情况下，如果相较于某个行动存在更好的选择，我们就会放弃这种行动（参见 de Bruin, 2004; Apt, 2007）。 ■

强理性不需要在所有的广义博弈模型中都是可满足的。但是，由于在行以及列中的最大效用值是存在的，它在所有完整的博弈模型中是可满足的。以下结果解释了这一逻辑的含义。

定理 12.2 每个有穷的完整博弈模型都有使得强理性成立的可能世界。

证明 与事实 12.6 非常类似，存在以下形式的"SR 循环"：

$$s_1 \sim_A s_2 \sim_E \cdots \sim_A s_n \sim_E s_1, \quad \text{其中 } s_1 \models B_E, \ s_2 \models B_A, \ s_3 \models B_E, \ \cdots$$

我们不作证明，而是给出一个示例，它表明每一个有穷的完整博弈模型都有三个玩家的 SR 循环。在这样的模型中，通过早先关于行和列上的最大值的研究，以下公式在任何地方都成立：

$$\langle B, C \rangle B_A, \quad \langle A, C \rangle B_B, \quad \langle A, B \rangle B_C$$

此处，特殊的模态词 $\langle i, j \rangle$ 有一个保持 i 和 j 的坐标相同的可及关系 $\sim_{\{i,j\}}$，即 $\sim_i$ 和 $\sim_j$ 的交集。

然而，重复这一过程，因为有穷性，我们一定有如下形式的循环：$B_A \sim_{\{A,C\}} B_B \sim_{\{A,B\}} B_C \sim_{\{B,C\}} B_A \cdots$，它重新回到了满足 B_A 的初始世界。在这一循环中，任意世界都满足 $\langle A \rangle B_A \wedge \langle B \rangle B_B \wedge \langle C \rangle B_C$。例如，如果这一世界它自身有 B_A，根据自反性，它满足 $\langle A \rangle B_A$。通过 $\sim_{\{B,C\}}$ 回头寻找它的父辈式 B_C，根据对称性，它满足 $\langle A \rangle B_A$。再通过 $\sim_{\{B,C\}}$ 和 $\sim_{\{A,B\}}$ 找到它的祖父辈式 B_B，根据传递性，它也满足 $\langle B \rangle B_B$。 ■

在无穷博弈模型中，SR 循环不一定会出现，而且不理性的断言可能在模型中为真。

例 12.5 非理性的回归

考虑一个 $N \times N$ 模式的网格。假定最佳反应中的谓词 B_A 和 B_E 只出现在两条被标记的对角线上：

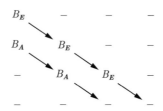

每个假定的序列 $B_E \sim_A B_A \sim_E B_E \sim_A B_A \cdots$ 都必须中断。　　　　■

我们的案例研究将表明，一旦我们研究模型和语法，理性推理的逻辑结构是多么令人吃惊。无论是通过我们的基本认知语言，还是通过我们偶尔提及的、可以提高表达力的混合逻辑，将 B_j, B_j^*, WR_j 和 SR_j 扩展到广义和完整的博弈模型的完全逻辑中，并对其进行公理化是一件非常有意义的事。但我们在此暂且打住，在第十三章的动态认知背景中，我们将再重新回到理性断言的讨论中。

12.8　STIT 逻辑和同步行动

跳出博弈背景，本章中的模态系统也可以被看作描述同步行动的基本逻辑。在我们的主题将要结束之时，我们将简短介绍一个著名的、有关主体性问题的哲学范式，它被称为 STIT（务必做到）。有关以下内容的详细信息，请参阅 van Benthem et al. (2012c)。读者也可参考一些对于 STIT 进行了更广泛拓展研究的经典资料，例如 Horty et al. (1995) 和 Belnap et al. (2001)。而 Horty (2001) 将此框架和主体的道义逻辑联系起来。

模型、语言和逻辑　STIT 模型是第五章中所定义的分支时态结构，并具有以下新特征：在历史 h 上，一个点 t 的每个阶段 (h, t)，每个主体 i 被指派了一个穿越 t 的所有有关未来历史的划分 $C_i(h, t)$，每个划分的单元是主体在 t 时刻所具有的选择。这些选择满足一个重要的限制条件，该条件用以表示主体们所选择的行动之间的独立性：

独立的行动　　对于不同主体来说，他们的任意两个划分都有重叠

第五章中的时态语言可以用这些模型进行解释，但是我们现在增加关于主体的模态词，用以表达"主体务必实现某个陈述命题"的含义：

STIT 模态 　　$M, h, t \models [\text{stit}, i]\varphi$，　当且仅当　在 $C_i(h, t)$ 中存在一个划分

的单元 X，使得对于 X 中的所有历史 h' 而言，$M, h', t \models \varphi$

该系统的逻辑在这些模态词中是向上单调的，但是在合取和析取上是没有分配性的：这可以通过类比第十一章的迫使模态词而得到。独立性的限制条件使得以下公理有效：

乘积公理　$([\text{stit}, i]\varphi \wedge [\text{stit}, i]\psi) \to \Diamond(\varphi \wedge \psi)$

其中，$\Diamond$ 是第五章中介绍过的模态词，它表示了在当下分支上的存在模态。

直觉上，人们可能认为行动会达到一些效果，但并非立即起效，而是在稍后起效。这可以通过模态组合 $[\text{stit}, i]O\varphi$ 来体现，其中，O 表示的是下一刻 (Broersen, 2011) 或 $[\text{stit}, i]G\varphi$。

关于行动的两个观点 STIT 体现了一种行动观，即把行动视为选择加上主体对结果的控制，其中至关重要的是，行动可能不会对结果产生唯一的控制。这种弱化是源自其他主体也能对发生的事情产生影响，或者甚至对于单一主体，划分单元中的多段历史可能是由环境自然产生的行动。从表面上看，这种选择行动的观点与本书中的观点有所不同，后者源自第一部分的动态和时态逻辑，但就像第六章中所强调的，事件或行动之间的分支模型表示的是主体可能的行动选择，并且行动间的转换要被明确地标识出来。

不过，这两种思维方式并不相互排斥。这里有一种将两者的见解结合起来的方法。尽管本书（以及大多数文献）中经常将事件、行动和动作混用，但关于行动、计算和博弈的模态逻辑确实描述了一种可能事件的结构。STIT 添加的是主体会对事件进行控制的想法。因此，一个更丰富的且对二者都公平的行动视角应该是：

$$行动(action) = 事件(events) + 控制(control)$$

将 STIT 嵌入矩阵博弈逻辑 从这种结合模式中获益的一种方式是将基本的 STIT 逻辑嵌入本章的逻辑中。以下的结论来自 van Benthem et al. (2012c)，而 Herzig et al. (2010) 实质上包含相同的见解。

回想一下 12.3 节中的矩阵博弈模型，我们考虑一个玩家 i 选择行动 a，而其他玩家则独立选择他们的行动，以形成一个完整的策略组合，即个体行动的一个有

序组。在时态 STIT 模型中，我们可以将这些同步行动的组合看作标识转换。以下的关系能够在这种语言层面上起作用。[①]

定义 12.7 模态博弈翻译

根据 12.4 节中的模态词，人们可以进行如下翻译：

$$[\text{stit}, i]\varphi = [\sim_i]\varphi; \qquad \Diamond\varphi = \langle\sim_i\rangle\langle\approx_i\rangle\varphi$$

任何形式的复杂公式都可以随之进行组合翻译。 ∎

定理 12.3 前面的翻译将基本 STIT 逻辑如实地嵌入完整矩阵博弈的模态逻辑中。

证明 我们只看两个主体的情况。我们的翻译验证了所有的 STIT 公理，其中，自由模态词指的是选择，而行动模态词指的是与它们相容的同步行动。乘积公理在所有的博弈模型中都成立，并且实际上，我们从 12.4 节的模态博弈逻辑中推导出了它。

为了证明这一嵌入能够成立，我们必须反驳矩阵模型中每一个无效的 STIT 公式 φ。为此，考虑任意的 STIT 时态反模型，并且注意，由于我们的基本 STIT 语言并不包含时态模态词，因此只要研究 $\neg\varphi$ 满足的当下时刻以及它的后继时刻就够了。因此，通过将历史视为世界，并且根据主体的选择划分来定义它们的等价关系，我们就可以很容易地从时态结构中推导出一个双主体的基本 STIT $S5$-模型。现在，时态方块 □ 是全局性模态词，而两个 STIT 模态词与这两个等价关系相匹配。原则上，这恰好会导致一个如前定义的广义博弈模型。然而，STIT 模型的结构确保了任意两个等价类相交。

至关重要的是，我们可以将这个 $S5$-模型"拆解"（unravel）成一个特殊形式的互模拟模型，其中任意两个等价类的交集都是一个单元集。随后，在矩阵形式下的一个表述是显而易见的：行动是主体的等价类，唯一结果是它们的交集。[②]

---

① 在接下来所定义的模态博弈翻译中，人们可能希望在主体 i 的选择的前面添加一个存在模态词，但是 STIT 模态词是对实际历史的选择。

② 我们在此删除了重要细节。van Benthem et al. (2012c) 中有完整的证明，其中包括了通过乘积构造而实现的互模拟拆解。

由此可以直观地得出结论，在我们的翻译下，任何 STIT 可满足的公式在矩阵博弈中也可满足。因此，我们的翻译既正确又可靠。①

知识的作用 我们也可以在联合 STIT 和矩阵博弈时引入一个知识的概念，即玩家已经做出了决策，但还不知道其他人的选择。不过，这只是对于博弈而言很重要的几个知识概念之一，正如我们在第三章和第六章中所讨论的那样，它们涉及玩家对于博弈的过去、现在和未来的信息。虽然在 STIT 框架中，知识并没有被明确提出，但它却是潜在的。我们也可以通过采用与上述相反的视角，探寻如何显式化玩家的知识，而这需要涉及第二部分中我们讨论过的重要系统。②

用控制模态扩展 DEL 考虑在第七章中介绍的具有认知模态词 $K_i\varphi$ 和动态事件模态词 $[\mathcal{E},e]\varphi$ 的动态认知语言。我们可以轻易地刻画玩家的控制力。首先，我们通过相关的主体将控制的等价关系赋予事件模型。随后，我们可以定义一个如下的动态 STIT-风格的"控制模态词"（control modality）：

$$M,s \models [\mathcal{E},e,control_i]\varphi, \quad \text{当且仅当在所有的乘积模型 } (M,s)\times$$
$$(\mathcal{E},f) \text{ 中，就主体 } i \text{ 来说，对于所有在}\mathcal{E}\text{ 中与 } e \text{ 控制等价的事件}$$
$$f, \text{ 都有 } (M,s)\times(\mathcal{E},f),(s,f)\models\varphi$$

"控制模态词"就像一个 DEL 算子，表示主体利用当下的事件模型$\mathcal{E}$ 进行乘积更新后所获得的知识。③这个扩展系统的完全动态逻辑以一种显而易见的方式嵌入DEL 中，其新控制算子的法则基本上都是 STIT 的法则。因此，我们得到了一个将事件和主体的选择组合起来的逻辑，它可能会丰富我们在第二部分中对博弈的分析。④

扩展式博弈中的同步行动 现在让我们把它推广到随时间变化的互动行为，就

① 然而，如果我们把模态语言变得更强，那么"交集为单元集"这一性质将产生一个超出基本 STIT 的特殊公理。
② Ciuni et al. (2014) 提出了一种将知识添加到 STIT 中的方法，并使得 STIT 与本章中的博弈模态逻辑相结合。
③ 在私人信息场景中，控制更难被直观地解释。
④ 然而，这种更丰富的主体选择逻辑也有其特殊之处。它缺乏第七章中直接针对 STIT 控制模态的递归法则，这是因为该算子不对合取或析取进行分配。此外，与大多数 DEL 逻辑不同，这个新系统没有一个在静态认知基础模型中反映其动态控制关系的模态词。后一个特征使得事件模型自成一派。

像我们在第一部分和第二部分的扩展式博弈中所做的那样。我们在对 STIT 的介绍中强调的是单个时刻的同步选择。接下来，考虑玩家在较长博弈中所进行的连续选择，这是由第十一章中的策略效力来表示的。此处，我们不能完全采用最简单的一集限制条件，这是因为在同步行动的情景下，不再具有确定性。关于行动选择上的 STIT 限制条件似乎接近于第 11.9 节中不完美信息博弈的效力表示结果，这些结果仅要求单调性和一致性。

我们是按本章的主线进行研究的，而不是去挖掘这一限制条件。当我们考虑迭代同步行动时，对于玩家选择的关键限制条件又会是什么？最重要的是，在单一选择下对于博弈历史的重要"划分性质"消失了。当我们连续做出选择时，可利用的策略空间就会扩大。在一个一步博弈中，主体只能从一开始就选择其中的一个行动。但现在，他们可以让下一个行动依赖所观察到的其他主体的行为。一个著名的例子是演化博弈论中的"以牙还牙"策略（参见本书绪论）：它复制对手先前的行动。因此，在扩展式博弈中，可利用的策略不需要一致地选择一个行动，它们可以依赖其他玩家的行为来做出选择。易见，结果集（即匹配玩家策略的效力）的不相交性现在可能失效了，剩下的只有单调性和一致性。

备注　公开的观察

这套更丰富的策略在很大程度上依赖对行动的公共观察。如果没有这一点，玩家不能依据其他玩家的行为来做出自己的选择，并且我们得到的是满足划分条件的两个连续行动的 DEL 乘积模型。就 12.5 节而言，一步的同步行动并不考虑行动的顺序依赖性，但是它考虑了行动的相关性。

动态化 STIT　最终，基于第二部分提出的 DEL 视角，还揭示了一个更为根本性的方法论转向——需要对那些最初催生 STIT 理论的情境进行重新分析。在选择场景中发生的主要事件是什么？主要的阶段似乎是：慎思、决定、行动和观察。在第一阶段，我们去分析我们将要做出的选择，并找到最佳选择。接下来，在决策阶段，我们做出决定并选择一个行动。然后，每个人都公开行动，并且这些行动都会被观察到，虽然这些事情是同步发生的，但我们也可以为其建模成各个单独进行的阶段。所有这些阶段都能够利用第二部分的 DEL-风格模型进行分析：第八章讨论了慎思，而第九章有很多关于博弈中期场景的系统。总之，这可能会比上述建议提供更丰富的同步行动视角。

进一步的方向　对于那些基于控制的行动、并带有偏好结构和时间演进的融合问题，还有许多值得我们谈论的内容。这方面最新的发展可参考引用文献以及 Broersen et al. (2006) 和 Xu (2010) 的工作。

12.9　小　　结

在本章中，我们将本书的逻辑方法与博弈论的标准形式（即策略式博弈）联系起来。这种联系是通过提醒读者注意到一种格式塔转换（gestalt switch）[①]而产生的。任何一本博弈论教科书中的简单矩阵图都是行动、知识和偏好等复杂模态逻辑的模型。我们最初在第一部分为扩展式博弈引入了这些逻辑，尽管有一些新的转向，不过，它们同样适用于策略式博弈。我们对由此产生的关于知识、自由、最佳反应和理性的推理进行了一些发展，展示了一些有趣的有效式，并且找到了依赖性和独立性假设中复杂度的来源。

基于本章研究视角，我们揭示了许多新的研究问题，这些问题没有像在第一部分和第二部分中的扩展式博弈那样得到深入研究。它们在本章的多个地方出现，涉及有效性的复杂度问题，以及完整的和广义的矩阵博弈模型的各种（模态的或扩展混合的）逻辑的完全公理化。此外，对于策略式博弈的研究，超出了前几章所研究的范围，其中就包括了玩家行动之间的相关性、与当前研究兴趣相关的依赖性逻辑，以及关于同步行动的推理。

12.10　文　　献

本章基于 van Benthem (2007c)、van Benthem et al. (2011a) 和 van Benthem et al. (2012c) 中的研究。

如果读者想了解逻辑和经典博弈论之间更进一步的联系、研究的动机以及可用的工具，可参见 Battigalli et al. (1999a)、Stalnaker (1999)、Bonanno (2001)、

[①]　译者注：格式塔（gestalt）是指一种整体具有但是个体所没有的特性。

Halpern (2003b)、Brandenburger et al. (2006)、Kaneko (2002)、Lorini et al. (2009)、Kaneko et al. (2003) 和 Fitting (2011)。Bonanno (2012) 系统考察了在不同情境下为博弈构建逻辑体系的方法，包括探索性推理与局内推理，并深入分析了策略的角色。对模态逻辑和博弈之间联系的最新评述研究参见 van der Hoek et al. (2006)、de Bruin (2010)、Dégremont (2010) 和 Zvesper (2010)。

12.11　进一步研究方向

本章提出了一个关于策略式博弈的模态逻辑视角，但仍有许多新的方向有待探索。下面就是其中几个。

从知识到信念　前面的讨论完全是从知识的角度展开的。但正如第二部分所述，主体通常是由信念所驱动的，因此我们希望以这种方式重新进行讨论。一种简单的方法是在博弈模型中加入第七章中的可信度序列，用玩家所有最可信的认知可及策略组合中为真的命题来定义玩家的信念。同样，人们可以认为这些期望是由一个动态过程产生的，这种动态过程或者像第八章所探讨的一种慎思场景，或者像第九章所讨论的关于其他玩家行为的外部信息信号。原则上，我们对策略式博弈逻辑进行这样的扩展没有任何障碍，而且事实上，这样做可能更接近于那些被博弈理论学家所使用的、基于信念的博弈模型（参见 Battigalli et al., 1999a; Perea, 2011; Brandenburger et al., 2014）。

从博弈到一般社会行为　尽管我们的矩阵博弈贴近策略式博弈，但我们也可以将其视为分析更一般的社会场景的一种方式。Hu et al. (2012) 给出了一个案例研究，将逻辑与 Johansen (1982) 中竞争博弈的一般公设联系起来，这一研究在一个高度抽象的层次上提取了社会互动风格的基本要素。除了博弈之外，作者还通过使用具有同步不动点的逻辑（如本书第一部分和第二部分中的工作），与关于决定论和自由意志的哲学观点建立起有意义的联系，从而指导我们对于社会行动的直觉。对于我们的逻辑方法来说，找到刻画主要社会互动方式的一般公设也是一个有趣的挑战。

演化博弈理论　矩阵博弈通常被看作用于只发生一次场景的模型，但是，经过无限次重复，它们也是演化博弈的标准构建要素 (Maynard-Smith, 1982; Hofbauer et al., 1998; Gintis, 2000)。演化博弈理论是现代博弈理论中的一个重要支柱，并且在以信号博弈为形式的研究中（信号博弈的均衡是在真实世界和所编码信号之间建立匹配），这使它在语言学和哲学等领域中找到了应用，正如我们绪论中的例子所示（参见 Skyrms, 1996; van Rooij, 2004; Clark, 2011）。

演化博弈的一些关键概念可以用本章的分析模式予以研究。例如，Kooistra (2012) 继 Gintis (2000) 之后，展示了如何在演化博弈中合并玩家和策略，从而得出矩阵模型，其中有一个关系 $\tau \leqslant_\sigma \tau'$，它表示了在玩家 σ 看来，策略 τ' 导致了比策略 τ 更好的结果。这反映了我们早先的关于策略组合之间的、而不是结果之间的偏好的观点。在这些模型上，可以使用上述模态逻辑加上一些混合小工具来定义演化上稳定的均衡。

对于演化博弈研究的另一个方法是使用在第五章中介绍的无穷博弈中的迫使时态逻辑，而这里我们可以采用一个包含所有玩家的同步选择的版本。或许可以利用与关于交替时间的时态逻辑的类比 (Alur et al., 2002)，将我们在序列行动中获得的大部分结果加以推广，这似乎是非常可行的。

然而，演化逻辑的主要特征在于其动态系统的时态演化进程，这个进程是由适应度的递归方程所驱动，且其演化动态会受到矩阵博弈所描述的互动模式所影响。这种系统的逻辑动态要求呈现的是由此产生的群体变化，而不是单个玩家的信念变化。因此，我们需要的系统必须符合第七章的精神内核，以此来更新遵循给定策略的玩家数目。除了这种局部动态之外，演化博弈还表现出独特的长期时间行为。第四章和第五章中的逻辑可能在这里有所贡献——请看我们对典型演化策略的简要讨论，如"以牙还牙"(Axelrod, 1984)——而第七章所介绍的在学习场景中的更新极限也可能如此（有关学习的演化观点，参见 Leyton-Brown et al., 2008; Hutegger et al., 2012）。

目前，几乎没有任何关于一般动态系统本身的逻辑研究（但是 Kremer et al., 2007 提出了一种动态拓扑逻辑，捕捉了极限行为中的一些关键递归模式）。我们应该很容易增加更具表达力的时态语言，以捕捉无限长期行为的更多特征。

演化博弈是本书关注点的自然延伸，它描述了当慎思细节中早已被遗忘时的群众行为或公众舆论现象。它还提出了一个挑战，即将第二部分中由短期事件的离散递归定律驱动的动态逻辑与驱动动态系统长期行为的微分方程联系起来。目前，这两个世界之间缺乏自然的联系，这似乎是本书中主要悬而未决的问题之一。

概率、信念和行为　　另一个主要开问题是缺乏对博弈论中概率使用的分析。概率以各种形式进入我们对于主体理论的研究。概率可能被用于刻画单个主体的信念强度，但是它们也能够被用于描述整个群体行为的频率，或者记忆中积累的经验 (Bod et al., 2003)。将本书中的逻辑与这两种概率结合起来，原则上没有任何障碍。就像在第七章中提到的，van Benthem et al. (2009b) 展示了如何用个体信念强度和更类似频率的过程概率来扩展动态逻辑中的更新。但是正如在绪论中指出的，概率在博弈理论中扮演一个重要的角色，因为它们扩展了可能行动的集合，使得每一个矩阵博弈在混合策略中都有一个纳什均衡。本书中最接近这种构造的逻辑对应可能是第二十一章中用于语义赋值的不完美信息博弈，其中对象和函数的逻辑域都能够被概率化。在社会行为的研究中，逻辑和概率交汇处的更多内容可以并且应该被探讨，不过这也许是不明智的，因为这一话题超出了本书研究范围。

第十三章 策略式博弈中理性动态

在第十二章中，我们已经揭示出本书第一部分中所讨论过的逻辑如何适用于研究策略式博弈，同时也提出一些关于研究同步行动的新问题。在本章中，我们将把目光从静态的博弈结构转向博弈求解的动态性，从而引出本书第二部分所研究的受信息驱动的主体的逻辑动态。本章中，通过利用迭代公开宣告方式来看待博弈前的慎思活动，我们将揭示如何利用第七章和稍后谈到的一些技术重新审视策略式博弈求解过程。在此讨论的过程中，我们与先前提到的动态认知逻辑、不动点逻辑以及其他早期主题产生了新的联系。不过，尽管我们当前的兴趣集中在重复剔除被严格占优策略方面，但正如我们将在一些例子中所展示的那样，读者将看到一种更普遍适用的思维方式。①

13.1 达成均衡作为一个认知过程

迭代方式的求解 求解博弈时，我们经常会用到一种用于寻找最佳策略的算法，就像逆向归纳法在扩展式博弈中的应用一样。现在，我们展示一种经典方法，它用于解决或至少修剪策略式博弈。

例 13.1 迭代剔除被严格占优策略算法（SD^{ω}）
考虑以下带有有序对（A-值，E-值）的矩阵：

---

① 本章主要借鉴了 van Benthem (2011a) 中第十五章的内容。

$$
A \quad
\begin{array}{c|ccc}
 & \multicolumn{3}{c}{E} \\
 & a & b & c \\
\hline
d & 2,3 & 2,2 & 1,1 \\
e & 0,2 & 4,0 & 1,0 \\
f & 0,1 & 1,4 & 2,0 \\
\end{array}
$$

首先剔除右边被占优的那一列：E 的行动 c。然后，A 的最下面一行的行动 f 成为被严格占优的，剔除该行后，E 的行动 b 成为被严格占优的行动，然后是 A 的行动 e。最后，依次重复剔除这些行动后，我们就得到该博弈的纳什均衡 (d,a)。■

在这个例子中，利用 SD^ω 算法，我们得到了唯一一个均衡策略组合。一般情况下，利用这种算法，我们可能会得到以一个比较大的矩阵来表示的解集，此时利用该算法将不能再缩减这个矩阵模型。目前，有大量文献从认知逻辑的角度分析了这种博弈解的概念，并从关于理性的公共知识或公共信念的角度定义了最佳策略组合。然而，我们将提供一个动态的视角。

作为认知过程的求解方法　方便起见，我们再来看一下第七章的泥孩谜题这个事例，Fagin et al. (1995) 和 Geanakoplos (1992) 已经强调了这个谜题在博弈论上的重要性。

例 13.2　泥孩谜题

在外边玩耍之后，三个孩子中有两个的额头上沾了泥巴。他们只能看到其他人，而不知道自己的状况。现在，他们的父亲说："你们当中至少有一个人的额头有泥巴。"然后他问："有人知道他的额头是有泥巴的吗？"这些孩子总是如实回答问题。那么，随着问题和答案的重复，接下来的情况会是怎样的呢？

在第一轮中，没有人知道自己的情况。但在下一轮，每个泥孩子都能进行这样的推理："如果我是干净的，那么我看到的那个脏孩子就只能看到干净的孩子，而且这样的话，那个泥孩子会马上知道他额头上有泥巴。但事实是他并不知道，所以，我的额头上一定也有泥巴。"　　　　　　　　■

在这个谜题的初始认知模型中有八个可能世界，每一个孩子都被标注为 D（脏的）或 C（干净的）。孩子们所知道的知识可以通过在下面图示中的可及关系揭示出来。所给出的那些断言会更新这类信息。

例 13.2 续　　泥孩谜题中的更新

当父亲说出"你们当中至少有一个人的额头有泥巴"这样的宣告后，更新就开始了。像第七章中的公开宣告一样，初始模型中使得该断言为假的那些世界将会被剔除，也就是说，CCC 这个世界会被剔除掉：

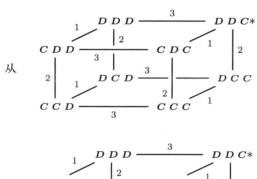

当宣布没有人知道他的境况时，最底部的世界也被剔除了：

$$DDD \overset{3}{\underline{\quad}} DDC*$$

而最后更新将使得模型成为：

$$DDC*$$ ∎

对于 k 个泥孩子来说，每个人进行 k 轮 "我不知道自己的境况" 的无知断言后，那么，"哪些孩子头上是有泥巴的" 将成为孩子间的公共知识。因此，这个谜题可以看作围绕着一个关键命题的迭代宣告。

同样的设定也可以用来分析进程中所发生变化的影响，这会凸显出结果对于宣告顺序的依赖性。如果仅有第一个孩子说出他不知道，那么 DCC 世界会被剔

除。然后第二个孩子就会知道他的境况。宣告这一点会剔除除了 DDC 和 CDC
以外的所有世界。由此，在最终模型中，第二个和第三个孩子知道真实情况将成为
孩子间的公共知识，但一切到此为止：第一个孩子永远无法通过进一步的认知断言
知道谁是干净的还是脏的。

这种迭代宣告的思想可以被用在基本的求解算法中。

例 13.2 续　　对应 SD^{ω} 求解轮次的更新

此处，更新的序列对应了前面求解算法中的轮次：

$$
\begin{array}{|ccc|}\hline 1 & 2 & 3 \\ 4 & 5 & 6 \\ 7 & 8 & 9 \\ \hline\end{array}
\quad
\begin{array}{|cc|}\hline 1 & 2 \\ 4 & 5 \\ 7 & 8 \\ \hline\end{array}
\quad
\begin{array}{|cc|}\hline 1 & 2 \\ 4 & 5 \\ \hline\end{array}
\quad
\begin{array}{|c|}\hline 1 \\ 4 \\ \hline\end{array}
\quad
\begin{array}{|c|}\hline 1 \\ \hline\end{array}
$$

每个框可以被视为一个认知博弈模型。每一步都增加了玩家的知识，直至达
到一个均衡状态，在这个状态下，他们知道了所有可能知道的事情。　■

我们已经在第十二章中深入研究了这类关于矩阵式模型的静态逻辑，这让我
们可以快速开始下面的研究。

13.2　关于理性的迭代宣告和博弈求解

作为对话交流的慎思　　现在我们把求解博弈看成一种虚拟的对话交流。以某
个具有现实世界 s 的博弈模型 M 为例，玩家通过思考自己对场景的了解来"慎
重地同步"。正如泥孩谜题中一样，我们使用含有知识和最佳反应的语言来做出一
般的断言。根据第十二章中的一个概念，我们首先来看 SD^{ω}。

定理 13.1　　在完整的博弈模型 $M(G)$ 中，以下两个命题是等价的：

（a）世界 s 位于模型 $M(G)$ 中由 SD^{ω} 所得的求解区域内；

（b）对玩家的弱理性进行持续迭代宣告，最终稳定在一个子模型 N, s 上，其
　　　论域就是那个求解区域。

一旦回忆起弱理性，我们马上可以看到这个结果中所表露的那种和谐性。宣告

这种弱理性恰是以这样合适的方式对 G 的广义模型进行修剪。

一般的观点　该定理重述了我们已经知道的内容。但其要点在于分析的风格。现在，我们可以从两个方向来匹配博弈和认知逻辑。从博弈到逻辑，给定某种用来定义一类解的算法，我们就可以寻找驱使其动态化求解的认知行动。从逻辑到博弈，任何类型的认知断言都定义了一个迭代的求解过程，而这个过程可能具有独立的意义。当然，除非我们能找到其他例子，否则这种一般性并没有什么用处。

其他场景：宣告强理性　除了弱理性（WR），我们还可以宣告另一种具有信息驱动性的命题，即强理性（SR）。如果宣告玩家 j 是强理性的，那么就只剩下那些使得 SR_j 成立的世界 s 了。但这可能会剔除世界，从而使得其他玩家的强理性 SR_k 在 s 上不再有效，这是因为他们的存在模态现在缺乏了见证。因此，迭代宣告强理性也是有意义的。

例 13.3　迭代宣告强理性

我们接下来的例子为强理性（SR）给出了与被严格占优策略（SD^ω）相同的模型序列。但是，强理性的模型序列与弱理性的模型序列在以下修改过的情况下有所不同：

		E					
		a	b	c			
A	d	2,3	1,0	1,1	B_E	—	—
	e	0,0	4,2	1,1	—	B_E, B_A	—
	f	3,1	1,2	2,1	B_A	B_E	B_A

弱理性（WR）不会剔除任何世界；而强理性（SR）则剔除了最上面一行和最右边一列。　∎

例 13.4　以 SR 循环结束

在以下模型中，强理性的迭代宣告会陷入一个包含四个世界的循环：

B_E	—	B_A
—	B_A	B_E
B_A	—	B_E

B_E	B_A
—	B_E
B_A	B_E

B_E	B_A
B_A	B_E

初始模型中的纳什均衡在宣告 SR 过程的极限中依然存在，不过，最后的极限模型有时还会保留更多内容。 ■

例 13.5　重温：性别之战

在关于"性别之战"的例 12.2 的矩阵模型中，宣告强理性将陷入困境：用来定义 SR 的公式 $\langle E \rangle B_E \wedge \langle A \rangle B_A$ 在矩阵模型中处处为真。 ■

最后，迭代宣告强理性是一个"自我实现"的过程。

事实 13.1　强理性在它的极限模型中成为玩家间的公共知识。

这不同于泥孩谜题的情景，在那里，孩子们的无知断言最终在极限模型中是不成立的。我们会回头来分析它们的差异性。

其他理性声明　我们的方法是通用的：许多其他的断言都可以应用这样动态化的场景进行分析。如果初始模型中有一个纳什均衡，并且玩家都决定选择这个均衡，那么他们也可以持续宣告比强理性更强的断言，即"纳什型陈述命题"（Nash statement）：

$$\langle E \rangle NE \wedge \langle A \rangle NE$$

这个场景的极限模型包含了所有纳什均衡，以及所有既与 $\sim_E$ 相关又与 $\sim_A$ 相关的世界。

我们对于博弈解的宣告观点的描述到此结束。这种看法为博弈的标准化的认知基础提供了另外一种动态化的分析。尤其，关于理性的公共知识不再是预设出来的，而是由逻辑确确实实地产生。

13.3　从认知上的动态到不动点逻辑

在这些情境中，许多第二部分动态认知逻辑的关键特征再次出现。比如，宣告顺序在博弈解问题上可能会成为关键特征，正如在泥孩谜题中我们所看到的，当孩子依次说出无知时，情形将发生相当大的变化。而像这样的变化反映了社会场景中过程的重要性。此外，早期的技术概念也会再次出现。例如，不同的博弈模型可能在第一章所定义的互模拟意义上是等价的，从而在更新过程中可以进行简化 (van Benthem, 2011b)。接下来，我们将集中讨论更新步骤和过程问题。[①]

程序语法和迭代宣告的极限　考虑我们认知语言中任意一个公式 φ。对于一个初始模型 M，只要 φ 为真，我们可以一直宣告，从而保留下使得 φ 成立的那些世界。这将产生一系列嵌套的递减集合。在无穷模型中，我们通过取迄今为止所有阶段的交集来跨越极限序数，从而得到第一个不动点，即一个子模型，其中仅保留满足 φ 的世界（它不会再改变）。

定义 13.1　*模型中的宣告极限*

对于任意模型 M 和公式 φ 而言，宣告极限 $\#(M, \varphi)$ 是迭代序列中的第一个子模型，其中，宣告 φ 将不再产生进一步的影响。如果 $\#(M, \varphi)$ 是非空的，则 φ 成为模型中的公共知识（并称 φ 在 M 上是"自我实现"的）。否则，称 φ 在 M 上是"自我驳斥"的，并且它的否定式为真。　　　　　　　　　　　■

在博弈中的理性断言是"自我实现"的，从而形成了关于理性的公共知识。不过，正如我们所示，泥孩谜题中的联合无知断言是"自我驳斥"的。

这表明，在动态认知逻辑中存在有趣的新问题。确定"自我实现"或者"自我驳斥"的语法形式可以被看作学习问题的推广，即找出在公开宣告后哪些公式会变得已知 (Holliday et al., 2010)。而通过公理化这里所出现的这些新概念，可以把宣告极限添加到我们的语言中：

$$M, s \models \#(\psi), \qquad 当且仅当 \quad s \text{ 属于 } \#(M, \psi)$$

那么，带有 $\#$ 算子的 PAL 是否仍然是可判定的？最后，根据第七章，迭代把公开宣告逻辑带向一个由基本宣告行动 $!\varphi$ 所形成的带有 PDL 程序版本的 PAL。[②]

均衡和不动点逻辑　为了激发我们的下一步思考，这里有一种不同的看待 SD^ω 算法的方法。初始的博弈不需要缩小，但我们要分阶段计算世界的新属性，逐步聚

---

① 为保证本章的完整性，我们将重述第八章中的一些内容。

② 这是一个重大进展：Miller et al. (2005) 证明了带有迭代的公开宣告逻辑（PAL*）是不可公理化的，并且确实具有非常高的复杂度。

焦于一个新的子域，该子域就是一个不动点。将不动点算子添加到一阶逻辑中，就得到了第二章和第十四章中所讨论的系统 LFP（FO）。然而，就当前目的而言，我们将使用第一章和第四章中的模态 μ-演算的认知版本。

定理 13.2 在完整的博弈模型中，迭代宣告 SR 所导致的极限可能世界集定义为公式：$\nu p \bullet (\langle \boldsymbol{E} \rangle (B_{\boldsymbol{E}} \wedge p) \wedge \langle \boldsymbol{A} \rangle (B_{\boldsymbol{A}} \wedge p))$。

证明 根据最大不动点定义可知，由 $\nu p \bullet (\langle \boldsymbol{E} \rangle (B_{\boldsymbol{E}} \wedge p) \wedge \langle \boldsymbol{A} \rangle (B_{\boldsymbol{A}} \wedge p))$ 所定义的集合 P 中的任何世界都满足 $\langle \boldsymbol{E} \rangle (B_{\boldsymbol{E}} \wedge p) \wedge \langle \boldsymbol{A} \rangle (B_{\boldsymbol{A}} \wedge p)$。这样，一方面，作为这个公式的逻辑后承 $\langle \boldsymbol{E} \rangle B_{\boldsymbol{E}} \wedge \langle \boldsymbol{A} \rangle B_{\boldsymbol{A}}$，它也在 P 中的所有世界上为真，因而，进一步宣告强理性不会产生任何影响。另一方面，根据定义，关于 SR 的宣告极限是当前模型中的一个子集 P，它包含在满足 $\langle \boldsymbol{E} \rangle (B_{\boldsymbol{E}} \wedge p) \wedge \langle \boldsymbol{A} \rangle (B_{\boldsymbol{A}} \wedge p)$ 的集合中。因此，它包含在与该公式匹配的单调算子的最大不动点中。

作为膨胀不动点的宣告极限 更一般地，一个宣告极限 $\#(\boldsymbol{M}, \varphi)$ 可通过下面的映射以迭代的方式产生：

$$F_{\boldsymbol{M}, \varphi}(X) = \{s \in X \mid \boldsymbol{M} | X, s \models \varphi\}, \quad \text{其中 } \boldsymbol{M} | X \text{ 是 } \boldsymbol{M} \text{ 限制到 } X \text{ 上的模型}$$

一般来说，函数 $F_{\boldsymbol{M}, \varphi}$ 相对集合的包含关系而言不是单调的。原因在于：当 $X \subseteq Y$ 时，认知命题 φ 的真值从模型 $\boldsymbol{M} | X$ 到更大模型 $\boldsymbol{M} | Y$ 中可能会发生变化。我们不是在一个固定的模型中计算，就像公式 $\nu p \bullet \varphi(p)$ 那样，而是在越来越小的模型中计算，并改变 φ 中模态算子的范围。不过，宣告极限可以在"膨胀不动点逻辑"中得到定义 (Ebbinghaus et al., 1999)。

定理 13.3 迭代宣告的极限是一个膨胀不动点。

证明 取任意一个公式 φ，并用一个新的命题字母 p 相对化该公式，从而得到公式 $(\varphi)^p$。这里，字母 p 并不需要是正出现（当相对化一个必然算子时，它可以以否定形式出现），同时，不允许有 μ-演算的不动点算子。但可以应用标准的相对化技术。令 P 是 p 在 $\boldsymbol{M}$ 中的指称，则对于 P 中所有的状态 s：

$$\boldsymbol{M}, s \models (\varphi)^p, \quad \text{当且仅当 } \boldsymbol{M} | P, s \models \varphi$$

因此，上述将 $F_{M,\varphi}(X)$ 定义为 $\{s \in X \mid M|X, s \models \varphi\}$ 等价于

$$\{s \in M \mid M[p := X], s \models (\varphi)^p\} \cap X$$

不过，这样计算所得到的是广义的一个最大不动点。考虑任意一个不限制 p 出现形式的公式 $\varphi(p)$，定义如下映射：

$$F^{\#}_{M,\varphi}(X) = \{s \in M \mid M[p := X], s \models \varphi\} \cap X$$

这个映射不一定是单调的，但它总是取子集。因此，它从 M 开始，根据需要进行迭代，并在极限序数处取交集，从而找到一个最大的膨胀不动点。如果 $F^{\#}$ 是单调的，那么这就和通常不动点计算不谋而合。■

Dawar et al. (2004) 证明了宣告极限的定义可以超出认知 μ-演算，而这种带有膨胀不动点的 μ-演算扩展是不可判定的。[①]

关于"单调不动点"　　幸运的是，一些宣告具有较好定义的特质。关于强理性 SR 的极限域在认知 μ-演算中是可定义的。原因在于它的更新函数 $F_{M,SR}(X)$ 对于集合包含关系来说是单调的。这与其语法形式有关。考虑一个"存在模态公式"，该公式仅由存在模态、命题字母或其否定，以及合取和析取构成。在语义上，这些公式在模型的扩充中是保真的。

定理 13.4　　$F^{\#}_{M,\varphi}(X)$ 对于存在型的模态公式 φ 是单调的。

证明　　通过扩张保真性，$F^{\#}_{M,\varphi}$ 的单调性可证：如果 $M|X, s \models \varphi$ 且 $X \subseteq Y$，那么 $M|Y, s \models \varphi$。从而，得到一个关于 μ-演算的最大不动点。■

因此，由于强理性的语法，通过认知 μ-演算讨论它的推理可以避免 PAL* 所遇到的高复杂度问题。而关于泥孩谜题中无知的宣告也是存在式的。[②]

[①]　相反，正如我们在第八章中提到的，膨胀的一阶逻辑在表达力上等同于 LFP（FO）(Kreutzer, 2004)，因此在这种表达力更强的语言中，定义风格的差异表现在内涵方面，而不在于外延方面。

[②]　关于单调性的其他用途，可以回想一下之前关于宣告的顺序依赖性 (van Benthem, 2007c)。对于具有单调性的断言，这种情况通常可以避免。例如，SR_E；SR_A 的宣告极限与同时 SR 宣告的极限相同。应用到博弈中，对于任意一个模型 M 都有 $\#(M, SR) \subseteq \#(M, WR)$。对于非存在型公式，即使 φ 蕴涵 ψ，但 $\#(M, \varphi)$ 也不一定包含在 $\#(M, \psi)$ 中。Apt (2007) 使用抽象重写系统对博弈求解程序中的汇合与非汇合进行了一般性分析。

我们主要定理的最后一个应用，用到了模态 μ-演算的可判定性。

事实 13.2 对于存在型公式 ψ 而言，添加了 $\#(\psi)$ 的动态认知逻辑是可判定的。

13.4 变形和扩充

重温泥孩谜题 谜题中的无知断言暗示出了另一个"自我驳斥"式的求解方法。玩家或许可以持续重复说出"我的行动会让情况变糟糕"，直到他们的担忧被解除。此外，泥孩谜题中具有了这类关键性的"激励性行动"，即父亲的宣告打破了初始模型中的对称性。这样做也是有道理的。在矩阵博弈中，$SD^{\flat}$ 算法不会产生任何影响，但如果我们首先通过事先的宣告打破了某些对称性，它就会开始修剪模型。这里的艺术在于找到能让对话开始的激励性断言：Roy (2008) 揭示出如何利用玩家的意愿来实现此目的。所有这些场景的逻辑背景是第十二章中所定义的广义博弈模型。

改变的信念和可信度 许多关于博弈的逻辑分析使用的是玩家信念而不是知识。通过使用第七章和第八章中的可信度模型，可以将本章中的主要结果进行推广。例如，用 $SD^{\flat}$ 算法，在极限情况下，现在玩家将拥有都处于博弈解集中的公共信念。另外，除了关于信念的硬信息，我们也可以谈论带有软信息的场景，这些软信息是关于策略组合方面的可信度序列的变化（参见 Zvesper, 2010）。同时，正如我们在第七章中简要解释的那样，软升级已将追踪真理与形式学习理论中的时态极限学习问题联系了起来 (Kelly, 1996; Gierasimczuk, 2010; Baltag et al., 2011)。

13.5 关于博弈的迭代、极限和抽象不动点逻辑

本章中提及的技术并非只是关于求解博弈的算法研究。它们也可以应用到任何一个由迭代宣告（无论是肯定型还是否定型命题）发挥作用的交互场景中。正如我们在第八章中所看到的，Dégremont et al. (2009) 通过迭代宣告主体不一致的信

念分析了 Aumann (1976) 中的开创性成果，即不一致意见是不能永远保持下去的。类似的分析也适用于哲学中对知识主张不断提出质疑的情况。下面我们从更为抽象的角度看待求解博弈的极限过程，并予以总结。

不动点逻辑和抽象博弈解　从更高抽象层次上看，Zvesper (2010) 将动态认知逻辑和 Apt (2007) 中计算框架方面的问题联系了起来。其背景是博弈的抽象模型（参见第六章），其中信念算子 $B(X)$ 将世界集 X 和主体认为最可信的那些世界关联起来，最佳算子 $O(X)$ 则是在一个绝对全局意义上，[①] 从来自 X 的世界挑选出对于该主体最好的那些世界。求解概念 SD^ω 的对应概念就是重复应用最佳算子 O 到这个模型上所得到的最大不动点 O^∞。在这种情况下，选出的合适的理性公式 rat 就会与集合 $O(\boldsymbol{B})$ 对应起来，在该集合中主体基于他们最可信的世界 $\boldsymbol{B}$ 中做出他们的最佳选择。对于基本认知的概念，这些模型支持一类模态不动点语言。例如，$CB\varphi$（φ 的公共信念）可以用最大不动点公式 $\nu p \bullet \bigwedge_{i \in I} B_i(\varphi \wedge p)$ 来定义。而利用关于最大不动点的模态 μ-演算的基本规则，从语法上，我们也可以获得清晰明了的证明：

$$\nu p \bullet \psi(p) \to \psi(\nu p \bullet \psi(p)) \qquad \text{展开公理（unfolding axiom）}$$

$$\text{如果} \vdash \alpha \to \psi(\alpha)\text{，那么} \vdash \alpha \to \nu p \bullet \psi(p) \qquad \text{包含规则（inclusion rule）}$$

例 13.6　从语法上证明一种认知刻画

首先，对所有 φ，(a) 由于 $B\varphi$ 蕴涵 $\boldsymbol{B} \subseteq [\![\varphi]\!]$，利用 O 的单调性和 rat 的定义，我们有 $rat \to (B\varphi \to O\varphi)$。将 $CB\varphi$ 简化为 $\nu p \bullet B(\varphi \wedge p)$，展开一个不动点可得到：(b) $CBrat \to B(rat \wedge CBrat)$。利用 $\varphi = rat \wedge CBrat$，由 (a) 可以得到 (c) $rat \wedge CBrat \to O(rat \wedge CBrat)$。最后，根据最大不动点的引入规则，我们有 (d) $rat \wedge CBrat \to \nu q \bullet Oq (= O^\infty)$。　∎

因此，抽象模态不动点逻辑中的一些证明抓住了博弈论认知基础中著名结果的本质（参见 Tan et al., 1988; Aumann, 1999）。这类抽象分析也可以用在第十一章的邻域模型中。de Bruin (2004) 更进一步地研究了模态证明在博弈论中的应用。

---

① 绝对最佳公式（第十二章中的 $B_{\boldsymbol{A}}$）使得最优算子具有单调性：如果 $X \subseteq Y$，那么 $O(X) \subseteq O(Y)$。

13.6 文　　献

本章的工作基于 van Benthem (2007c)，在这篇文章中，我们首次从动态认知视角对博弈进行了研究。

近来沿着此方向，与博弈论基础研究更为相关的研究参见 Dégremont et al. (2009)、Baltag et al. (2009b)、Zvesper (2010) 以及 Pacuit et al. (2011b)。

第三部分的结语

在第三部分的三个章节中，我们展示了如何应用第一部分和第二部分的博弈逻辑从全局化的视角研究博弈。更具体地说，我们已经介绍了：

① 玩家效力的表示、邻域模型上的模态逻辑、广义互模拟和拓扑比较博弈；

② 将玩家的偏好、知识和自由选择的模态逻辑结合在完整的和广义的矩阵模型中，利用一个特殊案例来研究关于理性的语法和逻辑，并应用到更一般的同步行动的逻辑中；

③ 我们将场景式的、动态求解博弈作为一类迭代宣告的案例研究，使得我们可以用一种新的视角探索博弈和其他互动场景的认知基础。

第十一章中关于效力的观点在本书接下来的两个部分中仍然占有重要地位：第四部分是关于逻辑博弈的研究，第五部分则是关于博弈构造的逻辑。至于策略式博弈，我们在第十二章和第十三章中最为重要的洞见或许是"如何将博弈论中方方面面的理论与逻辑自然地契合在一起"，就像我们早期对于扩展式博弈研究所获得的成果一样。这种契合在第一部分的静态化和第二部分的动态化研究中都非常明显，也因此为我们先前的计划找到了第二个证据来源。

第四部分　逻　辑　博　弈

第四部分的导言

　　这是本书改变内容和风格的转折点。我们在第一部分、第二部分和第三部分已经以一种逻辑的方式完成了对于博弈的一般性分析。但是，正如我们在绪论中所提到的，即便逻辑可以应用于任何事物，它对于博弈而言依然存在着更为紧密的联系。许多基本逻辑概念本身就可以用博弈的形式来表达。接下来，我们将探讨作为博弈的逻辑，这种观点与前面博弈的逻辑形成对比。在这一部分中，我们考察一些用于公式赋值、比较模型、构建模型以及进行对话的基本逻辑博弈。许多逻辑学家们仅仅将这些博弈当作教学工具使用，并且它们确实也对教学颇有助益。这是因为在直觉上，博弈将许多复杂的结构包装成了容易想象的对象。然而，逻辑博弈不应当仅限于此，它还包含了许多具有更广泛主旨的一般性思想和主题。这一点将在接下来的章节中得到清楚的展现。我们将在最后的第十八章中明确讨论一些更广泛的主题。特别是在该章的附录中，我们将一窥计算逻辑领域当中与博弈相关的一些工作，而这些也是近年来兴起并蓬勃发展的理论。本书第五部分和第六部分将进一步阐述我们的一般性主题。其中，第六部分将与第一部分、第二部分和第三部分形成一个关于博弈逻辑的闭环。

来源说明　　这部分的内容主要源自我的讲义《博弈中的逻辑》(van Benthem, 1999)，该讲义至今已有多个印刷和电子版本。van Benthem (2011f) 给出了一个凝练的汇编，而一些出色的、定期更新的相关探讨可以参见 Hodges (2001)。本书各章节的风格彰显了大部分材料的教育性来源。即使没有本书的宏伟设计，读者也可以将接下来的内容当作一次不同寻常的基础逻辑之旅。

第十四章　公式赋值

当定义一个公式 φ 何时在模型 M 上为真时，逻辑语言通常利用模型论的语义，并可能伴随一些辅助的定义。以一阶逻辑为范例，其概念是 $M, s \models \varphi$，其中 s 是 M 中的对象对变元的一个赋值。现在，关于一阶断言的逐步赋值都可以动态地转换为两个玩家间的博弈：证实者在 M, s 的设定中声称公式 φ 为真，而证伪者则声称该公式为假。这就是我们最基本的逻辑博弈。在本章中，我们将解释一阶赋值博弈，充分构造其中关于真与假的定义，并探索其更一般性的博弈论特征。与此同时，我们也会证明如何以相同的样式将其他逻辑博弈化，并找出一阶博弈背后的一些博弈逻辑问题，包括了玩家策略以及博弈运算的作用。[1]

14.1　谓词逻辑的赋值博弈

在某些 M, s 的情形中，两方针对一个命题 φ 有不同的意见：证实者 V 声称 φ 是真的，证伪者 F 声称它是假的。这是一阶赋值博弈当中自然的防御与攻击行动，我们以后将其表示为 $game(\varphi, M, s)$。

定义 14.1　赋值博弈中的行动

赋值博弈中的行动遵循公式的归纳构造。它们涉及了动态博弈当中的典型概念，譬如选择、切换和延续，在成对出现的两个玩家中，双方都允许有一次主动权：

---

[1] 类似的博弈参见 Hintikka (1973)。自那时起，许多逻辑都给出了赋值博弈。Hintikka et al. (1997) 给出了自然语言的博弈论语义，第二十一章将探讨由此产生的独立友好逻辑（independence-friendly logic）。

原子命题 $Pd, Rde, \cdots$	若原子命题为真则 V 获胜, 反之则 F 获胜
析取式 $\varphi \vee \psi$	V 选择一个析取支进行博弈
合取式 $\varphi \wedge \psi$	F 选择一个合取支进行博弈
否定式 $\neg\varphi$	两个玩家切换彼此的角色, 博弈继续针对 φ 来进行

接下来, 玩家通过量词, 在 M 的论域中寻找对象:

存在式 $\exists x \varphi(x)$	V 选择一个对象 d, 并继续用 $\varphi(d)$ 进行博弈
全称式 $\forall x \varphi(x)$	同样的行动, 但现在轮到 F

上述关于原子命题的条件可能看似循环, 但是我们可以把它当作玩家们检测模型的方式, 以此来查看模型是否支持这样一种底层断言。至于复杂的结构, 博弈的行动进程由公式 φ 的形式确定。∎

例 14.1   公式与博弈的进程

博弈的行动是如何进行的呢? 考虑具有两个对象 s, t 的模型 M。以下是一个 $\forall x \exists y\, x \neq y$ 的博弈, 如图所示为行动树, 其博弈进程为从上到下:

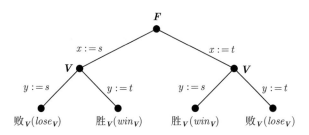

我们将其解释为完美信息博弈: 玩家们了解所发生的一切。由证伪者开始, 证实者必须做出响应。上图有四种可能的博弈, 每个玩家各赢两场。但是在我们前面章节的标准意义上, 证实者只有一个获胜策略。∎

形如这样的树还不是博弈的完整定义。然而, 出于许多目的, 我们最好不要提供更多的细节。事实证明在逻辑教学中, 在更为丰富的一些模型中处理稍微复杂的公式的赋值博弈, 才具有吸引力。

例 14.2   寻找非交流者

考虑以下交流网。其中，箭头表示定向链接，并且所有指向自身的链接都存在，只不过在图中被省略了：

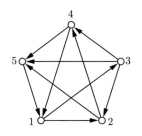

公式 $\forall x \forall y (Rxy \vee \exists z(Rxz \wedge Rzy))$ 表示在这个网络中，每两个节点最多可以分两步进行交流。以下是一场该赋值博弈的行动序列：

玩家	行动	下一个公式
F	挑选 2	$\forall y(R2y \vee \exists z(R2z \wedge Rzy))$
F	挑选 1	$R21 \vee \exists z(R2z \wedge Rz1)$
V	选择	$\exists z(R2z \wedge Rz1)$
V	挑选 4	$R24 \wedge R41$
F	选择	$R41$
检验	F 失败	

证伪者一开始挑选了对象 2，以示威胁，然后又挑选了 1。证实者选择了正确的右析取支，并挑选了见证者 4。现在，证伪者无论如何选择都会失败。尽管如此，由于对象 2 在至多两步中无法到达对象 3，证伪者可以通过挑选对象 3 来获胜。证伪者甚至还有另一种获胜策略，即 $x = 5$，$y = 4$。 ∎

这样一来，每个公式 φ 都是一个深度固定但分支宽度不定的博弈形式，并且它是一个有回合和行动的进程。当给定一个模型 M，并提供可能的量词行动和原子命题的检验结果时，它就成为一个真正博弈，而对于 φ 中自由变元的一个赋值 s 则设定了博弈的初始位置。

14.2　真与证实者的获胜策略

在我们的第一个例子中，参与者并非势均力敌。玩家 V 总是能获胜：毕竟，证实者与事情的真相是一致的。更确切地说，V 有一个获胜策略，它只需保证在 V 的轮次，V 在地图上接下来的行动都会令 F 无法行动，这个博弈就会以 V 获胜为最终结果。F 在此时没有获胜的策略，因为这会与 V 的策略相矛盾。[①] 甚至可以说，F 也没有一个失败的策略。F 不能迫使 V 获胜，但在我们的例子中，玩家 V 确实有一个失败的策略。因此，玩家在博弈中控制结果的能力可能是截然不同的。

这就是赋值博弈行为的关键，即"成功引理"。

事实 14.1　　对于所有模型 M, s 和公式 φ，以下命题等价。

(a) $M, s \models \varphi$;　　(b) V 在 $game(\varphi, M, s)$ 中有获胜策略。

证明　　该证明是直接对公式进行归纳，同时证明了：

如果一个公式 φ 在 (M, s) 上为真，那么证实者有一个获胜策略；

如果一个公式 φ 在 (M, s) 上为假，那么证伪者有一个获胜策略。

这些步骤显示了逻辑运算符和组合策略的方式之间有着密切的类似性。[②] 下述典型案例可以说明这个问题。(a) 如果 $\varphi \lor \psi$ 是真的，那么 φ 或 ψ 中至少有一个是真的，譬如 φ 为真。根据归纳假设，V 针对 φ 有一个获胜策略 σ。但是接下来，V 针对博弈 $\varphi \lor \psi$ 有一个获胜策略：第一步是*左边*，之后剩下的就是策略 σ。(b) 如果 $\varphi \lor \psi$ 是假的，那么 φ 和 ψ 都是假的，因此根据归纳假设，F 对于 φ 和 ψ 分别有获胜策略 σ 和 τ。但是接下来，最初的观望步骤加上这两个策略，它们的组合是 F 在博弈 $\varphi \lor \psi$ 中的获胜策略。如果 V 在第一步向左，那么 F 应该使用策略 σ，而如果 V 向右，F 应该使用策略 τ。(c) 如果公式 φ 是一个否定词 $\neg\psi$，我们就切换角色。

---

① 两种获胜策略相互对抗，最终会产生矛盾。

② 这个归纳证明实际上就是第一章中策梅洛定理的论证。

例 14.3 角色切换

考虑在一个公式 $p \lor q$ 上的博弈，其中 p 在模型上为真且 q 为假，以及它的对偶博弈 $\neg(p \lor q)$，在其中切换所有的轮次和胜利标记：

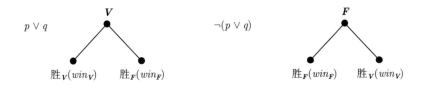

第二个博弈结果对应于根据德·摩根律所得到的等价公式 $\neg p \land \neg q$。 ∎

因此，V 在 $\neg\psi$ 博弈中的策略是 F 在 ψ 博弈中的策略，反之亦然。现在我们证明情形（c）。假设 $\neg\psi$ 是真的。那么 ψ 就是假的。从而根据归纳假设，F 在 ψ 的博弈中有一个获胜策略，它只需迫使结果出现在 F 能够获胜的地方。但这是 V 在 $\neg\psi$ 博弈中的一个策略，而且确实是一个能迫使结果出现在 V 的获胜地的方式。另一个方向类似可证。 ∎

这是我们在逻辑学中的一个关键概念（真）和博弈论中的一个概念（策略）之间的第一个联系。我们将继续扩大这种联系。一些批评者认为，"成功引理"表明博弈没有产生任何新东西。对他们来说，博弈论的分析只有在捕捉到一些预先存在的逻辑概念时才是好的。我们的关注点正好相反：哪些新主题是博弈所固有的，并可能丰富逻辑的旧议题？

14.3　利用博弈视角来探索谓词逻辑

成功引理虽然简单，但它的内涵比我们所看到的更多。尤其是这个结果提出了关于标准谓词逻辑的新观点。在接下来的讨论中，许多技术上的区别将在随后的章节中反复出现。

不同的获胜策略 "真"会出现当且仅当玩家 V 有获胜策略。同样地，对于"假"和 F 也是如此。但这样的策略可能不止一个。譬如，在本书例 14.2 中，通过对其中的主张使用两个不同的反例，F 就有两个获胜策略。因此，获胜策略是比标准真值更精细的语义对象，也就是我们可以称之为真或假的理由。

博弈和博弈域　成功引理比较了两种语义设定。一个是模型 M 本身，另一个是与之关联的赋值空间——该空间由将所有相关一阶变元 x 映射到个体对象 $s(x)$ 的赋值函数 s 所构成。这里回到了第十一章中的一个概念。这个空间用作"博弈域"，它是一个可以进行赋值博弈甚至其他博弈的环境。相较于棋盘与棋子的可能位置而言，国际象棋是借由约定，通过定义玩家的轮次以及他们获胜的位置来彰显这一点。玩家获胜的位置是博弈的内核：棋盘上的棋子分布没有任何内在因素可以使白子或黑子获胜。

比较两种不同的语言　成功引理通过运用与博弈及其结构框架相匹配的不同形式语言表达式，对二者进行对比。

V 在 $game(\varphi, M, s)$ 中有一个获胜的策略，　当且仅当　$M, s \models \varphi$

左边的表达式可以用博弈语言改写，它指的是玩家的迫使效力（参见第十一章），而右边的表达式最好被看作表示博弈域上的行动的模态公式，如第一章所示：

$$game(\varphi, M, s) \models win_V, \quad 当且仅当 \quad M, s \models \varphi$$

这种双重视角可以更一般化。利用左边的表达式，我们可以谈论博弈双方迫使博弈处于任何一组位置的效力。对应于右边的表达式，这就是关于博弈域的模态断言中的嵌套代入。

第十九章和第二十四章将更深入地探讨匹配博弈和博弈域的一般主题。

形式化定义博弈　为逻辑博弈定义完整的树，这基本上是例行公事。不过，形式化还是为理解一阶逻辑带来了有趣的转机。让我们对 $game(\varphi, M, s)$ 的树作如下定义。其中，树的节点就是所有的有序对。

(s, ψ)：　其中 s 是一个 M 的赋值，并且 ψ 是 φ 的一个子公式。博弈中的行动反映了之前的一些移动，它们改变了某个状态的一两个组成部分。尤其是原子检验，它不改变状态，而是选择只改变其公式，从当前节点 $(s, \varphi \vee \psi)$ 移动到其子节点 (s, φ) 或 (s, ψ) 当中的一个。但是将其他规则形式化，这会导致偏离谓词逻辑所公认的语义。考虑一下带有量词的赋值变化。从 $(s, \exists x \psi)$ 开始，证实者从 M 的域中选择一个对象 d，并且将 s 设定为 $s[x := d]$。然后以 $\psi(d)$ 继续博弈：这也就是说，它从形式化的博弈状态 $(s[x := d], \psi)$ 重新开始。但这种分析表明，与标准逻辑语法不同，我们可以把量词符号 $\exists x$ 本身看作一个独立的可解释实体。更具体地说，量词是挑选对象的原子博弈。标准的思维方式将量词同化为布尔式的析取或合取。相比之下，此时 $\exists x$ 所涉及的真正博弈运算是按顺序组成的，在 $\exists x$ 的独立原子博弈之后黏合到博弈 ψ。在这种观点下，

> 谓词逻辑语义实际上是一个博弈系统，它由适当的博弈运算来
> 挑选对象并检验事实。

接下来，我们需要博弈内部的谓词来表示轮次的选择以及胜利。一个公式 φ 告诉我们谁将在哪个阶段行动，不过我们需要注意对于否定式的角色切换。

定义 14.2　形式化的博弈树

对于任意赋值 s，从初始状态 (s, φ) 开始，我们归纳地定义 $\textbf{game}(\varphi, \textbf{M}, s)$。下述前两个条款是针对两类原子博弈的：

(a) $\textbf{game}(\varphi, \textbf{M}, s)$ 是原子公式 φ 的博弈，它是一个单节点就直接结束的博弈。如果 $\textbf{M}, s \models \varphi$，则证实者获胜，否则证伪者获胜。

(b) $\textbf{game}(\exists x, \textbf{M}, s)$ 是由 s 处开始的一步博弈。其中，s 是 $\textbf{V}$ 的轮次，$\textbf{V}$ 有可能移动到任意的状态 $s[x := d]$，并总是在 $\textbf{V}$ 的一个胜利节点处结束博弈。

接下来我们谈谈博弈的构造：

(c) $\textbf{game}(\varphi \vee \psi, \textbf{M}, s)$ 是由 $\textbf{game}(\varphi, \textbf{M}, s)$ 和 $\textbf{game}(\psi, \textbf{M}, s)$ 这两个博弈组成的不交并（disjoint union），它们在 $\textbf{V}$ 的轮次有一个共同的根节点 $(s, \varphi \vee \psi)$。

(d) $\textbf{game}(\varphi \wedge \psi, \textbf{M}, s)$ 也可类似定义，只不过是 $\textbf{F}$ 的轮次。

(e) $\textbf{game}(\neg\varphi, \textbf{M}, s)$ 就是轮次和胜利标记都与 $\textbf{game}(\varphi, \textbf{M}, s)$ 相反的博弈树。

否定式的角色切换在成功引理部分进行了说明。最后，为了处理量词，我们增加了一个条款，用于赋值博弈的复合运算。

(f) $\textbf{game}(\varphi; \psi, \textbf{M}, s)$ 是一个生成的博弈树，它首先采取 $\textbf{game}(\varphi, \textbf{M}, s)$，并在该博弈结束的状态处使用赋值 t，复制 $\textbf{game}(\psi, \textbf{M}, t)$ 继续进行博弈。

这些博弈的树状结构将在第二十章和第二十五章中再次出现。　　　　　　　　■

语法的解放　　上述语义解释的不仅仅是通常的合式公式（well-formed formula）。它对于如下字符串的博弈也将完全有意义：

$$Px \,;\, \exists x$$

它译为"首先在当前赋值 s 下，检验 P 对于对象 $s(x)$ 是否成立。然后改变 x 的值，再停止"。与此相反，$\exists x \,;\, Px$ 的博弈将首先改变 $s(x)$ 的值，以获得一个具有 P 属性的对象。随着复合作为一种新的语法结构，谓词逻辑延伸到一种话语块是 $\alpha \,;\, \beta \,;\, \cdots$ 的语言，而这可能会是一类有趣的公理化研究。[①] 截至目前，即使不那么合式的公式也有了机会。

命题与活动　　最后，读者应该提防一个常见的混淆。在通常使用的这些符号当中，将公式 φ 读作赋值博弈，使得它具有了双重作用：在真值条件语义中作为一个静态命题，或在我们的新语义中作为一个博弈。博弈不是一个陈述，而是一个动态活动。可以肯定的是，人们可以陈述关于博弈的命题。比如，证实者在博弈 φ 中有一个获胜策略。但这个陈述不是博弈本身，也没有穷尽后者的内容。许多关于博弈语义的原始文献混淆了对一阶语法的这两种解读，导致了这样一种偏见：关于证实者获胜策略存在的陈述，就是对 φ 的博弈论意义的全部认识。[②]

14.4　从博弈论层面分析谓词逻辑

现在我们探讨与博弈论的联系，这是绪论中提出的一个主题。首先，通过成功引理，逻辑规律获得了博弈论的意义。

---

① 我们也得到了一些新的区分。考虑一个"有界量词"（bounded quantifier）$\exists y(Rxy \wedge \varphi)$，诱发了一个如下博弈：证实者为 y 选择一个对象 d，然后证伪者选择一个合取支，接下来，他们或者检验原子公式 $R^M s(x)d$，或者是在 $(s[y := d], \varphi)$ 处继续博弈。更自然的方法似乎是将它处理成一个原子博弈：证实者选择一个 $s(x)$ 的 R-后继。如果证实者确实能生成这样一个对象，那么他就赢了，否则就输了。在扩充的一阶语法中，这将是 $\exists y \,;\, Rxy$ 的博弈。这种观点恰好为我们之后模态逻辑中的赋值博弈提供了依据，并且它将在第二十四章的逻辑博弈理论分析中作为博弈代数的一种模式而出现。

② 重要的是，在命题动态逻辑 PDL(第一章和第四章) 的语法中，行为和命题这两个类似的层次被小心翼翼地区分为程序和公式。

决定性 我们在逻辑学和博弈论之间的第一次接触，是观察到了以下简单但有说服力的事实。

事实 14.2 排中律 $A \vee \neg A$ 表达了赋值博弈的决定性；也就是说，在两个玩家中，其中一个玩家必须总是有一个获胜策略。

赋值博弈被证明是决定的，这是因为，策梅洛定理认为所有有穷深度的零和双人博弈都是决定的（参见第一章）。本章后面还将涉及无穷赋值博弈，在那里，我们需要呼吁进一步的结果，如第五章的盖尔-斯特瓦尔特定理。

博弈等价 在绪论部分，我们也看到了一个博弈等价的问题。

事实 14.3 命题分配律指出了，其公式的赋值博弈就玩家的迫使效力而言是等价的。

例 14.4 具有不变效力的角色切换博弈

玩家们可以选择在博弈 $A \wedge (B \vee C)$ 和博弈 $(A \wedge B) \vee (A \wedge C)$ 之间切换角色，这并不影响他们在考虑结果方面的策略效力：

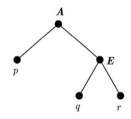 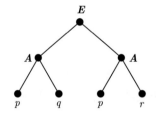

在绪论和第一章中已经给出了相关的计算方法。∎

第十一章包含了一个关于效力的抽象观点，正好符合这种等价关系。尤其是布尔运算变成了博弈当中的一般运算。第十九章和第二十一章将研究与效力等价相匹配的代数。

语法的范式 命题的范式现在可用作博弈的范式。对于如下一阶前束范式也是如此：

$$\forall x \exists y \forall z \, Q(x, y, z)$$

它将所有的量词移到前面，将对于对象的挑选行动分成每个玩家交替的区块，并在不影响玩家效力的情况下有固定的进程。与此相关的还有斯科伦范式 (Skolem form)，它将一阶公式转化为与之等价的二阶公式：

$$\exists f_1 \cdots \exists f_k \, \forall x_1 \cdots \forall x_m$$

它们后面跟着的是一个无量词的命题。这部分内容将在第二十二章中使用。

此处适用一个先前的提醒。斯科伦范式最好被解读为关于博弈的陈述，即策略的存在性，而不是博弈本身。不过，我们还是可以把诸如

$$[\exists x \exists g \forall x \forall y \, Q(x, f(x), y, g(x, y))]$$

这样的二阶公式看作定义了一个新的赋值博弈，其中，证实者在开始时挑选一个策略，之后轮到证伪者，并最终进行一个常规的命题博弈。[①]

14.5　博弈化：变形和扩充

许多逻辑语言都存在赋值博弈。只要真值条件采用了量词和联结词，上述解释几乎就提供了自动的博弈化。例如，上一节末尾所提到的斯科伦博弈就是一个二阶语言的赋值博弈。它和以前一样，让玩家现在除了为一阶量词 $\exists x$ 选择对象外，还为二阶量词 $\exists f$(或者在其他二阶博弈中作为集合) 选择函数。在本节中，我们将借助附加说明来进一步讨论一些示例。

基本模态逻辑　考虑本书在第一部分和第二部分中所使用的模型 $M = (W, R, V)$ 上的基本模态语言。我们从一阶赋值博弈的一个简单变形开始，展示它们如何转换成模态语言。对于从一个世界或状态到另一个世界或状态的行动，可及性能够进行编码。

例 14.5　一个模态模型
考虑下图，其中有四个世界，并标明了可及性：

---

① 重新描述在逻辑博弈中是很常见的。博弈之间的角色切换会引起博弈等价的一般问题（参见第一章）。我们将在第十八章讨论这个主题。

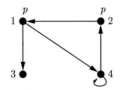

公式 $\Diamond\Box\Diamond p$ 在状态 1 和状态 4 中为真, 但是在状态 2 和状态 3 中为假。　　　　■

　　模态赋值博弈通过这样的模型进行搜索, 它有两个关键行动:

　　　　$\Diamond$　　证实者选择当前世界的一个后继

　　　　$\Box$　　证伪者选择当前世界的一个后继

博弈状态是一个有序对 (状态, 公式)。当为一个在当前状态下为假的原子做辩护时, 或者当玩家们必须选择一个后继但选择不了时, 他们就会输。这就像前面所讨论的有界一阶量词 $\exists y(Rxy \wedge Py)$。

　　由此, 我们又有了一个模态成功引理:

　　　　$M, s \models \varphi$, 当且仅当 V 在模型 M 的 φ-博弈中, 从 s 开始就有一个
　　　　获胜策略。

例 14.6　　一个模态赋值博弈

考虑例 14.5 的图, 以下是它在状态 1 中导出的 $\Diamond\Box\Diamond p$ 的博弈树:

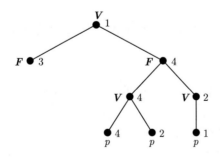

此处 V 有两种获胜策略: 左以及右; $\langle$右, 下$\rangle$。这就是在给定模型中, 在状态 1 上验证 $\Diamond\Box\Diamond p$ 的两种方式。这个博弈还说明了一个众所周知的特点, 即当玩家必须移动但不能移动时, 就会输。　　　　■

同样的博弈也适用于带有索引的模态算子 $\langle a \rangle$ 的多模态语言。

模态 μ-演算 对于本书第一部分和第二部分当中的不动点逻辑，需要对赋值博弈进行更大幅度的改变。为了定义它们的博弈，我们需要从一个重要的特例开始，比以前更详细地解释它们的中心思想——递归。回想一下模态不动点逻辑，它提供了用于分析第一章策梅洛算法的递归定义，并且在很多地方反复出现，其中就包括了在第十三章中解决策略式博弈。我们在此介绍一些基本知识。有兴趣的读者可以参阅 van Benthem (2010a)，尤其是 Venema (2007)，以便了解更多细节。

定义 14.3 模态 μ-演算

模态 μ-演算利用一个语法算子 $\mu p \bullet \varphi(p)$ 扩充了基本模态逻辑。其中，p 在 φ 中的所有出现都是正出现。[①]在任何模型 M 中，新算子 $\mu p \bullet \varphi(p)$ 定义了最小不动点，它利用集合的包含关系，在与公式 $\varphi(p)$ 相关的模型上定义了如下集合算子 φ^M：

$$\varphi^M(X) = \{ s \in M \mid M[p := X], s \models \varphi \}$$

此处一个函数 F 的不动点就是使得 $F(X) = X$ 的 X。 ∎

在语法中，通过 $\varphi(p)$ 中 p 的正出现，我们可以很容易地证明以下重要性质。

事实 14.4 映射 φ^M 是一个单调的包含关系：$X \subseteq Y \Rightarrow \varphi^M(X) \subseteq \varphi^M(Y)$。

该定义依赖于以下事实，即塔斯基-克纳斯特定理 (Tarski-Knaster Theorem)。

事实 14.5 在包含关系的序关系中，幂集上的每个单调算子 F 都有一个最小的和一个最大的不动点。[②]

一个最大的不动点算子 $\nu p \bullet \varphi(p)$ 也可以被类似地定义。这个强大的、新的形

---

① 正出现的意思是，从 φ 的外部算起，p 位于偶数个否定的范围内。一些 p 是正出现的公式是 $\neg q \vee \langle a \rangle p$、$\neg \langle a \rangle \neg p$ 和 $\neg \mu q \bullet (\neg \langle a \rangle \neg q \wedge \neg p)$。

② 塔斯基-克纳斯特定理的证明表明了如何来证：最小不动点 $F_* = \bigcap \{ X \subseteq A \mid F(X) \subseteq X \}$，而最大不动点 $F^* = \bigcup \{ X \subseteq A \mid X \subseteq F(X) \}$。我们也可以认为这些是通过序数的近似值所达到的。取之前所有阶段的极限序数的并集，F_* 就是 F 在序列 $\varnothing, F(\varnothing), FF(\varnothing), \cdots, F^\omega(\varnothing), FF^\omega(\varnothing), \cdots$ 中到达不动点的第一个集合。

式化方式，使我们能够通过递归来定义模型中状态的性质。

例 14.7　　*不动点的赋值*

在如下模型中，考虑公式 $\nu p \bullet \langle a \rangle p$：

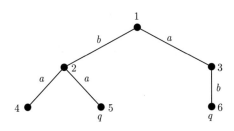

这是与 $q \vee \langle a \rangle p$ 关联的集合函数的近似序列：

阶段	集合	定义的公式
0	$\varnothing$	$\perp$
1	$\{5, 6\}$	q
2	$\{5, 6, 2\}$	$q \vee \langle a \rangle p$
3	$\{5, 6, 2\}$	不动点

一般来说，$\mu p \bullet (q \vee \langle a \rangle p)$ 所描述的是在给定模型中，能够通过有穷的 a-步序列到达 q-世界的所有点的集合。这样一来，μ-演算就定义了本书中多处使用的命题动态逻辑 (PDL) 中的典型模态公式 $\langle a^* \rangle \varphi$。 ∎

通过类似的分析，公式 $\mu p \bullet [a]p$ 在只有有穷的 a-序列出现的点上成立，即关系 R_a 的所谓"良序部分"。但还是存在一个有趣的区别。$\mu p \bullet (q \vee \langle a \rangle p)$ 的逼近过程总是在 ω 步之内停止，而 $\mu p \bullet [a]p$ 的逼近过程可以继续到任何序数，这个可到达的序数就取决于模型的大小。这与这些不动点公式的语法有关（参见 Fontaine, 2010）。

与后一个最小不动点公式相关的是最大不动点公式 $\nu p \bullet \langle a \rangle p$，它定义了无穷序列 $s R_a s_1 R_a s_2 R_a \cdots$ 的开始状态 s。实际上，$\nu p \bullet \varphi(p)$ 与 $\neg \mu p \bullet \neg \varphi(\neg p)$ 等值。

例 14.8　　*最大不动点公式的赋值*

在如下模型中，考虑公式 $\nu p \cdot \langle a \rangle p$：

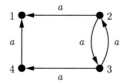

它的计算稳定在 {2,3} 这两个世界组成的集合。 ∎

我们的语法甚至允许诸如 $\nu p \bullet \mu q \bullet \varphi(p,q)$ 这样的不均匀嵌套的不动点公式,其直观含义可能更难解释。

无穷赋值博弈 Niwinski et al. (1996) 和 Stirling (1999) 定义了 μ-演算的赋值博弈(Venema, 2007 中有一个清晰的介绍)。这些涉及反映序数逼近过程的一个重大变化,从而使我们进入了第五章的领域:行动序列可能变得无穷。因此,关于获胜的惯例以一种微妙的方式发生变化,这种方式可以追溯到在 Rabin (1968) 和 Thomas (1992) 中连接逻辑和自动机理论的基础结果。

定义 14.4 μ-演算的赋值博弈

在 μ-演算的赋值博弈中,当主要算子是模态词时,证实者和证伪者在以下情况按照先前的规则进行博弈。当在博弈中到达一个不动点公式 $\mu p \bullet \varphi(p)$ 或 $\nu p \bullet \varphi(p)$ 时,对于接下来的公式 $\varphi(p)$,它可以按如下方式理解:每当之后的博弈遇到原子公式 p 时,不进行检验(p 是一个约束变元 (bound variable)),但 $\mu p \bullet \varphi(p)$ (或 $\nu p \bullet \varphi(p)$,视情况而定) 被替换回来。[①]

接下来,我们注意到在无穷的行动序列中,有穷的初始公式 φ 中的一些不动点子公式一定是被无穷地调用过的。事实上,我们很容易看出,处于 φ 的语法的最高位置上,有一个唯一的反复出现的不动点子公式。我们说,如果在语法上处于最高位置的循环不动点子公式是一个最大的不动点,那么在 φ-博弈中,一个无穷的行动序列就是 V 的胜利。如果它是一个最小的不动点,那么就是 F 的胜利。∎

关于获胜的惯例展现出了具有"奇偶性条件"(parity condition) 的图博弈的一般模式 (见第十八章 18.6 节,以及 Venema, 2007)。

正如我们先前的分析一样,一个成功引理将我们的语言和这些无穷博弈联系起来。

[①] 在此我们假定,在不丧失一般性的情况下,不动点变量的出现是唯一的。

事实 14.6 一个模态 μ-演算中的公式是真的，当且仅当证实者在刚刚描述的博弈中具有获胜的策略。

我们可以参考引用的文献来证明上述事实，并且可以在自动机理论中进一步了解关于它的背景研究。对于一般的互动过程的研究，μ-演算不失为一个好的框架，它在博弈方面的性质将在第十八章中讨论。

我们现在转到一个更一般的形式化工作，用来彰显是同样的想法在起作用，这个想法在本书先前的部分，譬如第二章、第八章和第十三章中就使用过。

一阶不动点逻辑 带有不动点算子的一阶逻辑 LFP(FO)(Moschovakis, 1974; Ebbinghaus et al., 1999)，已在第二部分中被用来分析博弈论的求解方法。它的语言也有最小的不动点算子：

$$\mu P \bullet \varphi(P) \qquad\qquad P \text{ 在 } \varphi \text{ 中仅仅是正出现}$$

更确切地说，用 x(或 d) 代表变元 (或对象) 的有穷序组：

$[\mu P, \boldsymbol{x} \bullet \varphi(P)](\boldsymbol{d})$　　表示 d 在使得 $\varphi^{\boldsymbol{M}}(X) = X$ 的最小集合 X 中

$[\nu P, \boldsymbol{x} \bullet \varphi(P)](\boldsymbol{d})$　　表示 d 在使得 $\varphi^{\boldsymbol{M}}(X) = X$ 的最大集合 X 中

例 14.9 *传递闭包*

例如，$\mu P, xy \bullet (Rxy \vee \exists z(Rxz \wedge Rzy))$ 定义了一个 R 关系的传递闭包，证明了这个概念中的典型递归行为：

$$trans(R)(x,y) \leftrightarrow R(x,y) \vee \exists z(R(x,z) \wedge trans(R)(z,y))$$

如同 μ-演算一样，这个递归展开式表明了 LFP(FO) 博弈与一阶博弈的区别：它们可以循环。因为，如果 V 选择了右边的析取支，取一个 R-后继，那么就会返回原公式，从而博弈就会循环。对于某些类型的公式而言，无穷博弈就变得不可或缺了。　　　　　　　　　　　　　　　　　　　　　　　　　　　　■

我们需要的博弈和以前一样，只是在符号上做了一些调整。

定义 14.5 一阶不动点博弈

在 LFP (FO) 的博弈中，当主算子为一阶算子时，证实者和证伪者按照较早的规则进行博弈。当达到一个不动点公式 $[\mu P, \boldsymbol{x} \bullet \varphi(P)](\boldsymbol{d})$ 时，接下来的公式是 $\varphi(P)](\boldsymbol{d})$，它可以按如下方式理解。每当后续的博弈到达一个原子公式 Pe 时，模型中不发生任何检验（P 是一个约束变元），但 $[\mu P, \boldsymbol{x} \bullet \varphi(P)](\boldsymbol{e})$ 被替换回来。最大的不动点公式 $[\nu P, \boldsymbol{x} \bullet \varphi(P)](\boldsymbol{d})$ 可以用类似的方式处理。

同样在无穷的行动序列中，有穷的初始公式 φ 中一些不动点子公式一定是被无穷地调用过的，而且在 φ 的最高的语法位置上有一个唯一的反复出现的不动点子公式。正如对 μ-演算所规定的那样，如果语法上最高的循环不动点子公式是一个最大的不动点，那么在 φ-博弈中，一个无穷的行动序列就是 $\boldsymbol{V}$ 的胜利。如果它是一个最小的不动点，那么就是 $\boldsymbol{F}$ 的胜利。[①] ■

同样，下述成功引理证明了博弈和模型是如何联系的。

事实 14.7 一个公式在一阶不动点逻辑中为真，当且仅当证实者在刚刚描述的博弈中具有获胜策略。

证明见 Ebbinghaus et al. (1999) 和 Doets (1999)。此处有一个作为背景知识的一般结果。虽然这些博弈没有第五章的盖尔-斯特瓦尔特定理意义上关于玩家获胜的开条件，但它们的获胜条件仍然是博雷尔式的，从而使得这些博弈仍然由马丁定理所决定。

探讨 二阶重构

这个博弈的另一个有穷版本，通过等值的二阶语句，将公式 $[\mu P, \boldsymbol{x}] \bullet \varphi(\boldsymbol{d})$ 由内向外进行翻译。塔斯基-克纳斯特定义下的一个最小不动点说明了，$\boldsymbol{d}$ 满足每一个谓词，对于正公式 φ，或者用二阶术语表示为 $\forall Q \left(\forall x (\phi(Q, \boldsymbol{x}) \to Q\boldsymbol{x}) \to Q\boldsymbol{d} \right)$ 的这类公式而言，该谓词就是在这类公式的单调集合运算下的一个最小前不动点。这些二阶公式的标准赋值博弈是有穷深度的，尽管代价是让玩家选择（有序组的）对象的

---

① 考虑传递闭包的最小不动点情形。为了证明 Pde，证实者可以先选择第二个析取支，用某个对象 $\boldsymbol{f}$ 作为 z 的赋值，并声称 Pfe。但证实者只能这样做有穷次，否则就会造成失败。最大不动点是对偶的：证伪者必须在一些有穷循环内提出反驳，而证实者保持循环就可以了。

集合。与以前一样，这里存在一个问题：在何种意义上，这和我们以前的不动点博弈是一样的。这一次，需要一个并不简单的证明来表明玩家的效力不会改变。

关于二阶逻辑片段的赋值博弈有大量参考文献，Rabin (1968) 就是其中一个经典文献。Walukiewicz (2002) 提供了一类有影响力的形式，它是关于一元二阶逻辑（在一阶逻辑中添加了集合上的量词）、基于自动机理论的博弈形式，它在博弈和计算中起着重要的作用，并且可以作为我们在第五章中讨论迫使逻辑的见证。Zanasi (2012) 以简单易懂的方式解释了这些和其他基于自动机理论的博弈（以及许多相关结果）。第十八章将会有一个简短的概述。

具有模型变化的博弈 即使是一阶逻辑，在标准的赋值博弈上也可以有其他的变形，从而使得玩家可以执行不同的任务。与挑选对象的行动相反，我们可以考虑从论域中移除对象而不进行替换，或者移除那些改变论域或解释函数的行动，从而通过增加或减少对象和事实来改变博弈的场所。这样的变形将逻辑赋值的过程与模型构建混合在一起，它们将在第十六章中进行讨论。

14.6 小 结

至此，双人赋值博弈作为逻辑语义中一种动态观点，我们对于它的介绍也就结束了。在这些博弈当中，大多数都只有有穷深度，但是当其中某些博弈的语言中包含不动点时，它们显然是无穷的，而这自然就与本书中的博弈均衡概念相关。此外，我们还发现了一些具有一般性的博弈论主题，并用来说明本书的一般性主题：决定性、博弈等值、博弈代数的选择、切换或复合以及策略演算的系统重要性。这其中的大多数主题将在本书结合第五部分和第六部分的讨论中再次出现。

14.7 文 献

本章的介绍主要来自 van Benthem (1999)。

    Hintikka (1973) 是其思想的来源，Barwise et al. (1999a) 则提供了一类配备软件支持的入门导论。Fermüller et al. (2013) 近期对于多值逻辑进行了并不简单的扩充。Mann et al. (2011) 提供了一个更形式化的进展，它延续到了更复杂的不完美信息博弈，该博弈将在第二十一章中进行讨论。关于计算机科学中与自动机理论相联系的不动点逻辑，我们也指出了与其相关联的博弈的蓬勃发展，如 Venema (2006) 和 Janin et al. (1995) 所提到的 μ-演算。本书第十八章将展示更多的细节。

第十五章　模型比较

　　逻辑公式表达了语义结构的属性。对于模型而言，不同的语言有着不同的表达能力，这种不同表现在区分能力的强弱上。例如，一种只有"是"和"不是"的贫乏语言仅仅能区分少数情景，而另一种丰富的语言则可以区分整个范围内的情景。模型比较可以看作"复制者" D 和"破坏者" S 之间的博弈，前者声称两个给定的模型 M 和 N 是相似的，而后者声称它们是不同的。在这一章中，我们定义了一阶逻辑的比较博弈，证明了它们对于模型等价来说的充分性，给出了玩家的获胜策略与逻辑区分公式或潜在同构（potential isomorphism）之间的对应关系，从具有一般性的博弈论方面讨论了博弈，并展示了如何创建变形和扩充。这些博弈可以追溯到 Fraïssé (1954) 和 Ehrenfeucht (1961)。Thomas (1997) 在计算机科学中使用它们。而对于倾向数学方面的研究，参见 Doets (1996) 或 Väänänen (2011)。

15.1　同构和一阶等价

　　表达力和不变性　　正如我们在第一章所见，一种语言的表达力表现在其区分情景的能力上。借助 19 世纪几何学中的变换和不变量的概念，可以对表达力的概念有精确的理解。在逻辑学中，表达力要求以下两点：模型之间的结构不变性关系，以及表达这些模型属性的语言。此种分析的目的是表明，不变性与模型之间的区分相匹配，而那些区分是语言无法检测到的。关于最重要的结构不变性关系，是在数学中广泛存在的下述概念。

定义 15.1 同构

在两个模型 M 和 N 各自论域内的对象之间，如果存在一个在双射函数 f，它能够保留以下所有相关的结构：原子性质、关系、可区分的对象以及运算，那么 M 和 N 同构（记作 $M \cong N$）。因此，我们有：

对于所有的二元谓词 R 以及 M 中的对象 d、e， $\quad R^M de$ 当且仅当 $R^N f(d)f(e)$

对于所有的一元函数 G 以及 M 中的对象 d， $\qquad f(G^M(d)) = G^N(f(d))$

上述两个条件表明了结构保持性的一般模式。 ■

较为粗糙的不变量可能正好用于其他目的的比较：在第一章和第十一章中，作为进程模型之间的互模拟概念的见证。[①]

一阶表达力 方便起见，在本章中，我们只使用一阶逻辑，其词汇表有有穷多的谓词字母和个体常项。模型比较的语言学概念是初等等价 $M \equiv N$：M 和 N 满足相同的句子。这与结构上的相似性有多接近呢？让我们看一下基本的同构引理就知道了。

事实 15.1 对于所有模型 M 和 N，如果 $M \cong N$，那么 $M \equiv N$。

证明 对一阶公式 φ 的简单归纳可证明，对于 M 中任意对象构成的有序组 a，以及将 M 映射到 N 的任意同构函数 f，我们有：$M \models \varphi[a]$ 当且仅当 $N \models \varphi[f(a)]$。 ■

上述事实中的蕴涵式，它对于任何规范的逻辑语言都是成立的。但是对于一阶逻辑来说，逆命题并不成立。完全一致仅在有穷模型的特殊情况下成立。

事实 15.2 对于所有有穷模型，以下两个断言等价：

（a） M 和 N 同构；

（b） M 和 N 满足同样的一阶句子。

证明 从（b）到（a）的证明。写一个描述 M 的一阶句子 δ^M。令其中的对象为 k 个。然后对 $x_1, x_2, \cdots, x_k$ 进行存在性量化，列举 M 中关于这些对象的所

---

① 关于不变性和逻辑可定义性的更多信息，见 van Benthem (1996, 2002b)。

有真原子句，以及所有为真的原子否定式，并声明没有其他的对象存在。由于 N 满足 δ^M，它可以像 M 一样被枚举，因此可以直接得到同构性。

上述证明并不能扩充到无穷模型，这是因为一阶逻辑不能定义有穷性。例如，它不能在 $<$-关系上将有理数 $\mathbb{Q}$ 与实数 $\mathbb{R}$ 区分开来。

例 15.1　自然数与超自然数（supernatural number）的比较

初等等价甚至不能区分 $\mathbb{N}$ 与 $\mathbb{N}+\mathbb{Z}$，前者是自然数，后者是在自然数的最后接上整数所得到的超自然数。

$$\mathbb{N} \qquad\qquad 与 \qquad \mathbb{N}+\mathbb{Z}$$
$$0,1,2,\cdots \qquad\qquad 0,1,2,\ \cdots\ \cdots\infty+1,\infty,\infty-1,\cdots$$

我们将在 15.5 节中看到这种不可区分性的原因。　　　　　　　　　　　　■

然而，有了更丰富的词汇，一种语言可能会看到过去看不到的区分。但是没有必要总是扩充我们的系统。事实上，弱的表达力也可以是一件好事，因为它可以在不同的情景下产生性质的转移，例如，在标准模型和非标准模型之间的转移。

15.2　埃伦福赫特-弗赖斯博弈

通过进行某种类型的逻辑博弈，可以得出上述不变性分析当中的精细结构。这些将对无论是有穷的还是无穷的模型都起作用。

进行博弈　考虑两个模型 M 和 N。一个叫作"复制者"的玩家声称 M 和 N 是相似的，而一个叫作"破坏者"的玩家则坚持认为它们是不同的。在探究博弈需要进行到何种程度时，玩家们会在某个有穷回合数 k 处达成一致。

定义 15.2　比较博弈

一个模型比较博弈按如下方式进行：将两步行动打包成一个回合。破坏者（为简洁起见写成 S）选择其中一个模型，并在其论域中挑选一个对象 d。复制者（为简洁起见写成 D）然后在另一个模型中选择一个对象 e，这对 (d,e) 被添加到当前的匹配对象列表中。经过 k 个回合之后，检查对象的匹配情况。如果是局部同构，复制者获胜；否则，破坏者获胜。这里，"局部同构"是指一个局部单射函数 f，它在其自身的定义域和值域之间保证了模型 M 和 N 之间的同构。 ∎

这种交替进行的方式 $(DS)^*$ 在许多博弈中都出现过。我们现在通过一些例子来介绍如何进行比较博弈。与第十四章一样，即便玩家有一个获胜策略，他也可能会输。我们使用一种仅仅带有二元关系符号 R 的语言，而不考虑原子之间相等 $(=)$ 关系。

例 15.2 整数和有理数的比较

整数 $\mathbb{Z}$ 和有理数 $\mathbb{Q}$ 的线性序具有不同的一阶属性：后者是稠密的，而前者是离散的。博弈中的情况如下：

$$
\begin{array}{ccccccc}
 & -1 & 0 & +1 & & & \\
\cdots & \circ & \circ & \circ & \cdots & & \mathbb{Z} \\
\end{array}
$$

$$
\begin{array}{ccccccc}
\cdots\cdots\cdots & \circ & \cdots\cdots & \circ & \cdots\cdots & \circ & \cdots\cdots & \cdots & \mathbb{Q} \\
 & -1 & & 0 & & +1 & \\
\end{array}
$$

通过很好地选择对象，复制者在两个回合的博弈中拥有获胜的策略。但破坏者总能在三个回合中取得胜利。下面就是一个典型的方式：

第一回合	S 在 $\mathbb{Z}$ 中选择 0	D 在 $\mathbb{Q}$ 中选择 0
第二回合	S 在 $\mathbb{Z}$ 中选择 1	D 在 $\mathbb{Q}$ 中选择 $1/3$
第三回合	S 在 $\mathbb{Q}$ 中选择 $1/5$	D 的任何回应都会输

这些行动传达出了博弈的典型策略意味。 ∎

区分公式和破坏者的策略 在进行博弈时，对于能够区分模型的一阶公式 φ，破坏者的获胜策略与它相关。它们之间的这种关联性是很紧密的。在 φ 的语法中，它的量词触发了破坏者的行动。

例 15.2 续 利用可定义的区分

利用一个二元序关系稠密性的一阶定义，破坏者可以以此来区分 $\mathbb{Q}$ 和 $\mathbb{Z}$，该一阶公式写作 $\forall x \forall y(x < y \rightarrow \exists z(x < z \wedge z < y))$。我们把这一点写出来，以说明

如何从一阶区分公式中推导出一个几乎是算法的策略。方便起见，我们只使用存在量词。我们的想法是让破坏者通过逐步降低语法深度的方式来保持两个模型之间的区分性。破坏者从观察以下情况开始：

$\exists x \exists y(x < y \land \neg\exists z(x < z \land z < y))$ 在 $\mathbb{Z}$ 上为真，但在 $\mathbb{Q}$ 上为假 #

接下来，破坏者为 $\exists x$ 选择了一个整数 d，使得 $\exists y(d < y \land \neg\exists z(d < z \land z < y))$ 在 $\mathbb{Z}$ 上为真。现在，复制者可以在 $\mathbb{Q}$ 中选择任意一个有理数 d'。根据 #，一阶公式 $\exists y(d' < y \land \neg\exists z(d' < z \land z < y))$ 会为假：

$\mathbb{Z} \models \exists y(d < y \land \neg\exists z(d < z \land z < y))$，并非 $\mathbb{Q} \models \exists y(d' < y \land \neg\exists z(d' < z \land z < y))$

在第二回合中，针对 $\mathbb{Z}$ 中为真的存在量化公式，破坏者继续为其最外层的新量词 $\exists y$ 提供一个见证 e：使得 $d < e \land \neg\exists z(d < z \land z < e)$ 在那里为真。同样，无论复制者现在在 $\mathbb{Q}$ 中选择什么对象 e' 作为回应，公式 $d' < e' \land \neg\exists z(d' < z \land z < e')$ 在那里都将是假的。在第三回合中，破坏者分析了真值的不匹配。如果复制者保持 $d' < e'$ 在 $\mathbb{Q}$ 中为真，那么，由于 $\neg\exists z(d < z \land z < e)$ 在 $\mathbb{Z}$ 中成立，因此 $\exists z(d' < z \land z < e')$ 在 $\mathbb{Q}$ 中成立，从而破坏者就切换到 $\mathbb{Q}$，为存在量化公式选择一个见证并获胜。∎

因此，即使是破坏者的策略切换到右边这个模型，它也被编码在区分公式中。每当有一种语法上的变化时，也就是说从一种最外层量词 (存在的、全称的) 变成另外一种时，这种切换就是强制的。[①]

15.3 充分性和策略

正如赋值博弈一样，有趣的信息是在玩家的策略中。在接下来的结果中，我们考虑的是复制者的获胜策略，尽管我们也将在后面再回到破坏者的策略性观点。为

[①] 我们的例子也可能暗示了一种关联性："破坏者在 n 个回合中有获胜策略 ~ 区分公式中总共有 n 个量词。"但我们很快就会看到，正确的衡量标准是不同的，它取决于一个公式中的量词嵌套的最大长度。

了简洁起见，让我们把 $WIN(\boldsymbol{D}, \boldsymbol{M}, \boldsymbol{N}, k)$ 记作："在模型 $\boldsymbol{M}$ 和 $\boldsymbol{N}$ 之间的 k-回合的比较博弈中，复制者针对破坏者有一个获胜的策略。"

比较博弈可以从 $\boldsymbol{M}$ 和 $\boldsymbol{N}$ 中任意对象之间的初始匹配开始。尤其，如果在模型中有由个体常项所命名的可辨别对象，那么这些对象就会被自动匹配。在下述证明中，我们以后者的那种方式考虑所有初始匹配。我们现在看一下类似于第十四章中的成功引理。

定理 15.1 对于所有模型 $\boldsymbol{M}$ 和 $\boldsymbol{N}$，以及 $k \in \mathbb{N}$, 以下两个断言是等价的：

（a）$WIN(\boldsymbol{D}, \boldsymbol{M}, \boldsymbol{N}, k)$：复制者在 k-回合的博弈中有获胜策略；

（b）对于量词深度（quantifier depth）至多为 k 的一阶句子，$\boldsymbol{M}$ 和 $\boldsymbol{N}$ 对于所有这些句子都具有相同的真值。

上述定理在两个方面对同构引理进行了改进。我们的充分性结果匹配了两类关系：一类是依赖于语言的比较关系，另一类是不依赖于语言的比较关系。与此同时，它提供了以前没有的精细结构，而这将有助于应用。

证明 从（a）到（b）的证明是对 k 进行归纳。我们从基础步骤开始。在 0 个回合的情况下，对象的初始匹配必须是局部同构的，$\boldsymbol{D}$ 才能获胜。所以 $\boldsymbol{M}$ 和 $\boldsymbol{N}$ 在所有的原子句上，即量词深度为 0 的公式上具有相同真值，进而在他们的布尔组合上也具有相同真值。我们继续进行归纳步骤。归纳假设说，对于任意两个模型，如果 $\boldsymbol{D}$ 能够在 k 个回合的比较博弈中获胜，那么这两个模型对于量词深度至多为 k 的所有一阶句子上都具有相同真值。现在令 $\boldsymbol{D}$ 在 $k+1$ 个回合中有获胜策略。考虑任意量词深度为 $k+1$ 的一阶句子 φ。这样的 φ 等值于以下公式的布尔组合：(i) 原子句，(ii) 形如 $\exists x \psi$ 的句子，其中 ψ 的量词深度至多为 k。因此，只需证明 $\boldsymbol{M}$ 和 $\boldsymbol{N}$ 在后一种形式具有相同真值即可。

基本情况是这样的。令 $\boldsymbol{M} \models \exists x \psi$。那么对于某个对象 d，我们得到 $\boldsymbol{M}, d \models \psi$。把 $(\boldsymbol{M}, d)$ 看作一个扩充的模型，其中有一个可辨别对象 d，我们给它分配一个新的名字 $\underline{d}$。这样，$(\boldsymbol{M}, d)$ 就证实了句子 $\varphi(\underline{d})$。现在，$\boldsymbol{D}$ 的获胜策略是对 $\boldsymbol{S}$ 在 $k+1$-回合的博弈中能做的任何事情都有回应。例如，令 $\boldsymbol{S}$ 从 $\boldsymbol{M}$ 和对象 d 开始，那么 $\boldsymbol{D}$ 在 $\boldsymbol{N}$ 中对这一举动有一个回应 e，使得 $\boldsymbol{D}$ 的剩余策略在从给定的链接 $d - e$ 开始的 k-回合博弈中仍能获得胜利。这就产生了一个扩充的模型 $(\boldsymbol{N}, e)$，其中 e 是它对

d 这个名字的解释。剩下的就是一个从模型 $(\boldsymbol{M},d)$ 和 $(\boldsymbol{N},e)$ 开始的常规 k-回合博弈。根据归纳假设，对于量词深度至多为 k 的所有一阶句子，这些模型对于它们都具有相同真值：由此在 $\varphi(\underline{d})$ 上也是如此。因此，$\boldsymbol{N},e \models \varphi(\underline{d})$，进而 $\boldsymbol{N} \models \exists x \psi$。

从（b）到（a）的这个反方向证明需要对 k 进行另一个归纳。这次我们需要一个小的辅助性结果，它是关于有穷关系词的一阶逻辑，即所谓的有穷性引理（Finiteness Lemma）：

引理 固定变元 $x_1, x_2, \cdots, x_m$。不区分逻辑等值式的情形下，量词深度 $\leqslant k$ 的一阶公式 $\varphi(x_1, x_2, \cdots, x_m)$ 只有有穷多。[①]

现在我们进行从（b）到（a）的归纳证明。基础步骤是微不足道的：什么都不做对 $\boldsymbol{D}$ 来说就是一个获胜策略。至于归纳步骤，我们给出 $\boldsymbol{D}$ 的策略中的第一步。让 $\boldsymbol{S}$ 选择其中一个模型，比如说 $\boldsymbol{M}$，加上其中的某个对象 d。现在，$\boldsymbol{D}$ 看一下 $\boldsymbol{M}$ 中使得 d 为真的一阶公式集，这些公式可能通过语言中可辨别对象的名称来使用这些对象。根据有穷性引理，在不区分逻辑等值的情形下，这个集合是有穷的。所以综合这个公式集中的信息，一个存在式 $\exists x \psi^d$ 是在模型 $\boldsymbol{M}$ 上为真。现在，由于模型 $\boldsymbol{M}$ 和 $\boldsymbol{N}$ 在所有深度为 $k+1$ 的一阶句子上具有相同真值，而 $\exists x \psi^d$ 恰好就是这样一个句子，从而它在 $\boldsymbol{N}$ 上为真。因此，$\boldsymbol{D}$ 可以在 $\boldsymbol{N}$ 中为它选择一个见证 e。进而，扩充的模型 $(\boldsymbol{M},d)$ 和 $(\boldsymbol{N},e)$ 在所有量词深度至多为 k 的句子上具有相同真值。因此，根据归纳假设，在它们之间剩余的 k-回合博弈中，$\boldsymbol{D}$ 有一个获胜的策略。$\boldsymbol{D}$ 的初始回应加上后面这个进一步的策略，使得 $\boldsymbol{D}$ 在 $(k+1)$-回合中有一个整体的获胜策略。∎

15.4 一个显式化版本：策略的逻辑内容

定理 15.1 仍然遗漏了一部分，即我们先前发现的破坏者的获胜策略和一阶公式之间的精确匹配。因此，它展示了一种我们在第四章中以 ∃-缺陷为标题讨论的

---

① 该证明是通过对 k 的归纳，以上述同样的方式分析量词深度为 $k+1$ 的公式，然后在不区分逻辑等值式的情形下，利用任何有穷的公式集的布尔组合也是有穷的这一事实。

现象。在逻辑学中（也包括其他地方），人们常常急于用一个存在量词来表述概念和结果，而如果我们把这个存在量词的见证显式化，就会得到更多建设性的信息。这种疾病的病症就是过度使用诸如 "a" 之类的不定冠词或诸如 "-ility" 之类的模态词缀。既然我们可以有一种关于"爱"（love）的理论，为什么还要有一种关于"爱的程度"（lovability）的理论呢？

幸运的是，∃-缺陷往往可以通过进一步的尝试得到治愈。[①]下面的结果将进一步明确先前的充分性定理。

定理 15.2　下述命题之间存在着一种明确的对应关系：

（a）在 M 和 N 的 k-回合比较博弈中，S 有获胜策略；

（b）存在量词深度为 k 的一阶句子 φ，有 $M \models \varphi$，但并非 $N \models \varphi$。

证明　我们首先看一下从（b）到（a）的方向。量词深度为 k 的任意公式 φ，在任意两个模型之间的 k-回合博弈中，为 S 导出一个获胜策略。每一个 $(k-m)$-回合开始时，到目前为止被链接的对象之间的匹配，是在 φ 的某个量词深度差异为 $k-m$ 的子公式 ψ 上进行。通过布尔式分析，S 在接下来找到 ψ 中的一些带有存在量词的子公式 $\exists x \cdot \alpha$，其中 α 是一个量词深度为 $k-m-1$ 的矩阵公式，并且它在两个模型上的可满足性并不一致。S 的下一个选择是在使得 $\exists x \cdot \alpha$ 成立的模型中找出一个见证。

我们的下一个方向是从（a）到（b）。S 的任何获胜策略 σ 都会导出一个具有适当量词深度的可辨别公式。为了得到这个，令 S 根据 σ 在模型 M 中做出第一个选择 d，并为这个对象写下一个存在性量词。我们的公式将在 M 上为真，但在 N 上为假。我们知道，D 在 N 中选择的任意一个对象 e，从初始匹配 $d-e$ 开始的所有剩余 $(k-1)$-回合博弈中，他都为 S 提供一个获胜的位置。根据归纳假设，这些都会导出深度为 $k-1$ 的可辨别公式。根据有穷性引理，这样的公式只有有穷个。其中一些在 M 中为真（比如 $A_1, A_2, \cdots, A_r$），另一些在 N 中为真（比如 $B_1, B_2, \cdots, B_s$）。那么，策略 σ 的总体区分公式就是 M-真断言：

---

① 这种缺陷的另一种情况发生在标准的完全性定理中。它将可证明性与有效性联系起来，而不是在证明与语义验证之间寻求更直接的匹配。补救措施包括在第二十章中会讨论的完整的完全性定理（full completeness theorem）。

$$\exists x \bullet (A_1 \wedge \cdots \wedge A_r \wedge \neg B_1 \wedge \cdots \wedge \neg B_s)$$

其恰当性很容易验证。∎

因此，破坏者在比较博弈中的获胜策略对应于公式，也就是具有独立意味的逻辑对象。[1] 另一个玩家也存在类似的匹配。人们可以把复制者的策略称为由数字 k 衡量的某种有穷量的类比。从技术上讲，它们是将在 15.6 节中定义的"潜在同构"，但是被切割的一个版本。

备注 明确性与可计算性

我们给出了关于策略与其他对象的一个明确可定义的匹配，但它不需要是可计算的。另外，赋值或比较博弈中的策略未必是有效的。它们的范围从无历史（从当前状态中读出所有的下一步行动）到依赖于博弈迄今为止的完整记录。下一节中的策略不变量说明了需要保留的记忆类型。[2]

15.5 实践中的博弈：不变量和特殊模型类

在实践中，比较博弈不仅涉及逻辑，而且还涉及相关模型的组合分析。事实 15.1 到事实 15.3 就提供了一些例子。

事实 15.3 有理数 $(\mathbb{Q}, <)$ 与实数 $(\mathbb{R}, <)$ 之间初等等价。

复制者能够赢得任意一个 k-回合的比较博弈，这就足以证明上述事实。一个好的方法是为复制者确定一个在中间博弈状态下维持的不变量。在这种特殊情况下，该不变量可简化为：已进行的匹配步骤均构成有穷的局部同构。那么，破坏者的所有进一步选择都可以利用序关系的无界性（unboundedness）和稠密性来反击。更复杂的不变量可能取决于还剩余的回合数。

事实 15.4 $(\mathbb{N}, <)$ 与 $(\mathbb{N} + \mathbb{Z}, <)$ 之间初等等价。

---

[1] 我们有一个值得注意的点。定理 15.2 的表述仍然是 ∃-缺陷。你能治愈它吗？

[2] 在更多的计算性方面，第十八章将证明一个重要定理，它表明了在奇偶性博弈中无历史依赖策略的充分性条件。

这一次，如果事先知道博弈的长度，复制者就可以通过将 $\mathbb{Z}$ 中的超自然数与 $\mathbb{N}$ 中的大自然数相匹配，来对抗破坏者对于 $\mathbb{Z}$ 中的超自然数的选择。[①]

不变量是对玩家所处获胜策略的位置的具体描述。在第一部分的博弈逻辑中，关于解决方案的一些描述就具有这种特征，可以参见我们在第四章中的简短讨论。

最后，比较博弈也适用于一阶逻辑的标准方法会失效的那些模型类。事实 15.5 就给出了这样一种负面使用博弈的例子。

事实 15.5　模型大小的奇偶性在有穷模型上不是一阶可定义的。

在所有模型上要证明这种不可定义性，通常是证明在有穷模型上紧致性是不成立的。但是现在利用博弈，假设偶数大小在有穷模型上有个量词深度为 k 的一阶定义。那么，复制者在任意两个有穷模型上都能够在 k-回合的比较博弈中获胜，这两个模型或者都是偶数大小，或者都是奇数大小。但是这一点被任意两个在其论域中具有 k 与 $k+1$ 个对象的有穷模型所反驳。

15.6　博弈论：决定性、有穷和无穷博弈

比较博弈是某种有穷深度为 k 的双人零和博弈。因此，策梅洛定理适用，并且复制者或破坏者之一都有获胜策略。

事实 15.6　模型比较博弈都是决定的。

但这些博弈自然也有一个可以永远延续下去的版本，譬如超过 ω 回合。在这种情况下，一类获胜惯例自然是一种安全属性，即复制者通过在任意有穷阶段不输来赢得无穷博弈，并在这些阶段一直保持着局部同构。这比能够赢得所有有穷回合的博弈要强。借助这种理解，$\mathbb{N}$ 和 $\mathbb{N}+\mathbb{Z}$ 在无穷博弈中可以通过破坏者来辨别：

[①]　该不变量维持了对象之间的适当距离。复制者确保在还有 k 回合的情况下，迄今为止在 $\mathbb{N}$ 和 $\mathbb{N}+\mathbb{Z}$ 中分别选择的 $d_1, \cdots, d_m$ 和 $e_1, \cdots, e_m$ 这两个序列具有以下性质：（a）$d_i < d_j$ 当且仅当 $e_i < e_j$，（b）如果 d_i, d_j 的距离 $< 2^k - 1$，那么 e_i 与 e_j 的距离等于 d_i 与 d_j 的距离；否则，d_i, d_j 和 e_i, e_j 都有距离 $\geqslant 2^k - 1$（不论该距离有穷或无穷）。

只要从一个超自然开始并持续递减就足够了。但在比较 $\mathbb{Q}$ 与 $\mathbb{R}$ 时，复制者可以无限期地坚持下去来保持不败。

这些博弈仍然属于之前在第五章的结论。尤其是破坏者的获胜集是开集（局部同构的失败总是发生在某个有穷阶段），因此适用于盖尔-斯特瓦尔特定理。

事实 15.7　无穷的比较博弈是决定的。

对于无穷博弈，复制者的获胜策略确实对应于一种具有独立意味的概念。

定义 15.3　潜在同构

两个模型 M 和 N 之间的潜在同构，指的是在 M 和 N 之间的有穷局部同构所组成的一个非空集族 I，它满足以下前后之字性质：

(a) 如果 $f \in I$ 和 $a \in M$，那么存在一个 $b \in N$ 使得 $f \cup \{(a,b)\} \in I$；

(b) 如果 $f \in I$ 和 $b \in N$，那么存在一个 $a \in M$ 使得 $f \cup \{(a,b)\} \in I$。

这就像一个互模拟，但现在用于更丰富的非模态语言。　■

事实 15.8　两个模型之间的潜在同构对应于复制者在无穷比较博弈中的获胜策略。

相比之下，在无穷博弈中，破坏者的获胜策略是在一个区分公式的指导下，阻止每一次尝试在某个有穷阶段建立潜在同构的方法。

潜在同构可以推导出初等等价。如果复制者能赢得无穷博弈，那么复制者就能赢得每一个切割出来的有穷部分，而且成功引理也适用。但 $\mathbb{N}$ 和 $\mathbb{N}+\mathbb{Z}$ 的模型反驳了反向的说法。易见，潜在同构 I 中的局部同构满足相同的一阶公式，甚至加入了无穷的合取支和析取支也是如此。事实上，卡普定理（Karp's Theorem）表明了，两个模型是潜在同构的，当且仅当它们在无穷一阶逻辑中满足相同的句子。[①]

15.7　修改和扩充

模型比较博弈捕捉了各式各样的逻辑。在本节中，我们将探讨一些例子。

[①]　更多关于无穷一阶逻辑博弈的内容见 Barwise et al. (1999b)，它们被用来证明了新型的插值定理，以及无穷模态逻辑在互模拟方面的 Lindström-类型刻画。

模态博弈 将玩家选择的对象限制在当前匹配对象的当下后继上，这就形成了基本的模态语言，并与第一章中的互模拟概念联系起来。[①] 在两个模型之间有一个互模拟，它当中的前后之字条款强烈地暗示了一个博弈：一个玩家提到了令一个进程做出一个可行行动的挑战，而另一个玩家接下来则必须用一个适当的模拟行动来回应。这可能会一直持续下去，但自然也有一个限制了回合数的有穷变量。更确切地说，互模拟的精细结构暗示了复制者和破坏者之间有着以下博弈，他们在两个模型 M 和 N 中比较连续的有序对 (m, n)。

定义 15.4 互模拟博弈

固定一个有穷的回合数。在每一轮互模拟博弈中，破坏者在一个模型当中选择一个状态 x，该状态是当前 m 或 n 的后继，而复制者在另一个模型中选择一个匹配的后继 y 作为回应。如果在任意阶段，x 和 y 的原子属性不同，或者复制者不能选择相匹配的后继，那么破坏者获胜。无穷互模拟博弈没有有穷的界限，而其他所有惯例保持不变。 ∎

例 15.3 模态比较博弈

破坏者可以在下述模型之间赢得博弈（参考例 1.3），该博弈从它们的根部开始：

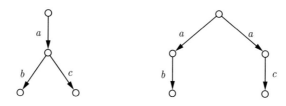

破坏者需要两个回合，以及不同的策略来做到这一点。一个是停留在左边，利用具有三个存在量词且深度为 2 的模态区分公式：

$$\langle a \rangle (\langle b \rangle \top \wedge \langle c \rangle \top)$$

另一个策略是切换模型，使用较小的公式：

$$[a]\langle b \rangle \top$$

---

① 该方法的一个更普遍情形是安保性片段 (Andréka et al., 1998)。

其中模态词的类型在全称和存在之间转换。 ■

类似于一阶逻辑那部分的成功引理，可以证明一个关于有穷互模拟博弈的成功引理（参见 van Benthem, 2010a）。进一步分析博弈，可以得到以下两个相关的观察结果。

事实 15.9

(a) 在 (M, s) 和 (N, t) 之间的 k-回合博弈中，破坏者有获胜策略，对应于：s 和 t 在模态算子深度为 k 的公式上具有不同的真值。

(b) 在 (M, s) 和 (N, t) 之间的无穷博弈中，复制者有获胜策略，对应于：连接 s 和 t 的关系是在 M 和 N 之间的互模拟。

条款（b）揭示了博弈和互模拟之间的密切联系。

鹅卵石博弈（pebble game） 我们还可以给博弈添加结构，譬如添加玩家的操作方式。例如，为了使记忆成为一个关注点，玩家只能通过使用提供给他们的有穷资源来选择对象，利用有穷的鹅卵石集合中的一个来标记这些对象 (Immerman et al., 1989)。在这种设定下，对于两个模型 M 和 N 之间的 n-回合 k-个鹅卵石博弈，复制者有一个获胜的策略，当且仅当两个模型在所有量词深度 $\leq n$ 且至多使用变元 $x_1, x_2, \cdots, x_k$（自由或约束）的一阶句子上具有相同真值，即所谓的"有穷变元片段"。[1]

其他语言 其他比较博弈用广义量词来捕捉一阶逻辑 (Keenan et al., 1997)，或者是第十四章中的一阶不动点逻辑 LFP（FO）。这可能会产生新的视角。例如对于 LFP（FO）而言，目前还不知道是否存在这样一个模型比较博弈，使得它会更类似于第十四章中那种优美的不动点赋值博弈。

---

[1] 这一结果在 Immerman, et al. (1989) 中得到证明。作为进一步发展这些成果的重要流派，这些作者还证明了对于所有线性序上的比较博弈，三个鹅卵石就足以作为一种有效的记忆方式来获胜。一般来说，有穷变元片段在有穷模型理论中发挥着重要作用（参见 Ebbinghaus et al., 1999; Libkin, 2004）。

15.8 逻辑博弈之间的联系

现在我们已经看到了两类主要的逻辑博弈，一类用于赋值，一类用于比较，由此出现了一般性架构的问题，以及博弈之间的联系。在此我们以三个建议性的意见作为结尾。

并行博弈运算　除了之前所提到的选择和切换之外，比较博弈还提供了新的博弈运算方式：最明显的是并行复合。正如我们将在第十八章中看到的，模型比较博弈是交错的赋值博弈。关于并行博弈运算的一般性研究将在第二十章中找到。

作为赋值的模型比较　比较博弈有时会简化为赋值博弈。通过第一章中的定义，互模拟 E 可以被看作是在模型 M 和 N 之间关于一个一阶算子的非空最大不动点，它由以下等式来定义：

$$\mathsf{E}xy \leftrightarrow \bigwedge_P \big((Px \leftrightarrow Py) \wedge \forall z(R_a xz \to \exists u(R_a yu \wedge \mathsf{E}zu)) \wedge \forall u(R_a yu \to \exists z(R_a xz \wedge \mathsf{E}zu))\big)$$

其中，右边的公式取遍所有的原子谓词 P 和行动 R_a。

因此，状态 s 和 t 之间存在一个互模拟，相当于某个 LFP（FO）公式在一个合适的不相交求和模型 $M + N$ 上为真。这样的公式可以通过第十四章的不动点赋值博弈来检验。后者可以是无穷的；但模型比较博弈也可以是无穷的。我们将在第十八章中突出此类事实更为广泛的重要意义。

博弈等价性　文献总是会在所谓等价的表述之间进行互相转换，而不加以解释。例如，Barwise et al. (1999b) 从两个模型之间的有穷局部同构开始，定义了以下的比较博弈：

> 在每一个回合中，复制者选择一个由局部同构所组成的集合 F^+，该集合满足前后之字属性，这就是说，对于一个模型中的每一个对象 a，在另一个模型中都存在一个对象 b 使得 $f \cup \{(a,b)\} \in F^+$；反之亦然。在同一回合中，破坏者接下来再选择 F^+ 中的一个匹配，以此类推。

在每一个回合中，复制者向破坏者提供两部分内容：一是，破坏者在前一局博弈中可能做出的所有选择的完整全景；二是，复制者自己对这些选择的回应。接下来，破坏者针对他们自己的行动以及复制者预先包装好的回应做出一个选择，以此来设定新的阶段。在第十一章和第十九章的意义上，这两个博弈显然是效力等价的，但它们的内部结构也是紧密匹配的。事实上，上述转换体现了一个具有一般性的轮次互换，正如我们在第十一章中讨论汤普森转换时所看到的那样。

第十八章将针对逻辑博弈等价性的层次做出进一步讨论。

15.9　小　　结

在思考逻辑与结构的相互作用时，比较博弈是一种既具体又有力的方式。到目前为止，比较博弈已经被广泛应用于许多不同的目的，并且读者也已经领略了它的魅力，与此同时，我们也证明了它的基本特性。正如我们所见，比较博弈不仅是一类成功的特殊逻辑形式，它也展现了很多有趣的一般性特征。仅仅以其中之一为例，比较博弈针对不同结构当中的赋值博弈，执行着一种引人注目的新型并行复合。

此外，本章所提到的博弈对于本书第一部分和第二部分的博弈逻辑有着直接影响。正如我们在第一章讨论不变性时已经注意到的，针对现有关于进程间或博弈间模拟的概念，比较博弈提供了一种添加精细结构的系统性方法，并进一步揭示了不变量的相关信息。因此，比较博弈可以作为一类在通常研究当中所使用的有力工具，以此来分析一般性博弈的正确层次，以及它们的语言设计。根据本书综合性的精神，比较博弈可以被用作关于博弈的博弈。

15.10　文　　献

两本非常容易理解的教科书是 Doets (1996) 和 Väänänen (2011)。Kolaitis (2001) 是一本优秀的、更面向计算机科学的介绍。

第十六章　模型构建

迄今为止，我们研究了在给定模型中，利用博弈赋予公式真值或比较模型的相似性。下一个基本的逻辑任务就是要求找到能使给定断言为真的模型。这种一致性问题发生在对于对话的理解上，或者在创造一个符合某些规范的结构上。一般而言，这比先前的任务更困难，因为对于一阶逻辑来说，可满足性是不可判定的。不过，还是有一些技术可以检验模型的存在，尤其是在 Beth (1955) 中所给出的语义表列法（tableaus）。在本章中，我们把表列法变成了一个"建造者"B 和"批评者"C 之间的博弈，对于一个使某些断言为真而另一些断言为假的构造，他们二者持不同的意见。我们将解释一阶逻辑的表列博弈，证明其对可满足性的充分性，分析建造者的获胜策略和模型之间的对应关系，以及批评者的获胜策略和证明之间的对应关系，解释表列博弈在博弈论方面的特征，并讨论一些语言的变形和扩充。[①]

16.1　通过例子学习表列法

本节通过举例来引出一些一般性的结果。对于更详细的内容，感兴趣的读者可以查阅解释表列法的任意一本标准逻辑教科书。

首先，给出两个公式集：Σ 和 Δ。在语义层面，表列法通过以下方式检验可满足性：是否存在一个模型，使得在 Σ 中的所有断言为真，却在 Δ 中的所有断言都为假？

---

① 表列博弈不是既定的技术，例如它并不是第一章和第二章中的那些技术。它们是对博弈化的一种检验，以此来帮助我们看到一些新的问题。在模型论和泛代数（universal algebra）中已经发展出了更复杂的模型构建博弈，具体内容参见 Hodges (2006) 和 Hirsch et al. (2002)。

例 **16.1**　析取三段论

为了检验从 $A \vee B$ 和 $\neg A$ 推导 B 的有效性，我们考察这个推理是否存在这样一个反例，该反例使得前提为真而结论为假。因此，我们令

$$\Sigma = \{A \vee B, \neg A\}, \qquad \Delta = \{B\}$$

并分析如下情况，以此来逐步简化我们的考察任务。

（a）在经典逻辑中，使 $\neg A$ 为真与使 A 为假是一样的，因此我们换成了等价的问题：

$$\Sigma = \{A \vee B\}, \qquad \Delta = \{B, A\}$$

（b）使 $A \vee B$ 为真可以通过两种方式进行，因此我们分成以下几种情况：

(b1) $\{A\}, \{B, A\}$ 　　　　(b2) $\{B\}, \{B, A\}$

这两个任务都是不可行的，这是因为总会有某个公式同时出现在两边的集合中，该公式就必须既是真的又是假的。我们把这些情况称为"闭的"，并声称这个表列是闭的。所有能够得出反例的方式都失败了；因此，原来的推理是有效的。　■

表列法的总体思路是利用逻辑运算符的一些分解规则，将可满足性问题简化为更简单的问题。

例 **16.2**　$A \wedge (B \vee C)$ 蕴涵 $(A \wedge B) \vee C$

我们把表列写成一个展开的、有着潜在反例的、并注明了规则的树状结构。处在左边的公式为真，而右边的为假：

$$A \wedge (B \vee C) \qquad \bullet \qquad (A \wedge B) \vee C$$

首先，左边的合取式被拆开了，因为这两个合取支都必须是真的：

$$A, (B \vee C) \qquad \bullet \qquad (A \wedge B) \vee C$$

接下来，右边的析取式也被拆开了，因为这两个析取支都必须是假的：

$$A, (B \vee C) \qquad \bullet \qquad A \wedge B, C$$

同样，我们拆分左边的析取式，因为至少有一个析取支必须为真：

$$A, B \quad \bullet \quad A \wedge B, C \qquad\qquad A, C \quad \bullet \quad A \wedge B, C$$

右边的节点是闭的，这是因为 C 出现在两边。由此右边这个分支就没有反例了。最后，在我们剩下的情况中，就像在左边拆分析取式一样，我们拆分右边的合取式，这是因为至少有一个合取支必须是假的：

$$A, B \quad \bullet \quad A, C \qquad\qquad A, B \quad \bullet \quad B, C$$

上述两种情况都是闭的，这是因为总有某个公式同时出现在两边。 ∎

然而，表列的分支也可能保持开的，从而导致反例的出现。

例 16.3 创建一个反例

考虑从 $(A \wedge B) \vee C$ 到 $A \wedge (B \vee C)$ 的这个反向推理的无效性，用一个表列可以表示为：

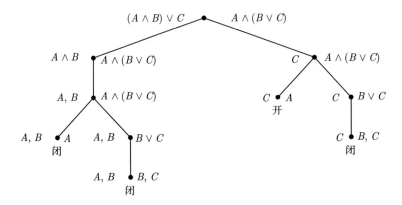

以原子公式 C 和 A 为终点的分支仍然是"开的"。现在我们约定

$$令 \ V(C) = 1, \ V(A) = 0, \ V(B) \ 为任意值$$

显然，这个赋值对于初始推理而言就是一个反例。 ∎

该方法可以扩充到量词。这一次，分支也将拥有一个具备越来越多对象的论域，这些对象将作为"真存在式"和"假全称式"的见证。"真全称式"和"假存在式"是对于所有对象的普遍要求，它们不需要有新的对象作为见证。

例 16.4 从 $\exists x \forall y\, Rxy$ 推导 $\forall y \exists x Rxy$

以下是一个闭的表列，证明了此推理的有效性：

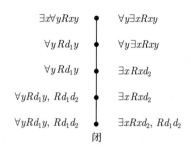

注意表列如何根据需要来创建对象。 ∎

例 16.5 一个量词推理的反例

下表驳斥了从 $\forall x(Ax \vee Bx)$ 到 $\forall x Ax \vee \forall x Bx$ 的这个推理：

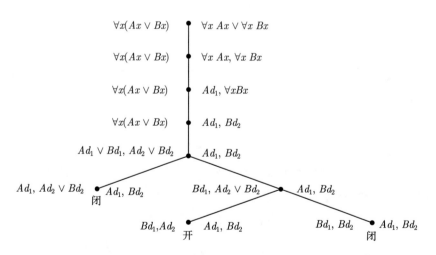

中间的开分支描述出了上述规则中最简单的一个反例。它有两个对象，其中一个仅满足 B，另一个仅满足 A。 ∎

并非所有的表列都是有穷的。一些可满足的公式只有无穷的模型。

例 16.6 Schütte-公式

一阶公式 $\forall x \neg Rxx \wedge \forall xyz((Rxy \wedge Ryz) \rightarrow Rxz) \wedge \forall x \exists y Rxy$ 仅仅在无端点、

禁自反、传递的无穷 R-序列上成立。

此时在一个表列的左边，$\forall\exists$ 量词的组合导致了需要提供无穷的新对象。以 $\forall x\exists yRxy$ 为例，每一个对象 d 都要求有 $\exists yRdy$，从而迫使引入新对象 e 并建立关系 Rde，该对象 e 随后又可以被代入原来的全称量词 $\forall x$ 中，以此类推。在某些情况下，可以重复使用之前的对象来创建必要的循环，但是使用 Schütte's-公式，无穷是不可避免的。 ∎

16.2　表列法：一些基本的特征

一个完整的表列树会展示出所有符合初始要求的可能模型，以确保每个分支的复杂公式都受到分解规则的约束。这就需要调度，以此来确保"真全称式"和"假存在式"适用于所有可用的对象。另外，在无穷分支上，我们需要一个追踪装置来确保没有公式被遗漏。一旦以这种方式设置好了，表列法对于检验一致性和有效性就是正确和完全的。

定理 16.1　在一阶逻辑中，以下两个断言等价：

（a）一集公式 $\{\varphi_1,\cdots,\varphi_k,\neg\psi_1,\cdots,\neg\psi_m\}$ 是可满足的；

（b）存在一个顶端是公式 $\varphi_1,\cdots,\varphi_k\bullet\psi_1,\cdots,\psi_m$ 的开表列。

我们也可以用"闭表列"和有效推论来说明这一点。一个闭表列只具有闭的分支。以下断言是等价的：

（a'）$\bigwedge\{\varphi_1,\cdots,\varphi_k\}$ 逻辑上蕴涵 $\bigvee\{\psi_1,\cdots,\psi_m\}$；

（b'）存在一个顶端是公式 $\varphi_1,\cdots,\varphi_k\bullet\psi_1,\cdots,\psi_m$ 的闭表列。

证明　从（a）到（b），我们进行如下推理。给定集合的任意模型 M 都会在表列中导出一个开的分支 β_M。在拆分命题时，通过检查模型中的哪一个析取支为真（或合取支为假）来进行选择，并从模型中选取所需要的对象。这并不会导致封闭。现在考虑从（b）到（a）的方向。任意一个开的分支 β 都会导出一个模型 M，其论域包括在 β 上引入的所有对象。在这里我们令这个分支上左边的所有原子陈述为真，而右边的为假。对于其他原子陈述，不受该规定的约束。利用表列分解规则，再直接对公式进行归纳可以得出，M_β 中在分支 β 左边的所有公式都为真，而右边的所有公式都为假。

具有闭表列的版本包含一个额外的论证。条款 (a′) 是 (a) 的否定。然而，(b) 的否定说的是，在初始情况下并不存在一个具有开分支的表列。这就可以推出任何表列都必须是闭的，因而存在一个表列，即 (b′)。但反过来说，为什么 (b′) 可以推出根本就没有一个具有开分支的表列呢？毕竟，我们可以自由地安排规则，使得表列以相当不同的形式来应对最初的问题。这个原因在于观察到以下两个事实。

事实 16.1　闭表列是有穷的。

原因如下：任何一个无穷的表列都是一个无穷的、具有有穷分支的树。现在柯尼希引理（König's Lemma）表明了，每个具有有穷分支的无穷树都有一个无穷的分支。但这就意味着，一个无穷表列不能是闭的。

通过对闭表列大小进行归纳，可以证明 (b′) 蕴涵 (a′)。以下是我们需要重点观察到的事实。

事实 16.2　闭表列对应于从 $\bigwedge\{\varphi_1, \varphi_2, \cdots, \varphi_k\}$ 到 $\bigvee\{\psi_1, \psi_2, \cdots, \psi_m\}$ 这个初始蕴涵的证明。

此处，我们看到了表列的两面性。自上而下浏览，它们是寻找反模型的尝试，自下而上（当封闭时），它们是证明。[①]

在通常的论辩中，同样是表列的两面性在发挥着作用。在法庭上，所有的证据都在，现在公诉人的举证责任就是要证明被告犯了罪。但是，被告的律师寻求一个方案，其中所有的证据都与被告无罪相符。因此，表列的管理调度功能成为对话的程序规则（参见第十七章和第二十三章）。

---

① 贝特认为这证明了数学分析（分解一些初始问题）和综合法（拼凑出一个证明）的历史性交融。

16.3 模型构建博弈

语义表列法引来了博弈化。表列可以被视为两个玩家之间的博弈，将他们的任务分离成两个角色，即建造者和批评者。

定义 16.1　模型构建博弈

模型构建博弈（也称为表列博弈）的每个阶段都有两个有穷的公式框，代表着建造者当前的任务。"YES"这个框里包含了要使得它们为真的公式，而"NO"这个框里包含了要使得它们为假的公式。该博弈的行动是对复杂的公式或任务进行分解。有些回合是自动的，比如在一个交替具有主动回合的进程中：

- 如果 $\neg\varphi$ 在一个框里，　那么它在另外一个框里就变成 φ 。

- 如果 $\varphi \wedge \psi$ 在 YES 里，那么它将被 φ、ψ 分别替换。

- 如果 $\varphi \vee \psi$ 在 NO 里，那么它将被 φ、ψ 分别替换。

- 如果 $\exists x\varphi$ 在 YES 里，　那么它将被 $\varphi(d)$ 替换，其中 d 是从未使用过的新对象，并且不在 YES 或 NO 中的任何公式当中。

- 如果 $\forall x\varphi$ 在 NO 里，　那么它将被 $\varphi(d)$ 替换，其中 d 是从未使用过的新对象，并且不在 YES 或 NO 中的任何公式当中。

接下来是批评者的主动回合，他会安排一些公式来应对。

  （a）批评者可以在 YES 中安排一个析取式，或在 NO 中安排一个合取式，而建造者必须选择一个子公式来替换该公式。

  （b）对于 NO 中的存在式 $\exists x\varphi$，批评者提到了目前正在构建的论域当中的某个对象 d，并将 $\varphi(d)$ 添加到 NO 的框中。对于 YES 中的全称式 $\forall x\varphi$，批评者提到了目前正在构建的论域当中的某个对象 d，并将 $\varphi(d)$ 添加到 YES 的框中。[①]

  这就是关于获胜的约定：如果两个框里都出现了某个公式，那么这个阶段就是建造者的失败，而如果在任何阶段都没有出现这种失败，那么建造者就在博弈

---

① 在标准的表列中，公式 $\exists x\varphi$ 和 $\forall x\varphi$ 使用一次后仍可用于以后的调用。没必要仔细地选择一次性挑战，因此，情况（b）变得自动。

的这个行动序列中获胜。值得注意的是，没有任何一个模型可以使一个公式既是真的又是假的：这些的确是相互冲突的任务。

最后，在博弈所允许的一些行动序列当中，我们可以规定一些程序性的约定，例如，限制批评者的调度总是提出新的挑战。 ∎

每一个关于谓词逻辑可满足性问题的表列，它都可以被看作是这样一个博弈的记录，尽管这会在下文中有一些分歧。不过要注意的是，纷争不一定是一种有助于理解逻辑博弈的方式。批评者可能是一位监工，他要确保建造者不忘记任何任务，并建造出最高质量的房子。[①]

对于构建博弈，我们可以把表列变成树。不过，表列并不足够，这是因为博弈必须列出批评者所调用的所有指令。因此，考虑一下他的调度。首先，玩家必须在他们还能行动的时候继续行动。这就迫使批评者最终来检查所有有穷博弈中的每一项任务。这就解释了为什么批评者所安排的指令对于命题博弈来说并不关键。但谓词逻辑的那些表列可能是无穷的，它们需要调度任务来确保每个公式在每个分支上都被考虑到了。否则，一个分支可能会因为隐藏的不一致性而保持开的。此时，我们把博弈的这种精细结构，以及不同模式之间自然的等价关系作为一个开放式结局，这是因为我们主要对玩家的获胜策略感兴趣。

16.4 成功引理和一些博弈论

从上面的描述来看，人们可能会认为表列博弈的策略性内容并不多。以下结果应该能纠正该错误印象。上述关于表列的充分性定理，可以推导出关于模型构建博弈的一个成功结果。

定理 16.2 以下两个断言是等价的：

(a) 公式集 $\{\varphi_1, \cdots, \varphi_k, \neg\psi_1, \cdots, \neg\psi_m\}$ 是可满足的。

(b) 建造者在上述定义的构建博弈中有一个获胜的策略：这一博弈始于将这

---

① 我们可以给建造者更多的控制权，也允许从现有的对象中进行选择。此外，作为一种激励，我们可以给更小模型的建造者更高的报酬。

些 φ 公式放入 *YES* 的框中，并将这些 ψ 放入 *NO* 的框中。

van Benthem (2006a) 给出了一个证明，但是证明的想法是很显然的，根据表列这个寻常的充分性证明，来证出它们能够正确且完全地检验初始问题的可满足性。

定理 16.2 可以推出一个熟悉的博弈论性质。一个表格要么是闭的，要么是开的：批评者或建造者在博弈中具有一个获胜策略。

事实 16.3 模型构建博弈是决定的。[①]

正如我们在第十五章的模型比较博弈中看到的那样，这个定理和许多充分性结果一样，仍然是 ∃-缺陷)。与赋值博弈和比较博弈一样，获胜策略如何编码为独立的逻辑对象？

答案很明确。建造者的获胜策略与生成满足所有初始要求的模型的开分支紧密联系。相比之下，批评者的获胜策略允许他在建造者失败的某个有穷阶段来结束博弈树的每个分支。因此，实行该策略的那个完整博弈树，它的子树并没有无穷的分支。但是根据柯尼希引理，批评者必须在有穷的步骤中来实现这一点。这就解释了为什么批评者的获胜策略与有穷的闭表列相关联，它是对于初始蕴涵式的证明：

$$\bigwedge\{\varphi_1,\cdots,\varphi_k\} \to \bigvee\{\psi_1,\cdots,\psi_m\}$$

总而言之，我们发现了以下明确的联系。

定理 16.3 构建博弈在它们之间有明确的对应关系：

(a) 建造者的获胜策略；(b) 给定公式的模型。

构建博弈在它们之间也有有效的对应关系：

(a′) 批评者的获胜策略；(b′) 初始序列的证明。

---

① 这也是由第五章的盖尔-斯特瓦尔特定理得出的：批评者的获胜条件（建造者的有穷失败）定义了一个行动序列的开集。

值得注意的是，这并不是一一对应的关系。一个表列中的不同开分支可能编码同一个模型，而且，一个开分支也可能通过对原子公式的真值规定不足而代表几个模型。即便如此，在一个构建博弈中，两个玩家的单一策略概念也统一了模型和证明的概念。通常情况下，截然不同的事物在这里直接相遇。

我们自己是把这些表列看作任务分解博弈。它们的属性对这些任务的细节没有什么假设，但我们现在将讨论一些具体细节。

16.5 让批评者更有必要：片段和变形

命题的表列博弈似乎没有生命力，没有任何东西取决于批评者对于行动的精确选择。这一点通过命题可满足性的 NP 复杂度得到了证实。为了取胜，建造者必须选择一些与输入公式长度呈多项式的见证，这些见证的好坏可以在多项式时间内被检查出来：一个开的分支，或者一个满足所有初始 YES 和 NO 要求的赋值。谓词逻辑的情况是不同的，这是因为在封闭是可能的情况下，批评者必须以正确的方式安排，从而使得每个分支在某个有穷阶段结束。但是如果我们把严格的进程作为对行动序列的约束，那么同样地，没有什么取决于批评者对于行动的精确选择。我们所观察到的这些内容将我们带到了改变这些特征的扩充和变形。

模态逻辑 重新考虑一下模态逻辑，把它作为一阶逻辑的一个有界量词片段。对于基本的模态语言来说，可满足性的复杂度是 $Pspace$，而这也是许多真正的双人博弈的复杂度 (Papadimitriou, 1994)。其原因在于：模态表列以一种特殊的方式处理模态词。对于全称模态词，我们需要以下说明。

定义 16.2 模态表列规则

通过布尔规则尽可能分析在任意世界阶段 w 的表列。如果没有封闭发生时，模态算子规则会查看 YES 中剩余的公式 $\Box\varphi$，以及 NO 中的公式 $\Box\alpha$。对于每一个 $\Box\alpha$，它挑选 w 的一个新的 R-后继 t，从 NO 中的 α 那里开始，并把所有第一类的 φ 放在 YES 中。 ∎

这种后继的扇形分布是对建造者的普遍要求，因此与模态逻辑相匹配的模型构建博弈给了批评者一个选择,即选择开放哪个新世界。此时,建造者有能力应对批评者的任何挑战是至关重要的。①

一次性谓词逻辑　一阶表列,也可能给批评者带来真正的工作。考虑一个自然的变形,在其中规则成为一次性的。特别是对于 *NO* 中的存在量词或 *YES* 中的全称量词,批评者可以发出一个挑战:插入一个对象。那么,存在式就被抛弃了。

表列现在是有穷的。在命题或模态表列中,对扩展式博弈的这种改变,对于玩家在有效性和一致性方面的效力没有任何影响。但在一阶逻辑中,它却有影响。我们先前的量词转换基本上取决于批评者的选择,他选择将哪些对象插入左边的全称量词当中。通过修改先前的一个表列,我们可以看到批评者如何输了一次性博弈。

例 16.7　柏拉图定律

柏拉图定律(Plato's Law)是一个经典有效的规则,但在一次性的制度下却失效了:

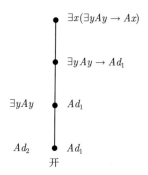

在标准表列中,通过重复 $\exists x(\exists y Ay \to Ax)$ 的指令,将这个新对象 d_2 插入进去,以此生成更多的要求来封闭表列。　■

易见,新的一次性博弈有以下性质。

定理 16.4　一次性谓词逻辑的有效式是可判定的。

备注　收缩(contraction)

---

① 对计算复杂度同样关键的是,每个任务都可以独立处理。

从证明论上讲，量词规则的经典重复性特征反映了结构推理规则：

> 收缩 从 $\Sigma, A, A \Rightarrow \varphi$，可以推出 $\Sigma, A \Rightarrow \varphi$。

这条看似无害的规则对于标准推理至关重要。

例 16.8 回顾柏拉图定律

考虑一个与先前重复的例子。不同于之前的变形，以下表列确实有一个获胜的策略供批评者使用：

$$
\begin{array}{rl}
& \exists x(\exists yAy \to Ax), \exists x(\exists yAy \to Ax) \\
& \exists yAy \to Ad_1, \exists x(\exists yAy \to Ax) \\
\exists yAy & Ad_1, \exists x(\exists yAy \to Ax) \\
Ad_2 & Ad_1, \exists y(\exists yAy \to Ax) \\
Ad_2 & Ad_1, \exists yAy \to Ad_2 \\
\exists yAy, Ad_2 & Ad_1, Ad_2 \\
& \text{闭}
\end{array}
$$

与前面的表列相比，区别不言自明。 ∎

利用具有一阶逻辑通常逻辑规则的根岑序贯演算（Gentzen sequent calculus），加上所有除收缩规则之外的结构规则，可以将一次性的有效序列公理化。沿着这些思路的更一般性想法，可以参见第二十二章的子结构线性博弈逻辑。

新逻辑算子 新博弈还建议对一阶语言进行更彻底的重新设计。如果一项任务可以被无限次地调用，那么这可以用一个"迭代算子"$!\varphi$ 来标记（它允许批评者在任意有穷次数内调用 φ）。这就使得像一次性谓词逻辑这样的可判定系统变得不可判定。这是因为新系统可以通过在所有量词前加上！来嵌入完整的谓词逻辑，以此来执行旧的表列规则。但是，该语言的扩充仍然对之前的一阶博弈提供了一些新看法。第十九章将考虑进一步的博弈迭代算子。

16.6 小　　结

我们把通过语义表列检验可满足性的著名方法变成了一个模型构建博弈。这样做为两个看起来非常不同但事实上在直觉上相互关联的基本逻辑任务提供了一个统一的框架，即寻找证明和构建模型。此外，它还提出了一些在逻辑上有趣的新变形，如一次性谓词逻辑。这个通过博弈寻找逻辑变形的主题将在后面的章节中再次出现。但我们所做的也有一个更一般性的博弈论主旨。推理是一种潜在的无穷博弈的想法本身似乎就很有暗示性，而且，表列博弈的模式似乎很适合吸收第一部分所研究的更现实的博弈论结构，如偏好、不完美信息和话语参与者之间的策略均衡。

16.7 文　　献

本章内容以 van Benthem (2006a) 为基础。

在 Hodges (2006) 和 Hirsch et al. (2002) 中可以发现更复杂的、关于许多数学应用的模型构建博弈。Hamami (2010) 使用语义表列法以及第二部分的动态认知逻辑来建立 Hintikka (1973) 意义上的探究模型，以此作为一个将来自推理和提问的信息结合起来的过程。

第十七章　论辩和对话

论辩也许是最古老的逻辑博弈，正如我们在本书绪论中所看到的那样。在本章中，我们简要地讨论了保罗·洛伦岑（Paul Lorenzen）的对话博弈，这些博弈主要在 20 世纪 70 年代具有影响力，但在 Barth et al. (1982) 和 Rahman et al. (2001) 中又有了新的生命力。我们这次的主要兴趣不在于系统的逻辑规则，而在于它的程序，看一看不同的玩家在论辩中的程序性效力如何产生不同的逻辑，这使得第一章和第十一章中关于博弈等价性的早期讨论相当生动。事实上，对话博弈也可能是逻辑学与论辩理论联手的强项，对此我们在本章末尾给出了参考文献（也可参考第二十三章）。但从洛伦岑对话到第二十章的线性逻辑也有一条历史线索。

本章的内容不仅仅是一种话语实践。对于第十章所提出的"弈博论"，论辩就是一个很好的试验场。

17.1　对话博弈和实际辩论

对话博弈　Lorenzen (1955) 中的对话与第十六章的构建博弈有关，[①]但它们更接近于真正的论辩。一场正式的辩论发生在一个为主张辩护的支持者 P 与一个给予初始让步的反对者 O 之间。行动是根据逻辑和程序性规则对断言进行的攻击和辩护。逻辑规则涉及选择、切换和挑选实例，但没有外部世界决定谁赢谁输，只有内部标准譬如一致性才能决定。同样地，在实际的辩论中，人们常常因为不一致的立场而失败，而不是因为外部仲裁者的判断。程序性约定（procedural convention）

---

① 有一封洛伦岑写给埃弗特·威廉·贝特（Evert Willem Beth）的信（参见 van Ulsen, 2000），解释他的博弈是论证的记录，但随后又承认："So entstehen eben Ihre Tableaux ..."（你的表列就是这样产生的……）。

也是真实存在的：我们在法庭上就可以观察得到。

辩护和攻击的逻辑规则　一个合取式 $A \wedge B$ 可以借由其中任意一个合取支来攻击它，而匹配的辩护方式则是断言被攻击的那个合取支（A 或 B）。一个析取式 $A \vee B$ 通过要求选择一个析取支来攻击它。对于它的辩护包括了选择一个析取支 A 或 B，然后对该析取支进行辩护。一个否定式 $\neg A$ 被攻击的方式是对陈述 A 本身进行辩护：该否定式并不存在辩护。① 我们还给出了一个关于蕴涵式 $A \to B$ 的规则。对于它的攻击方式是对 A 进行辩护，而其匹配的辩护方式是进一步为 B 做辩护。为了完善这个系统，考虑两个量词。对存在量词 $\exists x \varphi$ 的攻击是要求有一个见证，那么对于它的辩护就是选择某个称作 d 的对象，并为 $\varphi(d)$ 辩护。对全称量词 $\forall x \varphi$ 的攻击包括了可任意指定论域中的一个对象 d 发起挑战，而对其适当的辩护是 $\varphi(d)$。

这些攻击和辩护的措施可以总结为如下定义。

定义 17.1　*攻击和辩护的对话规则*

下表是上述规则的总结：

算子	攻击	辩护
$A \wedge B$	?L	A
	?R	B
$A \vee B$	?	A, B
$\neg A$	A	—
$A \to B$	A	B
$\exists x \varphi$	?	$\varphi(d)$
$\forall x \varphi$	d	$\varphi(d)$

每一个行动或者是对先前攻击的辩护，或者是对另一个玩家断言的攻击。　■

连续进行的对话步骤需要一个"计分机制"，记录为了什么目的以及说了什么。这样的语境敏感性对于对话来说是完全现实的。

胜利与失败　如果在该玩家的回合中没有什么合理的话可说，该玩家就失败了。在对话博弈中，这种结束方式反映了一种自相矛盾的现象。

---

① 至关重要的是，A 自身此时可以成为一个反制攻击的标靶。

程序性约定 对话的流程是 $(PO)^*$：玩家就像在之前的逻辑博弈中一样轮流行动。接下来，我们通过规定玩家的权利和义务来约束辩论：

（a）支持者只能在反对者已经断言了一个原子公式之后才能断言它；

（b）如果一个人对一次攻击做出回应，那这必须是最新的、仍然开放的攻击；

（c）一次攻击最多可以被回应一次；

（d）支持者所给出的断言最多可以被攻击一次。

17.2 在弈博中学习

一些例子将展示这一框架。在每个阶段，记录被攻击的前一行或正在回应攻击的那一行都是很重要的。

例 17.1 为 $p \land \neg(p \land q) \to \neg q$ 辩护
以下是一个相当典型的关于经典有效的蕴涵式的对话。

1	P	$p \land \neg(p \land q) \to \neg q$	
2	O	$p \land \neg(p \land q)$	[A, 1]
3	P	P 可以回应第一次攻击，或者反击，即：	
	P	$?L$	[A, 2]
4	O	p	[D, 3]
		这是 O 在此阶段唯一能做的事。	
5	P	$?R$	[A, 2]
6	O	$\neg(p \land q)$	[D, 5]
7	P	$\neg q$	[D, 1]
8	O	O 没有进一步的攻击可以回应，所以 O 必须攻击：	
	O	q	[A, 7]
9	P	$p \land q$	[A, 6]
10	O	$?L$	[A, 9]

| 11 | **P** | p | [D, 10] |

这是可以接受的，因为 p 在之前已经被 **O** 断言过。

| 12 | **O** | ?R | [A, 10] |
| 13 | **P** | q | [D, 12] |

这是可以接受的，因为 q 在之前已经被 **O** 断言过。

O 在这个阶段没有什么合理的说法，于是失败了。　■

例 17.2　排中律

以下博弈显示了与经典逻辑的一些惊人差异：

1	**P**	$q \vee \neg q$	
2	**O**	?	[A, 1]
3	**P**	$\neg q$	[D, 2]
4	**O**	q	[A, 3]

这一次，**P** 在这个阶段没有什么合理的说法，于是失败了。

如果我们想让 **P** 最终赢得这场经典律的博弈，我们就必须改变上述的程序性规则，允许 **P** 再次回复先前的攻击：

| 5 | **P** | q | [A, 3] |

现在，**O** 是没有什么正当理由可言的人，于是失败了。　■

有些人喜欢这些具有逻辑意义的特殊性程序，而有些人则讨厌它们。在第二十章中，我们就玩家所拥有的资源而言，将看到一种超越这种直觉反应的方法。

获胜策略和逻辑有效性　我们将一个公式 φ 的博弈有效性，定义为支持者有一个获胜策略，使得他面对任何反对者都能为 φ 做辩护。这应该对应于该断言在某个自然逻辑系统中是有效或可证明的。但是，既然它不一定是经典逻辑，那么是哪一个系统呢？

17.3　构造主义逻辑与经典逻辑

有效推理的三种说法　从历史上看，对有效推理有几种说法。模型论的观点认为它是"真"从前提到结论的传递。推理的观点认为它是通过一些自然系统中的基本证明步骤的可推导性。现在，我们有第三个关于有效性的博弈论观点，即保证论辩的胜利。所有这三种有效性的说法都应该捕捉相同的前提/结论转换吗？相反，它们似乎都是独立的立场，而博弈有自己的东西要讲。

可证明性解释　为了理解对话博弈，我们必须了解经典逻辑和直觉主义逻辑之间的区别。后者产生于 (Troelstra et al., 1988) 中对于证明推理的构造性观点。

定义 17.2　**构造证明论的意义观**

现在对逻辑算子的解释以归纳证明的方式进行：

证明

$A \land B$　一对证明：一个为 A，一个为 B

$A \lor B$　一个为 A 或 B 的证明

$A \to B$　一种将 A 的任意证明转化为 B 的证明的方法

$\neg A$　一种将 A 的证明转化为矛盾式 $\bot$ 的证明的方法

$\exists x \varphi$　一个对象 d 加上一个 $\varphi(d)$ 的证明

$\forall x \varphi$　一种为每个对象 d 生成 $\varphi(d)$ 的证明的方法

通过这些步骤的连续组合来解释复杂的证明。　∎

经典逻辑和直觉主义逻辑在许多规则上是一致的，但它们在反映无理由真理的非构造性规则上存在分歧。后者的主要例子是排中律 $A \lor \neg A$。如果没有进一步的信息，我们既没有证明 A，也没有反驳 A。[①]

[①]　这还不是问题的终点。在第二十章中的线性逻辑，它在把析取式解读为第十四章中的博弈间的唯一选择时，放弃了排中律。但是，对于另一个析取式，它确实有一个有效的排中律，这指的是并行进行的博弈，这些博弈可以被重新审视，使支持者有更多机会获胜。

通过培养比平常更敏锐的辨别力，人们可以了解经典推理和构造性推理之间的区别。

例 17.3 双重否定

蕴涵式 $A \to \neg\neg A$ 可以构造性地证明。给出 A 的任意一个证明 p，这里就有一个关于 $\neg\neg A$ 的证明，它是一种从 $\neg A$ 的任意一个证明 q 中来证明矛盾的方法。只要把 p 和 q 结合起来就可以证明 $A \wedge \neg A$。然而，其逆命题 $\neg\neg A \to A$ 在经典逻辑上是有效的，但在构造主义看来却无法成立：没有办法将 $\neg\neg A$ 的证明转化为 A 的直接证明。在经典逻辑中，与这个例子相关的是另一个关键性区分，那就是归谬法的主要规则，它有两种等价的形式：

证明 $\neg A$，　假设 A 并推导出一个矛盾；

证明 A，　　假设 $\neg A$ 并推导出一个矛盾。

在这二者中，只有前者的构造性证明是有效的。后者会产生一个 $\neg\neg A$ 的证明，这不足以作为 A 本身的证明。 ■

构造性证明通常以自然演绎树的形式给出。

例 17.4 一个构造性的自然演绎证明

我们展示一个 $(A \wedge \neg(A \wedge B)) \to \neg B$ 的推导，该推导中支持者可以获胜：

$$
\cfrac{\cfrac{\cfrac{A \wedge \neg(A \wedge B)\ (1)}{A} \quad B\ (2)}{A \wedge B} \quad \cfrac{A \wedge \neg(A \wedge B)\ (1)}{\neg(A \wedge B)}}{\cfrac{\neg B}{(A \wedge \neg(A \wedge B)) \to \neg B} \text{撤回假设 (1)}} \text{撤回假设 (2)}
$$

另一个很好的练习是德摩根律中的四个蕴涵式：

$$\neg(A \wedge B) \leftrightarrow (\neg A \vee \neg B), \quad \neg(A \vee B) \leftrightarrow (\neg A \wedge \neg B)$$

其中只有蕴涵式 $\neg(A \wedge B) \to (\neg A \vee \neg B)$ 在构造主义看来是无效的。因此，在直觉主义逻辑中，合取和析取是不能相互定义的。 ■

此例子彰显了一种更普遍的现象。一个基础逻辑越弱，它支持的非等价逻辑运算的种类就越多。①

信息模型 语义视角可以阐明这些问题。直觉主义逻辑描述了获取知识过程中各个阶段的树状结构，而经典逻辑则仅关注所有证据都已齐全的终点。这些阶段的顺序是自反的和传递的。从而在任何阶段的局部节点，直觉主义的合取式和析取式都可以像往常一样理解。但是一个直觉主义的否定式 $\neg\varphi$ 限制了进一步的探究：

$\neg\varphi$ 在树上的某一阶段成立，当且仅当 φ 在该阶段的后续阶段中永远不成立。

同样地，一个直觉主义蕴涵式 $\varphi \to \psi$ 表明了：

在 φ 成立的阶段，ψ 在其后的每个阶段都成立。

例 17.5 驳斥经典律

下述这个简单的模型表明了许多令人感兴趣的现象：

在黑点中，$p \vee \neg p$ 为假。该模型也反驳了经典律 $\neg\neg p \to p$（$\neg\neg p$ 在左边成立，但 p 不是），以及皮尔士律 $((p \to q) \to p) \to p$。 ∎

直觉主义模型具有本书第二部分所研究的动态认知模型的一些意味（参见 van Benthem, 2009）。我们不会在这里提供进一步的细节，但读者会从接下来的例子中获益匪浅。

17.4 博弈的逻辑

为了证明直觉主义逻辑与自然演绎和对话博弈中的获胜策略的一致，我们将只讨论一个例子。

---

① 同样地，量词之间经典的互相可定义性也消失了。我们对 $\neg\exists x\varphi \leftrightarrow \forall x\neg\varphi$ 和 $\exists x\neg\varphi \to \neg\forall x\varphi$ 有着构造性的有效式，但并不包括 $\neg\forall x\varphi \to \exists x\neg\varphi$。

证明的使用 德摩根律 $(\neg A \vee \neg B) \to \neg(A \wedge B)$ 在信息模型中是有效的：如果现在从当前阶段开始排除 A，那么 $A \wedge B$ 也会被排除。事实上，这个蕴涵式有以下自然演绎的证明：

$$
\cfrac{
\neg A \vee \neg B \qquad
\cfrac{\neg A \qquad \cfrac{A \wedge B}{A}}{\neg(A \wedge B)} \qquad
\cfrac{\neg B \qquad \cfrac{A \wedge B}{B}}{\neg(A \wedge B)}
}{
\cfrac{\neg(A \wedge B)}{(\neg A \vee \neg B) \to \neg(A \wedge B)}
}
$$

在对话中，支持者有一个反映这种自然演绎的获胜策略：

1	P	$(\neg A \vee \neg B) \to \neg(A \wedge B)$	
2	O	$\neg A \vee \neg B$	$[A, 1]$
3	P	$\neg(A \wedge B)$	$[D, 2]$
4	O	$A \wedge B$	$[A, 3]$
5	P	$?L$	$[A, 4]$
6	O	A	$[D, 5]$
7	P	$?R$	$[A, 4]$
8	O	B	$[D, 7]$
9	P	$?$	$[A, 2]$
10	O	有两种辩护的选择：二者都以同样 $\neg A$ 的方式进行。比如，O 挑选 $\neg A$	$[D, 9]$
11	P	A	$[A, 10]$

这是可以接受的，因为 O 之前说过 A。现在，O 没有什么可说的了，于是他失败了。

模型的使用 现在考虑以一种对偶的方式来寻找反例。

例 17.6　　*反驳非构造性规则*

无效的德摩根律 $\neg(A \wedge B) \to (\neg A \vee \neg B)$ 在信息模型上失效：

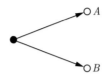

在左边的黑点阶段，$\neg(A \wedge B)$ 为真，但与此同时，$\neg A \vee \neg B$ 在那里为假。这是因为 A 和 B 仍然可能通过进一步的考察来达到。根据这一发现，该规律并不存在构造性的证明。　■

但对于另一个玩家来说，模型的视角本身就很有趣。在一个对话博弈中，很容易看到它们以如下方式指导行为。

事实 17.1　　反对者可以使用任何直觉主义模型作为获胜策略。

证明　这个想法是为了保持以下不变性。由于支持者所陈述的公式在某种状态下是假的，因此反对者就可以选择行动，使得所有让步在当前认知状态下为真，而反对者对支持者的最后陈述的攻击可以基于该状态展开。例如，在上述情况下，考虑到初始状态，反对者认可 $\neg(A \wedge B)$，这是安全的。如果支持者随后回答 $A \wedge B$ 来作为反击，那么反对者就可以攻击它，而支持者无法作出回应（A 和 B 在黑色状态下都不成立）。而如果支持者以（错误的）析取式 $\neg A \vee \neg B$ 来作为回答，那么反对者就可以攻击它，因为他确信其中的两个答案都是错误的。但也有一个关键的动态过程在变化阶段中起作用。假设支持者选择为 $\neg A$ 辩护。那么，反对者可以通过在信息模型中向上移动，到达右上角使得 A 为真的状态，以此来利用 $\neg A$ 为假，从而基于此新状态继续博弈。①

决定性和充分性定理　　现在我们转向对话博弈当中一般性的博弈论层面，这种精神就与之前自第十五章至第十七章中的逻辑博弈相同。首先，对话博弈允许无穷的行动序列，因为支持者可能不断重复相同的攻击，这就允许反对者重复防守。

---

① 这类策略背后的驱动力是，反对者总能迫使支持者必须在其当前所聚焦的认知世界中应对质疑，因为支持者必须回应反对者最新发起的攻击。

这种无穷的行动序列就像平局一样，既不赢也不输。然而，博弈是决定的，这可以从 (Felscher, 2001) 中对博弈树的分析或关于对话博弈的主要结果中得到证明。

定理 17.1　对于一阶公式 $A_1, \cdots, A_k, B$ 而言，以下二者等价：

（a）P 在关于 $A_1 \wedge \cdots \wedge A_k \to B$ 的对话博弈中有一个获胜策略；

（b）$A_1 \wedge \cdots \wedge A_k \to B$ 在直觉主义逻辑里有效。

这个结果也有以下显式化的策略版本。

定理 17.2　存在有效的程序，将直觉主义证明转化为 L-博弈中支持者的获胜策略，反之亦然。

这两个版本的证明都可以在 Felscher (2001) 中找到。这一方向上更复杂的结果是阿布拉姆斯基的完整的完全性定理（参见第二十章），它在范畴理论的背景下把证明和策略联系起来。

17.5　扩充和变形

其他逻辑　我们看到，如果允许切换辩护，支持者可以赢得排中律的博弈。操纵程序可以影响对话的逻辑。

事实 17.2　如果先前的程序性约定（b）和（c）只适用于反对者，那么对话博弈中支持者的获胜策略依从于经典逻辑。

现在支持者可以重复攻击，转移博弈的焦点。通过这种方式，对话能够为多种逻辑系统构建模型（参见 Rahman et al., 2001）。

资源逻辑（resource logic）　在第二十章，我们将看到线性逻辑中的相关想法。我们在那里还将看到从对话逻辑到现代博弈语义的创新路线，在 Blass (1992) 和 Abramsky et al. (1999) 中，程序规则被重新编码为更大范围的并行博弈构造运算。尤其正如我们前面所指出的，在线性逻辑中，排中律在布尔选择博弈 $A \vee \neg A$ 中无效，但在并行选择博弈 $A + \neg A$ 中有效。

线性逻辑是现代资源逻辑的一个开创性实例，系统地追踪主体在进行推理时可用的资源（语言的、计算的、认知的）（参见 van Benthem, 1991; Girard, 1993; Restall, 2000）。这些系统颠覆了传统的逻辑后承概念，使构造上的可行性而非单纯真理性成为有效性的核心判据。

其他应用 对话博弈已被用作物理学中的一种运算语义 (Mittelstaedt, 1978)。它们也影响了论辩理论，以此作为承诺和话语动态的模型 (Walton et al., 1995; Gabbay et al., 2002)。它们也适合法律程序及其证明标准 (Prakken, 1997)。这些应用可以将重点从竞争转向合作，而这是一个有用的替代立场。我们将在第二十三章探讨其中的一些角度。

程序的形式化 程序部分的灵活性，通常被认为是一种麻烦，但实际上是对话博弈的一个主要吸引力。在一个具有启发性的更高抽象水平上，并没有框架运算中关于程序的一般理论。一个有希望的路线是与 (Dung, 1995) 意义上的"论辩系统"相连接：具有"p 攻击 q"这样的二元关系的命题的有向图，它支持一种稳定的可断言性理论。van Benthem (1999) 提出了对话博弈和抽象论辩系统之间的联系，而 Grossi (2010) 是一个很有希望的实现方式，他将博弈应用于模态不动点逻辑。更多细节将在本章的附录中给出。

博弈等价性 在我们迄今为止所讨论的主题背后，本书中的一些大问题再次出现。例如，我们对程序的讨论通常涉及扩展式博弈，而不同程序是否具有相同效果与论辩的等价性概念密切相关（这些概念可以更细致或更粗略）。这让人想起第一章和第十一章以及本书其他章节对博弈等价性的讨论。尤其是把不同的逻辑作为与我们的博弈相匹配的有效式集合，无论是经典的、直觉的还是线性的，都表明了一种对博弈结果的新看法，这些我们将在第十八章作进一步讨论。

"弈博论" 在本章中，另一个较早的主题似乎要浮出表面，即第十章中发展出来的"弈博论"的概念。那里的指导思想是使玩家本身成为逻辑分析中明确的一等公民，其中包括了他们不同的信息能力和弈博的习惯。如上所述，观察玩家的资源是朝这个方向迈出的一步，而对他们可能不同的程序性权利和义务的更精细观察也是如此。我们将在第二十五章中更详细地讨论逻辑博弈和博弈逻辑之间的这种融合。

17.6　小　　结

对话博弈为逻辑推理提供了一个有趣的动态视角，为论辩中的程序性选择提出了新的处理方法。它们作为逻辑博弈的范式并没有取得绝对的成功，但是自 20世纪 50 年代以来，它们的生命力一直非常顽强，特别是当对话与基于证明的构造主义逻辑和资源逻辑相联系时更是如此。第二十章将列举计算和线性逻辑的例子，而附录中还将一窥其他联结。

17.7　文　　献

本章内容基于 van Benthem (1999) 的讲义。

在原始意义上，关于对话博弈的一些有价值的资料是 Kamlah et al. (1967)、Barth et al. (1982) 以及 Rahman et al. (2001)。更广泛的相关领域的资料将在以下附录的末尾列出。

17.8　附录：论辩

对话博弈与日常论辩仍然相去甚远，这是一个我们都有生动的直觉和经验的领域，甚至可能是逻辑学最初开始的领域。本附录对这一经验性实践补充了一些想法。

真正的论辩与我们迄今为止的博弈的不同之处在于，程序在塑造行为，以及论证与反论证的动态中发挥了更丰富的作用，这些论证与反论证相互帮助或相互妨碍。即使在逻辑学的历史上，在保持焦点和相关性方面，也有更丰富的论辩博弈：见 Dutilh-Novaes (2007) 和 Uckelman (2009) 对于"义务论"和相关中世纪实践的研究。在论辩理论及其相关领域中，针对许多类似的方面都进行了研究。

实际论辩的建模　决策涉及一种平衡：我们权衡论证，并决定平衡何时倾向于某个提议。权衡本身是一个非交互式的程序。然而，实际会议的经验告诉我们，决策行动也起着作用：事情取决于我们如何打好手中的牌。这里有不同的趋势。一经提出的论点会随着时间的推移失去效力。这就是为什么提前参考对手的考量往往是有用的。

但是，即使熟悉会滋生轻视，成功也能孕育成功：辩论中的趋势可以对你有利。最后，通常重要的是不要一下子把你最好的论据摆上台面，要保留一些王牌，以便在你更了解对手的实力时使用。让我们对其中的一些进行建模。

定义 17.3　策略论辩博弈（strategic argumentation game）

一个策略论辩博弈在台面上有一个问题 P。A 有 k 个支持 P 的论据，其值为自然数，并且 E 有 k 个反对 P 的论据。在每一回合中，A 从其剩余的库存中为 P 放置一个新的论据，并且 E 放置一个新的反对论据。台面上数值总和最大的玩家赢得这一轮，但平局也有可能。如果你赢了这一轮或平局，你目前的总数就会进入下一轮，但如果你输了，你的总数就会减少 1（直到你降到 0）。目标是经过 k 步赢得最后一个回合。　■

我们可以把这个博弈看作同时或按顺序的。这一次，仅仅是论据的权重并不能说明一切：它们的分布很重要。

例 17.7　一个平衡博弈

令 $k = 4$。A 有 2、0、0、0，并且 E 有 1、1、1、1。A 可以通过先在台面上给出 2，然后赢得中间回合来赢得博弈。但是如果 A 后来放 2，这就行不通了，这样 A 就会输。　■

因此，时机至关重要。这一点在下面的情景中得到了清楚的证明。

例 17.8　一个更复杂的博弈树

A 有 4、1、0，并且 E 有 3、2、1。易见，A 可以通过先出 4 而获胜：

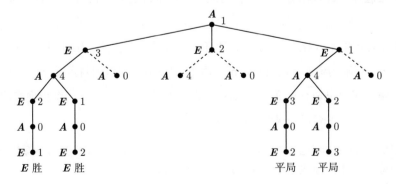

这个博弈树也有一些角落，其中 E 有一个获胜的策略，或者发生平局。　■

这个博弈的序列版本就属于第一章的策梅洛定理，只不过做了平局的修改。不过，它仍然没有公正地反映出我们在实际经验中等待最佳论据的感受，因为从最高值开始对玩家来说从来都不是坏事。但通过修改论据的衰退机制，很容易增加这样的特征：

让每一回合论据的值衰退，不是通过失分，而是通过减半。任何
胜利或平局的人都会得到一个额外的积分。

在这种情况下，推迟使用自己更强的论据反而是有用的。

例 17.9　带有半衰期（half-life time）的论据

令 A 有 6、2，而 E 有 5、3。考虑新的博弈制度，并计算分数。如果 A 先给出 6，那么 E 可以给出 3：导致中间分数为 $(4, 1.5)$。之后，A 给出 2，E 给出 5：导致最后的分数为 $(3, 4.25)$，从而 E 获胜。相比之下，如果 E 先给出值为 5 的论据，则中间得分将是 $(4, 2.5)$，最后得分是 $(4, 2.75)$，从而 A 获胜。我们把其他可能的行动序列留给读者。　■

许多变形是有可能的。为了一些熟悉的效果，我们可以有更复杂的公式，譬如允许来自其他参与者赞同的分数，等等。虽然这些特征对逻辑没有什么影响（尽管初始值很可能以逻辑内容为基础），但这种论证显然是一种理性技能。此外，很容易对博弈进行改进，以便将逻辑含义或台面上命题之间的其他依存关系考虑在内。[①]

我们的第二个例子是关于一个专门的专业领域的论辩。

司法程序　许多作者声称逻辑推理和司法推理之间存在着深刻的差异。根据 Toulmin (1958) 经典的说法："逻辑证明依赖于抽象的数学形式，而法律推理则完全是关于程序的形式化。"的确，法律环境具有程序性特征，如时间、具有不同目的的各方、有限的资源，以及不是绝对而是合理的确定性的目标。但这些特征在我们的逻辑博弈中也是有意义的，它为所涉及的那些策略提供了一个更现实的观点，以及它们在均衡中获得公平结果的方式。

[①]　逻辑学家应该还有很多感兴趣的辩论。更加系统的研究将与本书的主题非常吻合，例如第八章中的慎思动态和程序公平的基本概念 (van Benthem, 2011b)。

单一弈博与重复弈博　此处一个有问题的特征可能是特定弈博的一次性特征。假设在针对 φ 的一个赋值博弈中，证实者在其中的一个行动序列中获胜。这并不能证明 φ 是真的。拥有一个获胜策略意味着对证伪者的每一次博弈都能成功地做出反应。但在这里证伪者有一个有趣的作用。为了证伪者的利益，他要尽可能地进行反击，以获得最佳的获胜机会，但与此同时，这也是对证实者真正拥有获胜策略的最好保证。这在司法程序中似乎是一个现实的观点，但在真正的论辩和辩论中也是如此。正确设置博弈可以最大限度地提高单个行动序列的信息量。

融合不同的任务　事实上，有些逻辑博弈的特征很容易让人联想到法庭上的法律环境。考虑一下第十六章的模型构建博弈。建造者的作用不是检查事情是否如描述的那样发生，而是检查它们是否可能那样发生。这个可满足性任务是一个律师的策略目标，指出与客户的清白一致的情景。但在同一个博弈中，批评者有一个证明任务，即证明给定的要求是不一致的，或者更积极地说，从台面上的证据来看建造者所否认的一些要求。这似乎是一个检察官的角色。一致性任务和证明任务具有不同的逻辑复杂度，这本身就是一个有趣的见解，但它们确实属于同一个问题。

程序依赖（procedure dependence）　接下来，考虑一下程序在我们的对话博弈中的作用。根据我们如何设定支持者和反对者的权利与义务的平衡，就会出现不同的逻辑，不论是经典的或者是直觉的。这在法律或论证环境中也可能相关。[①]程序依赖在社会选择或判断聚合中得到充分证明（Anand et al., 2009）；而逻辑可能与随之而来的不同推理风格有关系。

我们的最后一点是程序可能涉及重复玩同一个博弈，这正如第十九章和第二十章中的一样。我们以一个在逻辑上万年常青的例子来结束，它最近在法学上有一个巧妙的转折。

例 17.10　科拉克斯（Corax）与欧阿特罗斯（Euathlos）

老谋深算的科拉克斯曾教欧阿特罗斯辩论：费用将是他的学生打赢一场官司

---

① 考虑到一个公认的臆造的例子。经典的对话博弈允许玩家在第一次没有成功的情况下重复进行辩护。令 $\neg(A \land B), \neg A \to C, \neg B \to C$ 作为证据。这是否意味着 C 是真的？是的，如果支持者能够在经典逻辑中论证，但在更严格的直觉主义程序中却不是。那么，第一个前提并没有给出析取支 $\neg A$ 和 $\neg B$，因为在论辩博弈的某个阶段受到挑战时，人们可能无法说出得到哪一个，从而无法继续下去。罪犯应该因为直觉主义的技术问题而获得自由吗？

的第一笔钱。但欧阿特罗斯从未上过法庭。于是，科拉克斯对他提起诉讼，争辩说："要是我赢了，你就得按判决书付给我钱；要是我输了，你就得按我们的合同付钱。"但是受过良好教育的欧阿特罗斯提出了一个反驳的难题："要是我输了，不需要按我们的合同付款；要是我赢了，不需要按判决付款。"一位律师曾经指出了一条逻辑学家从未考虑过的线路。学生在第一个案件中获胜，这是因为他没有答应从事法律工作。但这样一来，老师可以提起第二场诉讼来收取他的费用，并且他也会赢。　　　　　　　　　　　　　　　　　　　　　　　　　　　　■

论辩理论　　目前，逻辑学和论辩理论之间有着许多进一步的联系，其中大部分都收集在 Gabbay et al. (2002)。我们在这里只提到两个方面。

在这类联结上，一个显眼的方案是 17.5 节中简要提到的 Dung (1995) 中的程序。"论辩系统"是有向图，其节点代表命题，并通过二元关系"p 攻击 q"连接起来。人们可以根据命题在图中的地位对其进行分类，比如，p 最终被接受，当且仅当它没有被任何一个被接受的命题所攻击。

例 17.11　　定义逻辑系统中的攻击和辩护

作为接受 (A) 和拒绝 (R) 的不动点等式，前述的规定可以用攻击关系的方式来写：

$$A \leftrightarrow \Box R, \qquad R \leftrightarrow \Diamond A$$

因此，Grossi (2010) 通过如同我们第一章、第十一章和第十四章中的那些模态不动点逻辑来研究论辩系统，其中像上述的均衡等值式是由图上的博弈所产生的。■

这种模态方法可能是正确的抽象层次，即进程安排和一般程序的一种抽象理论，它弥补了逻辑博弈迄今为止所缺乏的部分。

另一条合适的路线是盖比的网络方法 (Barringer et al., 2012)。这在很大程度上概括了潘明勇（Phan Minh Dung）的论辩系统，引入了代数和数值技术来解决论辩网络问题，并为其随时间演变的时态动态提供了逻辑。该方法将逻辑与动态系统自然地连接起来。我们在第五章和第十二章中也注意到了与无穷博弈和演化博弈论有关的问题。[①]

---

① 这种网络动态和本书中基于动态逻辑的方法的比较，可以在 van Benthem (2012e) 中找到。

结语　逻辑博弈可以比目前所做的更接近实践推理。本附录只是为逻辑和论辩理论（参见 Walton et al., 1995、Gabbay et al., 2002 与 Barringer et al., 2012）以及逻辑和法律（见 Prakken, 1997 与 Vreeswijk, 2000）的生动连结打开了一扇小窗，其中包括许多进一步的主题，如默认推理、有效解决方法或带有规范的义务推理。[①]

文献　本附录是 van Benthem (2001b)、van Benthem (2004b)、van Benthem (2010b) 和 van Benthem (2012e) 的浓缩摘要。

[①]　在这一切中，有一个明显走向推理的经验领域的过程。如果我们关注构成智能行为的策略互动实践，而不是单一的推理，那么逻辑博弈甚至可能与认知科学对接。

第十八章　逻辑博弈中的一般思路

逻辑学的传统核心任务涉及表达和推理能力，有诸如赋值、证明、模型构建或模型比较等概念。在第十四章到第十七章中，我们展示了所有这些任务如何可以被投射为博弈。这就给出了一个逻辑学的观点，它是一个多主体互动的家族，丰富了人们对抽象形式模式的认识。这个家族中的博弈在很多方面都不一样，因为它们服务于不同的目的。不过，我们还是发现了共同的结构，如决定性或统一性策略。这指向了多样性背后的普遍主题。在本章中，我们将识别一些这样的主题，但不以寻找统一理论为目的。我们的目的主要是展示本书前面第一部分至第三部分中关于博弈的一般观点如何适用于逻辑博弈，提出一些对这一类特殊博弈有意义的有趣问题，但同时也蕴涵了对于逻辑本身的意义。通过博弈理论的视角，逻辑学显示出我们不熟悉的特征，但它也获得了新的统一性。以这种方式提出的一些主题将在第五部分和第六部分中再次出现。

18.1　什么是博弈化?

在这部分的具体博弈背后，隐藏着一种更普遍的做法，我们可以称之为"博弈化"。虽然设计一个逻辑博弈可能不是常规化的，但也有一些明确的模式。如果一个概念在某个结构层次上有交替的量词，这些量词可以变成不同的玩家。当然，这种艺术在于以一种产生新见解的方式将不同的角色拉开，而找到这些方式可能需要一些反思。例如，第十四章的赋值博弈就通常被认为是重述真理定义的常规方法。到那时，经过更深层的思考，这些博弈改变了我们对一阶逻辑的看法，将其解构为一个可判定的基础代数，它进行测试和对象选择，再加上反映赋值模型的不太核心的具体规则。同样地，第十六章的模型构建博弈以一种揭示新的选择点的方式，重塑了我们熟悉的语义表列规则，表明了一种可判定的、一次性的一阶逻辑。解构经典概念也可以以其他方式发生。第十五章的比较博弈采用了模型之间的部分映射，并将每个有序对的一个组成部分交给一个玩家，而将剩余的组成部分交给另一个。

类似的现象也发生在本书的其他地方。我们在第十一章中对玩家效力的分析采用了一个标准的超滤，但随后将其集合分配给两个所有者，这样一来，如果一个人不拥有某个集合，另一个人就拥有其补集。我们将在第二十二章的知识博弈和第二十三章的蓄意破坏博弈中看到进一步的例子。虽然所有这些都具有提示性，但似乎没有博弈化的一般算法（参见 van Benthem, 2008）。希望到目前为止，读者可以借助我们的例子来独自完成这项任务。

18.2　策略的演算

策略是整个逻辑博弈的一个常项，它连接着非常不同的概念：第十六章的模型和证明，以及第十五章的区分公式和互模拟。有时，它们代表了逻辑学中研究较少的新概念：相较于真值中的"真"，第十四章赋值博弈中的获胜策略提供了一种更精细的关于"真"的理由。不过，它们还是有很多共同的特征。我们希望有一个关于策略推理的演算，其中包含所有这些不同博弈之间共享的许多基本论证。

这个问题在第四章讨论过，但没有找到结论性的答案。我们只是重复先前的一个说明，显示关于逻辑博弈的基本论证是如何自然而然地包含了对这种演算的有趣提示。

例 18.1　探讨基本策略演算

考虑以下一个命题有效式的简单序列推导：

$$A \Rightarrow A \qquad B \Rightarrow B$$

$$A, B \Rightarrow A \qquad A, B \Rightarrow B$$

$$C \Rightarrow C$$

$$A, B \Rightarrow A \wedge B \qquad A, C \Rightarrow C$$

$$A, B \Rightarrow (A \wedge B) \vee C \qquad A, C \Rightarrow (A \wedge B) \vee C$$

$$A, B \vee C \Rightarrow (A \wedge B) \vee C$$

$$A \wedge (B \vee C) \Rightarrow (A \wedge B) \vee C$$

此处有一个更丰富的形式来相应地表示策略:

$$x : A \Rightarrow x : A \qquad\qquad y : B \Rightarrow y : B$$

$$x : A, y : B \Rightarrow x : A \qquad x : A, y : B \Rightarrow y : B \qquad\qquad z : C \Rightarrow z : C$$

$$x : A, y : B \Rightarrow (x, y) : A \wedge B \qquad\qquad x : A, z : C \Rightarrow z : C$$

$$x : A, y : B \Rightarrow \langle l, (x, y) \rangle : (A \wedge B) \vee C \qquad x : A, z : C \Rightarrow \langle r, z \rangle : (A \wedge B) \vee C$$

$$x : A, u : (B \vee C) \Rightarrow \text{IF } head(u) = l \text{ THEN } \langle x, tail(u) \rangle \text{ ELSE } tail(u) : (A \wedge B) \vee C$$

$$v : A \wedge (B \vee C) \Rightarrow \text{IF } head((v)_2) = l \text{ THEN } \langle (v)_1, tail((v)_2) \rangle \text{ ELSE } tail((v)_2) : (A \wedge B) \vee C$$

该格式可以被解读为一个策略的构造，其运算是:

为不行动的玩家储存策略:	$\langle\ ,\ \rangle$
使用列表中的一个策略:	$(\ )_i$
执行一个策略的第一个动作:	$head(\ )$
执行剩余的策略:	$tail(\ )$
根据一个测试做出选择:	IF THEN ELSE

在这个抽象层次上，推导代表着不同的东西。从某一个角度看，它是关于组合证明的；但从另一个角度看，它是一种转变策略的秘诀，它将证实者在 $A \wedge (B \vee C)$ 这个赋值博弈中的任意一个获胜策略，转变到 $(A \wedge B) \vee C$ 这个博弈当中。关于策略的洞察力在整个逻辑博弈中发挥着作用。 ∎

勾勒出一个一般的策略演算，使其涵盖关于博弈的典型案例，这似乎是一个主要的开问题。但第四章已经给出了一些具体的例子，它们说明了这个问题为何以及如何具有吸引力。

18.3 博弈等价

考虑具有一般性的逻辑博弈，也产生了理解它们的正确结构层次的问题。在第一部分和第三部分中，我们看到了两个层面之间的一个重要选择:一个是更详细的层面，涉及行动和策略；另一个是更粗略的层面，涉及玩家的效力。当玩家具有相同的效力来迫使形成结果集时，我们称两个博弈等价。尽管逻辑博弈提供了很多细节，而且逻辑本身也可以用来分析博弈当中更精细的行动层面，但似乎很明显，逻辑博弈是用在效力等价的层面上。我们在第十四章中看到了这一点，逻辑等价的公式在其赋值博弈的每一个模型上给予玩家相同的效力。这种效力等价性将推动第十九章和第二十四章所研究的一般博弈代数。这就是我们在绪论中所讨论过的迷人螺旋之一，它将我们从博弈逻辑带到了逻辑博弈。虽然一种逻辑语言可以记录扩展式博弈的局部细节，但是它自己的赋值博弈可能是以效力为导向的。

博弈等价的主题出现得更普遍。看一下逻辑文本，问一下作者什么时候把一个博弈的两个版本称为明显相同的，这是一个有趣的练习。通常情况下，人们会发现效力水平的同一。第十五章中提到的一个例子在这方面很有说服力，我们在此重复一下。

例 18.2　*修改后的比较博弈*

Barwise et al. (1999b) 从两个模型之间的有穷局部同构开始进行模型比较博弈。从局部同构 F 开始，在每一回合中，复制者选择一组局部同构 F^+。这样，对于一个模型中的任意对象 a，另一个模型中都有一个对象 b 使得 $f \cup \{(a,b)\} \subseteq F^+$，反之亦然。破坏者随后在 F^+ 中选择一个有序对，以此类推。这与标准博弈的效力等价，但调度和局部尝试 (local effort) 的数量是不同的。　■

这里有一个明显的总体性转变，它以一种让人联想到在第三章中讨论的汤普森转换的方式，颠倒了玩家的角色。在计算逻辑中，类似的转换也被用来把一个玩家变成一个相对被动的选择者（见本章附录）。

尽管这倾向于玩家的效力，但据我们所知，对于逻辑博弈的等价性和不变性并没有正式的说法。在这一点上更加精确，似乎是一个逻辑学基础当中的有趣问题。然而，我们的博弈暗示了一种有趣的转折，从而改变了第一章中问题的表述方式。

通用效力和博弈等价　回顾第十七章对于对话博弈的分析。设置程序性规则的不同方式导致了相关有效式集合的不同，特别是对于直觉主义逻辑和经典逻辑更是如此。第二十章将增加验证线性逻辑的变形。这些有效式集合可以被看作支持者的效力，因为它们表明特定玩家可以赢得什么样的博弈。我们如何将这一观点与第十一章的观点联系起来？在第十一章中，玩家的效力只适用于特定的博弈。我们现在得到的是关于博弈形式的一般描述，它允许某个特定玩家的获胜策略。我们可以称这是对"通用效力"的分析，而这一次，不同的效力是通过设定特定玩家的控制水平而产生的。这似乎是一种思考博弈等价的新方法，它将在第五部分的系统中更详细地阐述，这些系统融合了博弈逻辑和逻辑博弈的思想。

18.4 逻辑博弈之间的联系

通过本部分介绍的各种博弈，这些博弈论概念的使用将逻辑主题统一起来。例如，在第十六章中，构建博弈中一个玩家的策略是证明，而另一个玩家则是模型。[①] 统一性的另一个来源是这样的。逻辑博弈不是孤立的活动：它们可以通过转换相关联。下述内容很好地说明了如何将两个基本的逻辑博弈联系起来。

赋值博弈与比较博弈的联系 第十四章和第十五章中介绍的博弈是相似的。当更深入地分析时，模型比较博弈的成功引理给出了这两类博弈的策略之间的明确联系。它是在模型 M 和 N 的有穷版本上采用。我们可以按照如下方法取消作为中介的公式： M 和 N 之间量词深度为 k 的一阶区分公式 φ，它对应于 M 和 N 之间 k 轮比较博弈中破坏者的获胜策略。现在，假设 $M \models \varphi$。正如我们将看到的，这将引导出证实者在赋值博弈 $game(\varphi, M)$ 中的获胜策略和证伪者在博弈 $game(\neg\varphi, M)$ 中的获胜策略。此外，我们可以在一个被称为 E-H 定理的结果中（向 Ehrenfeucht 和 Hintikka 致敬），将所有这些直接联系起来。

定理 18.1 下述二者之间存在着一种有效的对应关系：

（a）n-回合比较博弈中破坏者的获胜策略；

（b）在一些 n-回合赋值博弈中，证实者和证伪者在相反模型中的一对获胜策略。

证明 从（b）到（a），我们的证明如下。令深度为 n 的一个"H-有序对"包含一个量词深度为 n 的公式 φ，加上在其中一个模型的 φ-博弈中证实者的获

---

① 更确切地说，这些逻辑概念往往不完全是获胜策略本身，而是在挥洒这些策略时要使用的"不变量"（参见第四章）。

胜策略 σ，以及在另一个模型的 φ-博弈中证伪者的获胜策略 τ。我们勾勒出一种合并 σ 和 τ 的方法。破坏者看一下这两个赋值博弈。假设证实者在 M 中赢得 φ，而证伪者在 N 中赢得 φ。公式可以被认为仅仅是由原子公式通过否定、析取和存在量词所构造的。如果 φ 是一个否定式 $\neg\psi$，破坏者切换证伪者和证实者对于 ψ 的显式化策略。[①] 如果 φ 是一个析取式 $\psi \vee \xi$，那么破坏者在一个模型中使用证实者的策略来选择一个析取支。破坏者在另一个模型中所选择的证伪者策略也会在反驳该析取支中获胜。按照这种方式进行，公式就会被分解，直到达到一个存在子公式 $\exists x\psi$。然后，破坏者在它所处的模型中使用证实者策略 σ，比如在 M 中，来挑选一个见证对象 d，这个 M 和 d 是破坏者在 E-博弈第一轮中开局的行动。

对于破坏者来说，在这第一步行动之后，剩下的就是 M 中 ψ 的获胜策略 σ^-。现在，让复制者用另一个模型 N 中的任意对象 e 来回应。这可以被看作证实者在 N 中 $\exists x\psi$ 的赋值博弈中的一步行动。现在，在这第一步之后，证伪者在 N 中对 ψ 仍然有一个获胜策略 τ^-。因此，通过归纳，我们有一个深度为 $n-1$ 的 H-有序对，它可以在 M 和 N 的 $(n-1)$-回合比较博弈中合并成破坏者的后续获胜策略。总之，这是破坏者的一个 n-回合策略。

这个归纳论证很容易产生一个破坏者的计算算法。

从（a）到（b）的方向似乎更难，因为我们必须将破坏者的获胜策略分成两个独立的策略，以形成一个 H-有序对。但我们可以按照先前在第十四章中的构造，从破坏者的获胜策略中找出深度为 n 的一阶区分公式 φ。这个公式 φ 可以有效地导出两个如下所示的赋值策略。考虑在两个模型 M 和 N 之间的 n-回合比较博弈中破坏者的任何获胜策略。在第一步中，破坏者选择，例如，模型 M 和对象 d。那么，我们所期望的公式是以一个存在量词开始，并且证实者在 M 中具有获胜策略。让复制者在模型 N 中做出任意反应 e。破坏者在两个扩充的模型 (M,d) 和 (N,e) 中仍然有一个 $(n-1)$-回合的获胜策略。归纳起来，我们为复制者做出的每个选择 e 找到深度为 $n-1$ 的 H-有序对。根据有穷性引理，这些有序对中只涉及有穷的非等价公式。那么，在深度为 $n-1$ 的合取式上的一个存在量化，定义

---

① 这是内部计算：比较博弈中的反对者还没有看到任何效果。这些无声的插曲，许多都是关于逻辑博弈的典型争论，并且它们可能都有自己的一个有趣的演算。

了我们所期望的深度为 n 的 H-有序对。尤其，如果是证实者在模型 M 中拥有相关的 H-有序对 φ 的获胜策略，就把 φ 本身放在合取式中；否则，就把它的否定式放进去。

其他链接：模态互模拟的情况　在表面上看似不同的逻辑博弈，它们之间有着许多进一步的联系。考虑一下第一章中互模拟的基本概念。我们在第十五章中对其不动点定义进行了一些阐述。回顾一下，在一个由一元谓词字母 P 和二元关系 R 组成的有穷词汇上的一个互模拟 Exy，它可以在语法上按如下定义。其中我们引入了特殊的一元命题字母 M 和 N 作为相关模型的论域：

$$BIS(M,N,E)(x,y)\quad \forall xy : (Mx \wedge Ny \wedge Exy) \to \bigwedge_P (Px \leftrightarrow Py) \wedge \bigwedge_R \forall z((Mz \wedge Rxz) \to$$
$$\exists u(Nu \wedge Ryu \wedge Ezu)) \wedge \forall u((Nu \wedge Ryu) \to \exists z(Mz \wedge Rxz \wedge Ezu))$$

在这个公式中，所有出现在右手边的 E 都是正出现。因此，正如第一章和第二章一样，在一阶不动点逻辑 LFP（FO）中存在一个最大不动点的定义。

事实 18.1　模型 M 和 N 上的点 s 和点 t 处于某个互模拟关系中，当且仅当它们在 M 和 N 的不交和（disjoint sum）上属于 LFP（FO）公式 $\nu E \cdot bis(M,N,E)$ (x,y) 所定义的最大不动点。

因此，当我们详细说明如何在近似阶段计算出最大不动点时，就可以匹配第十四章和第十五章中的两种逻辑博弈。

事实 18.2　15.7 节的模态模型比较博弈，它与在第十四章意义上所定义的 LFP（FO）赋值博弈 $\nu E \cdot bis(M,N,E)(x,y)$ 相匹配。

最近关于计算逻辑的工作也包含一个相反的视角，其中，公式的赋值博弈被简化为该公式与给定模型之间（与之相关的一些结构）的模型比较博弈。参见 Venema (2007) 和 Zanasi (2012)，以了解历史以及对这一工作方式的解释。

这些只是我们早期逻辑博弈之间的一些自然联系。一个连接我们所研究的所有种类的一般理论是一个明显的进一步目标。

18.5　逻辑博弈的运算

我们在 18.4 节和前几章的结果表明,逻辑博弈支持一般的运算。在第十四章的赋值博弈中,布尔运算是无处不在的选择和角色切换的博弈运算。之后,事情就变得微妙了,因为通常的一阶量词不是博弈运算而是特殊的行动,而真正起作用的运算是一个蕴涵式,即序列复合,它将赋值博弈粘在一起。这些运算有自己的代数理论,我们将在第十九章和第二十四章进行研究。但也会有其他运算出现。第十六章的表列构建博弈提出了产生重复博弈的迭代运算,同样的概念也出现在第十七章的对话博弈中。后面的博弈还提出了一种新的博弈运算,即行动的并行合并。

有趣的是,根据我们先前的结果,模型比较博弈使用并行式博弈的一般概念将赋值博弈结合起来。这有两个具有普遍意义的特点。在这些博弈中,通过前后之字行动的定义,交流发生在两个博弈场所之间,而博弈的输出由局部函数组成,它是集体行动(collective action)的典型结果。迄今为止,关于并行式博弈的大多数直觉都来自计算,但逻辑博弈可能是另一个来源,其中有一些未被充分探索的例子和结果。

在逻辑博弈上的进一步构造是有意义的,但这里列出的剧目似乎很重要,表明了关于组合模式的一般代数观点,这将在接下来的几章中继续讨论。特别是迭代和并行合并的运算,它们将在第十九章、第二十章和第二十一章中呈现。

18.6　通用格式：图博弈

我们已经说过,逻辑博弈是所有博弈领域中的一个小角落。但它们到底有多特别呢?也许逻辑博弈提供了一种一般的形式或通用的格式,这就具有更大的影响力。在第二十四章中就有一个例子说明了,对于序列运算的一般博弈代数而言,一阶逻辑的赋值博弈被证明是完全的。但也可以有更具体的通用格式。考虑一下以下这个简单的概念,它在第十一章中简单讨论过。

定义 18.1　图博弈

考虑一个伴随两个关系 R 和 S 的图 G,并且固定一个点 s。在 (G, s) 相关的图博弈中,玩家 E 从 s 开始,选择一个 R-后继 t,然后玩家 A 选择 t 的一个

S-后继 u, 以此类推。E 赢得了所有 A 被困在某个有穷阶段的行动序列, 以及那些永远持续下去的情况。[①]   ∎

例 18.3

以下是一个单一行动的进程图:

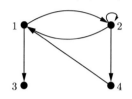

玩家 E 可以从状态 2 开始赢得图博弈。E 必须移动到状态 4, 而 A 必须移动到状态 1。然后 E 可以移动到状态 3, 使玩家 A 不能动弹。E 的这种效力可以表示为一个在状态 2 上为真的模态公式: $\diamond\square\diamond\perp$。∎

下述结果与第十四章的概念产生了联系。

事实 18.3   对于一个大小为 n 的图 G, 玩家 E 在 (G,s) 中有一个获胜策略当且仅当 $G, s \models (\langle R \rangle [S])^n \top$。

通过盖尔-斯特瓦尔特定理（第五章）或一个直接证明可以得出, 图博弈是决定的。此外, 在有穷图上, 它们具有以下重要的计算特性。

事实 18.4   图博弈可以在 *Ptime* 内按图大小求解。

这是第一种普遍性。通过这一观察, 有可能统一地确定许多逻辑任务的计算复杂度, 比如模型检测模态公式或测试互模拟。[②]

---

① 此处存在许多变形。它们将图视为外部的一个博弈域, 或者视为博弈内部结构的一个记录。例如, 我们可以只给出一个行动关系, 但在图的节点上记录玩家的轮次。另一个来源的变形是获胜条件, 它规定谁在无穷历史上获胜。在 Venema (2007) 中出现了一些有趣的例子, 他提出了对获胜条件而不是对回合进行对偶化的新博弈运算。

② 马丁·奥托（Martin Otto）的以下结果（私下的交流）涵盖了许多情况。考虑任何具有以下特性的有穷博弈树:（a）最大分支长度是某个输入参数 n 的多项式;（b）最大分支宽度也是 n 的多项式;（c）每个节点可以在 n 的多项式空间中编码。那么解决它的图博弈将只取 n 中的多项式空间。一个应用是一阶公式的模型检测, 这是因为第十四章中赋值博弈的树满足了所有条件, 而其他的例子是第十六章中模态逻辑的构建博弈, 或者是第十七章中各种合适的对话博弈。不过, 图博弈也有其局限性, 需要进一步的分析来处理的往往是那些 *Pspace*-完全的任务, 它们在更一般的博弈中无处不在（参见 Papadimitriou, 1994）。

图博弈的第二种普遍性是一个更加语义化的方面。任何扩展式博弈的形式（参见第一章）都可以被看作一个图，其关系是玩家双方的整个行动关系。如果我们现在用一个玩家的行动为该玩家提供获胜的最终状态，但不提供失败的最终状态，那么图博弈的获胜条件，即永远不被困住，就简单地编码了原来的获胜条件，从而我们就得到一个等价的博弈。当然，这只是粗暴的重述，为了使之具有普遍意义，这个技巧需要扩充到具有偏好或不完美信息的博弈。

图博弈表明了与计算机科学中的博弈工作的联系，这些工作将在本章的附录中简要回顾。它们还将在第二十五章关于逻辑博弈与博弈逻辑的融合中出现。

18.7　小　　结

许多人认为逻辑博弈只是有用的教学工具，这一点是毋庸置疑的。然而，这一更为宏大的章节可能会让人感到意外。上述这些例子展示了从策略、切换、博弈运算和博弈化过程的一般角度来思考这些技术的可能性。从这个一般性的层面来看，逻辑博弈是总体博弈的一个特别有趣的子类，它可以作为处理更广泛的概念和问题的一间干净实验室。这里提出的一些问题将在本书的第五部分和第六部分进行讨论。

18.8　文　　献

除了第十四章至第十七章中的文献所提到的内容外，本章所讨论的主题没有任何典型作为来源。对于具体的主题，读者可以参考文中出现的文献。

18.9　进一步研究方向

我们列出了一些进一步的观点，并与本书先前的一些部分联系起来。

变形、更丰富的博弈结构和"弈博论"　一旦我们有了一个针对某个标准任务的逻辑博弈，我们也会看到如何改变这个博弈。例如，一阶逻辑的赋值博弈提出了从一个给定的模型中增加或删除对象的行动，因此对于不断变化的模型进行赋值的新概念出现了。这样的概念将在关于蓄意破坏博弈的第二十三章中再次出现。在那里我们将看到，关于不断变化的模型，逻辑的意义体现在几个方面。但是，同样的主题也出现在第十七章关于信息变化的动态认知逻辑中，它改变了给定模型的当前认知、信念甚至偏好结构。在那些相关的模型当中，它们所匹配的逻辑博弈将在其中的世界向前看或向周围看。作为一类示例，van Benthem et al. (2006c) 为第七章中经典的公开宣告逻辑 PAL 定义了模型比较博弈。

　　另一条一般化的路线是逻辑博弈，它放弃了前面所有的竞争性零和特征，而采用了玩家之间的合作概念，这个主题将在第二十一章关于不完美信息的逻辑博弈中再次出现，这是博弈论中的另一个概念，我们可以像在第三章中所做的那样，在前面几章的博弈中普遍加入这些内容。在第二十二章关于逻辑博弈的进一步研究中，它增加了玩家在设定赋值或更新中可能具有的偏好。

　　最后，与本书第二部分一致，从"弈博论"的角度看逻辑博弈是有意义的，它使玩家可见，并受制于变化。例如，第十四章的鹅卵石博弈赋予了主体可修改的记忆资源，这似乎是将不完美信息引入一般博弈的重要方式。此外，多样性可能发生在一个博弈中，参见第十章中关于不同种类的主体（从有穷自动机到具有完美回忆的主体）所使用的逻辑系统的猜测。

逻辑博弈和博弈逻辑　我们以关于本书的主要议题——博弈的逻辑和作为博弈的逻辑——的几点意见作为结束。首先是这样。作为博弈的逻辑通常只与一种逻辑博弈相联系，即赋值博弈。这是因为许多文献认为"博弈语义"为逻辑公式提供了意义，那么最明显的似乎是像第十四章那样思考关于"真"和赋值的博弈。但是，逻辑博弈比赋值博弈要普遍得多，所以人们可能会怀疑这种单一的强调是否是思考逻辑是什么的正确方式。

　　更重要的是，正如本书第六部分将会明确的那样，我们的主要兴趣不在于这种对立，而在于这两种观点的二元性。人们可以把逻辑博弈看成是博弈，因此也可以从博弈逻辑的角度来分析。例如，内部博弈结构的模态语言可以分析逻辑博弈中发生的事情（参见第二十五章关于逻辑博弈的策略演算）。但反过来看，人们可以用逻辑博弈来分析博弈逻辑。我们在第一章和第十五章中已经看到了一些例子，在其中注意到了模型比较博弈如何被用来探究互模拟的精细结构，即一个模态逻辑所具有的不变性特征。

18.10　附录：计算逻辑中的博弈

在本章，我们探讨了贯穿逻辑博弈的一些主要议题，找到了与本书第一部分和第二部分的博弈逻辑的相关联之处。但为了发展一个更系统的理论，可能还需要一个额外的重点。

其中一个重点是与其环境相互动的计算系统，在其中，逻辑和博弈与自动机相遇，它们在层级上从有穷状态的机器步向图灵机，因而也是自动机理论（参见 Hopcroft et al., 2001）。这里最关键的是，无穷的输入和输出流可以和有穷的输入和输出流一样得到处理。关于这个领域有着快速增长的文献，但并不属于本书的范围（参见 Grädel et al., 2002; Venema, 2006, 2007）。在本附录中，我们只是通过强调一些经典的结论，为这个相邻的领域提供一个小窗口，尽管该领域的专家可能会选择其他路线。[1]

进程、博弈、自动机和策略　自动机是计算的一种自然模型，同时又与逻辑和博弈有着密切的联系。这在本章和前面讨论的图博弈中有所体现。首先，第一章中带有玩家行动的进程图可以被看作具有可能转换的自动机。图博弈的玩法将这个自动机分解成实际执行过程的可能历史，并在其中为玩家增加了适当的获胜条件。我们已经看到，如果获胜条件足够简单（参见第一章的策梅洛定理或第五章的盖尔-斯特瓦尔特定理），博弈将被决定。但获胜策略本身的计算结构也是有意义的。通常情况下，它是由简单的装置给出的，而自动机再一次符合这一要求。一个经典的结果是布埃奇·兰德韦伯定理（Büchi-Landweber Theorem），该定理涉及简单的 ω-正则的获胜条件，关于其定义请参考 Thomas (2002)。

定理 18.2　有穷图上的具有 ω-正则获胜条件的图博弈是决定的，它由有穷

---

[1]　我在此感谢埃里希·格雷德尔（Erich Grädel）和伊德·维尼玛（Yde Venema），与他们的交谈对于本附录很有帮助，尽管我并不要求他们对这里所说的任何事情表示赞同。

自动机所定义。

这种分析策略结构的方式存在很多扩充，这与我们在第四章中关于策略的逻辑可定义性主题相联系。

自动机、树结构的逻辑以及博弈　与自动机的另一个重要交界就是描述典型的分支时间结构的逻辑，这种结构是计算和博弈的基础，我们在第五章、第七章和第九章中已经看到了几个例子。

有一个著名的逻辑，其表达能力为我们许多形式化体系划定了一个自然界限，那就是树上的一元二阶逻辑 MSOL，该逻辑在带有行动关系的树结构上进行定义，且仅允许对集合（一元属性）进行量化。拉宾的以下里程碑式的结果开创了这一领域。

定理 18.3　树上的 MSOL 是可判定的。

Rabin (1968) 中证明的关键是在公式和模型之外引入了第三个伙伴。这是"树状自动机" A_φ 与 MSOL 的公式 φ 的关联，其方式是：φ 在给定的树模型 M 上为真，当且仅当自动机 A_φ 通过其无穷运行以某种合适的方式识别 M。

此处，我们可以假设我们的模型是具有标识转换关系的树，并附加一个由一元谓词构成的有穷词汇表 P，该词汇表通过列举每个属性是否存在，为节点定义了一集有穷的"颜色"。在 Janin et al. (1995) 中，拉宾的证明从对分支有固定限制的树大幅扩充到具有任意有穷分支的树，其中引入了以下形式的树自动机：

> 自动机 (A, δ, Ω) 有一个有穷的状态集 A，一个为每个状态分配自然数奇偶性的映射 Ω，以及在字母表 $P \cup A$ 上带有等词的一元一阶逻辑中，一个由一阶公式 $\delta(a, c)$ 所给出的转换函数 δ（a 代表一个状态，c 代表一种颜色），其中状态被视为一元谓词字母。

自动机和接受度博弈 (acceptance game)　我们的概念再次交织在一起。[1] 上述类型的自动机对模型的接受度，是由两个玩家 E 和 A 交替进行的"接

---

[1]　本节的观点可以追溯到 Gurevich et al. (1982) 和 Muller et al. (1995)。

受度博弈"来定义的。每个回合从一个状态 (a, s) 开始，其中 $a \in A$ 且 $s \in M$。[①]
现在，必须在与当前状态相关的条件下达到一个新的状态：

(a) E 在树模型 M 中节点 s 的所有直接后继的集合 $\sigma(s)$ 上，为所有状态 $a \in A$（被视为原子命题）挑选一个赋值，其方式是 $\delta(a, c)$ 在论域为 $\sigma(s)$ 的 M 的子模型上成立，其中 a 是当前有序对 (a, s) 中的状态，c 是当前点 s 的 P-颜色；

(b) A 从 E 选择的模型中，挑选一个使得 t 满足 b 的状态 (t, b)。

这个博弈的输赢如下。如果 E 卡在某个有穷阶段（无法选择满足条件 $\delta(a, c)$ 的赋值），那么 E 就输了。对于无穷的历史，其惯例与第十四章中的不动点逻辑一样。看看所有状态 a 的 Ω-值在上述回合 (a, s) 中无限次地出现：如果出现的最小值是偶数，则 E 获胜，如果最小值是奇数，则 A 获胜。

从交替自动机到非决定性自动机　接受度博弈对应于交替自动机的运行机制，后者通过交替进入合取状态与析取状态来遍历模型。然而，上述博弈存在更简单的范式，其中一阶 $\delta(a, c)$ 被简化为没有实质性合取式的特殊函数式语法，对应于 A 的角色被限制为仅选择后继节点，而无法在选择状态时拥有选择权。[②]下面的模拟定理（simulation theorem）来自 Muller et al. (1995)。

定理 18.4　交替树自动机可以被非决定性自动机忠实地模拟。

关于该定理明确的证明，参见 Venema (2006) 和 Zanasi (2012)。其中明确了受限制的转换语法的作用。Vardi et al. (1986) 和 Vardi (1995) 从时态逻辑和自动机理论的角度提供了背景（关于另一种与拓扑学有关的观点，参见 Arnold et al., 2007）。

这些结果和它们的证明在更广泛的意义上是有趣的。例如，根据第十九章和第二十章的内容，在证明非决定性版本就足够了时，我们实际上就必须在一个序列博弈中的那些适当复杂的状态上，对原始博弈中许多行动序列的并行玩法进行编码。

---

① 读者可以将这些状态与我们在第十四章和第十九章的逻辑博弈中使用的状态 (α, s) 进行比较，其中 (α, s) 是由公式 α 和博弈域位置 s 所组成。

② 在标准的进程理论术语中，这一个机制更接近于非决定性的概念，即指单个主体通过一系列选择决策驱动某个进程的运行。

此外，这些文献中的非琐碎证明具有有趣的一般性特征，其形式化可以作为对我们第四章和第二十五章的策略逻辑的挑战。其中一个例子是着重使用一种"影子比赛"（shadow match）的装置，这种装置不会出现在正式的比赛过程中，但对了解玩家的策略至关重要。①

奇偶性博弈和位置策略　在上述结果的背后，人们发现了对一般博弈有意义的进一步见解。一个突出的例子是"位置决定性"（positional determinacy）(Emerson et al., 1991; Mostowski, 1991)，它适用于奇偶性博弈，就像在树状结构的接受度博弈中一样，它用一个关于博弈状态的 Ω-函数来计算其获胜条件。位置策略仅仅根据当前的对局状态而不是其有穷的历史给出下一步行动。这种无记忆策略在第二十章中会很重要。

定理 18.5　奇偶性博弈仅用位置策略就能决定。

这个结果涵盖了一类广泛的情况，包括第十四章中的不动点逻辑的赋值博弈，如 μ-演算和 LFP（FO）。从逻辑学的角度来看，位置决定性定理究竟告诉了我们什么，这仍然是一个有争议的问题，但它的技术便利性是无可争议的。我们将在第二十五章讨论博弈的两层观点时再来讨论它的意义。

作为一所逻辑实验室的 μ-演算　我们在第一章、第十三章、第十四章和其他章节中看到的模态 μ-演算体现了上述诸多特征。例如，它的赋值博弈是在位置策略中决定的，但也远不止于此。近年来，这个系统已经成为博弈和计算的试验场。这个系统的特征自动机 (Janin et al., 1995) 是对 MSOL 早期格式的简单修改，即在定义转换函数的公式时没有原子同一性。到现在为止，对于逻辑的许多属性都有构造性的自动机理论证明，其中包括了一些常见的和令人惊讶的属性，例如强插值形式。一个著名的结果是来自 Janin et al. (1996)。

---

① 正如我们在第五章中所指出的，这些以及当前文献中关于博弈的其他复杂论证都使用了大量的想象，即玩家知道博弈的其他部分、其他玩家的策略或他们在其他博弈中的策略，然后利用这些知识在当前的历史上发挥最大的优势。虽然在理解关于纯粹存在性论证的证明时，这可能被认为是无害的修辞，但人们也可以更认真地对待这种知识。它实际上与我们在第一部分和第二部分中关于博弈的认识论方面的考虑非常吻合，本附录中讨论的进程理论的认识论化版本，加上显式化的知识成分，可能是与标准博弈论的一个自然交汇点。

定理 18.6　模态 μ-演算是一元二阶逻辑 MSOL 的互模拟-不变片段。

Venema (2012) 有一个优雅的简短证明。与我们这本书高度相关的还有 Venema (2007) 对于 μ-演算自动机的两种不同观点的解释：或者作为赋值的设备，或者作为具有第十五章那种风格的模型比较博弈，将公式（或其相关自动机）的结构与给定模型的结构相匹配。这表明本书中的逻辑博弈再一次有了更深的统一性。

当前视角　最近的研究将上述理论领域与真实计算和博弈论联系起来（参见 Apt et al., 2011）。一条更加数学化的路线，是在余代数的一般框架中寻找上述许多结果的本质：参见 Kupke et al. (2005) 和 Venema (2012)。对于进一步的研究路线，我们可以参考亚琛学派（Aachen School）的工作，其中有许多很好的例子，如 Thomas (2002)、Flum et al. (2007)、Grädel et al. (2002)、Berwanger (2005) 和 Kreutzer (2002)。还有活跃的法国和波兰团体，最近的 Gheerbrant (2010)、Fontaine (2010) 与 Facchini (2011) 的论文提供了广泛的参考。[①] 其中一些工作还与第五章所提到的描述集合论中的博弈相联系。

总体的逻辑博弈　计算的许多方面都与我们这本书的主线有关，尤其是第四部分的逻辑博弈。验证程序包括了对表达预期具体内容的逻辑公式进行模型检测。设计程序更像是解决可满足性问题，而且还有一些自然的场景将这两者混合起来。鉴于模型比较博弈与进程不变性的联系，它对计算也是有意义的（参见第一章）。通常，计算的形式化是第一部分、第二部分和第三部分中的那些不动点逻辑，因为它们分析了可定义性和推理，当中涉及迭代和递归这些关键现象。

计算方面的文献也包含了对我们理解逻辑本身具有普遍推动力的一些主题。一个例子是在 Thomas (1997) 的组合方法中，自动机理论方法与模型比较博弈之间的有趣权衡。更一般地说，早期的自动机提供了对于"作为程序的语法"的丰富看法，这可能会对已接受的逻辑语义观点产生深远影响。

计算中博弈的其他用途　相较于我们在这里所看到的针对反应式系统、程序验证和程序合成的特定方法，博弈在计算中的应用更加多样化。另一个主要分支是证明论和范畴论（参见 Abramsky, 1995），以及由此产生的关于编程语言的博弈语

[①]　另见 ESF 项目 GAMES（设计和验证中的博弈）的信息网站（`http://www.games.rwth-aachen.de/`）。

义的基本主题将在第二十章出现。博弈在计算机科学中的另一个主要栖息地是主体领域（参见 Shoham et al., 2008），它在许多方面与本书的第一和第二部分相联系。博弈也进入了博弈的实践领域（http://en.wikipedia. org/wiki/Gamification），这远远超出了本书到目前为止所研究的博弈化（也参考第二十三章）。

我们不知道有什么关于计算博弈的标准参考工作，但它将成为这本关于博弈与逻辑之书的好伙伴。

第四部分的结语

在本书的第四部分，我们介绍了逻辑博弈的主要种类：用于赋值模型中的公式、比较模型、构建模型，以及参与证明的对话。在每一种情况下，我们都定义了博弈，研究了其策略的结构，并发展了一些关于博弈如何运作的基本理论，强调了一般的博弈理论属性。对我们来说，这些博弈不仅仅是作为日常工作的工具，尽管博弈对话确实是关于标准逻辑的一个有力隐喻，它以一种有益的具体方式包装了复杂的直觉。但除此之外，我们还将这些博弈作为一种新的方式，将逻辑作为一族动态多主体活动来思考。因此，对我们来说，作为博弈的逻辑是一项多层面的事业，它超越了有时被称为逻辑语言的博弈语义。在这种动态兴趣的驱使下，我们还在每个案例中讨论了通过认真对待博弈，使得我们在逻辑学中得到了哪些新观点。在第四部分的最后一章，即第十八章，我们汇集了其中的一些观点，强调了一些主要的开问题，比如一般策略演算、博弈等价性和运算范围，同时为计算相关的基础工作打开了一个窗口。

在确定了这种具有更广泛性质的主题之后，是时候继续前进了。本书的第五部分是一般性逻辑的研究，它针对由博弈所形成的一些运算，其灵感有部分来自逻辑博弈，也有部分来自关于博弈与计算的一般性逻辑，显示了这两个视角如何非常自然地融合。第六部分将讨论逻辑博弈与博弈逻辑之间的进一步连接，最终达到我们目前对这两个视角之间联系的最佳理解。

第五部分　博弈中的运算

第五部分的导言

本书的第一部分、第二部分和第三部分介绍了博弈逻辑，它们从逻辑系统的角度来理解交互行为。第四部分展示了逻辑博弈的对应版本，它从博弈的角度分析逻辑任务。本书接下来的两个部分是关于这两种观点之间的交叉。它们之间相联系的一个焦点在于，在博弈论中针对那些甚有逻辑性的常量的观点。正如我们所见，在逻辑博弈中，这些通常成为博弈形成的运算，如选择、切换或组合。但显然，这同时也是一个关于博弈中一般逻辑的主题：是什么样的自然构造，从旧博弈中形成了新的博弈？在第五部分的两章中，我们将看到两个主要的系统如何描述博弈的运算，其中一个受到程序的动态逻辑的启发，它推广到了针对玩家策略效力的邻域模型，而另一个源于线性逻辑和相关系统的博弈语义，这些系统体现了交互式计算的证明论范式。

语义这个词再次强调了此处观点的二元性。我们可以将博弈看作是为某些独立的逻辑系统提供意义，这让博弈结构发挥了辅助作用。我们也可以将逻辑系统看作是服务于分析一个基本的、独立给定的博弈领域的目标，使逻辑适应该结构的需求。这种互补的观点出现在许多逻辑学的领域；例如，参见第十一章模态逻辑的拓扑语义以及最近关于空间的模态逻辑的研究。这两者密切相关，但不同的立场往往导致它们追问相当不同的问题。而博弈也是如此。

尽管如此，方法论上的区别并不排除富有成效的共存，并且在接下来的部分以及第六部分要发展的逻辑系统将具有双方的特色。

第十九章　序列博弈运算的动态逻辑

类似于关于程序的命题动态逻辑，本章通过将第十一章的迫使关系替代状态间的转换关系，给出一个描述复杂博弈中玩家效力的系统。这种"动态博弈逻辑"是 Parikh (1985) 提出的。人们对这种逻辑和博弈如何运作很感兴趣，我们将伴随着动机和后续工作，慢慢地讲述这个故事。接下来的大部分内容是我们自己的想法，当中添加了一些关于博弈代数、互模拟和其他逻辑主题的结果。

19.1　博弈的内部和外部视角

关于博弈的逻辑性描述可以在不同层次进行。第一部分、第二部分和第三部分的博弈逻辑是博弈内部的，它们提供了可能存在于博弈各个阶段的陈述。而第四部分的逻辑博弈，特别是第十四章研究的赋值博弈，则是从博弈外部的视角出发，用公式代表整个博弈，并且逻辑运算变成了那些用来形成博弈的选择、组合或角色切换的运算。外部视角有其吸引力，尤其是在用代数方式描述博弈等价时。[①]
内部和外部的视角可以结合在一起，正如我们将在本书的这一部分中看到的。为了做到这一点，我们提升了博弈研究的抽象层次。本章在迫使和结果层面上，介绍了一类用于外部的博弈组合的动态逻辑。它编码了一个基本的、用于形成博弈运算的代数，同时为模态技术（如互模拟）提供了一个新的应用范围。

---

① 类似的选择发生在计算中。模态逻辑提供了进程的内部视角，而进程代数 (Bergstra et al., 2001) 则研究全局的进程组合。这两种观点通过互模拟技术联系在一起，但它们的进展并不相同。

19.2 从逻辑博弈到博弈逻辑

除了针对特定任务所设计的逻辑博弈，我们还可以研究任意博弈的组合结构。由此，发展逻辑博弈的想法获得了更一般的意义。尤其，我们发现了那些构造出博弈的自然运算。例如，选择和角色切换出现在逻辑博弈中，但是作为将给定博弈转变为新博弈的基本结构，它们比逻辑博弈更一般。接下来，对于这样的运算，我们要学习它们的一般代数定律。例如，重要的是要看到命题分配律

$$p \wedge (q \vee r) \leftrightarrow (p \wedge q) \vee (p \wedge r)$$

在完全普遍的情况下都是有效的。它不依赖于在最后为证实者和证伪者进行关于原子命题的特殊测试博弈，也不依赖于在对话中支持者或反对者的主张。在这个等值式中，表达式 p, q, r 可以代表任何在最后阶段插入的、任意复杂度的博弈。

正如我们在第十四章中提到的，在逻辑博弈的文献中，逻辑公式通常有双重作用：作为静态命题，以及作为博弈（即动态活动）。根据我们对博弈本身和人们对其行为的断言之间的区分，现在必须将这些角色分开。本章的系统受到了关于程序的动态逻辑的启发，这个系统从第一章开始就出现在本书中，而第十四章的赋值博弈则可以牢记为是一个很好的类比。[①]

19.3 迫使模型、博弈和博弈域

我们首先从一个半正式的浏览开始，通过呈现出本章用于分析博弈的风格，触及所有将会出现的一些主要的主题。

动态博弈逻辑：快速预览 我们现在考虑一种类似于第一章中的命题动态逻辑（PDL）的语言，但这次的表达式是双人博弈（有玩家 E 和 A）加上命题。

定义 19.1 动态博弈逻辑的语言

动态博弈逻辑的语言由以下语法规则归纳定义：

---

① 第二十章中提出的替代系统扩展了线性逻辑，并与第十七章的对话博弈相联系。第十九章和第二十章共同跨越了一个融合逻辑博弈和博弈逻辑思想的空间。

公式 F $\quad\quad\quad\quad\quad$ $p \mid \neg F \mid F \vee F \mid \{G\}F$

博弈表达式 G $\quad\quad\quad$ $g \mid G \cup G \mid G^d \mid G ; G \mid ?F$

记法要点 在本章中，当我们主要考虑到博弈时，将使用带有撇号的变量 G，但当考虑到关于博弈规律的纯代数形式时，也将使用变量 x, y, ...。玩家用 A 和 E 表示，他们通常被认为是对立的双方。 ∎

该语言中的博弈运算为玩家 E 的选择、用于角色切换的 "dual ^{d}" 以及序列复合 ";"。将一个用于玩家 A 做选择的博弈合取式 $G \cap G'$ 定义为 $(G^d \cup G'^d)^d$ 是很有用的。帕瑞克（Parikh）的系统也有一个博弈迭代 G^*，就像 PDL 的星号一样，我们将在后面单独讨论它。注意语法中的递归。测试 $?\varphi$ 将公式 φ 转化为博弈表达式，而在相反方向上，模态 $\{\}$ 将博弈表达式转化为公式。

模态词的直观概念如第十一章所述，它基于迫使关系（稍后我们将定义精确的模型）。

定义 19.2 *动态迫使模态词*

迫使模态词 $\{G\}\varphi$ 指的是，在任何状态下，玩家 E 都有一个参与博弈 G 的策略，它保证了针对对手的任何玩法，都有一集结果状态满足公式 φ。 ∎

为了使这一工作准确无误，我们需要定义以下两个概念：

$\rho_G s, X$ $\quad\quad$ 玩家 E 有一个从状态 s 开始参与 G 的策略
$\quad\quad\quad\quad\quad$ 它保证最终会在状态集合 X 内

$s \models \{G\}\varphi$ $\quad\quad$ 对于一些 $X : \rho_G s, X$，并且 $\forall x \in X : x \models \varphi$

当中关键性的关系 ρ 不是像程序那样从状态到状态，而是从状态到状态集，并且我们承认第十一章的迫使关系。尤其是玩家并不需要能够迫使博弈达到唯一结果，由此才有了作为结果的集合。

DGL = 邻域逻辑 + 博弈代数 与模态算子 $\Diamond$ 和 $\Box$ 不同，模态 $\{\}$ 不满足析取分配或合取分配。易见在简单的博弈中，以下公式是无效的：

$$\{G\}(\varphi \vee \psi) \leftrightarrow \{G\}\varphi \vee \{G\}\varphi, \quad\quad\quad \{G\}(\varphi \wedge \psi) \leftrightarrow \{G\}\varphi \wedge \{G\}\psi$$

而向上单调性（upward monotonicity）仍然有效：

对于 φ 所蕴涵的任意较弱的命题 ψ，$\{G\}\varphi$ 蕴涵 $\{G\}\psi$。

超出第十一章之外，通过其在邻域逻辑之上的有效法则，该逻辑编码了关于基本博弈运算的信息。[①] 一个简单的例子是选择交换性（commutativity of choice）依然有效：

$$\{G \cup G'\}\varphi \leftrightarrow \{G' \cup G\}\varphi$$

事实上，大多数布尔代数都支持 $\{\cup, ^d\}$。对于进一步的博弈运算，迫使关系推广了 $S \times S$ 型关系这样的标准关系代数，将其转化为 $S \times P(S)$ 型关系代数，其基本规律为结合律：

$$\{G_1 ; (G_2 ; G_3)\}\varphi \leftrightarrow \{(G_1 ; G_2) ; G_3)\}\varphi$$

我们将在 19.4 节中看到这个系统的更多机制。

现在让我们更精确地了解它的语义设定。

迫使模型、博弈和博弈域　　这种语言的模型是有序组

$$\boldsymbol{M} = (S, \{\rho_g \mid g \text{ 是原子的}\}, V)$$

其中，S 是一集状态，V 是一个为状态中的原子命题分配真值的赋值，而原子关系 $\rho_g s, X$ 是为基本的博弈表达式 g 赋值。这些迫使关系 ρ_g 不明确地表示玩家。我们可以考虑玩家 $\boldsymbol{E}$，使用博弈的确定性来寻找 $\boldsymbol{A}$ 的效力（具体方法在下面解释），尽管我们稍后还会考虑以玩家为脚标的迫使关系。鉴于其为迫使所设计的解释，迫使关系在超集下封闭：

如果 $\rho_g s, X$ 且 $X \subseteq Y$，那么 $\rho_g s, Y$。

根据前面在第一章、第十一章和第十八章中的讨论，这些模型 $\boldsymbol{M}$ 是博弈域或博弈场所，其状态对内部的那些博弈状态的外部内容进行建模。一个博弈域可以支持多种回合和获胜位置都不同的博弈。例如，在赋值博弈中，博弈域的状态是变元的赋值，它当博弈方有一步行动 $x := d$ 时就会发生改变。但这些状态并未编码内部变化，即选择析取支还是合取支。

---

① 接下来，按照原来的系统，我们首先想到的是决定的博弈，但这个限制很快就会被取消。

与此相一致的是,原子迫使关系 ρ_g 并不反映有结构的博弈 g,尽管后者可能出现在逻辑的应用中。这与第十一章的观点相反,在那里博弈的迫使关系使用内部的节点和行动。

计算复杂的迫使关系 为了获得一些一般性,以便在以后放弃确定性假设时使用,我们稍微改变了上述模型,在一次同时递归中计算两个玩家的迫使关系。

定义 19.3 组合博弈的迫使关系

下述递归条款规定了迫使关系:

$$\rho_{G\cup G'}^{E} x, Y \qquad 当且仅当 \qquad \rho_{G}^{E} x, Y \ 或 \ \rho_{G'}^{E} x, Y$$

$$\rho_{G\cup G'}^{A} x, Y \qquad 当且仅当 \qquad \rho_{G}^{A} x, Y \ 且 \ \rho_{G'}^{A} x, Y$$

$$\rho_{G^d}^{E} x, Y \qquad 当且仅当 \qquad \rho_{G}^{A} x, Y$$

$$\rho_{G^d}^{A} x, Y \qquad 当且仅当 \qquad \rho_{G}^{E} x, Y$$

$$\rho_{G;G'}^{E} x, Y \qquad 当且仅当 \qquad \exists Z : \rho_{G}^{E} x, Z \ \& \ \forall z \in Z : \rho_{G'}^{E} z, Y$$

$$\rho_{G;G'}^{A} x, Y \qquad 当且仅当 \qquad \exists Z : \rho_{G}^{A} x, Z \ \& \ \forall z \in Z : \rho_{G'}^{A} z, Y$$

这些条款可能是不言自明的,但它们将在 19.4 节的动态博弈逻辑公理的可靠性中再次出现。 ■

此后,我们假设原子迫使关系满足前面所提到的超集闭包(单调性)以及一致性(参见第十二章):

如果 $\rho_{G}^{E} s, Y$ 且 $\rho_{G}^{A} s, Z$,那么集合 Y 和集合 Z 相重叠。

通过归纳可以很容易地证明出以下的提升结果。

事实 19.1 如果一个博弈域上的原子关系满足单调性和一致性,那么这里定义的所有复杂迫使关系也都满足单调性和一致性。

备注 从决定性到非决定性

就第十一章来说,Parikh (1985) 假设所有博弈都是决定的:

对于每个集合 Y,或者 E 可以迫使 Y,或者 A 可以迫使 $S - Y$。

那么我们只需为玩家 E 定义迫使，将对偶的情况简化为 $\rho_{G^d}^E x, Y$ 当且仅当并非 $\rho_G^E x, S-Y$。玩家 A 的关系是由——$\rho_{G^d}^A x, Y$ 当且仅当并非 $\rho_G^E x, S-Y$——所产生。①

测试博弈（test game） 最后，我们必须为原子测试博弈定义迫使关系。帕瑞克最初的规定如下（更多解释参见 Pauly, 2001）：

$$\rho_{?P}^E x, Y \quad 当且仅当 \quad x \in Y 且 P 在 x 上成立$$

这里有一些存在争议的问题，例如等价性，$\rho_{?P}^A x, Y$ 当且仅当，如果 $x \in Y$，那么 P 在 x 上成立。因此，一些作者已经回避了这个问题，他们完全放弃了测试，只留有一个特殊的"空闲博弈"（idle game）ι：

$$\rho_\iota^E x, Y \quad 当且仅当 \quad x \in Y \qquad\qquad \rho_\iota^A x, Y \quad 当且仅当 \quad x \in Y$$

在此博弈中，双方玩家完全具有相同的效力，即能确保博弈停留在当前状态集合内。在当前状态 x 上成立的命题 P，关于它的信息是外部的，而不是博弈的一部分。另一条路线是有两种迫使模态词。到目前为止，其中一种模态词只与玩家确保博弈以某些位置结束的效力有关。因为测试不会改变当前的状态，所以它正确的公理是

$$\{?P\}\varphi \leftrightarrow \varphi$$

但是另一种迫使模态词 $\{G, E\}\varphi$ 带来了博弈的内部属性：玩家 E 有一种参与 G 的策略，保证了有一集结果状态满足 φ 并对于 E 而言获胜了。这将验证以下两个等价性：

$$\{?P, E\}\varphi \leftrightarrow P \wedge \varphi \qquad\qquad \{?P, A\}\varphi \leftrightarrow \neg P \vee \varphi$$

第二种解读满足了与第一种相同的博弈运算法则。② 在下文中，我们仅仅假设已经有了一些令人满意的解释。

通过看一些基本的、具有启发性的例子，事情变得更清楚了。上述系统可以用于分析特定的博弈，看看哪些是一般的，以及哪些是特殊状态和行动的特性。

---

① 为了在此处保持一致，我们必须检查当从底层的决定性博弈开始时，组合博弈的迫使关系是否仍然是决定的。

② 特别是要注意，当我们从 E 移到 A 时，获胜条件是如何逆转的。

例 19.1 一阶逻辑

我们从第十四章对于模型 M 上公式 φ 的一阶赋值博弈开始,它们的内部状态是成对的:

$$\langle 当前子公式,当前变元赋值\rangle.$$

外部博弈域的状态是变元的赋值。接下来,我们将一般的公式博弈分解为原子博弈和一般的结构:

$$角色切换 {}^{d},两个选择 \cup,\cap,加上复合;$$

原子博弈有两种:

(a) 原子测试 $?P$ 测试 P 是否在当前赋值下为真;

(b) 对象选择 对于量词 $\exists x$,通过令 x 等于某个对象 d,使得当前赋值 s 更改为一个新的赋值 $s[x := d]$。

原子测试可以以各种方式被视为 $\{E, A\}$ 的博弈,它确保在 P 成立的状态下获胜的是 E,而在其他地方获胜的是 A。它们具有特殊的属性,而不同于一般的博弈。例如,我们执行原子测试的顺序并不重要,并且执行两次相同的测试也不会改变结果:

$$?P; ?Q = ?Q; ?P, \qquad ?P; ?P = ?P$$

原子量词博弈也很特别,因为玩家 E 完全控制结果:E 可以确保任何下一个状态的发生。形式上,它们的迫使关系是"分配的",满足了一个分离条件:

$$如果 \rho_{G^d}^{E} s, \bigcup_{i \in I} Y_i,那么对于某些 i \in I 就有 \rho_{G^d}^{E} s, Y_i$$

相比之下,在原子量词博弈 $\exists x$ 中,被动玩家 A 只有一个效力,即当前赋值 s 的所有 x-变量的总集合。

鉴于对原子博弈的这些规定,我们先前的递归条款可以计算出任何一个一阶赋值博弈 $game(\varphi, M)$ 的迫使关系。我们也很容易看到,这个结果与第十四章的成功引理是一致的。从赋值 s 开始博弈,E 有一个获胜策略当且仅当 $M, s \models \varphi$。 ∎

解构逻辑法则 所有这些并不只是对已知事物的重新分析。正如我们在第十四章中所见,博弈的视角将一阶逻辑的法则分解为若干层。有些是一般博弈的有效式，它与测试事实或挑选对象的具体博弈无关。这一点对于我们正在运用的布尔分配律，或者选择的幂等性 $\varphi \vee \varphi \leftrightarrow \varphi$，都是正确的。其他法则源于特定原子运算的固有性质，例如测试或量词博弈中的复合幂等性。其博弈形式为 $G\,;G = G$，但它并不能作为一般性的法则。还有一些法则可以称为中间定律，例如存在量词分配律：

$$\exists x(\varphi \vee \psi) \leftrightarrow \exists x \varphi \vee \exists x \psi$$

就博弈而言，它的一般形式是

$$G\,;(G' \cup G'') = (G\,;G') \cup (G\,;G'')$$

这不是一条有效的法则。我们可以用另一个博弈来代替 **A**：例如，一个全称量词博弈。由此我们得到了无效式 $\forall x(\varphi \vee \psi) \leftrightarrow \forall x \varphi \vee \forall x \psi$。这种有效性的特殊原因是博弈 $\exists x$ 的上述分配特性。由于分配性是一种普遍存在的性质，其博弈法则可以被认为是有效的中间法则。

因此，从博弈的角度来看，通常的谓词逻辑的有效式呈现为一种复杂的混合体。这一观点的普遍影响将出现在第二十四章。

例 19.2 *模态逻辑*

这种分析方式的其他例子是模态逻辑和动态逻辑。这一次，模态词是原子博弈。存在模态词 $\langle a \rangle$ 让玩家 **E** 选择当前状态的 R_a-后继，全称模态词 $[a]$ 是玩家 **A** 的对偶形式。[①] 然而，这一次，当没有这样的后继时，**E** 可能会输。因此，在我们的博弈中，玩家可能必须行动却无法行动，这就存在一个重新定义适当的迫使关系的问题。如果我们不考虑获胜条件，我们得到

$$\rho^{\boldsymbol{E}}_{\langle a \rangle} x, Y \quad \text{当且仅当} \quad \exists y(R_a xy \wedge y \in Y)$$

$$\rho^{\boldsymbol{A}}_{\langle a \rangle} x, Y \quad \text{当且仅当} \quad R_a[x] \subseteq Y$$

我们将在第二十四章分析序列运算的博弈代数中回到一阶和模态的观点。

---

① 这是由"标准翻译"将 $\langle a \rangle q$ 译作 $\exists y(R_a xy \wedge Qy)$。

19.4　动态博弈逻辑

基本公理系统　此处是动态博弈逻辑的基本证明系统 DGL。它通过利用动态逻辑（PDL）的类比来解释博弈。我们只考虑以下运算：E 的选择 ($\cup$)、复合 (;) 和对偶 (^{d})，而 $G_1 \cap G_2$ 的定义如上。简单起见，我们从一个用于决定性博弈的系统开始。

定义 19.4　*决定性博弈的动态逻辑*

对于决定性博弈，最小动态博弈逻辑（也称为 DGL）有以下规则：

（a）命题逻辑的所有有效规则：公理和规则；

（b）单调性：如果 $\varphi \to \psi$ 是可证的，那么 $\{G\}\varphi \to \{G\}\psi$ 也是可证的；

（c）复合博弈中所存在的那些策略的归约律：

$$\{G\,;\,G'\}\varphi \quad \leftrightarrow \quad \{G\}\{G'\}\varphi$$

$$\{G \cup G'\}\varphi \leftrightarrow \{G\}\varphi \vee \{G'\}\varphi$$

$$\{?P\}\psi \quad \leftrightarrow \quad P \wedge \psi$$

$$\{G^d\}\varphi \quad \leftrightarrow \quad \neg\{G\}\neg\varphi$$

下面将介绍这个系统的非决定性版本。　　　　　　　　　　　　　　■

它是如何工作的　动态博弈逻辑编码了大量的"博弈代数"。

定义 19.5　*博弈代数恒等式的有效性*

就 DGL 而言，如果对于某个新的命题字母 q，公式 $\{G\}q \leftrightarrow \{G'\}q$ 有效，那么两个博弈表达式 G 和 G' 等价。　　　　　　　　　　　　　　■

这也就是说，玩家 E 在两个博弈中都有相同的效力来迫使结果出现。在具有确定性的 DGL 中，这意味着 A 也具有相同的效力。①

---

① 在非决定性博弈中，E-等价本身并不意味着博弈双方具有等价效力，我们将在第二十一章给出一个很好的示例。

如果 $\{G\}q \leftrightarrow \{G'\}q$ 是可证的，那么下式也是可证的，

通过代入规则可知 $\{G\}\neg q \leftrightarrow \{G'\}\neg q$，

由此使用命题逻辑可知 $\neg\{G\}\neg q \leftrightarrow \neg\{G'\}\neg q$，

并且通过对偶公理可知 $\{G^d\}q \leftrightarrow \{G'^d\}q$。

为了传达动态博弈逻辑的机制，这里有一些一般博弈代数原理的形式推导。

博弈合取式　直观上，如果 E 要有一个保证 φ 的策略，那么在两个博弈中都需要一个：$\{x\}\varphi \wedge \{y\}\varphi$。利用 A 的选择博弈 $x \cap y$ 的定义，我们可以证明：

$$\{x \cap y\}q \leftrightarrow \{(x^d \cup y^d)^d\}q \leftrightarrow \neg\{x^d \cup y^d\}\neg q \leftrightarrow \neg(\{x^d\}\neg q \vee \{y^d\}\neg q)$$

$$\leftrightarrow \neg\{x^d\}\neg q \wedge \neg\{y^d\}\neg q \leftrightarrow \neg\neg\{x\}\neg\neg q \wedge \neg\neg\{y\}\neg\neg q \leftrightarrow \{x\}q \wedge \{y\}q$$

布尔分配律　接下来，考虑分配律 $(x \vee y) \wedge z = (x \wedge z) \vee (y \wedge z)$，它在本书早期使用迫使的定义时，利用非形式的方式分析过：

$$\{(x \cup y) \cap z\}q \leftrightarrow \{x \cup y\}q \wedge \{z\}q \leftrightarrow (\{x\}q \vee \{y\}q) \wedge \{z\}q$$

$$\leftrightarrow (\{x\}q \wedge \{z\}q) \vee (\{y\}q \wedge \{z\}q) \leftrightarrow \{x \cap z\}q \vee \{y \cap z\}q$$

$$\leftrightarrow \{(x \cap z) \cup (y \cap z)\}q$$

析取对合取的分配律（例如，我的选择对于你的选择）也可以类似地证明。

复合和选择　随着序列复合对选择的分配，情况就不同了。以下是一个形式推导的版本：

$$\{(x \cup y); z\}q \leftrightarrow \{x \cup y\}\{z\}q \leftrightarrow \{x\}\{z\}q \vee \{y\}\{z\}q \leftrightarrow \{x; z\}q \vee \{y; z\}q$$

$$\leftrightarrow \{(x; z) \cup (y; z)\}q$$

而以下是另一个版本的失败尝试（早前已经丢弃）：

$$\{x; (y \cup z)\}q \leftrightarrow \{x\}\{y \cup z\}q$$

$$\leftrightarrow \{x\}(\{y\}q \vee \{z\}q) \leftrightarrow \text{（并不在 DGL 中：仅仅在 PDL 中）} \{x\}\{y\}q \vee \{x\}\{z\}q$$

$$\leftrightarrow \{x; y\}q \vee \{x; z\}q \leftrightarrow \{(x; y) \cup (x; z)\}q^{①}$$

---

① 放弃分配律 $\{G\}(\varphi \vee \psi) \leftrightarrow \{G\}\varphi \vee \{G\}\psi$，而同时保留其他 $\{G \cup G'\}\varphi \leftrightarrow \{G\}\varphi \vee \{G'\}\varphi$，这让人联想到进程代数（参见 Milner, 1989）。

复合的对偶　最后，这里是对于一个关键的博弈对偶法则的有效推导：

$$\{(x\,;\,y)^d\}q \leftrightarrow \neg\{x\,;\,y\}\neg q \leftrightarrow \neg\{x\}\{y\}\neg q \leftrightarrow \neg\{x\}\neg\neg\{y\}\neg q \leftrightarrow \neg\{x\}\neg\{y^d\}q$$

$$\leftrightarrow \{x^d\}\{y^d\}q \leftrightarrow \{x^d\,;\,y^d\}q$$

元定理　关于 DGL 的关键结果在 Parikh (1985) 和 Pauly (2001) 当中。

定理 19.1　对于有迭代但没有对偶的迫使模型，它在动态博弈逻辑中的普遍有效式，可以通过上述 DGL 规则和动态逻辑的迭代公理有效地进行公理化。

以下将给出 DGL 模态词的相关迭代公理。

定理 19.2　动态博弈逻辑是可判定的。

第一个结果的证明使用了标准的邻域方法的完全性加上 PDL 的完全性证明的思路（参见 Harel et al., 2000）。我们将在本章的最后一节，使用一个非决定的双人版本给出一个想法。它是否也适用于包括博弈对偶在内的完整语言，这是一个悬而未决的开问题。

第二个结果是将 DGL 的有效式有效地归约到 PDL 的有效式，其方式与第二十四章中的推理相似（参见 Goranko, 2003）。这个博弈逻辑中 SAT 问题的确切复杂度仍然是未知的。

一般的版本　放弃决定性，可以得到一个 DGL 的优雅版本，它具有独立的模态词 $\{G, \boldsymbol{E}\}\varphi$ 和 $\{G, \boldsymbol{A}\}\varphi$。以下是基本公理：

$$\{G \cup G', \boldsymbol{E}\}\varphi \leftrightarrow \{G, \boldsymbol{E}\}\varphi \vee \{G', \boldsymbol{E}\}\varphi$$

$$\{G \cup G', \boldsymbol{A}\}\varphi \leftrightarrow \{G, \boldsymbol{A}\}\varphi \wedge \{G', \boldsymbol{A}\}\varphi$$

$$\{G^d, \boldsymbol{E}\}\varphi \quad \leftrightarrow \{G, \boldsymbol{A}\}\varphi$$

$$\{G^d, \boldsymbol{A}\}\varphi \quad \leftrightarrow \{G, \boldsymbol{E}\}\varphi$$

$$\{G\,;\,G', \boldsymbol{E}\}\varphi \leftrightarrow \{G, \boldsymbol{E}\}\{G', \boldsymbol{E}\}\varphi$$

$$\{G\,;\,G', \boldsymbol{A}\}\varphi \leftrightarrow \{G, \boldsymbol{A}\}\{G', \boldsymbol{A}\}\varphi$$

在迫使关系的内在规则中，我们保留

$$\{G, \boldsymbol{E}\}\varphi \rightarrow \{G, \boldsymbol{E}\}(\varphi \vee \psi) \qquad \text{向上单调性}$$

$$\{G, \boldsymbol{A}\}\varphi \rightarrow \{G, \boldsymbol{A}\}(\varphi \vee \psi) \qquad \text{向上单调性}$$

$$\{G, \boldsymbol{E}\}\varphi \rightarrow \neg\{G, \boldsymbol{A}\}\neg\varphi \qquad \text{一致性}$$

这个版本的实际用途和元属性与上述类似。

迭代博弈　DGL 还有一个有穷迭代的运算 G^*，它满足第一章的两个标准 PDL 公理。在我们的记法中，它们是

$$\{G^*\}\varphi \leftrightarrow \varphi \wedge \{G\}\{G^*\}\varphi \qquad \text{不动点公理}$$

$$(\varphi \wedge \{G^*\}(\varphi \rightarrow \{G\}\varphi)) \rightarrow \{G^*\}\varphi \qquad \text{归纳公理}$$

迭代博弈让玩家 $\boldsymbol{E}$ 参与一些有穷行动序列的博弈 G，其中 $\boldsymbol{E}$ 无需事先说明多少次，而无穷行动序列则归咎于 $\boldsymbol{A}$。[①]

至此，我们对于动态博弈逻辑的基础知识的介绍结束了。现在我们增加一些主题，与本书先前在第一部分和第四部分当中的主题相联系起来。

19.5　基本博弈代数

正如我们所见，迫使语义确保了一类博弈构造中的基本代数的有效式。取一个博弈表达式的语言，在其中包含用于表示博弈和运算"∪""^{d}"";"的变元。此外，我们为空闲博弈添加一个名称 ι，即保持在相同的状态。

定义 19.6　*代数有效式*

如果在任何 DGL 模型中解释这些表达式，都会给博弈双方带来相同的迫使关系，那么两个博弈表达式之间的恒等式 $G = G'$ 是有效的。一个有用的辅助关系 $G \leqslant G'$，它表示类似的有效包含。[②]　　　■

[①]　本书中还出现了其他的迭代概念：在我们介绍的演化博弈中，在第十四章的不动点逻辑的无穷赋值博弈中，或者在第十五章的模型比较博弈中，是 $\boldsymbol{E}$ 想让博弈永远继续下去。如何将这些纳入 DGL 是一个有趣的问题。

[②]　如下所述，一种与代数法则无关的自然变形，它将通过要求在不同模型中由两个项表示的博弈之间进行迫使互模拟来定义有效式。

现在我们按照 van Benthem (1999) 中的观点，探讨一些基本的有效式。

事实 19.2　以下规则在博弈代数中都有效：

(a)　"德摩根代数"用于析取、合取和否定，其法则在下文中单独定义。

(b)　$G\,;(G'\,;G'') = (G\,;G')\,;G''$ 　　　　　　结合律

　　　$(G \cup G')\,;G'' = (G\,;G'') \cup (G'\,;G'')$ 　　左分配律

　　　$(G\,;G')^d = G^d\,;G'^d$ 　　　　　　　　对偶律

(c)　如果 $G \leqslant G'$，那么 $H\,;G \leqslant H\,;G'$ 　　右单调性

(d)　$G\,;\iota = G = \iota\,;G$ 　　　　　　　　单元博弈（unit game）

定义 19.7　*德摩根代数*

德摩根代数系统具有分配格的标准公理，外加一个幂等否定：

$$x \cup x = x \qquad\qquad x \cap x = x$$
$$x \cup y = y \cup x \qquad\qquad x \cap y = y \cap x$$
$$x \cup (y \cup z) = (x \cup y) \cup z \qquad x \cap (y \cap z) = (x \cap y) \cap z$$
$$x \cup (y \cap z) = (x \cup y) \cap (x \cup z) \quad x \cap (y \cup z) = (x \cap y) \cup (x \cap z)$$
$$(x^d)^d = x$$
$$(x \cup y)^d = x^d \cap y^d \qquad\qquad (x \cap y)^d = x^d \cup y^d$$

在德摩根代数中无效的是排中律和非矛盾律。这是有道理的。例如，正如我们在绪论中所见，对于一般的博弈，$x \vee \neg x$ 不再有效，因为博弈中的 x 不需要被决定。■

在这种公理化中，具有关键性的第二组规则让人联想到关系代数（; 表现得像二元关系的复合），[①] 但博弈对偶的行为是自成一体的。通过代数运算，可以从这些法则中推导出更多有效的恒等式。[②] 可靠性可以通过直接检查，或者通过下一条评论中所概述的更具技术性的路线来实现。

[①]　博弈代数中并没有右分配律：关系代数中的 $G\,;(G' \cup G'') = (G\,;G') \cup (G\,;G'')$。这个失败的原因已经解释过了。

[②]　读者可能想试试 $(G \cap G')\,;G'' = (G\,;G'') \cap (G'\,;G'')$ 的情况。

备注 通过翻译得到可靠性

与经典逻辑的联系澄清了上述结果。从基本博弈表达式的关系符号 $\rho_a^E xY, \rho_a^A xY$ 开始，使用先前的递归条款，写出了双方在复杂博弈中的效力关系。对于给定代数法则中的两个博弈项，这些表达式在逻辑上是等价的。例如，命题分配律是由布尔命题分配律应用于效力关系的公式而得出的。同样地，左分配也遵循纯粹的谓词逻辑。

例 19.3 非有效的规则

该翻译由前面提到的两个非有效规则来说明。

(a) $G \cap (G' \cup \neg G') = G$。在左边，我们用 $\rho_G^E xY \wedge (\rho_{G'}^E xY \vee \rho_{G'}^A xY)$ 表示 E 的效力。这不等价于右边的公式 $\rho_G^E xY$：$\rho_{G'}^E xY \vee \rho_{G'}^A xY$ 不是博弈的重言式。

(b) $G; (G' \cup G'') = (G; G') \cup (G; G'')$。在左边，玩家 E 得到 $\exists Z: \rho_G^E xZ \wedge \forall z \in Z (\rho_{G'}^E zY \vee \rho_{G''}^E zY)$。这并不等价于 E 在右边由 $\exists Z(\rho_G^E xZ \wedge \forall z \in Z \rho_{G'}^E zY) \vee \exists Z(\rho_G^E xZ \wedge \forall z \in Z: \rho_{G'}^E zY)$ 所给予的效力。 ∎

以下结果表明我们的分析是正确的。

定理 19.3 基本的博弈代数对于代数有效式来说是完全的。

证明 一种方法是将博弈代数归约到模态逻辑，将迫使模态 { } 归约为模态组合 ◇□。这种技术参见 Goranko (2003)，也可以追溯到 Parikh (1985)，这在第二十四章也会用到。[①] ∎

开问题仍然存在。例如，当我们假设所有博弈都是决定的时候，代数是如何变化的？在第二十章和第二十一章中，我们将研究更丰富的法则，其中包括了博弈的并行运算。

19.6 互模拟、不变性和安全性

在第一章和第十一章中，我们提出了两个博弈在自然意义上何时是相同的问题，它在互模拟的版本中找到了答案。动态博弈逻辑的语言并不直接描述博弈，但

[①] Venema (2003) 提出了一个更纯粹的代数证明。

我们可以问，对于 DGL 来说，两个博弈域何时是相同的。

定义 19.8　　*迫使互模拟*

一个在两个模型 M 和 N 之间的迫使互模拟，是在它们的状态之间满足以下条件的任意二元关系 E：

(a) 原子一致：如果 xEy，那么 x 和 y 使得相同的命题字母为真。

(b) 前后之字条件：对于每个玩家 i 和每个原子迫使关系，

(i) 如果 xEy 且 $\rho_g^{M,i}x, U$，那么存在一个 V 使得 $\rho_g^{N,i}y, V$ & $\forall v \in V \exists u \in U$：$uEv$；

(ii) 如果 xEy 且 $\rho_g^{N,i}y, V$，那么存在一个 U 使得 $\rho_g^{M,i}x, U$ & $\forall u \in U \exists v \in V$：$uEv$。

这实质上是第十一章中的效力互模拟的概念。　　　　　　　　　　　　　　　■

迫使互模拟很适合本章的内容。

事实 19.3　　(a) DGL 语言对于迫使互模拟是不变的。(b) 如果两个有穷模型 M,s 和 N,t 满足相同的 DGL 公式，那么在它们之间存在一个迫使互模拟 E 使得 sEt。

证明　　(a) 的归纳证明遵循第一章的不变性事实。(b) 的证明遵循第十一章中关于效力互模拟的类似事实。

与第一章中的 PDL 程序一样，对于复杂的博弈项，(a) 的证明涉及一个带有迫使关系的安全概念，我们现在对此进行解释。

互模拟的安全性　　在证明不变性命题时，我们需要一个特殊的步骤。迫使互模拟 E 只保证原子关系 ρ_g 的前后之字行为是正确的。但在证明任意公式 $\{G\}\varphi$ 是不变量时，我们需要 E 对于所有关系 ρ_G^M 的前后之字行为，以此来用于我们模型中的复杂博弈表达式 G。后者是由我们的递归规则从前者构造出来的。在这一点上，我们引入了一个动态逻辑中的已知概念 (van Benthem, 1996)。

定义 19.9　　*迫使互模拟的安全性*

如果对于任意一个模型间的迫使互模拟 E，它针对效力关系 $\rho_G, \rho_{G'}$ 满足了上述前后之字条件，E 也满足了针对 $\rho_{G\#G'}^M$ 的这些条件，那么一个博弈运算 $G\#G'$ 对于迫使互模拟来说是安全的。∎

我们利用以下结果来陈述决定性博弈中的迫使，但我们的论证也适用于非决定性的双人博弈模式。

事实 19.4 DGL 的所有运算对于迫使互模拟来说都是安全的。

证明 假设一个关系 E 在模型 M 和 N 之间就两个迫使关系 ρ_G 和 $\rho_{G'}$ 进行了互模拟 ($\$$)。我们证明，对于定义的关系 $\rho_{G\cup G'}$，$\rho_{G;G'}$，和 ρ_{G^d}，它们也是互模拟的，并且对于两个玩家都是如此。

情形 (a_1)：令 xEz，并且 $\rho_{G\cup G'}^{M,E}x,Y$。那么 $\rho_G^{M,E}x,Y$ 或者 $\rho_{G'}^{M,E}x,Y$，假设前者成立。根据 ($\$$)，存在一个集合 V 使得 $\rho_G^{N,E}x,V$，并且每一个点 $v\in V$ 都有一个 E-关联点 $y\in Y$。但是，更有甚者，$\rho_{G\cup G'}^{N,E}x,V$，而每一个 $v\in V$ 依然有一个 E-关联点 $y\in Y$。另一个方向类似可证。**情形 (a_2)** 我们需要为玩家 A 证明同样的不变性。在这种情形下，给定的集合 Y 有 $\rho_G^{M,A}x,Y$ 和 $\rho_{G'}^{M,A}x,Y$。根据 ($\$$)，我们可以在 N 中找到合适的匹配集 V 和 W，而它们的并集是 Y 所需的总匹配，以此作为玩家 A 在两个博弈中的一个效力。

情形 (b)：令 xEz，且 $\rho_{G;G'}^{M,E}x,Y$。根据迫使关系的定义，存在一个集合 U 使得 $\rho_G^{M,E}x,U$ 以及 $\forall u\in U:\rho_{G'}^{M,E}u,Y$。再次使用 ($\$$)，存在一个集合 V 使得 $\rho_G^{N,E}z,V$，其中每一个 $v\in V$ 都有一个 E-关联的 $u\in U$。再根据 ($\$$)，这次适用于链接 uEv，存在一些集合 W_v 使得 $\rho_{G'}^{N,E}v,W_v$，而每个 $w\in W_V$ 都有一个 E-关联的 $y\in Y$。由此，所有这些集合 W_v 的并集就是一个集合 W，它作为 M 中初始 Y 的一个对应物。这一点很容易验证。另一个方向的证明，以及玩家 A 的情形都类似可证。

情形 (c)：最后，令 xEz 以及 $\rho_{G^d}^{M,E}x,Y$。根据决定的迫使关系的定义，$\neg\rho_G^{M,E}x,$ $(M-Y)$，其中 M 是模型 M 的论域。为了找到与 Y 的一个匹配，考虑一个集合 $V=E[Y]$，其中 $E[Y]$ 由 N 中与某个 $y\in Y$ 有 E-关联的所有点 z 组成。

断言 $\rho_{G^d}^{N,E}z,V$ 且 $\forall v\in V\exists y\in Y:yEv$。

该断言的第二个合取支可以从定义中看出。为了证明第一个，请回顾其含义：

$\neg\rho_G^{\boldsymbol{N},\boldsymbol{E}}z,(N-V)$，其中 N 是模型 $\boldsymbol{N}$ 的论域。假设 $\rho_G^{\boldsymbol{N},\boldsymbol{E}}z,(N-V)$。根据假设 (#)，$\boldsymbol{M}$ 中一定有一个集合 U，使得 $\rho_G^{\boldsymbol{M},\boldsymbol{E}}x,U$，而每一个 $u\in U$ 都有一个 E-关联的点 $v\in(N-V)$。尤其，这意味着集合 U 与初始 Y 是不相交的。之所以如此，是因为 U 中的任何一个点都与 $(N-E[Y])$ 中的某个点 v 有 E-关联，根据定义，后者与那些 Y-点没有 E-关联。从而，根据单调性，我们会有 $\rho_G^{\boldsymbol{M},\boldsymbol{E}}z,(M-Y)$。但这与最初的假设相矛盾。

并非所有的运算对于迫使互模拟都是安全的，我们举个例子。

例 19.4 不安全的博弈运算

一个反例是 $thirteen(G)$，它让玩家只迫使那些包含至少十三个元素的状态集。利用迫使互模拟不能计算状态数的事实，很容易找到一个具体的反例。

自然运算和互模拟 我们的分析说明了进程理论的一个普遍需求：一个运算集合的选择必须符合结构等价的相关概念。例如，对于被视为二元状态间关系的复杂程序，van Benthem (1996) 研究了它的安全性，发现了以下关于 PDL 运算集的表达完全性的定理。

定理 19.4 对于可安全进行互模拟的程序，它们之上的一阶可定义运算，正是那些可以通过任意并集、复合、否定测试和原子测试来定义的运算。

Pauly (2001) 分析了动态博弈逻辑中安全的语法格式，证明了迫使互模拟如何与 DGL 的运算相协调一致。

尾声：再谈两个层面 互模拟和不变性是通过思考单个博弈的内部结构产生的。但在这里，我们已经看到它们对博弈组合也有意义。也许在本章开始时所区分的内部和外部视角终究没有那么大的差别。

19.7 小 结

要点 我们已经探索了序列博弈运算的动态逻辑，将逻辑博弈和博弈逻辑的想法合并到一个精心挑选的抽象层次上。它编码了第四部分中许多系统背后的一些基本策略推理。这个理论仍然看起来像一个程序的命题动态逻辑，但是现在针对具有迫使互模拟的邻域模型上的复杂博弈，我们已经发展了它的基本的模型论的和公理的性质。此外，我们还发现了一些有趣的新特征，如博弈运算的一个可判定代数。

开问题　现在出现了许多问题，它们与本书先前的一些主题相关。首先，添加真实博弈中的不完美信息、偏好和其他特性都是有意义的，看看我们逻辑的优雅组合设计是否能够在这样的扩展中幸存下来。接下来，还有一个问题是博弈的自然运算程序，特别是处理 PDL 在历史上不适合作为进程理论的运算，这包括了并行博弈的复合。此外，关于 DGL 与无穷博弈和时态或模态不动点逻辑的联系还有很多需要理解的地方，这个话题将在第二十章和第二十五章中回归。最后，关于博弈等价性，从第十一章的意义上讲，DGL 显然是以效力为导向的。在更精细的行为细节层面上，博弈是否会有类似的逻辑，比如第一章中的互模拟？

19.8　文　　献

本章的内容来自 van Benthem (1999) 的讲义。van Benthem et al. (2008c) 给出了将框架扩展到博弈的平行结果。

DGL 的主要来源是 Parikh (1985) 和 Pauly (2001)。van der Hoek et al. (2006) 的调查文章也很相关。第十一章中给出了一般邻域语义的资料。

19.9　进一步研究方向

以下是两个关于基本动态博弈逻辑的后续研究脉络。我们将它们放在这个单独的最后一节中，以避免本章显得头重脚轻。

具有并行运算的 DGL　处理程序的并行复合和分布式计算并不是 PDL 的强项，而进程代数的系统在 1980 年前后取代了它（参见 Milner, 1999; Bergstra et al., 2001）。即便如此，还是有一个"并发 PDL"系统存在，它使用局部状态的集合作为计算的输出（参见 Goldblatt, 1992; van Benthem et al., 1994b）。对于博弈来说，并行的乘积也是有意义的，我们将在第二十章和第二十一章看到它们。事实上，标准的策略博弈已经允许同时行动（参见第十二章）。

并发的 PDL 可以与 DGL 合并为一个自然系统，该系统可以再进行一次集合的提升 (van Benthem et al., 2008c)。这里有一个草图。并行 PDL 的模型具有 $S \times \wp(S)$ 类型的可及性关系 Rs, X，其输出是通过合取来读取：从状态 s 开始，程序可以将所有集合 X 一起生成。

定义 19.10　用于并发 DGL 的博弈域

并发 DGL 的模型类似于 DGL 的模型，但现在具有 $S \times \wp(\wp(S))$ 类型的迫使关系，它从状态转到状态的集合族。内层集合的解释与并发 PDL 中的解释相同，但是外层集合是析取的：博弈可以在其中收集的一个状态集合中结束。[①]　　∎

我们先前对序列博弈运算的迫使定义以一种直接的方式提升到了这种设定当中。但更有趣的是新运算的出现。

定义 19.11　用于并行博弈乘积的迫使

这里有一个博弈的自然并行乘积 (parallel product) $G \times G'$，它收集子博弈的输出：

$$\rho^i_{G \times G'} s X \quad \text{当且仅当} \quad \exists Y, Z : \rho^i_G s, Y \ \& \ \rho^i_{G'} s, Z \ \& \ X = \{ y \cup z \mid y \in Y \ \& \ z \in Z \}$$

这种运算适合于允许同时行动的自然博弈，例如第十二章和第十三章的博弈。该系统的模态词现在解释如下：

$$M, s \models \{G, i\} \varphi, \quad \text{当且仅当} \quad \exists X : \rho^{M,i}_G s, X \ \& \ \text{对于所有} \ x \in \bigcup X : M, x \models \varphi$$

进一步的细节与我们先前的迫使模态逻辑一样。　　∎

以下定理可以通过标准的完全性论证来证明。

---

① 这允许两种单调性的概念：增加外层的集合是一种像 DGL 中那样的削弱形式，但增加内层的集合则意味着更强的输出。

定理 19.5 序列博弈运算再加上上述并行乘积的逻辑是可公理化的和可判定的。

乘积的关键 DGL 式分解公理是

$$\{G \times G', i\}\varphi \leftrightarrow \{G, i\}\varphi \wedge \{G', i\}\varphi$$

这编码了一个博弈代数，它还没有进行等价的公理化。

备注 集体行动

这里选择的语言和解释只着眼于状态的局部属性。但同时行动往往也是同时的集体行动。van Benthem et al. (2008c) 也证明了如何将赋值指数提升到"集体集合状态"X，而不是单点 s，其格式为：

$$M, X \models \{G, i\}\varphi,$$

在这里，我们现在也可以有一种更丰富的语言，其模态词指的是这些新集体状态的自然包含结构。这种修改后用于博弈的集体行动逻辑还没有在博弈的背景下被探讨过。

并发 DGL 似乎很符合第二十一章的 IF 逻辑，尽管目前唯一的研究是 Galliani (2012a) 关于与 Väänänen (2007) 的依赖性逻辑的联系。但是完全不同的方法也是有意义的。我们下一章将以证明论和线性逻辑为基础，来探讨一种研究并行博弈的路线。

我们的第二个主题是邻域模型的逻辑，它可以让读者更好地理解本章所提出的机制。

邻域语义中的 PDL 没有对偶的 DGL 系统，它很像第十一章中在邻域模型上，具有单调的可及性关系的命题动态逻辑。我们很有兴趣看看它的完全性是如何工作的，因为它把本章介绍的许多概念联系在一起。

定理 19.6 利用迫使的模态基础逻辑，再加上用于复杂程序的 PDL 中的标准递归公理，在邻域模型中关于迫使关系的 PDL 是完全可公理化的。

以下内容简要地总结了导致这一结果的主要步骤。

语义 伴随着选择和复合的复杂程序，其中的可及性关系定义与之前一样，但采用了简化的符号，这是因为我们现在可以忽略玩家的标记。进一步的关键条款是用于迭代运算符。它可以用关系不动点的格式（如第一章、第二章和第八章）来表述，只不过现在是针对点到集合的关系：

$$R_{\pi^*} = \mu S, x, X \bullet (x \in X \ \lor \ \exists Y(xR_\pi Y \ \land \ \forall y \in Y : ySX))^①$$

接下来，对于公式，我们定义通常的迫使模态词：

$$\boldsymbol{M}, s \models \langle \pi \rangle \varphi \quad \text{当且仅当} \quad \exists X : sR_\pi X \ \land \ \forall x \in X : \boldsymbol{M}, x \models \varphi^②$$

这个系统中的演绎涉及本书先前所提到过的那些熟悉的规则。

公理 该逻辑使得 PDL 的所有公理（除去模态分配，它现在被单调性所取代）都有效。通过程序并（program union）的递归公理，我们仍然有左分配律。对于迭代，我们采用以下推理规则：

$$\varphi \lor \langle \pi \rangle \langle \pi^* \rangle \varphi \to \langle \pi \rangle \varphi$$

$$\text{如果} \vdash (\varphi \lor \langle \pi \rangle \alpha) \to \alpha, \text{那么} \vdash \langle \pi^* \rangle \varphi \to \alpha$$

现在我们来看看主要结果的证明。

完全性 固定任意一个有效式 φ，并在 φ 的费希尔-拉德纳（Fischer-Ladner）闭包 $FL(\varphi)$ 中，遵循它所导出的有穷子语言（关于这个标准方法，参见 Blackburn et al., 2001）。通过枚举，每个原子 s 都有一个典范的有穷描述 $\#s$，并且通过对集合中每个成员的描述进行析取，每个（有穷的）原子集 X 有一个有穷描述 $\#X$。我们为每个程序 π 定义如下关系：

$$sS_\pi X \ \text{当且仅当} \ \#s \land \langle \pi \rangle \#X \ \text{是一致的。}$$

只对原子程序采取这种解释，然后通过真理定义进行归纳，就可以得到标准的语义关系 R_π。这两种关系之间的以下联系是至关重要的。

---

① 虽然这看起来像通常传递闭包的概念，但并不能保证近似序列在阶段 ω 上停止：有穷的近似值不一定够用。

② 给定关系的单调性，这等价于 $sR_\pi[\![\varphi]\!]^{\boldsymbol{M}}$，其中双括号是常用的指称，它代表了在模型中所有满足 φ 的世界。

引理 （包含引理） $S_\pi \subseteq R_\pi$。

证明 情形（a）：根据定义，原子程序 a 满足包含关系。情形（b）：对于程序并，首先使用从 $\langle\pi_1 \cup \pi_2\rangle\varphi$ 到 $\langle\pi_1\rangle\varphi \vee \langle\pi_2\rangle\varphi$ 的 PDL 推理来证明：如果 $\#s \wedge \langle\pi_1 \cup \pi_2\rangle\#X$ 是一致的，那么 $\#s \wedge \langle\pi_1\rangle\#X$ 或者 $\#s \wedge \langle\pi_2\rangle\#X$ 也是一致的。其余的根据归纳假设可证。情形（c）：程序复合需要一个稍微复杂的论证。使用 PDL 复合公理的其中一个方向，即：如果 $\#s \wedge \langle\pi_1 ; \pi_2\rangle\#X$ 是一致的，那么 $\#s \wedge \langle\pi_1\rangle\langle\pi_2\rangle\#X$ 也是一致的。所有使得 $\#t$ 与 $\langle\pi_2\rangle\#X$ 相一致的原子 t 构成一个集合 Y。下述蕴涵关系说明了如何使用这些概念。

断言 $\langle\pi_2\rangle\#X$ 可证蕴涵了 $\#Y$。[①]

该断言意味着我们也有 $\#s \wedge \langle\pi_1\rangle\#Y$ 的一致性，而根据 Y 的定义，$\#t \wedge \langle\pi_2\rangle\#X$ 对所有 $t \in Y$ 都是一致的。但是，根据对 $\pi = \pi_1$ 和 π_2 的归纳假设，就会得出所需的包含关系 $S_\pi \subseteq R_\pi$。情形（d）：根据归纳假设，关于测试程序的包含可以直接得到。情形 (e)：最后，处理程序迭代关键是使用最小的不动点归纳规则。令 $\#s \wedge \langle\pi^*\rangle\#X$ 对某个原子集合 X 来说是一致的。我们证明 s 属于以下步骤中的最小不动点。从 X 开始，并不断应用映射：

$$F(Y) = X \cup \{s \mid sS_\pi Y\}$$

如果我们能证明这个关于 s 的事实，那么剩下的证明就会根据归纳假设，以标准的方式进行。现在，在我们的有穷模型中，给定的步骤在一个有穷集 A 的某个有穷阶段停止，其中

$$A = X \cup \{s \mid sS_\pi A\} \qquad (\$)$$

以下断言将这一结果与 PDL 中的可证性事实联系起来。

断言 蕴涵式 $(\#X \vee \langle\pi\rangle\#A) \to \#A$ 是可证的。[②]

---

① 为了看清这一点，假设该蕴涵关系是不可推导的。那么就有一个极大一致集 Σ，它包含 $\langle\pi_2\rangle\#X$ 和 $\neg\#Y$。将 Σ 限制为 $FL(\varphi)$ 的子语言，就会在集合 Y 中得到一个原子 t：但所有这些原子都因为 $\neg\#Y$ 的存在而被排除。这是一个矛盾，所以该断言被证明了。

② 为了看清这一点，首先要注意，$\#X \to \#A$ 是可证的。这是因为 $X \subseteq A$。如果 $\langle\pi\rangle\#A \to \#A$ 是不可证的，那么就有一个包括了 $\langle\pi\rangle\#A, \neg\#A$ 的极大一致的 Σ。限制 Σ 到 $FL(\varphi)$ 的子语言，我们得到一个原子 t 使得 $tS_\pi A$，且 $tS_\pi A$ 不在 A 中。这是因为 Σ 中有 $\neg\#A$。这与 ($\$$) 相矛盾。

给定断言中的蕴涵式，根据最小不动点的规则，$\langle \pi^* \rangle \# X \rightarrow \# A$ 是可证明的。但是，既然 $\# s \wedge \langle \pi^* \rangle \# X$ 是一致的，那么 $\# s \wedge \# A$ 也是一致的，从而这一定蕴涵 $s \in A$。

完全性证明的最后一部分是通常的真值引理（truth lemma）。

引理 （真值引理） $\varphi \in s$ 当且仅当 $s \models \varphi$ 的等价对所有状态和公式都成立。

证明　证明是通过对公式的归纳，以及对 $\langle \pi \rangle \varphi$ 的程序的子归纳来实现的。后者从左到右的证明使用了包含引理。而从右到左的归纳证明步骤，使用了一半的 PDL 程序公理，并且只诉诸逻辑的单调性。我们验证三种情形。

情形（a）：考虑一个原子程序 a 使得 $s \models \langle a \rangle \varphi$。根据真理定义，我们有一个集合 X 使得 $s R_a X$，亦即，$\# s \wedge \langle \pi \rangle \# X$ 在我们的逻辑中是一致的，并且对于所有 $x \in X : x \models \varphi$。从而根据归纳假设有 $\varphi \in x$。现在我们注意到，通过一个关于极大一致集和它们的 $\mathrm{FL}(\varphi)$ 限制的标准论证，所有这些都蕴涵 $\vdash \# X \rightarrow \varphi$。但根据单调性，$\# s \wedge \langle a \rangle \varphi$ 也是一致的，因此 $\langle a \rangle \varphi \in s$。

情形（b）：考虑一个程序复合 $s \models \langle \pi_1 ; \pi_2 \rangle \varphi$。根据真理定义，我们有一个集合 X 使得 $s R_{\pi_1 ; \pi_2} X$，并且对于所有 $x \in X : x \models \varphi$。因此，有一个集合 Y 使得 $s R_{\pi_1} Y$ 并且对于所有 $y \in Y : y R_{\pi_2} X$，而对于所有 $x \in X : x \models \varphi$。换句话说，对于所有 $y \in Y : y \models \langle \pi_2 \rangle \varphi$。那么根据归纳假设，$\langle \pi_1 \rangle \langle \pi_2 \rangle \varphi \in s$，并且使用一半的 PDL 公理进行复合，也有 $\langle \pi_1 ; \pi_2 \rangle \varphi \in s$。

情形（c）：考虑一个程序迭代 $s \models \langle \pi^* \rangle \varphi$。同样，使用真理定义，我们或者有 φ 在 s 处为真，因此根据 s 处的归纳假设，通过我们一半的不动点公理，它在此处蕴涵 $\langle \pi^* \rangle \varphi$ 的存在。或者，我们有集合 X, Y 使得：$s R_\pi Y \wedge \forall y \in Y : y R_{\pi^*} X$ 并且对于所有 $x \in X$ 都满足 φ。但是，所有 $y \in Y$ 都满足 $\langle \pi^* \rangle \varphi$。从而 s 满足 $\langle \pi \rangle \langle \pi^* \rangle \varphi$。因此，根据归纳假设，$\langle \pi \rangle \langle \pi^* \rangle \varphi$ 在 s 中。根据不动点公理的其余部分，我们也得到 $\langle \pi^* \rangle \varphi$ 在 s 中。

当我们试图修改上述证明来处理依赖玩家的可及性关系时，先前关于添加了博弈对偶的 DGL 的完全性的开问题就在这个情境中出现了。

第二十章　并行博弈运算的线性逻辑

博弈构建的替代逻辑来自另一种计算的传统：用于程序语义的无穷交流和交互博弈，它与对话的逻辑博弈有着历史联系。在本章中，我们定义并行参与几场博弈的运算。这些运算与模态逻辑并不相关，而是导向了与线性逻辑的联系，展现出博弈运算如何与关于资源的直觉相关。后一种方法的灵感来自证明论，它代表了一种自身有着丰富文献的逻辑范式。本章将只与本书主流的模型论知识做一个简单联系，尽管我们确实提供了进一步的参考文献，以此来为大家打开一扇窗口。

20.1　再一次从逻辑博弈到博弈逻辑

第十七章介绍了论辩和对话的逻辑博弈。这些博弈有三个主要参数：① 复杂命题中的攻击和辩护的规则；② 构成双人对话的形式；③ 程序性约定，包括获胜条件和对于允许重复的限制。

洛伦岑所选择的设定将他的博弈与直觉主义逻辑联系起来，在其中，直觉证明与最初论题的支持者 P 的获胜策略相匹配。[①] 这些博弈涉及人为设计的特征，例如支持者和对手 O 在攻击和辩护权利上的不对称。这导致了 Blass (1992) 中的重要修正，并在 Abramsky (1995) 的博弈语义中得到现代的进一步发展。

同样，这涉及从逻辑博弈到博弈逻辑的转变。在第十七章中，原子命题仍然是黑匣子：获胜就是操纵你的对手陷入矛盾，而不需要检查任何事实。然而，在这一点上，我们做了一个概念上的改变，而将原子博弈视为真正博弈的变元。比如，$p \lor q$ 可能成为一个复合博弈，如国际象棋或板球。当到达一个原子时，我们打开匣子，并进行相应的博弈。这个简单的行动有许多反响。例如，反驳排中律将不再

---

① 人们可以通过调整 ③ 项下的权利和义务来得到经典的逻辑系统。

涉及程序性规则的修补。这只需在对话博弈中为 $p \vee \neg p$ 插入一个非决定性博弈 p。由此产生的抽象博弈逻辑的更多有趣特征将在本章中展开。

备注　无穷博弈和不确定性

根据第五章的盖尔-斯特瓦尔特定理，完美信息的非决定性博弈必须是无穷的。这样的博弈有非开的获胜条件，并且它们的存在涉及对选择公理的诉求。[①] 正如我们在第四章及本书后续部分所见，无穷博弈是出于独立的原因而自然产生的。本章的重点是无穷博弈，尽管也包括有穷博弈。

20.2　并行运算

从序列到并行　我们的第一个新想法是并行博弈运算。在对话博弈中的不同原子，它们代表可能变得活跃的不同子博弈，就像在第十六章的模型构建博弈中，不同原子代表着不同任务一样。但它并不像赋值博弈那样，有着由一个主导公式所触发的强制性序列进程，因此我们需要超越前一章的选择、切换和序列复合的运算。为此，无穷博弈的组成结构还必须包括交互的并行运算。在第十七章的对话博弈中，切换与对于同一原子的重复攻击或辩护有关。本章的系统将以更优雅的博弈形式来重新编码其程序性约定。

博弈的并行合取　我们的试验性例子是一个新的并行合取 $A \times B$，它仔细规定了谁可以在两个博弈 A 和 B 之间切换（采取主动权）以及什么是获胜。想想国际象棋 × 板球，我们在棋盘上走几步，打几下球，再回到棋盘上，如此反复。我们在这里给出一个非正式的描述，但细节会在后面讲到。

博弈 $A \times B$ 将切换的主动权交给了反对者 O。我们令 O 在无穷的行动序列当中获胜，这些无穷的行动序列在子博弈 A 或 B 中，至少有一个对于行动的无穷投影，而在该投影上 O 获胜。因此，P 在一个完整的行动序列中获胜，当且仅当两个投影上都是 P 获胜，或者行动序列是有穷的。$A + B$ 的并行析取博弈就像 $A \times B$ 一样，但玩家 O 和 P 的角色在整个过程中是相反的。

---

① 因此，博弈逻辑的构造化涉及通过非构造性手段获得的博弈。稍后我们将看到一个可能的替代方案，即不完美信息的博弈。

盲目模仿者策略 这些博弈的一个典型例子是同步进行的国际象棋。如果你想在面对任何对手时都能保持自己的优势，那就提出这样的博弈：

$$\text{Chess} + \text{Chess}^d$$

此时，对偶博弈 Chess^d 是黑白顺序颠倒的 Chess。在并行零和博弈中，你是 P，那你就可以玩两次基本相同的国际象棋博弈，一次作为 P，一次作为 O。一个简单的方法如下。

定义 20.1 盲目模仿者策略

盲目模仿者的工作方式是这样的。让其他玩家在一盘棋中开局，并将这一开局的棋步复制到另一盘棋中。在那里等待对方的回应，然后在原来的棋局中下这步棋，以此类推。■

这种模仿复制的策略在两边产生两个相同的行动序列：

	Chess	Chess^d
O	m_1	
P		m_1
O		m_2
P	m_2	
	...	

根据对于获胜的约定，其中一个投影是 P 获胜，或者两个都是平局，所以 P 从未输掉整个博弈。请注意，子博弈之间的交流在这里至关重要，这使得这些博弈成为并行计算的范例。在没有平局的博弈中，盲目模仿甚至是 P 的一个获胜策略。[①]

新运算 上述设定支持没有经典对应运算的新运算。Blass (1992) 的有穷重复 $R(G)$ 就是一个例子，它类似于第十九章的 DGL 迭代 G^*。它允许一个玩家开启有穷多个 G 的副本（copies），利用所有副本中发生的事情来赢得至少一个副本。

[①] 国际象棋是一个有穷博弈，所以 P 可以直接选择一个具有策梅洛不输策略的子博弈。但盲目模仿者就不那么复杂了，它也适用于无穷博弈。

20.3 这类博弈的定义

这类博弈 现在定义我们将在下文中使用的结构。

定义 20.2 无穷博弈

有两个玩家 P 和 O。线性博弈（为了简洁起见，或者简称博弈）是有序组 $G = (M, \delta, Q, W)$，其中，M 是一集行动，δ 是为每次行动指定一个玩家的轮次函数，Q 是可容许的位置集（合法的有穷行动序列），W 是无穷的（唯一的！）行动序列集，其有穷初始片段都在 Q 中，我们将这些片段指定为玩家 P 获胜。 ∎

只要稍加改动，读者就能认出第四章和第五章的无穷模型。这种格式通过改变可容许的位置，变得非常灵活。许多博弈的进程就像第十八章的对话：$(OP)^*$，但也可能有其他的顺序。另外，获胜可以取决于许多类型的条件。除了在程序语义中的应用（参见我们之前的参考文献），像这样的博弈也出现在法国的滑稽学派（school of ludics）中（参见 Danos et al., 1996；Girard, 1998a 和 Girard, 1998b）。

博弈的构建 我们现在来回顾一些基本的运算，有些让人想起前面几章的内容，它们可以被更精确地解释为博弈的构建。

定义 20.3 对偶、选择和并行合取

（a）对偶博弈 $G^d = (M, \delta^-, Q, M^\infty - W)$ 有一个切换两个玩家角色的轮次函数 δ^-，以及关于无穷行动序列的获胜约定。

（b）选择博弈 $A \vee B$ 有一个由 P 做出的初始选择，就像第十九章一样，将合成博弈中的两个不相交的副本并排放在一个共同的根下：

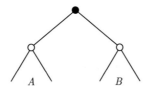

（c）最后，并行博弈的合取 $A \times B$ 按照如下方式定义。取两个博弈中的行动的不交并，以及它们原始的轮次函数。可接受的历史指的是：在这些博弈中那些对 A

和 B 的投影都可以接受的历史。也就是说，每个组成部分的博弈都在离开的地方继续开始。此外，只有 O 被允许切换博弈。关于获胜约定是：如果在至少一个子博弈 $G(G \in \{A, B\})$ 中的投影 $r|G$ 使得 O 获胜，那么 O 就在这个行动序列 r 中获胜。

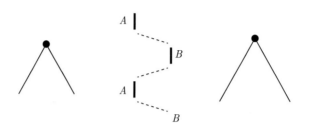

像这样的树状运算在第十四章中出现过，并将在第二十五章中回归。 ∎

并行博弈规则的一个动机是这样的： O 攻击合取，并被允许随时选择 P 必须辩护的地方。但切换也可以被看作是由 O 的请求发起的合作。[①]

派生博弈运算　我们现在提供三种有用的派生博弈运算：

$$O \text{ 的选择：} \qquad A \wedge B = (A^d \vee B^d)^d$$

$$\text{并行和（parallel sum）：} \quad A + B = (A^d \times B^d)^d$$

$$\text{蕴涵：} \qquad A \rightarrow B = A^d + B$$

并行和是乘积的对偶。此处暗含了一种相关的味道：玩家 P 可以利用在子博弈 A 中获得的信息，在博弈 B 中成功地进行博弈。这种控制反映在基本的逻辑推理模式中。

例 20.1　肯定前件（modus ponens）

支持者 P 在肯定前件博弈中具有获胜策略：

$$(A \times (A \rightarrow B)) \rightarrow B$$

读者应该在这里找出双方的权利和义务。 ∎

我们将集中讨论新的并行运算的逻辑，因为第十九章已经研究过了较简单的 $\vee$ 和 $\wedge$。

---

① 博弈 $A \times B$ 中的进程 $(OP)^*$，它就像一台有穷-状态机器 (Abramsky, 1995)，其状态之间的转换为 ⟨玩家要移动到 G_1，玩家要移动到 G_2⟩。

20.4 博弈表达式的逻辑有效性

新运算表现出一些经典的特性。例如，并行积与并行和具有交换性和结合性。但其中的差异更为突出。甚至经典的幂等性也不成立。G 和选择积 $G \wedge G$ 相当于同一个博弈，但一般来说，G 并不等价于并行博弈 $G \times G$。[①] 玩一场博弈，或同时玩该博弈的各种副本，根本不是一回事。这种具有并行和现象的一个例子是博弈：

$$G + G^d$$

其中，即使 G 和 G^d 未决定，P 也有获胜策略。因此，我们先前在绪论和本书第十四章中关于决定性的讨论就变得非常复杂了。排中性是否有效，这实际上取决于所使用的博弈析取式。

定义 20.4 博弈表达式的有效性

如果在对 G 中的原子表达式进行具体博弈所产生的每一个实际博弈中，都存在着玩家 P 的获胜策略，那么表达式 G 就是有效的。 ∎

博弈有效式的系统看起来像命题逻辑，但有一些超结构性的差异，这甚至比直觉主义逻辑更引人注目。如第十八章所述，玩家的通用效力展现出非经典的特性，但它遵循了 20 世纪 80 年代独立提出的一种自然的、非经典的逻辑法则。

20.5 线性逻辑和资源

在博弈 G、$G \times G$、$G + G$ 中，获胜效力的非等价性让人联想到线性逻辑，这是一个来自 20 世纪 90 年代，由 Girard (1993) 开始的资源-意识推理系统，它是针对经典证明论中的结构规则所做出的一种精细的结构分析。

出现和资源 主要的直觉是把逻辑公式，比如推理的前提，视为只能使用一次的资源的这种计算性观点。有效性是指拥有完全正确的资源来达成结论。

---

① 将第五章中非决定的自由超滤博弈 G 及其相关的策略窃取论证，与之进行比较。在乘积博弈 $G \times G$ 中，O 总是能够获胜：他可以利用 P 在一个博弈中的行动，稍后一步在 G 的另一个副本中用来对付 P。

例 20.2　肯定前件及其关系

一个蕴涵式 $A \rightarrow B$ 是一个函数，它只需要一个变量 A 来产生一个值 B。这在肯定前件的推理 $A, A \rightarrow B \Rightarrow B$ 中得到了完美的例证。A 的多个副本会留下未使用的资源。因此，在线性逻辑中：

一个前提序列 $A, A, A \rightarrow B$ 蕴涵：非 B，而是 $A \times B$。

乘积（×）储存了仍然可用的资源。另外，一个蕴涵式 $A \rightarrow (A \rightarrow B)$ 需要两个前提 A 才能得到 B，而不是一个或三个：

$A, A \rightarrow (A \rightarrow B)$ 蕴涵 $A \rightarrow B$，而不是 B 自身。

经典逻辑忽略了资源：公式的许多副本仅相当于一个。　　　　　　　　　　■

目前对于推理的微妙看法，它的动机来自自然语言的语法 (van Benthem, 1991)，其中公式的出现代表着语言类型的出现。博弈语义 (Abramsky, 1995) 强调与交流和互动的联系，其中资源就像调用，从博弈逻辑的角度转向更广泛的交互式计算（关于线性逻辑的进一步研究动机和细节，参见 Girard, 1993）。

序列演算　相较于经典逻辑的证明系统，线性逻辑的证明系统主要有两个方面的不同。首先让我们固定一个广泛使用的证明格式，即根岑序列 $\varphi_1, \varphi_2, \cdots, \varphi_n$（参考 Troelstra et al., 2000）。经典逻辑将这些序列中的逗号解读为析取，并且该序列表达的是给定公式的析取是有效的。线性逻辑将这些逗号解读为并行总和（＋）。

定义 20.5　序列转换

肯定前件的经典序列版本 $A, A \rightarrow B \Rightarrow B$ 转化为 $\Rightarrow (A \times (A \rightarrow B)) \rightarrow B$。在拆解线性蕴涵的定义后，它成为线性序列：

$$A^d, A \times B^d, B$$
　　　　　　　　　　　　　　　　　　　　　　　　　　　　　　　　　　　　　■

经典逻辑的标准序列演算包含三个核心成分：① 公理序列 $\Sigma, \varphi, \neg\varphi$，其中 Σ 是任何有穷的公式序列；② 逻辑规则把有效的序列变成新序列，它每次引入一个新的逻辑算子；[①] ③ 结构性规则将序列作为公式集使用，即改变公式序列，将一个公式的多次出现压缩为一个，或将一个公式扩展为多个。

---

① 这种规则的例子有：从 Σ, φ 到 $\Sigma, \varphi \vee \psi$，或者从 Σ, φ 和 Σ, ψ 到 $\Sigma, \varphi \wedge \psi$。

在线性逻辑中，序列代表所谓的多集合或一大包公式，它们的每次出现都会计数。因此，经典逻辑中熟悉的结构性规则消失了，如相同公式的收缩，通过添加前件合取支的弱化，或通过添加后件析取支的弱化。只有经典的公式置换规则和切割规则仍然存在。还有一个初始序列公理 A，$\neg A$，看起来像经典的排中律，但正如我们很快会看到的，它说的是不同的东西。它的有效性反映了上述关于 P 在所有形如 $A + A^d$ 的博弈中都有获胜策略的结果。尤其，其他公式不能与 A，A^d 并列，否则相关的盲目模仿者策略将不再起作用。

较弱的基础，更丰富的词汇 通常，新范式显示出许多弱逻辑的特征。转向一个较弱的证明论基础上，可以支持各种超出标准逻辑的非等价运算。尤其是经典连接词的分裂：存在乘法和加法版本的合取和析取。直观上，乘法 $A \times B$ 是 A-型和 B-型资源的组合，而加法 $A \wedge B$ 既是 A-型资源也是 B-型资源。这种区别在各自的引入规则中显示得很清楚，这些规则如下所示。

例 20.3 加法和乘法合取的引入规则

读者可能要思考以下两条规则之间的区别：

$$\frac{X \Rightarrow A \quad Y \Rightarrow B}{X, Y \Rightarrow A \times B} \qquad \frac{X \Rightarrow A \quad X \Rightarrow B}{X \Rightarrow A \wedge B}$$

在经典的结构性规则下，$\times$ 和 $\wedge$ 是可以相互衍生的。 ∎

在本章的后续部分，我们将重点放在乘法联结词"$\times$"和"$+$"上。为了方便，我们就像前面所定义的一样，通过"$\times$"和"$+$"的对偶定律将否定推入原子内部。

20.6 公理系统

我们现在介绍资源-意识推理的证明规则。

定义 20.6 线性逻辑的递归演算

线性逻辑的基本证明系统有以下规则：

连接公理： $A, \neg A$

乘积规则： $$\frac{\Sigma, A \qquad \Delta, B}{\Sigma, \Delta, A \times B}$$

置换： 从 Σ 推导出它的任何一种置换结果

混合规则： $$\frac{\Sigma \qquad \Delta}{\Sigma, \Delta}$$

从 $\times$ 和对偶的 d 规则中可以推出乘法 $+$ 规则的定义。 ∎

演算的变形增加了规则。例如，"仿射线性逻辑"具有一个弱化规则，该规则从 Σ 推导出 Σ, A。如果我们加入经典逻辑的所有结构规则，那么整个演算系统将简化为标准的布尔运算。

一些简单的线性推导展示出朴素的基本证明系统是如何工作的。

例 20.4   线性逻辑的衍生系统

(a) 正如我们所见，肯定前件 $A \times (A \to B) \Rightarrow B$ 变成了 $\neg(A \times (\neg A + B)) + B$，这就形成了一个线性序列 $\neg A, A \times \neg B, B$，它可以按如下证明：

$$\frac{\neg A, A \qquad \neg B, B}{\neg A, A \times \neg B, B} \text{（乘积引入）}$$

(b) 在同样的翻译下，传递性 $(A \to B) \to ((B \to C) \to (A \to C))$ 得出的结果是 $(A \times \neg B), (B \times \neg C), \neg A, C$，而这可以按如下证明：

$$\frac{\neg A, A \quad \dfrac{\neg B, B \quad \neg C, C}{\neg B, B \times \neg C, C} \text{（乘积引入）}}{A \times \neg B, B \times \neg C, \neg A, C} \text{（乘积引入 + 置换）}$$

由于 $+$、$\times$ 和 $\to$ 之间存在许多通过对偶运算 d 的连接，人们常常可以用各种等价的方式来阅读同一个序列。 ∎

正如第十九章的动态逻辑一样，线性逻辑远比我们在这里讨论的要复杂，这其中就包括了切割消去定理的关键作用，以及使用一些复杂的表示方法，譬如为交互来构建模型的证明网。我们建议读者参考如 Troelstra (1993) 这样的教科书，也有许多现代资源可供参考。

20.7　可靠性与完全性

以下将给出与我们的博弈逻辑相关的主要理论结果。

可靠性　与通常对逻辑演算的可靠性证明不同，线性逻辑在其博弈解释下的可靠性证明既不平凡又富有启发性。

定理 20.1　*就我们的博弈而言，线性逻辑的每个可证明序列都是有效的。*

证明　所有的证明规则都表达了重要的事实：将 P 在博弈中用作前提的策略组合成结论中的一个博弈策略。我们给出两种情形。

乘积规则　假设玩家 P 有分别赢得博弈 Σ, A 和 Δ, B 的策略 σ 和 τ。那么 P 也可以赢得 $\Sigma, \Delta, A \times B$ 的序列博弈。具体步骤如下：如果在 Σ 中有一步行动，就让 P 以 σ 回应；如果是在 Δ 中，就让 P 以 τ 回应。如果 O 选择了一个合取支 A 或 B，那么对 A 就用 σ 规定的行动来回应，对 B 就用 τ。通过查看那些由此产生的历史可以看出，这个过程就是一个获胜策略。P 或者得到一个在 Σ 或 Δ 中获胜的无穷子历史，或者足以赢得并行析取博弈；如果没有，P 在 A 和 B 中都有获胜的子历史，使 P 通过 $A \times B$ 赢得 $\Sigma, \Delta, A \times B$ 的总博弈。

切割规则　假设玩家 P 有分别赢得博弈 Σ, A 和 $\Delta, \neg A$ 的策略 σ 和 τ。以下内容描述了 P 在 Σ, Δ 中的获胜策略：在 Σ 中实施 σ，在 Δ 中实施 τ。然而，这些策略可能规定了进入子博弈 A 或 $\neg A$ 的行动。如果发生这种情况，P 就会进入"虚拟对局"，在 A 中用 σ 扮演 P，在 $\neg A$ 中用 τ 扮演 O。[1] 现在至关重要的是，这样的虚拟情节不能永远持续下去。如果是这样的话，所产生的无穷历史的某些尾巴就会投影出 P 的失败，这与 σ 和 τ 是 P 在 Σ, A 和 $\Delta, \neg A$ 中的获胜策略这一事实相矛盾。[2] 因此，在这个情节中会产生一些退出的行动，使得 Σ

---

[1]　这让人想起了第十八章策略推理中的影子比赛。

[2]　为了寻找动机，请回顾第五章所分析的策略窃取论证。

或 Δ 中的一个再次浮出水面，而这将是 P 在博弈中对 Σ, Δ 的正式回应。同样地，在博弈中检查一些情况下由此产生的历史，这将表明前面所描述的步骤就是一种获胜策略。 ∎

当这些论证被完全阐明时，会有一些讨厌的流水账似的细节。这是一种博弈语义的诅咒，至少在外人看来是如此。

完全性 接下来的主要结果是反过来的蕴涵式。

定理 20.2 *每个博弈-有效的序列在乘法线性逻辑中都是可证的。*

证明超出了本书的范围，细节参见 Abramsky et al. (1994)。此外，这些作者还得出了一个更强的结果，它与本书一个持续出现的主题有关，即策略本身作为基本逻辑对象的作用（参见第四章、第五章和第十七章）。他们改进了前面的标准完全性定理，治愈了第十八章的 ∃-缺陷，得到了所谓的"完整完全性"。

定理 20.3 *博弈序列的统一获胜策略与该序列的线性证明之间存在一个有效对应。*

这一较强结果的证明涉及其态射是策略的博弈范畴，其中，系统的关键切割规则反映了策略组合的一个自然结合。[①]

这一分析的一个有趣的特点是，无历史（history-free）的策略就足以建立线性逻辑的完全性。与盲目模仿者一样，这些策略只使用所实施的最后一步行动，而不是迄今为止博弈的全部历史。无历史策略就像第十八章中图博弈的位置策略一样，但我们把这两种情况的比较留给读者去做。

20.8 从证明论到程序语义

虽然我们的处理方法将本章中的博弈与逻辑联系起来，但这可能会产生误导。在线性逻辑中的证明结构，其背后的直觉与多主体交互密切相关，它为这里讨论

---

① 这是策略和证明网之间的匹配。完全性证明使用了一个精心挑选的、类似于逻辑术语模型的类型，而其中的态射是证明网。

的主题提供了一个计算方面的推动力。本章的博弈语义本身也是一个交互式计算模型，其策略是系统行为的算法样式，并深入使用了证明论和对应的范畴论方法。这一范式已被广泛地应用于编程语言的语义中，并且与指称语义学 (Scott et al., 1971) 和域理论（domain theory）(Scott, 1976; Abramsky et al., 2001) 有着密切联系。通过逻辑技术研究而由此产生的、基于博弈的交互系统行为领域超出了本书的范围。关于一些重点内容，参见 Abramsky et al. (1999) 和 Curien (2005, 2006)。Abramsky (2012) 讨论了这一范式在自然层次方面的领先地位——它将现代计算的那些实体作为系统行为的层次进行建模。

20.9　小　　结

要点　再一次，我们遵循了一条从逻辑博弈到博弈逻辑的自然路径。本章的博弈语义将逻辑公式视为博弈术语，并且与前几章一样，逻辑运算随后成为一般的博弈构造。我们已经看到了新的并行运算是如何以这种方式产生的，其起源于基于资源的证明论，以及用于交互式计算的程序语义。我们给出了博弈语义的基本定义，讨论了它与线性逻辑的联系，并陈述了可靠性和完全性的结果以及它们是如何运作的。但我们也可以把本章的系统看作是第十九章动态博弈逻辑的延续，它提供了对于博弈当中自然运算的高级分析。

开问题　这里介绍的并行博弈的逻辑提出了相当多的进一步问题。尤其，人们可以研究第十九章中出现的许多话题，而这可以从如何比较这两种博弈构造的逻辑方法开始。在 20.11 节关于进一步的研究方向中，可以找到一些这样的路线。

20.10　文　　献

我们在文中提到了一些线性逻辑和博弈语义的经典资料，它们包括了 Blass (1992) 和 Girard (1993)。利用这种设置的博弈，也有随之而来的法国学派，参见 Danos et al. (1996)、Girard (1998a)、Girard (1998b) 以及辅导教材 Curien (2005)。对于程序语言的博弈语义，我们推荐阿布拉姆斯基的多篇论文：首先是经典的 Abramsky et al. (1994)；针对逻辑学家的最新教程是 Abramsky (2008a)；此外，Abramsky (2008b) 中关于信息与计算的讨论也很有参考价值。关于逻辑、博弈和计算的另一种观点见于 Japaridze (1997)。

20.11　进一步研究方向

像往常一样，这一章提出了许多进一步的问题，我们只提及其中的几个。

并行性 (parallelism) 的种类　交互博弈在定义并行合取和析取方面有着自然的选择点。这里至少有两个变形。

通过让玩家在两个博弈中轮流行动，这可能会让事情变得不那么统一。那么在 $A \times B$ 中，比如，当 A 和 B 都以 P 的一个行动开始时，P 可以作为一个交换者。一个更激进的方法是将交换策略作为运算的一个额外参数引入：$\#(A, B, \pi)$。[①] Netchitailov (2001) 研究了在不完美信息的有穷博弈中通过控制交换实现的并行运算。

此外，我们的并行运算是交错行动的。那么，像第十二章中所说的具有同步行动的博弈呢？这里的自然模型会有一对状态 (s, t)，它允许逐个部分或同时进行转换。在这样的博弈中，许多新的获胜条件是有意义的，它们超越了本章中所使用的单独博弈的简单布尔组合。例如，它们现在可能指的是集体行动的结果，比如 s 和 t 的总产出超过了某个阈值。

因此，自然并行博弈复合的领域在本章中并未穷尽。

与动态博弈逻辑的比较　第十九章的动态博弈逻辑是关于序列运算的，它是这里研究的那些运算的一个子集。但它描述了任意的结果，其语言比线性序列更丰富。因此，比较这两种逻辑的表达力是有意义的。上述的线性序列是纯粹的博弈表达式，[②] 因此它们的逻辑类似于先前的博弈代数。我们可以将线性逻辑重新构造为一个关于博弈等价性的方程演算，然后融合这些方法，将迫使的概念带到线性博

[①] 与此类似，进程代数也研究了带标识的并行进程运算符 $A \|_c B$，其中 c 是一种通信方法（参见 Bergstra et al., 2001）。

[②] 它们也代表了关于这些博弈的一个陈述：玩家 P 有一个获胜的策略。我们在前几章中已经注意区分了这两种观点，在这里也应该这样做。

弈中，并添加模态词 $\{G\}\varphi$，其中 G 是一个线性博弈术语，φ 是关于由此产生的无穷行动序列的陈述，并且它可能是在分支时态逻辑中。

添加时态逻辑　但是，这样做就引出了一个更广泛的问题。本章讨论的博弈在某种程度上也是本书第一部分和第二部分所涉及的扩展式博弈。那里介绍的许多逻辑对线性博弈是有意义的，并且它们可以与本章的语法形成自然的组合。例如，第五章包含了一些在添加（明确描述博弈历史的）时态逻辑时的策略推理案例。这就表明，可以将时态逻辑与具有（描述当前博弈的）明确博弈术语的逻辑结合起来。我们将在第二十五章简要讨论这个主题。这种更丰富的描述语言也与我们长久以来关注的博弈等价性问题有关，这是因为融合全局和局部的观点会在不同的细节层次上结合博弈等价性。

策略演算　尤其是通过融合这些逻辑，我们能够重新回顾第四章和第五章中的一个主题：使关于策略的推理变得明确，而这种推理应该是非常重要的，但经常停留在元语言中。本章中 P 的关键策略是可以简单定义的，盲目模仿者就是一个典型的例子。我们在第四章中考虑了策略的可定义性，一个以上述线性公式为博弈术语的联合逻辑，以及我们先前用于更多博弈-内在结构的逻辑将是一个很好的候选。对于这样一个更丰富的逻辑，一个很好的基准是将先前关于线性逻辑的那个不平凡的可靠性证明形式化。从某种意义上说，完整完全性定理的证明提供了这一点，但我们也希望在本书主流的形式中进行分析。

更多的证明论和范畴论　虽然本书的主要内容显然是模型论，但第十七章和第二十章也展示了证明论领域的基本概念和技术如何与博弈形成有利可图的共生关系。尤其，范畴论中表示命题的证明项非常像博弈中的策略。这一观点出现在第四章策略演算的具体示例中，并且它表明了证明论和博弈分析之间的一系列类比，但这超出了我们的研究范围。我们先前关于博弈语义的参考文献显示了如何在范畴论框架内对这些联系进行非常一般性的研究。

与真实博弈论的联系　本章的无穷博弈让人想起博弈论中的无穷演化博弈。同样，诸如"盲目模仿者"这样的身份策略在后者领域中扮演着基本角色，通常被称为"策略窃取"或"以牙还牙"。这些联系看似显而易见，但尚未被深入探讨。同样，将我们在第一部分和第二部分中研究的结构添加进来也是有意义的。例如，在存在不完美信息的情况下，即使是有穷博弈也可能是非决定的。动态和线性博弈逻辑的不完美信息版本会是什么样的？将这些领域结合起来可能会面临一些困难，因为在博弈论中，有趣的博弈通常被认为是不可组合的，而组合分析是计算理论基础中的核心方法。但显然，知识和不完美信息对本章的博弈是有意义的，而且这里很可能有一个与博弈论的有趣交汇。

第五部分的结语

我们已经展示了逻辑博弈和博弈逻辑的思想如何汇聚在组成博弈结构的两个主要逻辑中。第十九章的动态博弈逻辑分析了玩家的效力，将模态和动态逻辑推广到邻域模型，并提供了一个有趣的抽象层次来观察一般的序列结构。此外，在处理博弈表达式和关于局部状态的断言时，它展示了关于博弈的外部和内部视角的有趣结合。我们解释了该系统的基本原理，其中就包括了分析可定义性和公理完全性的技术。接下来，线性博弈逻辑源于非常不同的动机，加入了交互中的资源证明论直觉。第二十章解释了基本思想，并指出了与无穷博弈的博弈逻辑更广泛的联系，尽管该框架的最初动机来自范畴论语义而不是模型论语义。

这两个系统都承认代数观点，自然地扩展了第一部分、第二部分和第三部分中研究的博弈逻辑。事实上，它们可以被看作是抽象博弈元理论的形式化部分。但是，正如我们在一些段落中所看到的，这两个系统都与现代计算的基础有着有趣的联系。

在这个阶段，许多问题随之而来。从内在的角度来看，逻辑学家将如何协调这里所提出的博弈逻辑的模型论和证明论？从外在的角度来看，这些逻辑能否容纳现实博弈论中的重要结构，如不完美信息或偏好？此外，在这种碰撞中，鉴于现实博弈中难以捉摸的纠缠结构，逻辑学家和计算机科学家的组合性方法论是否会受到限制？最后，从本书的角度来看，也许更紧迫的是，第五部分的系统如何与先前在第四部分中的逻辑博弈和第一部分、第二部分和第三部分中的博弈逻辑关联起来？我们对此没有明确的答案，但在第六部分的章节中将提供各自的视角，探讨这些不同的方法和思维方式之间的关系。

第六部分　比较与融合

第六部分的导言

这部分是我们最后一次机会来协调本书的两条主线——博弈的逻辑和作为博弈的逻辑。然而，期待着大综合甚至是相互归约的读者会感到失望。目前似乎没有这样的大统一出现在视野中。我们希望在第一部分到第五部分中已经展示了逻辑与博弈之间的两种面貌如何共存，甚至可能彼此相融。第六部分将通过一系列探索扩展这一视角。

一个直接但并非无关紧要的兼容性测试是创造健康的混合体，我们将通过在第二十一章中添加博弈论结构到不完美信息的量化赋值博弈来做到这一点。另一个创造性的结合是新博弈的出现，这些博弈自然地结合了本书的不同风格。第二十二章是关于利用群体信息进行的新知识博弈，这让人联想到第二部分中信息流的动态认知逻辑，而第二十三章则介绍了蓄意破坏博弈，它使标准计算任务具有交互性。这些章节展示了博弈逻辑和逻辑博弈的观点如何在具体场景中自然产生。同时，它们也提出了几个有着独立研究兴趣的问题，比如观察与交流中信息流的博弈建模，以及博弈作为计算的自然延续的地位。接下来，第三条更加理论化的路线是寻找本书各主题之间的技术联系和归约。第二十四章确切地展示了一阶或模态逻辑的赋值博弈对于一般的博弈运算代数来说是如何表达完全的，第二十五章讨论了结合逻辑博弈和博弈逻辑特征的融合逻辑系统，并提供了博弈的分层视角。

关于这本书中观点的 DNA 式联结，它会被推迟到结语部分。

第二十一章　不完美信息的逻辑博弈

一种将逻辑博弈与一般博弈逻辑联系起来的具体方式是融合不同的思想。一个显著的例子是以一种创新的方式，将不完美信息的博弈论概念纳入第四部分的逻辑博弈，毕竟迄今为止，这部分博弈只涉及完美信息。本章主要将讨论这一博弈论语义及其伴随的 IF 逻辑 (Hintikka et al., 1997)。该框架有它自己的基础性目标，这当中涉及逻辑学中的依赖性和独立性概念，而这可能使其博弈看起来更像是一种辅助手段。但我们还将把它作为一个例子来讨论，该例子中融合了来自两种传统的思想，而产生了许多令人惊讶的主题。本书中的许多主题都将以一种新的方式出现。①

21.1　IF 博弈和不完美信息

回顾第十四章中一阶赋值博弈的例子。

例 21.1　$\forall x \exists y\, x \neq y$ 的赋值

以下是一个具有完美信息的扩展式博弈，它在一个有两个元素的域 $\{1,2\}$ 上赋值一阶公式 $\forall x \exists y\, x \neq y$：

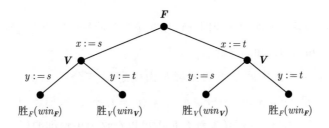

———————————————

① 当然，不完美信息只是其中一个界面，它仍然接近于逻辑的信息层面，而且我们也有兴趣看看当引入赋值的概念，譬如与逻辑活动的目的有关的偏好概念时，会发生什么。

证实者 V 有一个获胜策略，它反映了该断言明显为真。 ∎

但现在，请考虑以下在一阶逻辑扩充中的变形：

$$\forall x \exists y/\boldsymbol{x} \quad x \neq y$$

其中，斜线 / 表示证实者不能得知证伪者所选择的对象。正如第三章的不完美信息博弈一样，这可能是因为证伪者的行动是隐秘的，或者证实者没有注意到或忘记了。匹配赋值博弈被称为 IF 博弈，其中 IF 代表独立友好（independence-friendly），该原因与下面将解释的量词辖域有关。

例 21.2 $\forall x \exists y/\boldsymbol{x} \; x \neq y$ 的赋值

这个修改后的斜线公式有如下博弈树，其中用虚线标出了证伪者的不确定性确认：

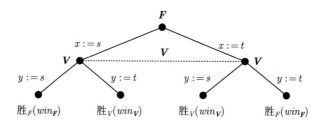

在第十一章的结果层面上（即本章所处的层面），这个博弈是非决定的。证伪者之前没有获胜策略，现在也没有，因为证实者可能会意外地走运。但证实者失去了两个效力，包括之前的获胜策略，因为证实者唯一可用的策略是剩下的两种统一策略，即左；左和右；右，但它们都并非获胜策略。 ∎

更详细的看法 前面的博弈同样可以在第三章的行动层面上进行分析，对途中的玩家进行知识和无知的分析。

尤其，证实者在中间节点的困境是由模态-认知公式 $K_{\boldsymbol{V}}(\langle y := s \rangle win_{\boldsymbol{V}} \vee \langle y := t \rangle win_{\boldsymbol{V}})$ 和 $\neg K_{\boldsymbol{V}} \langle y := s \rangle win_{\boldsymbol{V}} \wedge \neg K_{\boldsymbol{V}} \langle y := t \rangle win_{\boldsymbol{V}}$ 来描述的。虽然我们将只追求玩家的效力，但也有兴趣看看是否可以在这个更精细的层面上发展出一个对应理论。

21.2 激发新的视角

分支量词 IF 博弈的最初动机来自自然语言的语义。

例 21.3 村民-乡民句子

考虑一下这句话:"每个村民的一些亲戚和每个乡民的一些亲戚都互相憎恨。"
它的直观解读应该有分支模式:

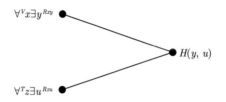

对于这个自然语言句子来说,任何标准逻辑语言的线性句法形式都会强加过多的
辖域依赖。[①]   ■

通过 IF 博弈可以描述预期的信息流,该博弈类似于线性一阶公式的标准赋值
博弈:

$$\forall x \exists y \forall z \exists u\, R(x, y, z, u)$$

但现在依赖性放宽了:当达到 $\exists u$ 时,证实者不再有机会获得证伪者在博弈开始时
所提到的 x 值:

$$\forall x \exists y \forall z \exists u/\boldsymbol{x}\, R(x, y, z, u)$$

IF 博弈也已被提议用于数学基础、并行计算,以及在量子物理学中建模决定性和
非决定性。

斯科伦函数 接下来,考虑赋值的策略方面。任何形式为 $\forall x \exists y R(x, y)$ 的一阶
断言都等价于二阶公式:

$$\exists f \forall x\, R(x, f(x))$$

---

① 自然语言中是否会出现分支,这仍然是一个有争议的问题:参见关于语言学中的量词 Keenan et al.
(1997)。Paperno (2011) 的论文利用第二十章的博弈语义,通过 van Benthem (2003) 所提出的
并行博弈乘积,研究了自然语言量化中的协作现象。

其中,"斯科伦函数" f 是一个选择函数,它根据对象 y 的选择来从论域中挑选见证。人们可以将此函数视为第十四章赋值博弈中证实者的获胜策略。如果有更长的量词前缀,就会得到一系列的斯科伦函数。以下两个公式之间的等价便是一个例证:

$$\forall x \exists y \forall z \exists u\, R(x, y, z, u) \quad \text{与} \quad \exists f \exists g \forall x \forall z\, R(x, f(x), z, g(x, z))$$

现在,斜线版本抑制了这些函数对某些变量的依赖性。因此,预期的解释如下:

$$\forall x \exists y / \boldsymbol{x}\; x \neq y \qquad\qquad \exists f \forall x\, R(x, f), \text{其中 } f \text{ 是 0-元函数}$$

$$\forall x \exists y \forall z \exists u / \boldsymbol{x}\, R(x, y, z, u) \qquad \exists f \exists g \forall x \forall z\, R(x, f(x), z, g(z))$$
$$\text{其中 } f \text{ 和 } g \text{ 都是 1-元的函数}$$

这使得逻辑语法摆脱了标准线性表示法的偶然性。[①]

21.3 IF 语言及其博弈

斜线语法 从一阶逻辑开始,但允许如下形式的附加量词:

$$\exists x / \boldsymbol{W}, \forall x / \boldsymbol{W}, \qquad \text{其中 } \boldsymbol{W} \text{ 是一组变元}$$

相应的博弈指令将是在独立于或不知道集合 W 中变元的情况下,来选择一个 x 的值。因此,上述的分支解读将对应于

$$\forall x \exists y \forall z \exists u / \boldsymbol{x}\, R(x, y, z, u)$$

这种扩充导致了允许连接词 $\vee / \boldsymbol{W}$、$\wedge / \boldsymbol{W}$,其中证实者或证伪者的选择必须独立于 W 的值 (Sandu et al., 1992)。我们甚至可以独立于先前连接词的出现,而在该连接词出现处做出选择。

信号传递 这一改变带来了微妙的问题。假设在命题公式 $(p \wedge (q \vee (r \wedge s)))$ 中,证伪者在后来的阶段,不再知道在第一个合取处做出了什么选择。那么证伪者就不知道现在正在进行的博弈:是为 p 还是为 $(q \vee (r \wedge s))$。然而,现在必须在 r 和

---

① 斯科伦函数并没有完全捕捉到证实者的策略,因为赋值也需要对析取进行命题选择。但这是一个很容易补救的问题。

s 之间做出选择的事实会告诉证伪者正在进行哪种博弈。这就是所谓的信号传递：一些相关的信息，即使没有被公开地提供出来，也可以由过去的一连串信号中推导出来。在 IF 博弈中，有许多触发信号传递的因素，并且关于它的讨论一直存在于 Hodges, 1997; Janssen et al., 2006 的文献当中。

如何弈博？　从语法转向语义，一个令人惊讶的问题出现了。应该如何进行 IF 博弈？正如我们在第一部分和第二部分中已经讨论过的，那些不完美信息博弈都记录了不确定性，但它们并没有告诉我们是哪些特定场景产生了这些不确定性。对于 IF 博弈的非正式解释从观察不完全到记忆丧失都有。一些这样的场景不得不说有些奇怪，比如如下用于间歇性记忆缺失的玩家的公式：

$$\forall x \exists y \forall z \exists u/\boldsymbol{x} \forall v \exists s\, Rxyzuvs$$

它的斯科伦形式是：

$$\exists f \exists g \forall x \forall z\, R(x, f(x), z, g(z))$$

但这并不会帮助我们了解发生了哪些活动，同时它也似乎只偏向于证实者的角度（关于这一点，后面会有更多介绍）。

有些观点认为，IF 博弈有玩家的群体或联盟，它通过限制群体内部交流来解释独立模式。

主体性和信息流　第二部分的另一个主题似乎与此有关。有些无知是博弈的一部分正式设计：想想给牌手发牌的情形。这些博弈可以由具有理想的推理和观察能力的玩家来进行。一个完全不同的无知来源是玩家的局限性：他们可能不注意、记忆力有限、作弊等等。在 IF 博弈的故事中，这些东西经常一起出现，使它们成为一个对于本书分析风格的有趣挑战。我们在本章中将对此略作探讨，但我们会提供给读者所有必要的线索，以便进行更深入的研究。

21.4　IF 博弈：进一步的示例

现在让我们看几个更详细的例子，看看会发生什么。

具体例子　在第十四章中，我们为任意一阶公式 φ、模型 M 和变元赋值 s 定义了扩展式博弈 $\boldsymbol{game}(\varphi, M, s)$，那么 IF 语法呢？我们在具有两个对象的论域上

已经有了 $\forall x \exists y/\boldsymbol{x} \; x \neq y$，并且对于任意的模型 $\boldsymbol{M}$，其形式应该是清楚的。接下来，考虑两个更复杂的信号传递例子，简单起见，我们把当中的不等式换成等式。第一个例子是 Hodges (1997) 中的一个巧妙场景。

例 21.4 伴随着信号传递的 IF 博弈

考虑对 $\forall x \exists y/\boldsymbol{x} \; x \neq y$ 进行修改，插入一个空量词 $\exists z$：

$$\forall x \exists z \exists y/\boldsymbol{x} \; x \neq y$$

在标准逻辑中，一个空量词不会产生任何影响。但在这个 IF 博弈中，情况就不一样了，它的行为与我们之前的例子不同。这一次，证实者确实有一个统一的获胜策略：

用你的 z-行动复制证伪者的第一步行动，然后将其复制为你自己的 y-行动。

现在转到 $\{s, t\}$ 上的博弈树，如何为证实者画虚线可能在一开始并不很清楚。下图中隐含了一个诀窍（以下的图示中，$win_{\boldsymbol{F}}$ 表示证伪者获胜，而 $win_{\boldsymbol{V}}$ 表示证实者获胜）：

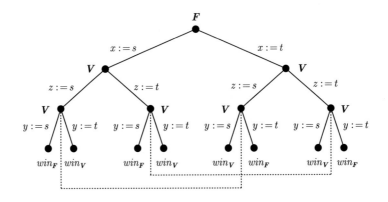

虚线表示证实者在第三轮中对于证伪者第一步的不确定性。与此同时，在那一轮中，线条显示证实者知道第二轮所做出的行动。我们在下图中用粗体箭头表示证实者的统一获胜策略：

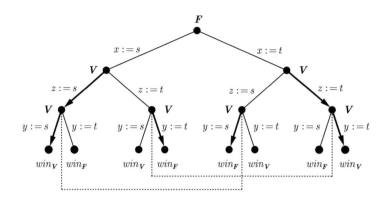

证实者的策略是将相同的行动指派给不可区分的状态。■

　　这个例子有一些微妙之处，它说明了第三章和第四章的要点。在这里所描述的第三轮中，证实者并不会知道当前是个获胜策略，这是因为证实者认为证伪者可能采取了另一步行动，在这种情况下，该策略的行动将导致损失。但是，如果我们也假设证实者知道实施所述策略，那么我们的博弈树就不再是一个正确的表示，因为我们将不得不放弃最里面的四个分支。在这种情况下，第三阶段就没有不确定性了。

　　此时，第三章和第四章的另一个观点又回来了。一个玩家可以有一个统一的获胜策略，但在每个阶段都不知道实施这个策略的剩余部分实际上就会获胜。想想看，我们跟着一个向导走过沼泽，却忘记了当初为什么要相信这个向导。从博弈论的角度来看，问题在于证实者缺乏对于图中博弈的完美回忆。在第三轮中，证实者忘记了第二轮中已知的信息。

　　然而，如果我们也考虑到玩家自始至终都知道自己的策略，那么博弈就会如上述那样简化，尽管它可能不再是一个对应于 IF 公式的博弈。此外，系统地表示这些额外的信息很可能会使我们陷入第六章所讨论的建模复杂度问题。①

　　现在我们要问的是，当证实者得到的信息更少时，会发生什么情况。

例 21.5　$\forall x \exists z \exists y / \{x, z\}\ x \neq y$ 的博弈

前面的博弈可以与 $\forall x \exists z \exists y / \{x, z\}\ x \neq y$ 的博弈形成有效对比，其中只有表

---

①　关于这个例子还可以说得更多，但目前的讨论将显示出即使是简单的 IF 方案也带有博弈论的意味。

示证实者不确定性的虚线发生了变化（以下的图示中，win_F 表示证伪者获胜，而 win_V 表示证实者获胜）：

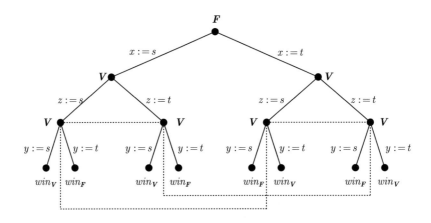

正如我们在这里看到的，简单的变化就会产生戏剧性的后果：证实者根本不知道现在的位置。依照在这个博弈中所画出的用来表示不确定性的这些线，证实者没有任何已知的策略可以发挥作用。■

在 Mann et al., (2011) 中可以找到决定任意模型中 IF 公式的博弈树的通用算法。

21.5　IF 博弈、代数以及不完美信息博弈的逻辑

现在是时候从我们在本书中对不完美信息博弈的一般观点来看问题了。回顾一下第三章和第十一章中的统一策略和效力等价的概念。IF 博弈通常被称为三值博弈，因为它们是具有非决定性的，但当然，在这种博弈中，我们真正要追求的是双方的效力结构。我们通过基本的观点来分析这些博弈，即它们在什么时候是相同的。

统一效力等价　我们现在用一个简单的例子进行说明。

例 21.6　IF 博弈中的效力

在我们的第一个 IF 博弈中，证伪者保留了完美信息版本中的最初效力，但证

实者失去了两个先前的效力，如下所示：

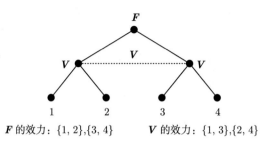

F 的效力：$\{1, 2\}, \{3, 4\}$　　　V 的效力：$\{1, 3\}, \{2, 4\}$

这似乎比完美信息版本更糟糕，但它实际上是一种更微妙的效力共享形式，使得两个玩家更加平等。[①]

正如我们在第三章和第十一章看到的那样，博弈等价性可以再次从这种新的意义上的效力角度进行分析。尤其，我们现在可以回答一个明显有关于第一个例子的问题：$\forall x \exists y / \boldsymbol{x}\ x \neq y$ 的正确博弈等价是什么？原始 IF 文献中所给出的一阶答案 $\exists y \forall x\ x \neq y$ 是不可能的：斜线博弈是非决定的，而一阶公式的博弈是决定的。该错误在于，这种等价关系只对证实者有效。为了处理两个玩家，我们需要一个更好的对称公式。

事实 21.1　公式 $\forall x \exists y / \boldsymbol{x}\ x \neq y$ 与 $\exists y \forall x / \boldsymbol{y}\ x \neq y$ 等价。

证明　给定的这个新公式的 IF 博弈与先前的 $\forall x \exists y / \boldsymbol{x}\ x \neq y$ 的博弈相对应，但现在其轮次和结果是互换的：

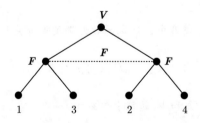

玩家的统一效力在这里与上述博弈中完全相同。这种等价关系反映了一类在第三章中讨论过的博弈论中的基本汤普森转换。　　■

[①]　正如我们在第三章中所观察到的，不完美信息对于那些设计在主体之间的社会场景至关重要，在这些场景中任务和效力被微妙地分配给主体。

这种效力分析的风格发挥着更广泛的作用。例如,霍奇斯公式 $\forall x \exists z \exists y / \boldsymbol{x} \ x \neq y$ 与无斜线的决定公式 $\forall x \exists y \ x \neq y$ 的效力等价可以被证明。

作为博弈演算的 IF 逻辑　前面的例子提出了一些有趣的逻辑问题。我们可以把 IF 逻辑的等价部分看作是博弈等价的演算,就像一阶逻辑编码了完美信息博弈的代数演算一样(参见第二十四章)。例如,以下新的量词等价是有效的:

$$\forall x \exists y / \boldsymbol{x} \ x \neq y \leftrightarrow \exists y \forall x / \boldsymbol{y} \ x \neq y$$

我们在上面发现了一个漂亮的新分配律,而这在经典逻辑中是做梦都不能有的。顺着这个线索,IF 逻辑是否像它所扩展的一阶逻辑一样,包含了一个可判定的核心逻辑,其中具有明显的等价算子而能将博弈上的统一效力等价进行公理化?那么,这将是 IF-型博弈的基本机制,而其余的复杂度问题则反映了一阶赋值和不确定性的特点。

并行博弈　通向逻辑的道路还有另一条。Abramsky (2000) 将 IF 博弈嵌入博弈语义(参见第二十章),用并行乘积来作为不完美信息的模型。另一种观点 (van Benthem, 2002b) 可以追溯到先前的分支量词前缀,这些前缀使得对变元的选择彼此独立,并在最后将它们相结合来测试一个矩阵原子。这样的博弈涉及矩阵博弈(第十二章)中的不完美信息,在其中对于他人在同一时间的行动一无所知。

从技术上讲,相关的博弈运算是在第十九章末尾定义的,即一个乘积 $G \times H$,其行动序列是 G 和 H 的一对独立行动序列,而它们结束状态的乘积为总结束状态。我们回顾一下这样一个博弈中玩家的效力。

事实 21.2　在乘积博弈中,玩家的效力满足等价关系

$$\rho^i_{G \times H}(s,t), X \quad \text{当且仅当} \quad \exists UV : \rho^i_G s, U \ \& \ \rho^i_H t, V : U \times V \subseteq X$$

其中,$U \times V$ 代表集合 U 和 V 的笛卡尔乘积。

这种乘积运算使得动态逻辑 DGL 之外的新规则有效,关于序列博弈运算的那些 DGL 规则已经在第十九章中讨论过了。出于当前目的,我们将讨论代数等式。

事实 21.3　以下博弈代数的等式对于乘积博弈是成立的：

$$A \times (B \cup C) = (A \times B) \cup (A \times C)$$

$$(A \cup B) \times C = (A \times C) \cup (B \times C)$$

$$(A \times B)^d \quad = A^d \times B^d$$

$$A \times B \qquad = B \times A$$

这可以通过对玩家效力的直接分析来证明。[①]

带有乘积的 IF 逻辑　进行乘积博弈 $\varphi \times \psi$ 是什么意思？现在，例 21.3 中分支量词的斜线公式 $\forall x \exists y \forall z /\{\boldsymbol{x}, \boldsymbol{y}\} \exists u /\{\boldsymbol{x}, \boldsymbol{y}\} Rxyzu$ 可以写成如下形式，该公式最后有一个测试博弈：

$$((\forall x \,;\, \exists y) \times (\forall z \,;\, \exists u)) \,;\, ?Rxyzu$$

由此，博弈代数定律有使用量词前缀的 IF 实例。

事实 21.4　以下等式在 IF 博弈代数中是有效的：

$$(\forall x \,;\, \exists y) \times ((\forall z \,;\, \forall u) \cup (\exists v \,;\, \exists u)) = ((\forall x \,;\, \exists y) \times (\forall z \,;\, \forall u)) \cup ((\forall x \,;\, \exists y) \times (\exists v \,;\, \exists u))$$

反之亦然，IF 逻辑的有效性规则表现为代数有效性。例如，先前的等值式 $\forall x \exists y /\boldsymbol{x}\, \varphi \leftrightarrow \exists y \forall x /\boldsymbol{y}\, \varphi$ 利用博弈代数术语可以表示如下。

事实 21.5　以下等式在 IF 博弈代数中是有效的：

$$(G \times H) \,;\, K = (H \times G) \,;\, K$$

这很容易从上述代数恒等式中推导出来。同时，IF 逻辑也能揭示出核心博弈代数的无效规则。

例 21.7　一个代数无效式

以下公式在 IF 博弈的代数中无效：

$$(A \times B) \,;\, C = (A \,;\, C) \times (B \,;\, C)$$

---

① 第四个等式认为状态 (s, t) 在乘积中的组成顺序是不重要的。

一个 IF 反例是斜线公式 $\exists y \forall x/\boldsymbol{y}\ x \neq y$，其赋值博弈并不等价于 $\exists x Rxy$ 和 $\forall y Rxy$ 的同时博弈。∎

对于不完美信息博弈的并行复合来说，IF 逻辑能否成为一种抽象代数的完全形式？

21.6 潜在的动态认知

我们以本书的一个中心主题来结束：博弈下的信息动态被视为行为的痕迹。让我们离开效力层面，看看在主体所进行的 IF 博弈中发生了什么，而这是范式背后不为人知的故事。本书第二部分在受信息驱动的行动的动态认知逻辑中研究了一般信息动态。首先，正如我们在第三章中所见，不完美信息博弈支持标准的认识论语言，把这两个系统放在一起，用这些语言来描述 IF 博弈内部发生的事情是很自然的。在认知程序逻辑中，我们甚至可以定义玩家的统一策略，利用第四章的知识程序来取代斯科伦函数。在这个方向上已经有了一些尝试（参见 van Benthem, 2006），但没有任何系统性的东西存在。[①]

这是我们在本章中所看到的主要挑战，但我们将 IF 逻辑和信息动态的交汇作为未来的任务。[②]

21.7 小　　结

我们已经展示了如何在逻辑博弈中加入重要的博弈论特征。我们的案例研究是 IF 逻辑，它将不完美信息纳入赋值的逻辑博弈中。我们已经展示了这些如何很好地契合于本书的一般博弈论观点，当中使用的概念包括了效力等价、博弈代数、统一策略以及认知逻辑。

---

① Galliani (2012a) 中有几个系统与此相关，它融合了依赖、信念和公开宣告逻辑。Rebuschi (2006) 甚至探讨了博弈逻辑中的一种旋转形式 EL(IF(EL(IF···，其中认知和博弈化交替进行着。

② 鉴于 IF 逻辑和依赖性逻辑之间的联系 (Väänänen, 2007)，这也将解决如何结合当今逻辑中的两个基本信息概念，即基于语义范围和依赖 (van Benthem et al., 2008a) 的问题。

这样一来，IF 逻辑就不仅仅是现有思想的并列了：新的现象出现了，它对逻辑学和博弈论都有意义。尤其，对于 IF 博弈的理解突出了一般性博弈的微妙之处。此外，我们发现了一个新的核心博弈代数，它扩展了第十九章中的内容，并嵌入更复杂的完整系统中。

我们的处理方法留下了许多未被探索的路线。正如本书第一部分和第二部分所研究的那样，我们看到了真正理解可实施的 IF 博弈需要一个基本的博弈理论。同样地，本章背后一定有一个更一般的、可能是可判定的核心博弈逻辑，它需要被挖掘出来。当然，逻辑博弈和博弈论的交汇除了不完美信息之外还有很多方面，其中添加偏好就是最明显的需求。

21.8 文　　献

本章内容以 van Benthem (1999)、van Benthem, (2004c) 和 van Benthem (2006b) 作为基础。

文中提到了许多重要的论文，但 Sandu (1993)、Hintikka et al. (1997) 是经典的介绍。而 Mann et al., (2011) 是一个优秀的最新资料。Väänänen (2007) 的依赖性逻辑是一个最近发展很快的相关框架。Galliani (2012a) 研究了介于 IF 逻辑、依赖性逻辑和 DEL 逻辑之间的各种融合系统。

21.9 进一步研究方向

像往常一样，我们的处理展示了许多进一步研究的路线。我们从正文中总结了一些内容，并添加了更多内容。

逻辑的方面　关于 IF 逻辑的文献强调了其高阶复杂度。敏锐的读者会发现我们对这一特征有些怀疑。它源于对斯科伦函数的量化：在我们看来，这是对 IF 博弈的直观语义的糟糕投射。更一般地说，依赖和独立的基本逻辑应该具有非常高的复杂度，但这一说法可能是由于核心演算和一阶设定中的偶然细节之间的混淆。

在复杂度和可公理化方面，似乎还没有定论。①

接下来是在本章中出现的其他几个逻辑主题。首先，博弈论的一个重要组成部分是 IF 逻辑中一个显式化的一般策略演算（参见第四章和第十八章），它摆脱了具体的一阶模型的细节。但在一个更粗的效力层面，IF 逻辑的外部博弈代数是未知的。而且，即使我们还不能找到这一点，我们也可以通过第二十四章中的赋值博弈将完美信息博弈的表示定理扩展到 IF 逻辑。②最后，人们希望能更好地理解本章中的系统的真正含义。能否存在一种"IF-ing"的一般转换，它能为任何逻辑博弈从证明到模型比较都生产出不完美信息的版本？引入玩家的有限记忆和知识在所有这些博弈中都同样有意义，但它们能被统一地转换吗？③

博弈论的方面 IF 博弈在逻辑博弈中引入了标准的博弈论结构。因此，博弈论的经典解决方法也适用。尤其，我们可以采取第十二章中的策略形式，并应用迭代剔除严格（或弱）被占优策略来修剪博弈。以下是 van Benthem, (2004c) 中的例子，它传达了这种精神。

例 21.8 回顾分支量词

回顾先前作为村民-乡民句子的 IF 公式 $\forall x \exists y \forall z \exists u/\boldsymbol{x}\, H(y, u)$。首先，这里有一个模型，它使得这个公式既不为真也不为假：

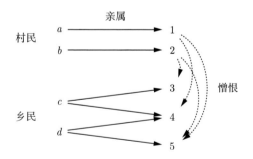

---

① 回顾我们在第三章中对逻辑的复杂度和它所描述的活动的复杂度的区分。关于 IF 博弈的陈述是很复杂，但这并不排除这些博弈可能比完美信息博弈更容易实施，因为玩家可能更简单，他们包括了自动机（第十八章）或记忆受限的主体（第七章）。

② Galliani (2012a) 声称在这个方向上有一些初步的结果，但也可以参考 Abramsky (2006) 中的 IF 逻辑和第二十章的博弈语义。

③ 还存在其他选择。第十四章的鹅卵石博弈是一个有趣的一般设定，它可以为玩家提供显式化的资源或记忆。

$\forall x \exists y \forall z \exists u/\boldsymbol{x}\ H(y, u)$ 在 u 独立于 x 的情况下不成立。然而，在没有斜线的情况下它是真的，所以在这个模型的 IF 语义中它也不假。　■

在这些模型上，我们现在可以应用完全标准的博弈论方法，例如第十二章和第十三章的求解算法。

例 21.9　将博弈求解算法应用于 IF 博弈

看一下玩家的最佳行动，很明显，证实者必须为 a 和 b 分别选择 1 和 2，所以相关策略基本上只是 c 和 d 的选择。证伪者的策略只是对于变元 x 和 z 的选择。按照博弈论的通常方式把结果制成表格，我们得到：

$\boldsymbol{V}$	34	35	44	45
$\boldsymbol{F}$　ac	−	−	+	+
ad	+	+	+	+
bc	+	+	−	−
bd	−	+	−	+

此处，＋代表证实者获胜，－代表证实者失败。迭代剔除弱被占优策略的过程中，会按以下方式剔除列或行：

$\boldsymbol{V}$	34	35	44	45
$\boldsymbol{F}$　ac	−	−	+	+
bc	+	+	−	−
bd	−	+	−	+

$\boldsymbol{V}$	35	45
$\boldsymbol{F}$　ac	−	+
bc	+	−
bd	+	+

$\boldsymbol{V}$	35	45
$\boldsymbol{F}$　ac	−	+
bc	+	−

因此，看一下最后一张表，证伪者最终应该选择 a 或 b，但总是选择 c，而证实者应该为 d 选择 5，并且为 c 选择 3 或 4。　■

这个过程的输出需要解释，因为它没有匹配的逻辑语法。但这一事实表明，将 IF 逻辑与标准博弈论相结合，可能会对玩家的角色、不完美信息博弈的依赖结构，以及与用作博弈场地的模型形状的联系产生有趣的新观点。

添加概率　前面所提到的博弈论的一个基本观点是，只有当我们从纯策略转向混合策略时（参见 Osborne et al., 1994，在混合策略中，基本行动以一定的概率进行），均衡才可能存在。这样的解决方案也出现在 IF 博弈中（我们再次遵循 van Benthem, 2004c）。

例 21.10　IF 博弈的概率框架

回想一下例 21.2 中讨论的试验性博弈：

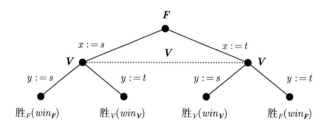

这实际上只是一个硬币配对的博弈。它有一个最优值 $(1/2, 1/2)$，由玩家使用概率各为 $1/2$ 的两种统一策略来实现。　■

虽然这些数值似乎是一个博弈的伪命题，但混合斯科伦函数实际上可能对应于可行的博弈风格（关于 IF 博弈的概率解决方案，Galliani, 2009a 和 Mann et al., 2011 中给出了一些最新结果）。[①]

依赖性逻辑　在 IF 逻辑中所提出的独立性，它是许多推理领域的一个关键概念。依赖性逻辑 (Väänänen, 2007) 将赋值的集合作为赋值的基本指标，其解释是"屉"（team）。IF 博弈描述了做出断言或给断言赋值时的程序性依赖，但屉也可能是自然界中客观依赖的模型 (Dretske, 1981)。Galliani (2012a) 将依赖性逻辑与第七章的动态认知逻辑以及第十九章的博弈代数联系起来。与 IF 逻辑一样，依赖

---

① 在 van Benthem, (2004c) 中的进一步主题，包括了与逻辑和概率（如零一律（zero-one law））相关的其他结果的联系，以及 IF 逻辑的真正栖息地是否在概率模型中的问题，在那里不仅有实施策略的方式，还有基础对象本身也变成了概率混合。

性逻辑也有很高的二阶复杂度，但这可以受到质疑。[①] 相比之下，"广义赋值模型"的依赖性逻辑对于一阶逻辑 (Németi, 1995; van Benthem, 1996) 则相反，它通过放弃一阶语义的通常特征（即变元的值总是可以独立于那些其他变元的值而被修改）来变得可判定。本章中的逻辑是由于依赖性，还是由于建模的偶然性而产生高的二阶复杂度？

从信息到控制　本章的思路有一个替代方案，即从依赖转向控制的基本概念（参见第十二章）。Harrenstein (2004) 定义了关于共享活动中主体控制变元值的布尔博弈。

逻辑博弈中的偏好　在不完美信息之后，下一个能在逻辑博弈中彰显意义并且在现实博弈中存在的层面，那就是本书第一部分、第二部分以及第三部分中所提到过的更精细层面——偏好。逻辑博弈中的自然偏好可能与使用很少的资源有关，或者它们可以为一个主张或一个证明的值来进行建模。[②]

这不是一个常规的补充。在带有偏好的设定中，逻辑法则（被解释为第四部分风格的博弈法则）可能会发生变化。我们重复一下先前在第二章中的一些例子。

例 21.11　*带有偏好的命题逻辑*

如果在带有玩家偏好的每个具体版本中，两个公式的策略均衡都相同，那么就称这两个公式等价。由此，命题分配律可能会失效：

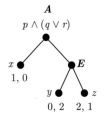 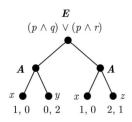

---

① 此处，亨金式（Henkin-style）的广义模型 (Väänänen, 2007) 可能会在斯科伦函数范围受限的模型中缓解复杂度问题。

② 进一步的动机可能来自多值逻辑，参见 Fermüller et al. (2013)。

递向归纳法计算出以下几对（ A-值， E-值）：

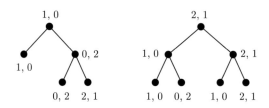

这些树代表了玩家联合行为的不同结果。因此，我们在左边预测结果为 x，而在右边预测结果为 z。 ∎

不过，一些标准的逻辑法则对于偏好还是有效的。

事实 21.6 当偏好为零和时， $A = A \cap (A \cup B)$ 这个吸收律成立。

关于带有偏好的有穷博弈，对于它完全的命题逻辑是未知的。它的有效式集合也可能为基于偏好的博弈等价的扩展概念提供线索，而这是第二章中已经提到过的一个迫切需求。

更多的主体和团体 虽然逻辑博弈倾向于有两个玩家，但没有什么能阻止我们拥有更多的参与者。至少在证明方面，重要的一点是：论辩往往不是一个双人博弈，而是一个三人博弈，这其中包含了一个支持者、一个反对者和一个裁判（参见第二十三章）。在本书的不同地方，从个体玩家到群体玩家的转变都很有意义。正如我们前面所说的，IF 博弈的玩家可能是"屄"，其信息依赖性来自对内部交流的限制，同样，依赖性逻辑也有一个强大的关于"屄"的解释。这种对于逻辑系统中的社会行为的观点值得认真听取，其中就包括了第一部分和第二部分所介绍的群体知识的概念。

第二十二章 知识博弈

对于第二部分中那些受信息驱动主体的动态，我们的范式是描述当前模型逐步变化的动态认知逻辑系统。这些单个的更新步骤聚集在较为长期的信息程序中，其中的整个博弈场所是一集随时间变化的分支历史，正如第五章、第六章和第九章所提到的认知时态模型那样。这些模型在选择可容许的历史时体现了一种信息协议 (Fagin et al., 1995; van Benthem et al., 2009c)，而博弈显然是这个巨大空间的具体表现形式。在本章中，我们将简要讨论一个有趣的最新发展，即 Ågotnes et al. (2011a) 的知识博弈，这些知识博弈可以在认知模型上进行，我们将展示它们如何融合逻辑和博弈论的思想。

22.1 认知模型上的群体交流

一个认知模型代表了一群认知主体的信息状态。关于群体的一个动态观点是，他们参与共同的活动。为了了解这一点如何在认知模型上发挥作用，让我们从一个合作场景开始。[①]

告诉所有人：最大限度的交流 考虑两个认知主体，他们在信息模型 M 中的一个现实世界 s 上。他们可以告诉对方自己所知道的事情，以此来缩减模型。那他们能提供的最佳正确信息是什么？

例 22.1 主体通过内部交流可以达到的最佳效果

在以下模型中可以达到的最佳效果是什么？

---

① 本节主要来自 van Benthem (2011a)。简单起见，我们将主要使用具有两个认知等价关系的有穷模型。

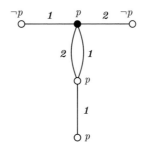

几何学的直觉表明，结果一定是以下模型：

确实如此。例如，*1* 可能会说"我不知道是否是 p"，由此排除了最右边的世界，然后 *2* 可能会说"我也不知道"，由此排除了最左边和最底层的世界。他们也可以同时说这些事情并达到同样的效果。■

　　对于任意"主体说他们知道"的更新序列，它都必须终止于某些无法再缩减的子模型。当每个主体所知道的一切在每个世界都是真的，就达到了这个缩减的极限，由此知识也就成为了公共知识。van Benthem (2011a) 研究了由此产生的"核心模型"，揭示了一些技术上的微妙之处。[1]就我们本章的目的而言，以下内容就足够了。回想一下第三章中的"分布式知识"概念，即一个群体在所有个体认知可及性关系的交集中所蕴涵的知识 (Fagin et al., 1995)。忽略复杂的认知断言，通过自由选择主体可以宣告他们所知道的内容，以下是许多信息协议的共同属性：迭代交流将分布式知识转变为公共知识。[2]

　　实际上是否达到公共知识依赖于场景，而且信息流可能很微妙。回想一下第七章的泥孩谜题。孩子们被允许说的话受到了高度限制；但即使只说明他们目前

---

[1]　例如，在有穷的互模拟-收缩模型上，通过同时宣告每个主体都知道哪些是真的，就可以达到核心模型。在这种有两个主体的模型中，"核心"也可以通过两个连续的单主体宣告加上一个收缩来达到。但在有三个主体的情况下，连续声明主体所知道的全部内容就不一定能达到"核心"，结果就会依赖于顺序。

[2]　对于分布式知识的最佳解释存在一些技术问题，一些作者使用此处所述的动态属性作为其定义。

对于泥巴状况的知识或无知，也会产生关于真实物理事实的公共知识。在第八章、第九章和第十三章中，当我们通过迭代宣告玩家的理性来分析博弈的解决步骤时，也出现了迭代某一固定断言 φ 的最大交流场景。但在接下来的场景中，断言可能会在各个阶段有所不同。

22.2 认知模型上的博弈

考虑一下玩家有竞争利益的博弈。真正的交谈毕竟混合着合作与竞争。

首先要注意的是，交谈场景很微妙。

例 22.2　成为第一个知道的人

以下绘制的模型中，在实际的世界 x，主体1知道情形 p 是事实，但不知道 q 的情况。主体2知道 q 是事实，但不知道 p 的情况：

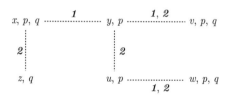

让我们假设主体必须说一些他们知道是真的东西，而且更重要的是，它必须是不平凡的。主体依次发言，并且由1开始。双方的目标是成为第一个知道现实世界的人，而另一方不知道。无论谁获胜，都必须宣称胜利。在这个博弈中会发生什么？让我们将断言描述为模型的子集，以避免编写复杂的认知公式。知识条件意味着所述集合在说话人的可及性关系下是封闭的。

现在1没有宣称胜利，这就排除了世界 z。1可以先说出 $\{x, y, v\}$，这是1所知道的最有力的断言。然后2知道了实际的世界是什么，并赢得了博弈。在我们看1的其他选择之前，这里已经有一个微妙的问题。虽然这个断言使2在现实世界中获胜，但1并不知道它将使2获胜，因为在世界 y 中，它并不会这样。接下来，1有另外两个选项 $\{x, y, v, z\}$ 和 $\{x, y, v, u, w\}$，但它们说得更少。前者没有任何影响，因为 z 已经被排除了。后者仍然告诉2，现实世界是 x。

让我们再看一下 y 是现实世界的情况。在这种情况下，2 对于 $\{x,y,v,u,w\}$ 的回应必须是 $\{y,v,u,w\}$，之后 **1** 必须说 $\{y,v\}$。然后，**2** 就输了，无法宣称胜利，而且也没有什么好说的。

通过改变获胜条件，还会出现其他有趣的情况。 ∎

即使从这个粗略的例子中也可以看出，认知模型支持有趣的场景。通过同样的方式，本书所使用的任何认知模型都可以在博弈中得到挖掘。

例 22.3　纸牌博弈

回顾我们绪论中的三张牌博弈。在以下模型中，是否有玩家具有成为第一个知道的策略？

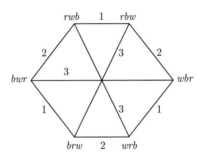

答案是，没有玩家有这样的纯策略。诸如此类的博弈将在下文中再次出现，在这里它们提出了概率均衡的解决方案。 ∎

这些博弈在某种程度上是群体内部的，因为人们只是传达关于一些固定世界的信息。现实中，博弈也可能涉及发现新的事实，但为了本章的目的，我们将忽略这种外部场景。

22.3　宣告博弈

Ågotnes et al. (2011a) 很好地提出了一个认知模型上的博弈设定，他们通过明智地限制场景，得出了更明确的结果。这一次，玩家只说一次话，而且是同时说，就像我们合作场景的最简单版本一样。但现在他们的目标可能是不同的。在这里，我们把目标定义为一个认知公式 φ，它可以是在一个点模型 $(\boldsymbol{M}, s)$ 上为真或者为假。先前的"第一个知道"的博弈可以用这种方式来定义，原来的合作场景也可以如此，它可以通过实现对某些断言的公共知识的这个共同目标来定义。

定义 22.1　宣告博弈

给定任意认知模型 $\boldsymbol{M} = (S, \{\sim_i\}_{i \in I}, V)$，我们定义策略宣告博弈如下。当中有两位玩家 *1* 和 *2*。一个行动指的是某个认知断言 φ 的一个宣告 $!\varphi$。为了方便，我们再次将这些视为论域 S 的子集。玩家们可以使用相同的断言，但我们保留之前的规定：他们只能说他们知道为真的事情。玩家的目标由两个公式 γ_1 和 γ_2 给出。在模型 $\boldsymbol{M}$ 的世界 s 中，我们定义联合断言的效用值：

如果 $\boldsymbol{M}, s \models \langle !(\varphi \wedge \psi) \rangle \gamma_1$，那么 $U_i^s(!\varphi, !\psi) = 1$，否则为 0。[①]

由此产生的策略博弈允许玩家采用所有的统一性策略，也就是说，在玩家认知上无法区分的世界之间，所做的断言保持一致。那么，一个策略组合 (σ, τ) 的总效用被定义为在特定世界上的平均效用（假设有一个均匀的概率分布）：

$$U_i(\sigma, \tau) = \Sigma_{s \in S} u_i^s(\sigma(s), \tau(s)) / |S|$$

这是一个一次性的博弈，不包括较长的序列。　　　　　■

从一个适当的博弈论均衡概念的角度出发，所引论文的结果澄清了我们先前的例子 (Osborne et al.,, 1994)。

事实 22.1　在纯粹的统一性策略中，宣告博弈不一定有纳什均衡。然而，它们在混合策略中的均衡与博弈论标准意义上的相关贝叶斯博弈的均衡相同。

从逻辑学的角度来看，也许最有趣的是进一步的精细结构，其形式是获胜和目标的逻辑形式之间的联系。假设目标陈述都是"全称的"，由仅应用合取、析取、认知算子的命题变元及其否定，以及带有全称宣告的动态模态词构成。这种特殊公式在任何当前模型的子模型中都保持成立（见第七章）。

---

① 该条件赋值了两个给定的一对断言是否会实现玩家 i 的目标。在 Ågotnes et al. (2011a) 中，该条款使用的不是这些陈述本身，而是玩家知道或不知道这些陈述为真的宣告。然而，目前更简单的形式仍然可以通过改变公式来定义，并将任何关于话语的要求，都放进博弈可接受断言的协议中。

事实 22.2　　具有全称可定义目标的宣告博弈，它拥有纯策略中的纳什均衡。

事实上，双方都对自己知道的东西做出最强的断言，弱化了他们可能采取的任何其他策略。

目标的使用与本书的其他部分相联系。正如第九章所指出的，用目标而不是偏好来赋值博弈的结果是很有吸引力的，它符合基于优先级的偏好逻辑（参见 Liu, 2011）。

更多博弈论　　与第二十一章的不完美信息博弈一样，现在还有许多进一步的话题是有意义的，这包括了标准的博弈解决方法，如 SD^∞ 或 WD^∞（参见第十三章）。它们的结果告诉我们关于初始认知模型的什么内容？而更一般地说，在一般宣告博弈中得到的概率均衡值是否有一个自然的逻辑解释？

22.4　提问博弈

现实的交谈不仅仅涉及陈述：它的动态是由提问和回答驱动的。这也产生了可以用上述方式处理的认知博弈（参见 Ågotnes et al., 2011b）。我们只给出一个大概。

定义 22.2　　提问博弈

提问博弈所使用的结构与先前的宣告博弈相同。我们只陈述需要改变的内容。这一次，每个玩家同时提出一个问题"φ?"。另一个玩家的回答是强制性的："是"（如果你知道 φ 是真的）；"否"（如果你知道 φ 是假的）；否则就是"不知道"，这时自动进入下一轮博弈。这就像以前一样用相应的陈述来更新模型。根据答案来计算效用，其中相关的答案可以从局部世界 s 中读取。　　　　　　■

论文中的主要结果在形式上类似于宣告博弈的结果。不过，动态变化的有趣在于不同的地方，这是因为玩家现在可以迫使他人做出回应。引用的论文表明，在同一个认知模型上，断言博弈和提问博弈可能会有非常不同的结果。[①]

问题的动态　　在上述博弈中，问题仅作为一个开关：一个玩家决定另一个玩家必须说什么，但答案具有不确定性。因此，这些博弈并不明确表示：除了让我们

① 这只是一个表面上的比较，在这之下，两种博弈之间可能存在翻译。

解释答案之外，问题还有什么作用。现实的问答场景往往更长，这就导致上述博弈的扩展版本尚未被研究过。在这种扩展式博弈中，利用 van Benthem et al. (2012b) 和 Minică, (2011) 中的提问动态，提问本身可能被表示为行动。在第七章中已经给出了关于询问的行为处理的概要，并且知识博弈可能会由此被分析成一种知识和问题的复合动态逻辑。

22.5 认知博弈、不完美信息和协议

现在让我们回过头来，根据之前的章节来看看上述内容。最终，我们要考虑扩展式博弈，因为那是展开对话或探究的最佳方式。

很明显，到目前为止所考虑的所有场景都是第三章意义上的不完美信息博弈。事实上，它们可以从两个方面来看。一方面是所做的断言是公开的行动，它可以用世界的集合来识别。[①] 另一方面是有一棵由可能的行动组成的博弈树，玩家在每个阶段都知道哪些断言已经被提出。可以说，不完美信息存在于与这棵博弈树的节点相关的认知模型中，就像第六章和第二十五章意义上的投影。

这些不完美信息博弈契合了本书第一部分和第二部分提出的一般框架，其中从一些初始认知模型出发的、可容许的断言可以通过时态"协议"的方式加以约束。

认知协议模型 从第五章和第六章的意义上来看，知识博弈发生在认知森林中，在其中，我们从一个初始认知模型开始，而历史由连续的宣告产生。一些限制可以像第七章和第八章的协议模型那样施加，它们现在专门用于公开宣告逻辑 PAL（关于这种场景的一般逻辑，参见 Hoshi, 2009）。初始模型中的每个世界都有一个关于可容许断言的协议，并且由于可说的内容可能因世界而异（想想只说自己知道的东西），所以协议是"局部的"。这里至少有两个条件在起作用。陈述有一个先决条件，比如，说话者知道它们是真的，这就对世界集的封闭性条件提出了要求。但同时，断言必须在由上一个断言产生的子模型中进行。[②] 程序性的限制也可以有，比如不能多次重复同一个断言，这可能涉及协议中序列的实际语法。

---

① 玩家如何用语言描述这几集世界，可能会因场景和当前的模型而有所不同。

② 这需要对我们先前的 PAL 协议进行轻微的技术概括，或者至少要小心地定义初始模型中断言的可容许序列。

这是在一般性方面的一个重大飞跃。一个认知森林还不是一个博弈，但是我们可以通过增加玩家的轮次，以及为玩家安排顺序或并行来在协议上创建博弈。不过，作为不完美信息博弈，这一切都很简单。由于玩家的行动可以被公开观察到，因此不确定性仅来自初始模型中的认知可及性链接。这暗示了要重述第九章中讨论的表示定理。

事实 22.3 每个有公开观察的不完美信息博弈都可以表示为一个扩展式的知识博弈。

证明 使用具有完美回忆和无奇迹的玩家，证明的想法是将所有不确定性向下追溯到根部，在那里剩余的结构就是初始模型。那么就可以通过宣布其先决条件来取代这些行动。

因此，本章的知识博弈看起来很特别，但它们模拟的是一类更广泛的认识论情景。

再谈一次博弈论方面的问题 不完美信息博弈以统一的策略工作，而其纳什均衡可能很复杂。我们在此不追究这些问题，但 22.3 节中所精心挑选的特殊场景中的那些结果，在我们的一般设定中可能更难获得。

22.6 进一步的逻辑线索

最后，我们将从现在所处的位置出发，提出一些进一步的研究方向。

语言、表达力和公理化 知识博弈支持具有统一效力的迫使模态语言（如第十一章所述），而且我们也有兴趣确定这些条件如何来说明初始认知模型。根据获胜条件，可能会出现第三章和第四章所讨论过的特殊的认知特征，比如你知道如果你已经赢了。人们还希望有相对于知识博弈而言完全的一个认知迫使逻辑（Minică，2011 有一个初步的探讨），这也许与第七章中公开宣告逻辑的那个协议版本有关。

通过博弈实现结构不变性 知识博弈是探索某些给定认知模型结构的好方法，它超越了认识论断言中的那种直接真理。直观地讲，我们由此得到一个新的模型等价的动态概念，即相关探索博弈（exploration game）之间的同一性。而这有意义吗？至少这种不变性似乎超越了基本的认知语言，这是因为分布式知识与交集有关。Sadzik (2009) 在博弈论中研究了一个类似的问题，即具有相同的相关均衡的博弈，其解释需要内部交流。

与其他知识博弈的联系　在本书的设定下，一个有趣的联系是这里定义的知识博弈与第二十一章的信息导向的 IF 博弈之间的联系。此处，Galliani (2009b) 和 Galliani (2012a) 目前用于联系动态认知逻辑的工作可能是相关的。另一个明显的是与当前哲学和语言学中的提问和探究逻辑（inquiry logic）的比较。Hamami (2010) 将关于问题处理的动态认知逻辑与辛提卡的探究博弈范式联系起来，而特刊 Hamami et al. (2013) 概述了提问逻辑领域的最新进展。

22.7　小　　结

知识博弈似乎是一个有趣的博弈场所，它以一种新的视角展示了标准的认知模型。我们可以用不同的方式来看待它们。它们是现实交谈的模型，还是关于认知逻辑的一种新的逻辑博弈？答案是，"两者皆是"。因此，我们再次看到，在本书中，自然博弈可能有两个方面的主要线索纠缠在一起。

当然，正如我们所说，这些博弈是内嵌于给定模型中的。它们像法律程序一样，将所有证据摆在台面上（参考第十七章）。进一步的设计可以包括在探究情景中学习新事实（参见 Hamami, 2010），这可能是当前路径上的下一个步骤。

22.8　文　　献

本章内容主要基于 Ågotnes et al. (2011a)。一些想法来自 Ågotnes et al. (2011b)，而 van Benthem et al. (2012b) 和 Minică, (2011) 也是相关的。信息博弈和博弈论之间的进一步联系，包括了 van Rooij (2003a) 和 van Rooij (2003b) 中关于自然语言中提问和决策的问题，Clark (2011) 中关于建立意义的信号传递博弈，以及 Feinberg (2007) 中关于策略对话的研究。另一个相近的方法是最近使用知识探究博弈来定义知识本身的概念 (Baltag et al., 2012)，这个传统可以追溯到 Hintikka (1973)。

第二十三章 蓄意破坏博弈和计算

逻辑博弈可以将语义赋值或推理的基本逻辑任务进行博弈化。但博弈化也同样适用于其他现象。事实上,博弈正迅速成为交互计算的通用模型。在本章中,我们着眼于一个特殊的博弈,它是在研究搜索这一计算核心任务时所产生的。我们会发现这个博弈的逻辑背景,以及进一步的影响。因此在这个具体场景的范围内,逻辑博弈和博弈逻辑相遇了。

23.1 从算法到博弈:蓄意破坏博弈

标准的算法任务是单一主体的工作。但有时,将基本的计算任务转变为社交博弈是有意义的,它可以通过不同主体的角色来探查事情。要了解这是如何工作的,回顾在绪论中所提过的在对抗情况下图内可达性的关键搜索问题。

例 23.1 *破坏旅行网络*

下图给出了阿姆斯特丹和萨尔布吕肯这两个欧洲逻辑与计算中心之间的旅行网络:

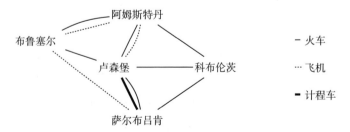

无论以哪种方式出行,都很容易计划行程。但现在交通中断了,一个恶魔开始在网络的任何地方删除链接。在我们旅行的每一个阶段,假定恶魔首先除去一个链接,而旅行者则沿着剩余的链接走。这就把一个单人计划问题变成了一个双人蓄意破坏博弈，而问题是谁能在哪里获胜。简单的策梅洛式推理表明，从萨尔布吕肯出发，德国旅行者仍有一个获胜的策略，而在阿姆斯特丹，恶魔对荷兰旅行者有一个获胜的策略。尤其，原始搜索问题的对称性被打破了。 ■

这个博弈是"蓄意破坏"的图可达性问题，它很好地反映了几年前荷兰铁路经常被中断的现实，每天晚上下班回家变成了一个高度复杂的博弈。更一般地说，任何图上的算法任务都会变成一个双人博弈，其中一个玩家，即"逃跑者"，试图完成最初的工作，而另一个玩家，即"阻挡者"，在每个阶段都要消除边线。当然，在这种情况下，不同的调度和获胜条件的存在仍然是可能的。

例 23.2 蓄意破坏的旅行商

给定一个无向图，逃跑者必须完成一个回路。这一次，每一轮让逃跑者先行动，之后阻挡者消除一个链接。玩家必须尽可能地移动：博弈在玩家第一次无法移动时停止。如果最后的情况包含一个完整的回路，则逃跑者获胜；否则，阻挡者获胜。

在下述博弈中，以在黑点处的逃跑者开始，哪位玩家有获胜的策略？

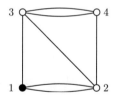

通过首先切断上面的一个链接，阻挡者拥有了获胜的策略。 ■

事实 23.1 蓄意破坏的图博弈是决定的。

证明 根据策梅洛定理（参见第一章）可以得到该事实。对于蓄意破坏博弈而言，通过在一个不断减少的图中移动黑点，很容易在扩展式博弈树中画出所有可能的位置。博弈最迟必须在所有链接都被删除时停止，并且总是以输赢告终。 ■

23.2 逻辑和计算的特征

这个博弈可能比原来单一主体的任务更有趣，但当我们解决它的博弈版本时，计算复杂度是如何变化的？图的可达性是在 *Ptime*，但现在会发生什么？这里有两种对立的力量：蓄意破坏博弈导致图作为位置的数量增多，但这些图也变得越来越简单。

逻辑学的视角可以提供一个复杂度的上限。解决蓄意破坏博弈相当于用一个适当的一阶公式进行模型检测。为了方便，将给定的图 G 视为由边组成的一个集合。

事实 23.2 在图 G 中逃跑者有一个获胜的策略，当且仅当，以下对边进行量化的一阶公式在 G 中为真：$\exists x_1 \forall y_1 \exists x_2 : x_2 \neq y_1 \ \forall y_2 \exists x_3 : x_3 \neq y_1, x_3 \neq y_2 \cdots \alpha(x_1, x_2, \cdots, x_k)$，其中 α 是适用于剩余边的标准可达性条件。[1]

定义的一阶公式的长度与图的大小呈线性关系，但我们量词的交换会产生复杂度的问题（原始的可达性问题只有存在量词）。因此，复杂度的上界是有穷模型上一阶公式的统一模型检测所需的多项式空间，这包括模型的大小加上公式的大小。因此，考虑到公式对图的依赖性，解决蓄意破坏博弈最多需要 *Pspace* 的图大小。

但下界如何呢？我们可以从与量化布尔公式（QBF，参见 Papadimitriou, 1994）的联系方面给出一个 *Pspace* 下界的启发式论证。对于蓄意破坏图的可达性，真正的解决方案在 Rohde (2005) 中，它表明这个复杂度至少有 *Ptime*。

定理 23.1 解决蓄意破坏博弈的复杂度是 *Pspace*-完全的。

证明 这使用了一个漂亮的组合论证，采用"编码小工具"的技术将 QBF 问题表示为蓄意破坏任务。

这意味着，蓄意破坏博弈需要多项式量的内存空间，就像围棋或国际象棋一样。现在已经用类似的方法分析了许多变形，其中 Kurzen (2011) 是一个最新的处理方法。

---

[1] 我们也可以将其写成图中点的一阶属性。

23.3　其他解释：学习

像上述这样的链接消除博弈在学习方面也得到了有趣的进一步解释。本书绪论中提到了一个变形，即教师试图阻止学生到达逃跑的位置，而教师试图迫使学生到达某个点的版本也是有意义的。这种对蓄意破坏的学习解释已被证明比乍看起来更重要，它在 Gierasimczuk et al. (2009) 中得到进一步发展，而 Gierasimczuk (2010) 将其与形式学习理论的一般观点联系起来。[①] 在这样的实际环境中，$Pspace$ 的复杂度体现了没有一个可以保证获胜的简单不变量。[②]

23.4　关于博弈化的计算和博弈论方面

计算复杂度　蓄意破坏只是将算法任务变成互动博弈的一种方式。我们在上面所指出的复杂度从 $Ptime$ 到 $Pspace$ 的向上跃升，不一定在所有的博弈化中都成立。例如，以下是图可达性的另一种情况，即有人试图在途中阻止一个玩家。这个抓捕博弈（catching game）与苏格兰场的室内游戏隐约有着相似之处。

定义 23.1　**有本事你就来抓我**

从一个初始位置 (G, x, y) 开始，其中，玩家*1* 在 x，玩家*2* 在 y，*1* 先行动，然后是*2* ，以此类推。通过在固定有穷的行动步数中到达目标而不与*2* 相遇，*1* 由此获胜。否则*2* 获胜。　　　　　　　　　　　■

因此，玩家*2* 通过在目标区域之前抓住玩家*1* 而获胜，并且如果玩家*1* 被困住，或者博弈无限期地继续下去，玩家*2* 也会获胜。其他造成这些获胜条件的方式允许平局。

---

① 该博弈还被用于心理学实验和教育（见 http://www.talentenkracht.nl/ 列出的项目）。带有旅行地图的棋盘版本已经被开发出来，利用它与 7 岁的孩子一起玩，以此作为研究儿童所出现的策略思维的一种手段。

② van Benthem (2005b) 的原始论文还讨论了社交技能的博弈，如避开讨厌的人，或在招待会上寻找名人等。这样的场景可能涉及第三个玩家，他影响了与其他人见面的机会。

与蓄意破坏场景的不同之处在于，图在博弈过程中保持固定。事实上，计算复杂度也保持在较低水平。

事实 23.3　抓捕博弈在 *Ptime* 内可解。

证明　这个博弈可以在一个新的图上重新进行，其位置为 (G, x, y)，玩家的行动方式与之前一样，而当 *1* 被抓或被困住时，*2* 可以自由行动。如果玩家 *2* 能一直行动下去，那么他就赢了。正如第十八章所述，像这样的图博弈可以在图形大小的 *Ptime* 内得到解决。　■

关于上述证明的细节，以及在逻辑和复杂度理论的界面上分析的其他博弈，参见 Sevenster (2006)。不过，我们似乎还是可以说，对于是什么决定了博弈化算法与原始任务相比的复杂度，我们依然缺乏了一般性的理解。①

蓄意破坏博弈本身　人们也可以干扰任何博弈本身。考虑一个树结构，为了方便，假定当中只有一个玩家，在每一轮开始时，让一个阻挡者从树上修剪掉一个行动。这种局部的干扰并不显著。

事实 23.4　蓄意破坏博弈仍然可以通过逆向归纳法解决。

证明　在原博弈中，人们仍然可以用策梅洛的算法来归纳计算获胜位置。在任何节点上，逃跑者对阻挡者都有获胜的策略，当且仅当逃跑者在子树上至少有两步可用的获胜策略。从右到左，阻挡者在第一轮最多只能攻击其中一个子树，让逃跑者能够自由地去到另一个子树。从左到右，如果最多只有一个这样的子树，那么阻挡者就消除能够到那个子树上的行动，迫使逃跑者做出一个移动到失败位置上的选择。　■

我们的蓄意破坏图任务并不是这样。通过只删除图的一条边，恶魔在相关博弈的许多阶段中削减了旅行者的旅行选择。这就从相应的博弈树上同时删去了一整集行动。这种全局变化的结果利用归纳难以计算出来 (Jones, 1978)，而这反映在我们原始的蓄意破坏博弈的较高复杂度上。

---

① 还有其他未解决的问题。罗恩·范德梅登（Ron van der Meijden）（在私下的交流中）指出，我们的分析将一个给定的任务博弈化，但没有将解决该任务的原始算法博弈化。是什么转换使得一个标准的搜索算法变成了蓄意破坏博弈的策梅洛策略？

效力和联盟 博弈化的算法表明了与标准博弈论的各种联系。蓄意破坏使 n-人博弈变成 $(n+1)$-人博弈，并将包括阻挡者在内的玩家群体的联盟效力联系起来。

例 23.3 *有联盟的蓄意破坏博弈*

下面是一个极其简单的例子，显示可能发生的情况：

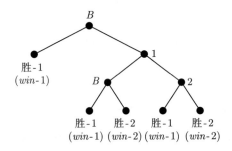

向上归纳起来，我们可以像第十一章那样计算出获胜联盟。在根部的这种混合类别的一个获胜联盟是 $\{\boldsymbol{B}, 1\}$ 集合。 ∎

认知版本和不完美信息 一个蓄意破坏的认知版本是观察受限，它导致了第三章中的不完美信息博弈。也许我们无法准确地观察到恶魔所做的改变，就像战争和许多室内游戏中发生的那样。这种修改后的博弈的纳什均衡可能涉及混合策略，那我们对博弈化的研究就必须包括概率方面的考虑。这在现实的网络问题中也是很自然的，恶魔或阻挡者可能是一个随机的对手，他不一定会用最好的方式来对付我们。如果我们把算法变成不完美信息的博弈，解决方案的复杂度可能会再次跃升（再一次，参见经典的 Jones, 1978）。[①]

23.5 蓄意破坏的逻辑方面

我们也可以把蓄意破坏博弈看作第十四章那样的逻辑博弈，尽管是不寻常的那种：模型本身在赋值过程中发生了变化。[②] 一个标准的可达性问题相当于赋值模态

[①] Sevenster (2006) 对认知博弈化的算法进行了广泛的研究，这与第二十一章的 IF 逻辑相联系。

[②] 因此，蓄意破坏逻辑似乎与 Gabbay (2008) 中回应性的克里普克模型有关。

公式 $\diamond\cdots\diamond p$，其中命题 p 在目标状态中成立。有穷模型上的模态公式的统一模型检测，其在模型和公式的大小上具有 *Ptime* 的复杂度。这比一阶公式的 *Pspace*-复杂度要低。然而，蓄意破坏的模态公式在我们赋值时会改变模型。

定义 23.2 删除链接的蓄意破坏模态词

一个跨模型的蓄意破坏模态词指的是移除箭头的子模型：

$$M, s \models \langle - \rangle \varphi, \quad \text{当且仅当存在一个在 } R \text{ 的链接 } (s, t) \text{ 处使得}$$
$$M[R := R - \{(s, t)\}], s \models \varphi$$

这是一种新型的模态词，但语义赋值完全是经典的。 ∎

蓄意破坏模态逻辑 蓄意破坏模态逻辑的语言有旧的标准内部模态词 $\diamond$ 和新的外部模态词 $\langle - \rangle$，以及这两者的结合。例如，众所周知的事实是，在链接较少的子模型下，语法上的全称公式被保留下来，这就表明了这种新模态逻辑的有效性。

事实 23.5 对于事实的原子陈述 p 来说，公式 $\Box p \rightarrow [-]\Box p$ 有效。

蓄意破坏模态逻辑缺乏一些标准的模态特征。例如，上述有效性对于任意模态公式 φ（而不是 p）并不成立，因为它们的真值在转到新模型时可能会发生变化。一个具体的反例很容易找到，但我们将这个任务留给读者。

更引人注目的是，不同于本书中使用的基本模态逻辑，新语言对于互模拟来说并非是不变的。

事实 23.6 蓄意破坏模态公式 $\langle - \rangle \Box \bot$ 对于互模拟来说并非是不变的。

证明 公式 $\langle - \rangle \Box \bot$ 在一个禁自反的 2-循环上成立，但是在具有全局可及性关系的两个点的互模拟模型上不成立。 ∎

尽管如此，我们仍保留了模态语言的以下标准特性。

事实 23.7　蓄意破坏模态逻辑的所有公式都可以翻译成图的一阶语言。

证明　我们只是举例说明，$\langle-\rangle\Box\bot$ 翻译成公式：

$$\exists y\exists z(Ryz\wedge\neg\exists u(Rxu\wedge\neg(x=y\wedge z=u)))$$

并且从这个具体例子中应该可以看出一般的翻译方法。　　　　　　　　■

这种一阶翻译的炸裂式长度仅为多项式级别，因此模型检测最多是 *Pspace*。Rohde (2005) 增加了一个下界，表明蓄意破坏模态逻辑和一阶逻辑一样，复杂度都是 *Pspace*。

定理 23.2　蓄意破坏模态逻辑的模型检测是 *Pspace*-完全的。

这种翻译使得可判定性的复杂度没有得到解决，但罗德（Rohde）也证明了在赋值过程中，模型变化对于逻辑的影响可能是剧烈的。

定理 23.3　蓄意破坏模态逻辑是不可判定的。

蓄意破坏还建议在第四部分修改我们的逻辑博弈。例如，正如第十四章和第十八章所提到的，当我们通过增加或删除对象来改变模型，或者在原子测试期间改变事实时，一阶赋值博弈会发生什么？在第九章所考虑的博弈变化的场景中，很容易找到这种变化的动机。

模型变化的一般逻辑　这里有一些普遍的现象正在发生。越来越多的逻辑体系涉及在不同于初始模型的某些模型上进行赋值。例如第七章中 PAL 系统的公开宣告模态词 $[!\varphi]\psi$，它将赋值转移到一个可定义的子模型上，而更一般的动态认知逻辑则提供了更多关于乘积模型的例子。另一个重要的例子是 Hollenberg (1998) 的模态"互模拟量词"$\langle p\rangle\varphi$，它要求 φ 在某个（当前赋值模型的）互模拟变形中的真值以 p 的真值为模数。[①] 我们的最后一个例子是移动到任意子模型，而不是一个接一个地丢弃箭头：正如 Balbiani et al. (2009) 的逻辑 APAL。

关于模型变化的逻辑学的一般理论仍有待于理解。这是本书中逻辑动态程序提出的一个主要基础问题。

---

① 互模拟量词为模态 μ-演算提供了一种替代语法。

23.6 小 结

蓄意破坏博弈是很自然的,它在实践和理论上都导致了有趣的后续。它所展示的是计算任务如何能够轻易地成为交互式的。因此,它提供了一种将单一主体场景博弈化的一般方法。[①] 在本书的背景下,我们以一个问题结束。蓄意破坏场景是一个逻辑博弈,还是一个博弈逻辑? 关键是这种区别并不重要:蓄意破坏具有二者的特征。这表明本书中的两条主要线索可以自然地缠绕在一起。

23.7 文 献

本章内容以 van Benthem (2005b) 中原始的蓄意破坏场景为基础。

我们已经提到了一些重要的后续文献,如 Rohde (2005)、Gierasimczuk (2010) 和 Kurzen (2011) 这些论文。最近关于蓄意破坏博弈的计算性变型可以在 Klein et al. (2009) 中找到。

[①] van Benthem (2007d) 讨论了更多关于博弈化和认知化的一般概念,这些概念是向计算的社会范式迈进。

第二十四章 逻辑博弈可以表示博弈逻辑

本章给出一个技术示例，说明逻辑博弈可以为一般的博弈逻辑做些什么。逻辑博弈是有着特殊目的的活动，因此，它只是所有博弈世界中的一个小角落。但有时，这些特殊博弈为任意博弈提供了一种规范形式。本章通过证明第十四章的赋值博弈对第十九章的博弈代数的完全性，以此建立了这样一种联系。这可以看作是进一步将逻辑博弈与博弈逻辑连接起来的表示定理的范式。我们以电报式的风格来呈现这些材料，主要就是把本书中在其他地方解释过的线索编织在一起。

24.1 迫使关系和博弈运算

第十一章和第十九章在抽象的博弈模型（博弈域）上定义并研究了迫使关系和玩家的效力：

$$\boldsymbol{M} = (S, \{\rho_a \mid a \in A\}, V)$$

其中，ρ_a 是状态集 S 上的原子迫使关系，它一开始就给定了。基本的博弈代数是关于析取（选择）、对偶和复合的博弈构造。这些按如下列方式定义。

定义 24.1 *复杂博弈的迫使关系*

我们考虑只有两个玩家的博弈，并利用效力的标准向上单调性来简化条款：

$\rho^E_{G \cup G'} x, Y$	当且仅当	$\rho^E_G x, Y$ 或 $\rho^E_{G'} x, Y$
$\rho^A_{G \cup G'} x, Y$	当且仅当	$\rho^A_G x, Y$ 且 $\rho^A_{G'} x, Y$
$\rho^E_{G^d} x, Y$	当且仅当	$\rho^A_G x, Y$

$$\rho_{G^d}^A x, Y \qquad 当且仅当 \qquad \rho_G^E x, Y$$

$$\rho_{G\,;\,G'}^E x, Y \qquad 当且仅当 \qquad \exists Z : \rho_G^E x, Z \,\&\, \forall z \in Z : \rho_{G'}^E z, Y$$

$$\rho_{G\,;\,G'}^A x, Y \qquad 当且仅当 \qquad \exists Z : \rho_G^A x, Z \,\&\, \forall z \in Z : \rho_{G'}^A z, Y$$

这些条款将关系代数的运算推广到类型对象与对象集合的关系，同时增加了一个没有关系代数对应的新概念（角色切换），因为它反映了额外的玩家结构。 ∎

因此，在本章中，我们假设所有的博弈 G 都是在第一章和第十九章的强意义上决定的：对于每一集结果 Y，或者玩家 E 可以迫使 G 在 Y 中结束，或者 A 可以迫使博弈在 $S-Y$ 中结束。那么，我们只需为玩家 E 定义迫使关系，将上述对偶条款替换为：

$$\rho_{G^d}^E x, Y \quad 当且仅当 \quad \rho_G^A x, (S-Y) \qquad\qquad (\$)$$

在下文中，这就是我们所说的博弈中的迫使关系。

24.2 迫使互模拟

第十一章的另一个基本概念是两个博弈域 M 和 N 之间的迫使互模拟。我们回顾一下第十九章中的一些事实。这些互模拟保留了动态博弈逻辑（DGL）语言中所有句子的真值，其关键特征是第十一章的策略迫使模态词 $\{G, i\}\varphi$，它使博弈变得显式化。

事实 24.1　DGL 的所有公式对于迫使互模拟来说都是不变的。

复杂术语 G 的归纳证明涉及一个新的安全性概念。

定义 24.2　*互模拟的安全性*

如果每当 E 是迫使关系 ρ 和 ρ' 的迫使互模拟时，E 也同样地是 $\#(\rho, \rho')$ 的迫使互模拟，那么一个博弈运算 $\#$ 对于互模拟来说是安全的。 ∎

24.3 基本博弈代数

当两个博弈术语的解释对双方玩家来说总是具有相同的效力时，基本博弈代数将其称为等价。因此，

> 如果在任何博弈域 M 上，每个玩家的 R 和 S 的迫使关系都是
> 相同的，那么 $R = S$ 就有效。

由此产生的博弈代数的一些经典有效法则是：

对于 $\cap, \cup, {}^d$	所有的布尔法则，除了那些涉及常元 $\boldsymbol{t}, \boldsymbol{f}$ 的法则之外
对于 $;$	结合律，相对于析取的左分配律，
	复合的对偶：$(G \,; H)^d = G^d \,; H^d$

不过，通常情况下，复合的右分配律对于选择是无效的：

$$G \,; (G_1 \cup G_2) = (G \,; G_1) \cup (G \,; G_2)$$

这些问题已经在第十九章中得到了广泛的解释，其中特别说明了基本的博弈代数是可公理化的和可判定的。

24.4 一阶赋值博弈和一般博弈法则

谓词逻辑的赋值博弈是测试事实（针对原子 Px）和挑选对象（针对量词 $\exists x$）的原子博弈的复合。这些博弈的设定方式使成功引理成立。

事实 24.2 一个一阶公式 φ 在模型 M 上为真，当且仅当证实者在博弈 $game(\varphi, M)$ 中有获胜策略。

博弈 $game(\varphi, M)$ 的具体迫使关系遵循上述关于玩家策略效力的归纳条款，现在从原子规定开始：

$\rho_{Px}^V s, Y$　　当且仅当　　$P^M(s(x))$ 且 $s \in Y$

$\rho_{\exists x}^V s, Y$　　当且仅当　　存在 M 中的某个 d 使得 $s[x := d] \in Y$[①]

现在，正如第十四章所讨论的，通常的谓词-逻辑有效式将分为几个层次。最一般的是满足以下要求的公式。

定义 24.3　模式（schematic）有效性

如果一个谓词逻辑公式在用其他博弈替换原子子博弈的情况下仍然有效，那么该公式就是模式有效的。　　　　　　　　　　　　　　　　　　　　　　■

关于博弈代数的一般法则的所有谓词逻辑实例都是上述概念中的例子，如布尔分配律或复合的结合律。存在量词对析取的分配则是反例：

$$\exists x(Ax \vee Bx) \leftrightarrow \exists x Ax \vee \exists x Bx$$

这体现了博弈中无效的右分配律。它只在一阶逻辑中成立，因为在存在量词博弈中玩家 E 有一个特殊的分离属性。正如我们在第十九章中所见，它的无效性可以通过在 $\exists$ 的位置插入一个全称量词（博弈）$\forall x$ 来具体证明。我们将看到这一点很重要。

24.5　主要结果

将一阶反例用于一般博弈法则，这个方法是相当强大的。本章的要点是一个表示结果：一阶赋值博弈对博弈代数来说是完全的。从下面的证明到关于定理的陈述，这个要点的确切意义将变得清晰。

我们勾勒出一系列步骤，将博弈等式 $R = S$ 的抽象反例变成只涉及一阶赋值博弈的具体反例。

第 1 步： 在某个博弈域 M 上取一个 $R = S$ 的抽象反例。在这个反例中，选取一集结果，其中 R^M 和 S^M 的迫使关系对玩家 E 来说是不同的，并称其为 p，其中 p 是某个命题字母。

---

① 由此可见，$\rho_{\forall x}^V s, Y$ 当且仅当所有赋值 s 的 x-变形都属于集合 Y。

第 2 步: 接下来,定义一个辅助的双排序一阶模型 N 如下:

(a) 状态-对象和 M 中一样,状态的集合作为新的对象被添加;

(b) 一阶关系 R_a 被定义在状态对象和状态集对象之间,与 M 中的原子迫使关系 ρ_a 相匹配,同时我们增加成员 E:

$$R_a s A \quad \text{当且仅当} \quad \rho_a s A; \qquad E s A \quad \text{当且仅当} \quad s \in A$$

该模型的谓词逻辑语言从这个描述中可以看出。如果需要,可以添加一个一元谓词字母 P 来表示上述命题字母 p。

第 3 步: 接下来的模型 K 是一个具体的博弈域:

状态是在 N 中为两个变元 x 和 y 的赋值指派适当对象的赋值

(直观上,即状态和状态集)。

现在我们用一个辅助的概念来定义 K 上的抽象迫使关系:

"值映射" f 将任意赋值 s 映射到对象 $s(x)$。

接下来,用 f-像定义 K 上的状态和状态集之间的关系:

如果存在某个集合 A 使得 $\rho_a s(x) A$,并且所有形如 $\{(x, d), (y, A)\}$

($d \in A$) 的赋值都属于 Σ,那么 $R_a s \Sigma$。

最后,我们定义原子谓词的值:

$$s \models p, \quad \text{当且仅当} \quad f(s) \models p$$

以下特征需要特别注意:

事实 24.3 在抽象模型 K 和初始状态模型 M 之间,映射 f 导出了一个迫使互模拟。

通过关系 $R_a s \Sigma$ 的定义,可以直接检查前后之字条款。根据动态博弈逻辑对互模拟的不变性,在 K 上有一个反例,证明了原等式 $R = S$ 不成立。

现在我们证明，K 是匹配一阶赋值博弈的场景。

第 4 步： 这里有一个关键的想法。K 中的基本迫使关系可以定义为上述适当的模型 N 上的标准迫使关系：

$$\exists y.R_axy\,;\,\forall x.Exy$$

事实 24.4 这个赋值博弈在 N 上计算的迫使关系等于上述 K 上的关系 $R_as\Sigma$。

这需要一个基本的验证。拆开上述公式的迫使定义，它与关系 $R_as\Sigma$ 的定义相符。　■

我们的构造到此结束。我们现在说明所取得的成果。

定理 24.1 一阶赋值博弈对基本博弈代数来说是完全的。

这证明我们选择赋值博弈作为本书的关键范式是正确的。[①] 至少对于序列博弈运算来说，它们说明了一切。

24.6　讨　论

标准化为标准公式 构造产生的公式暂时还不是标准的一阶公式。这还需要做两件事。首先，原子博弈的公式是缺乏矩阵的量词前缀。此处，我们只添加一些对任何玩家都成功的断言："真。"

接下来，对于复杂的博弈表达式，运算 ¬ 和 ∨ 在一阶公式中都有直接的对应，但复合运算；却没有。下面是解决这个问题的方法。让命题字母 p 来标记博弈迫使关系 R 和 S 的之间的差异。这就引出了一个原子谓词 Px，它可以作为一个矩阵断言加在前缀的末尾。这些前缀，对于复杂的博弈来说，是由两个常规的原子量词，加上对偶、选择和复合构造出来的。为了简化工作，以下语法规则将任何形式的"复杂量词前缀 P 加矩阵公式 φ"的复合，变成了具有相同联合博弈的标准谓词逻辑公式 $P|\varphi$。

---

① 事实上，带有有界量词的一阶逻辑就足以得到这个结果。

定义 24.4 量词前缀的归约规则

下面是复杂量词前缀的分解规则:

$$原子量词前缀\ P|\varphi\ =\ P\varphi$$
$$(P_1 \vee P_2)|\varphi\ \ =\ (P_1|\varphi) \vee (P_2|\varphi)$$
$$(P_1\,;P_2)|\varphi\ \ =\ P_1|(P_2|\varphi)$$

我们可以通过观察并不有效的博弈等式来检查构造是如何具体运作的,例如 $a\,;b = b\,;a$ 或 $a\,;(b \cup c) = a\,;b\ \cup\ a\,;c$。[①] ∎

有界与无界量词 在我们的证明中,替代原子博弈的公式使用了有界量词。我们是否可以仅使用标准一阶逻辑中的绝对量词来解决这个问题?首先,表面上看起来很有吸引力的替换公式 $\exists y\,;R_g xy\,;\forall x\,;Exy$ 实际上是错误的。[②] 而其他的技巧也表现得不太好。实际上,在一阶逻辑的博弈版本中,有界量词可能并不像通常一样,能用绝对量词定义。

最后是一点正面说明:保持有界量词不变,我们的主定理的证明也显示了模态赋值博弈如何足以捕捉到博弈代数。

24.7 扩充和期望

我们的完全性结果要比所说的强。上述构造很容易扩展到第十九章中所定义的完全的动态博弈语言。

定理 24.2 对于每一个动态博弈逻辑的句子来说,它在抽象博弈中可证伪,那它也在一阶赋值博弈中可证伪。

证明 这在我们的主定理的证明中是显而易见的,只需利用一个事实,那就是我们定义的迫使互模拟使所有这类句子保持不变。 ∎

---

① 通常情况下,有比这个一般诀窍更简单的反驳方法。

② 证实者对 $\forall x\,;Exy$ 的迫使关系要求要么产生整个状态集(如果公式为真),要么根本没有输出集。但我们想要所有使得 Rxy 成立的赋值。

这里有很多进一步的问题。我们如何扩展所得到的结果，以此在博弈逻辑和逻辑博弈之间建立进一步的联系？例如，本章中的所有博弈都是决定的。我们的结果是否可以扩展到第十一章和第十九章中介绍的抽象非决定博弈的代数和动态逻辑当中？尤其，第二十一章的 IF 博弈是否是一类完全的反例？答案可能涉及在上述词汇中加入新的博弈运算，如第十九章和第二十章的并行积。[①]

但即使是序列博弈运算，也会出现进一步的问题。互模拟不变性扩展到具有不动点算子的模态语言。对于上述博弈代数或动态博弈逻辑的更强的不动点版本，我们能否证明一阶不动点逻辑 LFP（FO）或模态 μ-演算（参见第十四章和第十八章）的赋值博弈的完全性？

24.8　文　　献

本章内容以文献 van Benthem (2003) 为核心内容。关于带有并行运算的版本的后续问题，参见 van Benthem et al. (2008c)。

[①] Galliani (2012b) 有一些相关的结果，尽管还没有一个关于不完美博弈的代数的表示定理，更不用说认知 DGL 逻辑。他的结果使用了上述证明中的模型转换，以基于"屉"间转换的动态效力逻辑来重塑 Väänänen (2007) 的依赖性逻辑。

第二十五章　逻辑博弈与博弈逻辑的融合

本书的观点是，逻辑博弈和博弈逻辑形成了一种自然的联系。许多章节都显示了这两种立场之间的联系，并且在把它们放在一起后，无一例外地引出了有趣的新问题。在最后一章中，我们将借鉴先前的主题，来简要讨论一些进一步的线索。如此得到的并非一个宏大的理论，而是融合我们主要线索的一个更好看法。

25.1　带有博弈术语的逻辑系统

在本书关于博弈运算逻辑的第五部分中，这两个领域的想法自然而然地相遇。在那里，我们介绍了动态博弈逻辑和线性博弈逻辑的系统，这些系统既将逻辑解释为博弈，又使用逻辑来理解任意博弈的组成结构。

这里需要做些澄清。首先，逻辑博弈的方面并非主要是关于第四部分中的所有博弈的，但直觉上它似乎围绕着赋值博弈。这与博弈语义的想法有关，即逻辑语言的意义包括了为其公式分配博弈。人们通常不会认为这种语义也包括我们考察过的其他类型的博弈，例如第十七章中的证明博弈，尽管"证明论语义"的支持者可能就是想这样做。甚至第十五章的模型比较博弈也以一种非常自然的方式来分析表达力。事实上，第十八章末尾讨论的计算逻辑的发展（参见 Venema, 2007）表明，它们也是理解逻辑的关键。

重要的是要记住，逻辑系统的公式因此具有双重面貌。在博弈语义中解释时，公式是一个用于描述博弈的复杂代数术语。而按照标准方式解释时，它是关于某种情境（可能是博弈）的断言。因此，逻辑语法的两种截然不同的功能结合在一起。

第二点是，逻辑博弈视角并不是唯一的解释方式。还有其他方法可以思考第五部分中的系统。从本书第一部分和第二部分的博弈逻辑视角来看，它们采取了一个非常自然的步骤，即通过为博弈术语添加合适的语法，将博弈本身带入语言。虽然前面部分的模态逻辑和时态逻辑是逐个博弈进行处理的，现在则是将不同模型的空间反映到了形式语言中。[①] 人们可以将这视为方法论的重大变革，我们现在从外部研究博弈，通过其复合的方式来理解其内部结构。但即使在博弈复合的观点上，逻辑博弈仍然是相关的。我们在第二十四章中的表示定理表明了，一阶赋值博弈如何为序列博弈运算的抽象代数提供了一种规范形式。这一结果最初来自对第十九章的动态博弈逻辑的思考，这再次提示了为第二十章并行博弈运算逻辑和第二十一章的不完美信息博弈寻找类似结果的开问题。

在本章的其余部分，我们将提出几个主题，说明内部结构和外部博弈描述的观点如何自然结合在一起。我们将探讨三个主题：博弈的多层次观点、策略演算和融合逻辑，以及用逻辑博弈来阐明博弈逻辑的精细结构。

25.2　在不同的层面上追踪一个博弈

第一个使不同观点并存的一般性话题是这样的：一个博弈可以从不同的角度，即更细层次和更粗层次的角度来观察。这样就允许使用与第一章的互模拟有关的方式，通过一个层次来追踪另一个层次。

追踪和模拟　以下模式是第六章、第十四章、第十八章和第十九章中若干概念和结果的基础。

定义 25.1　模拟对（simulation pair）
一个模拟对是由一个博弈 G 和一个更粗略的进程图 M（"追踪模型"）组成的，它们由一个从博弈状态到过程状态的映射 F 连接起来：

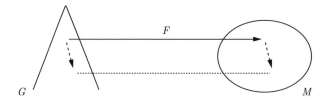

---

① 比较进程代数 (Bergstra et al., 2001) 如何从特定进程内的局部模态逻辑转移到进程项的一般代数。

映射 F 将内部的博弈输赢谓词与外部的可见属性相关联。[①] 对于 G 中的最终结果状态 s：

$G, s \models win_E$，当且仅当 对于 M 的语言中的某个公式 ω_E，$M, F(s) \models \omega_E$

$G, s \models p$，当且仅当 对于 M 的语言中的原子谓词 p，$M, F(s) \models p$

F 还通过追踪模型 M 来追踪博弈的动态，以此将内部博弈行动与外部博弈行动相关联。假设玩家在博弈 G 中有自己的行动。模型 M 只有两个二元关系 R_E 和 R_A。

这些关系在 M 通过 F 来满足 G 中行动的前后之字条件。

因此，F 的作用大致类似于互模拟（参见第一章）。 ∎

现在，从本质上讲，第一章的模态不变性分析适用于这里。考虑模态博弈语言中的任意一个（有不动点算子的）公式 φ。对于更详细的公式 φ，有一个明显的 $t(\varphi)$ 将其翻译到进程图的模态语言中，将 win-谓词替换成它们的 ω-版本，以及用 R-关系的模态词代替博弈行动的模态词。

事实 25.1 $G, s \models \varphi$ 当且仅当 $M, F(s) \models t(\varphi)$。

我们不给出明确的证明，而是给出一些具体的例子。

赋值博弈 第十四章中赋值博弈的成功引理有如下格式，其中 E 代表证实者：

$$game(\varphi, M), \langle s, \varphi \rangle \models \{E\}win_E，\quad 当且仅当 \quad M, s \models \varphi$$

映射 F 删除了博弈状态的公式成分，而留下了变元赋值。玩家的行动在两边都是相似的，并且遵循一个明显的前后之字条件。最后，获胜是一个外部属性，因为博弈状态 $\langle s, ?P \rangle$ 是 E 的获胜状态当且仅当 $M, s \models P$。因此可以使用前面的分析。迫使命题 $\{E\}win_E$ 可以由一个与第一章中迫使定义相匹配的模态不动点公式来定义。它的 F-翻译是一个在博弈域 M 中为真的模态不动点公式。

---

① 赢得博弈往往只取决于博弈域的一些外部属性。

这只有一个一阶公式，仍然不能解释成功引理中右边的那个简化形式。简化的原因是由公式 φ 所决定的博弈归纳结构，以及下述事实：第十一章和第十九章复合的迫使条款，它与 φ 中算子的标准真值条件精确匹配。

图博弈和不变量　第十八章的图博弈提供了另一个例子。此时，上述映射 F 从一个博弈形式 G 中删除了内部的轮次信息，并得到了以下形式的外部归约结果：

$G, \langle s, \boldsymbol{E} \rangle \models WIN_{\boldsymbol{E}}$,　当且仅当　博弈场所 $graph(G), s$ 满足某个合适的匹配不动点断言

合适的含义取决于我们如何在图博弈中定义获胜条件 (van Benthem, 1999)。正如第四章所述，翻译后的公式可以作为在博弈过程中保持的外部不变量。

关于两个层次追踪的进一步例子，它出现在博弈和博弈域之间的区分上，而这也是第十九章的中心部分（也见 25.3 节）。另一个例子是逻辑博弈中使用的不变量，比如第十五章的模型比较博弈。最后，外部状态描述也出现在博弈论中，参见 Binmore (1992) 中所讨论的那些博弈状态的不变量。

这里有一个不变量的具体来源：记忆中的粗略表示。

记忆作为追踪　考虑一个有穷状态机，它在博弈和记忆的转换之间进行模拟。

例 25.1　**作为有穷状态自动机的盲目模仿者**

我们在第二十章中的关键策略就属于这种情况。追踪整个博弈将事情投射到以下机器上（假设双方只有两步行动 a 和 b）：

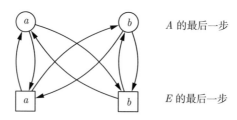

盲目模仿者策略是这个图的一个可定义的子关系。　■

这个例子说明了博弈中的简单策略在一些较粗的追踪层面上是多么有用。关于博弈论中基于有穷自动机的策略讨论可以在 Osborne et al., (1994) 中找到。更

复杂的策略出现在计算逻辑中，请看第十八章的附录。[①]

下面是这种思维方式的另一个例子。第十八章的位置确定性定理表明了，具有获胜的奇偶性条件的图博弈是决定的，其获胜策略是位置性的。也就是说，下一步行动只取决于当前博弈状态下的图中位置，而不取决于导致该状态的整个博弈历史。这基本上说的是，这些博弈中状态的可获胜属性，通过自然的投影映射 F，与图中的点集完全相关联。但这样一来，要求用逻辑不变量来解释位置决定性就是有意义的。会不会是奇偶性博弈在背后支持了一个系统的**翻译** t，它将博弈中的迫使命题 φ（见第五章和第十一章）映射到等价的模态命题 $t(\varphi)$，而这也许就是在图的 μ-演算中？

25.3 使博弈显式化

我们关于逻辑和博弈中不同层次共存的下一个场景来自第十九章。那里使用的博弈域并不显示正在进行的博弈的内部结构，而只显示它们的外部迫使性影响。博弈仍然是一种隐藏的变量。我们可以通过表示论证使博弈显式化，这一次，我们在较粗的层次后面重建了较细的层次。

定义 25.2 博弈域背后的博弈

首先丰富我们的语义。给定一个模型 M 和状态 s，对于每个原子博弈表达式 g，我们从博弈 $game(g, M, s)$ 开始，然后向上归纳：

(a) $G_1 \vee G_2$ 的博弈是博弈的自然不交和，放在一个新根下，用来表示 E 的选择，该新根的两个箭头指向博弈 $game(G_1, M, s)$ 和博弈 $game(G_2, M, s)$ 的根；

(b) $G_1 ; G_2$ 的博弈是通过在 G_1-叶子上进行树代入而产生的；

(c) G^d 博弈是通过在所有节点上颠倒轮次谓词而产生的。

接下来，让一个原子赋值 $game(g, M, s)$ 带有一个"装饰" δ_g，它将扩展式博弈树中的节点映射到 M 中的状态（根部指向 s）。现在定义如下 $\rho_g sX$：

---

① Berwanger et al. (2010) 研究了计算逻辑中的信息追踪。

如果对于包含在博弈 $game(g, M, s)$ 的最终节点中的某个 U，它可以被玩家 E 的某种策略所迫使，那么我们有 $\delta_g[U] \subseteq X$。

易见一般关系：

$$\Delta_g s, X := \delta_g[U] \subseteq X$$

状态 s 和 M 中的集合 X 之间的关系可以被提升到所有博弈。例如，对于一个不交和来说，被提升的 Δ 扩充了组成博弈的关系，将新的根和它的直接后继映射到相同的初始状态 s 上，反映了选择是博弈内部的，并没有可见的外部影响。[①] ∎

一个简单的归纳法就能证明以下等式。

事实 25.2　对于所有博弈表达式 $G\rho_G = \Delta_G$。

证明　映射 δ 是第十一章和第十九章意义上的迫使互模拟，从而可以使用我们博弈运算的安全性。　　　　　　　　　　　　　　　　　　　　　　　∎

现在回顾一下第十一章的表示结果。每个迫使关系都满足向上的单调性、一致性和完全性，它可以如实地表示为 DGL 博弈域状态空间上的双人两步博弈，以产生具有给定效力的真实博弈。

总而言之，我们已经证明了这个结果（参考 Pauly, 2001）。[②]

定理 25.1　每个博弈域都可以表示为一个两层结构，它由真实的底层博弈提供迫使关系。

25.4　使策略显式化

将第四章和第五章（关于策略的博弈逻辑）与第十八章（关于逻辑博弈中贯穿的主题）并列起来，就会产生关于博弈不同描述层次的另一个交汇点。在后一个领域，策略是对公式、模型、证明、模拟等的编码。不过，还是有很多共同的特征。

---

① 映射 Δ 及其属性让人联想到第二十四章中的表示定理。

② 这种分析应该可以提升到具有不完美信息的非决定性博弈。

我们希望有一个关于策略推理的一般性演算，其中包含许多不同博弈之间共享的基本论证。到目前为止，我们只是找到了一种有希望的格式，其运算为：

为不行动的玩家储存策略：$\langle\,,\,\rangle$

使用列表中的一个策略：$(\ )_i$

执行一个策略的第一个动作：$head(\ )$

执行剩余的策略：$tail(\ )$

根据一个测试做出选择：IF THEN ELSE

在第十八章中，我们注意到这些抽象的运算如何具有有用的解释，并满足明显的法则。在此不详述演算，我们注意到这种二元视角自然出现的另一个领域。

DGL 的策略化 第十九章的动态博弈逻辑仍然与本书中多处讨论的 $\exists$-缺陷不同：策略在背景中，但它们仍然是隐含的。例如，关键的 DGL 公理的可靠性，它需要一个在博弈中关于复合策略的基本论证，而这仍然是非形式的。将这种推理显式化是逻辑系统的一个显而易见的基准。我们仍然需要在逻辑中加入策略术语，比如按照下述方式。[①]

定义 25.3 显式 DGL 模态词

显式 DGL 模态词 $\{\sigma, G\}\varphi$ 说的是，内部策略 σ 迫使 G 进入一些末端节点集合，这些末端节点被上述追踪映射 δ 映射到满足 φ 的那些匹配博弈域 M 的状态上。■

经检查，第十九章中 DGL 的可靠性证明就涉及策略推理的显式规则，例如：

（a）$\sigma : G \Rightarrow (L, \sigma) : G \cup G'$；

（b）$\sigma : G \Rightarrow (R, \sigma) : G' \cup G$；

（c）$\sigma : G \cup G' \Rightarrow tail(\sigma) : \text{IF } head(\sigma) = L \text{ THEN } G \text{ ELSE } G'$。

其中 $L = \text{left}$、$R = \text{right}$，$head(\sigma)$ 选择 G 和 G' 中的一个博弈，并且 $tail(\sigma)$ 是所选博弈中的策略 σ 的剩余部分。

---

① 一个类似的举动导致了模态可证性逻辑理论的蓬勃发展，该理论丰富了显式证明术语，现在已经发展成为更广泛的核证逻辑范式（参见 Artemov 1994, 2008）。

其他作者对 DGL 的显式策略版本也有进一步的讨论（参见 Ghosh, 2008）。此外，第五章和第六章还提供了几个具体例子，来说明显式策略演算如何应用于博弈和策略的经典结果。①

线性博弈逻辑的策略化　动态博弈逻辑的特点同样适用于第二十章的线性博弈逻辑。从形式化自然博弈论论证所需的最低限度来看，线性逻辑在其博弈语义中的可靠性涉及一个非常基本的策略推理，远远不止包含逻辑博弈中所发生的盲目模仿者的策略推理。②

同样，我们希望看到对此有一个显式策略演算，这超越了博弈代数更高层次的线性逻辑原则所记录的内容。这样的演算需要进入博弈的内部结构。第二十章的无穷博弈实际上是第五章和第六章以及第二部分所研究的那种分支时间模型，它所产生的博弈场所可以用简单的时态逻辑来描述。时态逻辑也可以描述计算属性，如安全性和活性，这些属性更像是第十五章中无穷模型比较博弈的获胜条件。这方面的一个例子是第五章中出现的一个紧凑的记号 $\{E\}\varphi \vee \{A\}\mathcal{G}\neg\{E\}\varphi$，它用于时态迫使语言当中的弱决定性。此处，迫使模态词表达了博弈的全局特征，而时态模态词 $\mathcal{G}$ 则着眼于当前历史上的所有未来事件。③

当我们在迫使模态词中加入博弈术语 $\{E,G\}\varphi$ 时，甚至会产生更多的结构。我们希望有一个联合系统，在该系统中，用线性逻辑来处理博弈复合，用时态逻辑来处理内部行动序列的描述。④ 这样一个抽象的博弈逻辑，它也可能对本书第五部分中保持独立的两种计算模式之间的联系提供新的启示。例如，并行博弈有时可以按顺序编码，如 Muller et al. (1995) 中的自动机构造。策略的一般逻辑应该明确这种转化的力量和范围。

融合语言、多层次和混合的等价　这里讨论的融合语言是前面几节中对博弈的多层次看法的自然对应。它们也是不同博弈等价关系的共存（参见第一章、第三章和第十一章）。无论是对 DGL 还是线性逻辑来说，博弈术语层面的等价似乎主

---

① 我们还看到，保留原来的存在博弈模态词 $\{G\}\varphi$ 是有意义的，因为需要用它的否定来表示一个主体缺乏实现目标 φ 的策略。
② 该论点也有一个"影子比赛"，其逻辑可能需要额外的资源，如用于隐藏信息的算子。
③ 这种语言可以处理基本的博弈论论证，如盖尔-斯特瓦尔特定理的证明，也可以处理无穷非决定性博弈的经典例子背后的策略窃取证明。
④ Abramsky (2000) 提出了一个相关的"信息结构"的演算。

要是基于效力的，但模态语言或时态语言的内部描述层面则更接近于扩展式博弈的互模拟式的比较。换句话说，虽然我们在本书中强调了在近景层次与远景层次之间的穿梭，但也许保留更多层次会更好。

25.5　逻辑博弈作为博弈逻辑的精细结构

逻辑博弈和博弈逻辑之间的第三次邂逅是另一种类型。逻辑博弈中的分析风格是对博弈逻辑主题的自然补充。

关于博弈的博弈　在第十五章中，我们研究了埃伦福赫特-弗赖斯博弈，这些博弈测试模型在某些指定回合数 k 上的相似性。这些博弈在具体的、量词深度至多为 k 的一阶或模态公式中，捕获了模型之间的相似性或差异性的可定义性。按照这种更精细的视角，在具有无穷回合数的比较博弈中，遵循互模拟是建立相似性的获胜策略。在有穷的时间内进行相关的博弈，可以研究沿着模拟的实际动态追踪，同时在途中显示出可定义的不变性或差异性。因此，逻辑博弈提供了一种方法，将我们在第一章中提出的"两个博弈何时相同？"的基本问题细化为一个更复杂的问题：

"两个给定的博弈有多相似？"

这只是一个例子，说明逻辑博弈可以为博弈逻辑带来新的启示。

25.6　逻辑博弈和博弈逻辑的缠绕

在历经曲折后，我们最后以三条总结来表达我们身处何处。

首先，涉及逻辑方法论。正如我们在绪论中所建议的那样，博弈逻辑和作为博弈的逻辑的二元视角可以反复迭代。例如，当我们建议使用逻辑博弈来为博弈之间的不变性概念提供一种精细结构时，它就是这样一种视角。我们可以把逻辑原样地应用于博弈，但也可以将逻辑打扮成逻辑博弈，比如询问这样的问题："对于一类博弈的描述语言来说，赋值博弈与该博弈本身有什么关系？"反之，我们可以应用博弈来分析逻辑任务，也可以应用这些博弈的逻辑描述语言，比如询问这样的问题："一阶逻辑是否与一阶赋值博弈的模态迫使语言相协调？"当然，不是每个这样的迭代都有意义。尽管如此，我们还是应该把我们的二元性看作是逻辑-博弈交互的 DNA 式螺旋型结构，而并非一个封闭的循环。

其次，考虑本书的严谨数学视角。显然，本书的许多例子背后都有一般的转换在起作用，把我们从博弈带到匹配的逻辑，又从逻辑带到匹配的博弈。但这样一来，研究这两个领域之间的数学归约，以及这些转换的代数法则就很自然。虽然我们怀疑是否有一种归约将整个领域联系在一起，但看看沿着这些思路能取得什么成果似乎很有意思。

最后，本书的立场可能会影响我们对逻辑的哲学理解。如果我们像往常那样认真对待"逻辑作为博弈"的观点，就会产生这样的问题：我们对逻辑常数和逻辑推理的基本理解应该是什么。该领域的立场似乎有分歧。在所谓的"强论题"（strong thesis）中，博弈体现了基本逻辑概念的含义，而其他的解释则是衍生的，或者至少是不太根本的。似乎很少有逻辑学家愿意走到这一步，尽管洛伦岑最初关于将逻辑建立在对话实践中的观点与它很接近，也许还有一些博弈语义学家的观点与之接近。我自己赞成"弱论题"（weak thesis），即博弈是理解逻辑的一种自然而有用的方式，与其他方式不相上下（正如本书绪论中所言）。弱论题显然更合理，而因此，强论题更激动人心。

25.7　小　　结

从前面的章节中抽丝剥茧，我们已经看到了将逻辑博弈和博弈逻辑的思想融合在一起是多么有意义，也看到了它们如何产生新的问题。这一章只是勾勒了几条线索，试图说明这些问题是合理的。一个主要的问题是将博弈的不同结构层次和语言结合起来。

但还有许多其他形式的交叉。逻辑博弈长期以来一直是概念实验室，其中的有趣技术很可能具有一般博弈论的意义，比如利用鹅卵石来表示玩家的记忆或资源，其一般范围似乎远远延伸到了博弈逻辑。另外，在第四部分的末尾，我们提到了关于计算环境中逻辑博弈和自动机的大量理论。那里的主要结果证明提供了大量关于博弈中策略推理的一般想法，这些想法可能有更广泛的潜力（参见 Berwanger, 2008）。

朝着相反的方向，将第二部分中"弈博论"的关注点放在逻辑博弈上可能会很有趣。正如我们在第十章中简要讨论的那样，出现了许多不寻常的问题。当我们放弃我们所有人都被含蓄地教导过的统一性假设，而假设逻辑中的各种主体，比如从有穷自动机到图灵机，它们在演绎中竞争或合作，将会发生什么？这本书将我们带到了思考这些问题的门槛，但跨过这道门槛还需读者自己去完成。

第六部分的结语

博弈逻辑和逻辑博弈在很多方面都有交集。这一部分探讨了其中的一些问题，尽管它没有提出一个系统的理论。我们从逻辑博弈的自然组合和标准博弈论的思想开始。第二十一章中的不完美信息下的赋值 IF 博弈，在效力和行动层面上都体现了本书的重要主题，同时也阐明了量词依赖的逻辑核心话题。接下来，第二十二章介绍了在认知模型上进行的知识博弈，它以新的方式结合了逻辑和一般博弈的特征。第二十三章是关于一种新类型的蓄意破坏博弈，它以其他方式继续计算，同时也提出了模型变化逻辑中的新问题，而这也是第二部分动态中的一个重要主题。第二十四章采取了一个更理论化的路线，通过展示逻辑博弈如何在序列博弈构造的代数中作为一般博弈的范式，来比较这两个领域。最后，第二十五章深入浅出地将书中的一些路线串联起来，强调了逻辑博弈和博弈逻辑之间的邂逅。尤其，它展示了来自双方的思想如何能融合成有用的混合系统，使得不同的描述层次在其中共存。

因此，博弈逻辑和作为博弈的逻辑结合得很好，即使我们没有在这两个观点之间找到一个水晶般通透的数学二元性。在本书的结语中，我们可以看到对这一问题的一些进一步思考。

第七部分 结 语

结　　语

本书探讨了逻辑和博弈之间的邂逅。这个交汇处有两个主要方向，我们称为博弈逻辑和作为博弈的逻辑，一些读者可能会将所得文本视为两本独立的书。

内容　在第一部分、第二部分和第三部分中，我们用逻辑系统来分析博弈的结构。第一部分选择了标准模态逻辑、动态逻辑、认知逻辑和时态逻辑的既定道路来分析博弈结构，并在其中以理性的概念作为一个指导性主题。在此过程中，我们把逻辑学的重要主题带到了博弈上，比如不变性、可定义性以及使用接近于社会推理实践的一些小模型。然后，第二部分则继续以智能主体的逻辑动态视角来看待博弈，不是将其视为静态的树状结构，而是把它看成是由一系列事件和活动所组成的家族，并且该家族的逻辑可以像这样被研究。这种来自博弈论和动态逻辑的思想融合导致了一种观点，即我们所追求的实际上是一种更丰富的"弈博论"，它结合了两个领域的各个方面。这个"弈博论"在很大程度上仍然是一个纲领性的建议，尽管我们在第三部分利用具有同时行动的策略形式的博弈测试了其可行性。

在本书的第四部分，我们转向了逻辑博弈领域，展示了有多少逻辑的核心概念是依赖于赋值、比较或证明活动，这些活动本身可以被当作博弈。虽然这些博弈通常被视为只是逻辑教学的直观隐喻，但我们更认真地对待它们，认为它们体现了逻辑即活动的概念。此外，正如我们在观察它们的一般性时所看到的，它们为研究博弈的一般结构问题提供了一间明晰的实验室。此外，随着它们在计算机科学中的各种延伸，逻辑博弈已经产生了一种复杂的、有关于交互行为的数学理论，而这很可能会影响博弈论。

在本书看来，逻辑博弈和博弈逻辑的观点是自然的对偶，它们以各种方式缠绕在一起。首先，以博弈形式铸造逻辑显然与逻辑动态程序相吻合，并且它是一种比博弈语义更为激进的动态逻辑观（博弈语义中的公式仅表示为一种特定类型的博弈）。但是，本书的第五部分和第六部分表明，这两种观点之间存在大量融合。第五部分讨论了与逻辑常数相关的博弈运算的动态逻辑和线性逻辑，并展示了由此产生的基本问题很难简单地归类为博弈的逻辑或作为博弈的逻辑。这些章节还展示了博弈的模型论和证明论观点之间的对比，这是逻辑学家设计选择中的一个重要方面，虽然我们在本书中淡化了这一点，以避免同时陷入过多讨论。然后，第六部分介绍了一些结合逻辑博弈和博弈论思想的系统，以及一些关于它们如何相联系的形式化观点。此时，融合是主题，而归约则不是。无论如何，这可能是最有说服力的联系，因为生产可以融合的后代通常被认为是测试生命形式兼容性的最佳方法。

挑战　本书包含了很多材料，既有标准的主题，也有基于作者自己的出版物的结果，正如在各章的文献部分所提到的。但是，它绝不是一个已经完成的工作。在它的两条主线中的每一条，以及在它们的交汇处，都有一些重大的开问题。"弈博论"是一个程序，而不是一个实体，它要求更深入地理解逻辑动态与作为博弈的逻辑如何进行交互。例如，从玩家多样性的角度看逻辑系统，可能会导致我们对该领域的理解发生重大变化，而这些变化还没有被思考过。总的来说，这本书提供了许多技术和结果，但对于提供的每一个答案，它都提出了几个新问题。

此外，我们的开问题并不局限于博弈。在理解逻辑时，一个最令人困惑的问题是，现象的隐式和显式方法之间的一般二元性 (van Benthem, 2010c)。直觉主义逻辑和线性逻辑通过使逻辑常数信息化来认真对待知识，例如，认知逻辑通过向经典逻辑添加显式算子来研究知识。同样地，博弈逻辑，即使在其动态的伪装下，也会在经典的基础逻辑中加入显式博弈描述，而博弈语义则使博弈成为解释逻辑常数本身的东西，这往往会导致偏离基础逻辑。这两种观点如何关联是逻辑哲学中的一个问题，它远远超出了本书的范围。但就其本身而言，它似乎是高度相关的，也是为了更好地理解"逻辑性到底是什么"这一长期存在的问题。

遗漏　除了宏大的开问题之外，本书还忽略了更多脚踏实地的东西。显然，无穷博弈、同时行动、联盟和集体行动、博弈的复杂度理论、演化博弈论、动态系统和概率论方法应该得到比这里更多的关注。请将本段看作是对所有这些领域的真诚道歉。

其他学科　虽然本书一直保持着对逻辑和博弈的技术关注，偶尔也会向博弈论和计算机科学偏移，但也有更广泛的跨学科方面。我们已经提到了一些在理解逻辑时会考虑的哲学问题，但更值得关注的是博弈论在认识论和科学哲学中日益凸显的作用，它延续了 van Benthem (2011a) 中关于动态-认知、信息驱动主体的议题。还有许多与计算基础的进一步联系，这些在本书中只做了很简单的论述（参见 van Benthem, 2007d 中关于计算就是交谈的论述）。这里在逻辑与博弈交汇处所提出的想法也可能会影响到更实际的领域，比如非正式逻辑和论辩理论（van Benthem, 2010b; van Benthem, 2012e）。

最后，我们提一提本书与更实证性的研究之间的联系。显然，本书将博弈在自然语言中的使用 (van Benthem, 2008; Clark, 2011) 和认知科学中的使用 (van Benthem, 1990, 2007e) 结合起来，在认知科学中，博弈是智能行为的自然范式，它远比机器模型丰富。虽然本书作者非常感兴趣，但更多的语言学或认知研究的主题并没有包括在本书中，以避免其变得头重脚轻。

所以呢? 我们已经介绍了今天人们所能看到的逻辑与博弈的交汇，其中有许多丰富的、有时令人困惑的观点。我们是否完成了使之看起来像一个连贯事业的壮举，这个问题必须留给读者。在最坏的情况下，你可以把第一至第三部分和第四至第六部分作为独立的书来读，而不必为其他部分所困扰。毕竟生活偶有惊喜，我们能以一份价格获得双份馈赠。

Abramsky S, Cusker G. Game semantics[C]// Schwichtenberg H, Berger U. Computational Logic: Proceedings of the 1997 Marktoberdorf Summer School. Berlin: Springer-Verlag, 1999: 1-56.

Abramsky S, Jagadeesan R. Games and full completeness for multiplicative linear logic[J]. Journal of Symbolic Logic, 1994, 59(2): 543-574.

Abramsky S, Jung A. Domain theory[M]//Abramsky S, Gabbay D, Maibaum T. Handbook of logic in computer science: 3: Semantic Structures. Oxford, UK: Oxford University Press, 2001: 1-168.

Abramsky S. Concurrent interaction games[C]//J. Davies A W R, Woodcock J. Millennial Perspectives in Computer Science. Palgrave, 2000: 1-12.

Abramsky S. Foundations of interactive computation[Z]. 2012.

Abramsky S. Information, processes and games[M]//Adriaans P, Van Benthem J. Handbook of the philosophy of information. Amsterdam: Elsevier Science, 2008b: 483-549.

Abramsky S. Semantics of interaction[Z]. 1995.

Abramsky S. Socially responsive, environmentally friendly logic[M]//Aho T, Pietarinen A V. Truth and games: essays in honour of Gabriel Sandu. Helsinki: Acta Philosophica Fennica, 2006: 17-45.

Abramsky S. Tutorial on game semantics[Z]. 2008a.

Aiello M, Pratt-Hartmann I, Van Benthem J. Handbook of spatial logics[M]. Dordrecht: Springer, 2007.

Aiello M, Van Benthem J. A modal walk through space[J]. Journal of Applied Non-Classical Logics, 2002, 12(3-4): 319-363.

Alur R, Henzinger T A, Kupferman O. Alternating-time temporal logic[J]. Journal of the ACM, 2002, 49(5): 672-713.

Anand P, Pattanaik P, Puppe C. Handbook of rational and social choice[M]. Oxford, UK: Oxford University Press, 2009.

Andersen M B, Bolander T, Jensen M H. Don't plan for the unexpected: planning based on plausibility models[Z]. 2012.

Andréka H, Ryan M, Schobbens P Y. Operators and laws for combining preference relations[J]. Journal of Logic and Computation, 2002, 12(1): 13-53.

Andréka H, Van Benthem J, Németi I. Modal logics and bounded fragments of predicate logic[J]. Journal of Philosophical Logic, 1998, 27(3): 217-274.

Apt K, Grädel E. Lectures in game theory for computer scientists[M]. Cambridge, UK: Cambridge University Press, 2011.

Apt K. Tark 2011[C]. New York: ACM, 2011.

Apt K. The many faces of rationalizability[J]. Topics in Theoretical Economics, 2007, 7(1): 1-39.

Areces C, Ten Cate B. Hybrid logic[M]//Blackburn P, Van Benthem J, Wolter F. Studies in Logic and Practical Reasoning: volume 3 Handbook of modal logic. Amsterdam: Elsevier Science, 2006: 821-868.

Arnold A, Niwinski D. Continuous separation of game languages[J]. Fundamenta Informaticae, 2007, 81(1-3): 19-28.

Artemov S. Logic of proofs[J]. Annals of Pure and Applied Logic, 1994, 67: 29-59.

Artemov S. The logic of justification[J]. The Review of Symbolic Logic, 2008, 1: 477-513.

Aumann R. Correlated equilibrium as an expression of Bayesian rationality[J]. Econometrica, 1987, 55(1): 1-18.

Aumann R. Agreeing to disagree[J]. The Annals of Statistics, 1976, 4(6): 1236-1239.

Aumann R. Backward induction and common knowledge of rationality[J]. Games and Economic Behavior, 1995, 8(1): 6-19.

Aumann R. Interactive epistemology I: Knowledge[J]. International Journal of Game Theory, 1999, 28(3):263-300.

Aumann R. Nash equilibria are not self-enforcing[M]//Gabszewicz J J, Richard J F, Wolsey L A. Economic decision-making: games, econometrics and optimisation. Amsterdam: Elsevier Science, 1990.

Axelrod R. The evolution of cooperation[M]. New York: Basic Books, 1984.

Ågotnes T, Goranko V, Jamroga W. Alternating-time temporal logics with irrevocable strategies[C]//Samet D. Tark 2007. New York: ACM, 2007: 15-24.

Ågotnes T, Van Benthem J, Van Ditmarsch H, et al. Question-answer games[J]. Journal of Applied Non-Classical Logics, 2011b, 21(3-4): 265-288.

Ågotnes T, Van Ditmarsch H. What will they say? Public announcement games[J]. Synthese, 2011a, 179(Suppl.1): 57-85.

Balbiani P, Baltag A, Van Ditmarsch H, et al. "Knowable" as "known after an announcement"[J]. The Review of Symbolic Logic, 2009, 1(3): 305-334.

Baltag A, Fiutek V, Smets S. Playing for "knowledge"[Z]. 2012.

Baltag A, Gierasimczuk N, Smets S. Belief revision as a truth-tracking process[C]// Apt K. TARK 2011. New York: ACM, 2011: 187-190.

Baltag A, Moss L, Solecki S. The logic of public announcements and common knowledge and private suspicions[C]//Gilboa I. TARK 1998. San Mateo, CA: Morgan Kaufmann, 1998: 43-56.

Baltag A, Smets S, Zvesper J. Keep "hoping" for rationality: A solution to the backward induction paradox[J]. Synthese, 2009a, 169(2): 301-333.

Baltag A, Smets S. Group belief dynamics under iterated revision: Fixed points and cycles of joint upgrades[C]//Heifetz A. TARK 2009. New York: ACM, 2009b: 41-50.

Baltag A, Smets S. A qualitative theory of dynamic interactive belief revision[M]// Bonanno G, Van Der Hoek W, Wooldridge M. Texts in Logic and Games: volume 3 Logic and the Foundations of Game and Decision Theory (LOFT 7). Amsterdam: Amsterdam University Press, 2008: 13-60.

Baltag A, Van Benthem J, Smets S. The music of knowledge. A dynamic-logical approach to epistemology[Z]. 2014.

Baltag A, Van Benthem J. A simple logic of functional dependence[J]. Journal of Philosophical Logic, 2021, 50: 939-1005.

Baltag A. A logic for suspicious players: Epistemic actions and belief update in games[J]. Bulletin of Economic Research, 2002, 54(1): 1-46.

Barendregt H. Lambda calculi with types[M]//Abramsky S, Gabbay D, Maibaum T. Handbook of logic in computer science: 2: Background. Computational Structures. Oxford, UK: Oxford University Press, 2001: 117-309.

Barringer H, Gabbay D, Woods J. Temporal, numerical and meta-level dynamics in argumentation networks[J]. Argument and Computation, 2012, 3(2-3): 143-202.

Barth E M, Krabbe E C W. From axiom to dialogue: A philosophical study of logics and argumentation[M]. Berlin: Walter de Gruyter, 1982.

Barwise J, Etchemendy J. Language, proof and logic[M]. New York & Stanford: Seven Bridges Press & CSLI Publications, 1999a.

Barwise J, Van Benthem J. Interpolation, preservation, and pebble games[J]. Journal of Symbolic Logic, 1999b, 64(2):881-903.

Battigalli P, Bonanno G. Recent results on belief, knowledge and the epistemic foundations of game theory[J]. Research in Economics, 1999a, 53(2):149-225.

Battigalli P, Bonanno G. Synchronic information, knowledge and common knowledge in extensive games[J]. Research in Economics, 1999b, 53(1): 77-99.

Battigalli P, Siniscalchi M. Hierarchies of conditional beliefs and interactive epistemology in dynamic games[J]. Journal of Economic Theory, 1999c, 88(1):188-230.

Belnap N, Perloff M, Xu M. Facing the future[M]. Oxford, UK: Oxford University Press, 2001.

Benz A, Jäger G, Van Rooij R. Game theory and pragmatics[M]. New York: Palgrave McMillan, 2005.

Bergstra J A, Ponse A, Smolka S A. Handbook of process algebra[M]. Amsterdam: North-Holland, 2001.

Berwanger D, Kaiser L. Information tracking in games on graphs[J]. Journal of Logic, Language and Information, 2010, 19(4): 395-412.

Berwanger D. Games and logical expressiveness[D]. Department of Computer Science, RWTH Aachen, Germany, 2005.

Berwanger D. Infinite coordination games[C]//Bonanno G, Löwe B, Van Der Hoek W. Lecture Notes in Computer Science: volume 6006 LOFT 2008. Berlin: Springer-Verlag, 2008: 1-19.

Beth E W. Semantic entailment and formal derivability[J]. Koninklijke Nederlandse Akademie van Wentenschappen, Proceedings of the Section of Sciences, 1955, 18: 309-342.

Bicchieri C, Jeffrey R, Skyrms B. The logic of strategy[M]. Amsterdam: Oxford University Press, 1999.

Bicchieri C. Common knowledge and backward induction: a solution to the paradox[C]// VARDI M. TARK 1988. San Mateo, CA: Morgan Kaufmann, 1988: 381-393.

Binmore K. Fun and games – a text on game theory[M]. Lexington, MA: D. C. Heath & Co. 1992.

Blackburn P, De Rijke M, Venema Y. Cambridge tracts in theoretical computer science: number 53 modal logic[M]. Cambridge, UK: Cambridge University Press, 2001.

Blackburn P, Van Benthem J, Wolter F. Studies in logic and practical reasoning: volume 3 handbook of modal logic[M]. Amsterdam: Elsevier Science, 2006.

Blass A. A game semantics for linear logic[J]. Annals of Pure and Applied Logic, 1992, 56(1–3): 183-220.

Board O. Belief revision and rationalizability[C]//GILBOA I. TARK 1998. San Mateo, CA: Morgan Kaufmann, 1998: 201-213.

Bod R, Scha R, Sima'an K. Data-oriented parsing[M]. Stanford, CA: CSLI Publications, 2003.

Bolander T, Andersen M B. Epistemic planning for single and multi-agent systems[J]. Journal of Applied Non-Classical Logics, 2011, 21(1):9-34.

Bonanno G, Van Der Hoek W, Wooldridge M. Texts in logic and games: volume 3 logic and the foundations of game and decision theory (loft 7)[M]. Amsterdam: Amsterdam University Press, 2008.

Bonanno G. A dynamic epistemic characterization of backward induction without counterfactuals[J]. Games and Economic Behavior, 2013, 78(C): 31-43.

Bonanno G. Axiomatic characterization of the AGM theory of belief revision in a temporal logic[J]. Artificial Intelligence, 2007, 171(2-3): 144-160.

Bonanno G. Reasoning about strategies and rational play in dynamic games[Z]. 2012.

Bonanno G. A characterization of von Neumann games in terms of memory[J]. Synthese, 2004a, 139(2): 281-295.

Bonanno G. Branching time, perfect information games, and backward induction[J]. Games and Economic Behavior, 2001, 36(1): 57-73.

Bonanno G. Memory and perfect recall in extensive games[J]. Games and Economic Behavior, 2004b, 47(2):237-256.

Bonanno G. Players' information in extensive games[J]. Mathematical Social Sciences, 1992a, 24(1):35-48.

Bonanno G. Set-theoretic equivalence of extensive-form games[J]. International Journal of Game Theory, 1992b,20(4): 429-447.

Bonanno G. The logical representation of extensive games[J]. International Journal of Game Theory, 1993, 22(2):153-169.

Boutilier C. Conditional logics of normality: a modal approach[J]. Artificial Intelligence, 1994, 68(1): 87-154.

Bradfield J, Stirling C. Modal μ-calculi[M]//Blackburn P, Van Benthem J, WOLTER F. Studies in Logic and Practical Reasoning: volume 3 Handbook of modal logic. Amsterdam: Elsevier Science, 2006: 721-756.

Brandenburger A, Battigalli P, Friedenberg A, et al. Game theory, an epistemic approach[M]. Singapore: World Scientific Publishing, 2014.

Brandenburger A, Friedenberg A. Intrinsic correlation in games[J]. Journal of Economic Theory, 2008, 141(1): 28-67.

Brandenburger A, Keisler H J. An impossibility theorem on beliefs in games[J]. Studia Logica, 2006, 84(2): 211-240.

Brandenburger A. Forward induction[Z]. 2007.

Broersen J, Herzig A, Troquard N. Embedding alternating-time temporal logic in strategic STIT logic of agency[J]. Journal of Logic and Computation, 2006, 16(5): 559-578.

Broersen J. Deontic epistemic STIT logic distinguishing modes of mens rea[J]. Journal of Applied Logic, 2011, 9(2): 137-152.

Broersen J. A STIT logic for extensive form group strategies[C]//Web Intelligence/IAT Workshops. Los Alamitos, CA: IEEE, 2009: 484-487.

Burgess J P. Quick completeness proofs for some logics of conditionals[J]. Notre Dame Journal of Formal Logic, 1981, 22(1): 76-84.

Chellas B. Modal logic: an introduction[M]. Cambridge, UK: Cambridge University Press, 1980.

Chen Q, Shi C, Wang Y. Reasoning about dependence, preference and coalitional power[J]. Journal of Philosophical Logic, 2024, 53(1): 99-130.

Cho I K, Kreps D M. Signaling games and stable equilibria[J]. The Quarterly Journal of Economics, 1987, 102(2):179-221.

Ciuni R, Horty J. STIT logics, games, knowledge, and freedom[M]. Springer, 2014: 631-656.

Clark R. Meaningful games[M]. Cambridge, MA: MIT Press, 2011.

Cui J, Luo X. A unified epistemic analysis of iterated elimination algorithms from regret viewpoint[C]//LORI 2013. Springer, 2013: 82-95.

Cui J. Dynamic epistemic characterizations for IERS[Z]. 2012.

Curien P L. Introduction to linear logic and Ludics[J]. Advances in Mathematics, 2005, 24(5): 513-544.

Curien P L. Notes on game semantics[Z]. 2006.

Dégremont C, Löwe B, Witzel A. The synchronicity of dynamic epistemic logic[C]// Apt K. TARK 2011. New York: ACM, 2011: 145-152.

Dégremont C, Roy O. Agreement theorems in dynamic-epistemic logic[C]//Heifetz A. TARK 2009. New York: ACM, 2009: 91-98.

Dégremont C. The temporal mind: observations on belief change in temporal systems[D]. Amsterdam, The Netherlands: Institute for Logic, Language and Computation, University of Amsterdam, 2010.

D'agostino G, Hollenberg M. Logical questions concerning the mu-calculus: interpolation, Lyndon and łos-Tarski[J]. Journal of Symbolic Logic, 2000, 65(1): 310-332.

Danos V, Herbelin H, Regnier L. Game semantics and abstract machines[C]//LICS 1996. Los Alamitos, CA: IEEE Computer Society, 1996: 394-405.

Dawar A, Grädel E, Kreutzer S. Inflationary fixed points in modal logic[J]. ACM Transactions of Computational Logic, 2004, 5(2): 282-315.

De Bruin B. Explaining games: on the logic of game-theoretic explanations[D]. Amsterdam, The Netherlands: Institute for Logic, Language and Computation, University of Amsterdam, 2004.

De Bruin B. Synthese library series: volume 346 explaining games: the epistemic programme in game theory[M]. Dordrecht: Springer, 2010.

Dechesne F, Van Eijck J, Teepe W, et al. Dynamic epistemic logic for protocol analysis[M]//VAN EIJCK J, VERBRUGGE R. Texts in Logic and Games: volume 5 Discourses on social software. Amsterdam, The Netherlands: Amsterdam University Press, 2009: 147-161.

Dechesne F. Game, set, maths: formal investigations into logic with imperfect information[D]. Tilburg, The Netherlands: Department of Philosophy, University of Tilburg, 2005.

Doets K. Basic model theory[M]. Stanford, CA: CSLI Publications, 1996.

Doets K. Evaluation games for first-order fixed-point logic[Z]. 1999.

Dretske F. Knowledge and the flow of information[M]. Cambridge, MA: MIT Press, 1981.

Dung P M. On the acceptability of arguments and its fundamental role in nonmonotonic reasoning, logic programming and n-person games[J]. Artificial Intelligence, 1995, 77(2): 321-357.

Dutilh-Novaes C. Formalizing medieval logical theories. Suppositio, consequentiae and obligationes[M]. Berlin: Springer-Verlag, 2007.

Ebbinghaus H D, FLUM J. Finite model theory[M]. 2nd ed. Berlin: Springer-Verlag, 1999.

Ehrenfeucht A. An application of games to the completeness problem for formalized theories[J]. Fundamenta Mathematicae, 1961, 49: 129-141.

Emerson E A, Jutla C S. Tree automata, μ-calculus and determinacy (extended abstract)[C]//FOCS 1991. IEEE Computer Society, 1991: 368-377.

Escardo M, Oliva P. Selection functions, bar recursion, and backward induction[J]. Mathematical Structures in Computer Science, 2010, 20(2): 127-168.

Euwe M. Mengentheoretische betrachtungen über das schachspiel[J]. Handelingen KNAW, Afdeling Natuurkunde, 1929, 32(5): 633-642.

Facchini A. A study on the expressive power of some fragments of the modal μ-calculus[D]. University of Lausanne & University of Bordeaux, 2011.

Fagin R, Halpern J, Moses Y, et al. Reasoning about knowledge[M]. Cambridge, MA: MIT Press, 1995.

Fagin R, Halpern J. Belief, awareness, and limited reasoning[J]. Artificial Intelligence, 1988, 34(1): 39-76.

Feinberg Y. Meaningful talk[C]//Van Benthem J, Ju S, Veltman F. LORI 2007, 2007: 41-54.

Felscher W. Dialogues as a foundation for intuitionistic logic[M]//Gabbay D, Günthner F. Handbook of philosophical logic: Ⅲ. Dordrecht: Kluwer Academic Publishers, 2001: 341-372.

Fermüller C, Majer O. Games and many-valued logics[M]. Berlin: Springer-Verlag, 2013.

Fitting M. Reasoning about games[J]. Studia Logica, 2011, 99(1-3): 143-169.

Flum J, Grädel E, Wilke T. [M]. Amsterdam, The Netherlands: Amsterdam University Press, 2007.

Fontaine G. Modal fixpoint logic: some model-theoretic questions[D]. Amsterdam, The Netherlands: Institute for Logic, Language and Computation, University of Amsterdam, 2010.

Fraïssé R. Sur quelques classifications des systèmes de relations[J]. Publications des Sciences de l'Université d' Algérie, Série A, 1954, 1: 35-182.

Fu X. Preference lifting under uncertainty[D]. Tsinghua University, 2020.

Gärdenfors P, Rott H. Belief revision[M]//Handbook of logic in artificial intelligence and logic programming: 4: Epistemic and temporal logics. Oxford, UK: Oxford University Press, 1994: 35-132.

Gärdenfors P. Knowledge in flux: modeling the dynamics of epistemic states[M]. Cambridge, MA: MIT Press, 1988.

Gabbay D, Woods J. Handbook of the logic of argument and inference: the turn towards the practical[M]. Amsterdam: Elsevier Science, 2002.

Gabbay D. Introducing reactive Kripke semantics and arc accessibility[C]//Avron A, Dershowitz N, Rabinovich A. Lecture Notes in Computer Science: volume 4800 Pillars of Computer Science. Berlin: Springer-Verlag, 2008: 292-341.

Galliani P. Dependence logic, coalitions and announcements[Z]. 2009b.

Galliani P. Dynamic logics of imperfect information and transition semantics[Z]. 2012b.

Galliani P. Probabilistic dependence logics[Z]. 2009a.

Galliani P. The dynamics of imperfect information[D]. Amsterdam, The Netherlands: Institute for Logic, Language and Computation, University of Amsterdam, 2012a.

Geanakoplos J. Common knowledge[J]. Journal of Economic Perspectives, 1992, 6(4): 53-82.

Geanakoplos J D, Polemarchakis H M. We can't disagree forever[J]. Journal of Economic Theory, 1982, 28(1): 192-200.

Gheerbrant A. Fixed-point logics on trees[D]. Amsterdam, The Netherlands: Institute for Logic, Language and Computation, University of Amsterdam, 2010.

Ghosh S, Ramanujam R. Strategies in games: a logic-automata study[C]//Bezhanishvili N, Goranko V. Lecture Notes in Computer Science: volume 7388 ESSLLI 2011. Berlin: Springer-Verlag, 2011: 110-159.

Ghosh S. Strategies made explicit in dynamic game logic[C]//Van Benthem J, Pacuit E. ESSLLI 2008. Hamburg, Germany: 2008: 74-81.

Gierasimczuk N, Kurzen L, Velázquez-Quesada F R. Learning and teaching as a game: a sabotage approach[C]//He X, Horty J F, Pacuit E. Lecture Notes in Computer Science: volume 5834 LORI 2009. Berlin: Springer-Verlag, 2009: 119-132.

Gierasimczuk N, Szymanik J. A note on a generalization of the muddy children puzzle[C]//Apt K. TARK 2011. New York: ACM, 2011: 257-264.

Gierasimczuk N. Knowing one's limits. Logical analysis of inductive inference[D]. Amsterdam, The Netherlands: Institute for Logic, Language and Computation, University of Amsterdam, 2010.

Gigerenzer G, Todd P M, The Abc Research Group. Simple heuristics that make us smart[M]. Oxford, UK: Oxford University Press, 1999.

Gilboa I. Tark 1998[C]. San Mateo, CA: Morgan Kaufmann, 1998.

Gintis H. Game theory evolving[M]. Princeton, NJ: Princeton University Press, 2000.

Girard J Y. Linear logic: a survey[M]//Bauer L F, Brauer W, Schwichtenberg H. NATO
Advanced Science Institutes, Series F94: Proceedings of the International Summer
School of Marktoberdorf. Berlin: Springer-Verlag, 1993: 63-112.

Girard J Y. On the meaning of logical rules, II: multiplicatives and additives[Z]. 1998b.

Girard J Y. On the meaning of logical rules, I: syntax vs. semantics[Z]. 1998a.

Girard P, Liu F, Seligman J. General dynamic dynamic logic[C]//Bolander T,
Bräuner T, Ghilardi S, et al. AiML 2012. London: College Publications, 2012:
239-260.

Girard P. Modal logic for belief and preference change[D]. Stanford, CA: Department
of Philosophy, Stanford University, 2008.

Goldblatt R. Parallel action: concurrent dynamic logic with independent modalities[J].
Studia Logica, 1992, 51(3-4): 551-578.

Goranko V, Jamroga W, Turrini P. Strategic games and truly playable effectivity func-
tions[J]. Autonomous Agents and Multi-Agent Systems, 2013, 26(2):288-314.

Goranko V, Turrini P. Non-cooperative games with preplay negotiations[J]. CoRR,
2012, abs/1208.1718.

Goranko V. The basic algebra of game equivalences[J]. Studia Logica, 2003, 75(2):
221-238.

Grädel E, Thomas W, Wilke T. Lecture notes in computer science: volume 2500
automata, logics, and infinite games: a guide to current research [outcome of a
dagstuhl seminar, february 2001][C]. Berlin: Springer-Verlag, 2002.

Greenberg J. The theory of social situations[M]. Cambridge, UK: Cambridge University
Press, 1990.

Grossi D, Turrini P. Short sight in extensive games[C]//Van Der Hoek W, Padgham L,
Conitzer V, et al. AAMAS 2012. Richland, SC: IFAAMAS, 2012: 805-812.

Grossi D. Introduction to abstract argumentation theory[Z]. 2012.

Grossi D. On the logic of argumentation theory[C]//Van Der Hoek W, Kaminka G A,
Lespérance Y, et al. AAMAS 2010. Richland, SC: IFAAMAS, 2010: 409-416.

Guo M, Seligman J. Making choices in social situations[M]//Baltag A, Grossi D, Marcoci A, et al. Dynamics yearbook 2011. Amsterdam: ILLC, 2012: 176-202.

Gurevich Y, Harrington L. Trees, automata, and games[C]//Lewis H, Simons B, Burkhard W, et al. STOC 1982. New York: ACM, 1982: 60-65.

Gurevich Y, Shelah S. Fixed-point extensions of first-order logic[J]. Annals of Pure and Applied Logic, 1986, 32: 265-280.

Halpern J, Pass R. Iterated regret minimization: A new solution concept[J]. Games and Economic Behavior, 2012, 74(1): 184-207.

Halpern J, Rêgo L. Extensive games with possibly unaware players[C]//Nakashima H, Wellman M, Weiss G, et al. AAMAS 2006. New York: ACM, 2006: 744-751.

Halpern J, Vardi M. The complexity of reasoning about knowledge and time, I. Lower bounds[J]. Journal of Computer and System Sciences, 1989, 38(1):195-237.

Halpern J. A computer scientist looks at game theory[J]. Games and Economic Behavior, 2003b, 45(1): 114-131.

Halpern J. Substantive rationality and backward induction[J]. Games and Economic Behavior, 2001, 37(2): 425-435.

Halpern J. Reasoning about uncertainty[M]. Cambridge, MA: MIT Press, 2003a.

Hamami Y, Roelofsen F. Logics of questions[Z]. 2013.

Hamami Y. The interrogative model of inquiry meets dynamic epistemic logics[D]. Amsterdam, The Netherlands: Institute for Logic, Language and Computation, University of Amsterdam, 2010.

Hamblin C L. Fallacies[M]. London: Methuen, 1970.

Hansen H, Kupke C, Pacuit E. Neighbourhood structures: bisimilarity and basic model theory[J]. Logical Methods in Computer Science, 2009, 5(2): 1-38.

Hanson S O. Preference logic[M]//Gabbay D, Günthner F. Handbook of philosophical logic: IV. Dordrecht: Kluwer Academic Publishers, 2001: 319-393.

Harel D, Kozen D, Tiuryn J. Dynamic logic[M]. Cambridge, MA: MIT Press, 2000.

Harel D. Recurring dominoes: making the highly undecidable highly understandable[J]. Annals of Discrete Mathematics, 1985, 24: 51-72.

Harrenstein P. Logic in conflict[D]. Institute of Computer Science, University of Utrecht, 2004.

He X, Horty J F, Pacuit E. Lecture notes in computer science: volume 5834 lori 2009[C]. Berlin: Springer-Verlag, 2009.

Heifetz A. Tark 2009[C]. New York: ACM, 2009.

Herzig A, Lorini E. A dynamic logic of agency, I: STIT, capabilities and powers[J]. Journal of Logic, Language and Information, 2010, 19(1):89-121.

Hesse H. Das Glassperlenspiel[M]. Zürich: Fretz und Wasmuth, 1943.

Hintikka J, Sandu G. Game-theoretical semantics[M]//Van Benthem J, Ter Meulen A. Handbook of logic and language. Amsterdam: Elsevier Science, 1997: 361-410.

Hintikka J. Logic, language games and information. Kantian themes in the philosophy of logic[M]. Oxford, UK: Clarendon Press, 1973.

Hirsch R, Hodkinson I. Relation algebras by games[M]. Amsterdam: Elsevier, 2002.

Hodges W, Väänänen J. Logic and games[J]. Stanford Encyclopedia of Philosophy, 2019.

Hodges W. Compositional semantics for a language of imperfect information[J]. Logic Journal of the IGPL, 1997, 5(4): 539-563.

Hodges W. Building models by games[M]. Mineola, NY: Dover Publications, 2006.

Hodges W. Logic and games[Z]. 2001.

Hodkinson I, Reynolds M. Temporal logic[M]//Blackburn P, Van Benthem J, Wolter F. Studies in Logic and Practical Reasoning: volume 3 Handbook of modal logic. Amsterdam: Elsevier Science, 2006: 655-720.

Hofbauer J, Sigmund K. Evolutionary games and population dynamics[M]. Cambridge, UK: Cambridge University Press, 1998.

Hollenberg M. Logic and bisimulation[D]. Utrecht, The Netherlands: Philosophical Institute, Utrecht University, 1998.

Holliday W, Hoshi T, Icard T. A uniform logic of information dynamics[C]//ET. Al. T B. AiML 2012. London: College Publications, 2012a: 348-367.

Holliday W, Hoshi T, Icard T. Schematic validity in dynamic epistemic logic: decidability[C]//Van Ditmarsch H P, Lang J, Ju S. Lecture Notes in Computer Science: volume 6953 LORI 2011. Berlin: Springer-Verlag, 2011: 87-96.

Holliday W, Icard T. Moorean phenomena in epistemic logic[C]//Beklem- Ishev L, Goranko V, Shehtman V. AiML 2010. College Publications, 2010: 178-199.

Hopcroft J, Motwani R, Ullman J. Introduction to automata theory, languages, and computation[M]. Reading, MA: Addison-Wesley, 2001.

Horty J, Belnap N. The deliberative STIT: a study of action, omission, ability, and obligation[J]. Journal of Philosophical Logic, 1995, 24(6): 583-644.

Horty J F. Agency and deontic logic[M]. Oxford, UK: Oxford University Press, 2001.

Hoshi T. Epistemic dynamics and protocol information[D]. Stanford, CA: Department of Philosophy, Stanford University, 2009.

Hu T, Kaneko M. Critical comparisons between the Nash noncooperative theory and rationalizability[Z]. 2012.

Huizinga J. Homo ludens[M]. Haarlem, The Netherlands: Tjeenk Willink, 1938.

Hutegger S, Skyrms B. Emergence of a signaling network with "probe and adjust"[M]// Calcott B, Joyce R, Sterelny K. Signaling, commitment and emotion. Cambridge, MA: MIT Press, 2012.

Huth M, Ryan M. Logic in computer science: modelling and reasoning about systems[M]. Cambridge, UK: Cambridge University Press, 2004.

Icard T. Inference and active reasoning[D]. Stanford, CA: Department of Philosophy, Stanford University, 2013.

Immerman N, Kozen D. Definability with bounded number of bound variables[J]. Information and Computation, 1989, 83(2): 121-139.

Isaac A, Hoshi T. Taking mistakes seriously: equivalence notions for game scenarios with off equilibrium play[C]//Van Ditmarsch H P, Lang J, Ju S. Lecture Notes in Computer Science: volume 6953　LORI 2011. Berlin: Springer-Verlag, 2011: 111-124.

Jacobs B. Categorical logic and type theory[M]. Amsterdam: Elsevier Science, 1999.

Janin D, Walukiewicz I. Automata for the modal μ-calculus and related results[C]// Wiedermann J, Hájek P. Lecture Notes in Computer Science: volume 969　MFCS 1995. Berlin: Springer-Verlag, 1995: 552-562.

Janin D, Walukiewicz I. On the expressive completeness of the propositional μ-calculus with respect to monadic second order logic[C]//Montanari U, Sassone V. Lecture Notes in Computer Science: volume 1119　CONCUR 1996. Berlin: Springer-Verlag, 1996: 263-277.

Janssen T, Dechesne F. Signalling: a tricky business[M]//Van Benthem J, Heinzmann G, Visser H. The age of alternative logics: assessing the philosophy of logic and mathematics today. Dordrecht: Kluwer, 2006: 223-242.

Japaridze G. A constructive game semantics for the language of linear logic[J]. Annals of Pure and Applied Logic, 1997, 85(2): 87-156.

Jiang H. Modeling lifted preference formation[Z]. 2012.

Johansen L. On the status of the Nash-type of noncooperative equilibrium in economic theory[J]. Scandinavian Journal of Economics, 1982, 84: 421-441.

Jones N D. Blindfold games are harder than games with perfect information[J]. Bulletin EATCS, 1978, 6: 4-7.

Kamlah W, Lorenzen P. Logische Propädeutik[M]. Mannheim, Germany: Bibliographisches Institut, 1967.

Kaneko M, Suzuki N. Epistemic models of shallow depths and decision making in games: horticulture[J]. Journal of Symbolic Logic, 2003, 68(1): 163-186.

Kaneko M. Epistemic logics and their game-theoretic applications[J]. Economic Theory, 2002, 19: 7-62.

Kechris A. Classical descriptive set theory[M]. Berlin: Springer-Verlag, 1994.

Keenan E L, Westerståhl D. Generalized quantifiers in linguistics and logic[M]//Van Benthem J, Ter Meulen A. Handbook of logic and language. Amsterdam: Elsevier Science, 1997: 837-893.

Kelly K T. The logic of reliable inquiry[M]. Oxford, UK: Oxford University Press, 1996.

Klein D, Radmacher F G, Thomas W. The complexity of reachability in randomized sabotage games[C]//Arbab F, Sirjani M. Lecture Notes in Computer Science: volume 5961 FSEN 2009. Berlin: Springer-Verlag, 2009: 162-177.

Kohlberg E, Mertens J F. On the strategic stability of equilibria[J]. Econometrica, 1986, 54(5): 1003-1037.

Kolaitis P. Combinatorial games in finite model theory. Lecture notes[Z]. 2001.

Kooistra S. Logic in classical and evolutionary games[D]. Amsterdam, The Netherlands: Institute for Logic, Language and Computation, University of Amsterdam, 2012.

Kremer P, Mints G. Dynamic topological logic[M]//Aiello M, Pratt-Hartmann I, Van Benthem J. Handbook of spatial logics. Dordrecht: Springer, 2007: 565-606.

Kreutzer S. Expressive equivalence of least and inflationary fixed-point logic[J]. Annals of Pure and Applied Logic, 2004, 130(1–3): 61-78.

Kreutzer S. Pure and applied fixed-point logics[D]. Department of Computer Science, RWTH Aachen, 2002.

Kupke C, Venema Y. Closure properties of coalgebra automata[C]//LICS 2005. IEEE Computer Society, 2005: 199-208.

Kurtonina N, De Rijke M. Bisimulations for temporal logic[J]. Journal of Logic, Language and Information, 1997, 6(4): 403-425.

Kurz A, Palmigiano A. Product update on an intuitionistic basis[Z]. 2012.

Kurzen L. Complexity in interaction[D]. Amsterdam, The Netherlands: Institute for Logic, Language and Computation, University of Amsterdam (UvA), 2011.

Löwe B. Determinacy for infinite games with more than two players with preferences[Z]. 2003.

Lagerlund H, Lindström S, Sliwinski R. Uppsala philosophical studies: number 53 modality matters[M]. Uppsala: University of Uppsala, 2006.

Lang J, Van Der Torre L. From belief change to preference change[C]//Ghallab M, Spyropoulos C D, Fakotakis N, et al. Frontiers in Artificial Intelligence and Applications: volume 178 ECAI 2008. Amsterdam: IOS Press, 2008: 351-355.

Leitgeb H. Beliefs in conditionals vs. conditional beliefs[J]. Topoi, 2007, 26(1): 115-132.

Lewis D. Convention: a philosophical study[M]. Cambridge, MA: Harvard University Press, 1969.

Lewis D. Counterfactuals[M]. Oxford, UK: Blackwell, 1973.

Leyton-Brown K, Shoham Y. Essentials of game theory: a concise multidisciplinary introduction[M]. Cambridge, UK: Cambridge University Press, 2008.

Li D, Ghosh S, Liu F, et al. On the subtle nature of a simple logic of the hide and seek game[C]//WoLLIC 2021. Springer, 2021: 201-218.

Li D, Ghosh S, Liu F. Knowing is winning: An epistemic approach to the hide and seek game[C]//Van Benthem J, Liu F. Graph games and logic design: recent developments and further directions (to appear). Springer, 2024.

Li D. Formal threads in the social fabric: studies in the logical dynamics of multi-agent interaction[D]. ILLC University of Amsterdam and Department of Philosophy, Tsinghua University, 2021.

Li L, Ghosh S, Liu F, et al. A modal logic for reasoning in distributed games[C]//In G.Perelli and J.A.Pérez eds, 3rd Intarnational Workshop on Recent Advances in Concurrency and Logic (RADICAL 2023). 2023.

Libkin L. Texts in theoretical computer science: Elements of finite model theory[M]. Berlin: Springer-Verlag, 2004.

Liu C, Liu F, Su K. A logic for extensive games with short sight[C]//LORI 2013. Springer, 2013a: 332-336.

Liu C. Logic for priority-based games with short sight[Z]. 2012.

Liu F, Wang Y. Reasoning about agent types and the hardest logic puzzle ever[J]. Minds and Machines, 2013b, 23(1): 123-161.

Liu F. Diversity of agents and their interaction[J]. Journal of Logic, Language and Information, 2009, 18(1):23-53.

Liu F. Changing for the better. Preference dynamics and agent diversity[D]. Amsterdam, The Netherlands: Institute for Logic, Language and Computation, University of Amsterdam, 2008.

Liu F. Synthese library: volume 354 reasoning about preference dynamics[M]. Dordrecht: Springer, 2011.

Lorenzen P. Einfuhrung in die Operative Logik und Mathematik[M]. Berlin: Springer-Verlag, 1955.

Lorini E, Schwarzentruber F, Herzig A. Epistemic games in modal logic: joint actions, knowledge and preferences all together[C]//He X, Horty J F, Pacuit E. Lecture Notes in Computer Science: volume 5834 LORI 2009. Berlin: Springer-Verlag, 2009: 212-226.

Luce R D, Raiffa H. Games and decisions[M]. New York: John Wiley, 1957.

Mann A, Sandu G, Sevenster M. Independence-friendly logic: a game-theoretic approach[M]. Cambridge, UK: Cambridge University Press, 2011.

Marx M. Complexity of modal logic[M]//Blackburn P, Van Benthem J, Wolter F. Studies in Logic and Practical Reasoning: volume 3 Handbook of modal logic. Amsterdam: Elsevier Science, 2006: 139-179.

Maynard-Smith J. Evolution and the theory of games[M]. Cambridge, UK: Cambridge University Press, 1982.

Mcclure S. Decision making[Z]. 2011.

Miller J S, Moss L S. The undecidability of iterated modal relativization[J]. Studia Logica, 2005, 79(3): 373-407.

Milner R. Communicating and mobile systems: the Pi calculus[M]. Cambridge, MA: MIT Press, 1999.

Milner R. Communication and concurrency[M]. Englewood Cliffs, NJ: Prentice Hall, 1989.

Minică, S. Dynamic logic of questions[D]. Amsterdam, The Netherlands: Institute for Logic, Language and Computation, University of Amsterdam, 2011.

Mittelstaedt P. Quantum logic[M]. Dordrecht: Reidel, 1978.

Moller F, Birtwistle G. Lecture notes in computer science: volume 1043 banff higher order workshop 1995[C]. Berlin: Springer-Verlag, 1996.

Moore R C. A formal theory of knowledge and action[M]//Hobbs J R, Moore R C. Ablex Series in Artificial Intelligence: volume 1 Formal theories of the commonsense world. Westport, CT: Greenwood Publishing Group Inc., 1985: 319-358.

Moschovakis Y N. Studies in logic and the foundations of mathematics: Elementary induction on abstract structures[M]. Amsterdam: North-Holland, 1974.

Moschovakis Y N. Descriptive set theory[M]. Amsterdam: North-Holland, 1980.

Mostowski A. Games with forbidden positions: 78[R]. University of Danzig. Institute of Mathematics and Informatics, 1991.

Muller D E, Schupp P E. Simulating alternating tree automata by nondeterministic automata: new results and new proofs of the theorems of Rabin, McNaughton and Safra[J]. Theoretical Computer Science, 1995, 141(1-2): 69-107.

Németi I. Decidable versions of first order logic and cylindric-relativized set algebras[C]//Csirmaz L, Gabbay D, De Rijke M. Studies in Logic, Language and Information: Logic Colloquium 92. Stanford: CSLI Publications, 1995: 177-241.

Netchitailov I. An extension of game logic with parallel operators[D]. Amsterdam, The Netherlands: Institute for Logic, Language and Computation, University of Amsterdam, 2001.

Niwinski D, Walukiewicz I. Games for the μ-calculus[J]. Theoretical Computer Science, 1996, 163(1-2): 99-116.

Nozick R. Philosophical explanations[M]. Cambridge, MA: Harvard University Press, 1981.

Osborne M J, Rubinstein A. A course in game theory[M]. Cambridge, MA: MIT Press, 1994.

Osherson D, Weinstein S. Preference based on reasons[J]. The Review of Symbolic Logic, 2012, 5(1): 122-147.

Pacuit E, Roy O. A dynamic analysis of interactive rationality[C]//Van Ditmarsch H P, Lang J, Ju S. Lecture Notes in Computer Science: volume 6953 LORI 2011. Berlin: Springer-Verlag, 2011b: 244-257.

Pacuit E, Roy O. Interactive rationality[Z]. 2013.

Pacuit E, Simon S. Reasoning with protocols under imperfect information[J]. The Review of Symbolic Logic, 2011a, 4(3): 412-444.

Pacuit E. Some comments on history based structures[J]. Journal of Applied Logic, 2007, 5(4): 613-624.

Papadimitriou C H. Computational aspects of organization theory (extended abstract)[C]//Díaz J, Serna M J. Lecture Notes in Computer Science: volume 1136 ESA 1996. Berlin: Springer-Verlag, 1996: 559-564.

Papadimitriou C M. Computational complexity[M]. Reading, MA: Addison-Wesley, 1994.

Paperno D. Non-standard coordination and quantifiers[D]. Los Angeles, CA: Department of Linguistics, University of California at Los Angeles, 2011.

Parikh R, Ramanujam R. A knowledge based semantics of messages[J]. Journal of Logic, Language and Information, 2003, 12(4): 453-467.

Parikh R, Tasdemir C, Witzel A. The power of knowledge in games[Z]. 2011.

Parikh R. The logic of games[J]. Annals of Discrete Mathematics, 1985, 24: 111-140.

Pauly M. Logic for social software[D]. Amsterdam, The Netherlands: Institute for Logic, Language and Computation, University of Amsterdam, 2001.

Perea A. Belief in the opponents' future rationality[Z]. 2011.

Perea A. Epistemic game theory: reasoning and choice[M]. Cambridge, UK: Cambridge University Press, 2012.

Prakken H. Logical tools for modelling legal argument. A study of defeasible reasoning in law[M]. Dordrecht: Kluwer, 1997.

Rabin M. Decidability of second-order theories and automata on infinite trees[J]. Bulletin American Mathematical Society, 1968, 74(5): 1025-1029.

Rahman S, Rückert H. New perspectives in dialogical logic[C]. 2001.

Ramanujam R, Simon S. Dynamic logic of tree composition[C]//Lodaya K, Mukund M, Ramanujam R. Perspectives in concurrency theory. Hyderabad: Universities Press; Boca Raton, FL: CRC Press,2009: 408-430.

Ramanujam R, Simon S. A logical structure for strategies[M]//Bonanno G, Van Der Hoek W, Wooldridge M. Texts in Logic and Games: volume 3 Logic and the Foundations of Game and Decision Theory (LOFT 7). Amsterdam: Amsterdam University Press, 2008: 183-208.

Ramanujam R. On growing types[Z]. 2011.

Ramanujam R. Some automata theory for epistemic logic[Z]. 2008.

Rebuschi M. IF and epistemic action logic[M]//Van Benthem J, Heinzmann G, Visser H. The age of alternative logics. Dordrecht: Kluwer, 2006: 261-281.

Reiter R. Knowledge in action: logical foundations for specifying and implementing dynamical systems[M]. Cambridge, MA: MIT Press, 2001.

Restall G. An introduction to substructural logics[M]. London: Routlege, 2000.

Rodenhäuser B. Updating epistemic uncertainty[D]. Amsterdam, The Netherlands: Institute for Logic, Language and Computation, University of Amsterdam, 2001.

Rohde P. On games and logics over dynamically changing structures[D]. Rheinisch-Westfälische Technische Hochschule Aachen, 2005.

Rott H. Oxford logic guides: number 42 change, choice and inference: a study of belief revision and nonmonotonic reasoning[M]. Oxford Science Publications, 2001.

Rott H. Shifting priorities: simple representations for 27 iterated theory change operators[M]//Lagerlund H, Lindström S, Sliwinski R. Uppsala Philosophical Studies: number 53 Modality matters. Uppsala: University of Uppsala, 2006: 359-384.

Roy O, Anglberger A, Gratzl N. The logic of best actions from a deontic perspective[Z]. 2012.

Roy O. Thinking before acting. Intentions, logic, rational choice[D]. Amsterdam: Institute for Logic, Language and Computation, University of Amsterdam, 2008.

Roy O. Qualitative deontic reasoning in social decisions[Z]. 2011.

Sadrzadeh M, Palmigiano A, Ma M. Algebraic semantics and model completeness for intuitionistic public announcement logic[C]//Van Ditmarsch H P, Lang J, Ju S. Lecture Notes in Computer Science: volume 6953 LORI 2011. Berlin: Springer-Verlag, 2011: 394-395.

Sadzik T. Beliefs revealed in Bayesian-Nash equilibrium[Z]. 2009.

Sadzik T. Exploring the iterated update universe: PP-2006-26[R]. Institute for Logic, Language and Computation (ILLC), University of Amsterdam, 2006.

Sandu G, Väänänen J. Partially ordered connectives[J]. Zeitschrift für Mathematische Logik und Grundlagen der Mathematik, 1992, 38: 361-372.

Sandu G. On the logic of informational independence and its applications[J]. Journal of Philosophical Logic, 1993, 22: 29-60.

Savant M V. Ask Marilyn[Z]. 2002.

Schaeffer J, Van Den Herik H J. Games, computers, and artificial intelligence[J]. Artificial Intelligence, 2002, 134(1-2): 1-7.

Schelling T. Micromotives and macrobehavior[M]. New York: Norton, 1978.

Scott D, Strachey C. Oxford programming research group technical monograph toward a mathematical semantics for computer languages: PRG-6[R]. Oxford, UK: Oxford University, 1971.

Scott D S. Data types as lattices[J]. SIAM Journal of Computation, 1976, 5(3): 522-587.

Segerberg K. Belief revision from the point of view of doxastic logic[J]. Logic Journal of the IGPL, 1995, 3(4): 534-553.

Seligman J. A hybrid logic for analyzing games[Z]. 2010.

Sevenster M. Branches of imperfect information: logic, games, and computation[D]. Amsterdam: Institute for Logic, Language and Computation, University of Amsterdam, 2006.

Shoham Y, Leyton-Brown K. Multiagent systems: algorithmic, game-theoretic, and logical foundations[M]. Cambridge, UK: Cambridge University Press, 2008.

Skyrms B. Evolution of the social contract[M]. Cambridge, UK: Cambridge University Press, 1996.

Skyrms B. The stag hunt and the evolution of social structure[M]. Cambridge, UK: Cambridge University Press, 2004.

Stalnaker R. Extensive and strategic form: games and models for games[J]. Research in Economics, 1999, 53(2): 93-291.

Stirling C. Bisimulation, modal logic and model checking games[J]. Logic Journal of the IGPL, 1999, 7(1): 103-124.

Stirling C. Modal and temporal logics for processes[C]//Moller F, Birtwis- Tle G. Lecture Notes in Computer Science: volume 1043 Banff Higher Order Workshop 1995. Berlin: Springer-Verlag, 1995: 149-237.

Szymanik J. A note on the complexity of backward induction games[Z]. 2013.

Tamminga A M, Kooi B P. Conditional obligations in strategic situations[C]//Boella G, Pigozzi G, Singh M P, et al. NORMAS 2008., 2008: 188-200.

Tan T, Werlang S. A guide to knowledge and games[C]//Vardi M. Tark 1988. San Mateo, CA: Morgan Kaufmann, 1988: 163-177.

Thomas W. Ehrenfeucht games, the composition method, and the monadic theory of ordinal words[C]//Mycielski J, Rozenberg G, Salomaa A. Lecture Notes in Computer Science: volume 1261 Structures in Logic and Computer Science. Berlin: Springer-Verlag, 1997: 118-143.

Thomas W. Infinite games and verification (extended abstract of a tutorial)[C]// Brinksma E, Larsen K. Lecture Notes in Computer Science: volume 2404 CAV 2002. Berlin: Springer-Verlag, 2002: 58-64.

Thomas W. Infinite trees and automation-definable relations over omega-words[J]. Theoretical Computer Science, 1992, 103(1): 143-159.

Thompson F. Equivalence of games in extensive form: RM 759[R]. The rand corporation, 1952.

Toulmin S E. The uses of argument[M]. Cambridge, UK: Cambridge University Press, 1958.

Troelstra A, Van Dalen D. Constructivism in mathematics: 1-2[M]. Amsterdam: North-Holland, 1988.

Troelstra A. Csli lecture notes: Lectures on linear logic[M]. Stanford, CA: CSLI Publications, 1993.

Troelstra A S, Schwichtenberg H. Cambridge tracts in theoretical computer science: number 43. Basic proof theory[M]. 2nd ed. Cambridge, UK: Cambridge University Press, 2000.

Turrini P. Logics for analyzing power in normal form games[J]. 2017.

Uckelman S. Modalities in medieval logic[D]. Amsterdam: Institute for Logic, Language and Computation, University of Amsterdam, 2009.

Väänänen J. Dependence logic[M]. Cambridge, UK: Cambridge University Press, 2007.

Väänänen J. Models and games[M]. Cambridge, UK: Cambridge University Press, 2011.

Van Benthem J, Bezhanishvili G. Modal logics of space[M]//Aiello M, Pratt-Hartmann I, Van Benthem J. Handbook of spatial logics. Dordrecht: Springer, 2007b: 217-298.

Van Benthem J, Bezhanishvili N, Enqvist S, et al. Instantial neighbourhood logic[J]. The Review of Symbolic Logic, 2017, 10(1): 116-144.

Van Benthem J, Bezhanishvili N, Enqvist S. A new game equivalence, its logic and algebra[J]. Journal of Philosophical Logic, 2019b, 48: 649-684.

Van Benthem J, Bezhanishvili N, Hodkinson I M. Sahlqvist sorrespondence for modal μ-calculus[J]. Studia Logica, 2012a, 100(1-2): 31-60.

Van Benthem J, Dégremont C. Bridges between dynamic doxastic and doxastic temporal logics[C]//Bonanno G, Löwe B, Van Der Hoek W. Lecture Notes in Computer Science: volume 6006 LOFT 2008. Berlin: Springer-Verlag, 2008b: 151-173.

Van Benthem J, Gerbrandy J, Hoshi T, et al. Merging frameworks for interaction[J]. Journal of Philosophical Logic, 2009c, 38(5): 491-526.

Van Benthem J, Gerbrandy J, Kooi B. Dynamic update with probabilities[J]. Studia Logica, 2009b, 93(1): 67-96.

Van Benthem J, Gheerbrant A. Game solution, epistemic dynamics and fixed-point logics[J]. Fundamenta Informaticae, 2010a, 100(1-4):19-41.

Van Benthem J, Ghosh S, Liu F. Modelling simultaneous games in dynamic logic[J]. Synthese, 2008c, 165(2): 247-268.

Van Benthem J, Ghosh S, Verbrugge R. Modeling reasoning about strategies[M]. Berlin: Springer-Verlag, 2013.

Van Benthem J, Ghosh S, Verbrugge R. Lecture notes in computer science: volume 8972 models of strategic reasoning: logics, games, and communities[M]. Springer, 2016.

Van Benthem J, Girard P, Roy O. Everything else being equal: a modal logic for ceteris paribus preferences[J]. Journal of Philosophical Logic, 2009a, 38(1): 83-125.

Van Benthem J, Klein D. Logics for analyzing games[J]. Stanford Encyclopedia of Philosophy, 2019a.

Van Benthem J, Liu F. Diversity of logical agents in games[J]. Philosophia Scientiae, 1994a, 8(2): 163-178.

Van Benthem J, Liu F. Dynamic logic of preference upgrade[J]. Journal of Applied Non-Classical Logics, 2007a, 17(2): 157-182.

Van Benthem J, Liu F. Graph games and logic design[C]//AWPL 2020. Springer, 2020: 125-146.

Van Benthem J, Liu F. Graph games and logic design: recent developments and further directions (to appear)[M]. Springer, 2024.

Van Benthem J, Martínez M. The stories of logic and information[M]//Adriaans P, Van Benthem J. Handbook of the Philosophy of Science: Philosophy of information. Amsterdam: North-Holland, 2008a: 217-280.

Van Benthem J, Minică, S. Toward a dynamic logic of questions[J]. Journal of Philosophical Logic, 2012b, 41(4): 633-669.

Van Benthem J, Pacuit E, Roy O. Toward a theory of play: a logical perspective on games and interaction[J]. Games, 2011a, 2(1): 52-86.

Van Benthem J, Pacuit E. Connecting logics of choice and change[Z]. , 2012c.

Van Benthem J, Pacuit E. Dynamic logics of evidence-based beliefs[J]. Studia Logica, 2011b, 99(1): 61-92.

Van Benthem J, Pacuit E. The tree of knowledge in action: towards a common perspective[C]//Governatori G, Hodkinson I, Venema Y. AiML 2006. London: College Publications, 2006b: 87-106.

Van Benthem J, Ter Meulen A. Handbook of logic and language[M]. Amsterdam: Elsevier Science, 1997.

Van Benthem J, Van Eijck J, Kooi B. Logics of communication and change[J]. Information and Computation, 2006c, 204(11): 1620-1662.

Van Benthem J, Van Eijck J, Stebletsova V. Modal logic, transition systems and processes[J]. Journal of Logic and Computation, 1994b, 4(5): 811-855.

Van Benthem J, Van Otterloo S, Roy O. Preference logic, conditionals and solution concepts in games[M]//Lagerlund H, Lindström S, Sliwinski R. Uppsala Philosophical Studies: number 53　Modality matters. Uppsala: University of Uppsala, 2006a: 61-76.

Van Benthem J, Velázquez-Quesada F R. The dynamics of awareness[J]. Synthese, 2010b, 177(Supplement 1): 5-27.

Van Benthem J. Action and procedure in reasoning[J]. Cardozo Law Review, 2001b, 22: 1575-1593.

Van Benthem J. An essay on sabotage and obstruction[C]//Hutter D, Stephan W. Lecture Notes in Computer Science: volume 2605　Mechanizing mathematical reasoning. Berlin: Springer-Verlag, 2005b: 268-276.

Van Benthem J. Belief update as social choice[M]//Girard P, Roy O, Marion M. Synthese Library: volume 351　Dynamic formal epistemology. Dordrecht: Springer, 2011d: 151-160.

Van Benthem J. Cognition as interaction[M]//Bouma G, Krämer I, Zwarts J. Cognitive foundations of interpretation. Amsterdam: KNAW, 2007e: 27-38.

Van Benthem J. Computation as conversation[M]//Cooper B, Löwe B, Sorbi A. New computational paradigms: changing conceptions of what is computable. Berlin: Springer-Verlag, 2007d: 35-58.

Van Benthem J. Computation versus play as a paradigm for cognition[J]. Acta Philosophica Fennica, 1990, 49: 236-251.

Van Benthem J. De kunst van het vergaderen (The art of conducting meetings)[M]// Van Der Hoek W. Liber Amicorum "John-Jules Charles Meijer 50". Onderzoeksschool SIKS, Utrecht, 2004b: 5-7.

Van Benthem J. Dynamic logic for belief revision[J]. Journal of Applied Non-Classical Logics, 2007a,17(2): 129-155.

Van Benthem J. Exploring a theory of play[C]//Apt K. TARK 2011. New York: ACM, 2011e: 12-16.

Van Benthem J. Games that make sense: Logic, language and multi-agent interaction[M]//Apt K, Van Rooij R. Texts in Logic and Games: volume 4 New perspectives on games and interaction. Amsterdam: Amsterdam University Press, 2008: 197-209.

Van Benthem J. Invariance and definability: Two faces of logical constants[M]//Sieg W, Sommer R, Talcott C. ASL Lecture Notes in Logic: number 15 Reflections on the Foundations of Mathematics. Essays in Honor of Sol Feferman. ASL & Cambridge University Press, 2002b:426-446.

Van Benthem J. Language in action: categories, lambdas and dynamic logic[M]. Amsterdam: North Holland, 1991.

Van Benthem J. Logic games are complete for game logics[J]. Studia Logica, 2003, 75: 183-203.

Van Benthem J. Logic games: from tools to models of interaction[M]//Van Benthem J, Gupta A, Parikh R. Synthese library: volume 352 Proof, computation and agency. Springer, 2011f: 183-216.

Van Benthem J. Logical construction games[M]//Aho T, Pietarinen A V. Truth and games: essays in honour of Gabriel Sandu. Helsinki: Acta Philosophica Fennica 78, 2006a: 123-138.

Van Benthem J. Modal foundations for predicate logic[J]. Logic Journal of the IGPL, 1997, 5(2): 259-286.

Van Benthem J. Modeling reasoning in a social setting[Z]. 2012c.

Van Benthem J. On keeping things simple[Z]. 2011c.

Van Benthem J. Probabilistic features in logic games[M]//Kolak D, Symons J. Quantifiers, questions, and quantum physics. Berlin: Springer-Verlag, 2004c: 189-194.

Van Benthem J. Problems concerning qualitative probabilistic update[Z]. 2012d.

Van Benthem J. Rational dynamics[J]. International Game Theory Review, 2007c, 9 (1): 13-45.

Van Benthem J. Rationalizations and promises in games[M]//Philosophical Trends. Beijing: Chinese Academy of Social Sciences, 2007b: 1-6.

Van Benthem J. The epistemic logic of IF games[M]//Auxier R, Hahn L. Schilpp Series: The Philosophy of Jaakko Hintikka. Chicago: Open Court Publishers, 2006b: 481-513.

Van Benthem J. The nets of reason[J]. Argumentation and Computation, 2012e, 3(2-3): 83-86.

Van Benthem J. Two logical faces of belief revision[M]//Trypuz R. Outstanding Contributions to Logic: Krister Segerberg on Logic of Actions. Dordrecht: Springer, 2014: 281-300.

Van Benthem J. Two stances: implicit versus explicit in logical modeling[Z]. 2010c.

Van Benthem J. Update and revision in games[Z]. 2004a.

Holliday W. Epistemic logic, relevant alternatives, and the dynamics of context[Z]. 2012b.

Van Benthem J. A logician looks at argumentation theory[J]. Cogency, 2010b, 1(2).

Van Benthem J. Csli lecture notes: Modal logic for open minds[M]. CSLI Publications, 2010a.

Van Benthem J. Exploring logical dynamics[M]. CSLI Publications, 1996.

Van Benthem J. Extensive games as process models[J]. Journal of Logic, Language, and Information, 2002a, 11(3): 289-313.

Van Benthem J. Games in dynamic-epistemic logic[J]. Bulletin of Economic Research, 2001a, 53(4):219-248.

Van Benthem J. In praise of strategies[C]//Van Eijck J, Verbrugge R. Lecture Notes in Computer Science: volume 7010   Games, Actions, and Social Software. Berlin: Springer-Verlag, 2012b: 96-116.

Van Benthem J. Logic in a social setting[J]. Episteme, 2011b, 8(3): 227-247.

Van Benthem J. Logic in games[Z]. 1999.

Van Benthem J. Logical dynamics of information and interaction[M]. Cambridge University Press, 2011a.

Van Benthem J. Open problems in logic and games[C]//Artemov S, Barringer H, D'avila Garcez A, et al. We will show them! (1). College Publications, 2005a: 229-264.

Van Benthem J. Reasoning about strategies[C]//Coecke B, Ong L, Panangaden P. Lecture Notes in Computer Science: volume 7860 Computation, Logic, Games, and Quantum Foundations. Berlin: Springer-Verlag, 2013: 336-347.

Van Benthem J. Some thoughts on the logic of strategies[M]. Berlin: Springer-Verlag, 2012a.

Van Benthem J. The information in intuitionistic logic[J]. Synthese, 2009, 167(2): 251-270.

Van Ditmarsch H, Van Der Hoek W, Kooi B. Synthese library series: volume 337 dynamic epistemic logic[M]. Dordrecht: Springer, 2007.

Van Ditmarsch H P, Lang J, Ju S. Lecture notes in computer science: volume 6953 lori 2011[C]. Berlin: Springer-Verlag, 2011.

Van Eijck J. PDL as a multi-agent strategy logic[Z]. 2012.

Van Eijck J. Yet more modal logics of preference change and belief revision[M]//Apt K, Van Rooij R. Texts in Logic and Games: volume 4 New perspectives on games and interaction. Amsterdam: Amsterdam University Press, 2008: 81-104.

Van Emde Boas P. Pregame communication in dynamic-epistemic logic[Z]. 2011.

Van Otterloo S, Van Der Hoek W, Wooldridge M. Knowledge as strategic ability[J]. Electronic Notes in Theoretical Computer Science, 2004, 85(2): 152-175.

Van Otterloo S. A strategic analysis of multi-agent protocols[D]. Liverpool, UK: Department of Computer Science, University of Liverpool, 2005.

Van Rooij R. Quality and quantity of information exchange[J]. Journal of Logic, Language and Information, 2003a, 12(4): 423-451.

Van Rooij R. Questioning to resolve decision problems[J]. Linguistics and Philosophy, 2003b, 26: 727-763.

Van Rooij R. Signalling games select Horn strategies[J]. Linguistics and Philosophy, 2004, 27: 493-527.

Van Ulsen P. E.W.Beth als logicus, a scientific biography[D]. Amsterdam: Institute for Logic, Language and Computation, University of Amsterdam, 2000.

Van Den Herik H J, Iida H, Plaat A. Lecture notes in computer science: volume 6515 computers and games 2010[C]. Berlin: Springer-Verlag, 2011.

Van Der Hoek W, Pauly M. Modal logic for games and information[M]//Blackburn P, Van Benthem J, Wolter F. Studies in Logic and Practical Reasoning: volume 3 Handbook of modal logic. Amsterdam: Elsevier Science, 2006: 1077-1148.

Van Der Hoek W, Wooldridge M. Cooperation, knowledge, and time: alternating-time temporal epistemic logic and its applications[J]. Studia Logica, 2003, 75(1): 125-157.

Van Der Meyden R. The dynamic logic of permission[J]. Journal of Logic and Computation, 1996, 6(3): 465-479.

Vardi M, Wolper P. An automata-theoretic approach to automatic program verification (preliminary report)[C]//LICS 1986. Los Alamitos, CA: IEEE Computer Society, 1986: 332-344.

Vardi M. An automata-theoretic approach to linear temporal logic[C]//Moller F, Birtwistle G. Lecture Notes in Computer Science: volume 1043 Banff Higher Order Workshop 1995. Berlin: Springer-Verlag, 1995: 238-266.

Vardi M. Tark 1988[C]. San Mateo, CA: Morgan Kaufmann, 1988.

Velázquez-Quesada F R. Small steps in dynamics of information[D]. Amsterdam: Institute for Logic, Language and Computation, University of Amsterdam, 2011.

Veltman F. Defaults in update semantics[J]. Journal of Philosophical Logic, 1996, 25: 221-261.

Venema Y. Algebras and coalgebras[M]//Blackburn P, Van Benthem J, Wolter F. Studies in Logic and Practical Reasoning: volume 3 Handbook of modal logic. Amsterdam: Elsevier Science, 2006: 331-426.

Venema Y. Expressiveness modulo bisimilarity: a coalgebraic perspective[Z]. 2012.

Venema Y. Representation of game algebras[J]. Studia Logica, 2003, 75(2): 239-256.

Venema Y. Lectures on the modal μ-calculus[Z]., 2007.

Vervoort M. Games, walks, and grammars[D]. Amsterdam: Institute for Logic, Language and Computation, University of Amsterdam, 2000.

Vreeswijk G. Representation of formal dispute with a standing order[J]. Artificial Intelligence and Law, 2000, 8(2-3): 205-231.

Walton D N, Krabbe E C W. Commitment in dialogue: basic concepts of interpersonal reasoning[M]. Albany, NY: State University of New York Press, 1995.

Walukiewicz I. Monadic second-order logic on tree-like structures[J]. Theoretical Computer Science, 2002, 275(1-2): 311-346.

Wang Y. On axiomatizations of PAL[C]//Van Ditmarsch H P, Lang J, Ju S. Lecture Notes in Computer Science: volume 6953   LORI 2011. Berlin: Springer-Verlag, 2011: 314-327.

Wang Y. Epistemic modelling and protocol dynamics[D]. Amsterdam: Centrum Wiskunde & Informatica, 2010.

Xu M. Combinations of STIT and actions[J]. Journal of Logic, Language and Information, 2010, 19(4): 485-503.

Zanasi F. Expressiveness of monadic second-order logics on infinite trees of arbitrary branching degree[D]. Institute for Logic, Language and Computation, University of Amsterdam, 2012.

Zermelo E. Uber eine Anwendung der Mengenlehre auf die Theorie des Schachspiels[C]// Hobson E W, Love A E H. Proceedings of the Fifth International Congress of Mathematicians, Volume II. Cambridge, UK: Cambridge University Press, 1913: 501-504.

Zhang J, LIU F. Some thoughts on Mohist logic[C]//Van Benthem J, Ju S, Veltman F. LORI 2007. , 2007: 85-102.

Zvesper J. Playing with information[D]. Amsterdam: Institute for Logic, Language and Computation, University of Amsterdam, 2010.

术语

序言

Spinoza Project 斯宾诺莎项目
theory of play 弈博论

绪论

argumentation game 论辩博弈
consistency game 一致性博弈
obligation game 义务博弈
evaluation game 赋值博弈
verifier 证实者
falsifier 证伪者
logic game 逻辑博弈
gamification 博弈化
determinacy 决定性
zero-sum two-player game 零和双人博弈
node 节点
backward induction 逆向归纳法
Zermelo 策梅洛
    coloring 策梅洛式染色法
    tradition 策梅洛转换
    theorem 策梅洛定理
Euwe 尤伟

game equivalence 博弈等价性
propositional distribution 命题性分配律
game operation 博弈运算
sequential composition 序列式复合
parallel 并行的、并行式的
    composition 并行式复合
    game 并行式博弈
rationality 理性、合理性
transition relation 转换关系
process 进程
    equivalence 进程等价
    logic 进程逻辑
universal modality 全局性模态
existential modality 存在性模态
distributed computation 分布式计算
extensive game 扩展式博弈
labeled transition system 加标转换系统
temporal logic 时态逻辑
finite trace equivalence 有穷迹等价
bisimulation 互模拟
sabotage game 蓄意破坏博弈
zoom in 近景式

zoom out 远景式

subgame perfect equilibrium 子博弈完美均衡

non-self-enforcing equilibrium 非自我实施均衡

assurance game 保证博弈

imperfect information 不完美信息

de re 从物

de dicto 从言

perfect recall 完美回忆力、完美记忆性
　　information game 完美信息博弈

bounded memory 受限记忆力

perfect memory 完美记忆

forward ignorance 前向式无知

sideways ignorance 侧向式无知

strategic form game 策略式博弈

matrix game 矩阵式博弈

mixed strategy 混合策略

Hawk versus Dove 鹰鸽博弈

simultaneous action 同步行动

strictly dominated strategy 被严格占优策略

evolutionary 演化
　　game theory 演化博弈论
　　stability 演化稳定性

Tit for Tat 以牙还牙

counterfactual reasoning 反事实推理

formalities 形式化

neighborhood model 邻域模型
　　　　modality 邻域模态词
　　　　semantics 邻域语义

parallel game 并行式博弈

hybrid 混合性

第一章

positive occurrence 正出现

process graph 进程图

bridge law 桥式法则

Boolean operation 布尔运算、布尔算子

strategic power 策略效力

fine-grained 精细的、精细化的

propositional dynamic logic 命题动态逻辑

finite iteration 有穷迭代、有穷次重复

reflexive-transitive closure 自反传递闭包

excluded middle 排中律

determinacy 决定性

descriptive set theory 描述集合论

teaching game 教学博弈

approximation function 近似函数

complete lattice 完全格

Tarski-Knaster Theorem 塔斯基-克纳斯特定理

forcing relation 迫使关系
　　power 迫使效力
　　modality 迫使模态、迫使模态词
　　bisimulation 迫使互模拟

co-algebra 余代数

co-inductive 余归纳

back-and-forth 前后之字

unraveling 拆解

alternating bisimulation 交替互模拟

Thompson transformations 汤普森转换

compacting game 紧致化博弈

stuttering bisimulation 间歇型互模拟

directed simulation 定向模拟

Ehrenfeucht-Fraïssé game 埃伦福赫特-弗赖斯博弈

game board 博弈域

adequacy lemma 充分性引理

第二章

strategy profile 策略组合

betterness 更好

plausibility ordering 可信度序列

connectedness 连通性

total order 全序

pre-order 先序

weak order 弱序

strict order 严格序

set lifting 集合式提升

risk-averse 风险规避型

distinguished game 可辨别博弈

relational strategy 关系型策略

confluence property 汇合性、融合性

first-order fixed point logic 一阶不动点逻辑

well-foundedness 良基性

top-level 顶层的

grid structure 网格式结构

tiling problem 铺瓷砖问题

Geach-style 吉奇式

convergence axiom 聚合公理

第三章

uniform strategy 统一性策略

nondeterminacy 非决定性

no miracle 无奇迹性

Sahlqvist form 萨奎斯特模式

memory-free 无记忆力的、无记忆的

tiling reduction 铺瓷砖归约

knowledge program 知识程序

knowing how 知其如何

knowing that 知其然

Harsanyi Doctrine 海萨尼学说

planning 计划

第四章

∃-sickness ∃-缺陷

rational agency 理性主体

guarded choice 安保性选择

guarded iteration 安保性迭代

flat 降格的

strategy program 降格的策略程序

knowledge program 降格的知识程序

model-by-model 逐个模型

game-by-game 逐个博弈

epistemic grip 认知上的把控

genuine learning 真正的学习

robustness 鲁棒性

copy-cat 盲目效仿者（盲效者）

barrier modality 卡口模态词

Nim 拿子游戏

parlor game 室内游戏

alternating temporal logic 交替时态逻辑

situation calculus 情景演算

graph game 图博弈

generic strategy 通用策略

type theory 类型论

arrow logic 箭头逻辑

preservation 保持性

invariant 不变量、不变式

第五章

partial isomorphism 局部同构

social norm 社会规范

paradigm 范式

Gale-Stewart Theorem 盖尔-斯特瓦尔特定理

open 开的

    sets 开集

superset 超集

open sets of runs 行动序列的开集

weak determinacy 弱决定性

Martin's Theorem 马丁定理

Borel 博雷尔

    game 博雷尔式博弈

    hierarchy 博雷尔分层

    condition 博雷尔条件

closed 封闭的

    set 闭集

ultrafiler 超滤

free ultrafiler 自由超滤

axiom of choice 选择公理

strategy stealing 策略盗取

discounted payoff 贴现收益

temporal forcing logic 时态迫使逻辑

Rabin Theorem 拉宾定理

monadic second-order logic, MSOL 一元二阶逻辑

composition closure 复合闭包

copy-cat strategy 盲目模仿者策略

shadow match 影子比赛

safety 安全性

liveness 活性

epistemic forest model 认知森式模型

event modality 事件模态词

Π_1^1-complete Π_1^1-完全

dynamic-epistemic product update 动态-认知乘积更新

priority updating 优先更新

dynamic topological logic 动态拓扑逻辑

第六章

type space 类型空间

forward induction 前向归纳法

nominal 专名

off-path 偏离路径的

exploratory reasoning 试探性推理

on-line reasoning 实时性推理

Church Thesis 丘奇论题

第七章

pre-encoding 预编码

schematic validity 模式化的有效式

default reasoning 缺省推理

radical upgrade 激进式升级

conservative upgrade 保守式升级

priority upgrade 优先序升级

single steps 一步式的

self-fulfilling 自我实现的、自现性

self-refuting 自我驳斥的、自斥性

positive-existential 正存在的

protocol model 协议模型

correlation 相关性

range 范围

code 代码

proof-of-concept 概念实证

resolution modality 解决模态词

priority graph 优先序图

substitution-closed 代入封闭的

context-independent 语境独立的

Aumann's Theorem 奥曼定理

第八章

total pre-order 完全先序

tree-compatible 树-相容性的

first-order inflationary fixed point logic 一阶膨胀不动点逻辑

simultaneous fixed points 同步不动点

第九章

induced epistemic forest 诱发性的认知森式模型

uniform no miracles 统一的无奇迹性

definable execution 可定义性的实现

state-dependent 状态-依赖

plausibility revelation 可信度揭示

plausibility propagation 可信度传播

preference propagation 偏好传播

preference revelation 偏好揭示

cheap talk 廉价磋商

signaling game 信号博弈

Monty Hall Problem 蒙提霍尔问题、三门问题

Łos-Tarski Preservation Theorem 沃什-塔斯基保持定理

第十章

iterating worry 迭代担忧

minimal rationality 最低限度理性

strong rationality 强理性

weak rationality 弱理性

thinner model 结构较为简单的模型

thicker model 结构较为复杂的模型

memory-bounded 记忆受限

diversity-tolerant 容纳多样性的

第十一章

concurrent dynamic logic 并发动态逻辑

topological modal logic 拓扑模态逻辑

spoiler 破坏者

duplicator 复制者

difference formula 区分公式

game-forming 博弈-构成

success lemma 成功引理

inflation deflation 膨胀紧缩

coalescing moves 合并行动

第十二章

action freedom 行动的自由

full model 完整模型

general game model 广义博弈模型

distributed group knowledge 分布式群体知识

Grzegorczyk axiom 格热戈尔奇克公理

correlated behavior 相关行为

absolute best 绝对最佳

Battle of the Sexes 性别之战

relative best 相对最佳

unravel 拆解

control modality 控制模态、控制模态词

gestalt switch 格式塔转换

第十三章

Nash statement 纳什型陈述命题

unfolding axiom 展开公理

inclusion rule 包含规则

第十四章

independence-friendly logic 独立友好逻辑

disjoint union 不交并

well-formed formulas 合式公式

Skolem form 斯科伦范式

bounded quantifier 有界量词

bound variable 约束变元

parity condition 奇偶性条件

第十五章

potential isomorphism 潜在同构

quantifier depth 量词深度

finiteness lemma 有穷性引理

full completeness theorem 完整的完全性定理

unboundedness 无界性

supernatural numbers 超自然数

Karp's Theorem 卡普定理

pebble game 鹅卵石博弈

第十六章

tableaus 表列、表列法

universal algebra 泛代数

König's lemma 柯尼希引理

Plato's Law 柏拉图定律

contraction 收缩

Gentzen sequent calculus 根岑序贯演算

第十七章

procedural convention 程序性约定

resource logic 资源逻辑

strategic argumentation game 策略论辩博弈

half-life time 半衰期

procedure dependence 程序依赖

第十八章

local effort 局部尝试

disjoint sum 不交和

parallel merge 并行合并

collective action 集体行动

Büchi-Landweber Theorem 布埃奇·兰德韦伯定理

acceptance game 接受度博弈

simulation theorem 模拟定理

shadow match 影子比赛

positional determinacy 位置决定性

Aachen School 亚琛学派

第十九章

upward monotonicity 向上单调性

commutativity of choice 选择交换性

test game 测试博弈

idle game 空闲博弈

术　语　**537**

unit game 单元博弈

parallel product 并行乘积、并行积

program union 程序并

truth lemma 真值引理

第二十章

school of ludics 滑稽学派

copy 副本

parallel sum 并行和

modus ponens 肯定前件

history-free 无历史

domain theory 域理论

parallelism 并行性

第二十一章

zero-one law 零一律

Henkin-style 亨金式

Team 屉

第二十二章

exploration game 探索博弈

inquiry logic 探究逻辑

第二十三章

catching game 抓捕博弈

第二十四章

schematic 模式、模式的

第二十五章

simulation pairs 模拟对

strong thesis 强论题

weak thesis 弱论题

译

名

（按英文姓氏排列）

Samson Abramsky 萨姆森·阿布拉姆斯基

Thomas Ågotnes 托马斯·阿戈特尼斯

Krzysztof Apt 克里斯托夫·阿普特

Sergei Artemov 谢尔盖·阿尔捷莫夫

Alexandru Baltag 巴踏歌

Johan van Benthem 范丙申

Bernheim 伯恩海姆

Dietmar Berwanger 迪特马尔·贝尔旺格

Evert Willem Beth 埃弗特·威廉·贝特

Giacomo Bonanno 贾科莫·博纳诺

Borel 博雷尔

Adam Brandenburger 亚当·布兰登伯格

Boudewijn de Bruin 布德韦因·德·布鲁因

Robin Clark 罗宾·克拉克

Corax 科拉克斯

Jianying Cui 崔建英

Marie Curie 玛丽·居里

Cédric Dégrémont 塞德里克·代格雷蒙特

Paul Dekker 保罗·德克尔

Nic Dimitri 尼克·迪米特里

Hans van Ditmarsch 汉斯·范·狄马斯

Jan van Eijck 扬·范·艾克

Peter van Emde Boas 彼得·范·埃姆德·博阿斯

Euathlos 欧阿特罗斯

Euwe 尤伟

Fagin 费金

Dov M. Gabbay 朵夫·盖比

Gerhard Gentzen 格哈德·根岑

Amélie Gheerbrant 阿姆利·格勒布兰特

Sujata Ghosh 苏亚塔·戈什

Nina Gierasimczuk 尼娜·吉拉斯辛楚克

Valentin Goranko 高万霆

Erich Grädel 埃里希·格勒德尔

Davide Grossi 戴维德·格罗西

Paul Harrenstein 保罗·哈伦斯坦

Jaakko Hintikka 雅克·辛提卡

Wilfrid Hodges 威尔弗里德·霍奇斯

Wiebe van der Hoek 维贝·范·德·胡克

Guifei Jiang 姜桂飞

Kleene 克莱尼

Lena Kurzen 莱娜·库尔岑

Fenrong Liu 刘奋荣

Paul Lorenzen 保罗·洛伦岑

Benedikt Löwe 本尼迪克特·莱恩

Ron van der Meijden 罗恩·范·德·梅登

Ştefan Minică 什特凡·米尼奇

von Neumann 冯·诺伊曼

Sieuwert van Otterloo 西韦特·范·奥特卢

Martin Otto 马丁·奥托

Eric Pacuit 埃里克·帕奎特

Rohit Parikh 罗希特·帕瑞克

Marc Pauly 马克·保利

Pearce 皮尔斯

Phan Minh Dung 潘明勇

Ramaswamy Ramanujam 拉玛斯瓦米·拉
　　马努贾姆

Robert van Rooij 罗伯特·范·鲁伊

Olivier Roy 奥利维尔·罗伊

Ariel Rubinstein 阿里尔·鲁宾斯坦

Tomasz Sadzik 托马兹·萨齐克

Sahlqvist 萨奎斯特

Gabriel Sandu 加布里埃尔·桑杜

Vos Savant 沃斯·莎凡特

Jeremy Seligman 谢立民

Merlijn Sevenster 梅丽金·塞文斯特

Yoav Shoham 约夫·肖汉姆

Sonja Smets 司麦慈

Stalnaker 斯塔内克

Wolfgang Thomas 沃尔夫冈·托马斯

Paolo Turrini 保罗·图里尼

Fernando Velázquez Quesada 费尔南多·贝
　　拉斯克斯·克萨达

Yde Venema 伊德·维尼玛

Rineke Verbrugge 里内克·维尔布鲁奇

Oscar Wilde 奥斯卡·王尔德

Mike Wooldridge 迈克·伍尔德里奇

von Wright 冯·赖特

Ernst Zermelo 恩斯特·策梅洛

Jonathan Zvesper 乔纳森·兹维斯珀

译后记

　　逻辑与博弈这两个看似独立却内在联系紧密的领域，在范丙申教授的这部著作中得到了深刻的融合与探索。作为译者，我们深感荣幸能够将教授在这一领域中的深刻见解介绍给中文读者，促进国内外学者在这一领域的交流与合作。在本著作中，范丙申教授以他深邃的洞察力和严谨的学术态度，系统地阐述了逻辑与博弈的交汇点。从逻辑博弈的基本概念，到博弈逻辑的复杂结构，再到弈博论的提出，全书通过"博弈逻辑"和"逻辑博弈"两条主线上研究问题的交织，系统地介绍了博弈逻辑、逻辑动态、策略式博弈、逻辑博弈、博弈运算，以及逻辑博弈与博弈逻辑的融合等多个主题，逐步展开了一个多维度、跨学科的研究视野，引领我们穿梭于逻辑的严密与博弈的策略之间，探索理性主体在交互过程中的深层次逻辑。

　　在本书的翻译工作中，两位译者根据各自的专业背景和研究兴趣进行了明确的分工，确保翻译的质量和效率。其中，崔建英老师负责本书的第一至第三部分的翻译工作，涵盖了第一章至第十三章的内容，包括了对博弈逻辑和进程结构的深入探讨，偏好、博弈解和最佳行动的逻辑分析，以及不完美信息博弈的逻辑研究等。付小轩老师则承担了第四部分至结语的翻译以及全书的整合校对工作，其主要翻译内容包括了第十四章至第二十五章，涉及逻辑博弈的深入研究、模型比较、模型构建、论辩和对话、博弈中的运算，以及逻辑博弈与博弈逻辑的融合等主题。翻译过程中，我们采取了审慎的态度和灵活的翻译策略，确保专业术语的准确传达和理论观点的清晰表述的同时，力求在忠实原文的基础上，使译作贴近中文读者的阅读习惯，也期待读者对于本作品任何翻译上的疏漏或不足给予理解和指正。

　　本书的翻译出版得到了来自各方的宝贵支持与帮助。感谢范丙申教授对我们的信任与支持，及时对译者在原文理解上的问题进行解惑，并组织中译本的读书班来进一步提升本译著的水准。感谢李继东教授，以及王嘉鑫、刘伯众等学生读者，他们参与了本书部分章节的初译稿工作，并帮助完成本书不少烦琐的技术性工作；感谢赵之光教授、王奕岩副教授，以及樊睿、何清瑜、刘煌、罗生门、彭一、杨思思、张浩宇、周正等同学，他们在全书校对过程中提出了许多宝贵的修正建议。感谢清华大学出版社的梁斐编辑为本书的出版付出了辛勤的劳动，以及斯坦福大学的资助。最后，特别感谢清华大学刘奋荣教授。在《逻辑与博弈》的翻译旅程中，刘教授不仅在本书出版方面给予了我们宝贵的支持，更在组织翻译工作方面扮演了核心角色，为译者在翻译过程中遇到的难题和挑战提供了专业精准的指导，确保了翻译项目的顺利进行。正是得益于刘教授的远见卓识和对学术传播的坚定承诺，才使得这部作品的中译版呈现于读者面前。

范丙申教授不仅在逻辑学界享有盛誉，其在博弈论领域的重要贡献更是为学界开辟了崭新的视角。译者期待通过对其这部著作的翻译，为国内致力于博弈与逻辑两个领域的研究者提供深刻的学术洞见，并激发起更多关于这两个领域交叉融合的深入思考和广泛讨论，以此来推动相关理论研究和实践应用的进一步发展。

付小轩　崔建英

中国，北京

2024 年 8 月